유닉스 개론 및 실습

[개정2판]

|이형봉 지음|

도서출판 홍릉

저자소개

이형봉 (hblee@gwnu.ac.kr)

1984년 서울대학교 계산통계학과 학사
1986년 서울대학교 계산통계학(전산과학)과 석사
2002년 강원대학교 컴퓨터과학과 박사
1986년~1994년 LG전자 컴퓨터연구소, 선임연구원(유닉스 시스템 개발)
1994년~1999년 한국디지탈㈜, 책임 컨설턴트(유닉스 부문)
1997년~1999년 전자계산조직응용, 전자계산기, 정보관리, 정보통신 기술사
2004년~현재 강릉원주대학교 컴퓨터공학과 교수

[개정2판]

유닉스 개론 및 실습

인 쇄: 2025년 2월 21일 개정2판 1쇄
발 행: 2025년 2월 28일 개정2판 1쇄

저 자: 이형봉
발행인: 송 준
발행처: 도서출판 홍릉
주 소: 01093 서울시 강북구 인수봉로 50길 10
등 록: 1976년 10월 21일 제5-66호

전 화: 02-999-2274~5, 903-7037
팩 스: 02-905-6729
e-mail: hongpub@hongpub.co.kr
http://www.hongpub.co.kr
ISBN: 979-11-5600-269-7(93000)

정 가: 25,000원

머 리 말

1970년대 본격적인 정보처리용 컴퓨터의 대명사였던 IBM 360/370은 전형적인 일괄처리 운영체제를 탑재하고 있었다. 그 시대 컴퓨터를 활용하고자 하는 일반 사용자는 FORTRAN, COBOL, PL/I 등 고전적 고급 프로그래밍 언어로 작성된 프로그램을 펀치카드에 천공한 다음, 카드 묶음을 컴퓨터 관리자(오퍼레이터)에게 제출하고, 빠르면 한나절 후, 보통은 하루가 지난 다음 날 출구에서 컴퓨터 연속기록용지에 출력된 결과를 얻을 수 있었다. 따라서, 그런 일괄처리 환경에서는 사용자가 일반적인 응용 프로그래밍의 개념 외에 프로그램을 실행시켜주는 운영체제의 존재를 실감하기가 어려웠다.

1970년대 후반 DEC사의 VAX 750/780이 등장하여, 여러 개의 단말기를 통하여 사용자별로 독립된 대화적 온라인 작업 환경을 제공하면서 비로서 일반 사용자가 활동중인 운영체제를 접하게 되었는데, 그 운영체제가 바로 유닉스이다. 이 때부터 컴퓨터의 내부 동작원리에 대한 사용자들의 호기심과 이해가 높아졌다. 그러나, 이 때까지도 운영체제는 여전히 블랙박스로 존재하여 실질적인 운영체제의 활용, 관리, 구성, 구현에 관한 자료는 매우 빈곤했다.

1980년대 초반, 고급 프로그래밍 언어인 C로 작성된 유닉스 운영체제의 원천코드가 공개되면서 학교•연구소•기업 등에서 보편적인 운영체제의 실체를 실감하는 시대가 되었다. 오늘날 유닉스는 개방적이고 저비용 운영체제로 자리잡았고, 공개 소프트웨어의 대명사인 리눅스의 기반으로 자리잡고 있다. 클라이언트 GUI 환경으로 윈도즈가 적합하다면, 유닉스와 리눅스는 대용량 자료처리 및 고도의 계산능력이 요구되는 서버 환경에 적합한 것으로 평가 받고 있다.

유닉스•리눅스 관심자는 크게 일반 사용자, 소프트웨어 개발자, 관리자 등 세 부류로 분류할 수 있다. 이들 각각의 사용자 부류는 그 목적에 따라 command & utility, system call & library, system administration 등 세 가지 구성 요소를 적절한 비중으로 섭렵해야 한다. 본 교재는 유닉스•리눅스의 일반 사용자 및 소프트웨어 개발자를 준비하는 대학 2학년 학생들을 위해 작성된 것으로, 단순한 명령어 사용법이 아닌 기본 원리 탐구에 초점을 맞춘다. 이를 위해 실제 사용예의 화면을 많이 삽입하였으며 주어진 주제를 이해하기 위한 실습 시나리오를 다양한 각도에서 풍부하게 제시함으로써 학습과정이 자기주도적 실습위주로 진행되도록 구성하였다. 특별히 본 개정판에서는 리눅스 환경에서의 수업이 가능하도록 실습 시나리오를 보완하였다.

2025년 2월 저자 씀

목 차

제 1 장 운영체제와 유닉스 1

1.1 운영체제의 개념 ………… 3
1.2 운영체제의 부팅 과정 ………… 5
1.3 유닉스 운영체제 ………… 6
1.4 유닉스와 리눅스 ………… 9

제 2 장 유닉스 사용자 계정과 로그인 11

2.1 사용자 식별과 인증 ………… 13
2.2 유닉스 시스템의 사용자 식별과 인증 ………… 14
2.3 유닉스 시스템 로그인 ………… 15
2.4 유닉스 단말기 특성 인자 ………… 17

제 3 장 유닉스 파일 시스템 구조 21

3.1 파일 시스템의 개념 ………… 23
3.2 윈도즈 파일 시스템과 유닉스 파일 시스템 ………… 27
3.3 유닉스 파일 시스템 항해 ………… 36

제 4 장 유닉스 파일 시스템의 운용 39

4.1 디렉터리·파일의 탐색 ………… 41
4.2 디렉터리·파일의 생성과 삭제 ………… 45
4.3 디렉터리·파일의 복사와 이동(이름 변경) ………… 62
4.4 디렉터리·파일 명칭의 간편 표현(wild card) ………… 73

제 5 장 유닉스 쉘과 사용자 단말기 환경 설정 83

5.1 쉘의 개념 ………… 85
5.2 쉘의 종류와 선택 ………… 89
5.3 사용자 단말기 환경 설정 ………… 91
5.4 Bourne·Korn 쉘의 환경 설정 ………… 100
5.5 C 쉘의 환경 설정 ………… 113
5.6 쉘의 시동 파일(프로 파일) ………… 125

5.7 명령어 재호출 ……………………………………………………………130
5.8 파일 이름 자동 완성 ………………………………………………………147

제 6 장 유닉스 명령어 설계(C 프로그래밍) 149

6.1 명령어 인수와 옵션 처리 ……………………………………………………151
6.2 명령어 환경 변수 처리 ………………………………………………………182
6.3 명령어 종료 상태 처리 ………………………………………………………191
6.4 명령어 표준 입·출력 처리 ……………………………………………………203

제 7 장 유닉스 쉘 명령어 줄문법 231

7.1 명령어 그룹 순차 실행 ………………………………………………………234
7.2 명령어 그룹 조건부 순차 실행 ………………………………………………240
7.3 여러 줄에 걸친 명령어 입력 …………………………………………………245
7.4 서브 쉘 실행 …………………………………………………………………248
7.5 쉘 제어 구문 …………………………………………………………………255
7.6 표준 입·출력 방향 전환 ………………………………………………………277
7.7 명령어 후면 처리 ……………………………………………………………322

제 8 장 유닉스 파일 시스템 고급 주제 329

8.1 유닉스 보안 개념 ……………………………………………………………331
8.2 파일 보안 및 보안 모드 ………………………………………………………334
8.3 프로세스 소유자 및 프로세스 보안 …………………………………………356
8.4 파일 시스템 내부 구조 ………………………………………………………360
8.5 디스크 파티션과 파일 시스템 마운트 ………………………………………372
8.6 하드 링크와 소프트 링크 ……………………………………………………376
8.7 파일 접근 시간 ………………………………………………………………386

제 9 장 유닉스 프로세스 관리 391

9.1 프로세스 개념 ………………………………………………………………393
9.2 프로세스의 상태, 우선 순위, 속성 …………………………………………403
9.3 프로세스 통제(신호) …………………………………………………………418
9.4 C 쉘의 작업 통제 ……………………………………………………………427

제 10 장 유닉스 일반 사용자 명령어 435

10.1 유닉스 명령어의 분류 및 매뉴얼 체계 ········· 437
10.2 쉘 환경 설정 명령어 ········· 443
10.3 파일 관리 명령어 ········· 445
10.4 파일 내용 탐색 명령어 ········· 447
10.5 파일 내용 가공 명령어 ········· 454
10.6 파일 위치 탐색 명령어 ········· 466
10.7 파일 백업·압축 명령어 ········· 472
10.8 시스템 탐색·통제 명령어 ········· 482
10.9 네트워크(인터넷) 통신 명령어 ········· 488

제 11 장 쉘 프로그래밍 499

11.1 쉘 프로그램의 개념 ········· 501
11.2 Bourne 쉘 프로그래밍 환경 ········· 506
11.3 Bourne 쉘 프로그래밍 ········· 516

부 록 : vi 명령어 531

■ 실행 환경 조건 ········· 533
■ 편집 상태 천이 ········· 533
■ (문자)명령어 모드 명령어 ········· 534
■ 라인 명령어 모드 명령어 ········· 535
■ 동작 옵션 ········· 536
■ 동작 옵션 설정 ········· 537

찾아보기 539

유닉스와 C 언어 545

제 1 장 운영체제와 유닉스

1.1 운영체제의 개념 / 3

1.2 운영체제의 부팅 과정 / 5

1.3 유닉스 운영체제 / 6

1.4 유닉스와 리눅스 / 9

1. 운영체제와 유닉스

유닉스(UNIX)는 운영체제의 일종이기 때문에 유닉스를 충분히 이해하고 활용하기 위해서는 먼저 운영체제의 개념을 확립해야 한다. 따라서 여기서는 운영체제의 개념을 우선 파악하고, 다음에 유닉스의 역사를 간략하게 살펴본다.

1.1 운영체제의 개념

운영체제(OS, Operating Systems)는 사용자로 하여금 [표 1-1]에 나열된 대표적인 하드웨어를 포함한 기타 모든 하드웨어를 편리하고 안전하게 사용할 수 있도록 컴퓨터 공급자가 미리 작성하여 제공하는 일종의 프로그램이다.

이러한 운영체제는 컴퓨터에 전기가 공급된 직후 몇 가지 과정을 거쳐 자동으로 메모리에 적재된 후 사용자의 작업 지시에 대비한다. 이 과정을 흔히 부팅(booting)이라 부른다.

[표 1-1] 컴퓨터를 구성하는 하드웨어의 예

항 목	주 요 기 능
CPU	중앙 처리 장치(Central Processing Unit), 프로그램을 실행시킴.
메모리	주기억장치(Main Memory), 프로그램을 실행시키기 위해 저장함.
키보드	컴퓨터 내부, 즉 프로그램으로 문자열(명령어나 데이터)을 전달함.
모니터	컴퓨터 외부, 즉 프로그램이 밖으로 내보내는 문자열을 표시함.
하드디스크	대용량 저장 장치, 프로그램이나 데이터를 임시 혹은 영구 보관함.
LAN	지역 네트워크, 두 프로그램이 데이터를 교환함.

부팅이 완료된 후, 사용자는 [표 1-2]와 같이 크게 두 가지 방법으로 운영체제와 대화하면서 원하는 작업을 수행하게 된다. [그림 1-1]에 이들 두 가지 대화하는 환경의 예를 보였다.

[표 1-2] 사용자와 운영체제의 대화 방법의 유형

대화유형	대 화 방 법	예
GUI 방법	• GUI(Graphic User Interface)을 통해서 접근함. • GUI는 주로 아이콘과 메뉴로 구성됨. • 마우스에 의한 클릭(click), 끌기(drag), 놓기(drop) 등의 동작에 의해 작업이 이루어짐.	윈도즈 계열
명령어 방법	• 명령어 입력 창이 열림. • 내장된 명령어(command)를 입력함으로써 작업이 이루어짐. • 주요 명령어와 각각의 사용법을 익혀야 함.	유닉스 계열

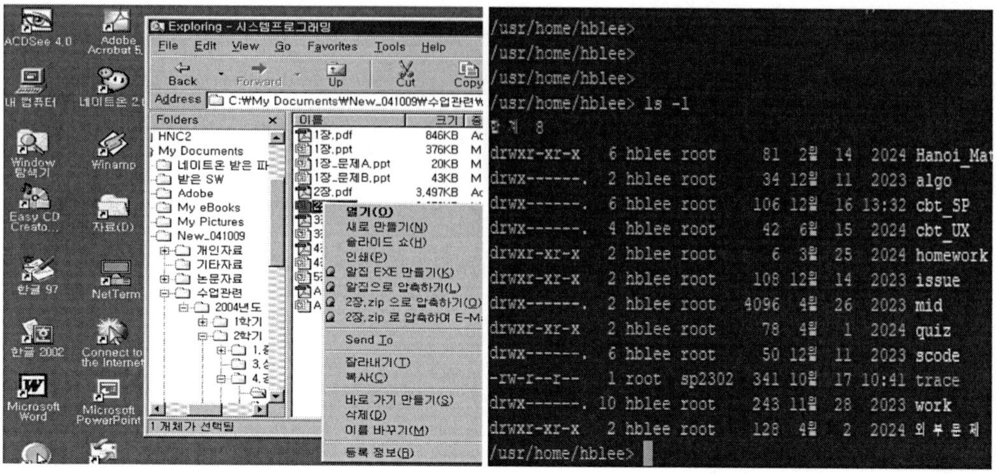

(a) GUI 환경 (b) 명령어 환경

[그림 1-1] GUI와 명령어 기반 대화 환경의 예

사용자는 운영체제와 대화함으로써 물리적인 하드웨어에 대한 자세한 지식 없이도 쉽게 접근할 수 있을 뿐만 아니라, 여러 작업을 동시에 처리할 때에도 하드웨어를 망가뜨리거나 상호 간섭에 의한 데이터의 변형 등을 걱정할 필요가 없다. 이와 같은 측면에서 운영체제의 역할은 [표 1-3]과 같이 정의해 볼 수 있고, 사용자, 운영체제, 하드웨어 사이의 관계는 [그림 1-2]와 같이 도식화 해 볼 수 있다.

[표 1-3] 운영체제의 역할

주요 역할	역할의 내용
중계 역할	하드웨어 접근에 대한 사용자의 논리적인 요청을 물리적인 접근 요청으로 변환하여 하드웨어 접근 요청을 실행함.
관리 역할	여러 사용자 혹은 여러 프로그램으로부터의 하드웨어 접근 요청을 통제하여 하드웨어의 공유에 의한 활용률을 높임.
보호 역할	여러 사용자 혹은 여러 프로그램이 동시다발적으로 하드웨어를 공유하거나 접근할 때, 각각의 영역과 권리를 단단하게 분리하여 보호함.

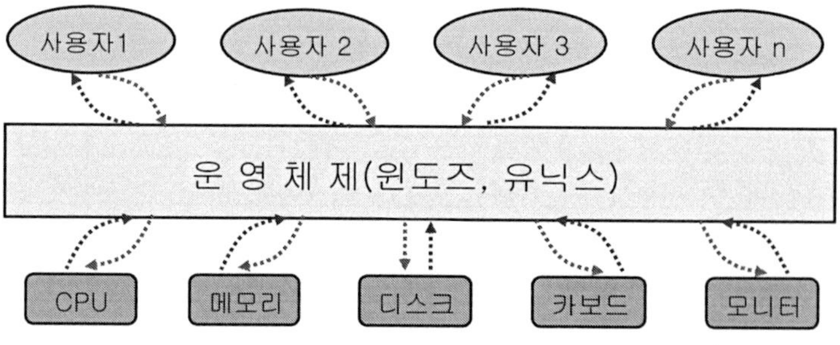

[그림 1-2] 운영체제의 위치

1.2 운영체제의 부팅 과정

대 부분의 상용 컴퓨터는 전원이 공급되면 장착된 CPU의 특성에 따라 메모리의 일정한 주소부터 명령어 실행을 시작한다. 그런데 보통 주기억 장치로 사용되는 RAM(Random Access Memory)은 전원 공급이 중단되면 저장된 내용이 사라지므로 맨 처음 전원이 공급될 때 CPU가 실행할 프로그램을 저장해 놓을 수 없다.

따라서, CPU가 첫 실행을 시작하는 부분은 [그림 1-3]과 같이 보통 ROM(Read Only Memory)으로 구성하여 프로그램을 저장한다. 이와 같이 ROM에 저장된 프로그램을 펌웨어(firmware)라 부른다. ROM은 한 번 저장하면 수정할 수 없는 것과, 지우고 다시 저장할 수 있는 것 등 크게 두 가지 종류가 있다.

ROM에 저장되는 프로그램은 어셈블리 언어나, C와 같이 고급 언어이면서 저급 언어 특성이 강한 언어로 작성된 후 번역되어 출력된 기계어 코드로 구성된다. 이 때 ROM의 크기는 펌웨어에서 처리되어야 하는 일의 크기에 따라 결정된다.

운영체제가 부팅되는 자세한 과정은 아래와 같다.

① 맨 처음 전원이 공급되면, CPU는 ROM에 실려있는 프로그램을 실행한다. 이 부분은 보통 진단 프로그램(diagnostics)이라 하여 컴퓨터를 구성하는 여러 하드웨어의 장착 여부와 장착되어 있는 경우 고장 여부를 조사한다.

② 진단이 모두 완료되면 특정 운영체제를 적재해 줄 프로그램을 디스크에서 메모리로 읽은 후, 그 곳으로 점프한다. 이 때, 특정 운영체제를 적재해주는 프로그램을 부트스트랩 로더(bootstrap loader)라 하는데 그 프로그램은 디스크의 맨 첫 블록 512바이트에 존재한다. 신단 프로그램에서 운영체제를 직접 적재하지 못하는 이유는, 설치된 운영체제에 따라 적재하는 방법이 모두 다르기 때문이다. 즉, 운영체제를 설치할 때는 설치된 디스크의 맨 첫 부분에 해당 운영체제를 적재해 줄 적재 프로그램도 동시에 설치해야 한다는 것이다. 이런 이유로 디스크의 첫 블록을 부트 블록이라 부르고, 다른 용도로는 사용하지 않는다.

ROM에 깔려 있는 진단 프로그램은 부트 블록이라는 묵시적 약속에 의해 부

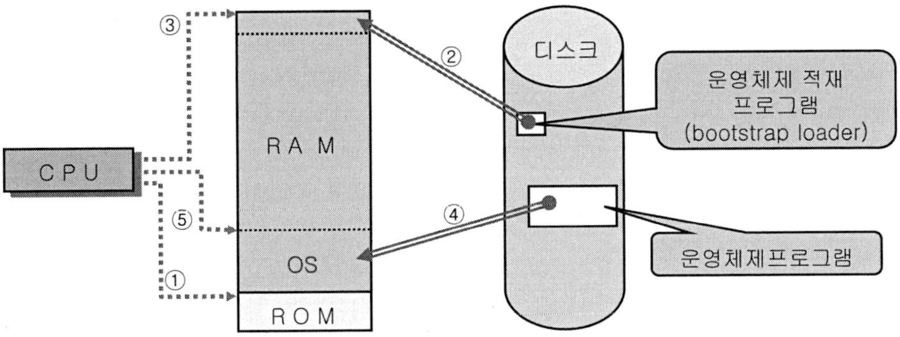

[그림 1-3] 운영체제의 부팅 과정

트 블록을 메모리로 읽어 들이고 그 곳으로 점프할 수 있다.

③ 메모리에 적재된 운영체제 적재 프로그램은 디스크에서 운영체제 프로그램을 찾아 메모리로 적재한다.

④ 디스크에 설치되어 있는 운영체제 프로그램이 운영체제 적재기에 의해 메모리에 영구적으로 적재된다.

⑤ 운영체제 적재가 완료되면, 운영체제 적재기는 운영체제의 시작점(entry point)으로 점프하여, 운영체제가 동작을 개시하면서 부팅은 완료된다.

부팅된 운영체제는 주기억 장치, 하드디스크 등 주변 장치에 대한 초기화를 마치고 사용자 명령어 대기 모드로 들어간다.

1.3 유닉스 운영체제

유닉스는 1960년대 후반 Version 1 이름의 완성판으로 출발하여 연구소나 기업에

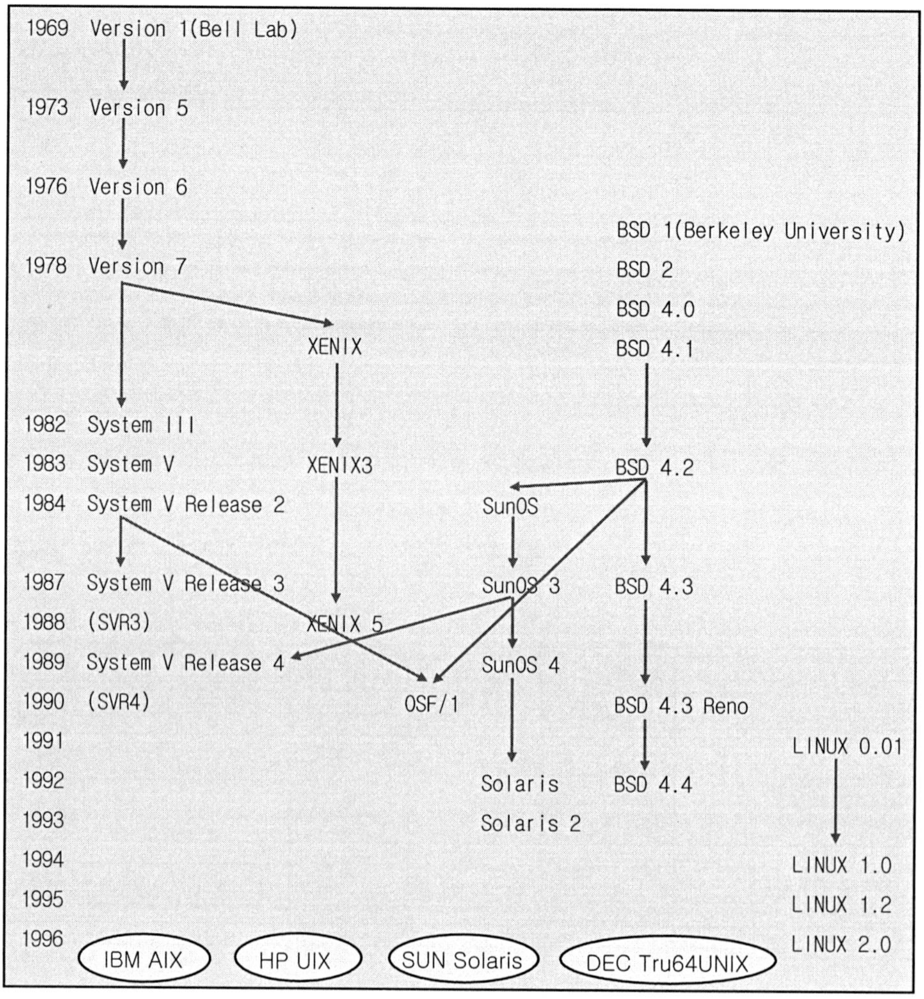

[그림 1-4] 유닉스 발전 과정

의해 각각의 필요성에 의해 기능의 첨삭이 이루어지면서 다양한 이름으로 발전되어 왔다. 그러나 유닉스는 그 무궁한 다양성에도 불구하고 POSIX 등 사용자를 위한 표준화 기구의 노력해 의해 사용자 시각에서의 사용법이 비교적 잘 정의되어 있다.

■ 유닉스의 간략한 역사

유닉스는 최초에 AT&T Bell 연구소에서 DEC PDP-7 기계를 플랫폼으로 연구·개발되었고, 이 연구는 약 10여년 후 버클리 대학에서도 진행되어 버클리판 유닉스가 탄생하였다. 이 후 유닉스는 AT&T와 버클리 대학이 양대 산맥을 이루면서 두 갈래로 발전되어 왔고 이들 배포판을 근간으로 다양한 이름의 유닉스 배포판이 탄생하였다.

오늘날 AT&T 계열은 System V, 버클리 계열은 BSD(Berkley Source Distribution)라 일컫고 있는데, 이들을 근간으로 자사의 기계에 최적화시킨 SUN의 Solaris, IBM의 AIX, HP의 UX, DEC(COMPAQ과 HP를 거처 ORACLE에 통합되었음)의 Tru64UNIX 등이 유명하다. AIX와 UX는 System V계열이고 Solaris와 Tru64UNIX는 BSD계열이라 말할 수 있다.

그러나 오래 전인 1980년대 후반, System V 계열이 BSD 계열의 특성을 대폭 수용한 System V Release 4(SVR4)가 출시됨으로써, 사실상 유닉스의 양대 계보에 따른 뚜렷한 특성은 매우 희미해진 상태에 있다.

[그림 1-4]에 유닉스의 간략한 발전 과정을 보였다.

■ 유닉스의 특징

유닉스의 특징을 운영체제란 이론적 시각에서 살펴보면 [표 1-4]와 같다. 이들 외에,또 다른 유닉스의 특징은 컴퓨터 사용 환경이 기본적으로 GUI가 아닌 텍스트 단말기(명령어 창)이고, 명령어를 통해서만 작업이 이루어 진다는 점이다. 따라서 유닉스 사용자는 컴퓨터에 내장된 명령어에 익숙해야 한다.

[표 1-4] 유닉스의 특징

특성항목	특 성 내 용
다중사용자 (multiuser)	여러 사용자가 동시에 접속하여 컴퓨터를 사용할 수 있음.
다중프로그래밍 (multiprogramming)	여러 개의 프로그램을 주기억 장치에 동시에 적재하여 실행시킴.
시분할 (time-sharing)	여러 개의 프로그램에게 시긴을 조금씩 할애하여 차례로 공평하게 실행시킴.
대화식 (interactive)	사용자가 단말기에 온라인으로 접속해서 컴퓨터와 대화식으로 작업을 수행함.

■ 유닉스 사용자 분류

유닉스를 포함한 대다수 컴퓨터 사용자는 그 작업 목적에 따라 [표 1-5]와 같이 분류될 수 있다. 물론 이 들 사용자들이 상호 배타적인 것은 아니지만, 대체로 유닉스 사용 목적은 이 세 가지 유형 중 하나에 속한다.

[표 1-5] 유닉스 사용자의 분류

사 용 자 그 룹	주 요 처 리 작 업
단순 사용자 (end user)	자신의 디렉터리(폴더)와 파일을 관리하면서 문서의 작성·출력·보관, 메일 송·수신, 파일 송·수신, 웹 접속 등 일반 사용자로서의 일상적인 작업을 처리함.
개발자 (developer)	C, JAVA, PHP, PERL 등 프로그래밍 언어를 사용하여 프로그램을 개발하거나, DB 구축, 웹 서비스 구축 등 소프트웨어 전문가로서의 작업을 처리함.
관리자 (administrator)	유닉스의 독특한 특성에 따라 운영체제의 설치·설정·튜닝·운영, 각종 소프트웨어의 설치·설정, 하드웨어 증설·백업,사용자 계정 등록·설정 등 유닉스 전문가로서의 작업을 처리함.

■ 유닉스 구성 요소

유닉스를 정복하기 위해서는 [표 1-5]의 사용자 유형에 따라 각각 해당되는 유닉스의 구성 요소에 대한 지식을 습득해야 한다. 유닉스를 구성하는 각 구성 요소는 아래와 같다

- Command & Utility
  ls, cp, mv, ps, vi 등 유닉스를 활용하기 위한 일반 명령어와 grep, sort, join, sed 등 문서 관리에 유용한 고기능 유틸리티(편리) 명령어
- UNIX System Call & Library
  fork, exec, wait, open 등 유닉스 운영체제가 제공하는 서비스 기능과, printf, scanf, strcpy, memset 등 C 프로그래밍에 활용되는 라이브러리.
- Administration Command
  mount, umount, ifconfig, netstat, adduser, removeuser 등 시스템 관리를 위한 전용 명령어.

[표 1-6] 유닉스 사용자 그룹과 구성 요소

사 용 자 그 룹	유 닉 스 구 성 요 소
단순 사용자	Command & Utility(명령어와 유틸리티)
개발자	UNIX System Call & Library(시스템 콜과 라이브러리)
관리자	Administration Command(관리 명령어)

1.4 유닉스와 리눅스

리눅스(Linux)는 1991년 핀란드의 한 대학생이던 리누스 토발즈(Linus B. Tovalds)의 호기심에서 출발한 유닉스 형식의 새로운 운영체제로서, 운영체제를 활용하는 일반 사용자나 개발자들은 또 하나의 유닉스 버전으로 인식해도 무방하다. 유닉스는 주로 IBM과 같은 세계 유수의 대기업이 생산하는 자체 대형 서버에 탑재되어 활용되었기 때문에, 일반 개인이나 학생들은 운영체제 소스에 쉽게 접근할 수 없었고, 따라서 보편적인 연구나 실험에 활용될 수 없었다. 1980년대 보급형 컴퓨터인 PC가 탄생하면서 1987년 네델란드 출신의 교수 엔드류 타넨바움(Andrew S. Tanenbaum)이 유닉스의 PC 버전인 미닉스(MINIX)을 만들어 강의에 활용하였는데, 이것이 곧 리누스 토발즈의 호김심 발동과 리눅스 탄생의 토대가 되었다.

한편, "컴퓨터 프로그램의 복제·배포·개작의 자유와 이를 위한 원천코드의 사용 제한 철폐"를 슬로건으로 미국의 리차드 스톨만(Richard M. Stallman)에 의해 1985년 설립된 비영리 자유 소프트웨어 단체 FSF(Free Software Foundation)가 GNU(GNU is Not Unix) 제하의 새로운 공개 운영체제 환경 개발 프로젝트를 진행하고 있었는데, 리누스가 자신이 개발한 운영체제를 FSF에 등록함으로써 리눅스라는 호칭으로 불려지기 시작했다. FSF는 GPL(General Public License) 즉, '자유로운 권리'라는 라이선스 정신을 채택하고 있는데, GPL을 선택한 소프트웨어는 원천코드가 공개되고, 수정과 배포가 자유롭다. GPL을 따르는 소프트웨어를 기반으로 개선되거나 개발된 새로운 소프트웨어는 유료화하여 판매가 가능함은 물론이다.

리누스가 리눅스를 만들기로 결심할 당시 가장 큰 목표는 IEEE(미국전기전자기술자협회)가 주창한 POSIX(Portable Operating Systems Interface for Computer Environments)를 지키는 운영체제를 PC용으로 개발하는 것이었는데, POSIX 자체가 유닉스의 영향을 크게 받은 표준이기 때문에 유닉스와 리눅스의 사용자 인터페이스는 유사할 수 밖에 없다. 그러나, 운영체제 구성 방식은 가급적 다양한 주변기기를 지원해야만 하는 PC의 특성상 좀더 복잡하고 기교적(tricky)이다. 최근에는 PC 뿐만 아니라 대형 서버에 리눅스가 탑재되는 사례가 늘고 있고, 임베디드 플래폼을 목적으로 불필요한 기능들이 선택적으로 제거된 임베디드 리눅스가 새로운 버전을 형성하고 있다. 그러나, 리눅스의 성능 및 기능의 완전성에 대한 법적·상업적 보장이 명확하지 않아 민감한 정보처리가 요구되는 금융이나 대기업에서의 리눅스 활용은 제한적인 수준에 머물고 있다.

MEMO

제 2 장 유닉스 사용자 계정과 로그인

2.1 사용자 식별과 인증 / 13

2.2 유닉스 시스템의 사용자 식별과 인증 / 14

2.3 유닉스 시스템 로그인 / 15

2.4 유닉스 단말기 특성 인자 / 17

2. 유닉스 사용자 계정과 로그인

[표 1-4]에서 보인 바와 같이 유닉스는 다중 사용자를 지원하는 운영체제이다. 따라서 유닉스 환경에서는 다수의 사용자에 대한 식별과 인증이 필수적이다.

2.1 사용자 식별과 인증

오늘날의 정보 시스템은 은행 업무, 세무 업무, 행정 업무 등 전통적으로 사무실 창구를 통해서만 이루어졌던 많은 업무들을 인터넷을 통해 원격으로 처리할 수 있는 환경으로 급격하게 변화시키고 있다. 이 과정에서 필수적으로 요구되는 사항이 사용자 본인에 대한 확인 과정인데, 이 과정은 전형적으로 식별(identification)과 인증(authentication)의 두 단계로 이루어 진다.

유닉스 환경에서도 이들 정보 시스템과 동일한 목적으로 사용자에 대한 식별과 인증 절차를 거친 후 로그인(login, 접속)을 허용한다. 식별과 인증 방법은 [표 2-1]과 같다.

[표 2-1] 식별과 인증

구분	내용
식 별 (identification)	• 모든 사용자에게 유일한 id를 부여함으로써 사용자들 사이의 중복을 방지한다. • 이들 id는 공개될 수 있다.
인 증 (authentication)	• 접속 id의 사용자가 원래id의 주인인가를 확인한다. • id의 주인인가를 확인하기 위해 주인만이 알고 있는 암호를 설정한다.

식별과 인증 절차에 의해 정당한 사용자가 자기 id(identifier)를 가지고 정상적으로 접속했다는 사실을 검증할 수 있다. 이와는 반대로, 남의 id를 가지고 접속하고자 할 때에는 그 id 소유자의 암호를 알아야 함으로 불가능하다. 다만 그 id 소유자의 암호를 훔쳐 알고 있을 때에는 원래 id 소유자를 가장하여 접속이 가능하고, 이런 경우를 사용자 도용이라 말한다.

Id는 접속할 때 최초로 사용자 식별 용도로 사용되지만, 접속 후에는 해당 사용자의 id를 계속 유지함으로써 그 사용자의 행위에 대한 기록 혹은 감사용으로 사용된다.

정상적인 기록의 예로, 사용자의 인터넷 뱅킹 거래 기록, 전자 상거래의 주문 기록, 행정 업무의 자기 정보 갱신 기록 등을 들 수 있다. 이들 기록은 어느 사용자의 정보를 대상으로 할 것인가가 기본이기 때문에 여기서 id의 역할은 매우 중요하다.

감사(audit)에서의 id는 접속 사용자의 악의적인 행위에 대한 추적을 가능하게 한다. 이를테면 접속한 사용자가 허용되지 않은 작업을 처리했다던가, 허용되지 않은 자료에 접근을 시도했던 흔적 등은 id를 통해서 해당 사용자 색출이 가능하다.

2.2 유닉스 시스템의 사용자 식별과 인증

■ 유닉스 시스템의 사용자 id와 암호

유닉스 시스템에서의 사용자 id(login name)와 암호(password)는 [표 2-2]와 같이 부여되고 관리된다.

[표 2-2] 유닉스 시스템의 id와 암호 관리

id (login name)	• 알파벳 문자와 숫자로 이루어 진다. • 길이는 보통 8자까지 허용된다. • 계정(account)등록이라 하여 최초에 유닉스 관리자에 의해 등록된다.
암호 (password)	• 알파벳 문자와 숫자, 그리고 일부 제어 문자로 이루어 진다. • 최초의 암호는 계정 등록 때 id와 함께 관리자에 의해 설정된다. • 사용자는 초기 암호를 사용하여 로그인 한 후, 즉시 "passwd" 명령어를 사용해서 자신의 암호를 재설정해야 한다. • 시스템에 따라 최초로 로그인 할 때 암호를 무조건 변경하도록 요구하는 경우도 있다. • 암호가 시스템에 저장될 때는 암호화(encryption)된 상태로 저장되기 때문에 시스템 관리자라 하더라도 사용자 암호를 읽을 수 없다.

■ 유닉스 사용자 계정 생성

모든 유닉스 사용자의 계정은 가장 기초 정보인 id와 암호 외에 소속 그룹, 사용자 이름, 전화번호, 작업 위치(홈 디렉터리), 선호하는 명령어 해석기(쉘) 등의 정보와 함께 [그림 2-1]의 절차에 따라 관리자에 의해 생성된다.

① 작업 특성이나 팀, 부서 등을 고려하여 사용자를 그룹으로 분류할 수 있도록 사용자 그룹 들을 미리 생성해 놓는다("/etc/group"). 이 때 각 그룹에는 중복되지 않는 그룹 id와 유일한 번호를 부여한다.
② 사용자로부터 사용자 id, 초기 암호, 이름, 전화번호 등의 정보를 받는다.
③ 사용자 id의 중복 여부를 조사한다.
④ 사용자 id에 유일한 번호를 부여하고, 사용자의 특성을 고려하여 적합한 사용자 그룹을 선정하여 부여한다.
⑤ 사용자가 로그인해서 데이터나 프로그램 등을 작성하여 저장할 수 있는 작업위치(홈 디렉터리)를 확보한다.
⑥ 사용자가 로그인해서 작업을 지시하거나 운영체제와의 대화를 중계하는 기본 명령어 해석기(쉘)를 결정한다.
⑦ 위 내용을 사용자 계정 등록부("/etc/passwd")에 저장한다.

[그림 2-1] 관리자의 사용자 계정 생성 절차

[그림 2-2]에 유닉스 사용자 관리를 위한 사용자 그룹 명부와 사용자 계정 명부의 예를 보였다. 이들 정보 중, 명령어 해석기(쉘)는 사용자 본인이 관련 명령어를 사용하여 나중에 수정할 수 있지만(5.2절 참조), 다른 사항은 관리자만 수정할 수 있다.

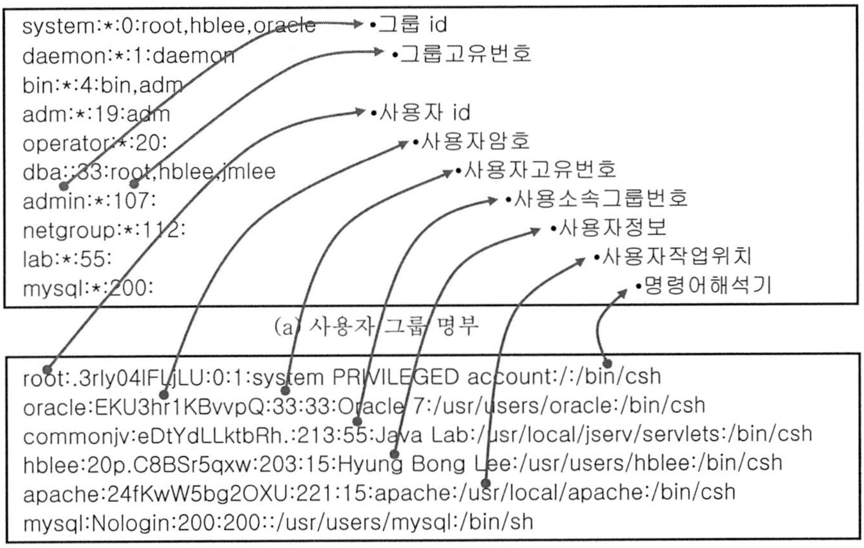

(a) 사용자 그룹 명부

(b) 사용자 계정 명부

[그림 2-2] 유닉스의 사용자 그룹과 사용자 계정 명부의 예

2.3 유닉스 시스템 로그인

■ 단말기 유형

유닉스 시스템에 접속하여 로그인을 하기 위해서는 단말기(terminal, 터미널)를 사

[표 2-3] 유닉스 단말기의 유형

구분	설명
전용 단말기	• 오로지 유닉스 단말기 기능만 담당한다. • 모니터, 중앙처리 장치, 최소한의 메모리, 키보드, 그리고 RS232C 통신 장치로 구성되고, 디스크 등 기타 고급 입·출력 장치는 없다. • 유닉스 본체와는 세 가닥으로 구성된 RC232C 규격의 구리선(serial line)으로 연결된다. • 단말기에 전원을 공급하면 유닉스 본체가 즉시 단말기의 활성화를 인식하여 로그인 창을 단말기에 띄운다.
소프트웨어 단말기	• 일반 PC나 다른 컴퓨터에 유닉스 단말기 창을 흉내 내는 프로그램으로 설치된다. • 단말기 프로그램이 실행되면 유닉스 본체와 인터넷 통신으로 연결되고, 이를 인식한 본체에 의해 로그인 창이 준비된다. • 따라서 단말기 소프트웨어에는 어느 유닉스로 연결할 것인가에 대한 정보를 사전에 설정해야 한다.

용해야 하는데, 단말기는 [표 2-3]과 같이 크게 전용 단말기와 소프트웨어 단말기로 분류된다.

전용 단말기는 중앙처리장치(CPU), 메모리 등 컴퓨터의 기본 구성요소를 갖추고 있으나 사용자의 키보드 타이핑 내용을 유닉스 본체에 전달하고, 본체가 보내온 내용을 화면에 디스플레이하는 등의 아주 단순한 두 가지 기능만을 수행한다. 이런 이유로 전용 단말기를 귀머거리 단말기(dumb terminal)라 부르기도 한다. [그림 2-3]에 전용 단말기의 예를 보였다.

[그림 2-3] 전용 단말기(귀머거리 단말기)의 모습

소프트웨어 단말기는 범용 컴퓨터에서 실행되는 응용 프로그램의 하나로서, 유닉스 본체와 인터넷으로 연결되어 전용 단말기 기능을 흉내낸다. 이런 소프트웨어 단말기를 텔넷(telnet) 소프트웨어라 부른다. 텔넷 소프트웨어는 거리의 제한이 없고, 하나의 응용 프로그램으로 동작하기 때문에 가격이 저렴하다는 점 등 전용 단말기에 비해 장점이 많다. 이런 이유 때문에 최근에는 전용 단말기를 사용하는 경우가 드물다.

윈도우 계열(윈도우 7~10 등)에서 많이 사용되는 소프트웨어 단말기로 아래의 세 가지 정도를 들 수 있다.

- **윈도우 시스템(PC)에 탑재된 telnet**

윈도우에서 telnet 명령어를 실행시키면 단말기 창을 열 수 있다. 윈도우에서 telnet을 사용하기 위해서는 우선 "제어판→프로그램 제거/변경→Windows 기능 사용/사용안함"에서 "텔넷 클라이언트"를 활성화시키고, "시작→실행" 창에서 "telnet algo.gwnu.ac.kr" 형태로 명령어를 입력한다.

- Zterm과 PuTTY

위에서 살펴본 내장된 telnet은 기능이 단순하여 불편할 때가 있다. 예를 들어 큰 창이 필요할 때 만들 수 없다. 내장 telnet 외에, 보다 많은 기능을 갖추고 무료 혹은 상용으로 구입한 후 설치하여 사용할 수 있는 소프트웨어 단말기로 Zterm, PuTTY, Netterm, TeraTerm 등이 있다.

■ 사용자 id와 암호 입력

전용 혹은 소프트웨어 단말기 들은 유닉스와의 연결이 성공하면 유닉스와의 대화창을 생성한다. 본격적인 명령어 대화가 시작되기 전, 유닉스는 우선 접속자가 허락된 사용자인가를 검증하기 위해 식별과 인증 과정 즉, 로그인 과정을 진행한다. 로그인이란 "log in"의 한글 표현으로 "기록에 진입함"이란 의미를 가진다. 이는 유닉스 시스템이 사용자에 대한 식별과 인증을 마친 후 해당 사용자의 컴퓨터 사용에 대한 제반 사항을 기록한다는 뜻이다. [그림 2-4]에 유닉스 로그인 과정을 보였다.

❶ 맨 처음 연결이 성공하면, 접속된 유닉스 시스템이 해당 유닉스의 버전 이름과 시스템 이름(주소)을 창에 보내온다.

❷ 유닉스 시스템 내부에서 관리되는 이번 연결에 대한 유일한 단말 식별자이다.

❸ 사용자 id와 엔터키, ❹ 암호와 엔터키를 차례로 입력한다. 암호가 화면에 나타나면 암호 누설이 있을 수 있으므로 암호 입력 과정은 화면에 나타나지 않는다.

❺ 로그인에 성공하면 유닉스 시스템은 사용자에 전달하고자 하는 로그인 메시지를 출력한다. 이 때, 로그인 메시지는 크게 시스템 메시지와 사용자 메시지로 구성되고, 시스템 로그인 메시지는 관리자에 의해 설정하고 사용자 로그인 메시지는 사용자 자신이 설정한다(5.6절 참조).

❻ 명령어 실행 준비가 되었다는 문자열로서, 프롬프트(prompt)라고 부른다. 프롬프트로 사용되는 기본 문자열(5.4.3, 5.5.3절 참조)이 있지만, 사용자는 자신의 기호에 따라 프롬프트를 독특하게 변경할 수 있다.

❼ 여기에 유닉스 명령어를 입력하여 유닉스와 대화한다. 이 때 명령어 문자열을 입력한 후 반드시 엔터키(↵)를 입력해야만 해당 명령어가 유닉스에게 전달된다. 따라서 엔터키를 입력하기 전까지는 현재까지 입력된 문자열을 수정할 수 있다.

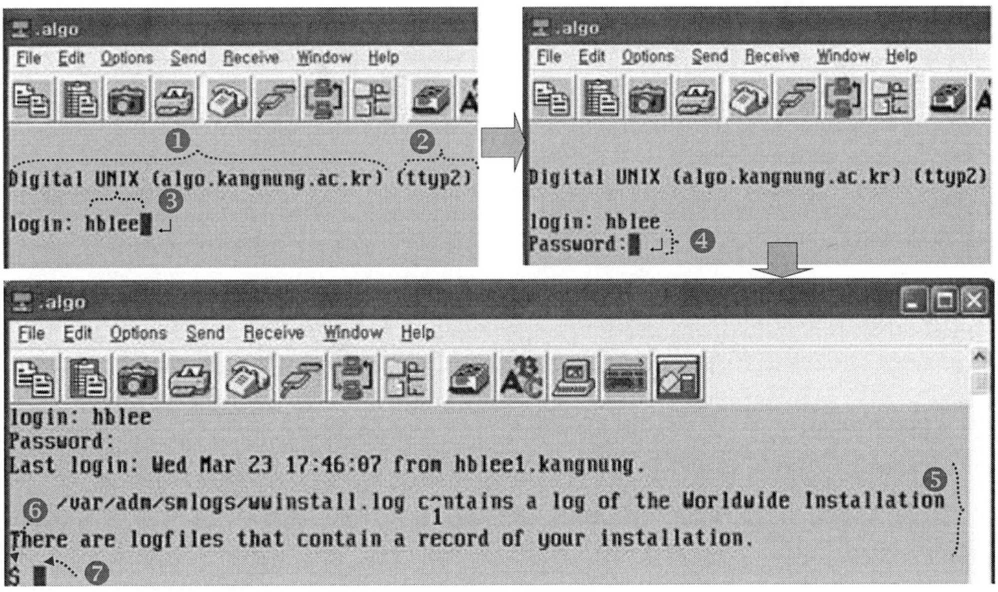

[그림 2-4] 유닉스 로그인 과정

2.4 유닉스 단말기 특성 인자

유닉스 단말기 특성 인자로 크게 창의 크기와 제어문자 구성으로 나눌 수 있다.

■ 창의 크기

여기서 말하는 유닉스 단말기 창의 크기란 시각적으로 보이는 창의 물리적인 크기가 아니고, 문자열을 입력하는 줄의 길이와 수를 의미한다. 유닉스 단말기 창은 80x25(80자까지 입력 가능한 줄이 25개) 크기를 기본으로 하지만, 창의 크기는 단말기의 기능에 따라 조정이 가능하다. 즉, 문자의 크기를 작가하면 큰 창을 만들 수 있고, 문자의 크기를 키우면 창은 작아진다.

보통 전용 단말기는 80x25, 132x25의 두 가지만 지원하지만, 소프트웨어 단말기는 문자 크기를 자유롭게 조절할 수 있으므로 문자 크기를 작게 하면서 훨씬 큰 창을 다양하게 지원한다. 즉, 윈도우의 경우 소프트웨어 단말기 창의 크기를 조절함으로써 자동적으로 설정된다.

설정된 창의 크기는 유닉스 시스템에 즉시 전달되어 화면단위 처리가 필요할 때 그 사실이 사용된다. 예를 들어, 문서 편집을 도와주는 vi 명령어는 화면 단위로 이동하면서 문서를 입력하거나 삽입·삭제를 하게 되는데, 이 때 창의 크기에 대한 정보가 매우 중요하게 사용된다.

■ 제어문자 구성

로그인에 성공하면 사용자는 유닉스 명령어를 입력하기 시작한다. 이 때, 사용자는 명령어를 입력하는 과정에서 실수에 의해 잘못된 문자를 입력한 후 이를 수정하고자 할 경우가 많다. 따라서, 유닉스 단말기는 입력 중인 명령어 문자열(command line 이라 함)이 완성되기 전에 그 문자열을 수정할 수 있는 방법을 제공할 수 있어야 한다. 뿐만 아니라 유닉스 시스템에서 단말기로 출력하는 문자의 양이 단말기 크기를 벗어나면 화면 위로 빠르게 넘어간 부분은 볼 수가 없다. 이럴 때는 화면의 출력을 일시 중지시킬 수 있어야 한다.

위와 같이 명령어 문자열을 수정하거나 화면의 동작 상태를 통제하기 위해 제공된 방법이 제어키(control key)다. 제어키는 다른 문자와 더불어 키보드에 존재하지만 그 제어 문자가 입력되면 명령어 문자열에 포함되는 것이 아니고, 내부적으로 설정되어 있는 편집 기능이나 화면 통제 기능을 수행한다. 유닉스 단말기에 정의되어 있는 명령어 줄 편집 기능과 화면 통제기능, 그리고 이들 각각을 위해 사용되는 기본 제어키는 [표 2-4]와 같다.

[표 2-4]에 정의된 기본 제어키는 stty 명령어(5.3절 참조)를 사용해서 변경할 수 있다. 가장 흔히 변경되는 제어키는 erase 기능인데, 사용자의 습관에 따라 <Back Space>나 <Delete> 키 중 하나를 사용한다. 그런데 원래 <Delete>는 ^P(Ctrl+ P)로 입력하거나, 별도로 존재하는 Del 키를 사용하였으나, 최근 많이 사용하는 PC 키보

드에 있는 Del 키는 제어문자가 아닌 예외 문자열(escape string)에 대응되어 있기 때문에 유닉스 단말기의 제어키로는 사용할 수 없다. 그러나 사용자들이 Del 키에 익숙해져 있으므로 일부 유닉스에서는 독자적인 내부처리를 거쳐서 PC 키보드의 Del 키를 제어키로 사용할 수 있는 방법을 제공하기도 한다.

[표 2-4] 유닉스 단말기의 명령어 줄 편집과 화면 통제를 위한 제어기능과 키

제어 명칭	제어 기능	기본 제어키
erase	명령어 줄(command line)에서 현재 커서가 위치한 바로 앞의 한 문자를 삭제하고, 커서 위치를 그 곳으로 옮김	Ctrl+H 혹은 BS 혹은 ←
kill	현재 입력 중인 명령어 줄 전체를 삭제하고, 커서 위차을 맨 처음으로 옮김	Ctrl+U
intr	현재 입력중인 명령어 줄을 그대로 두고 새로운 줄로 넘어가 입력을 다시 시작함	Ctrl+C
stop	화면 동작(출력)을 일시 중지함	Ctrl+S
start	화면 동작(출력)을 재개함	Ctrl+Q

■ 창의 모양

유닉스 단말기로서의 특성 외에, 사용자에게 편리성을 제공하기 위한 단말기 자체를 차별화 시키기 위한 고유 특성들이 있을 수 있다. 이런 특성들은 단말기 소프트웨어를 제작한 업체의 역량에 따라 다양하다. 대표적인 예로 아래의 몇 가지 특성들을 들 수 있다.

◆글씨 크기

문자 단위로 본 창의 크기를 고정한 상태에서 문자의 크기를 자유롭게 조정할 수 있는 기능으로 물리적인 창의 크기 즉, 픽셀 단위로 본 창의 크기를 적절하게 유지할 수 있기 때문에 편리하다.

◆글씨 색깔

사용자의 기호에 따라 단말기에 입력되는 문자의 색깔을 자유롭게 선택할 수 있도록 한다. 이런 단말기는 대부분 문자의 색깔 뿐만 아니라 단말기의 배경색도 선택할 수 있어서 사용자에게 보다 안락한 사용환경을 제공한다.

◆문자열 복사

단말기 화면에 출력되어 있는 내용 일부를 복사하여 입력 문자열에 덧붙여 입력할 수 있는 기능으로, 긴 문자열을 동일하게 반복적으로 입력해야 할 경우에 매우 편리하다.

◆유닉스 시스템 주소의 저장과 관리

일반적으로 사용자는 여러 개의 유닉스 서버에 접속한다. 이럴 때 유닉스 시스템. 주소를 단말기에 저장하여 주소록처럼 활용할 수 있으면 아주 편리하다.

[그림 2-5]에는 윈도우에 내장된 telnet 소프트웨어가 제공하는 단말 문자의 색깔, 문자 폰트, 화면 배경색 등을 설정하는 기능을 보였다.

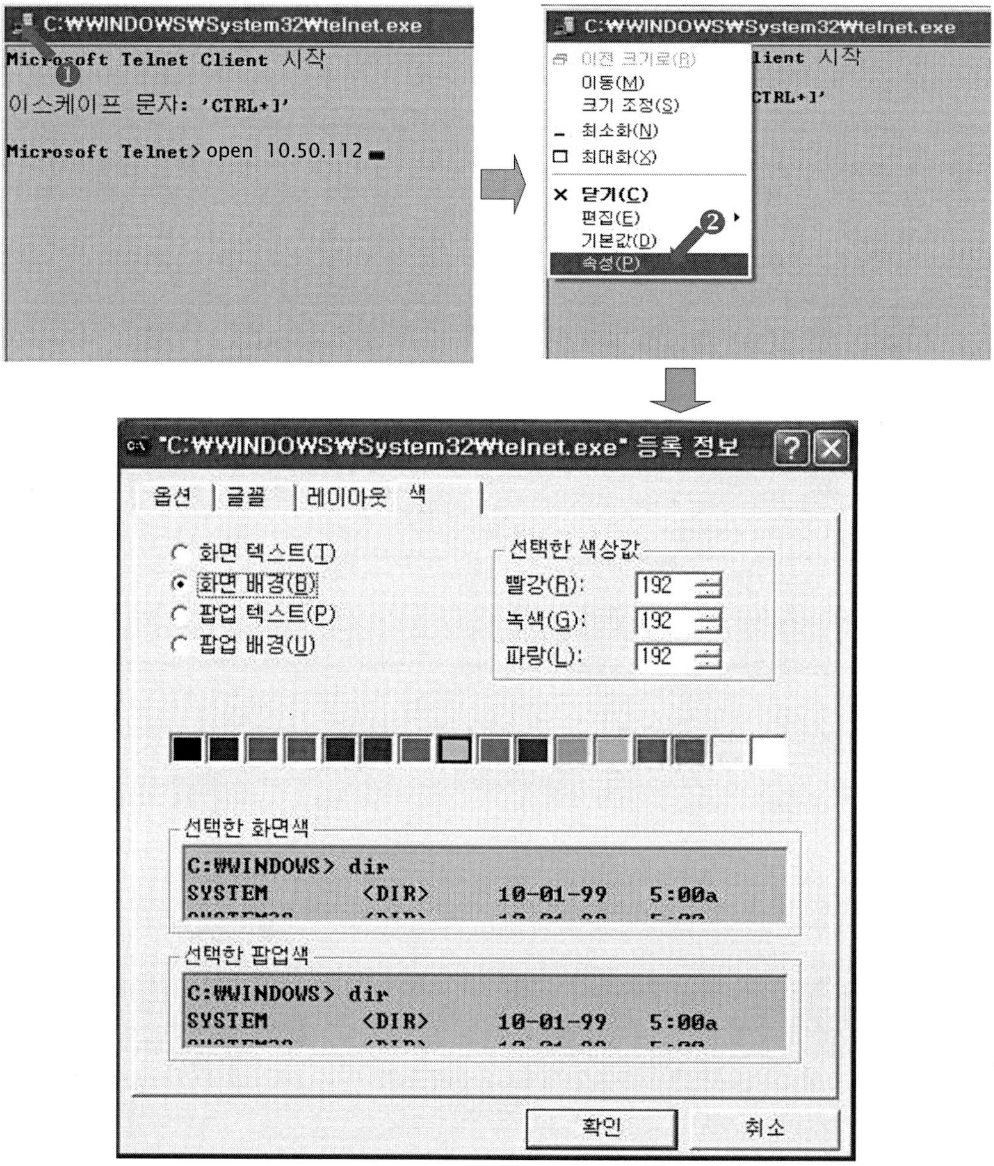

[그림 2-5] 윈도우 내장 telnet 소프트웨어의 단말기 색깔 설정

제 3 장 유닉스 파일 시스템 구조

3.1 파일 시스템의 개념 / 23

3.2 윈도우 파일 시스템과 유닉스 파일 시스템 / 27

3.3 유닉스 파일 시스템 항해 / 36

3. 유닉스 파일 시스템 구조

사용자가 최초로 컴퓨터에 접속했을 때 익혀야 할 가장 기본적인 사항은 그 컴퓨터가 어떤 형태의 디스크 저장 공간을 제공하는가 이다. 메인 메모리(주기억장치)는 운영체제에 의해 완전히 은폐되어 관리되므로 사용자가 직접 다루어야 할 필요성이 없지만, 디스크는 사용자의 문서를 저장하는 공간이므로 사용자가 직접 접근해서 원하는 위치에서 문서를 생성할 수 있어야 할 뿐만 아니라, 나중에 찾는 일도 쉽게 할 수 있어야 한다.

3.1 파일 시스템의 개념

■ 파일 시스템의 목적

파일 시스템이란 위에서 언급한 바와 같이 디스크 상에 문서를 보관하고 관리하는 체계로서, 디스크의 이곳 저곳에 흩어져 있는 문서에 대하여 효율적인 식별과 관리, 그리고 검색이 가능한 저장 체계를 제공하여야 한다. 이들 목적 각각의 구체적인 내용은 아래와 같다.

◆문서의 식별

한 컴퓨터 내에 저장된 모든 문서들은 그 각각을 유일하게 식별할 수 있는 고유의 명칭이 부여되어야 함을 의미한다. 이 때 디스크 상의 모든 문서가 일렬로 나열되어야 한다면 문서 명칭을 만들 때 중복으로 인한 충돌이 빈번하게 일어날 가능성이 크고, 문서 명칭 또한 길어져야 한다.

◆문서의 관리

컴퓨터 사용자는 관련된 문서들을 그룹으로 묶어서 관리할 필요가 있다. 문서의 관련성은 업무별, 기간별, 유형별 등 다양한 기준에 의해 분리될 수 있다. 특히, 컴퓨터의 사용자가 여럿이라면 사용자별로 독립된 문서 저장 공간이 절대적으로 필요하다. 이 때에도, 일렬로 나열하는 저장 체계에서는 문서의 그룹별 저장이 곤란하다.

◆문서의 검색

문서의 검색이란 컴퓨터에 저장된 문서 중에서 특정 문서를 찾는 일을 말하는데, 이 때 찾는 기준으로 문서의 명칭이 가장 많이 사용되고, 그 밖에 문서의 생성일자, 크기, 내용 등이 사용되기도 한다. 이 경우에도 모든 문서들이 일렬로 나열되어 있다면 찾는 대상이 너무 많아 사용자 입장에서 검색이 비효율적일 수 있다.

■ 단일 계층 파일 시스템과 계층적 파일 시스템

효율적인 문서의 식별•관리•검색을 위해 대부분의 컴퓨터는 모든 문서를 일렬로 나열하는 단일 계층 파일 시스템보다는, 문서를 계층적으로 저장하는 계층적 파일 시스템을 제공한다. 계층적 파일 시스템은 디스크에 저장된 문서들을 계층적으로 관리하기 위해 문서의 유형을 크게 디렉터리(폴더)와 파일로 구분하여 디렉터리로 하여금 계층적 연결 구조를 형성하도록 한다. 디렉터리와 파일의 역할은 아래와 같다.

◆ 파일

파일(file)이란 단어의 사전적 의미는 서류철, 편지, 계약서, 영수증, 그림 등 일상생활의 문서 내용이 담긴 종이 혹은 그 밖의 인쇄매체의 더미(묶음)를 의미한다. 컴퓨터에서의 파일은 위에서 언급한 다양한 유형의 사용자 문서를 디지털 즉, 0과 1의 표현으로 저장하고 있는 문서의 저장 단위를 말한다. 디스크에 저장되는 이런 파일들은 기본적으로 유일한 명칭을 소유하고, 파일 본래의 내용 외에 작성자, 작성일, 전체크기 등 특성 정보를 부가적으로 소유한다.

◆ 디렉터리(폴더)

디렉터리(directory)는 어떤 내용을 담고 있다는 점에서는 파일과 동일하지만, 그 내용이 파일이나 다른 디렉터리에 대한 정보들이라는 점, 그리고 이러한 내용은 사용자가 아닌 운영체제에 의해서 관리된다는 점에서 상이하다. 즉, 폴더는 어느 컴퓨터에 있는 파일들을 일목요연하게 관리하기 위해 파일들의 이름만을 저장하고 있는 특수 파일이라고 말할 수 있다. [그림 3-1]에 디렉터리가 하나밖에 없는 일렬 나열식 파일 시스템 혹은 단일 계층 파일 시스템의 모습을 보였다. 여기서 다시 강조되어야 할 점은, 디렉터리 안에 다른 디렉터리나 파일 전체가 포함되는 것이 아니고 그들에 대한 정보만이 저장된다는 점이다.

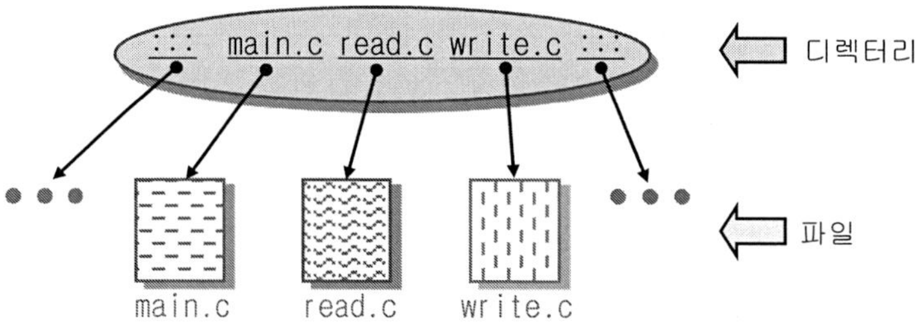

[그림 3-1] 단일 계층 파일 시스템의 개념

[그림 3-1]의 단일 계층 파일 시스템은 디스크에 저장된 모든 파일 명칭들을 오직 하나의 방에 모아서 관리해야 하므로 사용자가 체계적인 문서 관리를 하는데 매우 불편하다. 그러나, [그림 3-2]와 같이 디렉터리를 계층적으로 연결하면 파일명칭을 관리하는 방을 여러 개로 분리하여 체계적으로 구성할 수 있으므로, 문서관리가 편리하다.

[그림 3-2]에서 맨 꼭대기 디렉터리(방)에는 다음 단계에 위치하고 있는 두 개의 하부 디렉터리인 usr 및 bin과, 문서 파일인 read.c에 대한 정보가 담겨있고, 하부 디

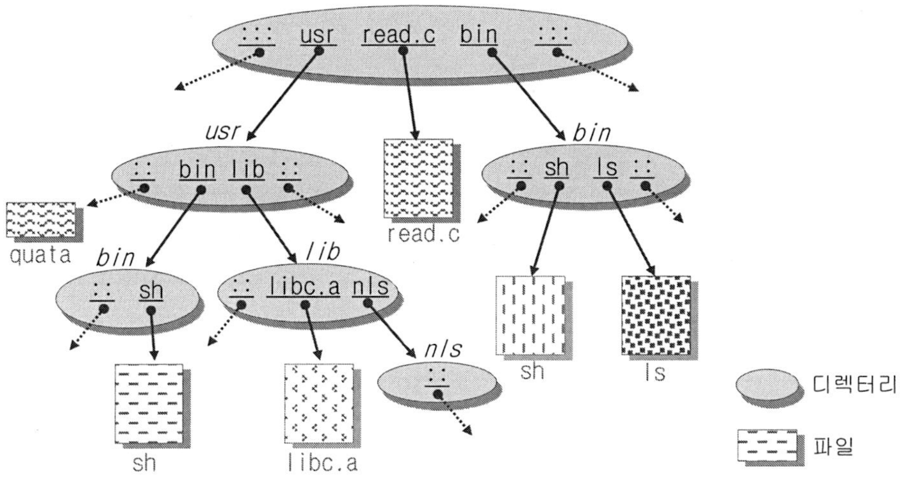

[그림 3-2] 계층적 파일 시스템

렉터리 usr에는 그 다음 단계 하부 디렉터리인 lib와 문서 파일인 quota에 대한 정보가 담겨 있다. 이와 같이 문서의 저장구조를 계층적으로 형성할 수 있는 파일 시스템을 계층적 파일 시스템이라 한다.

계층적 파일 시스템의 가장 큰 장점은 이미 언급한 바와 같이 관련된 문서들을 독립된 그룹으로 모아서 관리할 수 있기 때문에 편리하다는 점에 있다. 뿐만 아니라, 사용자별로 각각 분리된 저장 관리체계를 제공할 수 있기 때문에 다중 사용자 환경에서 매우 효과적인 보안 방법론을 적용할 수 있다.

보통, 계층적 파일 시스템은 [표 3-1]의 규칙에 따라 점점 확장된다.

[표 3-1] 계층적 파일 시스템의 생성과 성장

① 포맷된 디스크에 파일 시스템을 초기화하면 루트 디렉토리(root directory, 꼭대기 디렉터리)가 공백 상태로 생성된다. ② 루트 디렉터리에서의 파일이나 다음 단계의 디렉터리들은 사용자가 운영체제의 파일 시스템에 의뢰하여 만들거나 확장해나아간다.

■ 경로명(pathname)

[그림 3-1]의 단일 계층 파일 시스템에서는 모든 파일들이 일렬로 나열되어있기 때문에 모든 파일들이 고유한 명칭을 가질 수 밖에 없다. 따라서, 이런 경우에는 이름 하나만으로 모든 파일을 식별할 수 있다. 그런데, 파일을 계층적으로 관리하는 파일 시스템에서는 파일명이 디렉터리별로 저장되므로 여러 디렉터리에 동일한 파일명이 존재할 수 있다. 예를 들어, [그림 3-2]에서 bin 디렉터리와 usr 디렉터리에 동일한 파일명 sh가 있지만, 이들 두 파일은 전혀 다른 파일이다. 파일 뿐만 아니라, 루트 디

렉터리의 하부 디렉터리인 bin과 usr 디렉터리의 하부 디렉터리인 bin과 같이 디렉터리명도 그들이 속한 상위 디렉터리가 다르다면 얼마든지 동일할 수 있다.

위에서 살펴본 바와 같이, 계층적 파일 시스템에서는 단순한 파일명만을 사용해서는 어느 파일을 지칭하는지를 단정할 수 없다. 이런 문제를 근본적으로 해결하기 위한 방법은 어느 디렉터리에 속한 어떤 파일인지를 자세하게 명시하는 것이다. 이를테면 [그림 3-2]에서 왼쪽 sh 파일과 오른쪽 sh 파일은 [그림 3-3]과 같이 표시하면 두 파일의 이름은 같지만 명확하게 구분될 수 있다. 이와 같이 계층적 파일 시스템에서 특정 파일이나 디렉터리를 유일하게 식별하기 위해 루트 디렉터리부터 출발해서 해당 파일이나 디렉터리가 위치한 지점까지의 전체 연결과정을 차례로 나타내는 문자열을 경로명이라 한다.

이름이 같은 파일	유일하게 식별하는 명칭(경로명)
bin 디렉터리(왼쪽)	루트 디렉터리→usr 디렉터리→**bin** 디렉터리
bin 디렉터리(오른쪽)	루트 디렉터리→**bin** 디렉터리
sh 파일(왼쪽)	루트 디렉터리→usr 디렉터리→bin 디렉터리→**sh** 파일
sh 파일(오른쪽)	루트 디렉터리→bin 디렉터리→**sh** 파일

[그림 3-3] [그림 3-2]의 계층적 파일 시스템에서 동일명칭 파일들의 식별방법

☞ [실습 3-1]

1. [그림 3-2]의 파일 시스템에 나타난 모든 디렉터리에 대한 경로명을 작성한다.

2. [그림 3-2]의 파일 시스템에 나타난 모든 파일에 대한 경로명을 작성한다.

3.2 윈도우 파일 시스템과 유닉스 파일 시스템

윈도우 파일 시스템과 유닉스 파일 시스템은 둘 모두 계층적 파일 시스템이란 점에서 근본적으로 동일하다. 따라서, 양쪽 모두 경로명을 따라 특정 파일을 지칭해야 한다. 그러나, 루트 디렉터리의 구성과 경로명을 표시하는 방법 등 사소한 몇 가지 측면에서 차이점이 존재한다.

3.2.1 윈도우 파일 시스템

윈도우 환경에서는 윈도우 탐색기나 인터넷 탐색기를 사용해서 파일 시스템을 항해한다. [그림 3-4]에 윈도우 탐색기를 사용해서 살펴본 윈도우 파일 시스템의 일부를 보였다. 이 그림으로부터 윈도우 파일 시스템은 저장장치별로 루트 디렉터리가 각각 따로 존재함을 알 수 있다.

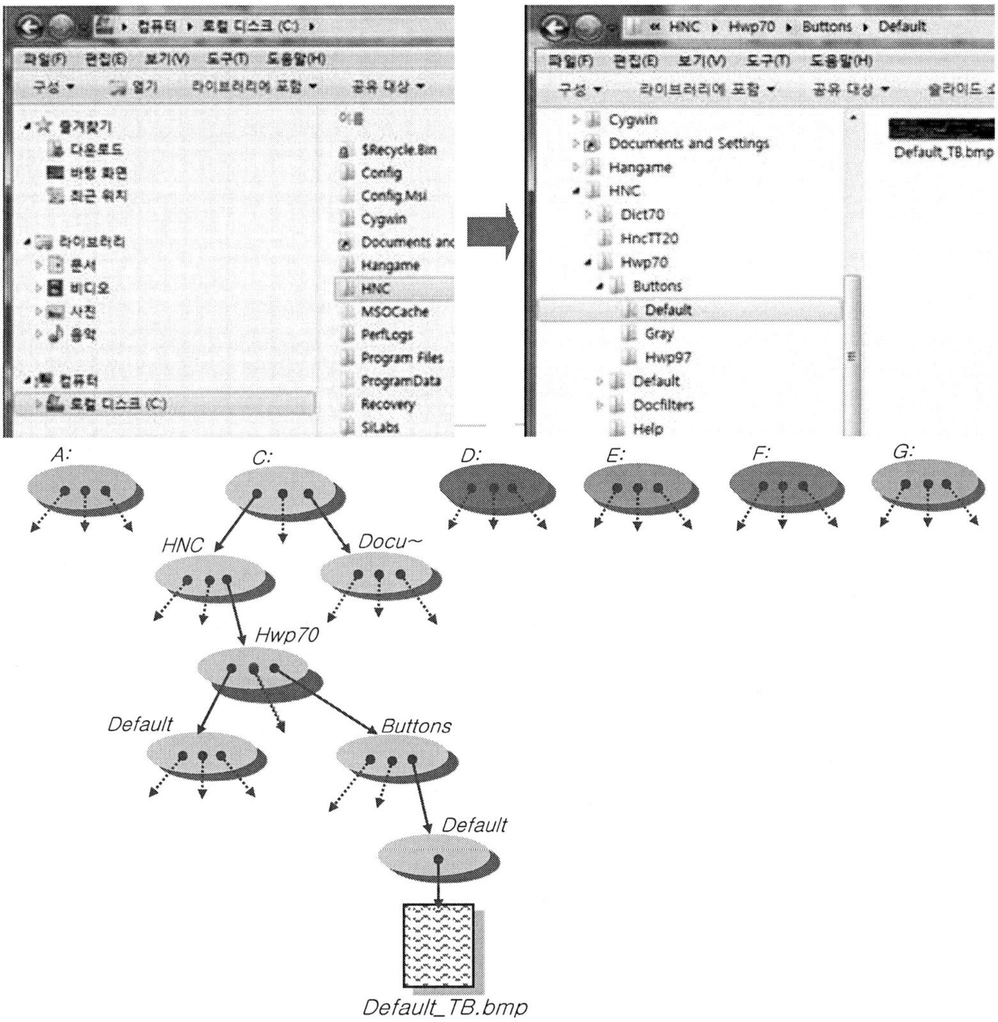

[그림 3-4] 윈도우 파일 시스템

■ 윈도우 파일 시스템의 탐색

윈도우 파일 시스템에서는 [그림 3-4]에서 보는 바와 같이 탐색기가 표시해준 아이콘을 클릭함으로써 디렉터리(폴더)를 이동할 수 있고 특정 파일에도 접근할 수 있다. 이 때, 아이콘의 모양에 따라 디렉터리와 파일이 식별되고, 디렉터리는 한 단계씩 아래쪽이나 위쪽으로 이동할 수 있다.

☞ [실습 3-2]

1. [그림 3-4]의 C 디스크에 있는 모든 디렉터리(폴더)를 위•아래로 이동하며 방문한다.
2. [그림 3-4]의 C 디스크의 "WORK" 디렉터리 아래에 "HOMEWORK" 디렉터리를 생성하고, 생성된 계층적 모습을 그림으로 그린다.
3. 과정 2에서 생성했던 "HOMEWORK" 디렉터리를 제거한다.
4. 그 밖의 다양한 위치에 디렉터리의 생성과 제거를 반복한다.

■ 윈도우 파일 시스템의 경로명

윈도우 탐색기는 사용자가 파일 시스템을 항해하는 동안 길을 잃지 않도록 돕기 위해 사용자의 현재 위치 즉, 경로명을 탐색기 제목에 표시하는 서비스를 제공한다. [그림 3-4]의 오른쪽 위 그림의 창 제목에 나타나 있는 "C:₩HNC₩APP₩HWPW₩DATA"가 바로 그것인데, 이 서비스는 탐색기의 "도구->폴더옵션->보기" 메뉴에서 "제목 표시줄에 전체 경로명 표시"를 선택함으로써 제공받을 수 있다.

위와 같이, [그림 3-3]에 보인 일반적인 경로명 표현이 윈도우에서는 [표 3-2]의 규칙에 따라 표시된다.

[표 3-2] 윈도우 파일시스템의 경로명 표시 방법

규칙 ①	경로명 맨 앞에 디스크장치 이름과 ':'을 붙인다. 예) A:, C:, D:, ...
규칙 ②	루트 디렉터리의 이름으로 '₩' 문자를 사용한다. 이 때, '₩' 문자는 한글 환경에서 원화 표시용으로 사용되지만, 영문 환경에서는 '\\ '(back slash)로 사용된다. 예) A:₩, C:₩, D:₩, ... (A:\\, C:\\, D:\\, ...)
규칙 ③	최종 디렉터리나 파일에 이르기까지 중간에 위치한 모든 디렉터리 명명을 '₩'문자로 구분하여 연결한다. 예) C:₩HNC₩APP₩HWPW₩DATA (C:\\ HNC\\ APP\\ HWPW\\ DATA)

■ 도스창을 이용한 윈도우 파일 시스템 탐색

윈도우 환경에서는 GUI(Graphical User Interface)가 기본이기 때문에 마우스에 의한 아이콘 클릭으로 대부분의 일들이 이루어진다. 그래서 [그림 3-4]에 보인 윈도우 탐색기도 마우스 클릭만으로 파일 시스템을 탐색할 수 있도록 지원한다. 그런데 윈도우 운영체제는 아이콘과 마우스 클릭이 아닌, 순전히 명령어만을 입력해서 PC를 사용해야 하는 환경을 제공하는데 이를 도스(DOS)창(최근에는 파워쉘 터미널도 제공)이라 부른다(3쪽 [표 1-2] 참조). 도스창은 GUI가 발전하기 전 PC를 사용하던 환경인데, 지금은 지난 세대와의 호환성, GUI보다는 명령어 형태가 편리한 경우, 시스템 고장으로 GUI를 올릴 수 없는 상황에서 시스템의 진단과 복구를 위해 제공되고 있다. 도스창과 터미널은 [그림 3-5]의 절차 등에 따라 생성된다. 도스창은 단계 ④에서 명령어를 기다리며 대기한다. 도스창 혹은 터미널이 파일 시스템 탐색을 위해 제공하는 대표적인 명령어는 cd와 dir인데, 이 명령어들의 사용법과 기능은 [표 3-3]과 같다.

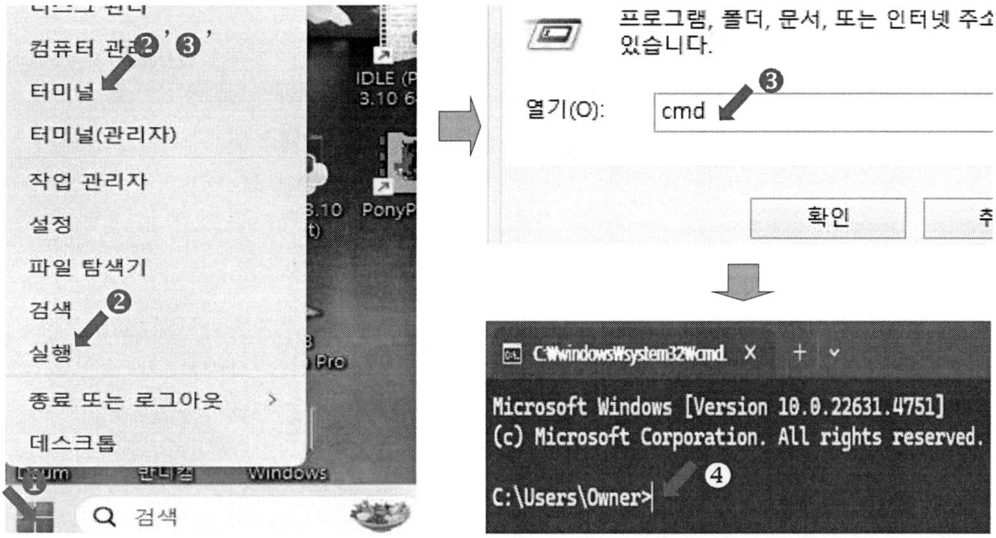

[그림 3-5] 윈도우 실행창에서 도스창을 여는 절차

[표 3-3] 도스창의 cd와 dir 명령어

명령어	사 용 법	기 능
cd	cd 경로명 ↵	• 경로명이 지시하는 디렉터리(폴더)로 직접 이동한다. 단, 경로명의 마지막 요소는 반드시 디렉터리여야만 한다.
dir	dir 경로명 ↵	• 경로명의 마지막 요소가 디렉터리이면 그 디렉터리에 들어있는 내용을 출력한다. • 경로명의 마지막 요소가 파일이면 그 파일에 대한 자세한 정보를 출력한다. • 경로명을 생략하면 현재 위치하고 있는 디렉터리에 들어있는 내용을 출력한다.

[그림 3-5]의 도스창에서는 한글 환경에서 보이는 '₩' 문자 때문에 경로명이 눈에 띄지 않는다. 도스창을 영문 환경으로 변환시켜 '₩' 문자를 '\' 문자로 표시하면 경로명을 한결 뚜렷하게 볼 수 있다. 도스창을 영문 모드로 전환시키려면 명령어 대기상태에서 "chcp 437↵" 명령어를 입력하면 된다.

도스창에서 cd 와 dir 명령어를 사용해서 [그림 3-4]에 보인 계층적 디렉터리를 이동하거나 탐색하는 몇 가지 예를 [그림 3-6]에 보였고, 이 때, 각 명령어의 내용은 아래와 같다.

① 현재 코드 페이지(모드)를 확인한다. 한글 모드이므로 '₩' 문자가 보인다.
② 한글 모드의 도스창을 영문 모드로 전환한다. '₩' 대신 '\' 문자가 보인다. 다시 한글 모드로 환원하고 싶을 때는 "chcp 949↵" 명령을 사용한다.
③ 방문 디렉터리를 루트(꼭지점)으로 이동한다.
④ Windows 아래 IME 디렉터리의 내용을 탐색한다. 영문 모드에서는 한글이 깨진 상태("??")로 나타난다.
⑤ 방문 디렉터리를 Windows 아래 IME로 이동한다.

이와 같이, 도스창을 사용할 때는 보이지 않는 파일 시스템의 전체적인 모습을 상상하면서 디렉터리를 이동하거나 탐색해야 한다. 이런 측면에서 DOS 창이 GUI 탐색기보다 까다롭고 답답하다고 말할 수 있으나, 명령어와 파일 시스템의 경로명에 익숙해지면 단번에 깊은 곳에 위치한 디렉터리를 탐색할 수 있기 때문에 오히려 편리함을 느끼게 된다.

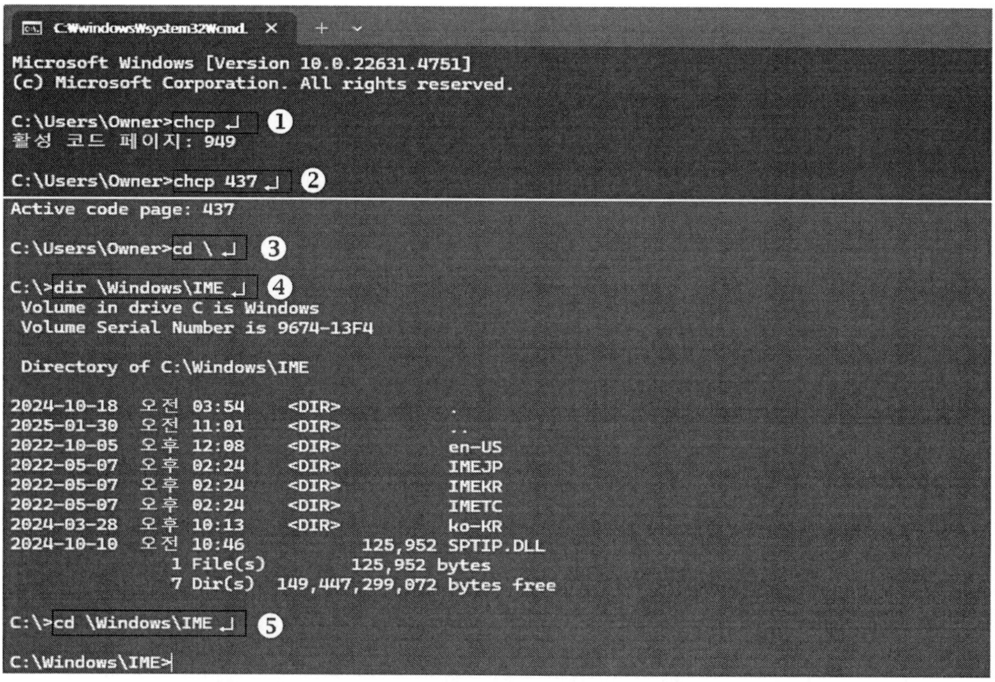

[그림 3-6] 도스창 명령에 의한 윈도우 파일 시스템 탐색

☞ [실습 3-3]

1. DOS 창을 연다.

2. cd 명령어를 사용해서 [그림 3-7]에 있는 모든 디렉터리를 한 번 이상씩 방문한다.

3. dir 명령어를 사용해서 [그림 3-7]에 있는 모든 디렉터리의 내용을 한 번 이상씩 탐색한다.

4. ③, ④의 경우 현재 방문중인 디렉터리와 새로 방문하려는 디렉터리 사이의 거리와, 명령어에 기술해야 하는 경로명의 길이를 비교해본다.

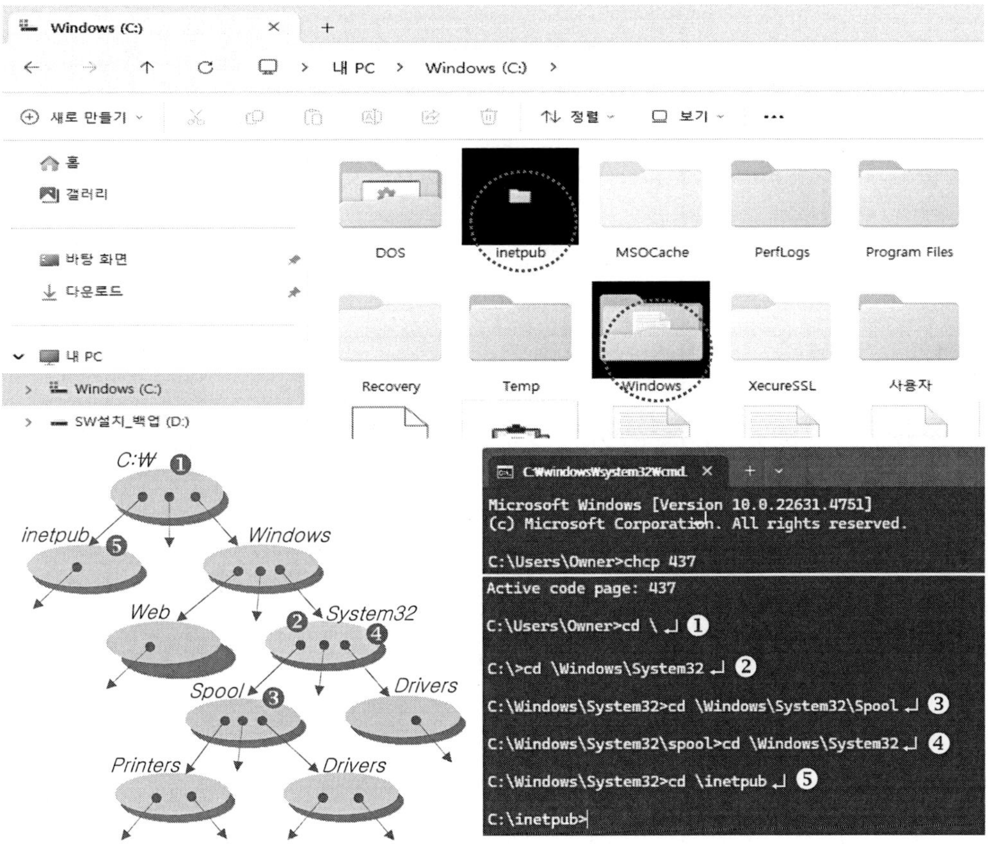

[그림 3-7] cd와 dir 명령어를 사용한 파일 시스템 탐색 실습

■ 절대 경로명과 상대 경로명

지금까지 사용했던 모든 경로명은 절대 경로명(absolute pathname)에 해당되는데, 이는 특정 디렉터리나 파일을 무조건 루트 디렉터리('₩')부터 시작해서 중간의 모든 경로를 포함한다. 따라서, 절대 경로명이 지시하는 디렉터리나 파일은 현재 방문중인 디렉터리의 위치에 관계 없이 항상 동일하다.

절대 경로명에 대비되는 개념으로 상대 경로명(relative pathname)이 있다. 상대 경로명은 현재 방문 중인 디렉터리를 기준으로 다른 디렉터리나 파일에 대한 경로명을 표시한다. 상대 경로명의 효율적인 표현을 위해 도스창에서는 [표 3-3]의 특수 문자와 새로운 용어를 도입한다. 이 표에서 보는 바와 같이 상대 경로명은 작업 디렉토리(".")를 기준으로 표시되기 때문에 동일한 경로명이라 하더라도 현재 방문중인 작업 디렉터리의 위치에 따라 지시되는 디렉터리나 파일은 달라진다.

[표 3-4] 상대 경로명을 위해 도입된 새로운 정의

새 정의	부 류	내 용
작업 디렉터리	새로운 용어	• 현재 방문하여 위치하고 있는 디렉터리를 의미함.
.	특수문자	• 경로명에 사용되어 현 디렉터리를 의미함. - 경로명의 맨 처음에 나타났을 때는 작업 디렉터리를 의미함 예) .\spool\printers - 경로명의 중간에 나타났을 때는 바로 전까지의 경로명이 지시하는 디렉터리를 의미함. 예)\windows\.\system32 - 한 경로명에 여러 번 나타날 수 있음. 예) .\spool\.\printers
..	특수문자	• 경로명에 사용되어 현 디렉터리의 바로 위에 위치한 디렉터리를 의미함. - 경로명의 맨 처음에 나타났을 때는 작업 디렉터리의 바로 위 디렉터리를 의미함. 예) ..\spool\printers - 경로명의 중간 처음에 나타났을 때는 바로 전까지의 경로명이 지시하는 디렉터리의 윗 디렉터리를 를 의미함. 예)\windows\..\hnc - 한 경로명에 여러 번 나타날 수 있음. 예) ..\spool\..
상대 경로명	새로운 용어	• ".\"로 시작하는 모든 경로명. 예) .\spool\printers • 상대 경로명의 맨 앞에 위치한 ".\"는 생략 가능함. 예) spool\printers

예를 들어, [그림 3-7]에서 "cd drivers↵"의 명령어를 처리한다면, 이 때 drivers가 지시하는 디렉터리는 아래와 같이 현재 방문 중인 작업 디렉터리에 따라 달라진다.

- 작업 디렉터리가 system32라면 이 디렉터리의 오른쪽 아래에 위치한 drivers 디렉터리를 지시한다.
- 작업 디렉터리가 spool에 위치해 있다면 spool의 오른쪽 아래에 있는 drivers 디렉터리를 지시한다.

또한 [그림 3-7]에서 명령어 ③은 "cd spool↵"로, 명령어 ④는 "cd ..↵"으로 각각 간편하게 사용할 수 있다. 즉, 경우에 따라서 상대 경로명이 절대 경로명에 비해서 훨씬 짧고 간편할 수 있다.

☞ [실습 3-4]

1. [그림 3-8]에서 작업 디렉터리가 system32일 때, 서로 다른 표현의 절대 경로명 3가지 이상을 사용하여 디렉터리 inetpub로 이동하기 위한 cd 명령어를 나열한다.

2. [그림 3-8]에서 작업 디렉터리가 system32일 때, 서로 다른 표현의 상대 경로명 3가지 이상을 사용하여 디렉터리 inetpub로 이동하기 위한 cd 명령어를 나열한다.

3. [그림 3-8]에서 작업 디렉터리가 spool일 때, 서로 다른 표현의 상대 경로명 3가지 이상을 사용하여 디렉터리 system32로 이동하기 위한 cd 명령어를 나열한다.

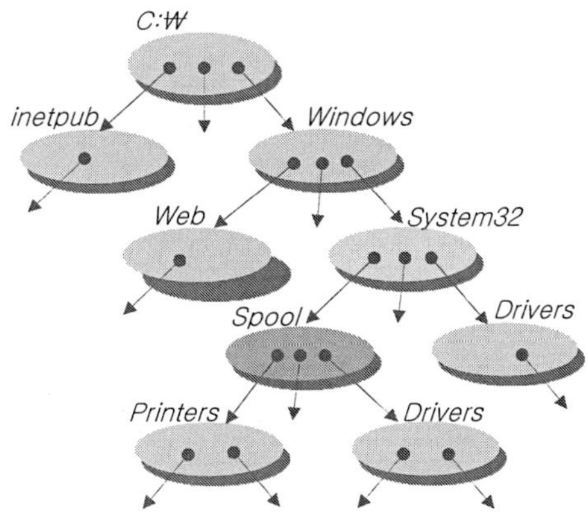

[그림 3-8] 상대 경로명 표시 실습

3.2.2 유닉스 파일 시스템

윈도우 파일 시스템에서 살펴본 대부분의 개념들이 유닉스 파일 시스템에도 동일하게 적용되나, 모든 것이 일치하지는 않는다.

■ 윈도우 파일 시스템과 유닉스 파일 시스템의 비교

디렉터리, 파일, 루트 디렉터리, 작업 디렉터리, 절대 경로명, 상대 경로명 등 윈도우 파일 시스템에서 사용되었던 용어나 특수 문자 등이 유닉스 파일 시스템에도 동일하게 적용된다. 특히, 윈도우의 도스창은 유닉스 사용 환경과 매우 흡사하다. 윈도우 파일 시스템과 유닉스 파일 시스템의 차이점을 살펴보기 위해 [표 3-5]에 두 파일 시스템의 비교표를 보였다([그림 3-4], [그림 3-9] 참조).

[표 3-5] 윈도우 파일 시스템과 유닉스 파일 시스템의 경로명 표시방법 비교

비 교 항 목	윈도즈 파일 시스템	유닉스 파일 시스템
루트 디렉터리 구성	▪ 디스크 장치(피티션)마다 별개로 존재함	▪ 전체적으로 하나만 존재함
루트 디렉터리 표시 문자	▪ '₩'('\') – "C:\"와 같이 장치명이 앞에 올 수 있음	▪ '/'
경로명 구분 문자	▪ '₩'('\')	▪ '/'
현재 디렉터리 표시 문자	▪ '.'	▪ 윈도즈 파일 시스템과 동일
상위 디렉터리 표시 문자	▪'..'	▪ 윈도즈 파일 시스템과 동일

■ 루트 파일 시스템과 마운트 파일 시스템

[표 3-5]에서 유닉스 파일 시스템에는 루트 디렉터리가 단 하나밖에 존재하지 않는다는 점이 특이하다. 디스크 장치나 파티션이 여러 개 존재하는 경우가 일반적이라는 사실을 생각할 때 이는 더욱 의외로 여겨질 수 있다.

그러나, 유닉스 파일 시스템이 크게 루트 파일 시스템(root file system)과 마운트 파일 시스템(mounted file system)으로 이루어진다는 점을 이해하면 위의 의문점은 쉽게 해소된다. [표 3-6]에 유닉스 환경에서의 루트 파일 시스템과 마운트 파일 시스템의 개념을 요약하였다.

[그림 3-9]에는 루트 파일 시스템과 마운트 파일 시스템의 연결 모습 예를 보였다. 이 그림은 총 3 개의 디스크 장치 혹은 파티션들이 연결되어 단일 파일 시스템을 형성하고 있는 모습이다. 원래 각 디스크의 루트 디렉터리에는 이름이 없으므로, 해당

디스크가 연결된 지점의 디렉터리 이름이 곧 그 디스크의 루트 디렉터리를 의미한다.

이와 같이 마운트 파일 시스템은 관리자가 명령어를 사용해서 필요에 따라 얼마든지 연결하거나 단절할 수 있다. 그러나 부팅 과정에서 결정된 루트 파일 시스템은 변경될 수 없다.

[표 3-6] 유닉스의 루트 파일 시스템과 마운트 파일 시스템

루트 파일 시스템 (root file system)	▪ 유닉스 운영체제가 부팅하면서 사용한 디스크 장치나 파티션 하나를 말함. ▪ 부팅 직후에는 오직 루트 파일 시스템만 사용 가능함. ▪ 루트 파일 시스템의 루트 디렉터리가 유닉스 파일 시스템 전체의 유일한 루트 디렉터리가 됨.
마운트 파일 시스템 (mounted file system)	▪ 루트 파일 시스템이 아닌 다른 디스크 장치나 파티션은, 부팅이 완료된 후, 관리자에 의해 이미 존재하는 파일 시스템에 존재하는 임의의 디렉터리에 연결(마운트)되어야만 사용이 가능함. ▪ 마운트 파일 시스템이 연결된 지점 즉, 마운트 디렉터리가 곧 해당 디스크 장치나 파티션의 루트 디렉터리임. ▪ 일반 사용자는 마운트 파일 시스템의 연결 지점을 의식하지 못할 뿐 아니라, 의식할 필요도 없음. ▪ 경로명 표현에서 루트 파일 시스템과 마운트 파일 시스템의 구분은 전혀 없고, 두 가지 파일 시스템 전체가 모여 하나의 단일 뷰(view)를 형성함.

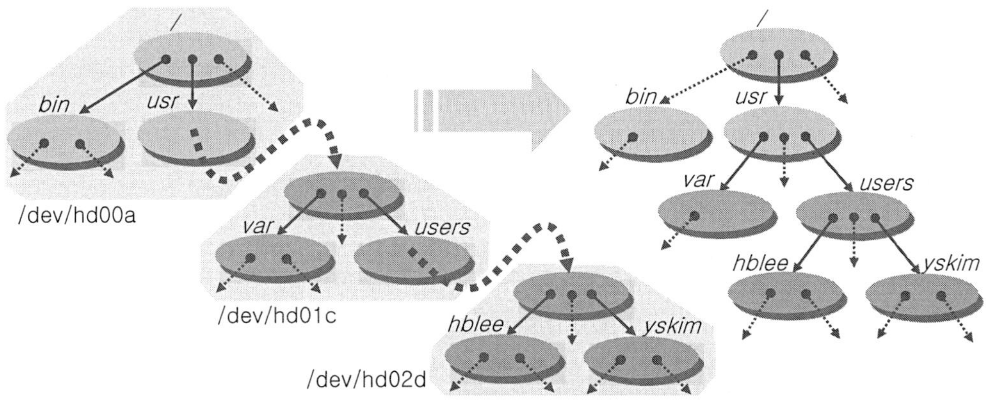

[그림 3-9] 유닉스 환경에서 마운트 파일 시스템의 개념

☞ [실습 3-5]

1. 윈도즈 파일 시스템과 유닉스 파일 시스템을 비교한다.
2. [그림 3-9]의 최종 파일 시스템에서 연결지점(마운트 포인트)을 지적한다.
3. [그림 3-9]에서 작업 디렉터리가 hblee일때, 디렉터리 yskim에 대한 서로 다른 절대 경로명과 상대 경로명을 각각 3가지 이상 나열한다.

3.3 유닉스 파일 시스템 항해

파일 시스템 탐색을 위해, 윈도즈 환경에서는 기본적으로 마우스를 사용하는 GU 기반의 윈도즈 탐색기를 사용하지만 필요에 따라서는 명령어 기반의 도스창을 사용할 수도 있다. 그러나 유닉스 환경에서는 오직 도스창과 매우 유사한 단말기 창에서 명령어를 구사해야 한다.

■ 홈 디렉터리

유닉스는 다중 사용자(multi user) 시분할(time sharing) 운영체제이기 때문에 많은 사용자들이 동시에 접속해서 사용할 수 있다. 따라서, 각 사용자들은 다른 사용자에게 방해가 되지 않도록 분리된 저장 공간을 소유해야 한다. 이를 위해서 유닉스 관리자는 사용자 계정을 등록할 때 다른 사용자 영역과 겹치지 않도록 파일 시스템 상에서 격리된 저장 공간을 지정해 주는데 이를 홈 디렉터리(home directory)라 한다.

즉, 홈 디렉터리는 로그인한 사용자가 안심하고 사용할 수 있도록 허용된 파일 시스템 영역의 입구라고 말할 수 있다. [그림 2-8]에서 사용자가 최초로 로그인에 성공하면 묵시적으로 그 사용자는 자신의 홈 디렉터리에 위치하게 된다. 이는 로그인 직후 해당 사용자의 작업 디렉터리는 홈 디렉터리가 됨을 의미한다. [표 3-7]에 홈 디렉터리와 관련된 주요 사항을 요약하였다.

[표 3-7] 홈 디렉터리 관련 주요 사항

① 유닉스 사용자가 안심하고 사용할 수 있도록 허용된 파일 시스템 영역의 입구를 홈 디렉터리(home directory)라고 함. ② 사용자가 로그인 하면 자신의 홈 디렉터리에 위치하게 됨. 즉, 로그인 직후 홈 디렉터리가 작업 디렉터리로 설정됨. ③ 홈 디렉터리의 상위 부분은 다른 사용자 영역이므로 함부로 수정할 수 없음. ④ 홈 디렉터리를 포함한 하위 부분은 자신의 영역이므로 새로운 디렉터리나 파일의 생성 등 파일 시스템 접근 활동이 자유로움.

■ cd와 pwd 명령어

cd(change directory) 명령어는 그 기능이 [그림 3-6]의 도스창에서 사용했던 cd 명령어와 동일하다. 즉, 유닉스 파일 시스템에서 현재의 작업 디렉터리를 옮겨가며 항해하기 위해서는 cd 명령어를 사용해야 한다.

파일 시스템을 항해하다 보면 가끔 자신의 위치 즉, 작업 디렉터리를 망각하는 경우가 있다. 이렇게 되면 대부분의 명령어에 필요한 경로명을 정확하게 지시할 수 없다. pwd(print working directory) 명령어는 사용자가 파일 시스템 항해 도중 길을 잃지 않도록 현재의 위치 즉, 작업 디렉터리를 알려주는 데 사용된다.

[표 3-8]과 [표 3-9]에 cd 명령어와 pwd 명령어의 사용법을 각각 요약하였다.

[표 3-8] cd 명령어의 사용법과 기능

사 용 법	설　　명
① cd 경로명 ↵	▪ 경로명에는 절대 경로명 혹은 상대 경로명을 기술한다. ▪ 작업 디렉터리가 경로명이 지시하는 디렉터리로 이동한다. 예) cd /usr/bin ↵ cd work/homework ↵
② cd ↵	▪ 경로명을 기술하지 않으면, 홈 디렉터리로 이동한다.

[표 3-9] pwd 명령어의 사용법과 기능

사 용 법	설　　명
① pwd ↵	▪ 현재 위치하고 있는 작업 디렉터리를 알려준다. 예) pwd ↵

cd 명령어에 의한 유닉스 파일 시스템 항해 과정의 예를 [그림 3-10]에 보였다.

① hblee 사용자가 로그인하면 홈 디렉터리인 /usr/users/hblee에 위치한다.
② 절대 경로를 사용해서 하위 디렉터리인 homework로 이동한다.
③ 명령어에 경로명을 주지 않았으므로 홈 디렉터리로 이동한다.
④ 상대 경로명을 사용해서 하위 디렉터리인 homework로 이동한다(②와 비교). 상대 경로명 맨 앞 쪽의 "./"는 생략될 수 있다.
⑤ ③과 마찬가지로 홈 디렉터리로 이동한다.
⑥ 상대 경로명을 사용해서 하위 디렉터리로 이동한다. 여기서 경로명 맨 앞 쪽의 "./"는 생략되었다.

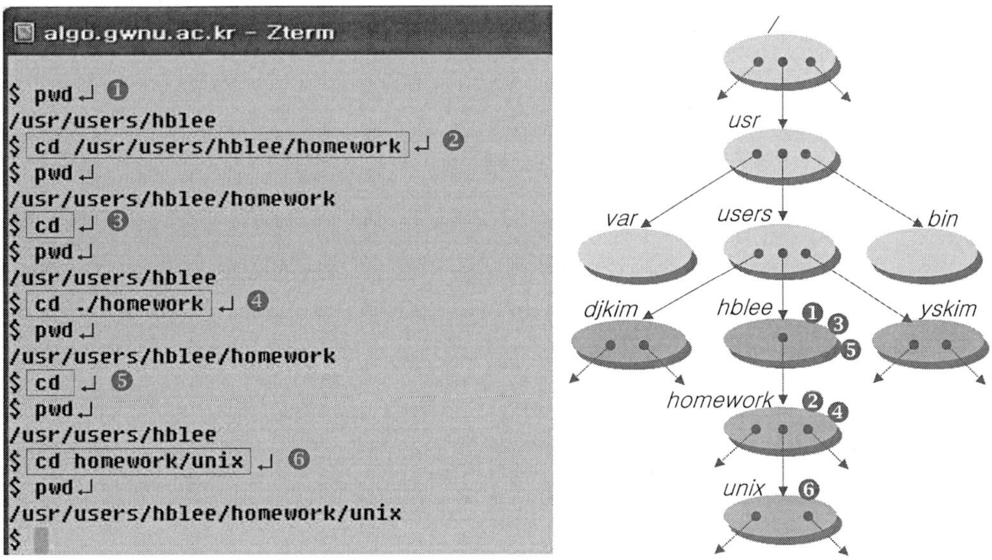

[그림 3-10] cd 명령어를 사용한 유닉스 파일 시스템의 항해 모습

☞ [실습 3-6]

1. 유닉스 시스템 로그인 과정을 이해한다.

2. 홈 디렉터리(home directory)를 이해한다(pwd 명령어 활용).

3. 작업 디렉터리(working directory)와 상대 경로명을 이해한다.

4. cd 명령어를 사용해서 "홈디렉터리" → "/usr/bin" → "/usr" → "/" → "/bin" → "홈디렉터리"의 순서에 따라 작업 디렉터리를 차례로 이동하고 이 과정을 반복한다. 이 때, 각 이동 과정에서 사용될 수 있는 서로 다른 절대 경로명과 상대 경로명 각각 3개 이상씩을 적용해본다. 또한 한 번의 이동이 있을 때마다 pwd 명령어를 사용해서 정확히 원하는 위치로 옮겨갔는지를 확인한다([그림 3-11] 참조).

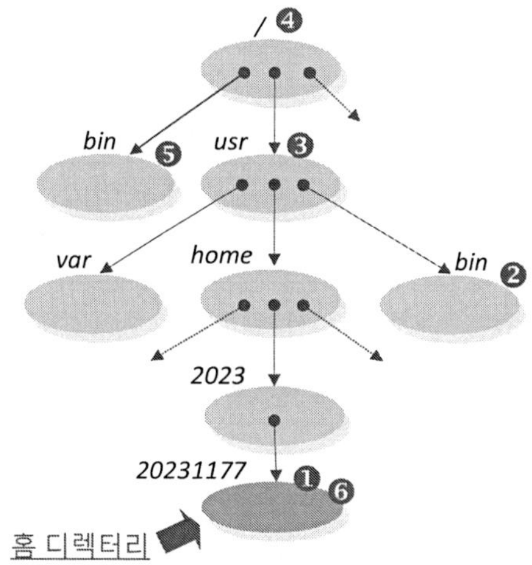

[그림 3-11] 유닉스 파일 시스템 실습

제 4 장 유닉스 파일 시스템 운용

4.1 디렉터리·파일의 탐색 / 41

4.2 디렉터리·파일의 생성과 삭제 / 45

4.3 디렉터리·파일의 복사와 이동(이름 변경) / 62

4.4 디렉터리·파일 명칭의 간편 표현(wild card) / 73

4. 유닉스 파일 시스템 운용

유닉스 시스템에서는 사용자가 로그인 하자마자 파일 시스템이라는 결코 단순하지 않은 다리 위에 놓여지게 되고, 거의 모든 작업이 그 다리 위에서 이루어지게 된다. 작업을 시작하기 위한 데이터는 물론, 작업의 결과 또한 다리 위의 파일로 관리되는 경우가 대부분이기 때문에, 유닉스 시스템을 잘 활용하기 위해서는 무엇보다도 먼저 유닉스 파일 시스템 운용에 익숙해야 한다.

보통, 일반 사용자의 파일 시스템 운용 활동은 [표 4-1]과 같이 파일 시스템 탐색, 디렉터리·파일의 생성과 삭제, 디렉터리·파일의 이동과 복사(이름 변경), 디렉터리·파일의 보호 등 크게 네 부류로 나눌 수 있다.

[표 4-1] 파일 시스템 운용 활동의 분류

파일 시스템 운용 활동 항목	주 요 내 용
디렉터리·파일의 탐색	디렉터리나 파일에 대한 속성 정보를 알아봄.
디렉터리·파일의 생성과 삭제	파일 시스템의 특정 위치에 디렉터리나 파일을 생성하거나, 이미 존재하는 디렉터리나 파일을 제거함.
디렉터리·파일의 이동과 복사	파일 시스템의 특정 위치에 존재하는 디렉터리나 파일들을 다른 위치로 옮기거나 복사함.
디렉터리·파일의 보호	다중 사용자 환경에서 자신의 디렉터리나 파에 대한 다른 사용자의 접근을 통제함.

4.1 디렉터리·파일의 탐색

■ 디렉터리 및 파일의 속성 정보

파일 시스템에 대한 가장 기초적이고 초보적인 궁금증은 특정 파일에 저장된 내용에 앞서, 어디에 어떤 파일들이 있는지와, 그와 더불어 그 파일들이 어느 사용자에 의해 언제 만들어졌으며 언제 수정되었는가 등 부수적인 정보들이다. 이런 속성 정보는 사용자들이 개인별 혹은 그룹별로 문서를 체계적이고 일사불란하게 관리하기 위해 필수적이다.

유닉스 파일 시스템에서 일반 사용자와 밀접하게 관련이 있는 디렉터리 및 파일의 속성 정보 항목들을 [표 4-2]에 요약하였다. 이들 중, 디렉터리 및 파일의 이름은 그 들을 생성할 때 사용자가 자신의 목적에 맞게 부여하는 것이고, 나머지 속성들은 시스템에 의해 자동적으로 기록된다.

또한, 이름이나 소유자 등 속성 정보의 일부는 사용자의 의지에 따라 나중에 새롭게 변경할 수 있다.

[표 4-2] 디렉터리·파일의 속성 정보 항목

속성 정보 항목	정 보 내 용
이름	디렉터리나 파일의 이름을 말하고, 보통 알파벧, 숫자, 그리고 기호문자의 일보로 이루어짐.
소유자	해당 디렉터리나 파일을 생성한 사용자를 소유자(owner)라 말하고, 해당 사용자 id와 그 사용자가 속한 그룹 id로 표시함.
생성일, 변경일	해당 파일이 생성된 날짜와 수정된 날짜. 수정에는 내용 수정과 속성 수정 등 두 가지 유형이 있음.
크기	해당 파일이 저장하고 있는 정보의 크기를 바이트 단위로 표시함.
파일의 유형	디렉터리 혹은 파일인지의 여부. 기타 다른 특수 파일 형태도 있음(8.2절 [표 8-2], [그림 8-25] 참조).

■ ls (list) 명령어 : 디렉터리나 파일의 속성 정보 탐색

ls는 나열하다라는 list 단어에서 따온 것으로 유닉스 파일 시스템에서 디렉터리나 파일에 대한 정보를 탐색하는 명령어다. ls 명령어의 사용법을 [표 4-3]에 요약하였다.

[표 4-3] ls 명령어 사용법

사 용 법	기 능 (결 과)
① ls ↵	▪ 현재 위치한 작업 디렉터리의 내용 즉, 작업 디렉터리에 연결된 파일 및 하부 디렉터리들의 이름을 일렬로 나열한다.
② ls -l ↵	▪ ①의 내용을 출력하되, 파일이나 하부 디렉터리 각각에 대하여 이름, 변경일, 크기, 소유자 id, 소유자 그룹 id, 보안 설정 정보 등을 줄 단위로 출력한다. 여기서 "-l"은 길게(long)라는 명령어 보조 옵션임.
③ ls 경로명 ↵	▪ 경로명이 디렉터리로 끝나면, 해당 디렉터리의 내용을 ①과 동일하게 일렬로 나열한다. 예) $ ls /usr/bin ↵ $ ls / ↵ $ ls /usr/home ↵ $ ls . ↵ $ ls ./homework ↵ $ ls homework ↵ ▪ '경로명' 이 파일로 끝나면, 그 파일의 존재 여부를 조사하고 존재가 확인되면 단순히 그 파일명 하나를 출력한다. 만약 존재하지 않는다면 오류 메시지를 출력함. 예) $ ls /usr/bin/ls ↵ $ ls /etc/passwd ↵ $ ls /etc/group ↵ $ ls ./.profile ↵ $ ls homework/t.c ↵ $ ls ./cshrc ↵
④ ls -l 경로명 ↵	▪ ③과 동일하되, 출력되는 각각의 파일이나 디렉터리에 대하여 ②와 같이 자세한 속성 정보를 줄 단위로 길게 출력한다.
⑤ ls … … … ↵	▪ ③, ④ 에서, 경로명을 공백으로 분리하여 여러 개 나열할 수 있다. 이 경우 각각의 경로명에 대한 독립된 내용이 차례로 연속되어 출력된다. 예) ls /usr/bin /usr/home homework /etc/passwd .profile ↵

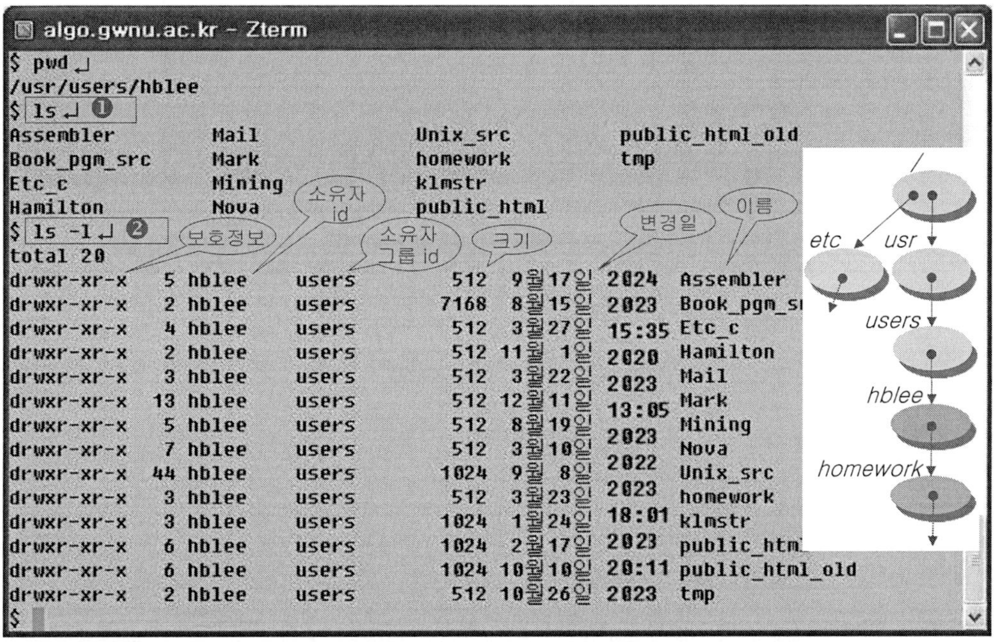

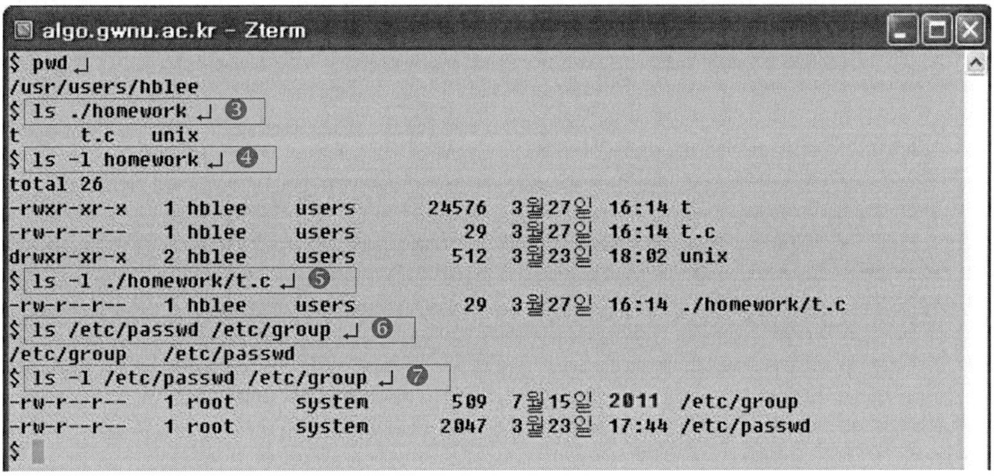

[그림 4-1] [표 4-3]의 ls 명령어 사용의 예

☞ [실습 4-1]

1. 유닉스 시스템에 로그인한다.

2. 자신의 홈 디렉터리에 파일 .profile이 존재하는지 살펴본다. 만약 존재한다면 그 파일의 변경시간, 소유자 id, 소유자 그룹 id, 크기 등을 살펴본다.

3. 자신의 홈 디렉터리에 파일 .cshrc이 존재하는지 살펴본다. 만약 존재한다면 그 파일의 변경시간, 소유자 id, 소유자 그룹 id, 크기 등을 살펴본다.

4. "/bin" 디렉터리에 ls, cp, mv, rm, mkdir, rmdir 파일들이 있는지 살펴본다. 만약 존재한다면 각각의 변경시간, 소유자 id, 소유자 그룹 id, 크기 등을 살펴본다.

5. "/usr/bin" 디렉터리의 내용을 살펴본다.

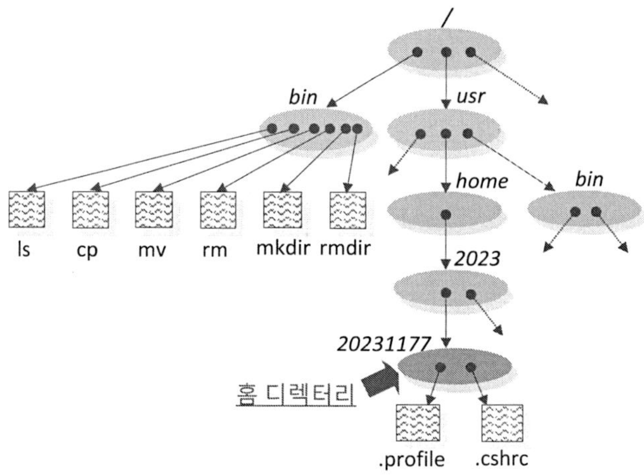

[그림 4-2] ls 명령어 실습

4.2 디렉터리·파일의 생성과 삭제

유닉스 시스템에 로그인에 성공한 사용자는 자신의 저장 영역인 홈 디렉터리 이하에서 디렉터리나 파일을 자유롭게 생성하거나 삭제할 수 있다. 디렉터리를 생성하는 이유는 파일의 수가 늘어남에 따라 파일을 독립된 디렉터리에 분리하여 보관함으로써 문서를 체계적으로 관리하기 위함이다.

디렉터리나 파일은 파일 시스템상의 어느 곳에나 자유롭게 생성할 수 있는 것이 아니고, 사용자에게 허락된 영역에서만 가능하다. 삭제 또한 아무 디렉터리나 파일을 삭제할 수 있는 것이 아니고 자신에게 허락된 것들만 가능하다.

■ mkdir (make directory) 명령어 : 디렉터리 생성

mkdir은 사용자가 경로명으로 지정한 위치에 지정된 이름의 디렉터리를 생성한다. [표 4-4]에 mkdir 명령어의 사용법을 요약하였고, [그림 4-3]에 이 명령어의 사용 예를 보였다.

[표 4-4] mkdir 명령어 사용법

사 용 법	기 능 (결 과)
① mkdir 경로명 ↵	▪ '경로명'에 해당하는 디렉터리를 생성한다. ▪ '경로명'의 마지막 구성 요소에 새로 생성하고자 하는 디렉터리의 이름을 배치한다. ▪ '경로명'의 마지막 요소를 제외한 나머지 앞 부분 경로는 이미 존재하는 디렉터리들로 구성되어야 한다.
② mkdir -p 경로명 ↵	▪ ①과 동일하되 '경로명'의 요소 중, 존재하지 않는 디렉터리를 모두 생성한다.

```
$ mkdir /usr/users/hblee/homework ↵
$ mkdir homework ↵
$ mkdir ./homework ↵
$ mkdir -p homework/unix ↵
$ mkdir -p /usr/users/hblee/homework/unix ↵
$ mkdir -p ./homehork/unix/test ↵
```

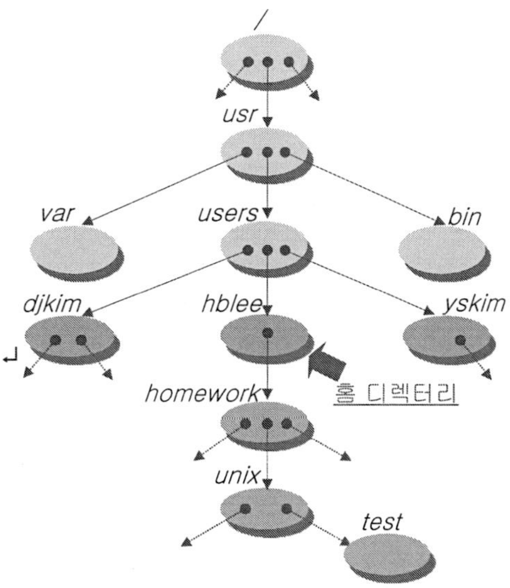

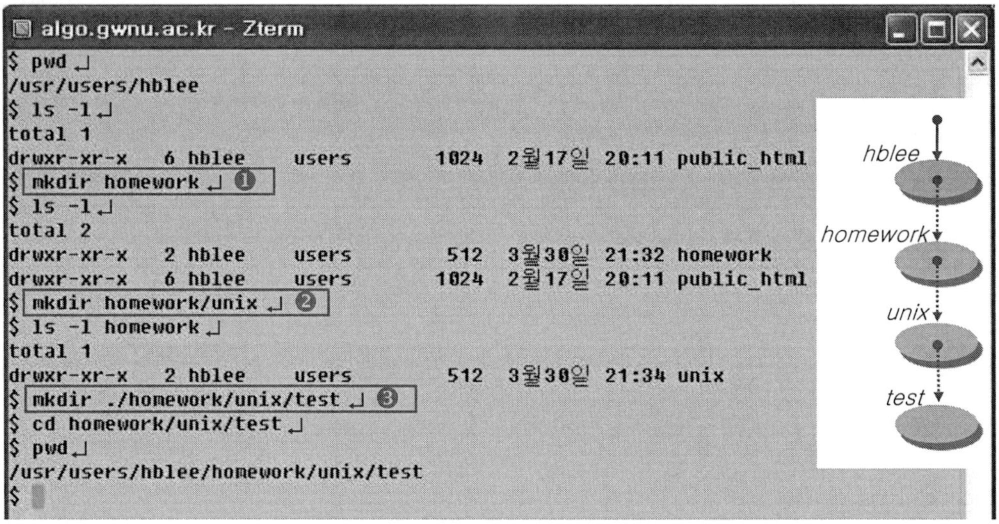

[그림 4-3] [표 4-4]의 mkdir 명령어 사용의 예

■ rmdir (remove directory) 명령어 : 디렉터리 삭제

rmdir은 사용자가 경로명으로 지정한 디렉터리를 삭제한다. [표 4-5]에 rmdir 명령어의 사용법을 요약하였고, [그림 4-4]에 이 명령어의 사용 예를 보였다.

[표 4-5] rmdir 명령어 사용법

사 용 법	기 능 (결 과)
① rmdir 경로명 ↵	▪ '경로명'이 지시하는 디렉터리 즉, 그 경로명의 마지막 구성요소에 대응되는 디렉터리를 삭제한다. ▪ 이 때 삭제될 디렉터리는 비어 있어야 한다.
② rmdir -p 경로명 ↵	▪ ①과 동일하되, '경로명'상에 나타난 모든 디렉터리를 삭제한다. ▪ 이 때 각 디렉터리는 비어 있어야 한다.

```
$ rmdir /usr/users/hblee/homework/unix1/test1 ↵
$ rmdir homework/unix2/test1 ↵
$ rmdir ./homework/unix1/test1 ↵
$ rmdir -p homework/unix2/test2 ↵ (x)
$ cd homework; rmdir -p unix1/test1 ↵
$ cd homework; rmdir -p unix2/test1 ↵ (x)
$ cd homework; rmdir -p unix2/test2 ↵ (x)
```

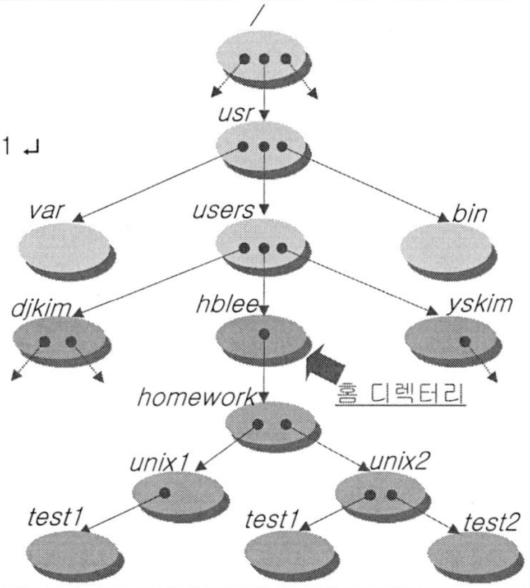

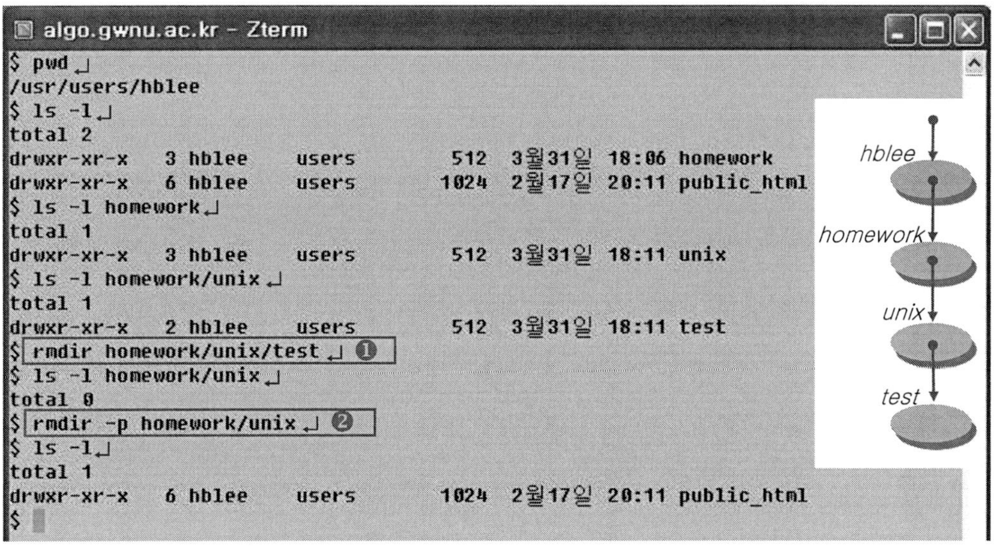

[그림 4-4] [표 4-5]의 rmdir 명령어 사용의 예

☞ [실습 4-2]

1. 유닉스 시스템에 로그인한다.

2. 자신의 홈 디렉터리 아래에 [그림 4-5]의 디렉터리 체계에 대한 생성과 삭제를 다양한 순서로 3회 이상 반복한다. 단, 이 때 사용되는 경로명은 매번 다르게 표현하도록 한다.

3. 생성과 삭제 후, 각각 ls 명령어를 사용해서 반드시 현재의 디렉터리 상태를 확인하도록 한다.

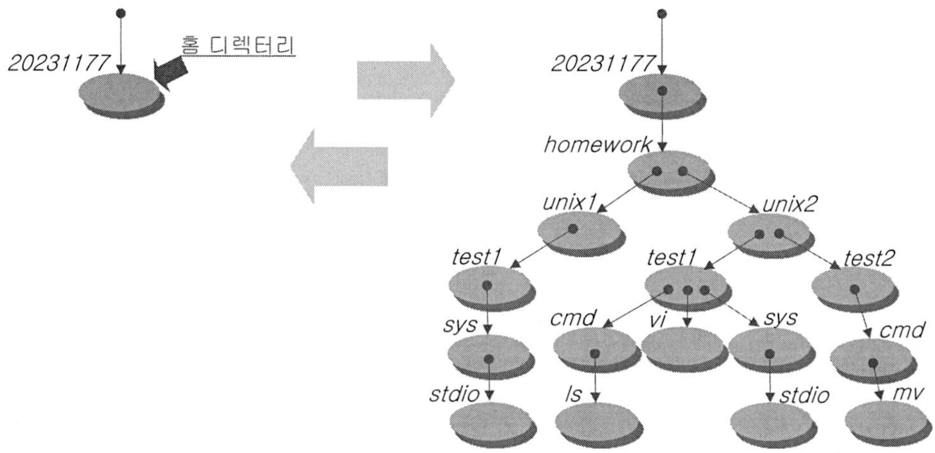

[그림 4-5] mkdir, rmdir 명령어 실습

■ vi (visual display editor) 명령어 : 파일 생성(작성, 수정)

파일 시스템에서 파일이 생성되는 통로는 매우 다양하다. 그러나 일반 사용자에게 가장 익숙하고 또한 필요한 방법은 편집기를 사용해서 원하는 문서 내용을 새로 생성한 파일에 저장하는 것이다. 이 때 편집기는 사용자의 지시에 따라 문서 내용을 받아들인 후 지정된 디렉터리에 지정된 이름의 파일을 생성해 준다. 다루는 문서 유형에 따라 편집기의 유형도 달라져야 한다는 사실은 너무나 자명하다. 예를 들어 '한글 2002'는 일반 텍스트 위주의 문서를 다루고, '포토샵'은 카메라 등으로 얻은 이미지를 다루는 편집기이다.

유닉스 환경에서 가장 널리 사용되고, 또한 반드시 익혀야 할 문서 편집기로 vi가 있다. vi는 유닉스 명령어 중의 하나인데 주된 목적은 일반 텍스트 문서를 편집하고 그 결과를 파일에 저장하는 데 있다. C 언어 프로그램을 작성하거나 유닉스 환경의 설정 파일(configuration file) 등을 편집할 때 거의 대부분 vi가 사용된다. 기능면에서 vi는 윈도즈 환경의 '메모장'과 동일하지만 사용법에는 상당한 차이가 있다.

vi와 메모장의 사용법에 있어서 가장 큰 차이점은 편집 명령어의 다양성에 있는데, vi에 대한 보다 쉬운 이해를 위해 두 편집기의 차이점을 [표 4-6]에 비교하였다.

[표 4-6] 윈도즈 시스템의 메모장과 유닉스 시스템의 vi 편집기의 비교

구 분	차 이 점
메모장	▪ 커서 이동 키(화살표 키)를 제외한 대 부분의 다른 키보드 입력은 곧바로 문서 내용으로 인식되어 입력됨.
vi	▪ 명령어 모드와 실행 모드가 따로 있고, 실행 모드에는 몇 가지 유형이 있음. ▪ 맨 처음 명령어 모드로 시작해서, 입력된 명령어에 따라 대응되는 실행 모드로 전환되었다가, 모드 종료 명령에 의해 다시 명령어 모드로 되돌아 감. ▪ 즉, 키보드 입력이 명령어 모드에서는 vi의 자체 명령어로 인식되고, 실행 모드 중의 하나인 삽입 모드에서는 문서 내용으로 인식되어 삽입됨. ▪ 명령어 모드에서 입력된 vi 명령어는 내부적으로 vi에 의해 인식만 될 뿐, 화면에는 나타나지 않음. ▪ vi 명령어는 1~2 문자로 구성됨. 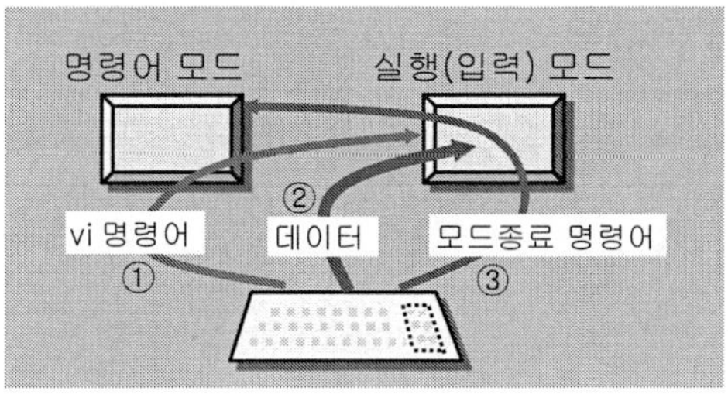

유닉스 시스템의 vi 명령어를 사용하는 절차는 아래와 같다.

• vi의 실행

[표 4-7]에 vi 명령어를 실행시키는 방법을 요약하였고, [그림 4-6]에 vi가 실행된 직후의 초기 화면을 보였다. [그림 4-6]의 초기 화면은 아직 존재하지 않은 문서 tets1.c를 새롭게 작성하는 것이므로 텅 비어 있는 모습이다. 만약 test1.c가 이미 존재하는 파일이라면 이 초기 화면에는 그 내용으로 채워진다.

또한, [그림 4-6]의 초기 화면은 vi가 자신의 명령을 기다리고 있는 명령 모드에 놓여 있기 때문에, 이 상태에서 사용자는 적절한 vi 명령을 입력한 후 편집 작업을 진행해야 한다. [그림 4-7]에 이 과정의 예를 보였다.

[표 4-7] vi 명령어 실행 방법

사 용 법	기 능 (결 과)
① vi 경로명 ↵	▪ '경로명'이 지시하는 파일 즉, 그 경로명의 마지막 구성요소에 대응되는 파일에 문서를 작성하여 저장한다. ▪ '경로명'이 이미 존재하는 파일이면 해당 파일 내용을 초기화면에 표시하고, 편집이 종료된 후 파일의 내용을 새 내용으로 교체하여 저장한다. ▪ '경로명'이 새로운 파일이면 비어 있는 초기화면을 만들고, 편집이 종료되면 '경로명' 파일을 생성하여 편집한 내용을 저장한다.
② vi ↵	▪ 비어 있는 초기 화면을 만들고, 편집을 마친 후 저장할 때 사용자로부터 반드시 경로명(파일명)을 받아 새로운 파일을 생성하여 저장한다.
③ 공통 사항	▪ 일단 vi가 실행되고 난 후에는 vi 명령어를 사용해서 지속적으로 vi와 대화하면서 편집을 진행해야 한다. ▪ vi에서 편집 중인 내용은 사용자가 명시적으로 저장 명령을 하지 않는 한 파일에 저장되거나 수정되지 않는다. 즉, vi 종료 시 저장 없는 종료 명령을 사용하면, 그동안 편집한 내용은 모두 사라지게 된다.

```
$ vi /usr/users/hblee/homework/unix1/test1.c ↵
$ vi homework/unix2/test1.c ↵
$ vi ./homework/unix1/test2.c ↵
$ vi homework/unix2/test2.c ↵
$ vi ./test0.c ↵
$ vi test0.c ↵
$ cd homework/unix2/; vi test2.c ↵
$ cd homework/unix1; vi test2.c ↵
$ vi ↵
```

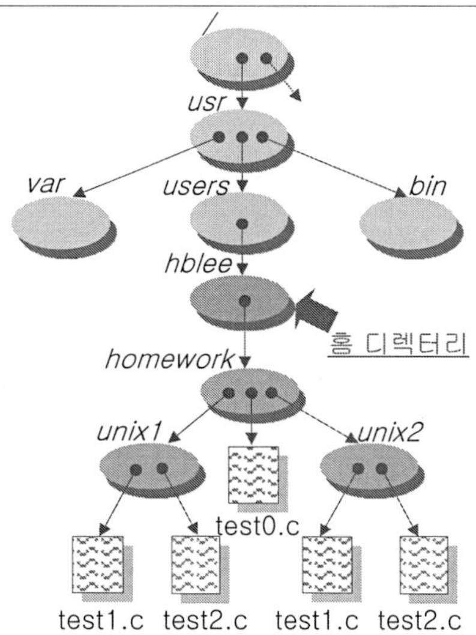

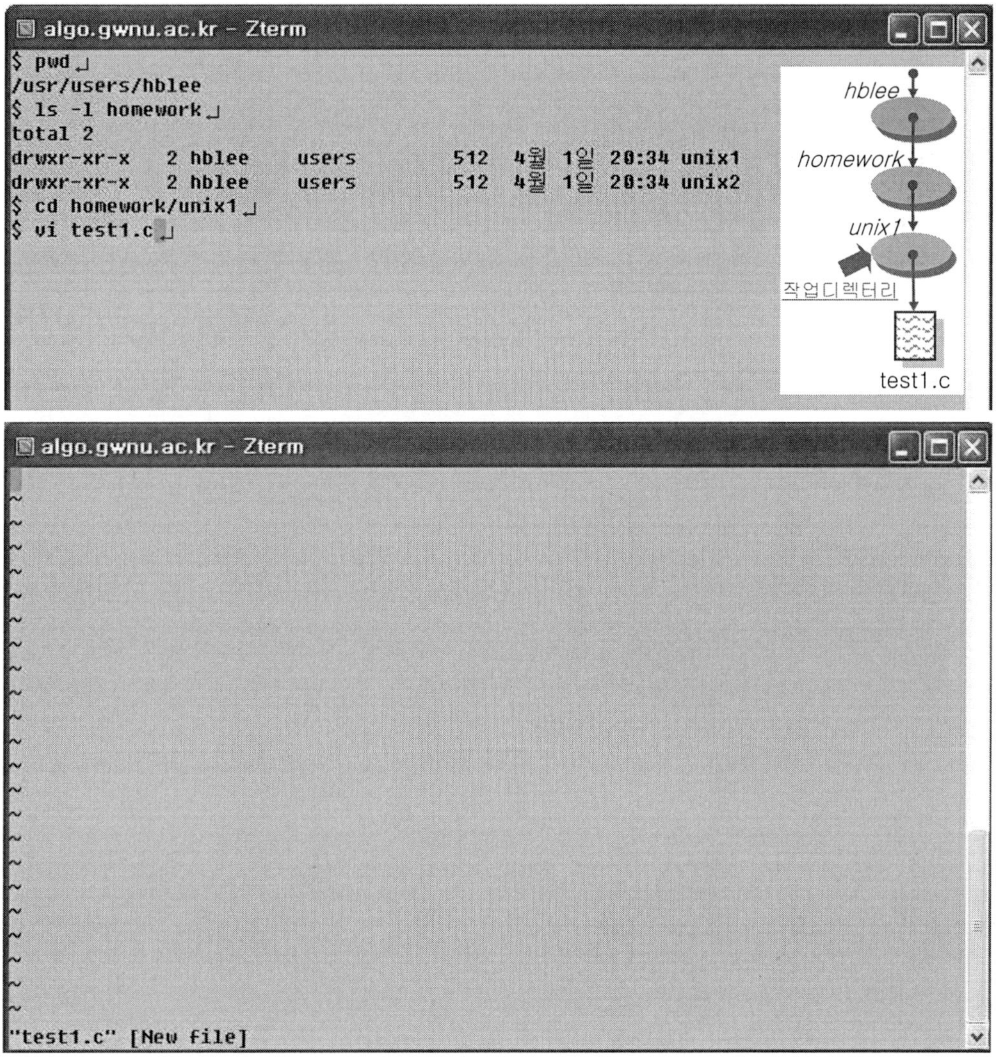

[그림 4-6] vi 실행 후 첫 화면

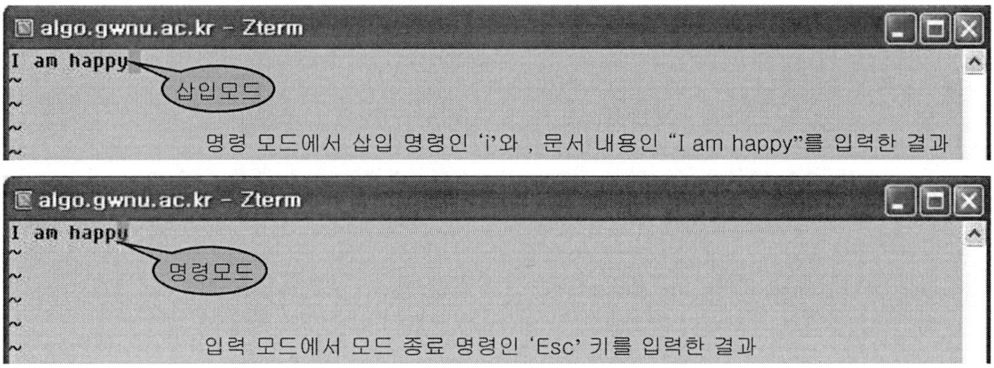

[그림 4-7] 모드 변환 과정의 예

• **vi의 삽입 명령**

삽입은 문서를 편집하기 위한 가장 기본적인 동작으로서, [그림 4-8]과 같이 삽입 명령을 사용해서 모드를 삽입 모드로 전환한 후 문서 내용을 삽입하게 된다. 문서 삽입이 완료되면 모드 종료 명령으로 다시 명령 모드로 되돌아가야 한다. 크기가 작은 문서를 처음으로 삽입할 때는 한 번의 모드 변환으로 입력이 완료될 수 있으나, 문서가 크거나 이미 입력된 문서의 중간 중간에 새로운 내용을 삽입할 때는 모드 변환을 여러 번 반복해야 한다.

vi의 삽입 명령에는 [그림 4-8]에서 보는 바와 같이 i, I, a, A, o, O 등 여섯 개가 있고, 그 각각의 기능은 [표 4-8], [그림 4-9]와 같다. 모드 종료 명령으로는 항상 Esc 키를 사용한다.

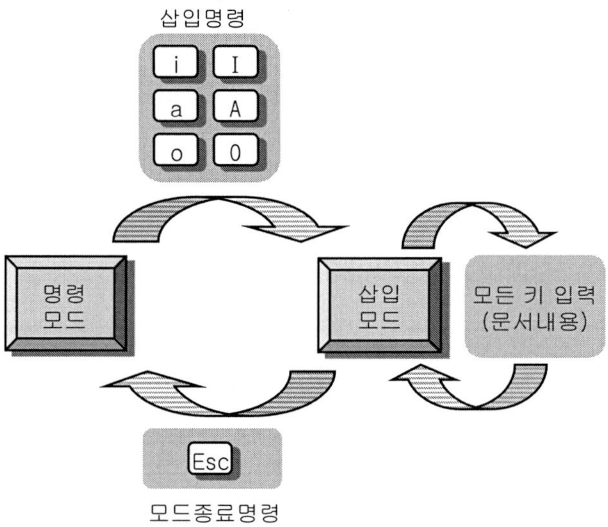

[그림 4-8] vi의 삽입 모드 변환 과정

[표 4-8] vi의 삽입 명령과 기능

삽입명령	기 능
i	▪ 현재 커서가 위치하고 있는 바로 앞부터 삽입이 시작됨.
a	▪ 현재 커서가 위치하고 있는 바로 뒤부터 삽입이 시작됨.
o	▪ 현재 커서가 위치하고 있는 줄의 바로 아래에 새로운 줄로 삽입이 시작됨.
I	▪ 현재 커서가 위치하고 있는 줄의 맨 앞부터 삽입이 시작됨.
A	▪ 현재 커서가 위치하고 있는 줄의 맨 뒤부터 삽입이 시작됨.
O	▪ 현재 커서가 위치하고 있는 줄의 바로 위에 새로운 줄로 삽입이 시작됨.

[그림 4-9] vi 삽입 명령의 동작 지점

• **vi의 커서이동 명령**

[표 4-9]에 보인 vi의 커서이동 명령은 삽입이나 삭제 등의 위치를 지정하기 위한 커서의 이동을 위해 사용한다. 커서 이동은 [그림 4-10]과 같이 모드에는 변함을 주지 않는다.

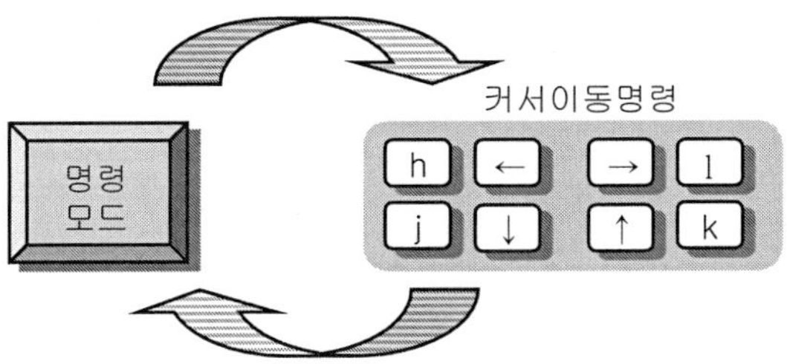

[그림 4-10] vi 커서이동 명령의 동작 과정

[표 4-9] vi의 커서이동 명령과 기능

이동명령	기 능
h(←)	▪ 커서의 위치를 왼쪽으로 한칸 이동함. 단, 현재 커서가 맨 앞쪽에 있을 때는 더 이상 움직이지 않음. ′←′는 삽입 모드에서도 사용 가능함.
l(→)	▪ 커서의 위치를 오른쪽으로 한칸 이동함. 단, 현재 커서가 맨 뒤쪽에 있을 때는 더 이상 움직이지 않음. ′→′는 삽입 모드에서도 사용 가능함.
j(↓)	▪ 커서의 위치를 아래 줄의 동일한 위치로 이동함. 단, 현재 커서가 파일의 마지막 줄에 있을 때는 더 이상 움직이지 않고, 화면의 마지막 줄에 있을 때는 화면 내용이 위로 한 줄 이동함. ′↓′는 삽입 모드에서도 사용 가능함.
k(↑)	▪ 커서의 위치를 윗 줄의 동일한 위치로 이동함. 단, 현재 커서가 파일의 첫 줄에 있을 때는 더 이상 움직이지 않고, 화면의 첫 줄에 있을 때는 화면 내용이 아래로 한 줄 이동함. ′↑′는 삽입 모드에서도 사용 가능함.

Note

• **vi의 삭제 명령**

vi의 삭제 명령은 삽입 명령과는 달리 [그림 4-11]과 같이 삭제 명령을 실행하고 난 다음, 다시 명령어 모드로 원위치 시킨다. [그림 4-11]에 보인 삭제 명령의 기능을 [표 4-10]에 보였다.

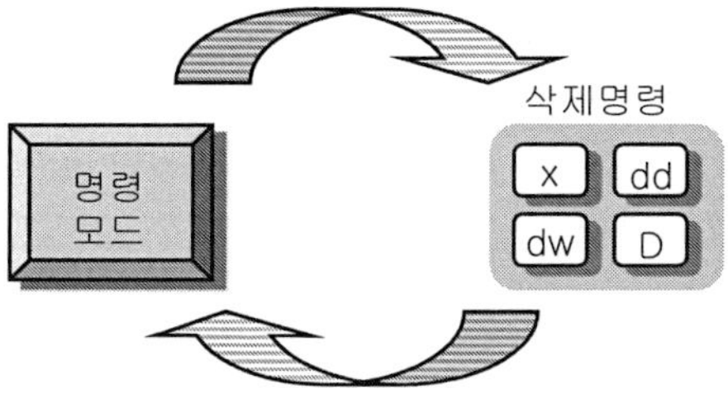

[그림 4-11] vi 삭제 명령의 동작 과정

[표 4-10] vi 삭제 명령과 기능

삭제명령	기 능
x	▪ 현재 커서가 위치하고 있는 지점의 문자 하나를 삭제함.
dd	▪ 현재 커서가 위치하고 있는 줄 전체를 삭제함.
dw	▪ 현재 커서가 위치하고 있는 지점부터 시작하는 단어를 삭제함. 여기서 단어란, 공백문자(blank, tab, new line)나 특수 문자에 의해 구분된 문자열을 의미함.
D	▪ 현재 커서가 위치하고 있는 다음 문자부터 줄 끝까지의 모든 문자를 삭제함.

• **vi의 라인 명령 모드와 종료 명령**

앞에서 설명한 vi의 삽입 명령과 삭제 명령을 익히면 문서를 작성하고 수정할 수 있는 충분한 능력을 얻게 된다. 왜냐하면 문서의 일부가 누락되었다면 삽입 명령으로 새로 삽입하면 되고, 수정이 필요한 부분이 있다면 그 부분을 삭제 명령으로 삭제한 후 수정된 내용을 새롭게 삽입하면 되기 때문이다.

삽입과 삭제를 반복하여 문서의 편집이 완료되면 문서를 저장하고 vi를 종료해야 한다. 이와 같이 편집 문서의 내용을 저장한다거나 vi를 종료하는 등의 명령은 명령 모드에서 라인 명령 모드로 전환한 후 그 모드에서 각각 필요한 명령을 입력해야 한다.

라인 명령이란 일반 유닉스 명령어처럼 명령을 줄 단위로 구성한 다음 엔터 키로 마무리 짓는 형식으로 사용되는 명령을 말한다. vi에서는 약간 복잡하고 긴 명령이 필요할 때 이러한 라인 명령을 사용하도록 한다.

라인 명령은 대부분 길고 복잡하므로 앞에서 살펴본 삽입이나 삭제 명령처럼 보이지 않은 상태에서 내면적으로 사용할 수가 없다. 따라서, 라인 명령을 사용하기 위해서는 명령을 가시적으로 작성할 수 있는 공간이 필요하다. vi는 라인 명령을 위한 공간을 확보하기 위해 라인 명령 모드를 제공한다. 즉, vi 사용자가 명령 모드에서 [그림 4-12]와 같이 라인 명령 모드 전환 명령을 입력하면 라인 명령 모드로 전환되면서, [그림 4-13]과 같이 화면의 맨 아래 줄에 명령 입력 공간이 임시로 확보된다.

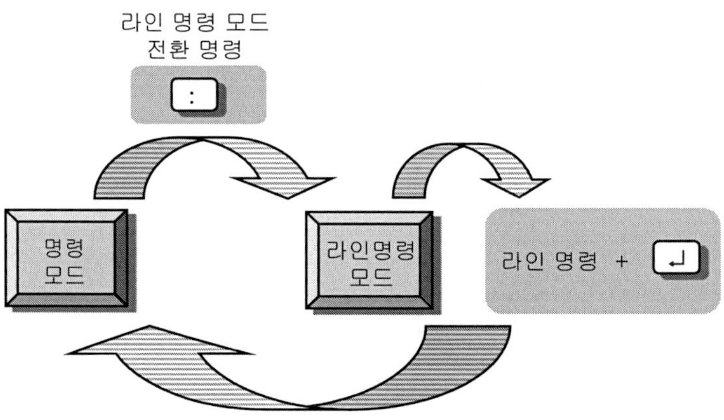

[그림 4-12] vi의 라인 명령 모드 변환 과정

[그림 4-13] vi의 라인 명령 모드 화면

라인 명령 모드로의 전환은 ':' 키에 의해서 이루어지고, 라인 명령 모드는 입력된 라인 명령이 엔터 키와 함께 vi에 전달되는 순간 자동적으로 명령 모드로 되돌아간다.

[표 4-11]에 라인 명령의 일부를 요약하였다. 이 표에 보인 명령들은 vi를 기초적으로 활용하기 위한 것들이고, 그 외에 다른 고급 기능을 제공하는 길고 복잡한 명령들이 다수 있다(부록 : vi 명령어 참조).

[표 4-11] vi의 라인 명령과 기능

라인명령	기 능
w ↵	▪ 현재 편집 중인 문서를 vi를 실행할 때 명시한 파일([표 4-7] ①의 '경로명')에 저장함. ▪ vi가 명시된 파일 없이 실행([표 4-7] ②)되었다면 저장할 파일명이 지정되지 않았기 때문에 이 명령어는 실행될 수 없음.
w 경로명 ↵	▪ 현재 편집 중인 문서를 vi의 실행 형태([표 4-7]의 ①, ②)에 관계 없이 여기서 지정한 '경로명'에 대응되는 파일에 저장함.
q ↵	▪ 현재 진행 중인 편집을 중단하고 vi를 종료함. ▪ 수정된 내용 중 저장되지 않은 부분이 남아 있다면, 이 명령어는 실행될 수 없음.
q! ↵	▪ 수정된 내용 중 저장되지 않은 부분이 남아 있더라도 vi를 강제적으로 종료시킴.
wq ↵	▪ 위의 w와 q의 기능을 차례로 실행함(현재 편집중인 문서를 vi 실행시 주었던 파일 즉, [표 4-7] ①의 '경로명'에 대응되는 파일에 저장하고 vi를 종료함).

% 명령어 모드에서 "ZZ"는 라인 명령의 ":wq"에 대한 단축키로 동작함

☞ [실습 4-3]

1. 유닉스 시스템에 로그인한다.

2. 아래 [그림 4-14]의 프로그램 파일 hello.c를 생성하여 컴파일하고 실행시킨다.
   ($ vi ./hello.c ↵ $ cc -o hello ./hello.c ↵ $ ./hello ↵)

3. 오류가 있으면 vi를 사용해서 프로그램을 수정하여 과정 2를 되풀이 한다.

4. hello.c 파일의 printf("Hello !!!₩n"); 문장을 5개로 늘리고 2, 3을 반복한다.

```
/* chap04/hello.c */
#include <stdio.h>
int main()
{
    printf("Hello !!! \n");
    return(0);
}
```

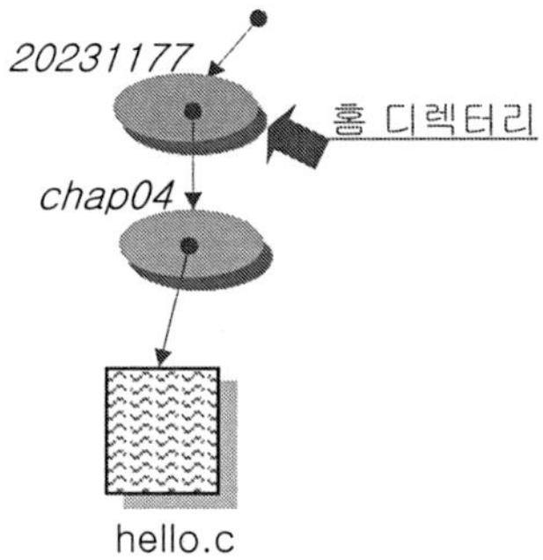

[그림 4-14] vi 기초 활용 실습(파일 생성)

■ rm (remove file) 명령어 : 파일 삭제

사용자는 vi 등에 의해 생성되어 이미 존재하고 있는 불필요한 파일을 삭제할 수 있어야 한다. rm 명령어는 경로명으로 지정된 파일을 삭제하는 데 사용된다. [표 4-12]에 rm 명령어의 사용법을 요약하였고, [그림 4-14]에 그 사용 예를 보였다.

[표 4-12] rm 명령어 사용법

사 용 법	기 능 (결 과)
① rm 경로명 ↵	▪ '경로명'이 지시하는 파일 즉, 그 경로명의 마지막 구성요소에 대응되는 파일을 삭제한다.
② rm 경로명1 ... 경로명n ↵	▪ 공백으로 분리된 '경로명1'~'경로명n' 각각이 지시하는 파일 즉, 각 경로명의 마지막 구성요소에 대응되는 파일을 삭제한다.

```
$ rm  /usr/users/hblee/homework/unix1/test1.c ↵
$ rm  homework/unix2/test1.c ↵
$ rm  ./homework/unix1/test2.c ↵
$ rm  homework/unix2/test2.c ↵
$ rm  ./homework/test0.c ↵
$ rm  ./homework/test0.c  homework/unix2/test1.c ↵
$ rm  homework/unix2/test1.c  homework/unix2/test2.c ↵
$ cd  homework/unix1;  rm  test1.c  test2.c ↵
$ cd  homework;  rm  unix1/test1.c ↵
```

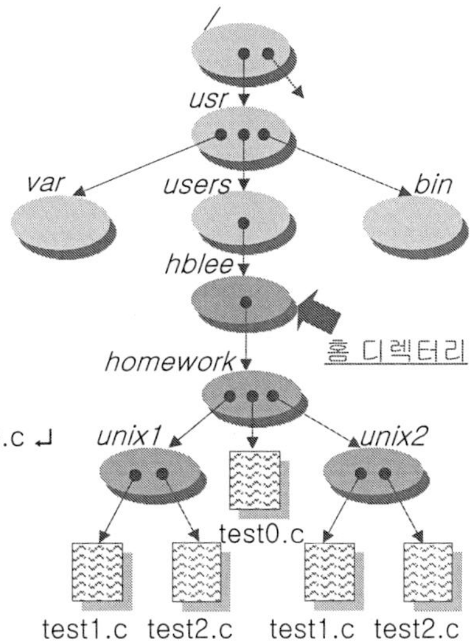

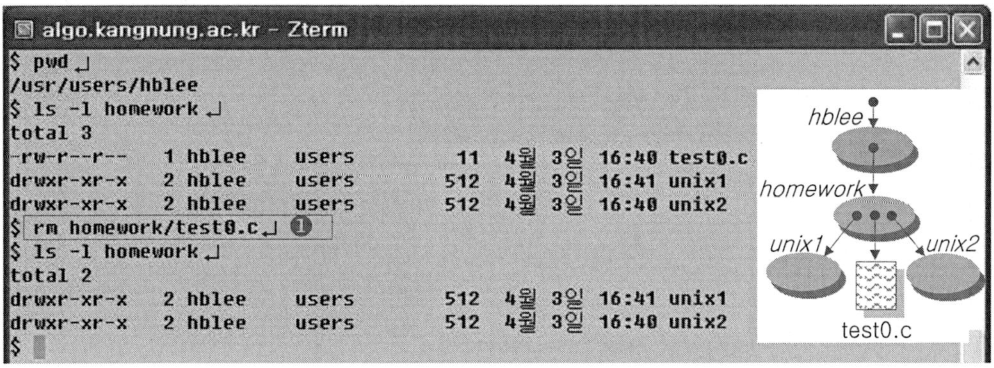

[그림 4-15] [표 4-12]의 rm 명령어 사용 예

☞ [실습 4-4]

1. 유닉스 시스템에 로그인한다.

2. [그림 4-16]의 디렉터리를 생성한다.

3. [그림 4-16]의 파일들을 생성하고 각각을 컴파일하여 실행시킨다.
   ($ vi ./test0.c ↵ $ cc -o test0 ./test0.c ↵ $ ./test0 ↵)

4. 과정 3에서 생성한 모든 파일을 삭제한다.

5. 과정 2에서 생성한 모든 디렉터리를 삭제한다.

6. 과정 2~5의 과정을 3회 이상 반복하되, 작업 디렉터리를 chap04, unix1, unix2로 각각 옮겨가면서 과정 3·4의 작업을 실시한다.

7. 최종적으로 실행파일들은 삭제하고 소스파일들만 남겨둔다.

```
/* chap04/test0.c */
#include <stdio.h>
int main()
{
    printf("This file is chap04/test0.c…\n");
    return(0);
}
```

```
/* chap04/unix1/test1.c */
#include <stdio.h>
int main()
{
    printf("This file is chap04/unix1/test1.c…\n");
    return(0);
}
```

```
/* chap04/unix1/test2.c */
#include <stdio.h>
int main()
{
    printf("This file is chap04/unix1/test2.c…\n");
    return(0);
}
```

```
/* chap04/unix2/test1.c */
#include <stdio.h>
int main()
{
      printf("This file is chap04/unix2/test1.c…\n");
      return(0);
}
```

```
/* chap04/unix2/test2.c */
#include <stdio.h>
int main()
{
      printf("This file is chap04/unix2/test2.c…\n");
      return(0);
}
```

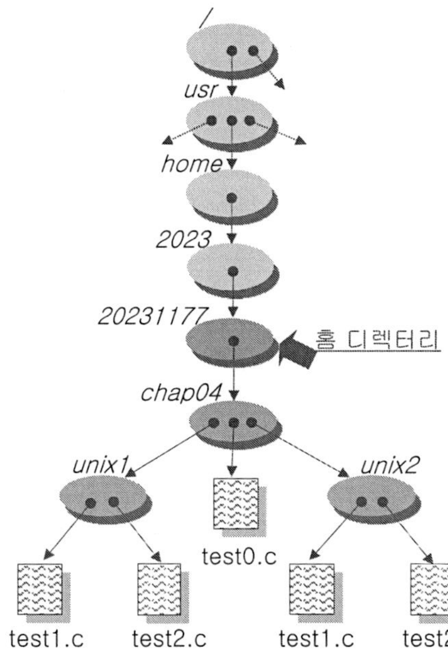

[그림 4-16] 디렉터리 및 파일의 생성과 삭제 실습

4.3 디렉터리·파일의 복사와 이동(이름 변경)

사용자는 자신의 파일을 관리하는 과정에서 디렉터리나 파일을 생성 또는 삭제하는 일도 하지만 때로는 동일한 내용을 다른 파일로 복사를 해둬야 할 때도 있다. 이때 복사는 새로운 파일을 생성하는 결과를 낳는다. 복사 뿐만 아니라 때로는 디렉터리나 파일의 위치를 다른 디렉터리로 옮기거나 이름을 변경해야 할 필요성을 격기도 한다.

■ cp (copy file) 명령어 : 파일 복사

cp 명령어는 이미 존재하고 있는 파일과 동일한 내용으로 새로운 파일을 생성할 때 사용된다. 파일 복사는 기존의 파일을 제 3의 장소에 안전하게 보관하거나, 기존의 파일을 토대로 약간의 수정을 가해서 새로운 문서를 작성하고자 할 때 주로 이루어진다. [표 4-13]에 cp 명령어의 사용법을, [그림 4-17]에 그 사용 예를 보였다.

[표 4-13] cp 명령어 사용법

사 용 법	기 능 (결 과)

① cp 경로명1 경로명2 ↵
(파일 파일)
	▪ '경로명1'은 반드시 파일이어야 한다.
	▪ '경로명1'이 지시하는 파일을 '경로명2'가 지시하는 파일로 복사한다.
	▪ '경로명1'과 '경로명2'가 모두 동일 디렉터리 내의 파일이라면, 파일이름이 서로 달라야 한다(그림[4-17] (a) 참조).
	예) $ cp test1.c test2.c ↵
	$ cp test1.c test1.c ↵ (X)
	▪ '경로명1'과 '경로명2'가 서로 다른 디렉터리 내의 파일이라면, '경로명2'의 파일이름에 특별한 제한이 없다([그림 4-17] (b) 참조).
	예) $ cp test1.c ../unix2/test1.c ↵
	$ cp test1.c ../unix2/test2.c ↵

② cp 경로명1 경로명2 ↵ (파일 디렉터리)	▪ '경로명2'는 이미 존재하는 디렉터리이어야 하고, '경로명1'의 파일을 '경로명2' 디렉터리에 동일한 이름으로 복사한다. ([그림 4-17] (c)에서 파일이 하나인 경우 참조) 예) $ cp test1.c ../unix2 ↵
③ cp 경로명1 ... 경로명n ↵ (파일 ...... 디렉터리)	▪ '경로명2'은 반드시 디렉터리여야 한다. ▪ '경로명1'~'경로명n-1'은 반드시 파일이어야 한다. ▪ '경로명1'~'경로명n-1'의 파일들을 '경로명2' 디렉터리 아래로 복사한다. 예) $ cp test1.c test2.c test3.c ../unix2 ↵

④ [그림 4-17] (d)와 같이 여러 파일을 각각 다른 이름으로 복사하기 위해서는 cp 명령어를 ①, ② 의 형태로 여러 번 사용해야 한다.
예) $ cp test1.c ../unix2/test4.c ↵
$ cp test2.c ../unix2/test5.c ↵
$ cp test3.c ../unix2/test6.c ↵	

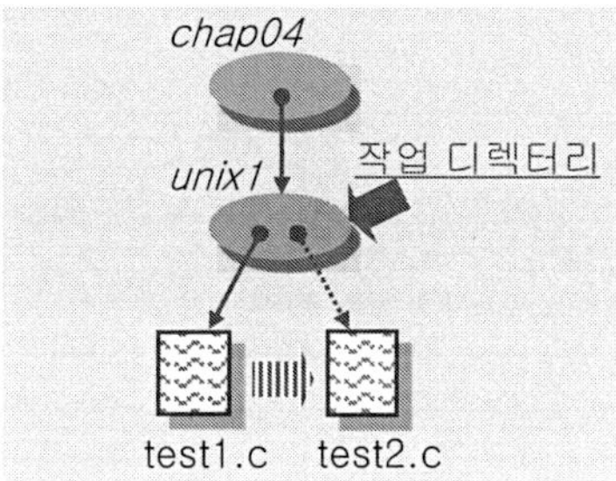

(a) 하나의 파일을 동일 디렉터리내에 다른 이름으로 복사

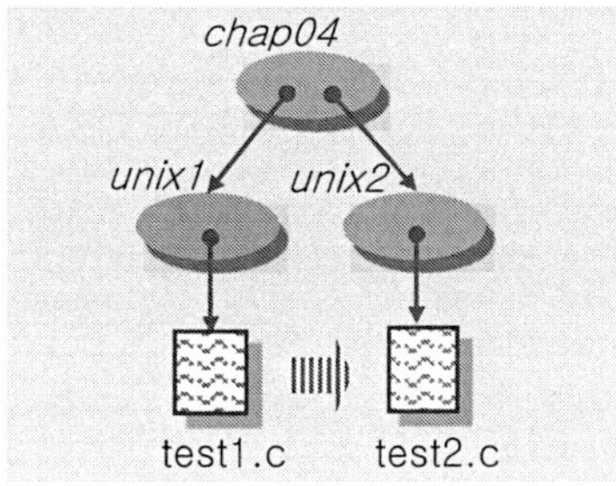

(b) 하나의 파일을 다른 디렉터리에 다른 이름으로 복사

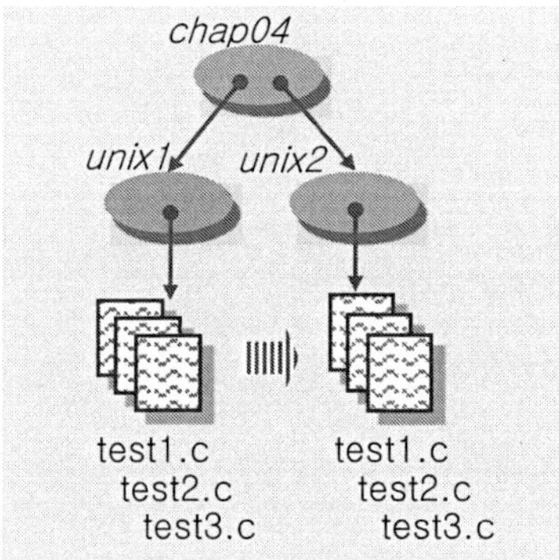

(c) 하나 이상의 파일을 다른 디렉터리에 각각 동일한 이름으로 복사

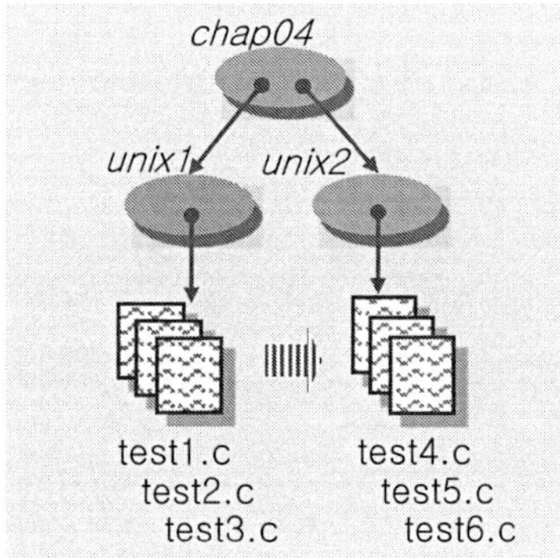

(d) 하나 이상의 파일을 다른 디렉터리에 각각 다른 이름으로 복사

[그림 4-17] 파일 복사의 개념

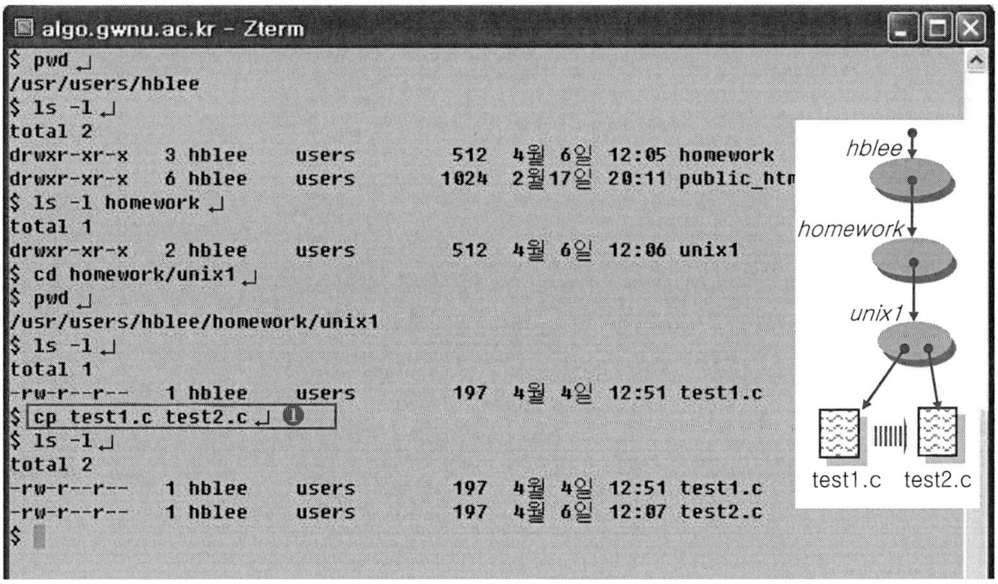

[그림 4-18] [표 4-13]의 cp 명령어 사용 예[계속]

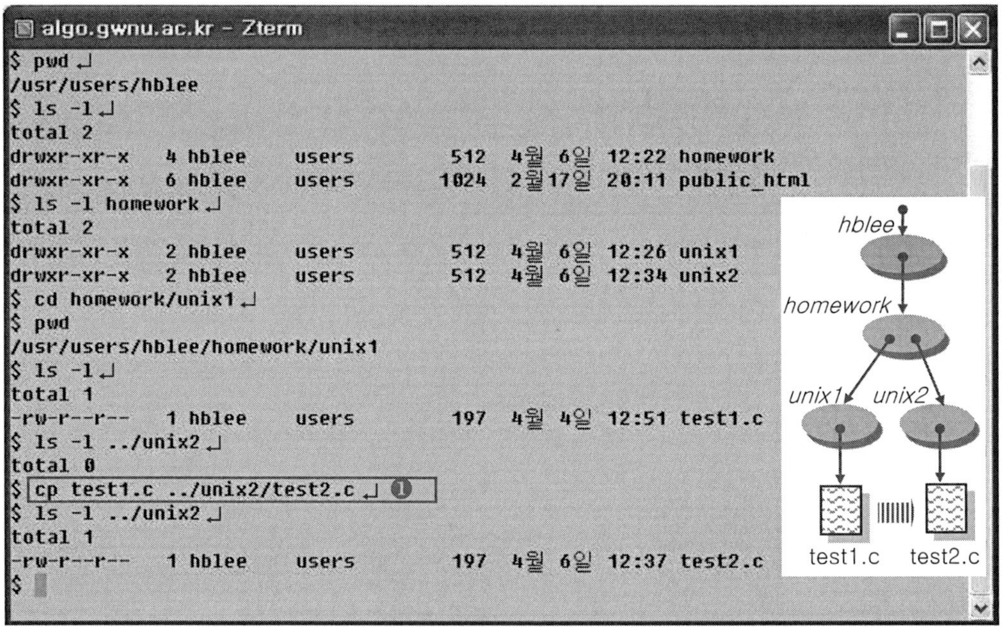

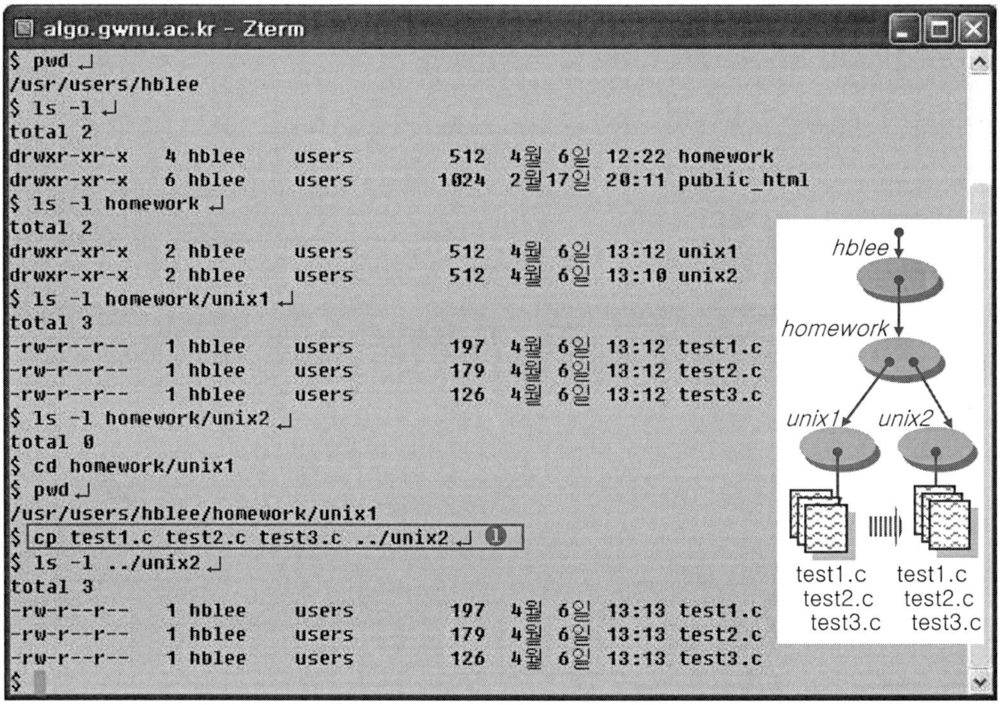

[그림 4-18] [표 4-13]의 cp 명령어 사용 예

☞ [실습 4-5]

1. [그림 4-16]에서 작성한 chap04디렉터리 이하 모든 내용을 [그림 4-19] 처럼 chap04_bak 디렉터리를 생성하여 복사한다.

2. chap04_bak 디렉터리 이하 전체를 삭제하여 원래의 상태로 되돌아간다.

3. 과정 1, 2를 작업 디렉터리를 바꿔가며 3회 이상 반복한다.

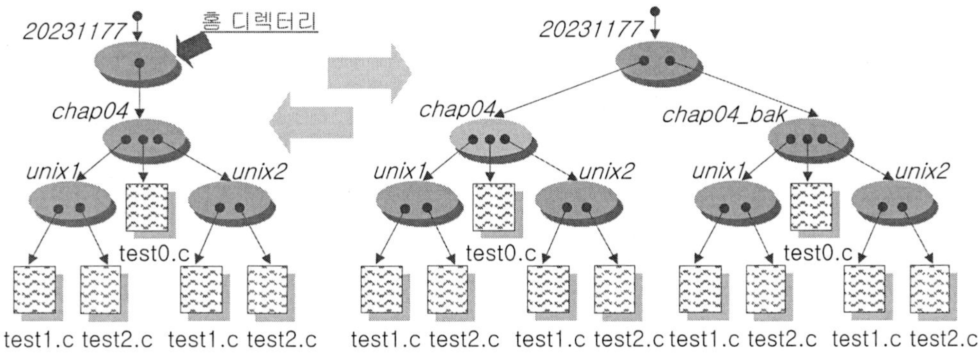

[그림 4-19] 디렉터리·파일의 복사 실습

■ mv (move file or directory) 명령어 : 디렉터리·파일의 이동, 이름 변경

mv 명령어는 이미 존재하고 있는 디렉터리나 파일의 이름을 변경하거나 다른 디렉터리 아래로 위치를 이동하고자 할 때 사용된다. mv의 대체적인 사용법은 cp 명령어와 유사하지만, 원본이 삭제된다는 점과 디렉터리 단위의 이동도 가능하다는 점 등 두 가지 중요한 차이점이 존재한다. [표 4-14]에 mv 명령어의 사용법을, [그림 4-21]에 그 사용 예를 각각 보였다.

[표 4-14] mv 명령어 사용법

<table>
<tr><th>사 용 법</th><th>기 능 (결 과)</th></tr>
<tr><td>① mv 경로명1 경로명2 ↵
(파일 파일)</td><td>▪ '경로명1'의 파일을 '경로명2'로 옮긴다.
▪ '경로명1'과 '경로명2'가 모두 동일 디렉터리 내의 파일이라면 파일 이름이 서로 달라야 하고, 파일명만 변경한다([그림 4-20] (a) 참조).
예) $ mv test1.c test2.c ↵
$ mv test1.c test1.c ↵ (X)
▪ '경로명1'과 '경로명2'가 서로 다른 디렉터리 내의 파일이라면, '경로명2'의 파일이름에 특별한 제한이 없다([그림 4-20] (b) 참조).
예) $ mv test1.c ../unix2/test1.c ↵
$ mv test1.c ../unix2/test2.c ↵</td></tr>
<tr><td>② mv 경로명1 경로명2 ↵
(파일 디렉터리)</td><td>▪ '경로명2'는 이미 존재하는 디렉터리이어야 한다.
▪ '경로명1'의 파일을 '경로명2' 디렉터리에 동일한 이름으로 옮긴다([그림 4-20] (c)에서 파일이 하나인 경우 참조)
예) $ mv test1.c ../unix2 ↵</td></tr>
<tr><td>③ mv 경로명1 경로명2 ↵
(디렉터리 디렉터리)</td><td>▪ '경로명1'과 '경로명2'가 모두 동일 디렉터리 내에 있는 디렉터리라면 디렉터리 이름이 서로 달라야 하고, 디렉터리 이름만 변경한다(그림 [4-20] (e) 참조).
예) $ mv unix1 unix11 ↵
▪ '경로명1'과 '경로명2'가 서로 다른 디렉터리 내에 있는 디렉터리라면 '경로명1'의 디렉터리를 '경로명2'의 디렉터리 아래로 옮긴다(그림 [4-20] (f) 참조).
예) $ mv unix1 unix2 ↵</td></tr>
<tr><td>④ mv 경로명1 ... 경로명n ↵
(디렉터리 파일... 디렉터리)</td><td>▪ '경로명n'은 반드시 존재하는 디렉터리이어야 한다.
▪ '경로명1'~'경로명n-1'은 '경로명2'와 같지 않은 디렉터리나 파일이면 된다.
▪ '경로명1'~'경로명n-1'의 디렉터리나 파일 모두를 '경로명2'의 디렉터리 아래로 옮긴다([그림 4-20] (g) 참조).
예) $ mv dir1 dir2 test1.c test2.c test3.c ../unix2 ↵</td></tr>
<tr><td colspan="2">⑤ [그림 4-20] (d)와 같이 여러 디렉터리나 파일을 각각 다른 이름으로 옮기기 위해서는 mv 명령어를 ①, ③ 의 형태로 여러 번 사용해야 한다.
예) $ mv test1.c ../unix2/test4.c ↵
$ mv test2.c ../unix2/test5.c ↵
$ mv test3.c ../unix2/test6.c ↵</td></tr>
</table>

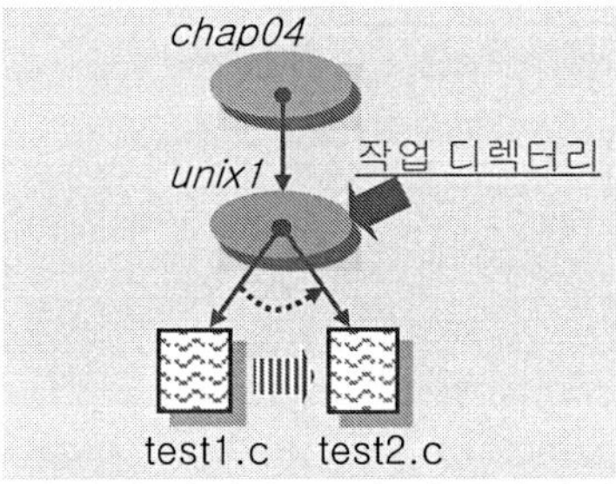

(a) 하나의 파일을 동일 디렉터리내에 다른 이름으로 이동(이름 변경)

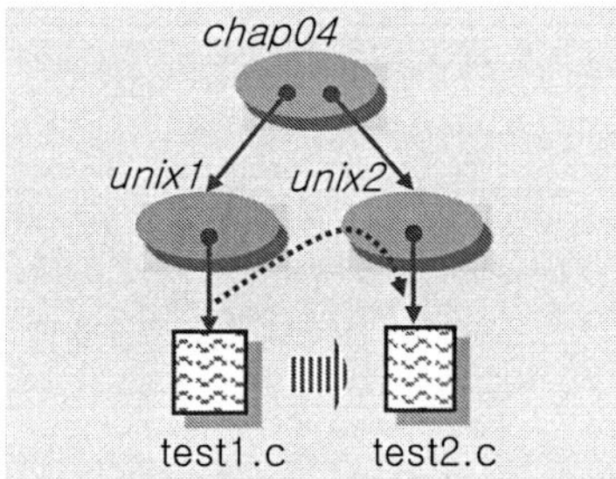

(b) 하나의 파일을 다른 디렉터리에 다른 이름으로 이동

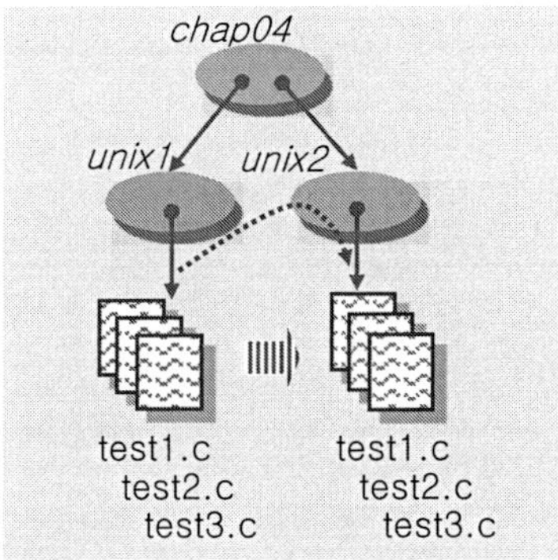

(c) 하나 이상의 파일을 다른 디렉터리에 각각 동일한 이름으로 이동

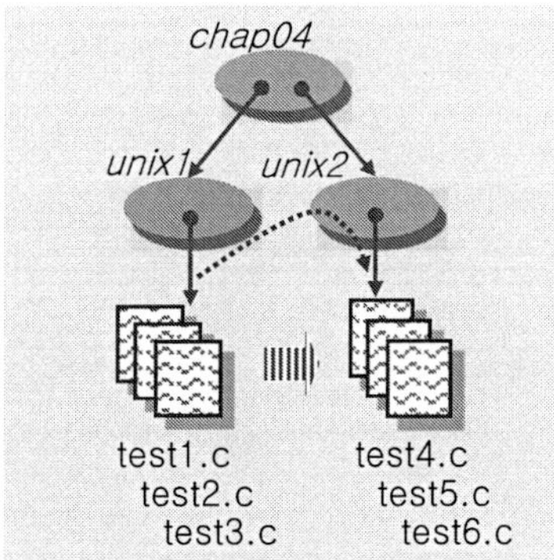

(d) 하나 이상의 파일을 다른 디렉터리에 각각 다른 이름으로 이동

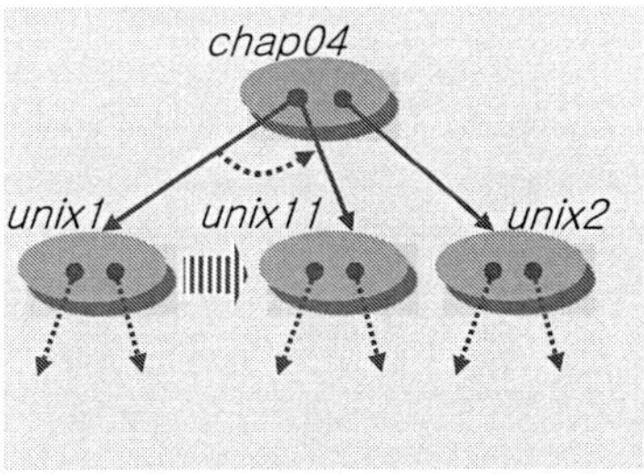

(e) 하나의 디렉터리를 동일 디렉터리내에 다른 이름으로 이동(이름 변경)

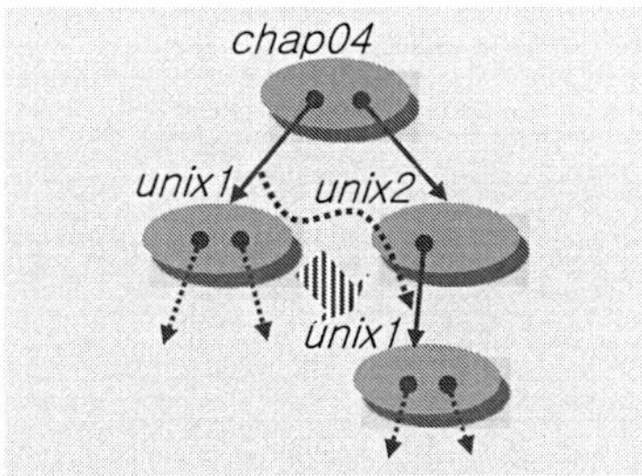

(f) 하나의 디렉터리를 동일 디렉터리에 동일 혹은 다른 이름으로 이동

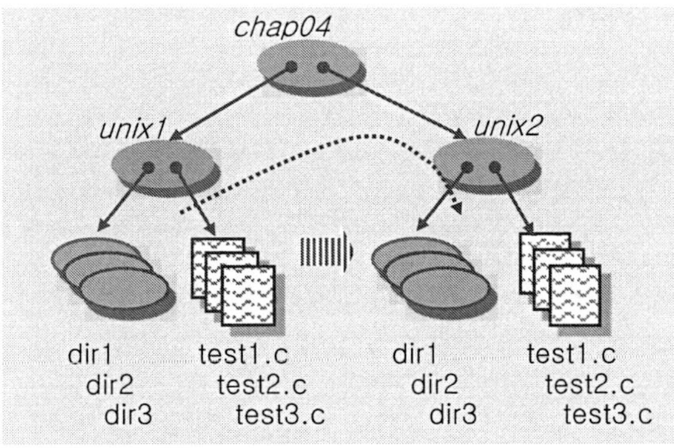

(g) 여러 파일과 디렉터리를 다른 디렉터리에 각각 동일한 이름으로 이동

[그림 4-20] 디렉터리·파일의 이동 개념

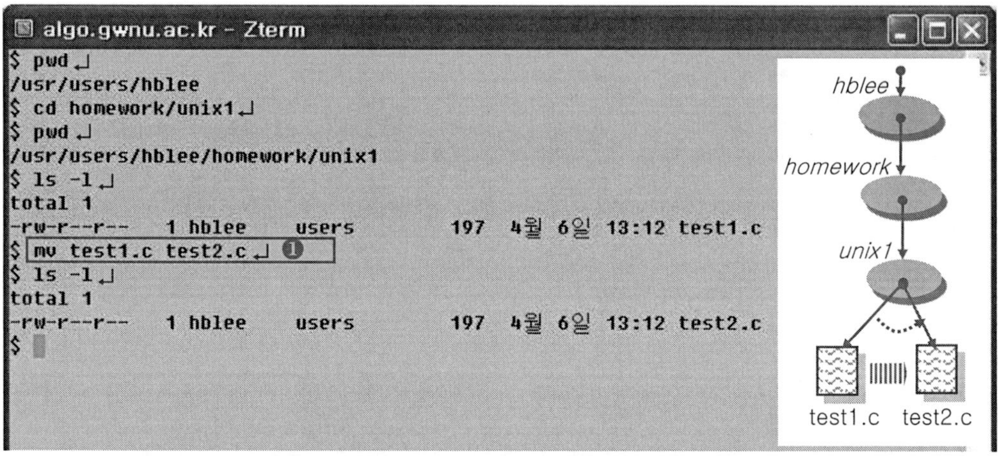

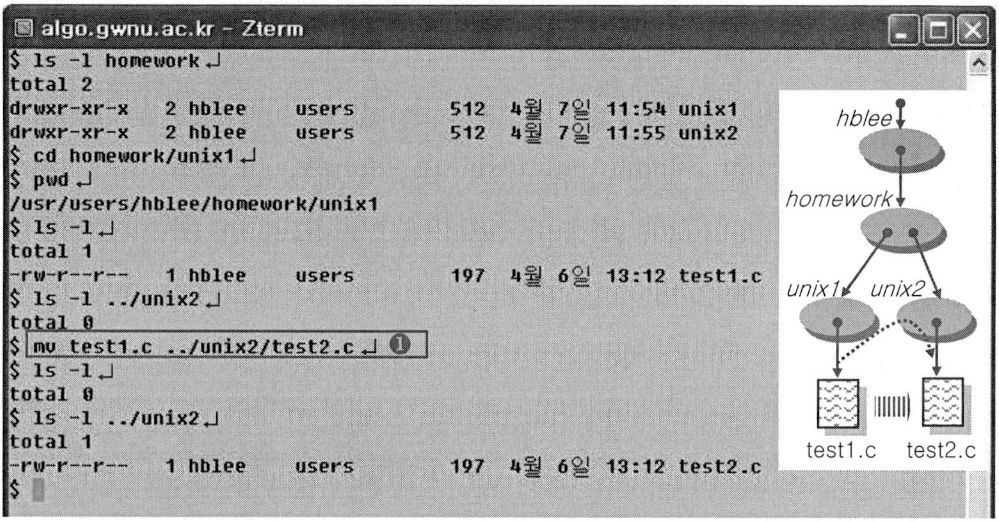

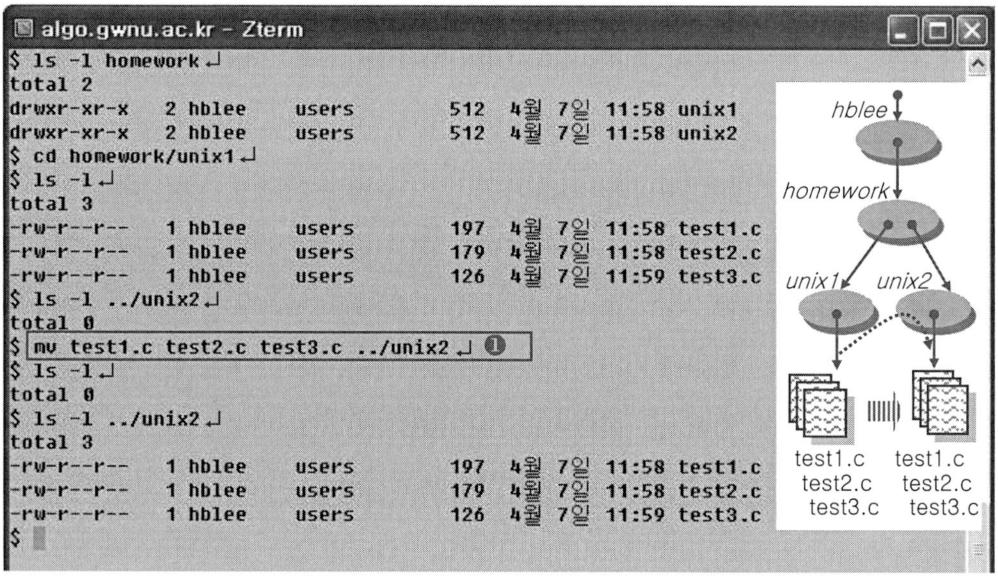

[그림4-21] [표 4-14]의 mv 명령어 사용 예(계속)

```
algo.gwnu.ac.kr - Zterm
$ pwd↵
/usr/users/hblee
$ cd homework↵
$ pwd↵
/usr/users/hblee/homework
$ ls -l↵
total 1
drwxr-xr-x   2 hblee    users         512  4월 7일 12:03 unix1
$ mv unix1 unix11↵ ❶
$ ls -l↵
total 1
drwxr-xr-x   2 hblee    users         512  4월 7일 12:03 unix11
$
```

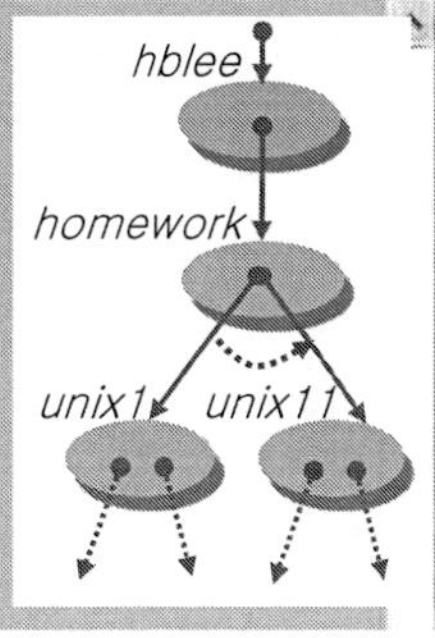


```
algo.gwnu.ac.kr - Zterm
$ pwd↵
/usr/users/hblee
$ ls -l homework↵
total 2
drwxr-xr-x   2 hblee    users         512  4월 7일 12:03 unix1
drwxr-xr-x   2 hblee    users         512  4월 7일 12:18 unix2
$ cd homework↵
$ ls -l unix1↵
total 3
-rw-r--r--   1 hblee    users         197  4월 7일 11:58 test1.c
-rw-r--r--   1 hblee    users         179  4월 7일 11:58 test2.c
-rw-r--r--   1 hblee    users         126  4월 7일 11:59 test3.c
$ ls -l unix2↵
total 0
$ mv unix1 unix2↵ ❶
$ ls -l↵
total 1
drwxr-xr-x   3 hblee    users         512  4월 7일 12:21 unix2
$ ls -l unix2↵
total 1
drwxr-xr-x   2 hblee    users         512  4월 7일 12:03 unix1
$ ls -l unix2/unix1↵
total 3
-rw-r--r--   1 hblee    users         197  4월 7일 11:58 test1.c
-rw-r--r--   1 hblee    users         179  4월 7일 11:58 test2.c
-rw-r--r--   1 hblee    users         126  4월 7일 11:59 test3.c
$
```

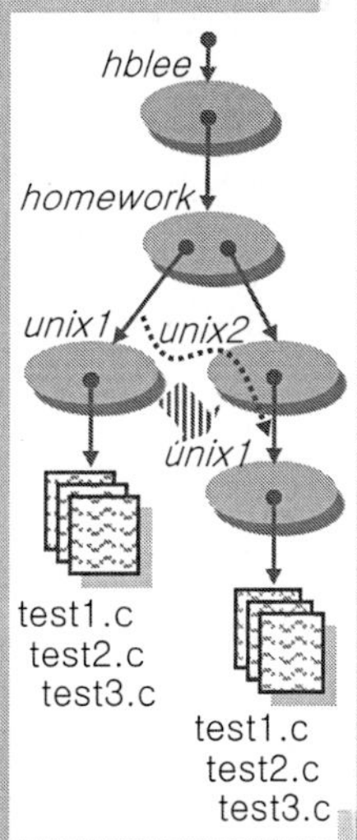


```
algo.gwnu.ac.kr - Zterm
$ pwd↵
/usr/users/hblee
$ cd homework/unix1↵
$ ls -l↵
total 3
-rw-r--r--   1 hblee    users         197  4월 7일 11:58 test1.c
-rw-r--r--   1 hblee    users         179  4월 7일 11:58 test2.c
-rw-r--r--   1 hblee    users         126  4월 7일 11:59 test3.c
$ mv test1.c ../unix2/test4.c↵ ❶
$ mv test2.c ../unix2/test5.c↵ ❷
$ mv test3.c ../unix2/test6.c↵ ❸
$ ls -l ../unix2↵
total 3
-rw-r--r--   1 hblee    users         197  4월 7일 11:58 test4.c
-rw-r--r--   1 hblee    users         179  4월 7일 11:58 test5.c
-rw-r--r--   1 hblee    users         126  4월 7일 11:59 test6.c
$
```

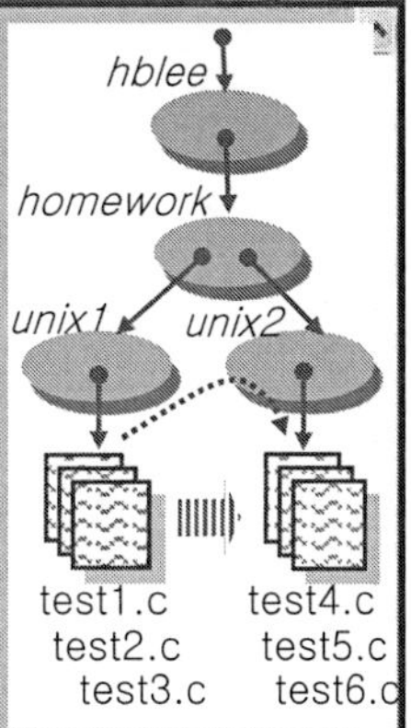

[그림4-21] [표 4-14]의 mv 명령어 사용 예(계속)

```
algo.gwnu.ac.kr - Zterm
$ pwd ↵
/usr/users/hblee
$ cd homework ↵
$ ls -l ↵
total 2
drwxr-xr-x   5 hblee    users        512  4월 7일 12:24 unix1
drwxr-xr-x   2 hblee    users        512  4월 7일 12:23 unix2
$ cd unix1 ↵
$ pwd ↵
/usr/users/hblee/homework/unix1
$ ls -l ↵
total 6
drwxr-xr-x   2 hblee    users        512  4월 7일 12:24 dir1
drwxr-xr-x   2 hblee    users        512  4월 7일 12:24 dir2
drwxr-xr-x   2 hblee    users        512  4월 7일 12:24 dir3
-rw-r--r--   1 hblee    users        197  4월 7일 11:58 test1.c
-rw-r--r--   1 hblee    users        179  4월 7일 11:58 test2.c
-rw-r--r--   1 hblee    users        126  4월 7일 11:59 test3.c
$ ls -l ../unix2 ↵
total 0
$ mv dir1 dir2 test1.c test2.c ../unix2 ↵ ❶
$ ls -l ↵
total 2
drwxr-xr-x   2 hblee    users        512  4월 7일 12:24 dir3
-rw-r--r--   1 hblee    users        126  4월 7일 11:59 test3.c
$ ls -l ../unix2 ↵
total 4
drwxr-xr-x   2 hblee    users        512  4월 7일 12:24 dir1
drwxr-xr-x   2 hblee    users        512  4월 7일 12:24 dir2
-rw-r--r--   1 hblee    users        197  4월 7일 11:58 test1.c
-rw-r--r--   1 hblee    users        179  4월 7일 11:58 test2.c
$ mv ../unix2/dir1 ../unix2/dir2 ../unix2/test1.c ../unix2/test2.c . ↵ ❷
$ ls -l . ↵
total 6
drwxr-xr-x   2 hblee    users        512  4월 7일 13:19 dir1
drwxr-xr-x   2 hblee    users        512  4월 7일 13:19 dir2
drwxr-xr-x   2 hblee    users        512  4월 7일 13:20 dir3
-rw-r--r--   1 hblee    users        197  4월 7일 11:58 test1.c
-rw-r--r--   1 hblee    users        179  4월 7일 11:58 test2.c
-rw-r--r--   1 hblee    users        126  4월 7일 11:59 test3.c
$ ls -l ../unix2 ↵
total 0
$
```

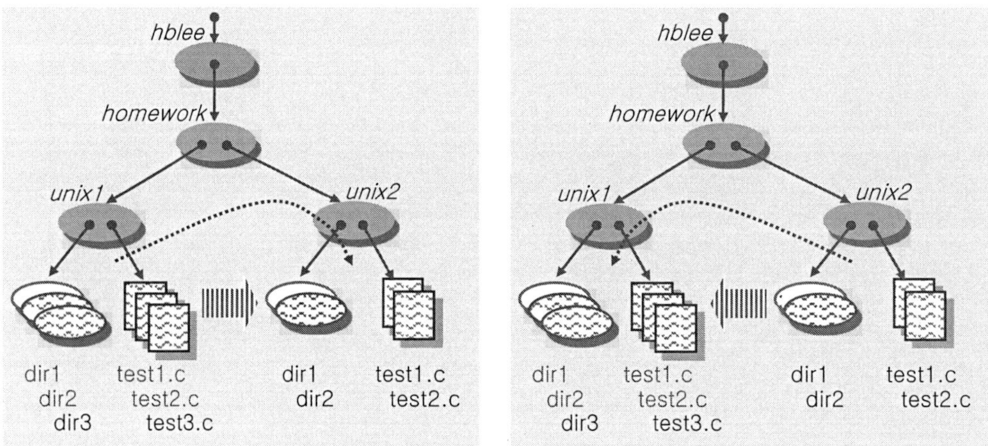

[그림4-21] [표 4-14]의 mv 명령어 사용 예

☞ [실습 4-6]

STEP I

1. [그림 4-22]와 같이 test0.c를 코딩하여 컴파일하고 실행하여 프로그램을 검증한 후 실행파일은 삭제 한다($ cc -o test0 test0.c).

2. test0.c를 test1.c로 복사하여 "I am cheerful."를 출력하도록 수정하고, 과정 1과 같이 수정 사항을 검증한다([그림 4-22] 참조).

3. test1.c를 test2.c로 복사하여 "I am happy and cheerful."을 출력하도록 수정하고 과정 1과 같이 수정 사항을 검증한다([그림 4-22] 참조).

```
/* test0.c */
#include <stdio.h>
int main()
{
    printf("I am happy.\n");
    return(0);
}
```

```
/* test1.c */
#include <stdio.h>
int main()
{
    printf("I am cheerful.\n");
    return(0);
}
```

```
/* test2.c */
#include <stdio.h>
int main()
{
    printf("I am happy and cheerful.\n");
    retirn(0);
}
```

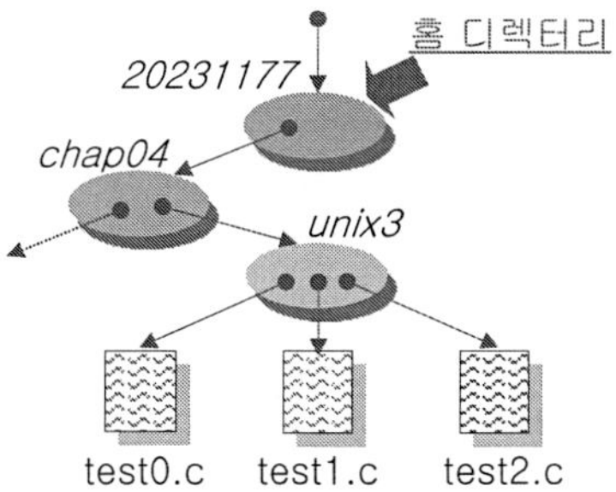

[그림 4-22] 디렉터리·파일의 생성,복사,이동,삭제 실습 I

STEP II

1. STEP I([그림 4-22])의 test0.c, test1.c, test2.c를 각각 test1.c, test2.c test3.c로 이름을 변경한다([그림 4-23] 참조).

2. 각 파일의 "/* test?.c */" 부문을 해당 파일명과 동일하게 수정한다.

3. [그림 4-23]과 같이 work 디렉터리를 생성하고 파일들을 옮긴다.

4. 과정 3에서 옮겼던 파일들을 원위치시키고 새로 만든 디렉터리를 삭제한다

5. 과정 3, 4를 3회 이상 반복한다.

6. 최종적으로 가운데 상태를 유지한다.

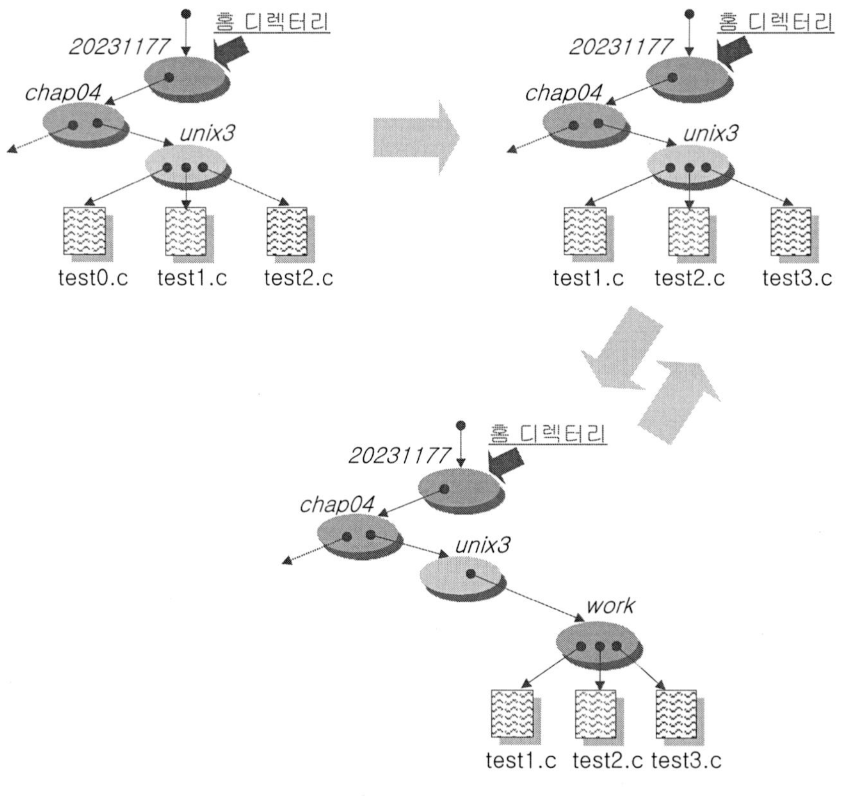

[그림 4-23] 디렉터리·파일의 생성,복사,이동,삭제 실습 II

4.4 디렉터리·파일 명칭의 간편 표현(wild card)

디렉터리나 파일을 복사·이동·삭제할 때 그 대상이 되는 수가 많다면 해당 명령어를 그 수 만큼 여러 번 구사하거나, 파일명을 그 만큼 여러 번 나열해야 한다. 예를 들어 여러 파일 중, test1.c test2.c test3.c 등 세 개의 파일만 삭제하고자 한다면,

```
rm   test1.c ↵
rm   test2.c ↵
rm   test3.c ↵
```

```
rm   test1.c test2.c test3.c ↵
```

와 같이 명령어를 세 번 사용하거나, 파일명을 일일이 다 나열해야 한다.

또한 "test_05_05_12.c"와 같이 긴 파일명은 파일명 전체를 모두 타이핑하기 위해서는 오타를 수정해야 하는 등 많은 불편을 감수해야 한다.

디렉터리·파일 명칭의 간편화란 위와 같이 여러 번 언급해야 하는 디렉터리·파일 명칭을 한 번의 표현 즉, 하나의 경로명으로 함축해서 나타내거나, 아주 긴 디렉터리·파일 명칭을 좀더 간단하게 표현하는 것을 말한다.

■ 디렉터리·파일 명칭의 간편화 방법

여러 개의 디렉터리나 파일을 하나의 명칭(경로명)으로 표시하기 위해서는 사전에 특별히 정의된 특수 문자를 사용해야 한다. 이들 문자는 원래의 파일명을 이루는 문자들과는 구별되어야 하므로 메타 문자(meta character)라고 부른다. 즉, 디렉터리나 파일 생성할 때 그 명칭에 메타 문자는 사용될 수 없다.

메타 문자가 포함된 경로명은 [그림 4-24]와 같이 경로명 상의 메타 문자에 대응되는 위치에 존재하는 모든 디렉터리나 파일을 대상으로 일치 여부가 계산되고 최종적으로 메타 문자에 합치된 모든 파일명으로 대치된다. 따라서, 경로명이 사용된 명령

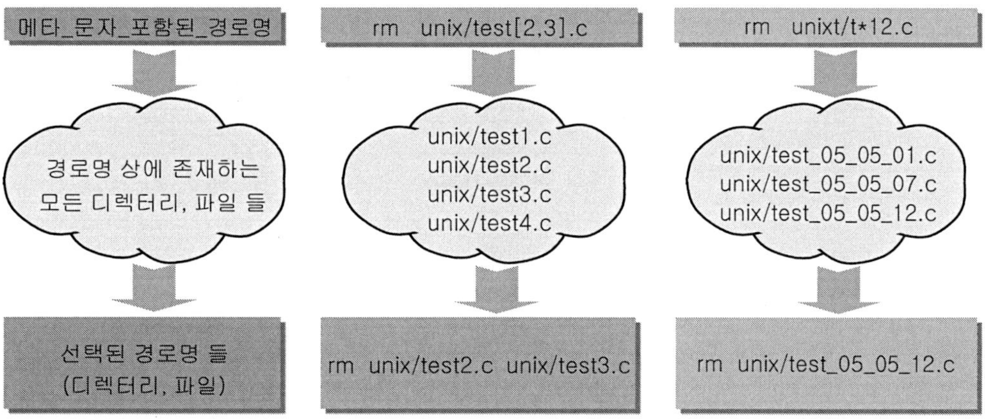

[그림 4-24] 메타 문자에 의한 디렉터리·파일 명칭의 간편화 개념

어는 우선 경로명의 메타 문자 포함 여부에 따라 최종 경로명으로 대치된 후에 실행된다.

위와 같이 디렉터리나 파일 들의 온전한 모집단을 대상으로 자신이 원하는 일부 파일들의 집단을 간편하게 지칭하기 위해 메타 문자로 표현하는 규칙을 정규식(regular expression)이라고 부르기도 한다.

■ 디렉터리·파일 명칭 대치를 위한 메타 문자

유닉스 시스템에서 디렉터리나 파일 명칭 즉, 경로명에 사용되는 메타 문자와 그 각각의 사용법과 기능은 [표 4-15]와 같다.

[표 4-15] 디렉터리·파일 명칭 대치를 위한 메타 문자의 사용법

메타문자	사 용 법 및 대 치 방 법
① *	▪ 디렉터리나 파일 명칭의 임의의 위치에 표시됨. ▪ '*' 부분이 임의의 길이(0 이상)의 문자열을 의미함. 예) "*.*" → '.'이 들어있는 모든 명칭("a.c", "ab.cd", "a.", ".b", ".") "a*b" → 'a'로 시작하고 'b'로 끝나는 모든 명칭("ab", "axb", "axyb") "*b" → 'b'로 끝나는 모든 명칭("xb", "xyb", "b") "a*" → 'a'로 시작하는 모든 명칭("ax", "axy", "a") "*" → 모든 명칭("a", "ax", "by", "1ab")
② ?	▪ 디렉터리나 파일 명칭의 임의의 위치에 표시됨. ▪ 임의의 문자 하나를 의미함. 예) "a?b" → 'a'로 시작하고 'b'로 끝나는 길이 3의 명칭("axb", "a.b") "??b" → 'b'로 끝나는 길이 3의 모든 명칭("xyb", "..b", "12b") "???" → 길이가 3인 모든 명칭("abc", "xyz", "1ab", "a.c") "a?" → 'a'로 시작하는 길이 2의 모든 명칭("ab", "a.", "a1", "ax")
③ [ ]	▪ 디렉터리나 파일 명칭의 임의의 위치에 표시됨. ▪ [ ] 속에 나열된 문자 중의 하나를 의미함. ▪ 문자들은 연속 또는 ','로 분리하여 나열함(예 : [agh], [a,g,h]). ▪ 연속되는 문자들은 '-'로 분리된 범위 형태로 표시할 수 있음(예 : [a-c]). 예) "a[xy]c" → 'a', 'c' 사이에 'x'나 'y'가 있는 명칭("axc", "ayc") "a[x-z]c" → 'a', 'c' 사이에 'x', 'y', 'z'가 있는 명칭("axc", "azc") "[y,z]a[xz]" → 'y'나 'z'로 시작하고, 'x'나 'z'로 끝나면서 중간에 'a'가 들어 있는 명칭("zaz", "zax", "yax") "a[x-z34,ij]" → 'a'로 시작하면서 'x', 'y', 'z', '3', '4', 'i', 'j' 중의 한 문자로 끝나는 명칭("ay", "a4", "aj")
④ ^	▪ ③의 [ ] 속 문자 표시 앞에 위치함. ▪ 뒤에 표시된 문자를 제외한 모든 문자 하나를 의미함. 예) "a[^xy]c" → 'a', 'b' 사이에 'x', 'y'가 아닌 한 문자로 구성된 명칭 ("aac", "azc", "a.c") "[^a-c]" → 'a', 'b', 'c'가 아닌 임의의 한 문자로 된 명칭 ("1", "d", ".", "x")
⑤ 공통	▪ ①~④의 표현들은 횟수나 위치, 순서에 관계 없이 조합되어 사용될 수 있다. 예) "[0-9][a-z][A-z].html" "lab[0-9]??.c" "[x,tzk]*[ab]??" "x[^cde]*?[1-9]"

■ 메타 문자가 포함된 디렉터리·파일명

유닉스 운영체제는 기본적으로 NULL 문자('₩0') 즉, 0이 아닌 어떤 문자도 디렉터리나 파일의 명칭으로 사용될 수 있도록 허용한다. 그러나 키보드를 통해서 파일명을 입력해야 하는 경우에는 키보드로 입력할 수 있는 문자만을 사용할 수 밖에 없다는 한계가 따른다. 예를 들어 ASCII 문자 중 ^C와 같은 대부분의 제어문자는 디렉터리나 파일명에 포함시키기가 곤란할 뿐만 아니라 어렵게 포함시키는 데 성공했다 하더라도, 파일명을 다루는 cp, mv, rm, vi 등의 명령어 사용이 불가능할 수도 있다.

디렉터리나 파일명을 작성하는데 있어서 또 하나의 제약점은 메타 문자의 사용에 있다. 예를 들어 메타 문자인 '*'가 포함된 "a*b.c"라는 파일이 있을 때, 이를 삭제하기 위한 "rm a*b.c" 명령은 뜻하지 못한 엄청난 결과를 초래한다. 즉, rm 명령어에 사용된 파일명 "a*b.c"는 메타 문자 '*'에 의해 'a'로 시작하고 'b'로 끝나는 모든 .c 파일을 의미하므로 결국 여기에 해당되는 모든 파일이 삭제된다.

따라서, [표 4-15]의 메타 문자와 같이 명령어 수준에서 특수 용도로 사용되는 문자가 파일명에 포함되는 것은 매우 바람직하지 못하다. 그럼에도 불구하고 메타 문자를 꼭 사용해야 할 경우에는, 메타 문자로부터 그 의미를 제거하여 일반 문자로서의 기능으로 회복시키는 또 다른 메타 문자 '₩'를 사용한다. '₩' 문자는 영문 환경에서는 '\' (back slash) 형태로 나타난다.

[표 4-16]에 메타 문자 '\'의 기능과 사용법, 그리고 예를 요약하여 보였다.

[표 4-16] 메타 문자 '\'의 사용법과 기능

메타문자	사 용 법 및 대 치 방 법
\ (₩)	▪ '\' 뒤에 메타 문자가 올 경우, 해당 메타 문자에 부여되었던 특수 기능이 상실되고, 원래의 문자 자체로만 인식된다. 예) "a*b.c" → "ab.c", "aab.c", "a.b.c", "a*b.c", "a?b.c", ... 등 "a*b.c" → 실제 파일명이 정확히 "a*b.c"인 파일 "a\\?b.c" → 실제 파일명이 정확히 "a?b.c"인 파일 "a\\\\b.c" → 실제 파일명이 정확히 "a\\b.c"인 파일
	▪ '\' 뒤에 일반 문자가 올 경우, '\' 문자는 무시된다. 예) "a\\b.c" → 실제 파일명이 정확히 "ab.c"인 파일 "\\a?b.c" → "aab.c", "abb.c", "a*b.c", "a?b.c", "a*b.c", ... 등

☞ [실습 4-7]

STEP I

1. [그림 4-25]와 같이 "a1"~"cde3"를 출력하는 각각의 프로그램 a1.c~cde3.c를 코딩하여 컴파일하고 실행하여 프로그램을 검증한다(자기 학번 기입).

2. 실행파일은 프로그램 파일명과 동일한 이름으로 생성한다.
(예 : cc -o a1 a1.c ↵)

3. 프로그램에 대한 검증이 완료되면 모든 실행 파일을 지운다.

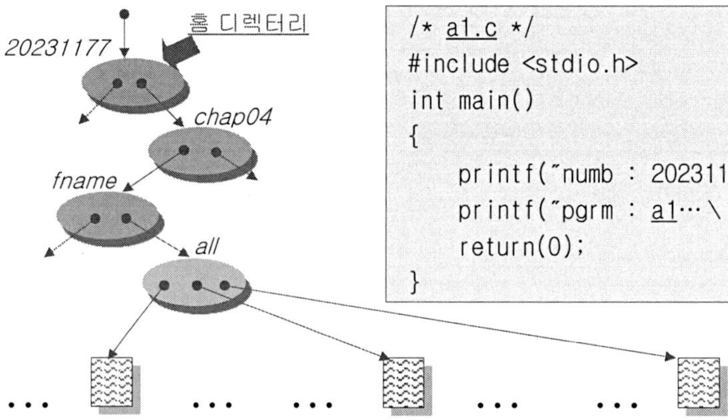


```
/* a1.c */
#include <stdio.h>
int main()
{
    printf("numb : 20231177…\n");
    printf("pgrm : a1…\n");
    return(0);
}
```

a1.c	ab1.c	abc1.c	a2.c	ab2.c	abc2.c	a3.c	ab3.c	abc3.c
b1.c	bc1.c	bcd1.c	b2.c	bc2.c	bcd2.c	b3.c	bc3.c	bcd3.c
c1.c	cd1.c	cde1.c	c2.c	cd2.c	cde2.c	c3.c	cd3.c	cde3.c

[그림 4-25] 파일명 간편화 실습 I

STEP II

1. [그림 4-26]과 같이, STEP I에서 생성한 왼쪽의 체계를 오른쪽 체계로 변환한다. 이 때 파일 복사나 이동 명령어 등에 사용되는 파일명에는 반드시 메타 문자를 사용한다.

2. 과정 1에서 변형시킨 오른쪽 체계를 다시 왼쪽 체계로 원위치 한다.

3. 과정 1, 2를 3회 이상 반복한다.

4. 최종적으로 오른쪽의 상태를 유지한다(실수로 all 디렉터리에 있는 파일을 잃었을 때 복구용으로 사용함).

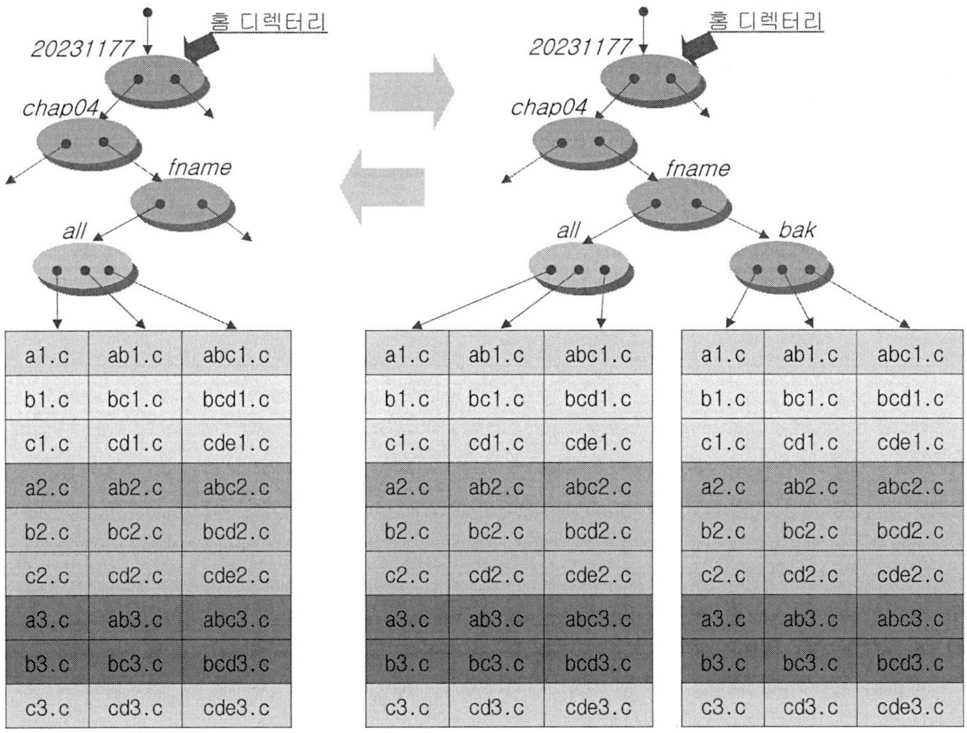

[그림 4-26] 파일명 간편화 실습 II

STEP III

1. [그림 4-27]과 같이, STEP I에서 생성한 왼쪽의 체계를 오른쪽 체계로 변환한다. 이 때 파일 복사나 이동 명령어 등에 사용되는 파일명에는 반드시 메타 문자를 사용한다.

2. 과정 1에서 변형시킨 오른쪽 체계를 다시 왼쪽 체계로 원위치 시킨다.

3. 과정 1, 2를 3회 이상 반복한다.

4. 최종적으로 왼쪽의 상태를 유지한다.

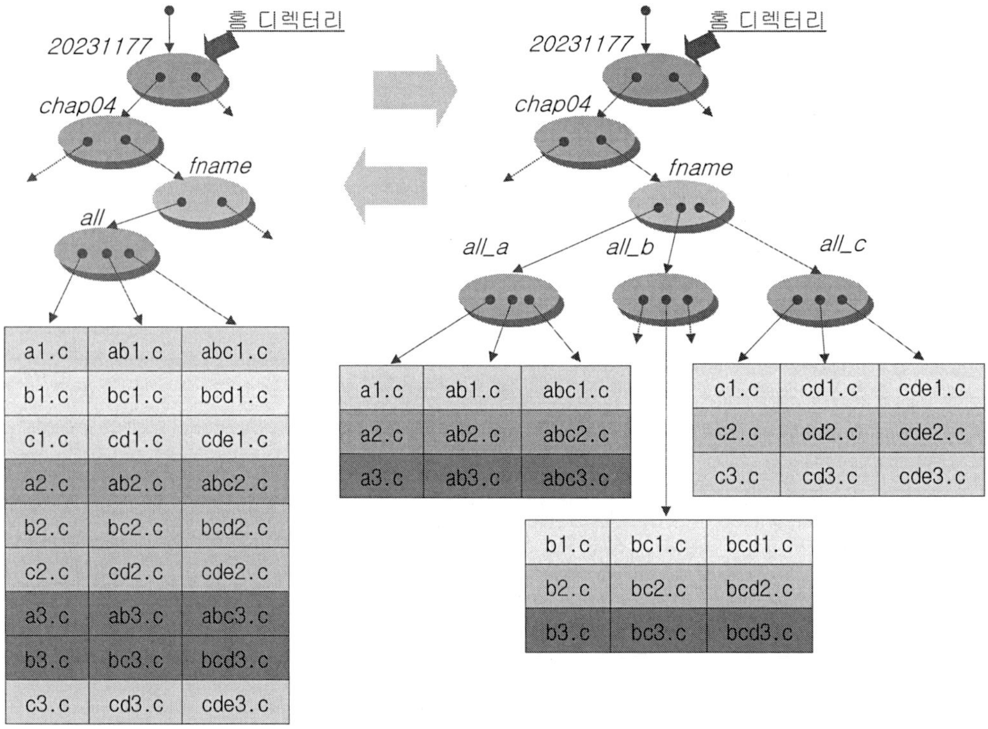

[그림 4-27] 파일명 간편화 실습 III

STEP IV

1. [그림 4-28]과 같이, STEP I에서 생성한 왼쪽의 체계를 오른쪽 체계로 변환한다. 이 때 파일 복사나 이동 명령어 등에 사용되는 파일명에는 반드시 메타 문자를 사용한다.

2. 과정 1에서 변형시킨 오른쪽 체계를 다시 왼쪽 체계로 원위치 시킨다.

3. 과정 1, 2를 3회 이상 반복한다.

4. 최종적으로 왼쪽의 상태를 유지한다.

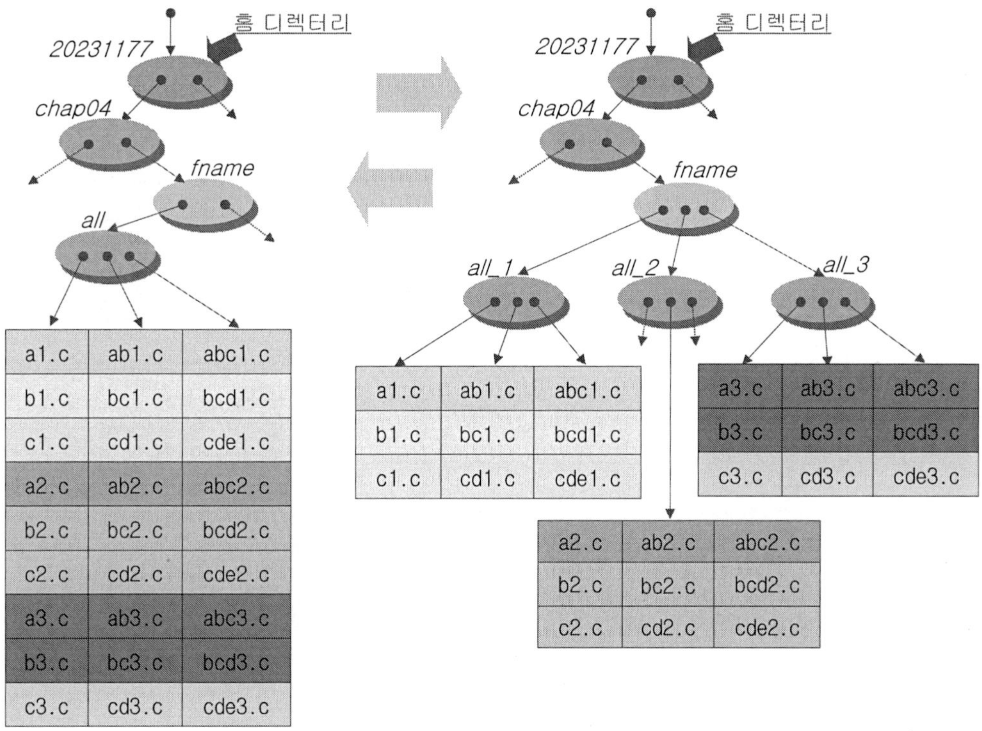

[그림 4-28] 파일명 간편화 실습 IV

STEP V

1. [그림 4-29]와 같이, STEP I에서 생성한 왼쪽의 체계를 오른쪽 체계로 변환한다. 이 때 파일 복사나 이동 명령어 등에 사용되는 파일명에는 반드시 메타 문자를 사용한다.

2. 과정 1에서 변형시킨 오른쪽 체계를 다시 왼쪽 체계로 원위치 한다.

3. 과정 1, 2를 3회 이상 반복한다.

4. 최종적으로 왼쪽의 상태를 유지한다.

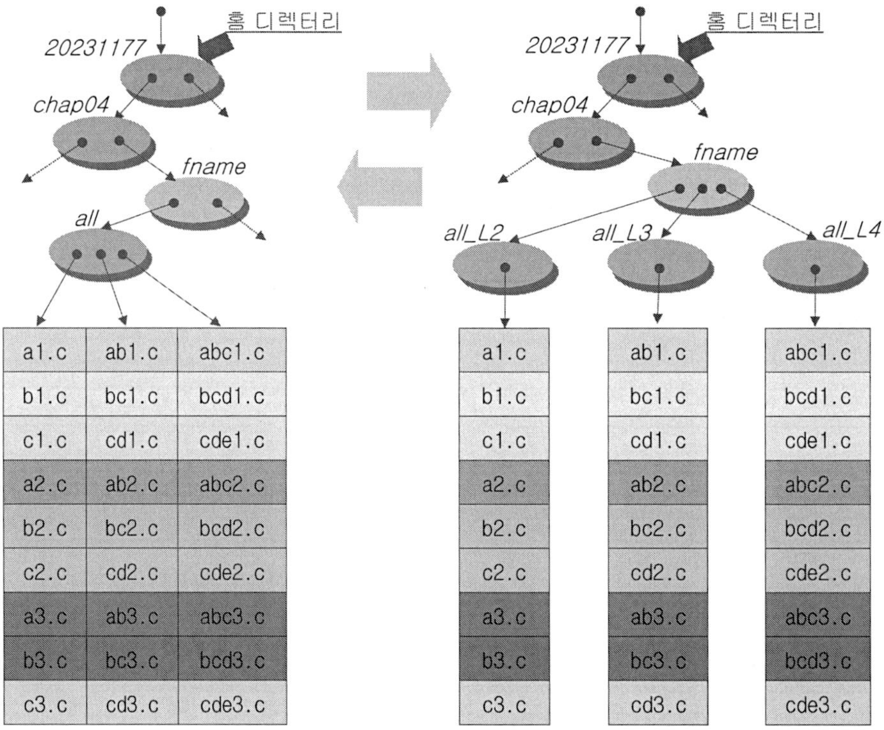

[그림 4-29] 파일명 간편화 실습 V

STEP VI

1. [그림 4-30]과 같이, STEP I에서 생성한 왼쪽의 체계를 오른쪽 체계로 변환한다. 이 때 파일 복사나 이동 명령어 등에 사용되는 파일명에는 반드시 메타 문자를 사용한다.

2. 과정 1에서 변형시킨 오른쪽 체계를 다시 왼쪽 체계로 원위치 한다.

3. 과정 1, 2를 3회 이상 반복한다.

4. 최종적으로 왼쪽의 상태를 유지한다.

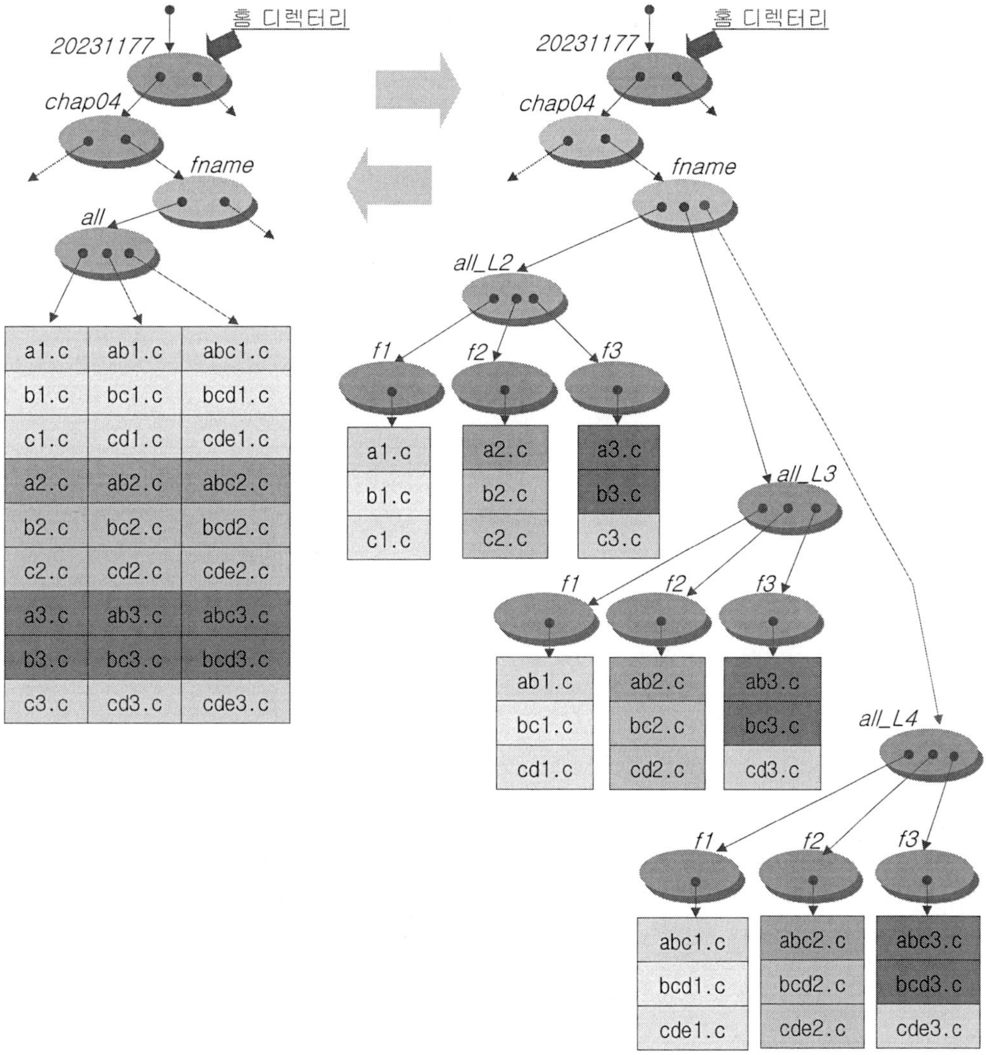

[그림 4-30] 파일명 간편화 실습 VI

Note

제 5 장 유닉스 쉘과 사용자 단말기 환경

5.1 쉘의 개념 / 85

5.2 쉘의 종류와 선택 / 89

5.3 사용자 단말기 환경 설정 / 91

5.4 Bourne·Korn 쉘의 환경 설정 / 100

5.5 C 쉘의 환경 설정 / 113

5.6 쉘의 시동 파일(프로파일) / 125

5.7 명령어 재호출 / 130

5.8 파일 이름 자동 완성 / 147

5. 유닉스 쉘과 사용자 단말기 환경

쉘은 유닉스 시스템에 로그인한 사용자로부터 명령어를 의미하는 문자열을 읽어 들여 해석하고 그 결과에 따라 대응되는 명령어를 적절하게 실행시켜주는 기능을 담당하는 하나의 내장 프로그램으로, 유닉스의 발전과정에 따라 7~8가지가 개발되어 있다. 이들 쉘들은 각각 고유한 명령어의 기술 규칙을 가지고 있으므로 사용자는 어느 쉘을 사용하는가에 따라 해당 규칙을 습득하여 적절하게 구사하여야 한다.

그러나, 지금까지 배웠던 디렉터리나 파일의 생성, 복사, 이동, 삭제 등을 위해 구사했던 것과 같이 명령어를 간단하게 기술하는 경우에는 거의 모든 쉘에서 동일하기 때문에 각각의 쉘에 따라 별도로 익혀야 할 명령어 기술 방법은 그리 많지 않다.

5.1 쉘의 개념

쉘(shell)이란 단어는 사전적으로 "동식물의 단단한 외피", "껍데기" 등으로 풀이되어 있다. 유닉스 환경에서 쉘 프로그램은 위에서 언급한 바와 같이 사용자와 대화하면서 유닉스 내부로의 연결고리 역할을 담당하는데 그 관계를 그림으로 도식화하면 [그림 5-1]과 같다. 이 그림으로부터 쉘이란 명칭이 사용된 연유를 알 수 있다.

이와 같이 쉘의 가장 큰 기능은 사용자가 입력한 명령어 문자열을 해석하는 것이므로 명령어 해석기(command interpreter)라고 부르기도 한다.

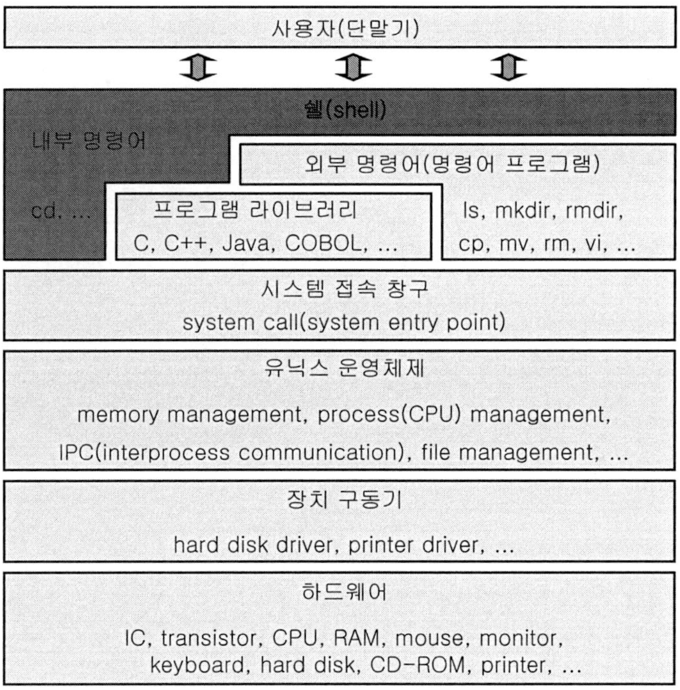

[그림 5-1] 유닉스 쉘의 위치와 기능

쉘은 [그림 5-2]와 같이 사용자에게 명령어 처리 준비를 알리는 대기 문자열(프롬프트)을 출력한 후, 사용자로부터 명령어 문자열을 입력 받아 분석하여 그 것이 스스로 해결할 수 있는 명령어인지 아니면 해결할 수 없는 명령어인지를 판단하고, 자신이 해결할 수 없는 명령어인 경우에는 제 3의 명령어 프로그램을 유닉스 운영체제에 의뢰하여 실행시켜 준다. 이 때, 스스로 해결할 수 있는 명령어를 내부 명령어라 부르고, 스스로 해결할 수 없는 명령어를 외부 명령어라 부른다.

■ 프롬프트(prompt)

프롬프트는 [그림 2-8]의 ⑥에서 살펴본 바와 같이 쉘이 명령 문자열을 받을 준비가 완료되었다는 뜻을 사용자에게 전달하기 위해 단말기에 출력하는 문자열이다. 프롬프트는 쉘마다 독특한 기본 문자열로 지정되어 있으나, 대부분의 쉘은 사용자로 하여금 자신의 취향에 따라 프롬프트를 변경할 수 있도록 허용한다. 예를 들어 Bourne 쉘의 기본 프롬프트는 '$'이지만 set 명령어에 의해 다른 문자열로 변경할 수 있다.

■ 내부 명령어(internal/built-in command)

사용자가 쉘에게 지시하는 명령 중에서, 쉘 스스로 해결할 수 있는 명령을 내부 명령어라 한다. "cd"와 같이 명령어의 처리 결과를 꼭 쉘이 알고 있어야 하는 경우에는 해당 명령어를 쉘이 직접 처리하도록 내부 명령어로 구성된다. 이 밖에 여러 명령어를 일정한 규칙에 따라 순차적 혹은 조건부로 실행시키고자 하는 경우 등을 위한 제어구문 명령어 등도 내부 명령어로 구성되어야 한다.

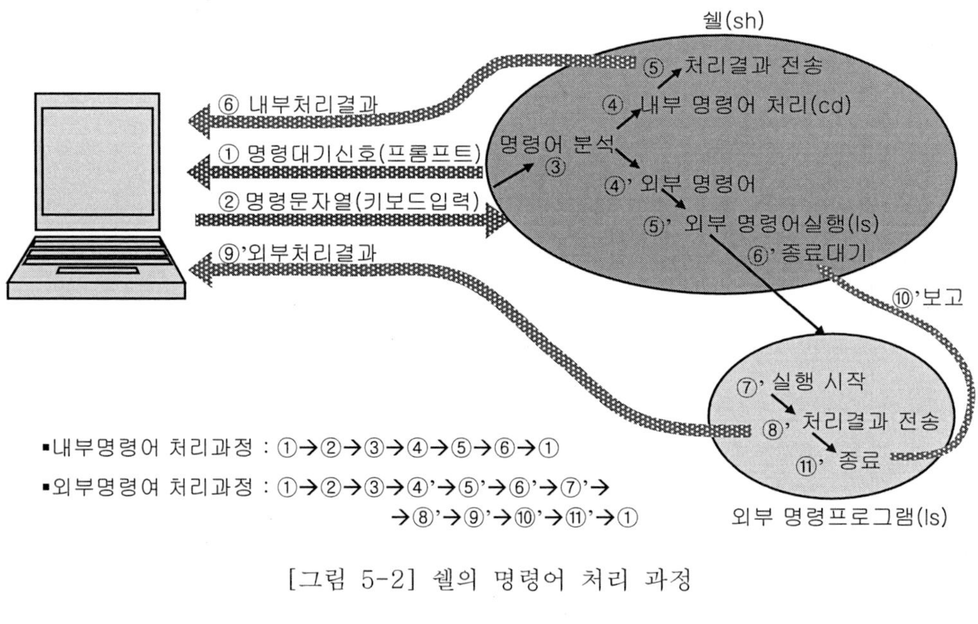

[그림 5-2] 쉘의 명령어 처리 과정

■ 외부 명령어(external command)

모든 명령어를 쉘 내부에 구현할 수는 없는 일이므로 대부분의 명령어는 별도로 독립된 프로그램으로 구현하여 쉘 외부에 둔다. 이 때 쉘은 사용자로부터 입력 받은 명령어 문자열을 분석하여 외부에 존재하는 프로그램 중 명칭이 일치하는 프로그램을 검색하여 실행시켜준다. 이 경우 쉘은 해당 명령어 프로그램을 사용자 대신 실행시켜주는 대행자 역할을 담당한다.

위의 명령어 프로그램은 독특한 방법으로 특별하게 제작된 것이 아니고, C 등 프로그래밍 언어를 사용해서 작성한 프로그램을 컴파일러로 번역해 놓은 실행파일 그 자체이다. 예를 들어, 4 장에서 실습했던 많은 예제 프로그램의 실행파일 들도 모두 외부 명령어에 해당되기 때문에, 그들을 실행시킬 때도 다른 명령어와 동일한 방법을 사용한 바 있다.

일반적으로 외부 명령어는 사용자 명령어(user command), 시스템 명령어(system command), 사용자 개인 명령어(personal command)로 분류해 볼 수 있다.

• 사용자 및 시스템 명령어(user & system command)

사용자 및 시스템 명령어는 유닉스 환경에서 공통으로 사용되는 명령이나 시스템 관리를 위한 관리자 명령어 등을 시스템 공급자가 미리 제공해주는 실행 파일들로 그 파일들이 위치하는 곳은 유닉스 계보에 따라 약간의 차이는 있으나 대체적으로 [표 5-1]과 대동소이하다.

[표 5-1]에 보인 명령어 분류의 기준은 명확하지 않다. 그 이유는, 디스크의 용량이 수십 MB에 불과하던 초창기 시절에는 하나의 디스크에 모든 명령어를 저장할 수 없었기 때문에, 시스템의 부팅 과정에서 파일 시스템이 점차 확대되어가는 각 단계별로 필요하다고 생각되는 명령어들로 그룹핑했기 때문이다. 단일 사용자 모드(single user mode)와 다중 사용자 모드(multiuser mode) 등의 개념이 바로 그것인데, 최근에는 시스템 수행 모드가 더 다양해지는 추세에 있다(9장 [표 9-2] 참조).

또한, UCB(University of California at Berkley)는 BSD 계보에서 발전한 인터넷

[표 5-1] 사용자 및 시스템 명령어의 분류 및 탑재 위치

사용자 및 시스템 명령어 유형	탑 재 위 치
▪ 일반 사용자를 위한 기본 명령어 (ls, mkdir, rmdir, cp, mv, rm, ps, pwd 등)	/bin
▪ 일반 사용자를 위한 다기능 명령어 (vi, find, tar, ar, gcc, awk, grep, tail 등)	/usr/bin
▪ 시스템 관리자를 위한 시스템 관리 명령어 (mount, umount, diskpart, ifconfig, netstat 등)	/sbin, /usr/sbin
▪ 인터넷(TCP/IP) 관련 명령어 (telnet, rlogin, rcp, ftp, ping, finger 등)	/usr/ucb, /usr/local/ucb

TCP/IP) 관련 명령어를 나중에 수용함으로써 별도로 독립해 생성된 경우가 대부분이다.

그러나, 최근에는 하드 디스크의 용량이 크기 늘어나면서 모든 명령어를 "/usr/bin" 등의 한 곳에 모아두고 위의 탑재 위치들은 형식적으로만 존재하는 경우가 많다. 그 밖에, Apache, MySQL, PHP, PERL, Oracle 등 제 3의 소프트웨어를 사후에 설치하는 경우, 각각의 관련 명령어들은 "/usr/local/" 디렉터리에 각각을 위한 새로운 하부 디렉터리를 생성하여 설치하는 경우가 보통이다. 예를 들어 Apache는 "/usr/local/apache"에, MySQL은 "/usr/local/mysql"에, PHP는 "/usr/local/php"에 설치한다.

• 사용자 개인 명령어(personal command)

사용자 개인 명령어는 4 장의 여러 실습에서 C 언어로 작성한 프로그램을 컴파일해서 생성한 실행파일과 같이 사용자 개인이 특정 문제를 해결하기 위해 생성한 실행파일 들을 말한다.

따라서 사용자 개인 명령어는 해당 사용자의 홈 디렉터리 아래 어느 곳에 존재하게 된다. 보통 자주 사용하는 사용자 개인 명령어는 "~사용자홈디렉터리/bin" 디렉터리에 옮겨두는 것이 관례다.

쉘은 시스템에 미리 탑재된 사용자 및 시스템 명령어나 사용자가 개인적으로 작성한 개인 명령어를 전혀 식별하지 못하기 때문에 모두 동일한 외부 명령어로 취급한다.

지금까지 살펴보았던 쉘이 처리하는 명령어들을 요약하면 [그림 5-3]과 같고, 쉘은 이들 외부 명령어에 대한 검색을 환경 변수에 기록된 디렉터리 리스트를 참조하는 방법을 사용한다(5.4.3, 5.5.3절 참조).

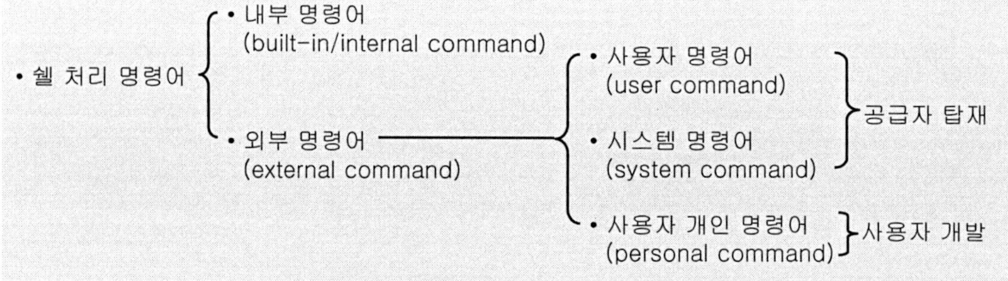

[그림 5-3] 쉘 처리 명령어의 분류

5.2 쉘의 종류와 선택

쉘에는 유닉스 운영체제가 개발되면서 최초로 보급된 Bourne 쉘에서부터 출발하여 Korn 쉘, C 쉘, Bourne Again 쉘, TC 쉘, Z 쉘 등이 차례로 다양하게 보급되어 왔다. 이들 쉘들은 모두 공통적으로 가지는 핵심 기능 위에 각각의 고유한 특징을 추가한 것이기 때문에 초보적인 수준에서 사용하는 사용자에게는 큰 차이점을 주지 않는다.

■ 쉘을 특징짓는 주요 요인

위에서 열거한 여러 쉘들의 특징은 다양한 요소에 의해 결정되겠지만, 그 중에서도 중요한 몇 가지 요인을 열거하면 [표 5-2]와 같다.

[표 5-2] 쉘의 특성 요인

쉘 특징 요인	요인의 내용
▪ 쉘 프로그래밍 문법	명령어를 조건부로 실행시키는 등의 제어구문 구조가 다름.
▪ 쉘 사용 환경 설정하는 문법	쉘 프로그램 변수나 환경변수를 설정하는 문법이 다름.
▪ 동시 수행하는 명령어(작업) 관리 방법	후면(back ground) 처리된 명령어 등을 다루는 방법이 다름.
▪ 표준 입·출력 방향 전환하는 문법	화면으로 출력되는 내용을 파일 등으로 돌려 받는 문법이 다름.

■ 쉘의 종류

[표 5-3]에 최근까지 자주 사용되는 주요 쉘의 종류와 각각의 프로그램(명령어) 이름을 요약하였다. 시스템에 따라 탑재된 쉘들은 다르고, 탑재되었다고 해도 위치는

[표 5-3] 쉘의 종류와 이름

쉘의 종류	프로그램(명령어) 이름
▪ rc	/usr/bin/rc
▪ Bourne shell	/usr/bin/sh
▪ C shell	/usr/bin/csh
▪ Bourne Again shell	/bin/bash
▪ Z shell	/usr/local/bin/zsh
▪ Korn shell	/usr/bin/ksh
▪ TC shell	/usr/bin/tcsh

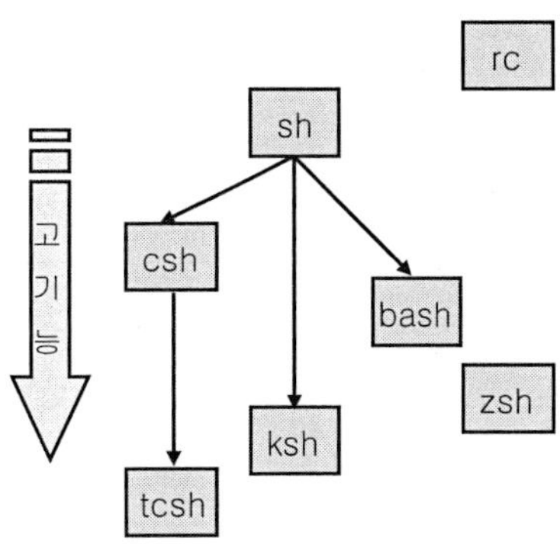

다를 수 있다. 이들 중, sh, ksh, csh은 대부분의 유닉스·리눅스 시스템에서 제공되고, bash, zsh, tcsh는 주로 리눅스 시스템에서 제공된다.

■ 쉘의 선택

쉘은 아래와 같이 두 가지 방법으로 선택할 수 있다.

- **로그인 쉘(login shell)**

[그림 2-2]에 보인 바와 같이 유닉스 사용자는 계정을 등록할 때 자신이 선호하는 쉘을 관리자에게 알려줌으로써 자신의 계정 명부에 해당 쉘이 기록되도록 한다. 사용자가 로그인하면 유닉스 시스템은 그 사용자의 계정 명부에 기록된 쉘을 실행시켜 사용자와 대화하도록 한다. 이와 같이 로그인할 때 기본으로 실행되는 쉘을 로그인 쉘이라 한다.

로그인 쉘을 변경하기 위해서는 관리자에게 의뢰하여 계정 명부에 기록된 쉘을 변경하여야 한다. 어떤 유닉스 시스템에서는 chsh(change shell)과 같은 관리 대행 명령어를 제공하여 로그인 쉘을 사용자 자신이 언제라도 스스로 변경할 수 있도록 하는 경우도 있다.

- **서브 쉘(sub shell)**

서브 쉘이란, 로그인 쉘 상태에서 다른 일반 명령어와 같이 다른 쉘을 직접 실행시킨 쉘을 말한다. 쉘 명령어의 기본 기능이 키보드에서 명령어 문자열을 읽어서 처리하는 것이므로, 쉘을 종료시키는 명령어를 주지 않는 한 사용자는 계속해서 서브 쉘과 대화하게 된다. 서브 쉘이 종료하면 사용자는 다시 원래의 쉘과 대화하게 된다. [그림 5-4]에 서브 쉘이 동작하는 과정을 보였다. 이는 키보드 입력을 원하는 프로그램을 실행시켰을 때 키보드 입력 제어권이 실행된 프로그램에게 넘어가는 원리와 동일하다. 즉, 로그인 쉘에 의해 서브 쉘이 실행되면 그.순간부터 명령어 문자열을 포함한 모든 키보드 입력은 서브 쉘에게 전달되는 것이다.

위와 같은 방법으로 서브 쉘 상태에서 또 다른 서브 쉘을 얼마든지 더 실행시킬 수 있다.

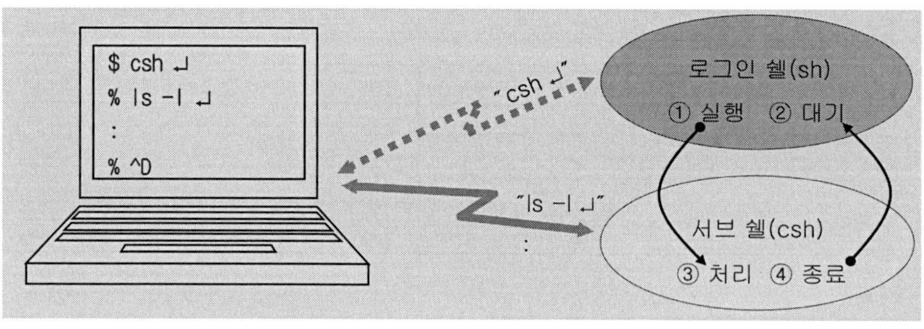

[그림 5-4] 서브 쉘의 개념

5.3 사용자 단말기 환경 설정

사용자가 로그인하게 되면 키보드 입력을 통해서 쉘과 대화하면서 단순 명령어 실행, 문서 편집, 프로그램 개발, 인터넷 접속 등 다양한 일을 처리하게 된다. 사용자 단말기 환경이란, 이와 같이 사용자가 쉘과 대화하는 과정에서 사용자의 선호에 따른 편리성을 제공하기 위한 선택적 설정 항목들을 말한다. 따라서 사용자 단말기 환경은 사용하는 쉘에 따라 다를 수 있고, 흔히 쉘 환경 설정이라고 부르기도 한다.

주요 사용자 단말기 환경 설정 분야는 [표 5-4]와 같다.

[표 5-4] 주요 사용자 단말기 환경 설정 내용

설 정 분 야	설 정 내 용	비 고
▪ 명령어 교정 문자	명령 문자열을 타이핑하는 과정에서 오타를 교정하는 제어 문자를 설정함	쉘의 종류와 무관함
▪ 쉘 내부 환경 설정	쉘 자체의 동작 방식을 선택하는 쉘 내부 변수 값을 설정함(쉘 변수)	쉘에 따라 설정 내용과 설정 방법이 다름
▪ 쉘 외부 환경 설정	쉘이 실행시키는 다른 명령어에 전달하기 위한 쉘 외부 변수(환경 변수) 값을 설정함	설정 내용은 동일하나 설정하는 방법은 쉘에 따라 다름

5.3.1 명령어 문자열 교정을 위한 제어문자

사용자가 단말기 키보드를 통해서 입력한 명령어 문자열은 유닉스 운영체제의 키보드 장치 구동기(keyboard device driver)에 저장되었다가 엔터키('↵')가 입력되었을 때 비로소 명령어 문자열 전체를 쉘에게 전달한다. 따라서, 엔터키를 입력하기 전에는 명령어 문자열의 일부 또는 전체를 교정할 수 있다.

유닉스 사용자가 가장 자주 접하는 교정 사례는 명령어를 입력하는 과정에서 바로 전 잘못 입력한 문자 하나를 삭제하고자 하는 경우이다. 이 경우 키보드의 유형이나 사용자의 취향에 따라 <Back Space>나 <Delete>키를 사용한다.

2.4절 [표 2-4]에서 이러한 제어 문자를 단말기 특성 인자로 설명한 바 있으나, 사실 이들 제어문자는 유닉스 운영체제 내에 설정되는 것이므로 특정 쉘과는 독립적이다.

명령어 문자열 교정을 위한 제어문자를 포함해서 사용자 단말기 사용에 적용되는 제어 문자들을 [표 5-5]에 요약하였다. 이 표에 제시된 각 제어키의 기본 설정키는 유닉스 시스템이나 키보드의 유형에 따라 다를 수 있다. 따라서 사용자는 자신의 키보드와 취향을 고려해서 적절한 키로 재설정할 필요가 있다. 그러나 대부분의 경우 erase 키 외에는 재설정하는 경우가 드물다.

[표 5-5] 주요 사용자 단말기 제어키

제어 명칭	제어 기능	기본 설정키
erase	명령어 줄(command line)에서 현재 커서가 위치한 바로 앞의 한 문자를 삭제하고, 커서 위치를 그 곳으로 옮김	Ctrl+H 혹은 BS 혹은 ←
kill	현재 입력 중인 명령어 줄 전체를 삭제하고, 커서 위차을 맨 처음으로 옮김	Ctrl+U
intr	현재 입력중인 명령어 줄을 버리고 새로운 줄로 넘어가 입력을 다시 시작함. 명령어 실행 도중에는 명령어를 종료시킴	Ctrl+C 혹은 Del
quit	intr과 동일함. 다만, 명령어를 종료시키는 내부적인 방법이 다름)	Ctrl+\
susp	명령어 실행도중 명령어를 일시 중지상태로 중단시키고, 쉘 명령어 입력상태로 전환함. 중지된 명령어는 나중에 다시 실행 재개 가능함	Ctrl+Z
eof	키보드 입력의 끝(마지막)을 의미함	Ctrl+D
stop	화면 동작(출력)을 일시 중지함	Ctrl+S
start	화면 동작(출력)을 재개함	Ctrl+Q

[표 5-5]에 요약된 제어키를 재설정하기 위해서는 stty(set tty) 명령어를 사용한다. tty는 전통적인 유닉스 전용 단말기를 의미하는 TeleTYpewriter에서 유래된 단어로 유닉스 운영체제의 키보드와 화면(모니터) 장치 제어 부분을 총칭한다. [표 5-6]에 stty 명령어의 사용법을 요약하였다.

[그림 5-5]에는 유닉스 단말기에 설정된 제어키들의 예를 보였다.

[표 5-6] stty 명령어 사용법

사 용 법	기 능 (결 과)
① stty -a ↵	▪ 유닉스 운영체제의 단말 장치 제어기 내에 현재 설정된 모든 제어키들의 값을 나열한다.
② stty 제어명칭 제어키 ↵	▪ '제어명칭'에 해당되는 제어키를 '제어키'로 재설정한다. ▪ '제어명칭'에 해당되는 제어키를 설정하지 않으려면 '제어키' 부분에 'undef'를 사용한다(제어기능 상실됨).

```
$ stty -a ↵
$ stty  erase  ^H ↵          /* ^H는 <Back Space> 키와 동일함 */
$ stty  erase  undef ↵
```

```
algo.gwnu.ac.kr - Zterm
$ stty -a ↵
#2 disc;speed 38400 baud; 24 rows; 80 columns
erase = ^H; werase = ^W; kill = ^U; intr = ^C; quit = ^W; susp = ^Z
dsusp = ^Y; eof = ^D; eol = <undef>; eol2 = <undef>; stop = ^S
start = ^Q; lnext = ^V; discard = ^O; reprint = ^R; status = <undef>
time = 0; min = 1
-parenb -parodd cs8 -cstopb hupcl cread -clocal -crtscts
-ignbrk brkint -ignpar -parmrk -inpck -istrip -inlcr -igncr icrnl -iuclc
ixon ixany ixoff imaxbel
isig icanon -xcase echo echoe -echok -echonl -noflsh -mdmbuf -nohang
-tostop echoctl -echoprt echoke -altwerase iexten -nokerninfo
opost -olcuc onlcr -ocrnl -onocr -onlret -ofill -ofdel tabs -onoeot
$
```

[그림 5-5] 유닉스 단말기 제어키 설정의 예

☞ [실습 5-1]

STEP I

1. 유닉스 시스템에 로그인한다.

2. "stty -a ↵" 명령어를 사용해서 [그림 5-5]와 비교하고, [표 5-5]에 나열된 제어키에 어떤 키가 설정되어 있는지를 확인한다.

3. 쉘의 명령어 문자열을 엔터키(↵) 키를 입력하기 전에 [그림 5-6]과 같이 차례로 변경한다. 이 때, 문자를 삭제하기 위해 과정에 2에서 살펴본, erase 키를 이용한다. 만약 erase 제어키가 잘 동작하지 않으면, ^C를 입력하여 입력된 문자열을 모두 버린 후, "stty erase ^H ↵" 의 명령어를 사용해서 erase 제어키를 새로 설정한 후 다시 시도 한다.

4. 과정 3의 마지막 상태에서 엔터키를 입력하여 명령어 문자열 전체를 쉘에 전달한다.

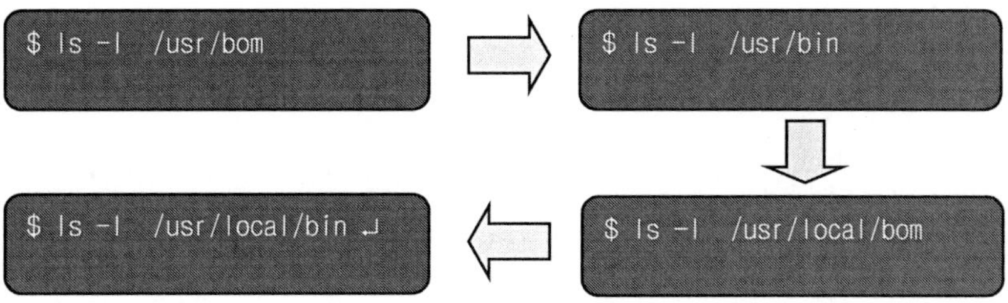

[그림 5-6] erase 제어키 실습

STEP II

1. "stty erase undef ↵" 명령어를 사용해서 erase 제어키를 제거한다.

2. STEP I의 실습을 동일하게 진행하여 문제점을 분석하고, 이 상태에서 다른 해결 방안을 모색한다.

3. STEP I의 실습을 동일하게 진행하되, 과정 3에서 erase 제어키 대신 kill 제어키를 사용한다.

4. erase와 kill 제어키의 기능을 비교한다.

5. "stty erase ^H ↵" 명령어를 사용해서 erase 제어키를 복원시킨다.

6. STEP I의 실습을 동일하게 진행하여 erase 제어키 설정을 확인한다.

7. 과정 3을 3회 이상 반복한다.

STEP III

1. "ls -l /usr/bin ↵" 명령어를 실행한다.

2. 화면 출력이 이루어지는 동안 stop 제어키(^S)를 입력하고, 출력 지속 여부를 주시한다.

3. 과정 2의 상태에서 start 제어키(^Q)를 입력하고 출력 재개 여부를 주시한다.

4. 빠른 속도로 과정 2와 3을 반복하면서, stop과 start 제어키의 필요성을 토론한다.

5. 과정 2의 상태에서 키보드 동작 상태를 테스트해보고 과정 3을 진행한다.

6. 과정 1~5를 3회 이상 반복한다.

STEP IV

1. [그림 5-7]의 loop 프로그램을 작성하여 이해한 후, 컴파일한다.

2. loop 프로그램을 실행시킨다.

3. intr(interrupt) 제어키(^C)를 입력하여 loop 프로그램을 종료시킨다.

4. "ps ↵" 명령어를 사용해서 loop 프로그램이 종료되었는지 확인한다.

5. 과정 2~4를 3회 이상 반복한다.

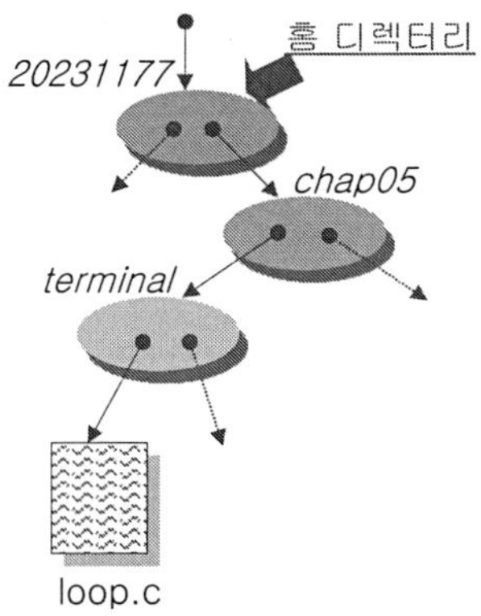


```
/* loop.c */
#include <stdio.h>
#include <unistd.h>

int main()
{
     while (1) {
          printf("I am alive.\n");
          sleep(1);
     }
     return(0);
}
```

[그림 5-7] intr(interrupt)·susp(suspend) 제어키(^C, ^Z) 실습

STEP V

1. STEP IV와 동일하게 진행하되, 과정 3에서 susp(suspend) 제어키(^Z)를 사용한다.

2. intr 제어키와 susp 제어키의 차이점을 이해한다.

3. 과정 1~2에서 중지 상태에 있는 loop 프로그램을 kill 명령어를 사용해서 완전히 종료시킨다.

STEP VI

1. [그림 5-8]의 eof 프로그램을 작성하여 이해한 후, 컴파일한다.

2. eof 프로그램을 실행시킨다.

3. eof(end of file) 제어키(^D)를 입력하여 eof 프로그램을 종료시킨다.

4. eof 제어키의 역할을 이해한다.

5. 과정 2~4를 3회 이상 반복한다.

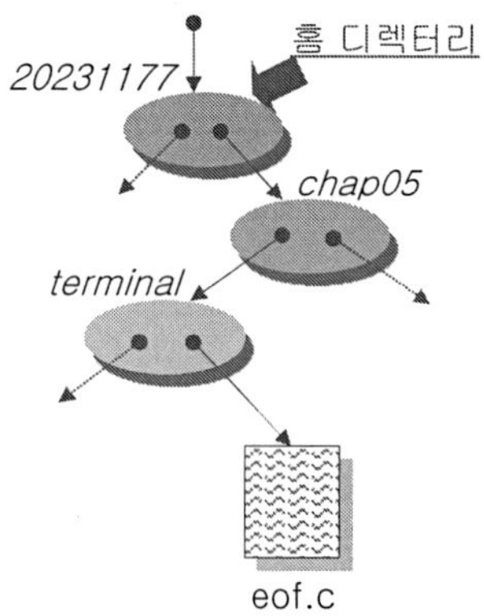


```
/* eof.c */
#include <stdio.h>
int main()
{
      char   buf[80];
      while (1) {
           if (scanf("%s", buf) < 0)
                 break;
           printf("==>%s\n", buf);
      }
      return(0);
}
```

[그림 5-8] eof(end of file) 제어키(^D) 실습

5.3.2 쉘 환경 설정

쉘 환경 설정은 쉘 자체의 동작 방식(내부용, 지역적), 혹은 쉘이 실행시키는 명령어의 동작 방식(외부용, 전역적)을 통제하기 위해 미리 약속된 변수에 값을 지정하는 과정을 말한다. 특히, 쉘은 각각 고유하게 설계된 간단한 제어 구문을 처리할 수 있는 프로그래밍 언어적인 기능도 갖추고 있기 때문에 임의의 쉘 변수를 정의하여 임의의 값을 저장하고 참조할 수 있다.

■ 쉘 변수의 저장 형태

쉘 변수는 자체 참조용이나 외부 참조용과 관계 없이 양쪽 모두 "VAR=VAL" 형태로 저장되는데 여기서 VAR는 변수를, VAL은 값을 의미한다. 또한 변수나 값 모두 공히 단순 문자열로 표현된다. 예를 들어 "XXX=123"에서 쉘 변수 XXX의 값 123은 계산 가능한 2진 표현이 아닌 단순 문자 '1', '2', '3'으로 이루어진 문자열이다.

■ 쉘 변수의 저장 영역

쉘 변수는 참조되는 범위에 따라 내부 참조용과 외부 참조용으로 분류된다.

- **내부(local) 참조용 쉘 변수(쉘 내부 변수)**

내부 참조용 쉘 변수는 말 그대로 쉘이 자체적으로만 참조하는 변수를 말한다. 쉘 내부 변수의 일부는 미리 정의되어 쉘 자체의 동작 방식을 지시하는 통제용으로 사용되고, 임으로 정의되는 다른 내부 변수는 쉘 프로그래밍의 변수로 사용된다.

예를 들어 C 쉘에서 ^D는 키보드 입력의 종료를 의미하기 때문에 ^D에 의한 쉘 종료, 즉 로그 아웃이 가능하다. 그러나, C 쉘의 내부 변수인 ignoreeof를 정의하면 ^D의 기능을 무시한다. 또한, X=10, …, X=11과 같이 새로운 변수 X를 정의해 값을 설정하거나 변경하면 그 값은 계속 유지되어 일반 프로그래밍 언어의 변수 개념과 동일하다.

보통 쉘 변수라 하면 이와 같은 내부 참조용 쉘 변수를 의미한다.

- **외부(global) 참조용 쉘 변수(쉘 환경 변수)**

외부 참조용 쉘 변수는 해당 쉘이 사용자로부터 입력 받은 명령어 문자열에 대응되는 외부 명령어를 실행시킬 때, 그 명령어가 참조할 수 있는 쉘 변수를 말한다. 쉘 외부 변수는, 실행되는 명령어가 차지할 메모리의 한 부분인 스택 영역에 복사되어 넘겨지므로 실행 명령어가 참조할 수 있다.

[그림 5-9]에 쉘 외부 변수 즉, 환경 변수가 실행 명령어에 전달되는 과정을 보였다. 이 그림에서 실행 명령어는 내장함수 getenv()를 사용해서 쉘에 의해 넘겨받은 환경 변수를 참조하여 사용자의 설정 내용을 파악한다.

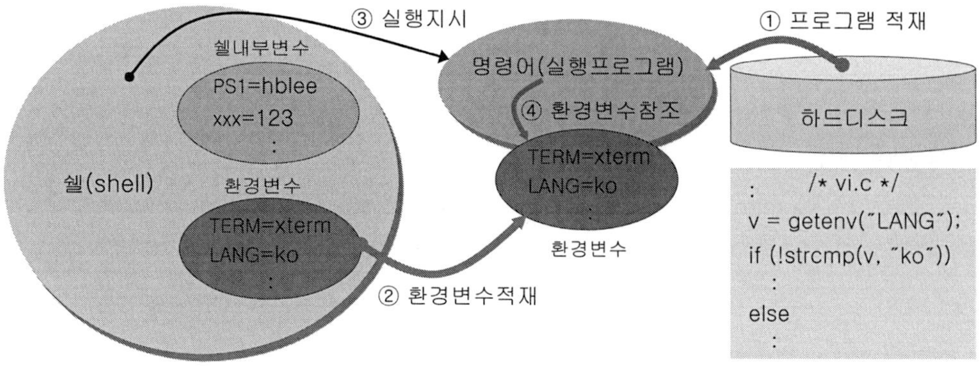

[그림 5-9] 환경 변수의 참조 과정

- **쉘 변수 저장 영역의 분리**

쉘은 내부 변수와 환경 변수를 구분하기 위해서 [그림 5-9]와 같이 변수의 저장 영역을 쉘 내부 변수 영역과 환경(전역) 변수 영역으로 분리해서 관리한다. 따라서 변수를 설정하는 방법도 다를 수 밖에 없다. 예를 들어 Bourne 쉘이나 Korn 쉘의 경우 "xxx=123" 형태로 우선 내부 변수로 정의한 후, 다시 "export xxx" 형태의 명령어를 사용해서 환경 변수 영역으로 보내야 한다. C 쉘의 경우 내부 변수를 설정할 때는 "set xxx=123 ↵" 형태의 명령어를 사용하고, 환경 변수를 설정할 때는 "setenv LANG ko ↵" 형태의 명령어를 사용해야 한다.

■ 환경 변수(쉘 외부 변수)의 활용

위에서 언급한 바와 같이 쉘에 설정된 모든 환경 변수는 사용자의 지시에 따라 명령어를 실행시킬 때 쉘이 해당 명령어의 메모리 영역으로 복사해 준다. 실행 명령어는 전달 받은 환경 변수 중에서 자신이 관심 있는 변수만을 참조하여 어떤 값이 설정되어 있는지를 판별할 수 있다.

이와 같은 환경 변수 메커니즘은 시스템 명령어나 사용자 개인 명령어를 막론하고 사용자가 바라는 다양한 선택 사항을 명령어 프로그램에 미리 구현해 놓음으로써 명령어의 유연성(flexibility)을 높이는 효과를 준다.

유닉스 시스템이 제공하는 명령어들이 참조하고 있는 몇 가지 주요 환경 변수는 [표 5-7]과 같다. 이 표에서 환경 변수 TERM의 값이 적절하게 설정되지 않으면 편집기 vi는 편집 화면을 올바르게 생성하지 못하기 때문에 문서 편집을 할 수 없다.

또한 LANG 값이 정확히 한글 로케일로 설정되지 않으면 vi로 문서를 편집할 때 한글을 입력할 수 없고, 이미 한글로 작성된 문서라면 그 내용이 한글로 보이지 않고 한글 코드들이 복잡한 제어 문자들로 나타난다.

[표 5-7]에 보인 것과 같이 기존 명령어들을 위한 환경 변수들은 대부분 시스템

에서 기본으로 미리 설정해 준다. 그러나 Oracle DBMS, Apache 웹 서버 등 새로운 소프트웨어를 설치하면 이들을 위한 새로운 환경 변수를 사용자가 스스로 정의해야 한다.

[표 5-7] 유닉스 명령어가 사용하는 환경 변수 예

환경변수	용도
PATH	▪ 쉘(shell), popen(), exec() 등이 외부 명령어(실행 파일)를 검색할 디렉터리 목록을 지정한다.
TERM	▪ vi 등 단말기의 특성을 필요로 하는 명령어에게 사용자가 현재 사용중인 단말기의 유형을 알려주기 위해 설정한다. "vt100", "xterm"의 두 값이 대부분의 단말기 유형을 대표한다.
LANG	▪ 거의 모든 유닉스 명령어와 관련 있는 환경 변수로서 명령어의 출력메시지를 어떤 언어로 출력할 것인가를 지시한다. 아무런 값을 설정하지 않으면 기본으로 영문 환경이 적용되고, 영문과 함께 한글을 올바르게 입력하거나 출력하기 위해서는 "ko" 등, 해당 유닉스 시스템이 제공하는 한글 환경 로케일(locale)을 설정해야 한다.
TZ	▪ time 등 현재 시각을 다루는 명령어 들에게 해당 유닉스 시스템이 운용되는 지역의 시간대(time zone)를 알려줌으로써 다양한 시간 계산에 적용할 수 있도록 한다.
MAIL	▪ mail 등 메일을 다루는 명령어에게 해당 사용자의 메일 송·수신 위치를 지시한다.

▣ 리눅스 ls 명령어의 출력 색깔

리눅스 ls 명령어는 파일, 디렉터리, 특수 파일 등을 구분하기 위해 각각에 대하여 색깔을 달리하여 출력한다. 이 때의 색깔은 환경변수 LS_COLORS에 설정된 내용에 따라 적용된다.

5.4 Bourne·Korn 쉘의 환경 설정

쉘 환경은 앞에서 살펴본 바와 같이 쉘 지역 변수나 환경 변수 설정과 같이 특정 쉘에 종속되는 환경을 말한다.

5.4.1 Bourne·Korn 쉘의 변수 설정 방법

[그림 5-10]에 요약된 Bourne 쉘과 Korn 쉘의 변수 설정 방법은 아래와 같다.

① 지정 문장(assignment statement) 형태로 우선 내부 변수 영역에 쉘 내부 변수를 정의한다.
② export 명령어는 쉘 내부 변수를 환경(전역) 변수 영역으로 export(연결)한다. 환경 변수 영역으로 export된 변수는 내부 변수 영역의 그 변수와 동일한 변수로 관리된다.
③ set 명령어는 내부 변수 영역의 변수들만을 출력·나열한다.
④ echo 명령어에 "$쉘변수명" 형태를 사용하면 export 여부와 관계없이 해당 쉘 변수의 값을 출력한다.
⑤ unset 명령어는 export 여부와 관계없이 해당 쉘 변수를 완전히 삭제한다.
⑥ env 명령어는 환경 변수 영역으로 export된 환경 변수들만을 출력·나열한다.
⑦ printenv 명령어는 특정 환경 변수에 설정된 값을 출력한다.

위에서 쉘 변수의 값을 재설정하려면 ①의 지정 문장을 다시 사용하면 되고, 이때 이미 export된 명령어는 다시 export할 필요가 없다.

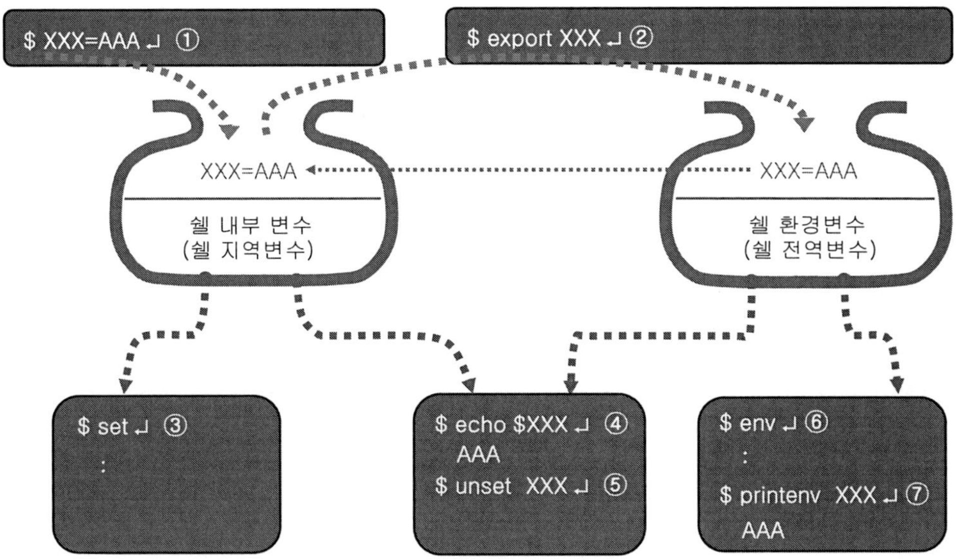

[그림 5-10] Bourne·Korn 쉘의 변수 설정 방법

아래의 [그림 5-11]에 Bourne·Korn 쉘에서 쉘 변수를 정의하는 과정에 대한 예를 보였다.

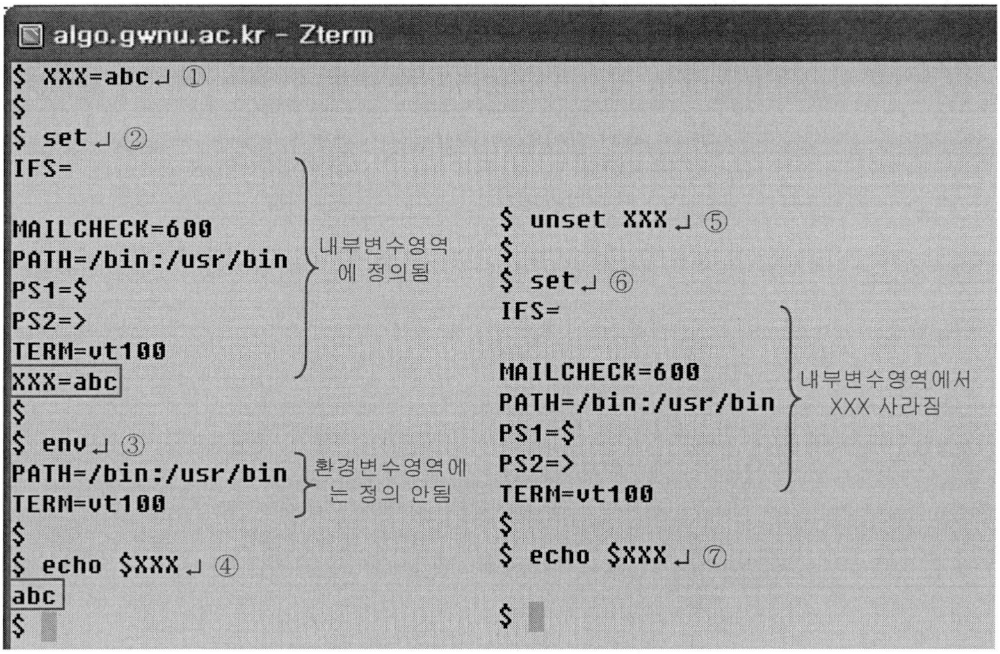

(a) 쉘 내부(지역) 변수 정의 예

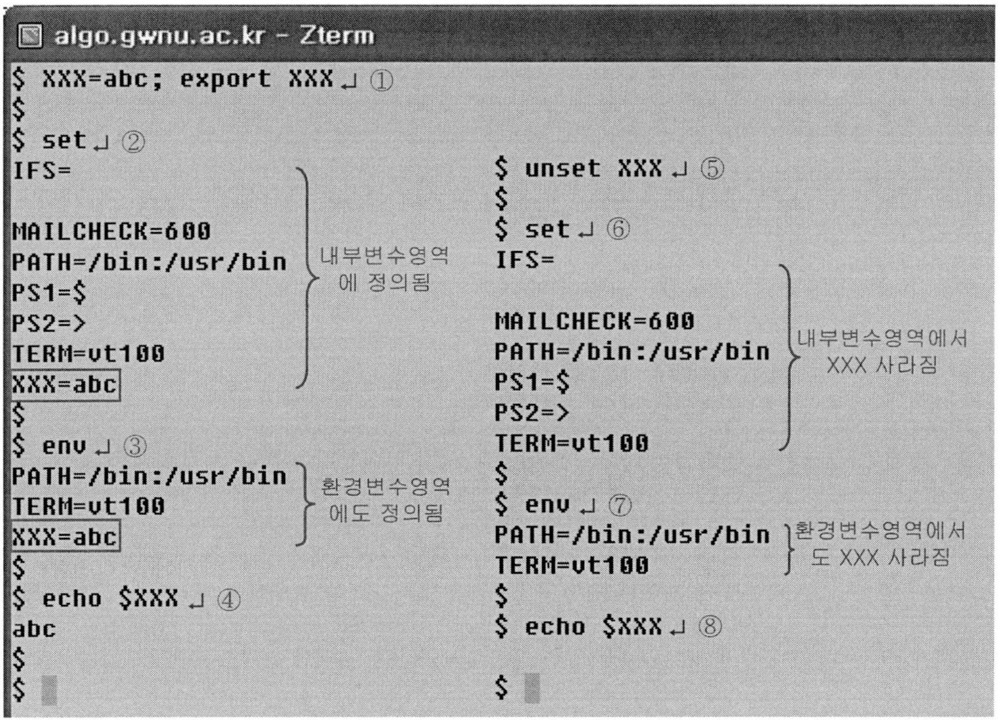

(b) 쉘 환경(전역) 변수 정의 예

[그림 5-11] Bourne·Korn 쉘의 내부 변수와 환경(전역) 변수 정의 예

5.4.2 쉘 변수 값 설정을 위한 문자열 표현 방법

[그림 5-10]의 ①과 같이 쉘 변수에 어떤 값 즉, 오른 쪽의 문자열을 설정할 때 그 문자열을 표현하는 방법에 있어서 몇 가지 유의할 점이 있는데, [표 5-8]에 그 내용을 요약하였다.

[표 5-8] 쉘 변수 설정 값을 위한 문자열 표현 방법

문자열 유형	용 도
① 일반 문자열	▪ XYZ, aX3y 등과 같이 알파벳이나 숫자로 이루어진 단순 문자열은 특별한 제한 없이 그대로 사용한다. 예) $ XXX=123 ↵ $ YYY=a3XZ ↵ $ ABC=3qvX ↵
② 메타(특수) 문자를 포함하는 문자열	▪ 공백이나 ´()´, ´[]´, ´<>´, ´$´, ´?´, ´%´, ´!´ 등 메타 문자들이 포함된 경우에는 인용부호(˝ 혹은 ´)를 사용한다. 예) $ XXX=˝I am happy˝ ↵ $ YYY=´1,000´ ↵ $ ZZZ=˝hblee> ˝ ↵ $ ABC= ´$ ´ ↵ $ AXB=˝ ´ ˝ ↵ $ BYC= ´ ˝ ´ ↵
③ 이미 정의된 변수값을 참조하는 문자열	▪ 문자열의 일부에 이미 정의된 쉘 변수 값을 삽입할 때에는 해당 부분에 ˝$변수명˝ 형태를 사용한다. 예) $ XXX=˝I am happy˝ ↵ $ YYY =˝...˝ ↵ $ ZZZ=$XXX ↵ ⇨ ZZZ←I am happy $ ABC= XXXYYY ↵ ⇨ ABC←I am happy... ▪ 변수명과 일반 문자열의 구분이 모호할 때에는 ${변수명} 혹은 ˝$변수명˝ 형태를 사용한다. 예) $ XXX=˝I am happy˝ ↵ $ YYY =˝ You are happy˝ ↵ $ ZZZ=$XXXand$YYY ↵ (X) $ ABC= ${XXX}and${YYY}↵ $ ABC= ˝$XXX˝and˝$YYY˝ ↵ (0)
④ ˝와 ´의 차이점	▪ ˝는 ˝$변수명˝ 형태 즉, 변수 값 대치를 허용하고, ´는 허용하지 않는다. 예) $ XXX=A ↵ $ YYY=B ↵ $ AXB=˝$XXX or $YYY˝ ↵ ⇨ AXB←A or B $ AXB=´$XXX or $YYY´ ↵ ⇨ AXB←$XXX or $YYY
⑤ 명령어의 실행 결과를 포함하는 문자열	▪ 문자열 도중에 \`명령어\` 형태가 포함되면 그 부분이 해당 명령어를 실행한 출력 결과로 대치된다. 예) $ XXX=\`pwd\` ↵ ⇨ XXX←/user/2/hblee $ YYY=˝[\`pwd\`] ˝ ↵ ⇨ YYY←[/user/2/hblee] $ ZZZ=˝\`hostname\`> ˝ ↵ ⇨ ZZZ←algo>
⑥ 메타 문자 자체를 포함하는 문자열	▪ 메타 문자의 기능을 버리고, 원래의 보통 문자로 사용하기 위해서는 해당 문자 앞에 ´＼´(back slash)를 붙인다. 예) $ XXX=＼˝xyx＼˝ ↵ ⇨ XXX←˝xyz˝ $ YYY=˝[＼\`pwd ＼\`] ˝ ↵ ⇨ YYY←[\`pwd\`] $ ZZZ=＼$home ↵ ⇨ ZZZ←$home

☞ [실습 5-2]

STEP I

1. 쉘 내부 변수 XXX를 *abc* 값으로 정의한다.
2. echo 명령어를 사용해서 변수 XXX의 값을 출력해 본다.
3. set과 env 명령어를 사용해서 변수 XXX의 설정 내용을 확인한다.
4. unset 명령어를 사용해서 변수 XXX 정의를 취소한다.
5. echo, set, env 명령어로 변수 XXX의 존재 여부를 확인한다.
6. 과정 1~5 를 3 회 이상 반복한다.

STEP II

1. 쉘 내부 변수 XXX를 *abc* 값으로 정의한다.
2. echo, set, env 명령어를 사용해서 변수 XXX의 설정 내용을 확인한다.
3. export 명령어를 사용해서 내부 변수 영역의 XXX를 환경 변수 영역으로 연결한다.
4. echo, set, env 명령어를 사용해서 변수 XXX의 설정 내용을 확인한다.
5. unset 명령어를 사용해서 변수 XXX 정의를 취소한다.
6. echo, set, env 명령어로 변수 XXX의 존재 여부를 확인한다.
7. 과정 1~6 을 3 회 이상 반복한다.

STEP III

1. 쉘 내부 변수 XXX를 *abc def ghi jkl mno* 값으로 정의한다.
2. 쉘 내부 변수 YYY를 xyz***abc def ghi jkl mno*** 값으로 정의한다.
3. 변수 XXX와 YYY의 설정 내용을 확인한다.
4. 쉘 내부 변수 XXX와 YYY의 정의를 취소한다.
5. 과정 1~4 를 3 회 이상 반복한다.

STEP IV

1. 쉘 내부 변수 XXX를 *abc def ghi jkl mno* 값으로 정의한다.
2. 쉘 내부 변수 YYY를 ***abc def ghi jkl mno*** *xyz* 값으로 정의한다.
3. 변수 XXX와 YYY의 설정 내용을 확인한다..
4. 쉘 내부 변수 XXX와 YYY의 정의를 취소한다.
5. 과정 1~4 를 3 회 이상 반복한다.

STEP V

1. date 명령어를 실행하여 어떤 결과를 출력하는지를 확인한다([그림 5-12] 참조).
2. date 명령어의 실행 결과를 활용하여, *Today is …* 형태의 값을 가지는 쉘 내부 변수 TODAY를 정의한다.
3. 쉘 내부 변수 TODAY의 설정 내용을 확인한다.
4. 쉘 내부 변수 TODAY의 정의를 취소한다.
5. 과정 1~4를 3회 이상 반복한다.

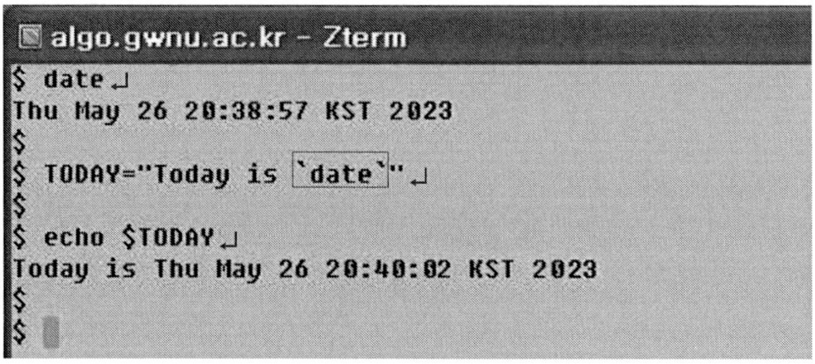

[그림 5-12] 명령어 실행 결과를 포함하는 문자열 설정의 예

STEP VI

1. pwd 명령어를 실행하여 어떤 결과를 출력하는지를 확인한다.
2. pwd 명령어의 실행 결과를 활용하여, */usr/2/hblee>* 형태의 값을 가지는 쉘 내부 변수 WDIR를 정의한다.
3. 쉘 내부 변수 WDIR의 설정 내용을 확인한다.
4. 쉘 내부 변수 WDIR의 정의를 취소한다.
5. 과정 1~4를 3회 이상 반복한다.

STEP VII

1. hostname 명령어를 실행하여 어떤 결과를 출력하는지를 확인한다.
2. hostname 명령어의 실행 결과를 활용하여, *algo>* 형태의 값을 가지는 쉘 내부 변수 HOST를 정의한다.
3. 쉘 내부 변수 HOST의 설정 내용을 확인한다.
4. 쉘 내부 변수 HOST의 정의를 취소한다.
5. 과정 1~4를 3회 이상 반복한다.

5.4.3 Bourne·Korn 쉘의 주요 쉘 변수 설정

사용자가 Bourne 쉘이나 Korn 쉘로 유닉스 시스템에 최초로 로그인 했을 때 가장 자주 겪는 어려움과 관련이 있는 쉘 변수로 TERM, PATH, PS1 등이 있는데, 이들 변수들의 용도와 설정 내용은 [표 5-9]와 같다.

[표 5-9] Bourne·Korn 쉘의 주요 쉘 변수와 용도

쉘 변 수	용 도	비 고
TERM	▪ [표 5-7]의 TERM과 동일함.	환경 변수
PATH	▪ [표 5-1]에 보인 예와 같이 사용자가 원하는 외부 명령어를 검색할 위치를 쉘에게 지시함. 쉘은 PATH에 지시된 곳에서 명령어 실행 파일을 검색하고,검색에 실패하면 오류 메시지를 출력함.	환경 변수 (쉘 뿐만 아니라 다른 명령어 에서도 사용함)
PS1	▪ [그림 5-2]에서 쉘이 명령어 대기를 알리는 문자열 즉, 프롬프트에 사용할 문자열을 정의함. Bourne, Korn 쉘에서는 기본으로 "$"를 사용함.	쉘 내부 변수
PS2	▪ 명령어 문자열이 여러 줄에 걸치게 되었을 때, 두 번째 줄부터 사용하게 될 프롬프트 문자열을 정의함. 기본으로 ">"를 사용함.	쉘 내부 변수

■ TERM

TERM은 [표 5-7]에서 설명한 바와 같이 편집기 vi에 영향을 미치므로 이 환경 변수가 잘못 설정되면 사용자에게 직접적인 불편을 미친다. 즉, TERM 변수가 정의되어 있지 않거나 사용자가 사용중인 단말기와 일치하지 않은 값이 설정되어 있으면 vi는 편집화면을 제대로 표시하지 못하므로 사용자는 편집을 할 수가 없다.

최근에는 유닉스 전용 단말기 보다는 네트워크로 연결하는 소프트웨어 단말기의 일종인 telnet을 많이 사용하는데([표 2-3] 참조), 이런 경우 대부분 xterm이나 vt100 유형의 단말기에 속한다.

환경 변수 TERM 값을 검색하고, 설정하고, 시험해 보는 과정을 [그림 5-13]에 보였다.

```
$ echo $TERM ↵
$ TERM=xyz; export TERM ↵
$ vi ↵                    ←vi가 정상적으로 수행되지 못함
$ TERM=xterm ↵            ←export는 더 이상 필요치 않음
$ vi ↵                    ←vi가 정상적으로 수행됨
```

[그림 5-13] 환경 변수 TERM의 설정과 적용

■ PATH

PATH는 사용자가 입력한 명령어 문자열이 외부 명령어에 해당될 때 그 명령어를 찾아낼 장소(디렉터리)를 지시한다. 그러나, 모든 외부 명령어가 PATH의 참조에 의해 검색되는 것은 아니고 [그림 5-14]와 같이 명령어 이름이 단순하게 기술된 경우에만 PATH를 참조한다. 즉, 상대 경로명이나 절대 경로명으로 명확하게 지시된 명령어는 PATH의 도움 없이 곧 바로 해당 명령어의 실행 파일을 시도한다.

PATH에는 명령어들이 존재하는 디렉터리에 대한 경로명 들이 ":"으로 연결되어 설정되고, 이들 디렉터리에 동일한 이름의 명령어가 존재할 경우 PATH에 주어진 순서에 의해 맨 처음 검색된 명령어가 실행된다. "."은 현재 디렉터리를 의미하므로 PATH에 "."을 추가하면 작업 디렉터리의 실행파일을 간편하게 실행시킬 수 있다.

보통, 사용자가 입력한 명령어에 대하여 쉘이 "그런 파일이나 명령어가 없음"과 유사한 오류를 보내면 PATH의 설정이 잘못된 경우가 대부분이다.

```
$ echo $PATH ↵
$ PATH="/bin:/usr/bin:/usr/local/bin:."; export PATH ↵
$ ./cmd ↵                  ←PATH 참조하지 않음
$ /usr/bin/ls ↵            ←PATH 참조하지 않음
$ ls ↵                     ←PATH 참조함
$ cp  a.c  b.c ↵           ←PATH 참조함
$ rm -r  test ↵            ←PATH 참조함
```

[그림 5-14] 환경 변수 PATH의 설정과 적용

■ PS1, PS2

PS1, PS2는 쉘(Bourne·Korn 쉘)이 오로지 내부적으로만 사용하는 쉘 내부 변수인데, [그림 5-15]와 같이 쉘이 명령어 문자열의 입력을 기다리는 대기 표시 문자열을 지시한다. 이들 각각의 값은 그림에서 보는 바와 같이 애초에는 "$"와 ">"로 각각 설정되어 있고, 사용자의 취향에 따라 언제라도 변경할 수 있다.

PS1은 명령어 문자열 중 첫 줄을 기다리는 경우에 사용되고, PS2는 두 번째 줄을 기다리는 경우에 사용된다. 지금까지 다뤘던 모든 명령어는 한 줄로 구성되었기 때문에 PS2에 해당되는 프롬프트는 볼 수 없었다. 그러나 명령어 줄이 너무 길거나 쉘 프로그래밍을 위한 복잡한 제어 구문 형태의 명령어(7.5절 참조)를 구사할 때는 여러 줄에 걸친 명령어가 필요하다.

긴 명령어 문자열을 여러 줄에 나누어서 간명하게 입력하기 위해서는 [그림 5-16] (a)와 같이 줄의 끝 부분에 '\'(back slash)와 '↵'를 입력하고 다음 줄로 이동한다. 두 번째 줄부터는 PS2에 설정된 문자열이 프롬프트로 사용된다.

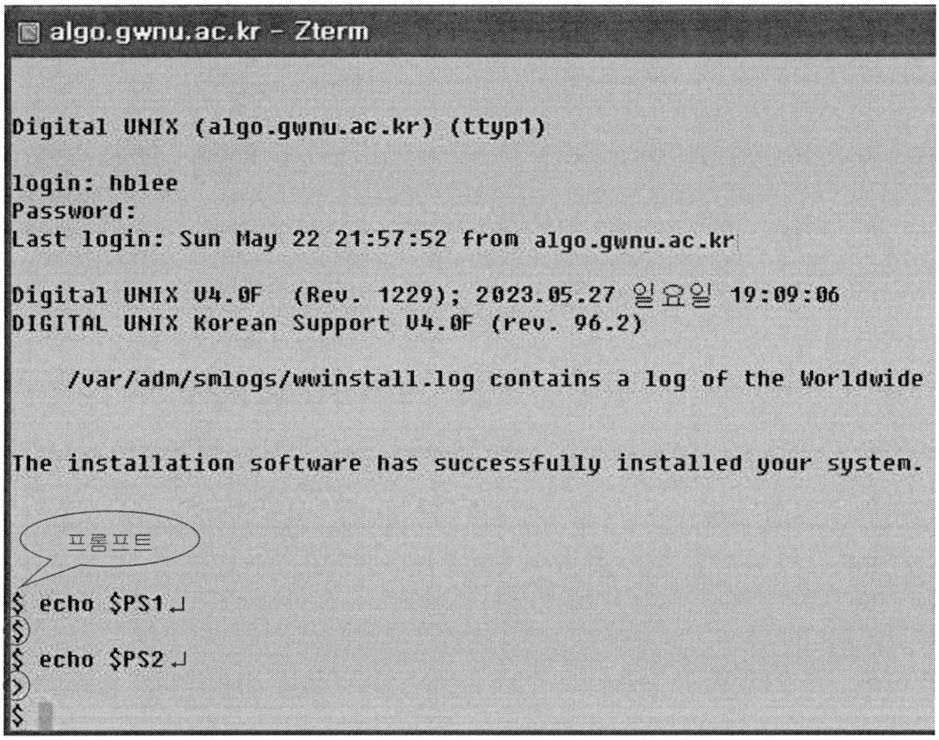

[그림 5-15] 쉘 변수 PS1과 PS2과 프롬프트의 개념

(a)
긴 명령어를 여러 줄에 나누어 입력하는 경우의 예

(b)
여러 줄에 입력해야 하는 제어 구문의 예

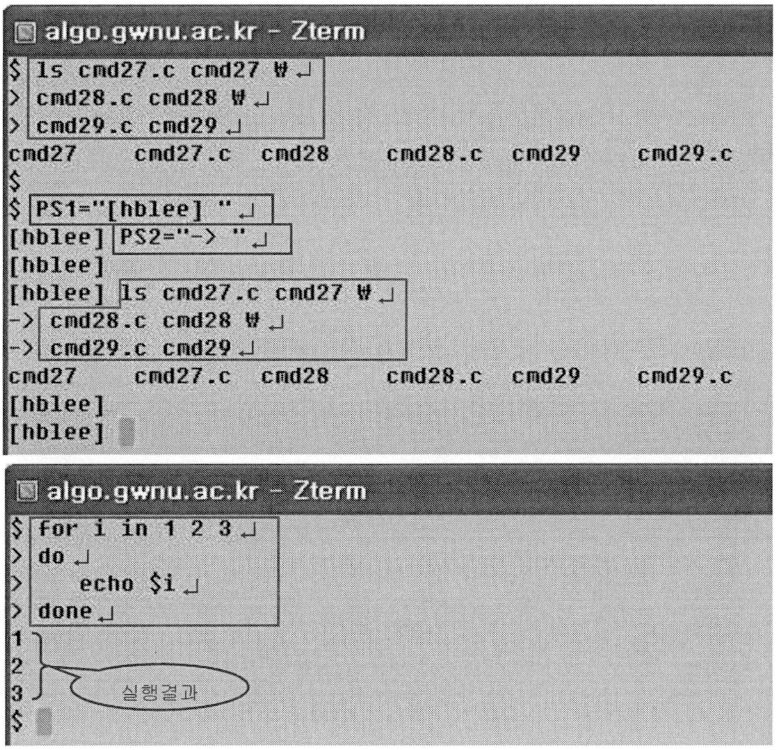

[그림 5-16] 여러 줄에 걸친 명령어 입력과 PS1, PS2

[그림 5-16] (b)의 제어 구문은 문법 자체가 여러 줄에 입력하도록 규정되어 있기 때문에 반드시 전체 구문이 완성될 때까지 '↵'에 의해 계속 새로운 줄로 이동해야 한다. 전체 구문의 완성은 쉘에 의해 자동적으로 이루어지고, 구문이 완성되는 순간 제어 구문을 실행시켜 수행 결과를 출력한다.

■ **PS1(주 프롬프트) 설정의 예**

유닉스 사용자들은 대부분 기본 프롬프트를 그대로 사용하지 않고 자신만의 고유한 문자열을 사용하는데, 그 대표적인 몇 가지 사례는 아래와 같다.

• **자신의 로그인 id를 사용**

[그림 15-17]과 같이 "[hblee] ", "hblee> ", "<hblee> " 등 프롬프트 문자열에 자신의 로그인 id를 사용한다. 특히 이 그림의 ③에서는, 사용자의 로그인 id를 저장하는 자체 설정 환경 변수 USER를 활용하였다.

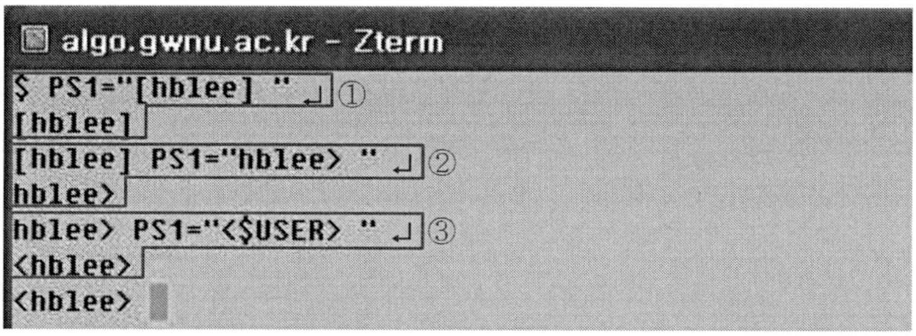

[그림 5-17] 로그인 id를 사용한 프롬프트 설정의 예

• **호스트(시스템) 이름을 사용**

자신의 로그인 id 대신 [그림 15-18]과 같이 자신이 로그인한 시스템의 호스트 이름을 프롬프트 문자열에 사용한다. 대게는 호스트 이름 전체를 기억하지 못하므로 이름 문자열을 그대로 사용하는 것 보다는 ③의 방법처럼 `명령어` 대치 표현([표 5-8]의 ⑤ 참조)을 활용하면 더욱 편리하다.

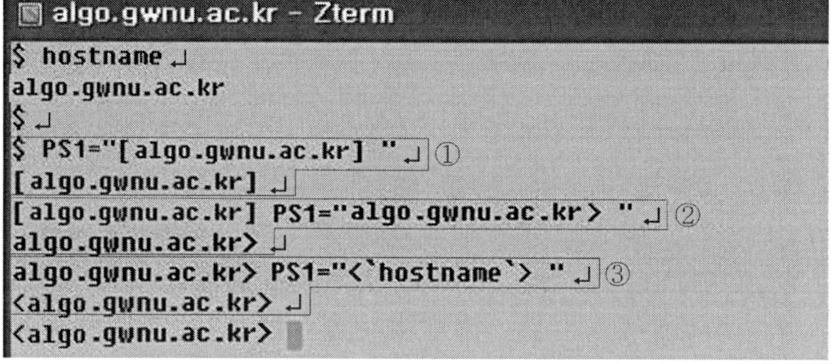

[그림 5-18] 호스트 이름을 사용한 프롬프트 설정의 예

• 현재 위치하고 있는 작업 디렉터리의 경로명을 사용

사용자들이 가장 선호하는 방법으로, 현재 위치하고 있는 작업 디렉터리의 경로명을 프롬프트에 사용한다. 이 방법은 파일 시스템 상에서 자신의 위치를 쉽게 파악할 수 있으므로 원하지 않은 파일 삭제 등 실수를 예방할 수 있다. 여기서도 경로명에 대한 문자열을 그대로 사용하는 것 보다는 [표 5-8]의 방법 ③인 `명령어` 대치 표현을 활용하면 더욱 편리하다. [그림 5-19]에 그 예를 보였다.

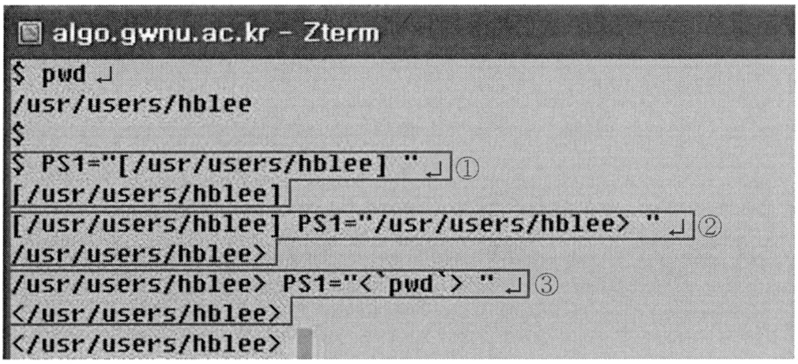

[그림 5-19] 경로명을 이용한 프롬프트 설정의 예

• 쉘 함수(내부 명령어)를 이용한 경로명 프롬프트의 실시간 재설정

[그림 5-19]에 보인 경로명의 프롬프트 사용법은 작업 디렉터리를 이동할 때 즉, cd 명령어를 사용할 때마다 프롬프트를 재설정해 주지 않으면 프롬프트는 여전히 이전의 값을 그대로 유지하게 되어 오히려 혼란을 일으키게 된다. 이를 해결하기 위해서는 cd 명령어가 수행된 직후 프롬프트를 재설정할 수 있는 방안을 모색해야 한다.

이는 여러 명령어를 묶어서 간단한 이름으로 명명하고, 그 이름을 명령어처럼 사용할 수 있는 Bourne, Korn 쉘 기능으로 해결 될 수 있는데 이를 쉘 함수(shell function)라 부른다. [표 5-10]에 쉘 함수를 정의하고 사용하는 방법을 요약하였다.

[표 5-10] 쉘 함수(내부 명령어)의 정의 및 사용법

정의 문법	▪ $ 함수이름() { 명령어1; 명령어2; ...; } ↵ ▪ "명령어1", ...에서 "$@" 표현은 함수 호출 시 주어질 인수를 의미함. 예) $ ff() { pwd; hostname; echo $@; } ↵
호출 문법	▪ $ 함수이름 함수_인수 ↵ 예) $ ff happy ↵
처리 과정	▪ "명령어1", ... 들이 차례로 수행됨. 이 때, 함수 인수가 "$@" 부분을 대치함. 예) $ ff happy ↵ ➔ "/usr/users/hblee", "algo.kangnung.ac.kr", "happy" 가 차례로 출력됨

쉘 함수는 C 언어 함수와 비슷한 모양으로, 쉘 변수와 마찬가지로 쉘 내부에 정의된다.

[그림 5-20]에 쉘 함수를 정의하고 사용하는 예와, 쉘 함수를 활용하여 경로명 프롬프트를 실시간으로 재설정하는 예를 보였다. 이 그림에서 쉘 함수 ff()를 정의한 후, 함수 이름인 ff를 명령어처럼 호출하면 함수 내부에 나열된 명령어 pwd와 hostname이 차례로 수행된다.

마찬가지로, cf() 함수를 사용하면 내부적으로 cd 명령어가 실행된 후에 프롬프트가 재설정된다. 즉, cd 대신 cf를 사용하면 작업 디렉터리를 이동한 직후 프롬프트를 새로운 경로명으로 재설정한다.

쉘 함수에서 “$@”는 해당 함수를 호출할 때 뒤에 따르는 인수를 의미하기 때문에, “cf work ↲” 에서 “work”가 cf() 함수의 “$@” 부분을 대치한다.

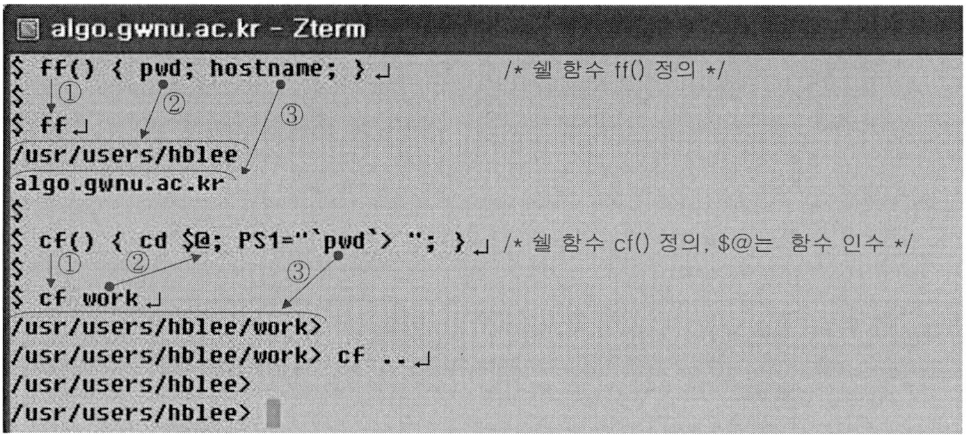

[그림 5-20] 쉘 함수를 이용한 경로명 프롬프트의 실시간 재설정의 예

리눅스의 bash은 이미 존재하는 쉘 명령어와 동일한 이름의 함수를 정의할 수 있어 더욱 편리하다. 즉, cd 명령어와 동일한 함수를 새로 정의하면 예전의 cd 명령어와 동일한 방법으로 사용할 수 있다. [그림 5-21]에 그 예를 보였다.

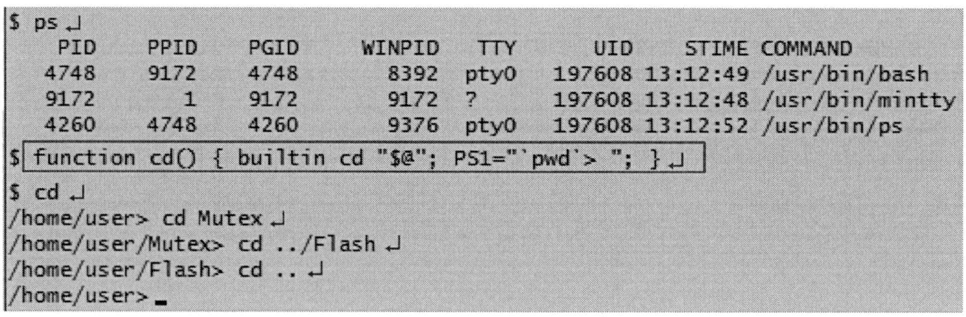

[그림 5-21] bash의 쉘 함수를 이용한 경로명 프롬프트의 실시간 재설정의 예

☞ [실습 5-3]

STEP I

1. 현재 설정되어 있는 환경 변수 TERM의 설정 내용을 기록하고, vi가 제대로 실행됨을 확인한다.
2. 변수 TERM의 값을 *abc*로 재정의(재설정)한다.
3. vi를 실행시켜 보고, 제대로 실행되는지의 여부와 그 이유를 설명한다.
4. vi를 종료한다.
5. 변수 TERM의 값을 원래의 값으로 재정의(재설정)한다.
6. vi를 실행시켜 보고, 제대로 실행되는지의 여부와 그 이유를 설명한다.
7. 변수 TERM의 정의를 취소한 후, vi를 실행시켜 보고, 제대로 실행되는지의 여부와 그 이유를 설명한다.
8. 변수 TERM을 쉘 내부 변수로 정의한다. 이 때 설정 값은 원래대로 한다.
9. vi를 실행시켜 보고, 제대로 실행되는지의 여부와 그 이유를 설명한다.
10. TERM을 환경 변수 영역으로 연결한 후, vi를 실행시켜 보고, 제대로 실행되는지의 여부와 그 이유를 설명한다.
11. 과정 1~10을 5회 이상 반복한다.

STEP II

1. 현재 설정되어 있는 환경 변수 PATH의 설정 내용을 확인하고 기록한다.
2. ls, vi, who, date, hostname, pwd, cd 명령어가 잘 인식됨을 확인한다.
3. 변수 PATH를 *:* 로 재정의(재설정)한다.
4. ls, vi, who, date, hostname, pwd, cd 명령어 중 인식되는 명령어와 인식되지 않은 명령어를 분류하고 그 이유를 설명한다.
5. 원래 PATH에 설정되었던 값 중, ':'로 구분된 경로명을 하나씩 복원하면서 과정 4를 반복한다.
6. 과정 4, 5를 거쳐 내부 명령어와 외부 명령어를 식별하고, 외부 명령어의 경우 그 명령어의 위치를 지적한다.
7. 변수 PATH의 값을 완전히 원래대로 환원한다.
8. 과정 1~7을 3회 이상 반복한다.

STEP III

1. 현재 설정되어 있는 환경 변수 PATH 값을 확인하고 기록한다.
2. whereis나 which 명령어를 사용해서 ls, vi, who, date, hostname의 위치를 확인하고 STEP II에서의 결과와 비교한다.

STEP IV

1. 쉘 내부 변수인 PS1과 PS2의 설정 내용을 확인한다.
2. 변수 PS1(주 프롬프트)을 자신의 로그인 id를 기반으로 다양하게("[hblee] ", "hblee> ", "<hblee> " 등) 재설정해 보고, 각각에 있어서 프롬프트를 확인한다.
3. `pwd` 표현을 활용하여 과정 2를 반복한다.
4. [그림 5-22] (a)와 같이 명령어를 여러 줄에 나누어 입력하면서 PS2(보조 프롬프트)의 역할을 확인한다.
5. [그림 5-22] (b)에 주어진 Bourne·Korn 쉘의 제어 구문을 실행시켜 PS2(보조 프롬프트)의 역할을 확인한다.
6. 변수 PS2를 다른 문자열로 다양하게("= ", "==> ", "-> " 등) 재설정하여 과정 4, 5를 반복한다.
7. 변수 PS1, PS2를 원래대로 환원한다.
8. 과정 1~7를 3회 이상 반복한다.

```
ls  /usr/bin/ls  /usr/bin/cp \ ↵
/usr/bin/rm  /usr/bin/mv \ ↵
/usr/bin/ln \ ↵
/usr/bin/who ↵
```

(a) 긴 명령어를 여러 줄에 나누는 예

```
for  i  in  1  2  3 ↵
do ↵
   echo $i ↵
done ↵
```

(b) Bourne·Korn 쉘의 제어 구문 예

[그림 5-22] PS2(보조 프롬프트) 적용의 예

STEP V

1. 환경 변수 LANG의 설정내용을 확인한다.
2. vi 의 한글 입력 가능 여부를 확인한다.
3. 과정 2에서 한글 입력이 가능하고 LANG이 설정되어 있다면, LANG의 값을 다른 값으로 재설정 한 후 한글 입력 가능 여부를 확인한다.
4. 과정 2에서 한글 입력이 불가능하고 LANG이 설정되어 있지 않다면 LANG을 환경 변수로 정의하고 해당 시스템에 정의된 한글 로케일 값(예, "ko")으로 설정한 후, vi에서의 한글 입력 가능 여부를 확인한다.
5. 과정 2에서 한글 입력이 불가능하고 LANG이 설정되어 있다면 LANG을 해당 시스템에 정의된 한글 로케일 값(예, "ko")으로 재설정한 후, vi에서의 한글 입력 가능 여부를 확인한다.
6. 과정 3, 4, 5에서 vi의 한글 입력 여부가 환경 변수 LANG의 영향을 받는다면, ls 등 다른 명령어의 출력 메시지와 LANG의 관계를 이해한다.
7. 과정 1~6을 3회 이상 반복한다.

5.5 C 쉘의 환경 설정

Bourne·Korn 쉘이 자신의 환경을 설정하는 고유한 방법을 가지고 있듯이 C 쉘도 자신만의 독특한 방법을 가지고 있다. 그러나, 근원적인 원리나 개념은 동일하므로 양쪽 쉘들이 전혀 상이하다고 말하는 것보다는 유사하다고 말해야 옳다.

5.5.1 C 쉘의 변수 설정 방법

[그림 5-23]에 요약된 C 쉘의 변수 설정 방법은 아래와 같다.

① set 명령어 뒤에 지정 문장 형태를 지정하여 내부 변수 영역에 쉘 내부 변수를 정의한다.
② set 명령어는 내부 변수 영역의 변수들만을 출력·나열한다.
③ unset 명령어는 set 명령어에 의해 정의된 내부 변수 영역에 있는 지역 변수의 정의를 취소한다.
④ setenv 명령어는 환경(전역) 변수 영역에 변수를 정의한다.
⑤ env 명령어는 환경 변수 영역의 변수들만을 출력·나열한다.
⑥ printenv 명령어는 특정 환경 변수에 설정된 값을 출력한다.
⑦ unsetenv 명령어는 setenv 명령어에 의해 정의된 환경 변수 영역에 있는 환경 변수의 정의를 취소한다
⑧ echo 명령어는 우선 내부 변수를 먼저 검색하여 존재하면 그 값을 참조하고, 존재하지 않으면 환경 변수를 검색하여 출력한다.

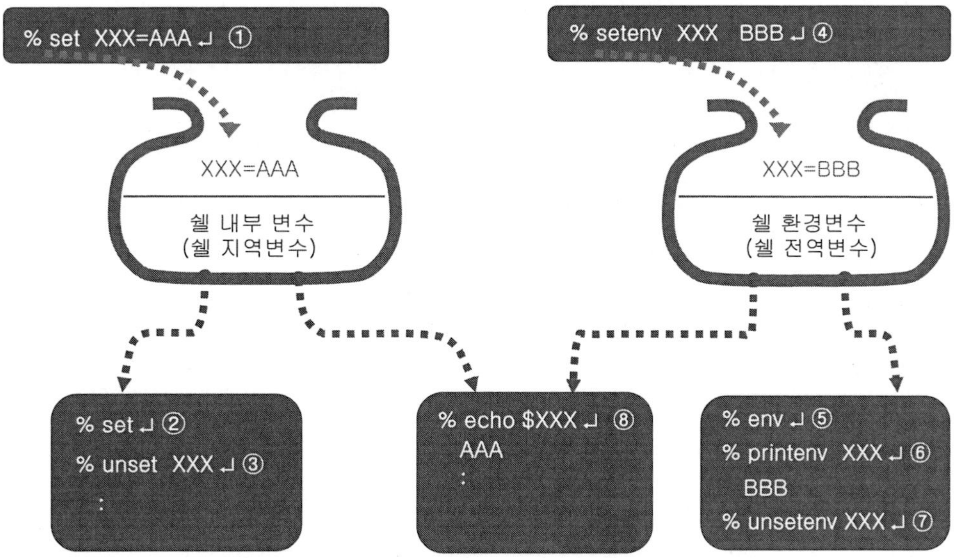

[그림 5-23] C 쉘의 변수 설정 방법

C 쉘의 변수 설정 방법이 Bourne•Korn 쉘([그림 5-10] 참조)과 상이한 가장 큰 차이점은 내부 변수와 환경 변수 분리 여부에 있고, 그 주요 내용들은 [표 5-11]과 같다. [그림 5-24]에는 C 쉘의 변수 정의 과정을 보였다.

[표 5-11] Bourne•Korn 쉘과 C 쉘의 변수 관리 방법 비교

비교항목	Bourne•Korn 쉘	C 쉘	비 교
변수 영역	▪ 독립적으로 관리함	▪ 독립적으로 관리함	동일
변수 정의	▪ 반드시 내부 변수를 거쳐 환경 변수로 연결(export) 됨	▪ 내부 변수와 환경 변수가 전혀 독립적으로 정의됨	상이
변수 참조	▪ 모든 환경 변수는 대응되는 내부 변수를 참조함.	▪ 내부 변수와 환경 변수가 전혀 독립적으로 참조됨	상이

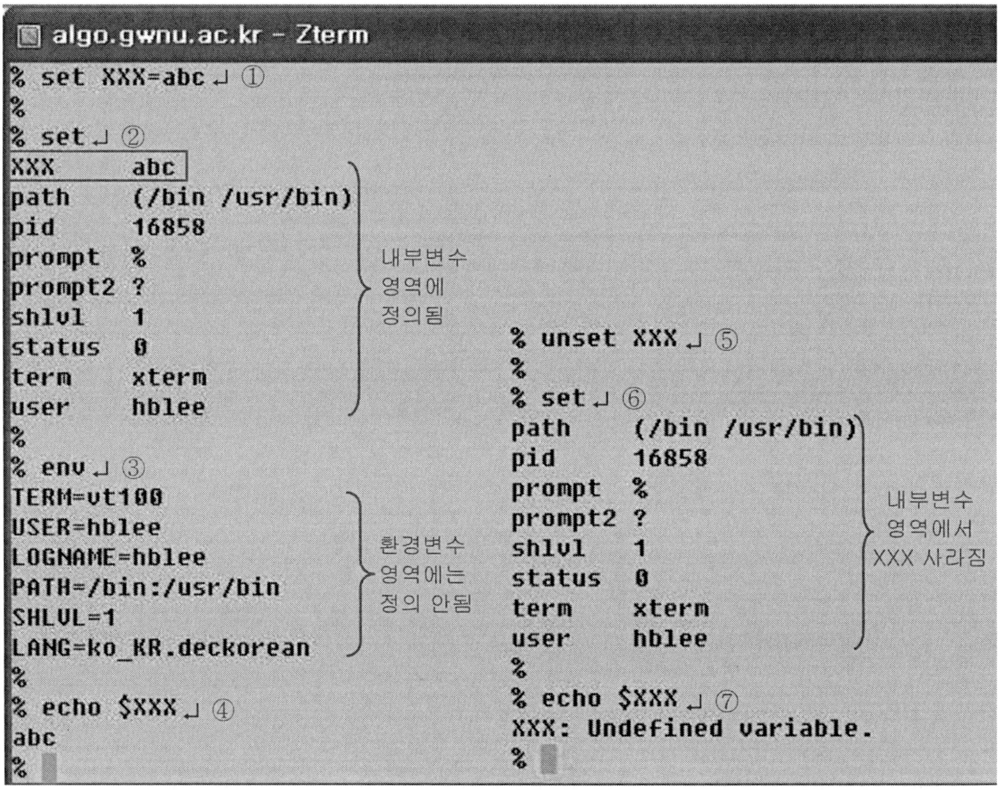

(a) 쉘 내부(지역) 변수 정의 예

[그림 5-24] C 쉘의 내부 변수와 환경(전역) 변수 정의의 예[계속]

```
algo.gwnu.ac.kr - Zterm
% setenv XXX xyz ↵ ①
% set ↵ ②
path    (/bin /usr/bin)
pid     16858
prompt  %
prompt2 ?
shlvl   1
status  0
term    xterm
user    hblee
%
% env ↵ ③
TERM=vt100
USER=hblee
LOGNAME=hblee
PATH=/bin:/usr/bin
SHLVL=1
LANG=ko_KR.deckorean
XXX=xyz
%
% echo $XXX ↵ ④
xyz
%
% unsetenv XXX ↵ ⑤
%
% env ↵ ⑥
TERM=vt100
USER=hblee
LOGNAME=hblee
PATH=/bin:/usr/bin
SHLVL=1
LANG=ko_KR.deckorean
%
% echo $XXX ↵ ⑦
XXX: Undefined variable.
%
```

내부변수 영역에는 정의 안됨 (② set 결과)

환경변수 영역에만 정의됨 (③ env 결과)

환경변수 영역에서 XXX 사라짐 (⑥ env 결과)

(b) 쉘 환경(전역) 변수 정의 예

```
algo.gwnu.ac.kr - Zterm
% set XXX=abc ↵ ①
% setenv XXX xyz ↵ ②
%
% set ↵ ③
XXX     abc
path    (/bin /usr/bin)
pid     16858
prompt  %
prompt2 ?
shlvl   1
status  0
term    xterm
user    hblee
%
% env ↵ ④
TERM=vt100
USER=hblee
LOGNAME=hblee
PATH=/bin:/usr/bin
SHLVL=1
LANG=ko_KR.deckorean
XXX=xyz
%
% echo $XXX ↵ ⑤   ← 내부변수 XXX를 우선 참조함
abc
%
% unset XXX ↵ ⑥
%
% set ↵ ⑦
path    (/bin /usr/bin)
pid     16858
prompt  %
prompt2 ?
shlvl   1
status  0
term    xterm
user    hblee
%
% echo $XXX ↵ ⑧   ← 내부변수 XXX가 없으므로 환경변수 XXX를 참조함
xyz
%
% unsetenv XXX ↵ ⑨
%
% echo $XXX ↵ ⑩   ← 양쪽 모두 없음
XXX: Undefined variable.
%
```

내부변수 영역에 정의됨 (③ set 결과)

환경변수 영역에 별개로 정의됨 (④ env 결과)

내부변수 영역에서만 XXX 사라짐 (⑦ set 결과)

(c) 내부 변수와 환경 변수의 분리 개념

[그림 5-24] C 쉘의 내부 변수와 환경(전역) 변수 정의의 예

5.5.2 쉘 변수 값 설정을 위한 문자열 표현 방법

C 쉘에서의 쉘 변수 값 설정을 위한 문자열 표현 방법도 [표 5-8]에 보였던 Bourne·Korn 쉘에서의 방법과 동일하다.

☞ [실습 5-4]

STEP I

1. 쉘 내부 변수 XXX를 *abc* 값으로 정의한다.
2. echo 명령어를 사용해서 변수 XXX의 값을 출력해 본다.
3. set과 env 명령어를 사용해서 변수 XXX의 설정 내용을 확인한다.
4. unset 명령어를 사용해서 변수 XXX의 정의를 취소한다.
5. echo, set, env 명령어로 변수 XXX의 존재 여부를 확인한다.
6. 과정 1~5를 3회 이상 반복한다.

STEP II

1. 쉘 전역(환경) 변수 XXX를 *xyz* 값으로 정의한다.
2. echo 명령어를 사용해서 변수 XXX의 값을 출력해 본다.
3. set과 env 명령어를 사용해서 변수 XXX의 설정 내용을 확인한다.
4. unsetenv 명령어를 사용해서 변수 XXX의 정의를 취소한다.
5. echo, set, env 명령어로 변수 XXX의 존재 여부를 확인한다.
6. 과정 1~5를 3회 이상 반복한다.

STEP III

1. 쉘 내부 변수 XXX를 *abc* 값으로 정의한다
2. 쉘 전역(환경) 변수 XXX를 *xyz* 값으로 정의한다.
3. echo 명령어를 사용해서 변수 XXX의 값을 출력해 본다.
4. set과 env 명령어를 사용해서 변수 XXX의 설정 내용을 확인한다.
5. unset 명령어를 사용해서 변수 XXX의 정의를 취소한다.
6. echo 명령어를 사용해서 변수 XXX의 값을 출력해 본다.
7. set과 env 명령어를 사용해서 변수 XXX의 설정 내용을 확인한다.
8. unsetenv 명령어를 사용해서 변수 XXX 정의를 취소한다.
9. echo 명령어를 사용해서 변수 XXX의 값을 출력해 본다.
10. set과 env 명령어를 사용해서 변수 XXX의 설정 내용을 확인한다.
11. 과정 1~10을 3회 이상 반복한다.

STEP IV

1. uname 명령어를 실행하여 어떤 결과를 출력하는지를 확인한다([그림 5-25] 참조).
2. uname 명령어의 실행 결과를 활용하여, *OS of this system is …* 형태의 값을 가지는 환경 변수 SYSOS를 정의한다.
3. 변수 SYSOS의 설정 내용을 확인한다.
4. 변수 SYSOS의 정의를 취소한다.
5. 과정 1~4를 3회 이상 반복한다.

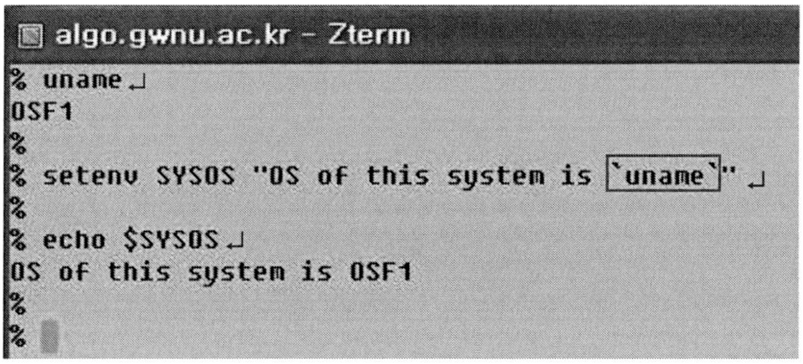

[그림 5-25] 명령어 실행 결과를 포함하는 문자열 설정의 예

STEP V

1. pwd 명령어를 실행하여 어떤 결과를 출력하는지를 확인한다.
2. pwd 명령어의 실행 결과를 활용하여, */usr/2/hblee>* 형태의 값을 가지는 쉘 내부 변수 WDIR를 정의한다.
3. 변수 WDIR의 설정 내용을 확인한다.
4. 변수 WDIR의 정의를 취소한다.
5. 과정 1~4를 3회 이상 반복한다.

STEP VI

1. hostname 명령어를 실행하여 어떤 결과를 출력하는지를 확인한다.
2. hostname 명령어의 실행 결과를 활용하여, *algo>* 형태의 값을 가지는 환경 변수 HOST를 정의한다.
3. 변수 HOST의 설정 내용을 확인한다.
4. 변수 HOST의 정의를 취소한다.
5. 과정 1~4를 3회 이상 반복한다.

STEP VII

1. [그림 5-9]를 재고찰한다.
2. [그림 5-26]의 프로그램을 이해하고 코딩, 컴파일한다.
   (% cc -o envtest envtest.c↵)
3. envtest를 실행하여 그 결과를 확인하고, 그 이유를 설명한다
5. 쉘 내부 변수 XXX를 *abc* 값으로 설정하고, 설정 결과를 확인한다.
6. envtest를 실행하여 그 결과와 이유를 설명한다.
7. 환경 변수 XXX를 *abc* 값으로 설정하고, 설정 결과를 확인한다.
8. envtest를 실행하여 그 결과와 이유를 설명한다.
9. 환경 변수 XXX의 값을 *xyz*로 재설정하고, 설정 결과를 확인한다.
10. envtest를 실행하여 그 결과와 이유를 설명한다.
11. 쉘 내부 변수 XXX와 환경 변수 XXX의 정의를 취소한다.
12. 과정 1~11을 3회 이상 반복한다.

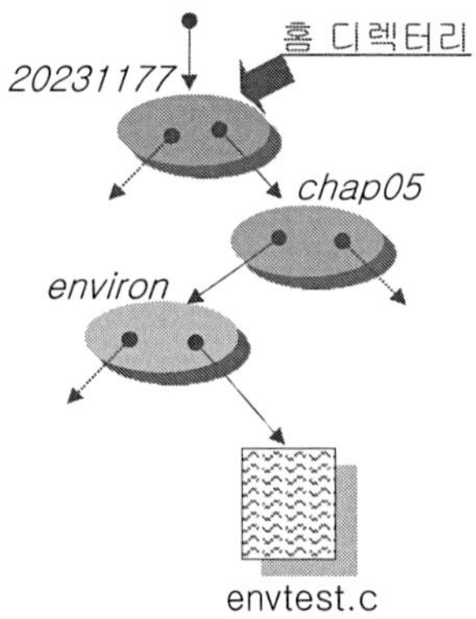


```
/* envtest.c */
#include <stdio.h>
#include <stdlib.h>
int main()
{
   char  *vp;
   vp = getenv("XXX");
   if (vp == NULL)
      printf("XXX is not…\n");
   else
      printf("Value of XXX is %s…\n", vp);
   return(0);
}
```

[그림 5-26] 환경 변수 실습 VII

5.5.3 C 쉘의 주요 쉘 변수 설정

C 쉘에서도 Bourne·Korn 쉘에서와 똑 같은 이유와 목적으로 이미 정의된 쉘 변수를 새로 설정해야 하는 경우가 많다. 그러나 C 쉘에서는 쉘 변수 이름은 물론, 이들 변수가 설정되었을 때 내부적으로 처리되는 과정이 Bourne·Korn 쉘에서와 약간 다르다. 우선 [표 5-12]에 C 쉘에서 자주 설정해 주어야 하는 주요 쉘 변수와 그들의 변수를 요약하였다.

[표 5-12] C 쉘의 주요 쉘 변수와 용도

쉘 변 수	용 도	비 고
term	▪ Bourne·Korn 쉘에서의 TERM의 역할과 동일([표 5-9] 참조)하고, 환경 변수 TERM과 연계됨.	쉘 내부 변수 (환경변수 TERM이 자동 설정됨)
path	▪ Bourne·Korn 쉘에서의 PATH의 역할과 동일([표 5-9] 참조)하고, 환경 변수 PATH와 연계됨. ▪ 즉, 사용자가 원하는 외부 명령어를 검색할 위치를 쉘에게 지시함. 쉘은 path에 지시된 곳에서 명령어 실행 파일을 검색하고, 검색에 실패하면 오류 메시지를 출력함.	쉘 내부 변수 (환경변수 PATH가 자동 설정됨)
prompt	▪ Bourne·Korn 쉘에서의 PS1(주 프롬프트) 역할과 동일함([표 5-9] 참조).	쉘 내부 변수

■ term

사용자가 로그인 하고 있는 유닉스 단말기의 유형을 담고 있는 쉘 변수 TERM은 쉘의 종류와 관계 없이 사용되는 환경 변수이기 때문에 [그림 5-23]에 보인 바와 같이 setenv 명령어를 사용해서 직접 그 값을 설정해도 무방하다. 그러나 쉘 자체적으로도 단말기 유형에 대한 정보를 필요로 하는 경우가 있을 수 있기 때문에 C쉘은 내부 변수 term에 단말기 유형을 관리한다.

그런데, C 쉘은 쉘 내부 변수 영역과 환경 변수 영역이 완전히 분리되어 있으므로 단말기 유형을 설정하기 위해서 사용자는 쉘 내부 변수 term과 환경 변수 TERM 각각에 대해서 독립적인 설정 작업을 하지 않을 수 없다. 이렇게 되면 두 번 설정으로 인한 번거로움 뿐만 아니라 두 변수 사이에 불일치가 존재할 가능성이 있다.

위와 같은 불편한 점을 해소하기 위해 C 쉘은, 사용자가 내부 변수 term을 설정하자마자 자동적으로 환경 변수인 TERM을 수정해 준다. 예를 들어

```
% set  term=vt100 ↵
```

과 같이 쉘 내부 변수 term을 설정하면 환경 변수인 TERM에도 자동적으로 vt100 값으로 재설정된다.

■ path

Bourne·Korn 셸과 같이 C 셸도 외부 명령어를 처리하기 위해서는 그 명령어의 실행 파일을 검색하기 위한 디렉터리 리스트에 대한 지시를 요구한다. Bourne·Korn 셸에서는 [그림 5-14]와 같이 환경 변수로 설정된 PATH를 참조하지만, C 셸에서는 지역 변수 path를 사용한다.

지역 변수 path 설정 방법과 내부 처리 과정은 아래와 같다.

- 외부 명령어 검색을 위한 디렉터리 리스트는 셸의 내부 참조 목적도 있으나, 다른 외부 명령어가 실행되면서 참조해야 하는 경우(예를 들어 popen(), exec() 등의 함수를 사용 프로그램)도 있다. 이를 위해, Bourne·Korn 셸에서는 환경 변수와 지역 변수가 연결되어 있으므로 환경 변수 PATH를 공유하여 사용한다.
- C 셸에서는 내부 참조 용으로 지역 변수 path를 별도로 설정하여 사용하고, 환경 변수 PATH는 지역 변수 path가 설정될 때 자동적으로 재설정해 준다. 즉, 지역 변수 path는 C 셸의 자체 참조용이고, 다른 명령어들이 참조하는 환경 변수 PATH는 사용자가 두 번 설정해야 하는 불편함을 줄이기 위해 path에 설정되는 동일한 값으로 설정해 준다.
- 만약 사용자가 환경 변수 PATH를 직접 설정한다면 지역 변수 path 값과의 불일치로 인한 문제가 발생할 수 있기 때문에 이 방법은 바람직하지 않다.
- 지역 변수 path는 [그림 5-27]과 같이 외부 명령어 실행 파일들이 저장된 디렉터리들을 각각 독립된 단어로 분리하여 배열로 저장한다. C 셸에서는 배열형 셸 변수에 분리된 단어를 차례로 설정하기 위해서 괄호를 사용하여 공백으로 분리한 단어들을 나열한다. 예를 들어 아래의

```
% set path="/bin /usr/bin /usr/local/bin" ↵
```

명령은 단위 변수 path에 공백이 포함된 문자열 전체를 설정하는 것이고, 아래의

```
% set path=(/bin /usr/bin /usr/local/bin) ↵
```

명령은 변수 path를 크기 3인 배열로 정의하여 path[1], path[2], path[3]에 각각 "/bin", /usr/bin", "/usr/local/bin" 문자열을 설정한다.

위와 같이, path 값의 포맷은 환경 변수 PATH 포맷([그림 5-14] 참조)과 상이하기 때문에, C 셸은 단어로 분리된 path 설정 값을 변환하여 PATH 값으로 설정한다.

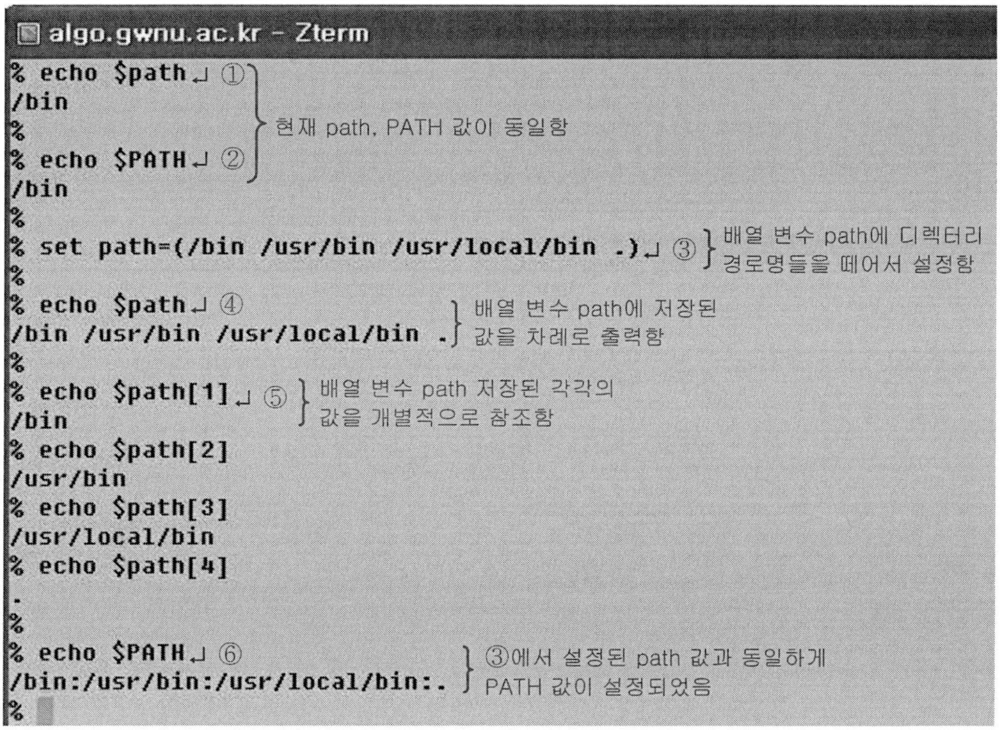

[그림 5-27] path설정 방법과 내부 처리과정

■ prompt

Bourne·Korn 쉘의 내부 변수 PS1 즉, 주 프롬프트에 해당되는 C 쉘 변수가 prompt이다. 주 프롬프트 prompt의 기본 값은 '%'인데 보통 C 쉘을 상징적으로 표시하는 기호로 사용한다. Bourne·Korn 쉘의 PS2에 해당되는 보조 프롬프트는 C 쉘의 버전에 따라 prompt2를 해당 변수로 사용하는 경우가 있으나 대부분 지원하지 않는다.

C 쉘에서도 프롬프트를 기본 설정 값 그대로를 사용하는 경우는 드물고, Bourne·Korn 쉘에서와 같이 사용자의 취향에 따라 다양한 방법으로 재설정해서 사용하는 경우가 많다. 아래에 그 예들을 나열하였다.

• 자신의 로그인 id를 사용

자신의 로그인 id를 중심으로 몇 개의 기호 문자를 조합하여 프롬프트를 설정한다. [그림 5-28]과 같이 "hblee% ", "hblee> " 등이 좋은 예이다([그림 5-17] Bourne·Korn 쉘 참조).

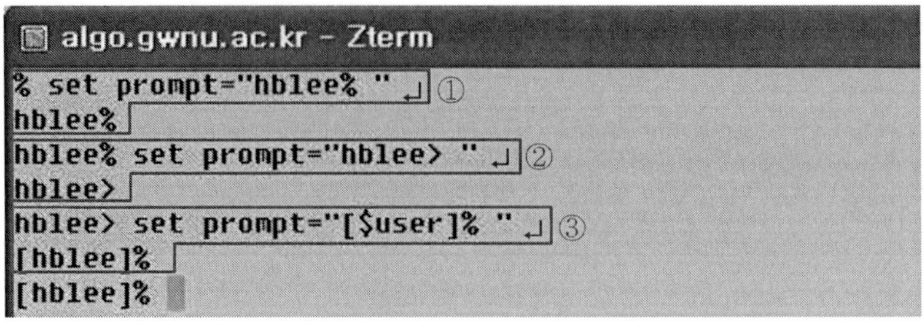

[그림 5-28] 로그인 id를 사용한 프롬프트 설정의 예

• **호스트(시스템) 이름을 사용**

[그림 5-29]와 같이 사용자가 로그인하여 사용중인 시스템의 이름을 프롬프트 문자열에 사용한다([그림 5-18] Bourne·Korn 셸 참조).

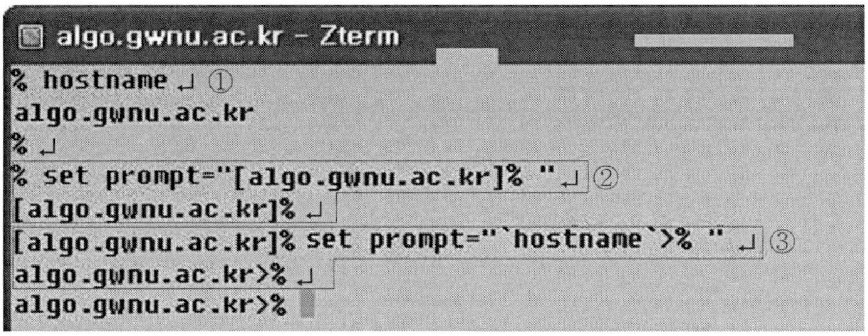

[그림 5-29] 호스트 이름을 사용한 프롬프트 설정의 예

• **alias(별명) 기능을 활용한 경로명 프롬프트의 실시간 재설정**

alias란 하나 또는 그 이상의 명령어 그룹에 대하여 새로운 명령어 이름을 부여하는 기능으로, [표 5-10], [그림 5-20]에 보인 Bourne·Korn 셸의 함수 정의 기능과 유사하다. [표 5-13]에 alias 사용법을 요약하였다.

C 셸의 alias는 이미 존재하는 명령어와 동일한 명칭을 허용한다는 점에서 Bourne·Korn 셸의 함수보다 편리하다. 예를 들어, [표 5-13]와 같이 이미 존재하

[표 5-13] alias 사용법과 예

정의 문법	▪ % alias 별명 '명령어1; ...; 명령어n' ↵ 예) % alias ls 'ls -l \!*' ↵
호출 문법	▪ % 별명이름 별명_인수 ... ↵ 예) % ls happy ↵
처리 과정	▪ "명령어1", ... 들이 차례로 수행됨. 이 때, 함수 인수가 "!*" 부분을 대치함. 예) % ls happy ↵ ➔ ls -l happy ↵ 가 수행됨

는 ls 명령어와 동일한 이름이 alias에 의해 별명으로 정의되어 있다면 별명에 의한 ls를 먼저 호출한 후 그 내부에서 기존의 ls를 다시 호출할 수 있기 때문에 기존의 ls 명령어가 포함된 새로운 ls 명령어 별명을 정의할 수 있다.

alias 기능을 활용하면 cd 명령어에 의해 작업 디렉터리가 변경될 때마다 프롬프트 문자열을 해당 작업 디렉터리에 대한 경로명으로 재설정 할 수 있다. [그림 5-30]에, 기존의 cd 명령어를 수행한 후 프롬프트를 재설정하도록 하는 명령어 등 두 명령어에 새로운 명령어 별명 cd를 부여하여 cd가 호출될 때마다 프롬프트를 새롭게 재설정하는 예를 보였다([그림 5-20] Bourne·Korn 쉘 참조).

unalias 명령은 alias로 정의한 명령어 별명을 취소시킨다. 예를 들어 [그림 5-30]에서

```
% unalias cd ↵
```

명령은 ①에서 정의한 명령어 별명 cd를 해제한다.

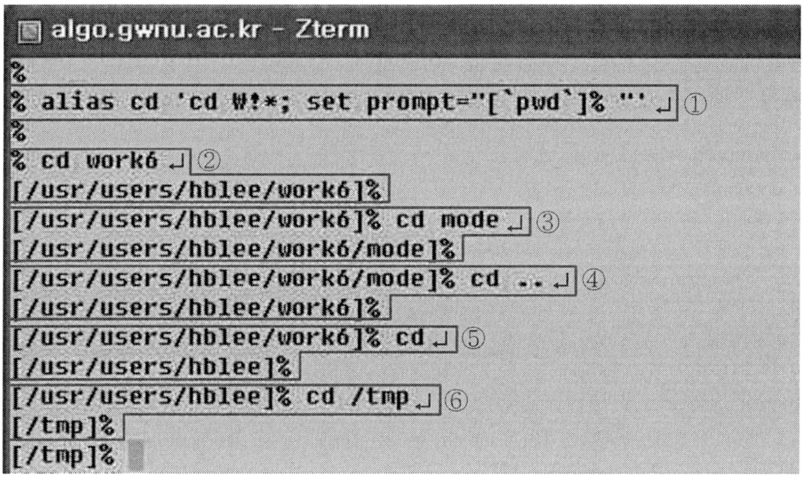

[그림 5-30] alias를 이용한 경로명 프롬프트의 실시간 재설정의 예

☞ [실습 5-5]

STEP I

1. 현재 설정되어 있는 내부 변수 term과 환경 변수 TERM의 설정 내용을 기록 하고, vi가 제대로 실행됨을 확인한다.
2. 내부 변수 term 값을 *abc*로 재정의(재설정)한 후, 환경 변수 TERM의 값을 확인한다.
3. vi 를 실행시켜 보고, 제대로 실행되는지의 여부와 그 이유를 설명한다.
4. vi를 종료한다.
5. 환경 변수 TERM만을 원래의 값으로 재정의한 후, 내부 변수 term의 값을 확인한다.
6. vi 를 실행시켜 보고, 제대로 실행되는지의 여부와 그 이유를 설명한다.
7. 환경 변수 TERM의 정의를 취소한 후, vi 를 실행시켜 보고, 제대로 실행 되는지의 여부와 그 이유를 설명한다.
8. 내부 변수 term을 원래대로 재설정한 후, 환경 변수 TERM의 존재 여부와 그 값을 확인한다.
9. vi 를 실행시켜 보고, 제대로 실행되는지의 여부와 그 이유를 설명한다.
10. 과정 1~9를 3회 이상 반복한다.

STEP II

1. 현재 설정되어 있는 내부 변수 path와 환경 변수 PATH의 설정 내용을 확인하고 기록한다.
2. ls, vi, who, date, hostname, pwd, cd 등의 명령어가 잘 인식됨을 확인한다.
3. 내부 변수 path를 *:* 로 재정의한 후, 환경 변수 PATH 값을 확인한다.
4. ls, vi, who, date, hostname, pwd, cd 명령어 중 인식되는 명령어와 인식되지 않은 명령어를 분류하고 그 이유를 설명한다.
5. 원래 path에 설정되어 있던 여러 경로명들을 하나씩 차례로 path에 추가해 가면서 그 때마다 환경 변수 PATH를 확인하고 과정 4를 반복한다.
6. 과정 4, 5를 거쳐 내부 명령어와 외부 명령어를 식별하고, 외부 명령어의 경우 그 명령어의 위치를 지적한다.
7. 내부 변수 path의 값을 완전히 원래대로 환원하고, 환경 변수 PATH의 값을 확인한다.
8. 과정 1~7을 3회 이상 반복한다.

.

5.6 쉘의 시동 파일(프로파일)

시동 파일이란 어떤 명령어가 기동(실행)하기 직전 초기화를 실시하는데 필요한 정보를 저장해 놓는 파일로, 파일 명이나 파일 저장 내용 및 포맷은 해당 명령어에 따라 고유하다. 즉, 시동 파일의 설정이 가능한 명령어는 실행을 시작할 때 고유하게 지정된 시동 파일을 검색하여 파일이 검색되면 파일로부터 설정 내용을 참조한다.

[표 5-14]에 몇 가지 시동 파일의 예를 보였다. 이들 시동 파일은 보통 사용자의 홈 디렉터리에 위치하고, 파일명은 '.'으로 시작함을 알 수 있는데, 이런 파일을 숨김 파일(hidden file)이라 부른다.

유닉스 파일 시스템에서 숨김 파일은 다른 일반 파일과 근원적인 차이는 없고, 단지 디렉터리 내용을 열거하는 명령어 ls로 하여금 특별한 지시가 없는 한 열람 대상에서 제외시키도록 하는 약속이 있을 뿐이다. 숨김 파일의 목적은 사용자가 다루는 일반 파일로부터 고정적으로 사용되는 숨김 파일을 분리시킴으로써 실수에 의한 변경이나 삭제를 예방하고 복잡성을 줄이자는데 있다.

시동 파일 외에 현재 디렉터리를 의미하는 '.'과 현재 디렉터리의 바로 위 디렉터리를 의미하는 '..'도 숨김 파일명에 속한다.

숨김 파일까지를 포함하여 모든 파일을 열거하도록 하는 ls 명령어의 옵션은 아래의 명령어

```
$ ls -al ↲
```

와 같이 'a'(all)을 추가하면 된다.

쉘의 시동 파일에는 지역 변수나 환경 변수, 혹은 [표 5-5]의 제어키에 대한 재설정 명령어 등을 저장해 놓고 쉘이 처음 실행할 때마다 수행하게 함으로써, 사용자가 로그인할 때마다 일일이 수작업으로 재설정해야 하는 번거로움을 덜어준다.

[표 5-14] 시동 파일의 예

시동 파일명	참조 명령어
.profile	▪ Bourne 쉘이나 Korn 쉘이 로그인 쉘로 기동할 때 참조함
.login	▪ C 쉘이 로그인 쉘로 기동할 때 참조함
.cshrc	▪ C쉘이 로그인 쉘이나 서브 쉘로 기동할 때 참조함 ▪ 로그인 쉘로 기동할 때는 .login을 먼저 참조하고 난 후 이 파일을 참조함
.bashrc	▪ Bash 쉘이 로그인 쉘이나 서브 쉘로 기동할 때 참조함
.exrc	▪ vi 명령어가 시작할 때 참조함
.mailrc	▪ mail이나 mailx 명령어가 시작할 때 참조함

5.6.1 Bourne•Korn 쉘의 시동 파일

Bourne•Korn 쉘의 시동파일 .profile에는 [표 5-5]의 제어키와 [표 5-9]의 쉘 지역 변수나 환경 변수를 설정하는 명령어를 중심으로 기타 필요한 부가적인 명령어 들을 저장한다.

■ 전형적인 Bourne•Korn 쉘 시동 파일

Bourne•Korn 쉘 시동 파일은 [표 5-14]에 보인 바와 같이 홈 디렉터리에 .profile이란 이름으로 저장되는데 [그림 5-31]에 그 전형적인 예를 보였고, 이 파일에 의해 로그인 한 모습을 [그림 5-32]에 보였다. [그림 5-31]에서 각 명령어의 목적은 아래와 같다.

```
banner  Welcome $USER                               } ①
echo This is `hostname`
# for ORACALE DBMS
ORACLE_HOME=/usr/oracle/app/oracle/product/8.0.5    
export ORACLE_HOME                                  } ②
ORACLE_SID=ORA8
export ORACLE_SID
# for shell & environment
LANG=ko_KR.deckorean; export LANG ③
PATH=$PATH:$ORACLE_HOME/bin; export PATH
TERM=vt100; export TERM                             } ④
PS1="`pwd`> "
cf() { cd $@; PS1="`pwd`> "; } ⑤
stty erase ^H ⑥
umask 077 ⑦
```

[그림 5-31] .profile(Bourne•Korn 쉘 시동 파일)의 예

① banner 명령어는 [그림 5-32]와 같이 큰 그림 문자를 만들어 출력한다.
② 오라클 데이터베이스 접근을 위해 필요한 환경 변수를 설정한다. 이와 같이 특정 소프트웨어를 설치했을 때, 환경변수 설정이 요구되는 경우가 자주 있다.
③ 영문, 한글 등 사용자가 사용하는 문자 환경을 결정하는 로케일(locale) 환경 변수를 설정한다. 각 언어를 위한 로케일 값은 시스템에 따라 다를 수 있다.
④ [표 5-9]의 쉘 변수를 설정한다.
⑤ 작업 디렉터리를 이동할 때마다 프롬프트를 이동된 경로명으로 재설정하기 위한 새로운 쉘 함수를 정의한다. 사용자는 단순히 cd 대신에 cf를 사용하면 된다.
⑥ [표 5-5], [표 5-6]에서 보인 erase 키를 재설정한다.
⑦ 새로운 파일을 생성할 때 부여되는 보안 모드(8.2.2절 참조)를 재설정한다.

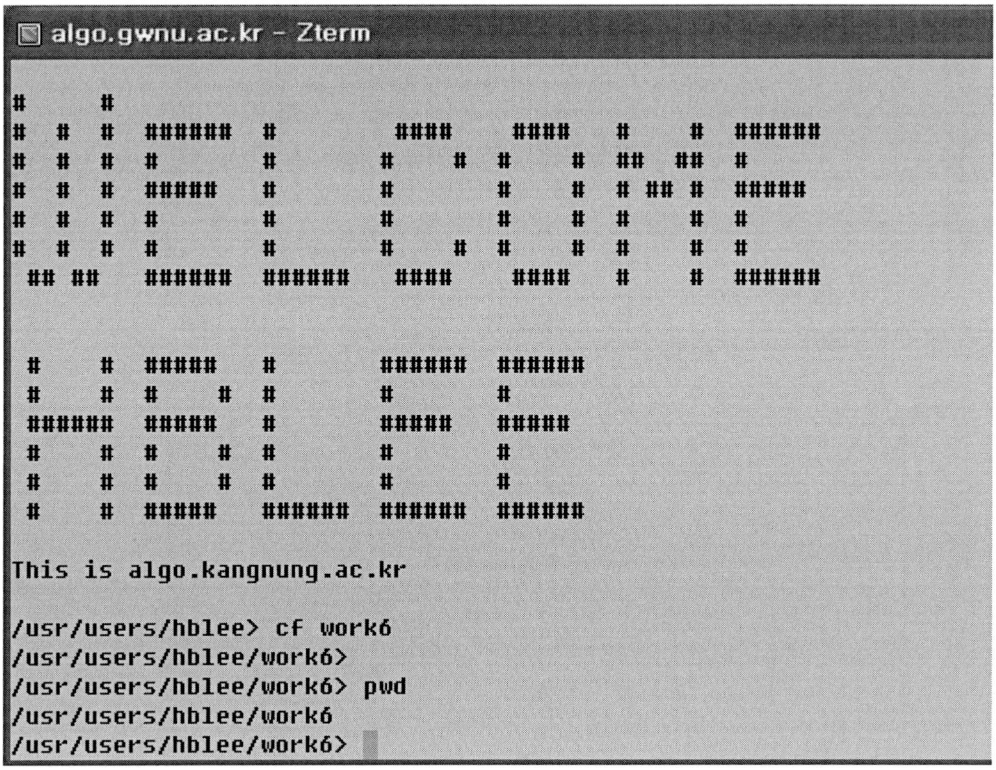

[그림 5-32] [그림 5-31]의 시동 파일에 의한 Bourne 쉘 로그인 화면

■ Bourne·Korn 쉘 시동 파일의 재수행

시동 파일의 내용을 변경한 후, 변경된 내용으로 쉘 환경을 재설정하기 위한 가장 알기 쉬운 방법은, .profile을 편집해서 저장한 후 로그인을 다시 하는 것이다. 그러나 이 방법은 쉽기는 하지만 조금 번거롭다.

시동 파일을 재수행하는 또 다른 방법은 현재 사용중인 쉘에게 시동 파일을 재수행 하라는 명령어를 보내는 것이다. Bourne·Korn 쉘에서 시동 파일의 내용을 재수행하기 위한 명령어는 아래의 명려어

```
$ .  .profile↲
```

와 같이 명령어 부분에 '.'를 사용하고 시동 파일의 이름을 명령어 인수로 기술하면 된다. 여기서 시동 파일의 이름을 명시하는 이유는 지정된 기본 시동 파일인 .profile 뿐만 아니라, 다른 이름으로 저장된 시동 파일의 내용도 수행할 수 있게 하기 위해서이다.

5.6.2 C 쉘의 시동 파일

C 쉘의 시동 파일도 Bourne·Korn 쉘의 시동 파일과 그 개념은 동일하다. 다만 시동 파일 명이 .login과 .cshrc 등 두 가지로 분리돼 있고, 이 파일들이 수행되는 과정은 [표 5-14]에 설명한 바와 같다.

■ 전형적인 C 쉘 시동 파일

[그림 5-3]의 Bourne·Korn 쉘의 시동 파일에 대응되는 C쉘의 시동 파일 .cshrc의 내용을 [그림 5-33]에 보였다.

```
banner  Welcome $user                          } ①
echo This is `hostname`
# for ORACALE DBMS
setenv ORACLE_HOME  /usr/oracle/app/oracle/product/8.0.5 ┐
setenv ORACLE_SID  ORA8                                  } ②
# for shell & environment                                ┘
setenv LANG  ko_KR.deckorean
set path=( $path $ORACLE_HOME/bin )  ┐
set term=vt100                       } ③
set prompt="`pwd`> "                 ┘
alias cd 'cd \!*; set prompt="`pwd`> " '     ④
stty erase ^H  } ⑤
umask  077
```

[그림 5-33] .cshrc(C 쉘 시동 파일)의 예

① 단순 명령어 호출이므로 Bourne·Korn 쉘에서와 같다.

② 쉘 환경(전역) 변수를 설정하는 방법이 Bourne·Korn 쉘에서와 상이하다.

③ 쉘 지역(내부) 변수를 설정하는 방법이 Bourne·Korn 쉘에서와 상이하다. 특히, 환경 변수 PATH, TERM 대신 지역 변수 path, term을 사용하고, 프롬프트는 변수 prompt를 사용한다.

④ 작업 디렉터리를 이동할 때마다 프롬프트를 재설정하기 위한 cd 명령어 별명을 새롭게 정의하여, 사용자는 기존의 cd 명령어 형태를 그대로 사용한다.

⑤ ①에서와 마찬가지로 단순 명령어 호출이므로 Bourne·Korn 쉘에서와 같다.

[그림 5-34]는 위 시동 파일에 의해 C 쉘로 로그인했을 때의 초기 화면을 보이고 있다. 이 그림에서 명령어 별명 cd를 기존의 cd 명령어 대신 사용하고 있음에 유의해야 한다.

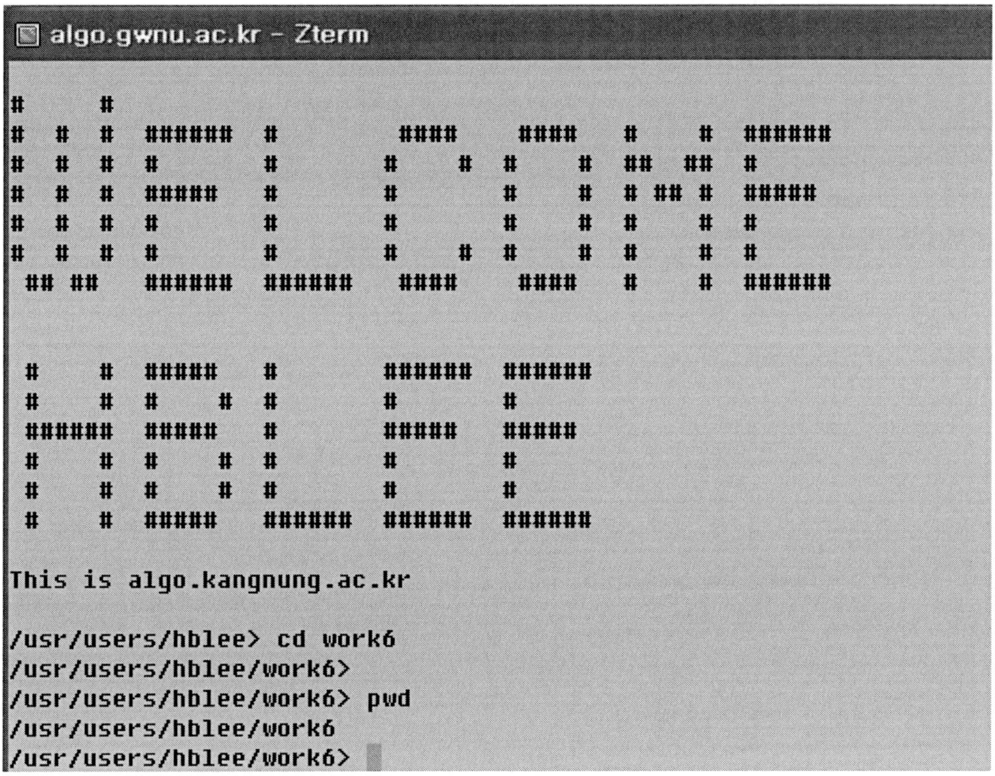

[그림 5-34] [그림 5-33]의 시동 파일에 의한 C 쉘의 로그인 화면

■ C 쉘 시동 파일의 재수행

Bourne·Korn 쉘에서와 마찬가지로 C 쉘에서도 다시 로그인 하지 않고 시동 파일을 재수행 할 수 있는데, 이 때 재수행의 명령어로 source를 사용한다. source 명령어도 아래의 명령어

```
% source   .cshrc↵
```

와 같이 시동 파일 명을 명령어 인수로 요구하기 때문에 어떤 파일의 내용도 수행시킬 수 있다.

.

5.7 명령어 재호출

유닉스 사용 도중 가장 절실하게 필요성이 요구되는 사항 중 하나가 명령어 재호출(command recall, command reentry) 기능이다. 예를 들어 프로그램 mytest.c를 작성하고 테스트하는 과정에서 다음 명령어

```
$ cc -o  mytest  mytest.c  -lm ↵
```

를 지속적으로 여러 번 사용해야 할 상황이라면 유닉스 입문자나 키보드 타이핑이 미숙한 초보자에게는 상당히 번거럽고 심지어는 짜증스럽게까지도 느껴질 수 있다. 그러나 앞에서 사용했던 위 명령어 문자열을 쉽게 추출하여 재사용할 수 있다면 그런 불편함은 해소될 수 있다.

명령어 재호출이란 이미 사용했던 명령어 문자열을 간편하게 재현한 다음, 그 문자열을 그대로 재사용하거나 일부만 수정하여 재사용하는 기능을 말한다. 명령어 재호출은 기본적으로 사용자가 입력했던 명령어 문자열을 저장해 놓은 후 검색하고 추출 및 수정하는 방법으로 이루어진다. 이 때, 모든 명령어 문자열은 쉘에 입력되어 사용되므로 그 문자열의 저장, 검색, 추출, 수정 방법은 쉘에 따라 다를 수 밖에 없다.

5.7.1 Korn 쉘의 명령어 재호출 기능

Bourne 쉘과 Korn 쉘 중 Bourne 쉘은 명령어 재호출 기능을 제공하지 않고, Bourne 쉘 기반으로 나중에 확장·개선된 Korn 쉘만이 명령어 재호출 기능을 제공한다.

■ 명령어 문자열의 저장

Korn 쉘은 사용자에 의해 최근에 입력된 몇 개의 명령어 문자열을 해당 사용자의 홈 디렉터리에 .sh_history라는 이름의 파일을 만들어 고유 번호와 함께 저장한다. 이 때 주요 관심 사항은 저장 파일의 이름은 변경할 수 있는가, 최대 몇 개까지의 문자열을 저장할 수 있는가, 고유 번호는 어떻게 부여되는가 등이다.

◆명령어 문자열의 저장 파일

명시적인 설정이 없을 경우 최근 입력된 명령어 문자열들이 저장되는 기본 파일은 홈 디렉터리에 존재하는 .sh_history 파일이다. 그러나, 시동파일 .profile에서 쉘 내부 변수 HISTFILE의 설정에 의해 그 파일명을 변경할 수 있다. 이를테면 다음 예는 명령어 문자열 저장 파일을 홈 디렉터리의 .my_history로 재설정한다(여기서 $HOME은 사용자의 홈 디렉터리에 대한 경로명을 가진 쉘 자체 변수임).

```
HISTFILE=$HOME/.my_history
```

명령어 문자열 저장 파일 내용은 다시 로그인할 때도 그 상태가 계속 유지된다.

◆ 명령어 문자열의 최대 저장 개수

명시적인 설정이 없을 경우 기본적으로 최근 입력된 문자열 중 최대 128개를 저장한다. 그러나, 시동파일에서 쉘 내부 변수 HISTSIZE에 의해 그 수를 명시할 수 있다. 다음 예는 명령어 문자열의 최대 저장 개수를 50개로 설정한다.

```
HISTSIZE=50
```

◆ 명령어 문자열의 고유번호

쉘 변수 HISTSIZE가 명시된 경우 1~HISTSIZE의 번호가 주기적으로 반복되고, 그렇지 않은 경우 1~32767의 번호가 반복된다.

■ 명령어 문자열의 검색

저장된 명령어 문자열들은 [그림 5-35]와 같이 history 혹은 fc(fix command) 명령어를 사용해서 열거해 볼 수 있다. fc 명령어는 문자열의 단순 열거, 특정 문자열을 수정 후 재실행 등 몇 가지 기능을 가지고 있으므로 적절한 명령어 옵션을 명시해야 한다([표 5-17] 참조).

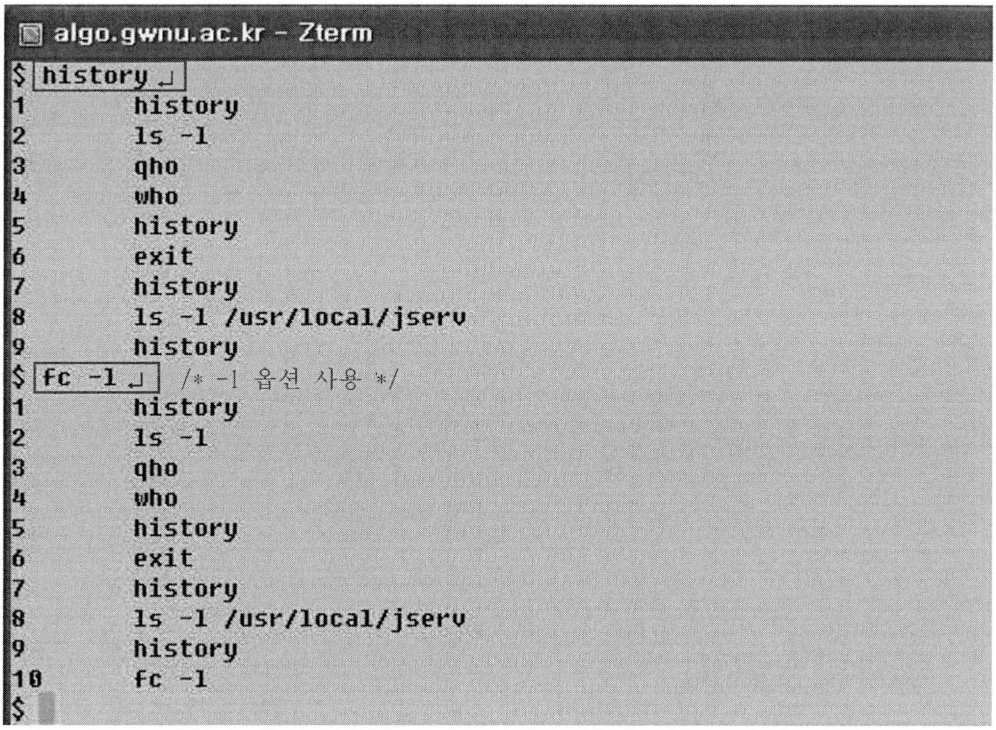

[그림 5-35] K 쉘의 저장된 명령어 문자열 검색 기능

■ 명령어 문자열의 호출·수정·재실행

저장된 명령어 문자열 중, 특정 문자열을 지정하여 단순하게 재실행하거나 약간 수정하여 재실행하는 방법에는 묵시적인 vi 혹은 emacs 편집기 사용, fc 명령어 사용, r 명령어 사용 등의 방법이 있다.

◆vi 편집기를 이용한 명령어 재호출

Korn 쉘은 명령어 문자열 호출 및 편집 등 내부적으로 편집 기능이 필요할 때 유닉스 시스템에서 제공되는 대표적인 편집기인 vi와 emacs 두 편집기의 기능을 활용한다. 이 중, vi를 사용하는 명령어 호출 및 수정, 재실행 과정을 [표 5-15]에 요약하였고, [그림 5-36]에 그 개념을 설명하였다.

[표 5-15] Korn 쉘에서 vi를 이용한 명령어 재호출 과정

사 용 법 및 절 차	기 능 (결 과)
① $ set -o vi ↵	▪ 명령어 문자열의 호출, 편집, 재실행을 위한 편집기를 vi로 설정한다(로그인 후 한 번만 실행).
② $ history ↵ (or $ fc -l ↵)	▪ 저장된 전체 명령어 문자열을 확인한다.
③ $ Esc + K	▪ 저장된 전체 명령어 문자열을 대상으로 vi를 호출한다. ▪ 첫 화면에는 가장 최근의 명령어 문자열 하나가 편집 대상으로 나타난다.
④ vi의 상('K')·하('J') 커서이동 명령([그림 4-10] 참조)	• 원하는 명령어 문자열을 호출한다. • 상은 오래된 문자열, 하는 최근 문자열로 이동한다.
④ vi의 좌('H')·우('L') 커서이동 명령([그림 4-10] 참조) 및 편집 명령([그림 4-8],[그림 4-10] 참조)	• 화면에 호출된 문자열을 대상으로 편집 위치를 좌·우로 이동해 가면서 필요한 부분을 편집·수정한다.
⑤ 엔터키(↵)	• 화면 문자열 임의의 위치에서 엔터키(↵)키를 입력하여 해당 문자열을 실행한다.

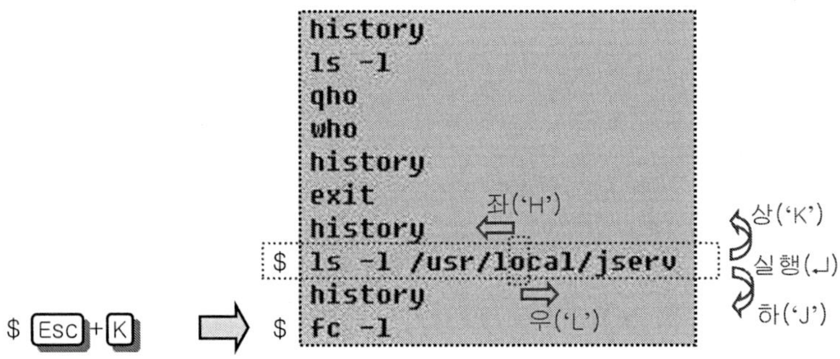

[그림 5-36] Korn 쉘에서 vi를 이용한 명령어 재호출 개념

◆emacs 편집기를 이용한 명령어 재호출

emacs를 이용한 명령어 문자열 호출 및 편집 개념은 vi와 동일하다. 다만 커서 이동 및 편집명령이 다를 뿐이다. emacs의 편집명령은 윈도즈 시스템의 메모장처럼 화살표 키로 커서를 상(↑)·하(↓), 좌(←)·우(→)로 이동하고, BS(Back Space)나 Delete키로 삭제하며, 그 밖의 키로는 곧바로 삽입한다. 이와 같이 emacs의 편집 명령이 단순하기 때문에 명령어 재호출에서는 vi보다 emacs가 편리한 경우가 많다. [표 5-16]에 emacs를 사용하는 명령어 문자열의 호출 및 수정, 재실행 과정, [그림 5-37]에는 그 개념을 설명하였다.

[표 5-16] Korn 쉘에서 emacs를 이용한 명령어 재호출 과정

사 용 법 및 절 차	기 능 (결 과)
① $ set -o emacs ↵	▪ 명령어 문자열의 호출, 편집, 재실행을 위한 편집기를 emacs로 설정한다(로그인 후 한 번만 실행).
② $ history ↵ (or $ fc -l ↵)	▪ 저장된 전체 명령어 문자열을 확인한다.
③ emacs의 상('↑')·하('↓') 커서 이동 명령	▪ 저장된 전체 명령어 문자열을 대상으로 emacs를 호출한다. ▪ 첫 화면에는 가장 최근('↓') 혹은 가장 오래된('↑') 명령어 문자열 하나가 편집 대상으로 나타난다. • '↑', '↓'로 원하는 명령어 문자열을 호출한다. • 상은 오래된 문자열, 하는 최근 문자열로 이동한다.
④ emacs의 좌('←')·우('→') 커서 이동 명령, BS, Del	• 화면에 호출된 문자열을 대상으로 편집 위치를 좌·우로 이동해 가면서 필요한 부분을 편집·수정한다.
⑤ 엔터키(↵)	• 화면 문자열 임의의 위치에서 엔터키(↵)키를 입력하여 해당 문자열을 실행한다.

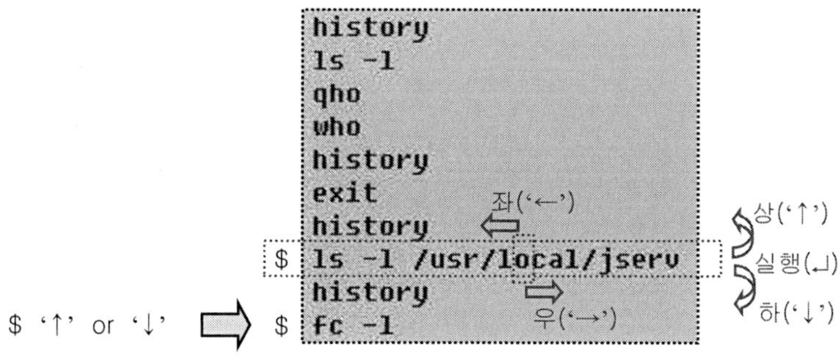

[그림 5-37] Korn 쉘에서 emacs를 이용한 명령어 재호출 개념

◆fc 명령어에 의한 명령어 재호출

재호출하려는 명령어 문자열에 대한 편집과 수정이 많고 복잡할 경우에는 아예 편집기를 실행시켜 해당 문자열을 불러들여 편집·수정한 후 실행시키는 방법이 편리하다. fc(fix command) 명령어는 사용자가 지정한 명령어 문자열을 대상으로 사용자가 설정한 편집기를 간접 실행시킨 후, 편집기의 종료를 기다렸다가 편집이 완료된 최종 문자열을 Korn 쉘에게 전달하는 간접 실행자 역할을 한다. [표 5-17]에 fc 명령어의 사용법을 요약하였고, [그림 5-38]에 그 사용 예를 보였다.

[표 5-17] Korn 쉘에서 fc 명령어를 이용한 명령어 재호출 과정

사 용 법 및 절 차	기 능 (결 과)
① $ FCEDIT=vi ↵	▪ 호출된 명령어 문자열을 편집할 편집기를 미리 설정한다(vi, emacs, ed 등, 로그인 후 한 번만 실행).
② $ fc -l ↵ (or history ↵)	▪ 저장된 전체 명령어 문자열을 확인한다.
③ $ fc 번호 ↵	▪ 명령어 문자열중 '번호'에 해당되는 문자열을 편집 대상으로 하여 편집기(vi)를 실행시킨다. 예) [그림 5-38]에서 $ fc 8 ↵ ➔ "ls -l /usr/local/jserv"를 편집
④ $ fc 번호1 번호2 ↵	• 명령어 문자열중 '번호1'~'번호2'에 해당되는 모든 문자열을 편집 대상으로 하여 편집기(vi)를 실행시킨다. 예) [그림 5-38]에서 $ fc 7 9 ↵ ➔ "history ls -l /usr/local/jserv history"의 세 줄을 편집
⑤ vi(편집기) 종료	• 편집을 종료하면 편집된 최종 내용이 명령어 문자열로 실행된다(여러 줄인 경우 차례로 실행).

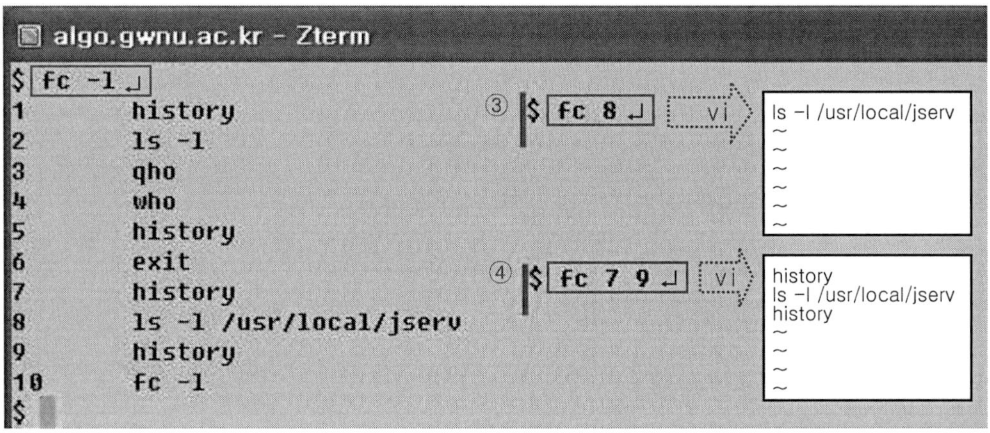

[그림 5-38] Korn 쉘의 fc 명령어(명령어 재호출) 실행 예

◆r 명령어에 의한 명령어 재호출

[표 5-18]에 r 명령어의 사용법을, [그림 5-39]에는 그 사용 예를 보였다.

[표 5-18] Korn 쉘에서 r 명령어를 이용한 명령어 재호출 방법

사 용 법	기 능 (결 과)
① r ↵	▪ 바로 직전에 수행했던 명령어 문자열을 화면에 출력하고 즉시 재실행한다. 예) [그림 5-39] 상태에서 $ r ↵ ➔ ˝fc -l˝ 명령어 실행.
② r 명령어_문자열_번호 ↵	▪ 저장된 명령어 문자열 중에서 지정된 ´번호´에 해당되는 명령어 문자열을 화면에 출력하고 재실행한다. 예) [그림 5-39] 상태에서 $ r 8 ↵ ➔ ˝ls -l /usr/local/jserv˝ 명령어 실행.
③ r 문자열 ↵	▪ 저장된 명령어 문자열 중에서 지정된 ´문자열´로 시작하는 명령어 문자열을 화면에 출력하고 재실행한다(여러 개가 있을 경우에는 가장 최근의 문자열을 호출). 예) [그림 5-39] 상태에서 $ r wh ↵ ➔ ˝who˝ 명령어 실행.
④ r 번호 문자열1=문자열2 ↵	▪ 지정된 번호에 해당되는 명령어 문자열에서 ´문자열1´을 ´문자열2´로 대치하여 화면에 출력하고 재실행한다. 예) [그림 5-39] 상태에서 $ r 3 q=w ↵ ➔ ˝who˝ 명령어를 실행(3번 ˝qho˝ 명령어에서 ´q´를 ´w´로 대치).

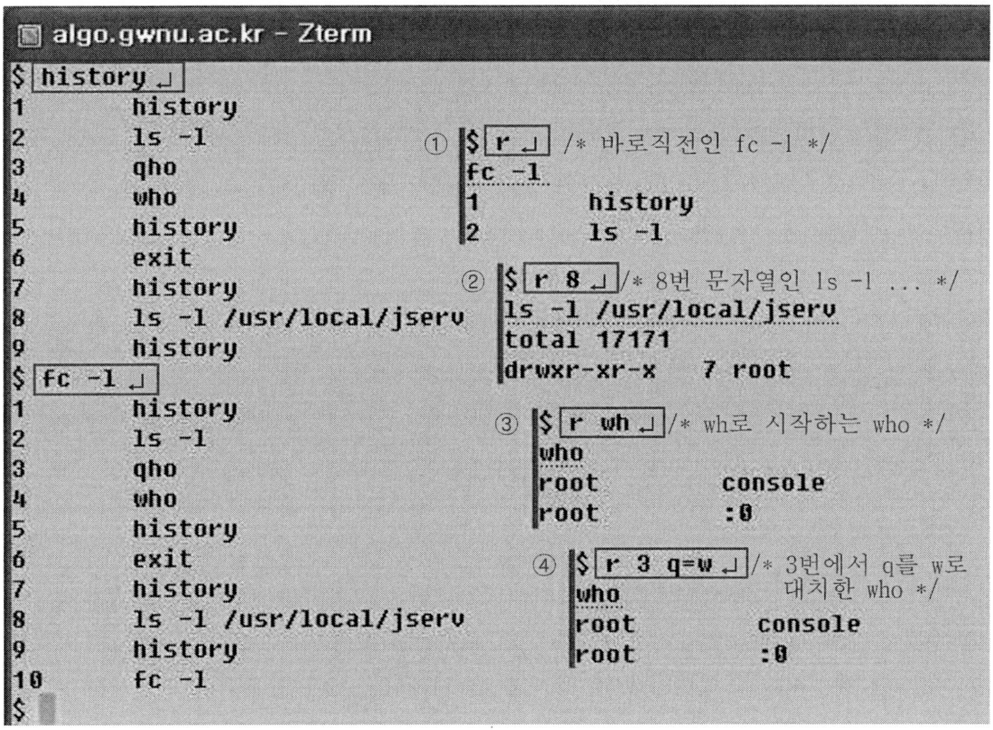

[그림 5-39] Korn 쉘의 r 명령어(명령어 재호출) 실행 예

5.7.2 C 쉘의 명령어 재호출 기능

C 쉘의 명령어 재호출 기능도 Korn 쉘의 명령어 재호출 기능과 매우 유사하다.

■ 명령어 문자열의 저장

C 쉘에서는 로그아웃 하면 기본적으로 사용했던 명령어 문자열들이 저장되지 않고 로그인 할 때마다 새로 생성된다. 그러나 명시적인 설정을 하면 로그아웃 하더라도 그 내용을 파일에 저장함으로써 다음 번 로그인 했을 때 연속적인 사용이 가능하다.

◆명령어 문자열의 저장 파일 및 최대 저장 개수

C 쉘은 명시적인 설정이 없는 한 기본적으로 명령어 문자열을 저장하지 않고, 시동파일 .login이나 .cshrc에서 쉘 내부 변수 history에 최대 저장 문자열 개수를 설정해야만 명령어 문자열들을 관리한다. 아래의 쉘 변수 설정 명령은 최대 저장 가능한 문자열의 수를 30으로 설정한다.

```
% set  history=30
```

이 때, 명령어 문자열들은 파일에 저장되지 않고 현재 사용중인 쉘 내부에 저장되므로 로그아웃 후에 다시 로그인하면 이전에 사용했던 문자열은 사용할 수 없고 처음부터 새롭게 생성된다. 그러나, 다음 명령어와 같이 시동파일에서 쉘 내부 변수 savehist에 파일에 저장할 최대 문자열의 수를 설정하면 사용자 홈 디렉터리의 .history 파일에 지정된 개수 만큼의 문자열들이 저장되고, 이는 다음 번 로그인했을 때도 연속적인 사용이 가능하다.

```
% set  savehist=20
```

◆명령어 문자열의 고유 번호

1~32767 사이의 번호가 순환하면서 반복된다.

■ 명령어 문자열의 검색

Korn 쉘에서와 마찬가지로 [그림 5-40]과 같이 history 명령어를 사용하면 C 쉘 내부에 저장중인 명령어 문자열들을 열거해 볼 수 있다.

■ 명령어 문자열의 호출·수정·재실행

C 쉘에서도 명령어 문자열을 호출하는 방법으로 묵시적인 vi 혹은 emacs 편집기 사용법과, Korn 쉘에서의 r 명령어와 유사한 명령어 대체법(!)이 있다. vi, emacs를 활용할 때에는 반드시 쉘 변수 editmode를 적절하게 설정해야 한다.

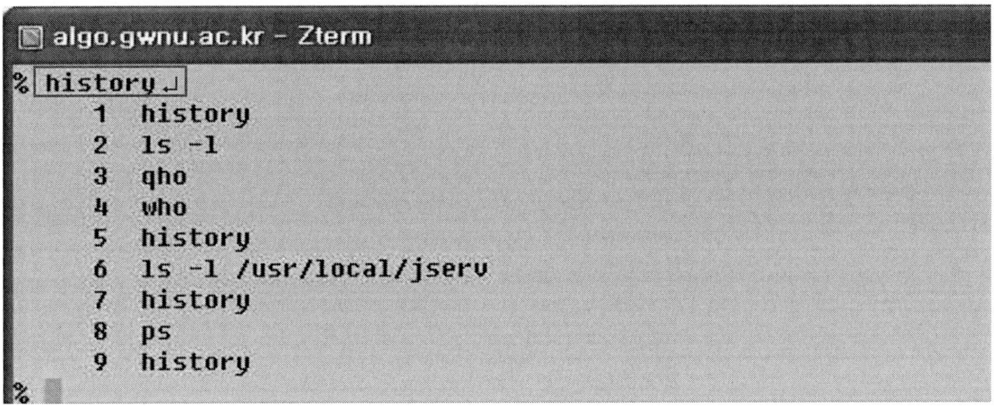

[그림 5-40] C 쉘의 저장된 명령어 문자열 검색 기능

◆vi 편집기를 이용한 명령어 재호출

C 쉘에서 vi 편집기능을 이용하여 명령어를 재호출하고 편집 및 실행하는 과정을 [표 5-19]에 보였다. [그림 5-41]에는 vi 편집기능에 의한 명령어 재호출 과정의 개념을 보였다.

[표 5-19] C 쉘에서 vi를 이용한 명령어 재호출 과정

사 용 법 및 절 차	기 능 (결 과)
① % set editmode=vi ↵	▪ 명령어 문자열의 호출, 편집, 재실행을 위한 편집기를 vi로 설정한다(로그인 후 한 번만 실행).
② % history ↵	▪ 저장된 전체 명령어 문자열을 확인한다.
③ % Ctrl+P (상) % Ctrl+N (하)	▪ 저장된 전체 명령어 문자열을 대상으로 상·하로 이동해 가면서 원하는 문자열을 호출한다. ▪ 상은 오래된 문자열, 하는 최근 문자열로 이동한다. ▪ 호출된 명령어 문자열은 vi 삽입모드 상태로 존재한다.
④ Esc , vi의 좌('H')·우('L') 커서이동 명령([그림 4-10] 참조), vi의 편집 명령([그림 4-8], [그림 4-10] 참조), Ctrl+P , Ctrl+N	▪ ③의 삽입모드에서 삽입을 마치고 다른 위치로 이동하여 수정을 원할 경우 Esc로 vi 명령모드로 이동한다. ▪ vi 명령모드에서 커서이동 및 편집 명령을 사용한다. ▪ vi 명령모드에서 상('J')·하('K') 명령은 명령어 문자열을 상·하로 이동하면서 재호출한다. 이때 'J'는 '−'와, 'K'는 '+'와 동일하다. ▪ vi의 삽입·명령모드와 관계없이 ③의 Ctrl+P, Ctrl+N은 명령어 문자열을 상·하로 이동하면서 재호출한다.
⑤ 엔터키(↵)	▪ 화면 문자열 임의의 위치에서 엔터키(↵)키를 입력하여 해당 문자열을 실행한다.

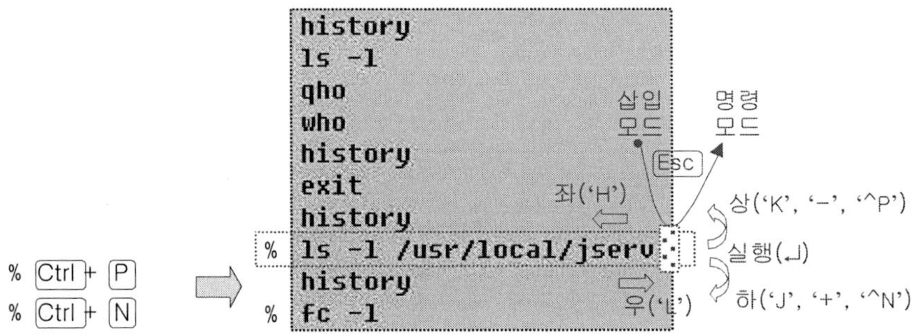

[그림 5-41] C 쉘에서 vi를 이용한 명령어 재호출 개념

◆emacs 편집기를 이용한 명령어 재호출

편집기 emacs를 이용한 명령어 재호출 방법은 emacs를 위한 설정 과정 외에는 Korn 쉘에서와 동일하다. [표 5-20]에 emacs를 이용한 명령어 재호출 과정을 보였고, [그림 5-42]에는 그 개념을 보였다.

[표 5-20] C 쉘에서 emacs를 이용한 명령어 재호출 과정

사 용 법 및 절 차	기 능 (결 과)
① % set editmode=emacs ↵	▪ 명령어 문자열의 호출, 편집, 재실행을 위한 편집기를 emacs로 설정한다(로그인 후 한 번만 실행).
② % history ↵	▪ 저장된 전체 명령어 문자열을 확인한다.
③ emacs의 상('↑')·하('↓') 커서 이동 명령	▪ 저장된 전체 명령어 문자열을 대상으로 emacs를 호출한다. ▪ 첫 화면에는 가장 최근('↓') 혹은 가장 오래된('↑') 명령어 문자열 하나가 편집 대상으로 나타난다. ▪ '↑', '↓'로 원하는 명령어 문자열을 호출한다. ▪ 상은 오래된 문자열, 하는 최근 문자열로 이동한다.
④ emacs의 좌('←')·우('→') 커서 이동 명령, BS, Del	▪ 화면에 호출된 문자열을 대상으로 편집 위치를 좌·우로 이동해 가면서 필요한 부분을 편집·수정한다.
⑤ 엔터키(↵)	▪ 화면 문자열 임의의 위치에서 엔터키(↵)키를 입력하여 해당 문자열을 실행한다.

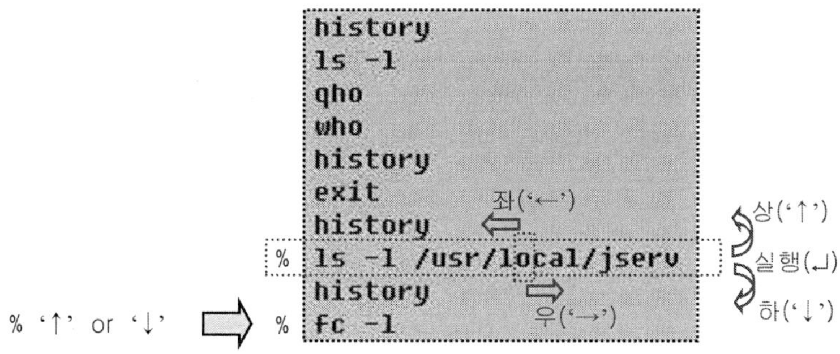

[그림 5-42] C 쉘에서 emacs를 이용한 명령어 재호출 개념

◆명령어 대체법(!)에 의한 명령어 재호출

C 쉘에서 명령어 문자열 입력 도중 '!' 기호는 그 '!' 기호가 차지하는 부분을, 이미 사용했던 명령어 문자열 중 지정된 문자열의 전체 혹은 일부로 대체하라는 의미를 가지는 특수 문자(meta character)로 해석된다. 예를 들어 다음 명령어 입력

```
% … `!!` … ↵
```

에서 '!!' 기호는 바로 직전에 실행했던 명령어 문자열을 의미하기 때문에 바로 전 명령어가 history 였다면 그 결과는 사용자가 아래의 문자열

```
% … `history` … ↵
```

을 입력한 결과와 같다.

[표 5-21]에 특수 문자 !의 명령어 대체 기능을 요약하였는데, 대체할 문자열의 지정 방법은 Korn 쉘의 r 명령어([표 5-18] 참조)와 유사하다.

[표 5-21] C 쉘에서 특수 문자 !의 대체 기능에 의한 명령어 재호출 방법

사 용 법	기 능 (결 과)
① !! ↵	▪ 바로 직전에 수행했던 명령어 문자열 전체로 대체. 예) [그림 5-43] 상태에서 % !! 10 ↵ ➔ "history 10"으로 재구성.
② !명령어_문자열_번호 ↵	▪ 저장된 명령어 문자열 중에서 지정된 '번호' 에 해당되는 명령어 문자열 전체로 대체. 예) [그림 5-43] 상태에서 % !6 ↵ ➔ "ls -l /usr/local/jserv"로 재구성
③ !문자열 ↵	▪ 저장된 명령어 문자열 중에서 명령어가 '문자열'로 시작하는 명령어 문자열 전체로 대체(복수인 경우 가장 최근 것). 예) [그림 5-43] 상태에서 % !wh -r ↵ ➔ "who -r"로 재구성.
④ !?문자열 ↵	▪ 저장된 명령어 문자열 중에서 옵션에 '문자열' 이 포함된 명령어 문자열 전체로 대체(복수인 경우 가장 최근 것). 예) [그림 5-43] 상태에서 % !?usr ↵ ➔ "ls -l /usr/local/jserv"로 재구성.
⑤ !...^ ↵	▪ ①~②의 형식에 따라 '!...'가 지정한 명령어 문자열 중에서 첫 명령어 인수(두 번째 단어)만을 추출하여 대체. 예) [그림 5-43] 상태에서 % ls !6^ /tmp/xx ↵ ➔ "ls -l /tmp/xx"로 재구성.
⑥ !...$ ↵	▪ ⑤와 동일하되, 맨 끝 단어만을 추출하여 대체. 예) [그림 5-43] 상태에서 % mv !6$!6$X ↵ ➔ "mv /usr/local/jserv /usr/local/jservX"로 재구성.
⑦ !...:s/문자열1/문자열2 ↵	▪ ①~②, ⑤~⑥의 형식에 따라 '!...'가 지정한 명령어 문자열 전체 혹은 일부에서 '문자열1'을 '문자열2'로 수정하여 대체. 예) [그림 5-43] 상태에서 % !3:s/gh/wh ↵ ➔ "who"로 재구성 % ls !6$:s/usr/user ↵ ➔ "ls /user/local/jserv"로 재구성.

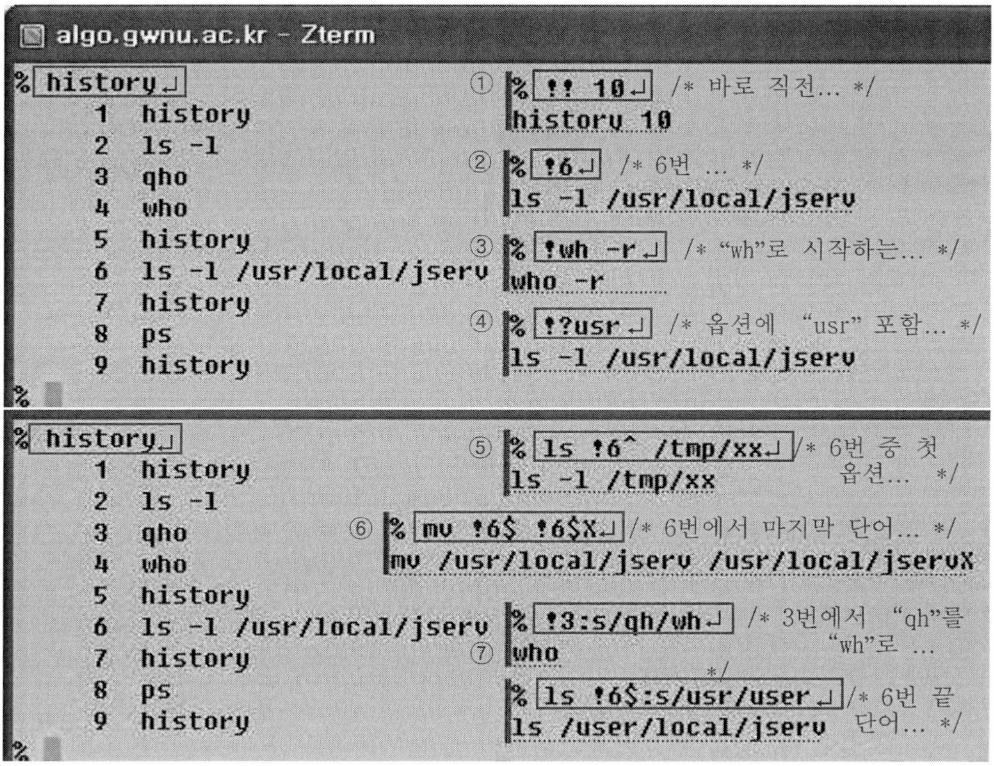

[그림 5-43] C 셸의 특수 문자 '!'에 의한 명령어 재호출 실행 예

☞ [실습 5-6]

STEP I

1. 다음과 같이 ksh를 실행시켜 Korn 쉘을 서브 쉘(7.4절 참조)로 띄운다.
   `% ksh ↵`
2. set 명령어를 사용해서 쉘 변수 HISTFILE과 HISTSIZE가 설정되어 있는지 관찰하고 원래의 로그인 쉘로 로그아웃(exit or ^D)한다.
3. Korn 쉘의 시동파일로 홈 디렉터리에 .kshrc을 생성하여 다음의 두 라인을 삽입한다.
```
HISTFILE=$HOME/.new_history
HISTSIZE=50
```
4. 다음과 같이 쉘 전역변수(환경변수) ENV를 설정한다(Korn 쉘이 서브 쉘로 실행될 때, 환경변수 ENV에 설정된 파일을 시동파일로 인식함).
   `% setenv ENV $HOME/.kshrc ↵` (현재 쉘이 C 쉘인 경우)
   `$ ENV=$HOME/.kshrc; export ENV ↵` (현재 쉘이 Bourne·Korn 쉘인 경우)
6. 과정 1과 같이 ksh를 실행시켜 Korn 쉘을 서브 쉘로 띄운 후, 쉘 변수 HISTFILE과 HISTSIZE 및 명령어 저장파일 .new_history의 생성을 확인한다.
7. ls, who, date, ps, pwd, hostname 등 다양한 명령어를 여러 번 구사하고, history 명령어를 사용해서 저장되는 명령어 문자열을 확인한다.
8. 위 상태에서 STEP II를 실습한다.

STEP II

1. 현재 사용중인 쉘이 STEP I에서 실행한 Korn 쉘(ksh)인지 확인한다.
2. 아래 명령어를 사용해서 Korn 쉘의 현재 옵션 설정 상태를 확인한다(특히 emacs와 vi 옵션).
   `$ set -o ↵`
3. 다음 명령어 들을 차례로 실행시켜 vi 옵션의 on/off 상태(방법)를 확인한다.
   - `$ set -o vi ↵` (vi 옵션 on) ⇩ `$ set -o ↵` (옵션 검색)
   - `$ set +o vi ↵` (vi 옵션 off) ⇩ `$ set -o ↵` (옵션 검색)
4. 다음 명령어 들을 차례로 실행시켜 vi 옵션과 emacs 옵션은 서로 배타적임을 확인한다.
   `$ set -o vi ↵` (vi 옵션 on)
   `$ set -o ↵` (옵션 검색, emacs 옵션 상태 확인)
   `$ set -o emacs ↵` (emacs 옵션 on)
   `$ set -o ↵` (옵션 검색, emacs on, vi off)

STEP III

1. 현재 사용중인 쉘이 STEP I에서 실행한 Korn 쉘(ksh)인지 확인한다.
2. 다음 명령어로 vi 옵션을 on 시킨다.

   `$ set –o vi ↵`

3. 다음 명령어로 저장된 명령어 문자열을 검색한다([표 5-14], [그림 5-36] 참조).

   `$ fc –l ↵`　　`$ history ↵`

4. 다음 명령어로 가장 최근의 명령어 문자열을 vi 모드로 호출한다.

   `$ Esc + K`

5. vi의 상•하 커서이동 명령('J', 'K')을 입력하고, 호출되는 명령어 문자열을 관찰한다.
6. 호출되어있는 명령어 문자열을 대상으로 vi의 좌•우 커서이동 명령('H', 'L')으로 커서를 이동하고, 편집 명령([그림 4-8] 참조)을 사용해서 원하는 부분을 수정한다.
7. 엔터키(↵)를 사용해서, 호출 후 수정을 마친 명령어 문자열을 쉘에게 입력하고, 그 결과를 확인한다.
8. 과정 3~7을 3회 이상 반복한다.

STEP IV

1. 현재 사용중인 쉘이 STEP I에서 실행한 Korn 쉘(ksh)인지 확인한다.
2. 다음 명령어로 emacs 옵션을 on 시킨다.

   `$ set –o emacs ↵`

3. 다음 명령어로 저장된 명령어 문자열을 검색한다([표 5-16], [그림 5-37] 참조).

   `$ fc –l ↵`　　`$ history ↵`

4. 다음 명령어로 가장 최근의 명령어 문자열을 vi 모드로 호출한다.

   `$ ↓`

5. emacs의 상•하 커서이동 명령('↑', '↓')을 입력하고, 호출되는 명령어 문자열을 관찰한다.
6. 호출되어있는 명령어 문자열을 대상으로 emacs의 좌•우 커서이동 명령('←', '→')으로 커서를 이동하고, BS , Del 등을 이용하여 원하는 부분을 수정한다.
7. 엔터키(↵)를 사용해서, 호출 후 수정을 마친 명령어 문자열을 쉘에게 입력하고, 그 결과를 확인한다.
8. 과정 3~7을 3회 이상 반복한다.

STEP V

1. 현재 사용중인 쉘이 STEP I에서 실행한 Korn 쉘(ksh)인지 확인한다.
2. 다음 명령어로 fc에서 사용할 편집기 옵션을 설정한다..

   `$ FCEDIT=vi ↵`

3. 다음 명령어로 저장된 명령어 문자열을 검색한다([표 5-17], [그림 5-38] 참조).

   `$ fc -l ↵` `$ history ↵`

4. 다음 명령어로 원하는 명령어 문자열(예 3번)을 vi로 불러들인다.

   `$ fc 3 ↵`

5. vi 화면에서 필요한 부분을 수정한 후, 저장과 함께 vi를 종료하고([표 4-11] 참조), 최종 수정된 문자열이 실행되는지 확인한다.
6. 과정 3~5를 3회 이상 반복한다.

STEP VI

1. 현재 사용중인 쉘이 STEP I에서 실행한 Korn 쉘(ksh)인지 확인한다.
2. 다음 명령어로 저장된 명령어 문자열을 검색한다([표 5-18], [그림 5-39] 참조).

   `$ fc -l ↵` `$ history ↵`

3. 다음 여러 형태의 명령어를 사용해서 원하는 명령어 문자열을 호출하여 실행시키고, 그 결과를 확인한다.

   `$ r ↵` `$ r his ↵`
   `$ r 3 ↵` `$ r 3 his=His ↵`

4. 과정 2~3을 3회 이상 반복한다.

STEP VII

1. STEP III~VI에서 실습했던 Korn 쉘의 명령어 재호출 방법들을 이해한다([표 5-22] 참조).

[표 5-22] Korn 쉘의 명령어 재호출 방법 요약

방 법 유 형	설 정 방 법	재호출 방법	편 집 방 법
① 묵시적 vi	$ set –o vi ↵	$ Esc + K	▪vi 커서이동, 편집명령, Esc
② 묵시적 emacs	$ set –o emacs ↵	$ ↓ 혹은 ↑	▪emacs 명령(←, →, BS, Del)
③ fc 명령어	$ FCEDIT=vi ↵	$ fc 번호 ... ↵	▪실행된 vi 화면
④ r 명령어	불필요	$ r 번호 ... ↵	▪문자열 대치, 즉시 실행

STEP VIII

1. 다음과 같이 csh를 실행시켜 C 쉘을 서브 쉘(7.4절 참조)로 띄운다.

```
$ csh ↵
```

2. set 명령어를 사용해서 쉘 변수 history가 설정되어 있는지 관찰하고 설정되어 있다면 다음 명령어를 사용해서 그 설정을 해제한다.

```
% unset history ↵
```

3. 다음 명령어를 사용해서 명령어 문자열 저장기능이 활성화 되어 있는지 관찰한다.

```
% history ↵
```

4. 다음 명령어를 사용해서 쉘 변수 history를 설정하고, 명령어 문자열이 활성화 되었는지 확인한다.

```
% set history=10 ↵
% history ↵
```

6. C 쉘의 시동파일 .cshrc에 아래의 두 라인을 추가한 후, 원래의 쉘로 로그아웃 한다(C 쉘은 서브 쉘로 시작하더라도 .cshrc를 시동파일로 처리한다).

```
set history=50
set savehist=50
```

7. 과정 1과 같이 C 쉘을 서브 쉘로 다시 띄우고, set, history 명령어를 사용해서 쉘 변수 history와 histsave의 설정과, 명령어 저장기능 활성화를 확인한다.
8. 위 상태에서 STEP IX를 실습한다.

STEP IX

1. 현재 사용중인 쉘이 STEP VIII에서 실행한 C쉘(csh)인지 확인한다.
2. 다음 명령어로 명령어 재호출 편집기 설정 변수인 editmode를 vi로 설정한다.

```
% set editmode=vi ↵
```

3. 다음 명령어로 저장된 명령어 문자열을 검색한다([표 5-19], [그림 5-41] 참조)..

```
% history ↵
```

4. 다음 명령어로 상·하로 이동하면서 원하는 명령어 문자열을 vi 모드로 호출한다

```
% Ctrl + P    % Ctrl + N
```

5. 현재 호출된 명령어 문자열은 맨 뒤쪽에 삽입모드로 존재하므로 덧붙일 내용이 있으면 추가한다.
6. 다른 수정 사항이 있으면 Esc 로 vi를 명령모드로 전환한 후, 좌·우 커서이동 명령('H', 'L') 및 편집 명령([그림 4-8] 참조)을 사용해서 원하는 부분을 수정한다.
7. 엔터키(↵)를 사용해서, 호출 후 수정을 마친 명령어 문자열을 쉘에게 입력하고, 그 결과를 확인한다.
8. 과정 3~7을 3회 이상 반복한다.

STEP X

1. 현재 사용중인 쉘이 STEP VIII에서 실행한 C쉘(csh)인지 확인한다.
2. 다음 명령어로 명령어 재호출 편집기 설정 변수 editmode를 emacs로 설정한다.
   `% set editmode=emacs ↵`
3. 다음 명령어로 저장된 명령어 문자열을 검색한다([표 5-20], [그림 5-42] 참조)..
   `% history ↵`
4. 다음 명령어로 상·하로 이동하면서 원하는 명령어 문자열을 vi 모드로 호출한다
   `% ↑`　　`% ↓`
5. '←', '→' 키로 커서를 좌·우로 이동하면서, BS, Del 등으로 원하는 부분을 수정한다.
6. 엔터키(↵)를 사용해서, 호출 후 수정을 마친 명령어 문자열을 쉘에게 입력하고, 그 결과를 확인한다.
7. 과정 3~6을 3회 이상 반복한다.

STEP XI

1. 현재 사용중인 쉘이 STEP VIII에서 실행한 C쉘(csh)인지 확인한다.
2. [그림 5-43]의 명령어 문자열 저장을 위해 다음 명령어를 차례로 입력한다.

```
% history ↵        % who ↵                      % history ↵
% ls -l ↵          % history ↵                  % ps ↵
% qho ↵            % ls -l /usr/local/jserv ↵   % history ↵
```

3. 다음의 다양한 대체 표현으로 명령어 문자열을 호출하여 그 기능을 확인한다(문자열 번호는 자신에 맞도록 적절하게 기술할 것, [표 5-21], [그림 5-43] 참조).

```
% !! 10 ↵          % !?usr ↵              % !3:/s/qh/wh ↵
% !6 ↵             % ls !6^ /tmp/xx ↵     % ls !6$:/s/usr/user ↵
% !wh -r ↵         % mv !6$ !6$X ↵
```

4. 과정 3의 모든 표현을 각각 3회 이상 구사한다.

STEP XII

1. STEP IXI~XI의 C 쉘 명령어 재호출 방법들을 이해한다([표 5-23] 참조).

[표 5-23] C 쉘의 명령어 재호출 방법 요약

방 법 유 형	설 정 방 법	재호출 방법	편 집 방 법
① 묵시적 vi	% set editmode=vi ↵	%Ctrl+P N	▪vi 커서이동, 편집명령, Esc
② 묵시적 emacs	% set editmode=emacs ↵	% ↓ 혹은 ↑	▪emacs 명령(←,→, BS, Del)
③ ! 표현	불필요	대치	▪대치 후 편집

5.8 파일 이름 자동 완성

ls, mv, cp 등 많은 명령어들이 피일이나 디렉터리의 이름을 필요로 한다. 이 때, 파일 이름의 첫 일부만 정확하고 뒷 부분이 불확실하거나 파일 이름이 길고 복잡할 때, 쉘에게 해당 파일이나 디렉터리를 찾아 파일 이름의 나머지부분을 자동으로 찾아 완성시켜주도록 의뢰할 수 있다. 예를 들어 다음 명령어를 치는 도중

```
$ ls -al  da …
```

'…' 부분에서 파일 이름 자동 완성 명령을 입력하면 쉘은 해당 디렉터리(이 예에서는 현재 작업 디렉터리)에서 da로 시작하는 파일이나 디렉터리를 찾아 나머지 부분을 자동으로 완성시켜주고, 사용자는 그 다음부터 계속해서 필요한 부분을 입력하면 된다. 위 명령이

```
$ ls -al  /tmp/da …
```

와 같다면 쉘은 디렉터리 /tmp에서 da로 시작하는 파일이나 디렉터리를 찾는다.

만약 해당되는 파일이나 디렉터리가 여러 개 존재하면 자동완성이 불가능하기 때문에 사용자는 좀더 많은 글자를 추가해 주어야 한다.

5.8.1 Korn 쉘의 파일 이름 자동 완성 기능

명령어 재호출 기능과 마찬가지로 Bourne 쉘과 Korn 쉘 중 Bourne 쉘은 파일 이름 자동 완성 기능을 제공하지 않는다. [표 5-24]에 Korn 쉘의 파일 이름 자동 완성 기능 사용 절차 및 방법을 요약하였다. 이 표에서 '\'(bask slash) 문자는 한글 키보드에서 '₩'와 동일하다.

[표 5-24] Korn 쉘의 파일 이름 자동 완성 기능 사용 절차와 방법

사 용 법 및 절 차	기 능 (결 과)
① $ set -o vi ↵	▪ 파일 이름 완성 기능을 활성화시키기 위해 vi 옵션을 on으로 설정한다(emacs는 사용하지 않음, 로그인 후 한 번만 실행). ▪ 기능을 해제시킬 때에는 "set +o vi" 명령으로 vi 옵션을 off로 설정한다.
② Esc + \	▪ 명령어를 입력하는 도중 이 키를 입력하면 쉘은 현재 위치하고 있는 단어로 시작하는 경로명(파일·디렉터리)를 찾아 나머지 부분을 자동으로 채운다. ▪ 만약 해당되는 파일·디렉터리가 여러 개면 채우지 않는다.
③ Esc + =	▪ 명령어를 입력하는 도중 이 키를 입력하면 쉘은 현재 위치하고 있는 단어로 시작하는 경로명(파일·디렉터리)를 모두 찾아 열거하여 참조할 수 있도록 한다.

5.8.2 C 쉘의 파일 이름 자동 완성 기능

C 쉘에서 파일 이름 자동 완성 기능을 사용하려면 [표 5-25]와 같이 쉘 내부 변수 filec를 설정하면 된다. 이 때 설정 값 자체는 의미가 없기 때문에 간단하게 null 값으로 설정해도 무방하다.

[표 5-25] C 쉘의 파일 이름 자동 완성 기능 사용 절차와 방법

사 용 법 및 절 차	기 능 (결 과)
① % set filec ↵	▪ 파일 이름 완성 기능을 활성화시키기 위해 쉘 변수 filec를 설정한다(로그인 후 한 번만 실행). ▪ 파일 이름 완성 기능을 해제시킬 때에는 "unset filec" 명령으로 filec 변수를 삭제한다.
② Esc (리눅스에서는 두번)	▪ 명령어를 입력하는 도중 이 키를 입력하면 쉘은 현재 위치하고 있는 단어로 시작하는 경로명(파일·디렉터리)를 찾아 나머지 부분을 자동으로 채운다. ▪ 만약 해당되는 파일·디렉터리가 여러 개면 채우지 않는다.

☞ [실습 5-7]

STEP I

1. 아래와 같이 Korn 쉘을 서브 쉘(7.4절 참조)로 띄우고, vi 옵션을 설정한다.
   `% ksh ↵`　　`$ set -o vi ↵`
2. 아래의 명령어 입력 과정에서 Esc+\ 를 입력하지만, 반응이 없음을 이해한다.
   `$ ls -l /bin/k`
3. 과정 2의 상태에서 다시 Esc+= 를 입력하면 'k'로 시작하는 파일들이 열거되고, vi 삽입 명령 'a' 후 "sh"를 추가하여 완성한 다음 엔터키로 실행시킨다.
4 다음 명령어 입력 상태에서 Esc+\를 입력하면, 이번에는 "/bin/ksh"가 자동으로 완성됨을 확인하고 그 이유를 이해한다. `$ ls -l /bin/ks`
5. 아래와 같이 vi 옵션을 off한 후 과정 4의 자동 완성 기능의 해제를 확인한다.
   `$ set +o vi ↵`

STEP II

1. C 쉘에서 쉘 내부 변수 filec를 설정(set)한다(필요 시 서브 쉘로 띄운다).
   `$ csh ↵`　　`% set filec ↵`
2. 아래의 명령어 입력 과정에서 Esc를 입력하고, 반응이 없음을 이해한다.
   `% ls -l /bin/k`
3. 아래와 같이 's'를 추가한 후 다시 Esc를 입력하면 "ksh"가 완성됨을 이해한다.
   `% ls -l /bin/ks`
4. 아래와 같이 filec 변수 제거 후 과정 3의 자동 완성 기능의 해제를 확인한다.
   `% unset filec ↵`

제 6 장 유닉스 명령어 설계

6.1 명령어 인수와 옵션 처리 / 151

6.2 명령어 환경 변수 처리 / 182

6.3 명령어 종료상태 처리 / 191

6.4 명령어 표준 입·출력 처리 / 203

6. 유닉스 명령어 설계

여기서 말하는 명령어란 [그림 5-3]에서 보인 외부 명령어 즉, 원천 프로그램이 컴파일 된 실행 파일을 말한다. 실행 파일로 존재하는 외부 명령어는 그 용도상 사용자 명령어, 시스템 명령어, 사용자 개인 명령어 등과 같이 세 가지로 분류되지만 이것은 어디까지나 편의상 분류일 뿐, 모두 고급언어로 작성된 실행파일이라는 점에서 동일하고, 사용하는 방법도 동일하다.

유닉스 환경에서 이들 외부 명령어를 작성할 때는 몇 가지 지켜야 할 묵시적인 규칙이 있는데, 곧 명령어 옵션과 인수, 명령어 종료 상태, 표준 입·출력 등 세 가지의 명령어 설계 개념이 그 것이다. 유닉스의 특성 상 거의 대부분의 외부 명령어가 C 언어로 작성되므로, 여기서도 C 언어를 중심으로 명령어 설계 개념 세 가지를 다룬다.

6.1 명령어 인수와 옵션 처리

■ 명령어 인수의 개념

지금까지 우리가 사용했던 ls, cp, mv, rm, mkdir, rmdir, vi 등의 명령어를 사용하는 방법을 자세히 살펴보면 [그림 6-1]과 같이 명령어 이름 뒤에 몇 가지 필요한 부가 정보를 나열한다는 공통점을 찾을 수 있다. 이 때 매우 중요한 사실은 부가 정보 부분의 개수가 유동적이어서 고정되어 있지 않다는 점이다. [그림 6-1]에 보인 몇 가

사례 1	사례 2
$ ls ↵	$ ls -l homework ↵
$ cp cmd1.c cmd2.c ↵	$ cp cmd1.c cmd2.c bak ↵
$ mv command.c cmd1.c ↵	$ mv cmd1.c cmd2.c bak ↵
$ rm test*.c ↵	$ rm test1.c test2.c test3.c ↵
$ mkdir bak ↵	$ rmdir bak bak1 bak2 ↵
$ vi cmd1.c ↵	$ vi cmd1.c cmd2.c cmd3.c ↵

[그림 6-1] 명령어 사용법 예

[표 6-1] [그림 6-1] 명령어들의 부가정보 조건

명령어	부가 정보 개수의 조건
ls	▪ 조건 없음(≥0)
cp	▪ 최소한 2개 이상이어야 함 (≥2)
mv	▪ 최소한 2개 이상이어야 함 (≥2)
rm	▪ 최소한 1개 이상어야 함 (≥1)
rmdir	▪ 최소한 1개 이상어야 함 (≥1)
vi	▪ 조건 없음 (≥0)

지 명령어들의 기능을 되새겨 볼 때 그 각각이 필요로 하는 부가정보의 조건을 [표 6-1]과 같이 요약해 볼 수 있다. 이와 같이 각각의 명령어가 필요로 하는 부가 정보는 해당 명령어가 요구하는 바에 따라 다르다.

[그림 6-1]에 보인 명령어 사용법의 일반적인 표현은 [그림 6-2]와 같이 명령어 이름(본체)과 부가 정보 부분으로 분류해서 나타낼 수 있고, 여기서 부가 정보 부분을 명령어 인수(command argument)라 부른다. 이는 고급 프로그래밍 언어에서 함수를 호출할 때 주어지는 파라미터(parameter)와 동일한 개념이다. 즉, 명령어 인수는 명령어가 실행할 때 처리할 대상이 되는 데이터의 초기 값 역할을 하는 것이다.

이 때, 중요한 사실은 명령어 이름 부분은 쉘이 외부 명령어를 검색할 때 사용되고, 부가정보 부분은 해당 명령어가 실행될 때 참조되어 사용된다는 점이다.

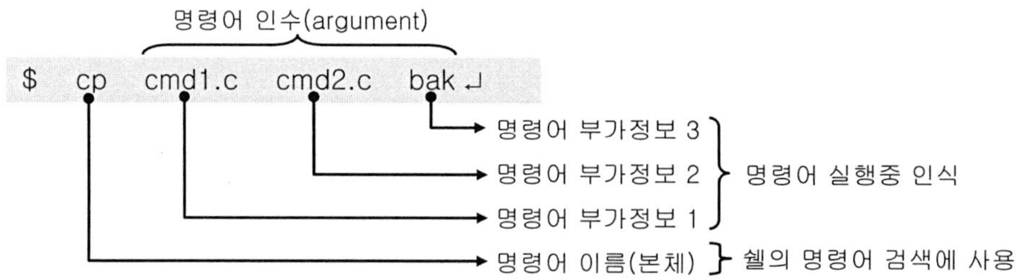

[그림 6-2] 명령어 사용법의 일반적 구조

■ **명령어 인수의 참조**

[그림 6-2]의 명령어 부가 정보(인수)들이 해당 명령어 내부에서 참조될 수 있기 위해서는 쉘 명령어 문자열에 주어진 내용이 명령어 내부로 전달될 수 있는 공식화된 메커니즘이 있어야 하는데, 그 과정을 [그림 6-3]에 보였다.

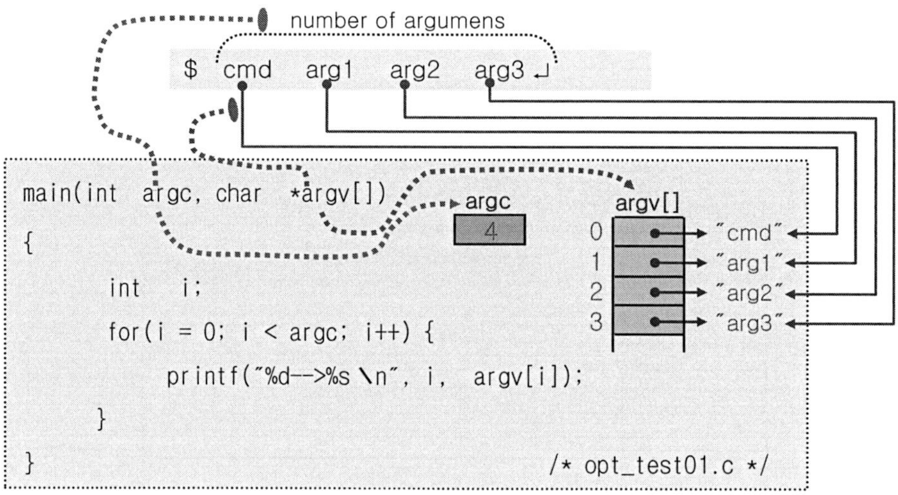

[그림 6-3] 명령어 인수(부가정보)의 전달 메커니즘

[그림 6-3]에 보인 명령어 인수 전달 과정을 요약하면 명령어 문자열에서 공백으로 분리된 단어들과 그 수가 main() 함수의 매개 변수로 전달된다는 것이다. 따라서 main() 함수에서 명령어 인수를 올바르게 전달 받기 위해서는 [그림 6-3]과 같이 정수형과 문자열 배열 타입의 두 형식 인자를 선언해야 한다. 이 때, 두 형식 인자의 변수 명으로 argc(argument count)와 argv(argument vector)를 사용하는 것이 일반적이며, 배열 argv의 크기는 명령어 인수의 개수에 맞도록 자동적으로 할당된다.

■ 명령어 문자열에서 명령어 인수의 구분

사용자가 입력한 명령어 문자열은 일차적으로 쉘에 의해서 명령어 이름과 명령어 인수들이 분석된다. 이 때 쉘의 종류와 관계 없이 모든 쉘은 명령어 이름과 명령어 인수들의 식별을 위한 구분자로 공백 혹은 탭 문자를 사용한다. 따라서, 명령어 문자열에 일상적인 표현으로 공백이 포함되면 그것들은 모두 구분자로 간주되고, 여러 개의 공백이 연속되면 하나의 구분자로 압축되어 처리된다([그림 6-6] ①, ②참조).

그런데 명령어 인수 자체가 공백을 필요로 하는 경우가 있다. 예를 들어 공백이 포함된 사용자 이름과 주소 등 두 개의 명령어 인수를 받아 처리하는 명령어 cst가 있을 때 [그림 6-4]의 명령어 문자열들은 명령어 인수들을 올바로 전달하지 못한다. 이 문제를 해결하기 위해서는 5 장의 [표 5-8]에서 보였던 공백 문자를 포함하는 환경 변수 값을 설정하는 방법과 동일하게 공백이 포함된 부분을 "(이중 따옴표)나 '(단일 따옴표)로 닫아주면 해당 문자열 부분 전체가 하나의 명령어 인수로 취급된다([그림 6-5] 참조).

명령어 문자열	인수_0	인수_1	인수_2	인수_3
① cat gil dong hong jongno seoul ↵	cat	gil	dong	hong
② cat yul kwon suwon kyungkido ↵	cat	yul	kwon	suwon
③ cat eul ji moon deok busan ↵	cat	eul	ji	moon

[그림 6-4] 공백을 포함하는 명령어 인수의 예

명령어 문자열	인수_1	인수_2
① cat "gil dong hong" "jongno seoul" ↵	gil dong hong	jongno seoul
② cat 'yul kwon' "suwon kyungkido" ↵	yul kwon	suwon kyungkido
③ cat "eul ji moon deok" 'busan' ↵	eul ji moon deok	busan

[그림 6-5] [그림 6-4]를 위한 올바른 명령어 문자열 사용법

공백이 들어 있는 명령어 인수 처리를 위한 실제 예는 echo 명령에서 쉽게 찾아 볼 수 있다. echo 명령어는 명령어 인수로 주어진 문자열들을 화면에 차례로 출력하는 명령어로 셸 프로그램 등에서 자주 사용된다. echo 명령어를 통해서 명령어 인수들이 어떻게 구분되는지에 대한 과정을 [그림 6-6]에 보였다. 이 그림의 ①과 ②는 명령어 인수 구분자인 공백 문자의 수에 관계 없이 출력 동일함을 보여주고 있다.

"I am happy."와 같이 단어 사이에 두 개의 공백을 넣어 출력하고 싶을 때는 ④~⑦과 같이 다양한 방법으로 따옴표를 사용해서 인수 내에 공백을 포함시켜야 한다. 특히 ⑦은 인수 전체가 하나의 문자열로 전달된다.

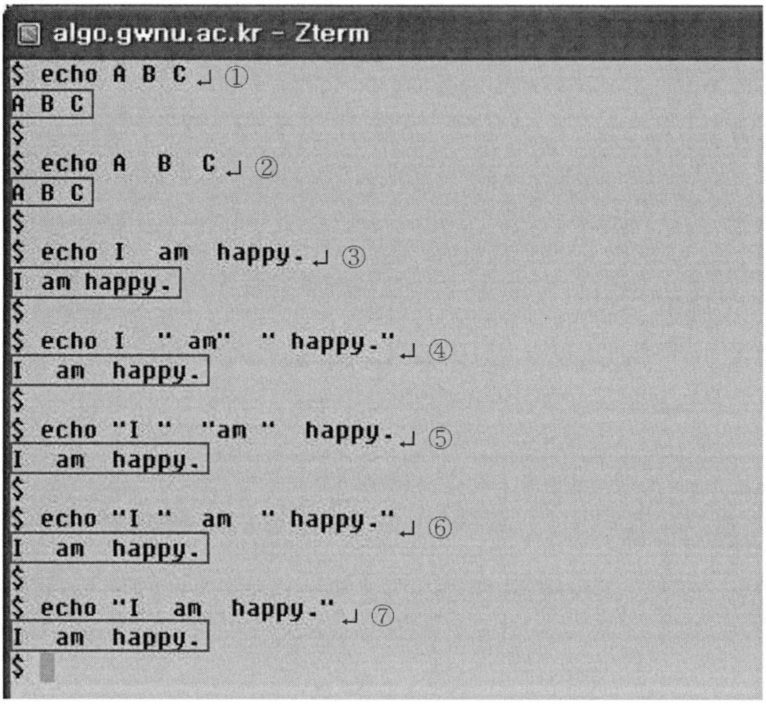

[그림 6-6] 명령어 인수들의 구분 예

비단 공백이 포함된 명령어 인수 문제 뿐만 아니라, 하나의 명령어 인수에 대응되는 부분은 [표 5-8]의 환경 변수 값을 표현하는 다양한 방법과 동일하게 표현될 수 있다.

명령어 문자열에서 명령어 인수를 표현하는 다양한 방법들의 예를 [그림 6-7]에 요약해 보였다. 이 그림으로부터 특히 유념해야 할 사항은, 실수에 의해서 새로 생성되는 파일의 이름에 공백 등 특수 문자가 포함되어 곤란을 겪을 수 있다는 사실이다. 이럴 경우에는 파일 명을 자세히 살펴보고, 해당 파일을 정확히 지칭할 수 있도록 그 표현에 세심한 주의가 필요하다.

명령어 문자열	처 리 방 법
① cp a.c b.c ↵	▪ 구분자인 공백의 개수에 관계 없이 모두 동일하게 a.c의 내용을 파일 b.c로 복사함
② cp a.c b.c ↵	
③ cp a.c b.c ↵	
④ cp a.c " b.c" ↵	▪ 복사되어 생성되는 파일의 이름이 모두 다름. 즉, 파일 명에 포함된 공백의 개수가 모두 다름
⑤ cp a.c " b.c" ↵	
⑥ cp a.c " b.c" ↵	
⑦ cp $file b.c ↵	▪ 쉘 변수 file에 저장된 문자열에 해당되는 파일을 복사함
⑧ cp \`ls src\` bak ↵	▪ 디렉터리 src에 저장된 파일들이 bak 디렉터리로 복사됨
⑨ cp a.c \\$file.c ↵	▪ a.c의 내용이 $file.c 파일로 복사됨
⑩ cp a.c "$file.c" ↵	▪ a.c의 내용이 쉘 변수 file의 내용+.c 파일로 복사됨
⑪ cp a.c '$file.c' ↵	▪ a.c의 내용이 $file.c 파일로 복사됨
⑫ cp a.c "xy z.c" ↵	▪ a.c의 내용이 xy z.c 파일로 복사됨

[그림 6-7] 명령어 인수의 다양한 표현법

■ 명령어 인수와 옵션

앞에서, 명령어 이름 뒤에 추가로 덧붙이는 부가 정보를 명령어 인수라고 총칭하였으나 엄밀하게 말하면 부가 정보는 그 기능에 따라 [그림 6-8]과 같이 크게 명령어 인수와 명령어 옵션(command option)으로 분류된다.

▪ 명령어 부가 정보
- ▪ 명령어 인수(command argument)
  - 명령어가 처리할 대상이 되는 데이터의 초기 값
  - 위치(순서)에 따라 용도가 고정됨
  - 일반 문자열로 표시함
    예) $ cp a.c b.c ↵
- ▪ 명령어 옵션(command option)
  - '-' (minus)로 시작하는 문자열
  - 문자열 자체에 의미가 부여됨
  - 명령어의 처리 방법에 대한 지시(선택)
    예) $ ls -l -i test.c ↵
  - 처리 대상 데이터의 명시적 지정
    예) $ cc -o test test.c ↵

[그림 6-8] 명령어 부가 정보의 분류

• **명령어 인수**(command argument)

명령어 인수는 명령어가 처리할 대상이 되는 데이터 값을 말한 것으로 전형적으로 [그림 6-8]의 명령어

```
$ cp  a.c  b.c ↵
```

에서와 같이, 데이터의 입력이나 출력을 위한 파일 이름이 여기에 해당된다. 때로는

```
$ echo  I am happy ↵
$ grep  FILE  a.c ↵
```

명령어에서와 같이 인수 자체가 처리할 대상 데이터가 되는 경우도 있다. 명령어 인수의 특징은 주로 일반 문자열로 전달하고, 순서 즉, 위치에 따라 그 용도가 지정 된다는 것이다. 예를 들어 파일 복사를 위한 아래의

```
$ cp  a.c  b.c ↵
```

명령어에서 앞쪽 인수 a.c는 원본 파일로, 뒤쪽 인수 b.c는 복사해서 생성할 대상 파일로 지정되어 있으므로 이들 순서가 바뀌면 잘못된 결과를 초래한다.

• **명령어 옵션**(command option)

명령어 옵션은 명령어에게 처리 방법을 지시하거나, 처리 대상이 되는 데이터 값을 순서에 의해서가 아닌 명시적으로 지정할 때 사용한다.

[그림 6-8]의 명령어

```
$ ls  –l  –i  test.c ↵
```

에서 –l과 –i는 test.c에 대해서 살펴보는 방법, 즉 어떤 정보를 얼마나 자세하게 살펴볼 것인가를 지시하는 선택 사항이기 때문에 명령어 옵션에 해당되고, test.c는 처리 대상이기 때문에 명령어 인수가 된다. [그림 6-9]에 이 명령어의 옵션이 없는 경우와 있는 경우의 출력 결과를 보였다. 이 그림에서 ①은 명령어 옵션이 주어지지 않은 기본 처리 결과(파일명)을 출력하였고, ②는 두 개의 옵션 –l(long: 모드, 소유자, 소유자 그룹, 크기, 수정 날짜, 파일명)과 –i(inode 번호)에 대한 추가 처리 결과를 출력하였다.

물론 처리 기능을 지시하는 옵션은 반드시 기능의 추가만을 의미해야 되는 것은 아니고, 경우에 따라서는 특정 기능을 정지시키기 위해서도 사용된다. 예를 들어 grep 명령어에서 –i는 대·소문자의 구분 기능을 정지시키는 옵션으로 정의되어 있다.

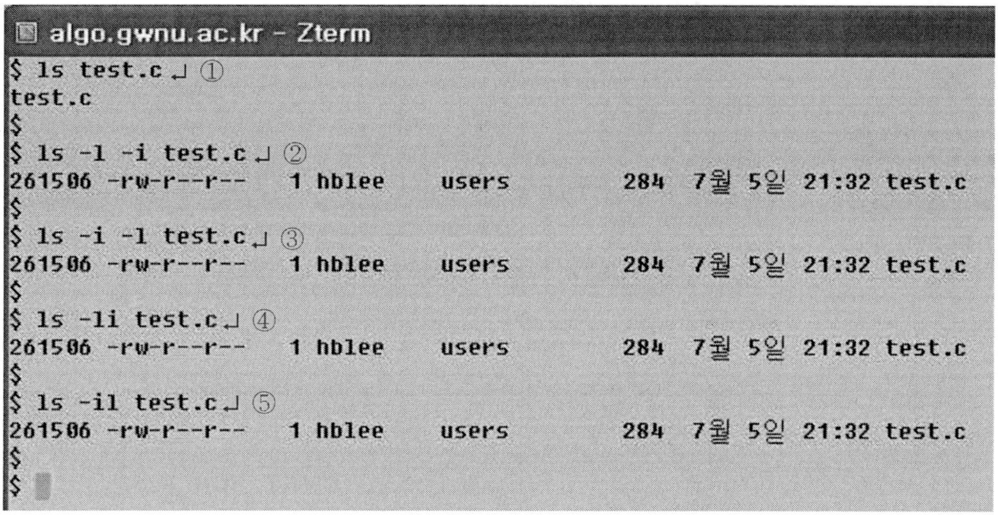

```
algo.gwnu.ac.kr - Zterm
$ ls test.c ↵ ①
test.c
$
$ ls -l -i test.c ↵ ②
261506 -rw-r--r--    1 hblee    users         284  7월 5일 21:32 test.c
$
$ ls -i -l test.c ↵ ③
261506 -rw-r--r--    1 hblee    users         284  7월 5일 21:32 test.c
$
$ ls -li test.c ↵ ④
261506 -rw-r--r--    1 hblee    users         284  7월 5일 21:32 test.c
$
$ ls -il test.c ↵ ⑤
261506 -rw-r--r--    1 hblee    users         284  7월 5일 21:32 test.c
$
$
```

[그림 6-9] ls 명령어에서 명령어 인수와 옵션의 예

[그림 6-8]의 또 다른 명령어

```
$ cc  -o  test  test.c ↵
```

에서 -o 옵션은 특정 인수를 명시적으로 지정하기 위해서 사용되었다. 여기서 -o는 바로 이어지는 test를 새로 생성되는 실행 파일 이름으로 지정한다는 뜻인데, 이 때 -o 옵션이 생략되면 gcc 명령어는 기본으로 a.out 이란 이름으로 실행 파일을 생성한다.

이와 같이 인수를 명시적으로 지시하기 위한 옵션은 바로 위의 예에서처럼 대응되는 인수를 독립적으로 기술하는 것이 보통이지만, 아래의 명령어

```
$ cc  -otest  test.c ↵
```

에서 보는 바와 같이 대응 인수를 옵션 뒤에 붙여서 기술하여도 동일한 결과를 얻도록 설계된 명령어도 다수 있다.

명령어 인수와 옵션은 어디까지나 그 용도에 따라 대체적으로 분류한 것일 뿐, 뚜렷하고 명확하게 식별되는 것은 아니다. 프로그램을 작성하는 프로그래머의 의지에 따라 얼마든지 자유롭게 활용할 수 있기 때문이다. 그러나 유닉스 환경에서는, 수 많은 명령어를 사용함에 있어서 일관된 표현 법을 제공함으로써 복잡성을 줄이고 단순성을 향상시키기 위해 명령어 인수와 옵션에 관하여 몇 가지 묵시적인 규칙이 적용되고 있다.

[표 6-2]에 이러한 묵시적 규칙을 요약하였는데, 유닉스 환경에서 프로그램을 개발할 때에는 이 규칙들을 따르는 것이 바람직하다. 이 규칙에 따라, [그림 6-9]에 보인 ②, ③, ④, ⑤의 명령어 문자열은 모두 동일한 처리 결과를 낳는다.

[표 6-2] 유닉스 환경의 명령어 인수와 옵션 사용 규칙

규 칙	예
① 명령어 옵션은 '-'로 시작한다.	$ rm -r src ↵ $ mkdir -p src/test ↵
② 옵션 내용은 하나의 문자로 표시한다.	
③ 명령어 옵션이 없으면 기본 처리로 간주한다.	$ ls test.c ↵ $ mkdir src/test ↵
④ 명령어 옵션은 여러 개 나열 할 수 있다.	$ ps -e -f -l ↵ $ rm -r -f src ↵
⑤ 명령어 옵션은 인수보다 앞쪽에 위치한다.	$ rm -r -f src ↵ ⇎ $ rm -f src -r ↵ $ ls -l -i test.c ↵ ⇎ $ ls test.c -l -i ↵
⑥ 명령어 옵션은 순서에 무관하다.	$ ps -e -f -l ↵ ⇔ $ ps -f -l -e ↵ $ ls -l -i test.c ↵ ⇔ $ ls -i -l test.c ↵
⑦ 명령어 인수는 순서에 영향을 받는다.	$ cp -r src dst ↵ ⇎ $ cp -r dst src ↵ $ ls -l a.c b.c ↵ ⇎ $ ls -l b.c a.c ↵
⑧ 여러 개의 옵션을 하나의 명령어 옵션에 모아서 표시할 수 있다.	$ ps -e -f -l ↵ ⇔ $ ps -efl ↵ $ ls -l -i test.c ↵ ⇔ $ ls -il test.c ↵
⑨ 인자의 명시적 지시용 옵션은 옵션과 인자를 붙이거나 띄우거나 무관하다.	$ gcc -o test test.c ↵ ⇒ [명령어에 $ gcc -otest test.c ↵ 따라 다름]

■ 명령어 인수와 옵션 규칙에 따른 유닉스 명령어(프로그램) 설계

• 프로그램 작성자(프로그래머)가 모든 옵션을 직접 처리하는 방법

[표 6-2]에 요약한 유닉스 명령어의 인수와 옵션 규칙에 따라 옵션과 인수를 정

```
:
while (argc > 1) {
        if (argv[1][0] != '-')
             break;
        switch(argv[1][1]) {
         case 'l' : flag |= OPTION_L;  /* OPTION_L  == 0x01 */
                        break;
         case 'i' : flag |= OPTION_I;  /* OPTION_I  == 0x02 */
                        break;
         default  : /* process for invalid option */
                    exit(1);
        }
        for (i = 2; i < argc; i++)
              argv[i-1] = argv[i];
       argc--;
}
:
```

[그림 6-10] [표 6-3] 지침을 위한 알고리즘의 예

확히 인식하는 프로그램을 프로그래머가 직접 작성하기 위해서는 [표 6-3]에 보인 네 가지 큰 지침이 도움이 된다. [그림 6-10]에 [표 6-3]의 지침을 따르는 알고리즘의 한 예를 보였다.

이 알고리즘에서 옵션 부분에 대한 인식이 끝나면, argc, argv[]에는 명령어 인수들만 순서대로 남아있게 되므로 인수 참조가 편리하다.

[표 6-3] 명령어 옵션과 인수 처리를 위한 명령어(프로그램) 설계 지침

지 침
① 초기화 부분에서 옵션과 인수 부분을 미리 처리한다.
② 옵션 정보를 인식하여 다른 변수에 보관하고, 명령어 부가 정보 부분(argc, argv[])에는 명령어 인수만 남겨 둔다.
③ ②에서 추출된 앞쪽의 옵션 부분으로 뒤 쪽의 명령어 인수들을 순서대로 이동시킨다. 예) ls -l -i test.c ↵ 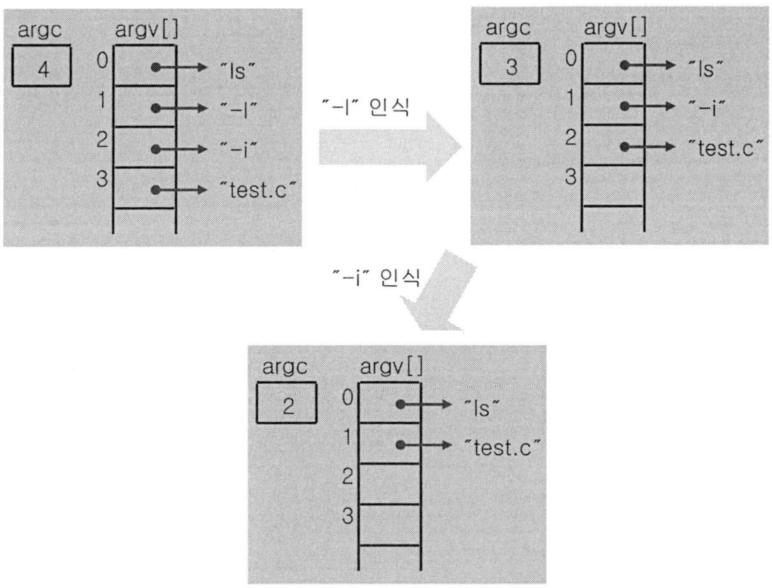
④ 명령어 부가정보 부분 중 명령어 이름 부분 즉, argv[0]는 그대로 둔다.

[표 6-3] 및 [그림 6-10]의 지침과는 달리, argc, argv[]를 원래대로 유지한 채 옵션인식이 끝나고 인수가 시작하는 위치 즉, argv[]에서의 첨자(인덱스)를 기록해 두었다가 명령어 인수를 참조할 때 사용하는 방법도 고려해 볼 수 있다. 예를 들어 [표 6-3]의 ③에서 옵션 인식이 끝난 후 명령어 인수가 시작하는 위치가 3이므로 첫 번째 인수는 argv[3+0], 두 번째 인수는 argv[3+1]로 참조할 수 있다. [그림 6-11]에 이런 형태의 옵션 처리를 위한 알고리즘의 예를 보였다.

```
:
for (i = 1; i < argc ; i++) {
        if (argv[i][0] != '-')
             break;
        switch(argv[i][1]) {
         case 'l' : flag |= OPTION_L;  /* OPTION_L == 0x01 */
                         break;
         case 'i' : flag |= OPTION_I;  /* OPTION_L == 0x02 */
                         break;
         default  : /* process for invalid option */
                    exit(1);
        }
}
argstart = i;
:
firstarg = argv[argstart + 0];
secondarg = argv[argstart + 1];
:
```

[그림 6-11] argv[]를 유지한 채 옵션과 인수를 인식하는 알고리즘의 예

• 유닉스 표준 C 라이브러리의 getopt() 함수를 사용하는 방법

getopt()는 처리 기능을 지시하는 단순 옵션뿐만 아니라, 인수의 명시적인 지시 목적의 옵션까지 쉽게 인식할 수 있는 유닉스의 표준 C 라이브러리에 포함된 함수인데, 특히 인수의 명시적인 지시에서 대응 인수가 붙여서 기술된 경우(예, $ gcc

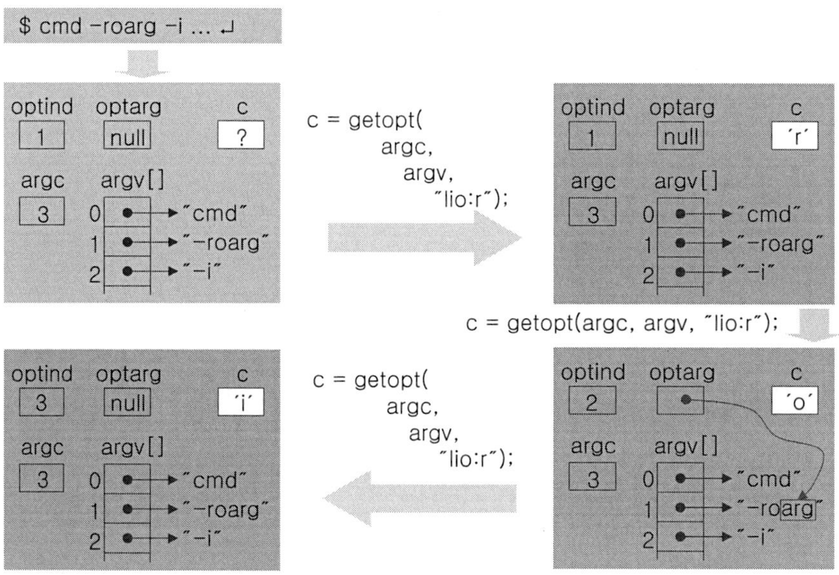

[그림 6-12] [표 6-4]에 보인 getopt() 함수의 처리 과정의 예

-otest test.c ↵)와 독립적으로 기술된 경우(예, $ gcc -o test test.c ↵) 를 판단하여 적절하게 인식하기 때문에 편리하다. [표 6-4]에 getopt() 함수의 사용법을 요약하였다.

[표 6-4]에 따라 getopt() 함수가 옵션을 처리하는 과정의 예를 [그림 6-12]에 보였고, 이 중 ②의 경우를 위한 전형적인 코드를 [그림 6-13]에 보였다.

[표 6-4] getopt() 함수 사용법

<table>
<tr><th>구 분</th><th colspan="2">내 용</th></tr>
<tr><td>사 용 법</td><td colspan="2">#include <unistd.h> /* extern char *optarg; ➔ option argument */
/* extern int optind; ➔ option index */
int getopt(int argc, char * const argv[], const char *optstring);</td></tr>
<tr><td>매개변수</td><td colspan="2">▪ argc : main() 함수에 전달된 명령어 부가 정보들의 총 개수
▪ argv : main() 함수에 전달된 명령어 부가 정보, 즉 문자열들의 배열(벡터)
➔ const는 argv[]의 내용을 변경하지 않음을 보장하는 의미
▪ optstring : 옵션으로 지정된 문자들을 모은 문자열
➔ const는 문자열 내용을 변경하지 않음을 보장하는 의미
① 단순 옵션용 문자는 문자열안에 순서에 관계 없이 붙여서 나열함
예) 단순 옵션 문자로 l, i, r, o를 사용한다면 "liro" (순서 무관)와 같이 구성
② 단순 옵션이 아니고, 이어지는 인수의 명시적 지시용 옵션 뒤에는 ':' 을 덧붙임
예) 위 예에서 옵션 'o' 가 인수를 필요로 하는 명시적 지시용이라면 "lio:r" (순서 무관) 형태로 구성</td></tr>
<tr><td rowspan="2">명령 문자열 예</td><td>위 ①의 경우</td><td>위 ②의 경우</td></tr>
<tr><td>$ opt_test1 -l -r -o ... ↵
$ opt_test1 -r -i -l ... ↵
$ opt_test1 -ri -l -o ... ↵
$ opt_test1 -li -or ... ↵
$ opt_test1 -rlio ... ↵
$ opt_test1 -i ... ↵</td><td>$ opt_test1 -l -r -o arg ... ↵
$ opt_test1 -r -i -l -oarg... ↵
$ opt_test1 -ri -oarg -l ... ↵
$ opt_test1 -o arg -li -r ... ↵
$ opt_test1 -rlo arg -i ... ↵
$ opt_test1 -ioarg -rl ... ↵</td></tr>
<tr><td>처리과정</td><td colspan="2">▪ 한번 호출될 때마다
- argc, argv[]를 참조하여 이번 차례의 옵션을 찾아 반환함
- 해당 옵션이 인수의 명시적 지시용이면 인수 문자열 주소를 전역 변수인 optarg에 설정함(':' 인 경우)
- 다음 번 처리할 argv[]의 첨자를 전역변수인 optind에 설정함
- 옵션이 더 이상 나타나지 않거나, 잘못된 옵션이 존재하거나, 처리할 명령어 부가 정보가 더 이상 없으면 -1을 반환함
▪ 최초에 optind는 1로 초기화 되어있기 때문에 argv[1]부터 시작함
▪ 처음부터 다시 시작하고 싶을 때는 optind를 1로 재설정한 후, 호출을 다시 반복해야 함</td></tr>
</table>

```
/* opt_test08.c */            /* ex) $ opt_test08 -i -r -o file -l  */
#include <stdio.h>
#include <unistd.h>           /* extern char *optarg; */
#define   OPTION_L   0x01
#define   OPTION_I   0x02
#define   OPTION_O   0x04
#define   OPTION_R   0x08
int   flag;
int main(int  argc,   char  *argv[])
{
      int    c;
      char   *ofname;
      while((c = getopt(argc, argv, "lio:r")) != -1) {
          switch(c) {
          case 'l' : flag |= OPTION_L;
                     break;
          case 'i' : flag |= OPTION_I
                     break;
          case 'o' : ofname = optarg;
                     flag |= OPTION_O;
                     break;
          case 'r' : flag |= OPTION_R;
                     break;
          }
      }
      printf("flag = %x \n" , flag);
      if (flag & OPTION_O)
          printf("out_file_name = %s \n" , ofname);
      return(0);
}
```

[그림 6-13] [그림 6-12]의 처리과정을 위한 C 프로그램 코드의 예

• 명령어 사용법에 대한 신속한 고지

앞에서 살펴본 바와 같이 모든 명령어는 각각 고유한 옵션과 인수를 필요로 하기 때문에 모든 명령어 대한 사용법을 모두 기억해서 사용한다는 것은 현실적으로 불가능하다. 따라서 대부분의 사용자는 어떤 명령어의 기능에 대한 개략적인 정보를 바탕으로 매뉴얼로부터 자세한 사용법을 살펴본 후 해당 명령어를 구사하게 된다. 그러나 명령어를 사용할 때마다 매번 매뉴얼을 참조하는 것 또한 불편하고 번거러운 일이 아닐 수 없다.

특히 자주 사용하는 명령어는 약간의 힌트만 있다면 올바른 사용법을 금새 떠올릴 수 있다. 이와 같이 사용자에게 신속한 힌트를 제공하는 방법이 명령어가 제공하는 자체 설명이다. 대부분의 유닉스 명령어는 잘못된 옵션을 받거나, -h (help) 옵션이 주어지면 사용자에게 신속한 정보를 제공하기 위해 자기 자신의 사용법을 간단하게 고지한다.

따라서, 유닉스 환경에서 프로그램을 설계할 때에는 자신의 사용법에 대한 자체 설명 기능을 반드시 고려해야 한다. 사용법에 대한 자체 설명을 해야 하는 일반적인 경우를 [표 6-5]에 요약하였다. 여기에 요약된 사항들은 절대적인 것은 아니지만 거의 모든 유닉스 명령어에서 지켜지고 있다.

[표 6-5]의 자체 설명 시기에 따른 유닉스 자체 설명의 실 예를 [그림 6-14]에 보였다. 이 그림에 따르면, 모든 명령어가 절대적으로 동일하지는 않지만 대부분 명령어 사용이 잘 못된 이유와 정확한 사용법을 간략하게 설명함으로써 사용자로 하여금 해당 명령어의 신속한 재구사를 할 수 있도록 돕는다.

[표 6-5] 명령어의 자체 설명이 필요한 시기

대분류	소 분 류	내 용
옵 션	① -h 옵션	▪ help 기능 제공
	② 허용되지 않는 옵션	▪ 지정된 옵션 문자 외에는 사용불가
	③ 옵션들 사이의 충돌	▪ 옵션을 상호 배타적으로 사용해야 하는 경우
인 수	④ 인수 개수의 부적합	▪ 인수의 개수가 허용된 범위를 벗어나거나 지정된 개수와 맞지 않음
	⑤ 인수 값(문자열)의 부적절	▪ 숫자 부분에 알파벳이 있거나, 존재하지 않은 파일명 등

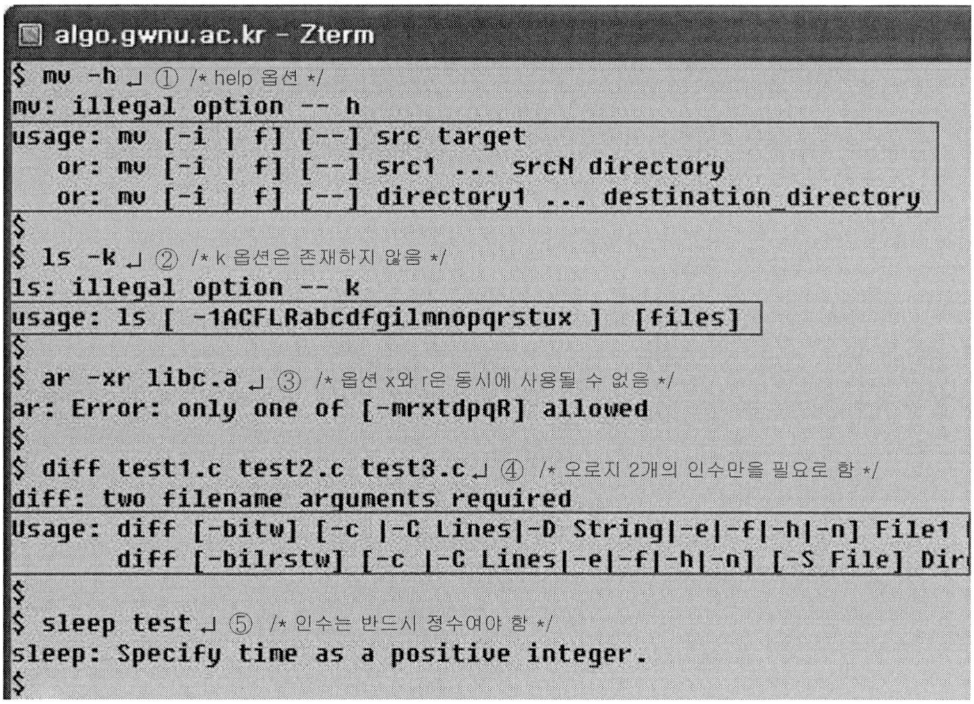

[그림 6-14] [표 6-5]의 자체 설명 시기에 따른 명령어 자체 설명의 예

명령어 사용법에 대한 신속한 고지를 위해서는 옵션의 정확성 여부, 인자 수의 적절성 여부 등을 차근차근 검증해 가는 과정에서 오류가 발생하면 지적과 함께 사용법을 출력하고 명령어를 종료하는 것이 바람직하다. 대부분의 유닉스 명령어가 이런 형태로 설계되어 있으므로, 유닉스 사용자는 원하는 명령어의 사용법을 간략하게 살펴보기 위해 옵션 문자로 거의 사용되지 않은 -y, -w 등의 잘못된 옵션을 의도적으로 구사하는 경우가 많다.

[그림 6-15], [그림 6-16]에, -l과 -o 옵션을 사용하고 반드시 2 개의 인수를 필요로 하는 명령어가 옵션과 인수를 신속하게 검증하여 사용법을 자체 고지하는 명령어 설계 예를 보였다. [그림 6-15]의 ①은 옵션의 존재와 관계 없이 명령어 부가 정보가 최소한 3개 이상(명령어 이름 + 두 개의 명령어 인수)은 되어야 함을

```
/* opt_test09.c */
#include <stdio.h>
#include <stdlib.h>
int   flag;
main(int  argc,   char  *argv[])
{
      int    c, i;
  ①  if (argc < 3) {
           printf("Two arguments are required.\n" );
  ②       printf("usage: %s [-l -o] arg1 arg2\n" , argv[0]);
           exit(1);
      }
      for (i = 1; i <argc; i++) {
          if (argv[i][0] != '-' )
               break;
          switch(argv[i][1]) {  /* option character */
          case 'l' : flag |= 0x01;
                     break;
          case 'o' : flag |= 0x02;
                     break;
  ③      default : printf("Invalid option...\n" );
                     printf("usage: %s [-l -o] arg1 arg2\n" ,argv[0]);
                     exit(2);
          }
      }
  ④  if (argc -i != 2) {
          printf("Two arguments are required.\n" );
          printf("usage: %s [-l -o] arg1 arg2\n" , argv[0]);
          exit(3);
      }
      printf("Ok. I am happy.\n" );
      printf("flag=%x, arg1=%s, arg2=%s\n" , flag, argv[i], argv[i+1]);
      exit(0);
}
```

[그림 6-15] 명령어 사용법의 신속한 고지 설계의 예1

의미하고, ②에서 argv[0]는 명령어 이름을 지칭하며. ③에서는 l과 o 이외의 다른 옵션 문자를 인지한다. ④에서 i 값은 모든 옵션이 처리된 후 첫 명령어 인수에 대한 첨자이므로 나머지 인수의 개수는 (argc - i)로 계산된다.

[그림 6-16] ①의 getopt() 함수는 옵션이 더 이상 없거나, 허용되지 않은 옵션이 존재하거나, 부가 정보 자체가 더 이상 없을 때 -1을 반환한다. 따라서 ②에서 잘못된 옵션에 의한 -1 반환이라는 사실을 검증하기 위해서는 명령어 부가 정보가 아직 남아 있는 상태(optind < argc)에서, 현재 처리 중이 부가 정보가 "-"로 시작하는 문자열인가를 살펴보면 된다. ③의 위치에 다다르면 옵션이 없거나 모두 정상임을 의미하므로 남아 있는 명령어 인수의 개수만 조사하면 된다. 이때 옵션이 정상적으로 처리된 경우 optind는 첫 명령어 인수에 대한 첨자를 가지게 되므로 남아있는 인수의 개수는 (argc - optind)로 계산된다.

```
/* opt_test10.c */
#include <stdio.h>
#include <unistd.h>    // extern int  optind;  extern char *optarg;
#include <stdlib.h>
#define   OPTION_L   0x01
#define   OPTION_O   0x02
int       flag;
main(int  argc,  char  *argv[])
{
     int    c;
  ① while((c = getopt(argc, argv, "lo")) != -1) {
          switch(c) {
          case 'l' : flag |= OPTION_L;
                     break;
          case 'o' : flag |= OPTION_O;
                     break;
          }
     }
  ② if (optind < argc && argv[optind][0] == '-') {
          printf("Invalid option...\n" );
          printf("usage: %s [-l -o] arg1 arg2\n", argv[0]);
          exit(1);
     }
  ③ if (argc - optind != 2) {
          printf("Two arguments are required.\n");
          printf("usage: %s [-l -o] arg1 arg2\n", argv[0]);
          exit(2);
     }
     printf("Ok. I am happy.\n" );
     printf("flag=%x, arg1=%s, arg2=%s \n",
                     flag, argv[optind], argv[optind +1]);
     exit(0);
}
```

[그림 6-16] 명령어 사용법의 신속한 고지 설계의 예2

Note

제 6 장 유닉스 명령어 설계

☞ [실습 6-1]

STEP I

1. [그림 6-17]의 opt_test01.c 를 이해하고 코딩한 후 컴파일한다.

2. $ opt_test01 ↵
의 실행 결과를 확인한다.

3. $ opt_test01 I am happy. ↵
의 실행 결과를 확인한다.

4. $ opt_test01 "I am" happy. ↵
의 실행 결과를 과정 3 의 결과와 비교하고 토론한다.

5. $ opt_test01 Terminal type is $TERM. ↵
$ opt_test01 "Terminal type is $TERM." ↵
$ opt_test01 'Terminal type is $TERM.' ↵
의 실행 결과를 비교하고 토론한다.

6. $ opt_test01 Host name is `hostname`. ↵
$ opt_test01 Host name is \`hostname\`. ↵
의 실행 결과를 비교하고 토론한다.

7. 명령어 부가 정보의 전달 메커니즘을 이해한다.

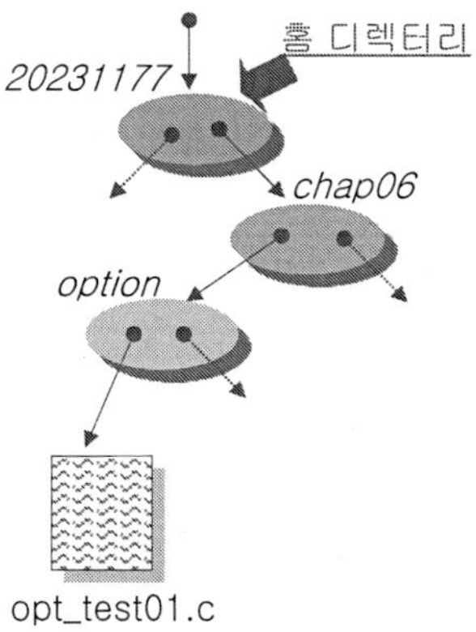


```
/* opt_test01.c */                          [그림 6-3] 참조
#include <stdio.h>
int main(int argc, char *argv[])
{
        int i;
        for(i = 0; i < argc; i++) {
            printf("%d-->%s \n", i, argv[i]);
        }
        return(0);
}
```

[그림 6-17] 명령어 인수·옵션 실습 I

STEP II

1. [그림 6-18]의 opt_test02.c 를 이해하고 코딩한 후 컴파일한다.

2. $ opt_test02 ↵

   의 실행 결과를 확인한다.

3. opt_test02.c 를 활용하여 1~200, 1~300, 1~400, 1~500 의 합을 각각 구한다 (각각의 합을 위하여 opt_test02.c 를 수정하여 컴파일하고 재실행).
4. 과정 3 에서 제기된 불편한 점을 토론한다.

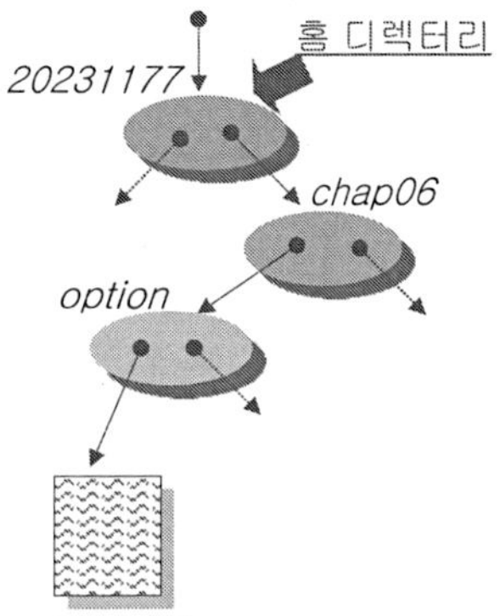


```
/* opt_test02.c */
#include <stdio.h>
int main()
{
        int  n, sum;

        for (n=1, sum=0; n <= 100; n++)
             sum += n;

        printf("sum of 1-100 = %d \n", sum);
        return(0);
}
```

[그림 6-18] 명령어 인수·옵션 실습 II

STEP III

1. [그림 6-19]의 opt_test03.c 의 기능과 사용법을 익히고 코딩한 후 컴파일한다.

2. $ opt_test03 100 ↵

   $ opt_test03 200 ↵

   $ opt_test03 300 ↵

   $ opt_test03 400 ↵

   $ opt_test03 500 ↵

   의 실행 결과를 확인하고, STEP II 의 과정 2, 3 과 비교·토론한다.

3. [그림 6-19]의 opt_test03.c 가 [그림 6-18]의 opt_test02.c 보다 우수한 점을 토론한다.
4. opt_test03.c 를 활용하여 10~100, 10~200, 30~300, 40~40, 50~500 의 합을 각각 구한다 (각각의 합을 위하여 opt_test03.c 를 수정하여 컴파일하고 재실행).
5. 과정 4 에서 제기된 불편한 점을 토론한다.

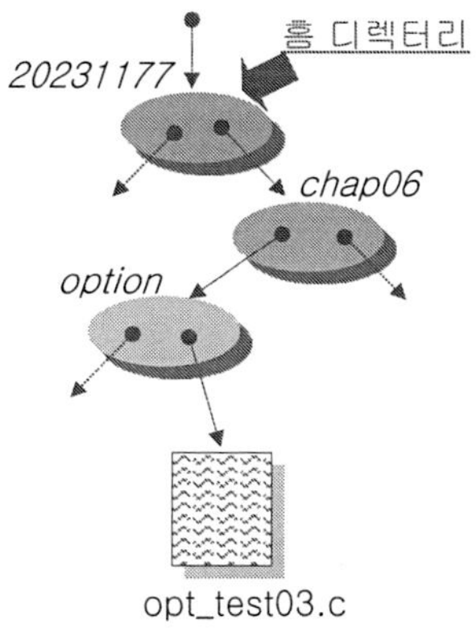


```
/* opt_test03.c */
#include <stdio.h>
#include <stdlib.h>
int main(int  argc,  char  *argv[])
{
      int  n, to, sum;

      if (argc != 2) {
            printf("usage: %s number \n", argv[0]);
            exit(1);
      }
      to = atoi(argv[1]);
      for (n=1, sum=0; n <= to; n++)
            sum += n;

      printf("sum of 1-%d = %d \n", to, sum);
      return(0);
}
```

[그림 6-19] 명령어 인수·옵션 실습 III

STEP IV

1. [그림 6-20]의 opt_test04.c 의 기능과 사용법을 익히고 코딩한 후 컴파일한다.

2. $ opt_test04　10　100 ↵

   $ opt_test04　20　200 ↵

   $ opt_test04　30　300 ↵

   $ opt_test04　40　400 ↵

   $ opt_test04　50　500 ↵

   의 실행 결과를 확인하고, STEP III 의 과정 4 와 비교 토론하여 명령어 인수의 개념과 편리성을 이해한다.

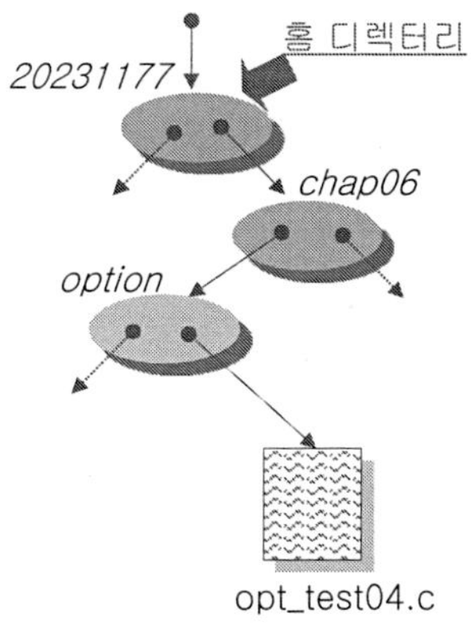


```
/* opt_test04.c */
#include <stdio.h>
#include <stdlib.h>
int main(int  argc,  char  *argv[])
{
   int  n, fr, to, sum;

   if (argc != 3) {
        printf("usage: %s num1 num2 \n", argv[0]);
        exit(1);
   }
   fr = atoi(argv[1]);
   to = atoi(argv[2]);
   for (n=fr, sum=0; n <= to; n++)
        sum += n;

   printf("sum of %d-%d = %d \n", fr, to, sum);
   return(0);
}
```

[그림 6-20] 명령어 인수·옵션 실습 IV

STEP V

1. [그림 6-21]의 opt_test05.c 의 기능과 사용법을 자세히 명세화하고, 코딩한 후 컴파일한다.

2. $ opt_test05 -h ↵

   를 실행하여 신속한 사용법 자체설명을 이해한다.

3. $ opt_test05 ↵

   $ opt_test05 -f 1 -t 100 ↵

   $ opt_test05 -t100 -f1 ↵

   의 실행 결과를 확인하고, 인수의 명시적 지시를 위한 옵션을 이해한다.

4. [그림 6-21]의 opt_test05.c 와 [그림 6-20]의 opt_test04.c 와 비교하여 장·단점을 토론한다.
5. STEP III 의 과정 4 와 비교 토론하여 명령어 인수의 개념과 편리성을 이해한다.

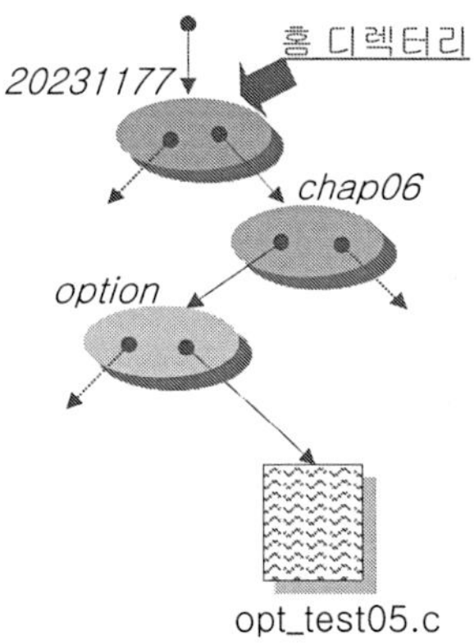


```
/* opt_test05.c */
#include <stdio.h>
#include <stdlib.h>
#include <unistd.h>    /* extern int   optind; */
                       /* extern char *optarg; */
int main(int  argc,  char  *argv[])
{
   int   fr=1, to=100;
   int   c, n, sum;

   while ((c=getopt(argc, argv, "f:t:h")) != -1) {
      switch(c) {
      case 'f' : fr = atoi(optarg);
                 break;
      case 't' : to = atoi(optarg);
                 break;
      case 'h' : printf("usage: %s  [-h] [-f num1] "
                        "[-t num2] \n", argv[0]);
                 exit(0);
      }
   }
   if (optind < argc) {
      printf("usage: %s  [-h] [-f num1] "
                        "[-t num2] \n", argv[0]);
      exit(1);
   }
   for (n=fr, sum=0; n <= to; n++)
      sum += n;
   printf("Sum of %d-%d = %d \n", fr, to, sum);
   return(0);
}
```

[그림 6-21] 명령어 인수·옵션 실습 V

STEP VI

1. [그림 6-22]의 env_test.c 와 [그림 6-23]의 opt_test06.c 의 기능과 사용법을 이해하고 코딩·컴파일한다.
2. $ envtest ↵
   를 실행하여 환경 변수 XXX 의 값을 질의한다.
3. [그림 6-22]의 envtest.c 를 활용하여 환경 변수 TERM 과 PATH 의 값을 질의한다(각각을 수정하여 재실행).

4. $ opt_test06 XXX ↵
   $ opt_test06 TERM ↵
   $ opt_test06 PATH ↵
   을 실행하여 환경 변수 XXX, TERM, PATH 의 값을 질의하고 편리성을 토론한다.

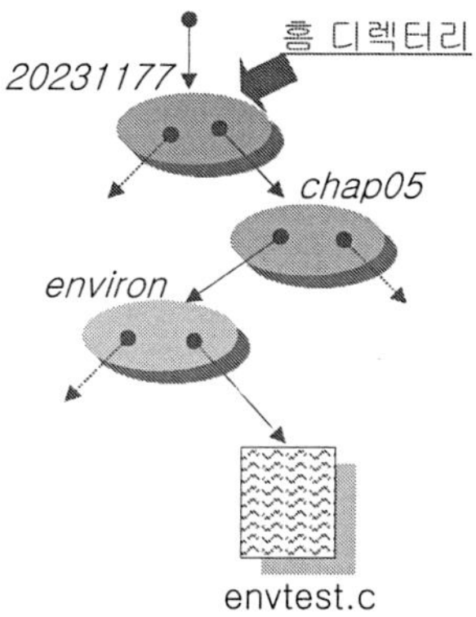


```
/* envtest.c */
#include <stdio.h>
#include <stdlib.h>
int main()
{
   char  *vp;
   vp = getenv("XXX");
   if (vp == NULL)
      printf("XXX is not…\n");
   else
      printf("Value of XXX is %s…\n", vp);
   return(0);
}
```

[그림 6-22] 환경 변수 개념을 위한 시험 프로그램([그림 5-26]과 동일)

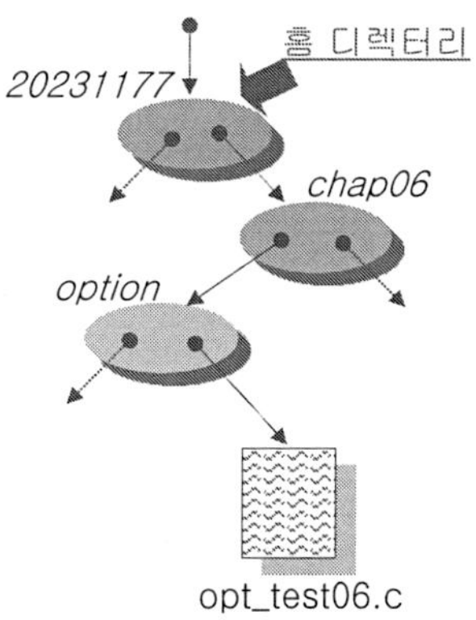


```
/* opt_test06.c */
#include <stdio.h>
#include <stdlib.h>
main(int  argc, char *argv[])
{
   char  *vp;

   if (argc != 2) {
      printf("usage : %s env_var \n", argv[0]);
      exit(1);
   }
   vp = getenv(argv[1]);
   if (vp == NULL)
      printf("'%s' is not defined… \n", argv[1]);
   else
      printf("Value of '%s' is '%s'… \n",
                                   argv[1],  vp);
   exit(0);
}
```

[그림 6-23] 명령어 인수·옵션 실습 VI

STEP VII

1. [그림 6-24]의 opt_test07.c 의 기능과 사용법을 명세화하고 코딩한 후 컴파일 한다.

2. `$ opt_test07 1 10 ↵`
   을 실행하여 opt_test6 의 기본 기능을 확인한다.

3. `$ opt_test07 -a 1 10 ↵`
   을 실행하여 -a 옵션의 용도를 확인한다.

4. `$ opt_test07 -a -e 1 10 ↵`
   을 실행하여 -e 옵션의 용도를 확인한다.

5. `$ opt_test07 -o 1 10 ↵`
   을 실행하여 -o 옵션의 용도를 확인한다.

6. `$ opt_test07 -o -e -a 1 10 ↵`
   을 실행하여 옵션간의 관계를 이해한다.

7. 과정 6 에서 옵션과 인수의 개념적 차이점을 이해하고 식별한다.

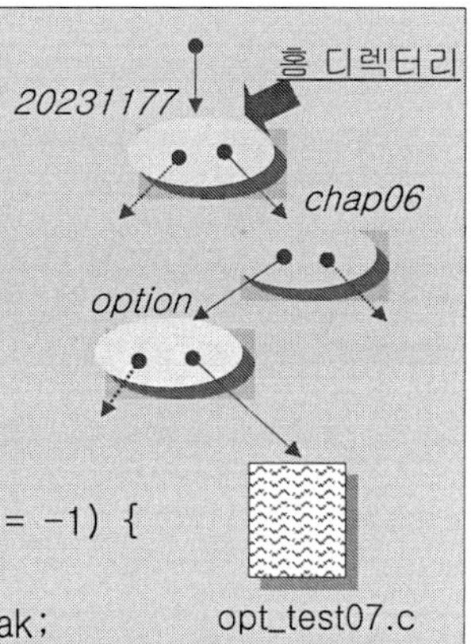


```
/* opt_test07.c */
#include <stdio.h>
#include <unistd.h>
#include <stdlib.h>
#define  OPTION_A   0x01
#define  OPTION_E   0x02
#define  OPTION_O   0x04
int main(int  argc,  char  *argv[])
{
     int   c, fr, to, sum, flag=0;
     while ((c = getopt(argc, argv, "aeo")) != -1) {
          switch(c) {
               case 'a' : flag |= OPTION_A; break;
               case 'e' : flag |= OPTION_E; break;
               case 'o' : flag |= OPTION_O; break;
          }
     }
     if (argc - optind != 2) {
          printf("usage: %s [-a -e -o] num1 num2 \n", argv[0]);
          exit(1);
     }
     fr = atoi(argv[optind]);  to = atoi(argv[optind+1]);
     if (flag & OPTION_A)  {
          sum = sum_all(fr, to);
          printf("sum_all of %d-%d = %d \n", fr, to, sum);
     }
     if (flag & OPTION_E)  {
          sum = sum_even(fr, to);
          printf("sum_even of %d-%d = %d \n", fr, to, sum);
     }
     if (flag & OPTION_O)  {
          sum = sum_odd(fr, to);
          printf("sum_odd of %d-%d = %d \n", fr, to, sum);
     }
     return(0);
}
int sum_all(int  fr,  int  to) {
     int    n, sum;
     for (n = fr, sum = 0; n <= to; n++)
          sum += n;
     return(sum);
}
int sum_even(int  fr,  int  to) {
     int    n, sum;
     for (n =f r, sum = 0; n <= to; n++)
          if ((n/2)*2 == fr) sum += n;
     return(sum);
}
int sum_odd(int  fr,  int  to) {
     int    n, sum;
     for (n = fr, sum = 0; n <= to; n++)
          if ((n/2)*2 != fr) sum += n;
     return(sum);
}
```

[그림 6-24] 명령어 인수·옵션 실습 VII

STEP VIII

1. [그림 6-25]의 opt_test08.c 를 코딩한 후 컴파일한다.

2. `$ opt_test08 -l -i -r ↵`

   `$ opt_test08 -r -l -i ↵`

   의 두 실행 결과를 비교하고 토론한다.

3. `$ opt_test08 -lir ↵`

   `$ opt_test08 -rli ↵`

   의 두 실행 결과를 비교하고 토론한다.

4. 과정 2 와 3 의 결과를 비교하고 토론한다.

5. `$ opt_test08 -l -o test ↵`

   `$ opt_test08 -l -otest ↵`

   의 두 실행 결과를 비교하고 토론한다.

6. `$ opt_test08 -o test -l ↵`

   `$ opt_test08 -otest -l ↵`

   의 두 실행 결과를 비교하고 토론한다.

7. `$ opt_test08 -lo test ↵`

   의 실행 결과를 살펴보고 토론한다.

8. 과정 5~7 의 결과를 비교하고 토론한다.

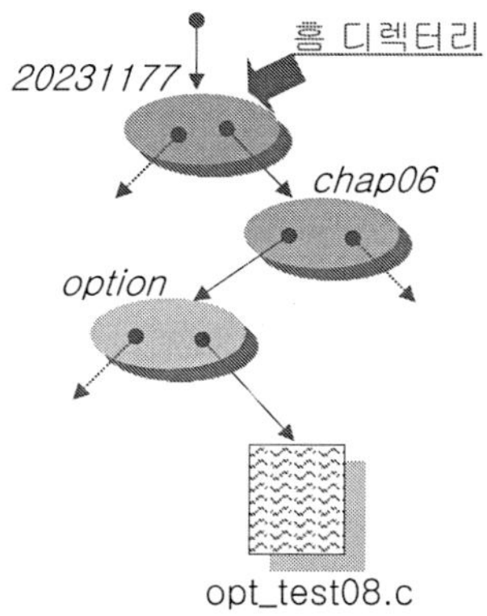


```
/* opt_test08.c */                                    [그림 6-13] 참조
#include <stdio.h>
#include <unistd.h>

#define   OPTION_L   0x01
#define   OPTION_I   0x02
#define   OPTION_O   0x04
#define   OPTION_R   0x08

int   flag;

int main(int  argc,   char  *argv[])
{
     int    c;
     char   *ofname;
     while((c = getopt(argc, argv, "lio:r")) != -1) {
         switch(c) {
         case 'l' : flag |= OPTION_L;
                    break;
         case 'i' : flag |= OPTION_I
                    break;
         case 'o' : ofname = optarg;
                    flag |= OPTION_O;
                    break;
         case 'r' : flag |= OPTION_R;
                    break;
         }
     }
     printf("flag = %x \n", flag);
     if (flag & OPTION_O)
         printf("out_file_name = %s \n", ofname);
     return(0);
}
```

[그림 6-25] 명령어 인수•옵션 실습 VIII

STEP IX

1. [그림 6-26]의 opt_test09.c 를 코딩한 후 컴파일한다.

2. `$ opt_test09 xx yy ↵`
   를 실행한 후 결과를 토론한다.

3. `$ opt_test09 -l -o xx yy ↵`
   를 실행한 후 결과를 토론한다.

4. `$ opt_test09 -l -o xx yy ↵`
   를 실행한 후 결과를 토론한다.

5. `$ opt_test09 -o -l xx yy ↵`
   를 실행한 후 결과를 토론한다.

6. `$ opt_test09 -lo xx yy ↵`
   를 실행한 후 결과를 토론한다.

7. `$ opt_test09 xx ↵`
   를 실행한 후 결과를 토론한다.

8. `$ opt_test09 -l xx yy ↵`
   를 실행한 후 결과를 토론한다.

9. `$ opt_test09 -r xx yy ↵`
   를 실행한 후 결과를 토론한다.

10. `$ opt_test09 -o xx ↵`
    를 실행한 후 결과를 토론한다.

11. `$ opt_test09 -r xx ↵`
    를 실행한 후 결과를 토론한다.

12 `$ opt_test09 -l xx -o ↵`
   를 실행한 후 결과를 토론한다.

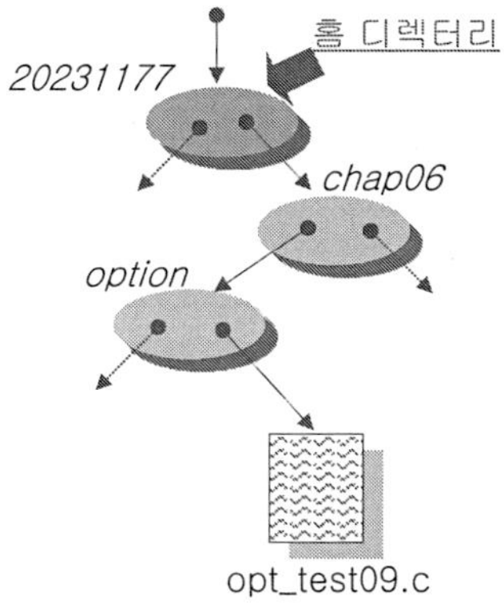


```
/* opt_test09.c */                                        [그림 6-15] 참조
#include <stdio.h>
#include <stdlib.h>
int   flag;
main(int  argc,   char  *argv[])
{
     int    c, i;
  ① if (argc < 3) {
          printf("Two arguments are required.\n");
  ②       printf("usage: %s [-l -o] arg1 arg2 \n", argv[0]);
          exit(1);
     }
     for (i = 1; i <argc; i++) {
          if (argv[i][0] != '-')
               break;
          switch(argv[i][1]) {  /* option character */
          case 'l' : flag |= 0x01;
                     break;
          case 'o' : flag |= 0x02;
                     break;
  ③       default :  printf("Invalid option...\n");
                     printf("usage: %s [-l -o] arg1 arg2 \n",argv[0]);
                     exit(2);
          }
     }
  ④ if (argc -i != 2) {
          printf("Two arguments are required.\n");
          printf("usage: %s [-l -o] arg1 arg2 \n", argv[0]);
          exit(3);
     }
     printf("Ok. I am happy.\n" );
     printf("flag=%x, arg1=%s, arg2=%s \n", flag, argv[i], argv[i+1]);
     exit(0);
}
```

[그림 6-26] 명령어 인수·옵션 실습 IX

STEP X

1. [그림 6-27]의 opt_test10.c 을 코딩한 후 컴파일한다.

2. `$ opt_test10 xx yy ↵`
   를 실행한 후 결과를 토론한다.

3. `$ opt_test10 -l -o xx yy ↵`
   를 실행한 후 결과를 토론한다.

4. `$ opt_test10 -l -o xx yy ↵`
   를 실행한 후 결과를 토론한다.

5. `$ opt_test10 -o -l xx yy ↵`
   를 실행한 후 결과를 토론한다.

6. `$ opt_test10 -lo xx yy ↵`
   를 실행한 후 STEP VIII 과정 6 의 실행 결과와 비교하고 토론한다.

7. `$ opt_test10 -ol xx yy ↵`
   를 실행한 후 과정 6 의 실행 결과와 비교하고 토론한다.

8. `$ opt_test10 xx ↵`
   를 실행한 후 결과를 토론한다.

9. `$ opt_test10 -l xx yy ↵`
   를 실행한 후 결과를 토론한다.

10. `$ opt_test10 -r xx yy ↵`
    를 실행한 후 결과를 토론한다.

11. `$ opt_test10 -o xx ↵`
    를 실행한 후 결과를 토론한다.

12. `$ opt_test10 -r xx ↵`
    를 실행한 후 결과를 토론한다.

13 `$ opt_test10 -l xx -o ↵`
   를 실행한 후 결과를 토론한다.

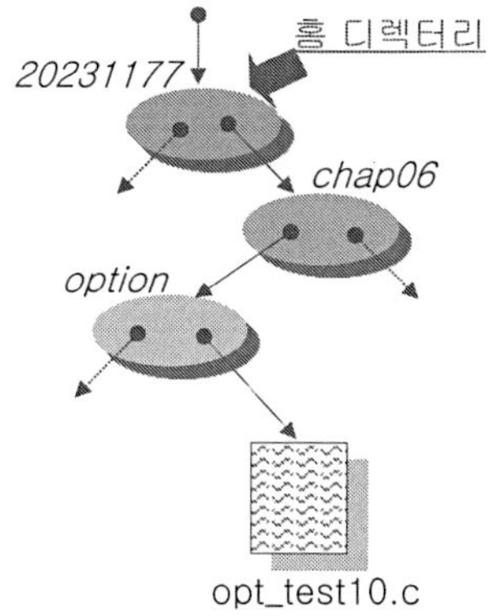


```
/* opt_test10.c */                                    [그림 6-16] 참조
#include <stdio.h>
#include <stdlib.h>
#include <unistd.h>  /* extern  int  optind; */
#define   OPTION_L   0x01
#define   OPTION_O   0x02
int     flag;
main(int  argc,   char  *argv[])
{
     int     c;
  ① while((c = getopt(argc, argv, "lo")) != -1) {
          switch(c) {
          case 'l' : flag |= OPTION_L;
                     break;
          case 'o' : flag |= OPTION_O;
                     break;
          }
     }
  ② if (optind < argc && argv[optind][0] == '-' ) {
          printf("Invalid option...\n");
          printf("usage: %s [-l -o] arg1 arg2 \n", argv[0]);
          exit(1);
     }
  ③ if (argc - optind != 2) {
          printf("Two arguments are required.\n" );
          printf("usage: %s [-l -o] arg1 arg2 \n", argv[0]);
          exit(2);
     }
     printf("Ok. I am happy.\n");
     printf("flag=%x, arg1=%s, arg2=%s \n",
                    flag, argv[optind], argv[optind +1]);
     exit(0);
}
```

[그림 6-27] 명령어 인수·옵션 실습 X

STEP XI

1. [그림 6-28]의 opt_test11.c 의 사용법을 명세화 한 후 코딩하고 컴파일 한다.
2. $ opt_test11 xx ↵

   $ opt_test11 -l ↵

   $ opt_test11 -l xx ↵

   $ opt_test11 -l xx yy zz ↵

   $ opt_test11 -R xx ↵

   $ opt_test11 -R ↵

   를 실행하여 이 명령어의 올바를 사용법을 확인한다.

3. 이 명령어의 올바른 사용 사례 5 가지와 잘못된 사용 사례 5 가지를 제시한다.

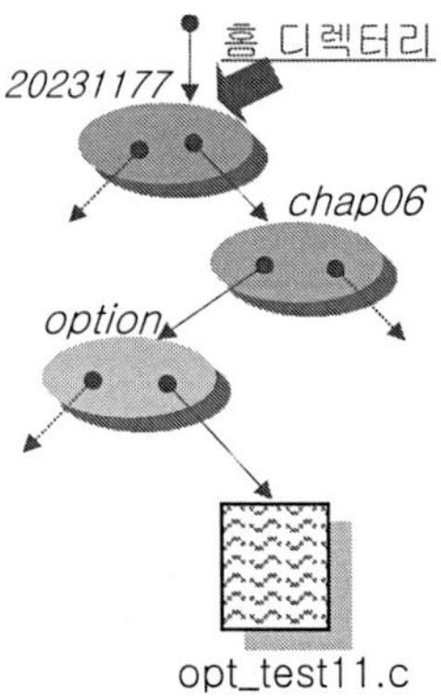


```
/* opt_test11.c */
#include <stdio.h>
#include <stdlib.h>
main(int  argc, char  *argv[])
{
 if (argc < 2) {
     printf("usage : %s option… \n", argv[0]);
     exit(1);
 }
 if (argv[1][0] != '-') {
     printf("first option[%s] is invalid… \n", argv[1]);
     exit(2);
 }
 switch(argv[1][1]) {
 case 'l' : if (argc < 3) {
               printf("usage : %s -l arg… \n", argv[0]);
               exit(3);
           }
           printf("Ok1… \n");
           break;
 case 'R' :if (argc > 3) {
               printf("usage : %s -R \n", argv[0]);
               exit(4);
          }
          printf("Ok2… \n");
          break;
 default : printf("Invalid option '%c'… \n", argv[1][1]);
          exit(5);
 }
 exit(0);
}
```

[그림 6-28] 명령어 인수·옵션 실습 XI

STEP XII

1. [그림 6-29]의 명령어 사용법을 만족하는 프로그램 opt_test12.c 를 작성하여 컴파일 한다..
2.
```
$ opt_test12  xx ↵
$ opt_test12  xx  yy ↵
$ opt_test12  -o ↵
$ opt_test12  -o xx ↵
$ opt_test12  -o xx  yy↵
$ opt_test12  -oxx ↵
$ opt_test12  -oxx  yy ↵
```
를 실행하여 작성된 프로그램의 사용법 검증 기능을 확인한다.

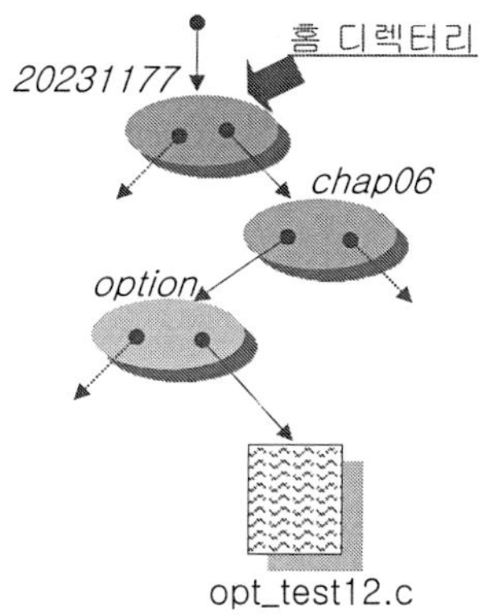


```
$ opt_test12  cfile ↵
$ opt_test12  -o outfile  cfile ↵
$ opt_test12  -ooutfile  cfile ↵
```

[그림 6-29] 명령어 인수·옵션 실습 XII

6.2 명령어 환경 변수 처리

명령어가 실행을 시작할 때 외부에서 공급되는 정보의 통로로 앞 절에서 다뤘던 명령어 인수와 옵션을 둘 수 있다. 이들 명령어 인수와 옵션은 명령어의 기능을 보다 유연하고 풍부하게 만들기 위해, 초기 값을 가능한 한 프로그램 안에 고정시키지 않고 실행할 때 적절한 값으로 입력 받도록 설계하는 개념이다. 이 때 어떤 초기 값을 프로그램 안에 고정시키는 방식을 하드 코딩(hard coding)이라 하는데, 이런 프로그램은 처리할 데이터의 초기 값이 달라지면 해당 부분을 수정한 다음 다시 컴파일해야 하는 번거로움이 요구된다.

외부에서 실행 명령어에게 정보를 전달하는 통로로 명령어 인수와 옵션 외에 환경 변수가 있다. 환경 변수는 쉘이 보관 중인 변수 값을 명령어가 실행할 때 넘겨주는 것들로 그 자세한 전달 과정의 한 예는 5 장의 [그림 5-9]와 같다. 환경 변수를 설정하는 방법은 사용중인 쉘에 따라 다르지만([그림 5-10], [그림 5-23] 참조), 명령어에서 그 값들을 참조하는 방법은 모두 동일하다.

위와 같이 실행 명령어에게 정보를 전달하는 방법들을 요약하면 [그림 6-29]와 같다.

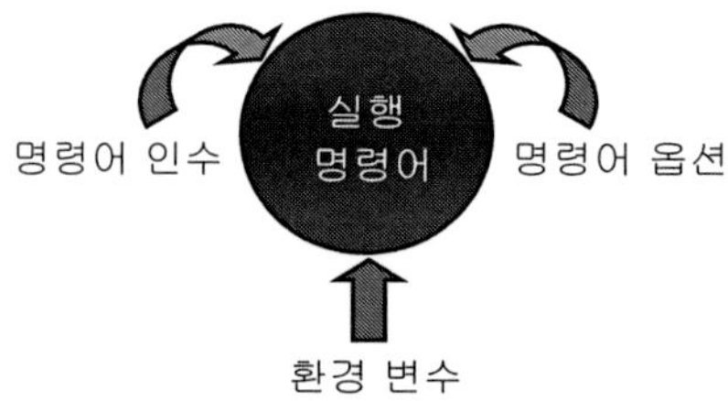

[그림 6-30] 외부 정보가 실행 명령어에게 전달되는 통로

■ 환경 변수의 용도

환경 변수는 [그림 6-29]와 같이 명령어 인수나 명령어 옵션과 마찬가지로 외부에서 실행 명령어에게 문자열로 구성된 어떤 정보를 전달하는 통로라는 점에서 동일하다. 따라서, 명령어 인수나 옵션을 얼마든지 환경 변수로 전달할 수도 있다. 그러나 명령어 문자열로 전달되는 명령어 인수 및 옵션과, 쉘 변수 설정을 통해서 전달되는

[표 6-6] 명령어 인수 및 옵션과 환경 변수의 비교

비교항목	명령어 인수 및 옵션	환경 변수
정보 입력의 번거로움	▪ 명령어 문자열에 덧붙이므로 간편함	▪ 쉘 환경에서 설정해야 하므로 빈번한 설정은 번거로움
입력 정보의 크기	▪ 긴 정보의 입력은 불편	▪ 긴 정보라도 큰 불편 없음
입력 정보의 휘발성	▪ 명령어를 실행할 때마다 입력해야 함	▪ 한 번 설정해 놓으면 영구적으로 유지됨

환경 변수 사이에는 절대적인 것은 아니지만 [표 6-6]에 비교한 바와 같이 몇 가지 차이점이 존재한다.

즉, 환경 변수는 실행 명령어가 초기값으로 필요로 하는 정보 중에서 자주 변하지 않거나, 전달 정보가 길어서 명령어 문자열로 전달하기가 곤란한 정보 등을 전달할 때 사용된다. 예를 들어 웹 서버인 아파치(apache), 데이터베이스 관리 시스템인 오라클(ORACLE) 등을 설치했을 때, 이들 각 명령어 들은 자신이 설치된 위치(경로명) 정보를 전달 받아야만 그 위치의 로그 파일, 설정 파일 등을 생성하거나 참조할 수 있다. 이런 유형의 정보는 한 번 설정해 놓으면 변하지 않으므로 명령어를 실행 할 때 마다 명령어 문자열로 전달하는 것 보다는, 한 번의 설정으로 영구적으로 유지되는 환경 변수로 전달하는 것이 편리하다.

■ 환경 변수의 참조

쉘에서 설정된 모든 환경 변수는 [그림 6-3]에 보인 명령어 부가 정보(명령어 인수 및 옵션)가 전달되는 과정과 유사하게, [그림 6-30]과 같이 main() 함수의 세 번째 파라미터로 받을 수 있다. 다만, 환경 변수의 개수는 별도로 전달되지 않고, 배열인 파라미터의 끝에 NULL 값을 설정함으로써 마지막임을 표시한다. 이 때 배열에 저장된 환경 변수들의 순서는 무의미하다. 이 때 환경 변수는 "변수이름=값" 형식으로 전달된다.

[그림 6-30]의 프로그램 예는 전달 받은 환경 변수 모두를 차례로 출력한다.

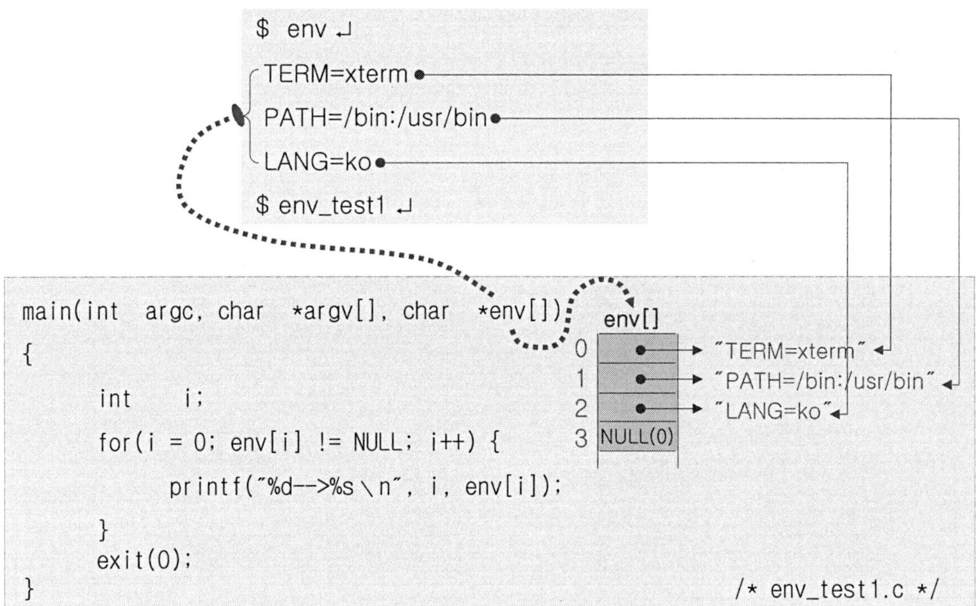

[그림 6-31] 환경 변수의 전달 메커니즘

■ 환경 변수의 참조를 위한 유닉스 명령어(프로그램) 설계

명령어 내부에서 환경 변수를 참조하기 위해서는 일반적으로

- 쉘 상에서 환경 변수 설정
- 해당 쉘에게 의뢰해서 명령어 실행
- 명령어 내부에서 전달된 환경 변수 값 참조

의 절차를 거쳐야 한다. 이 때, 쉘 상에서 환경 변수를 설정하는 방법은 사용하는 쉘에 따라 다르고, 고정된 환경 변수는 대부분 해당 쉘의 시동 파일(프로 파일)에서 미리 설정된다.

명령어 내부에서 환경 변수는 main()의 세 번째 파라미터로 넘겨받은 환경 변수 전체를 대상으로 프로그래머가 직접 검색하거나, 환경 변수를 검색하는 표준 함수인 getenv()를 사용해서 참조할 수 있다.

• 프로그램 작성자(프로그래머)가 환경 변수를 직접 검색하는 방법

[표 6-7]에 main() 함수의 파라미터로 넘겨 받은 환경 변수를 참조하는 일반적인 지침을 요약하였고, 이 지침을 따르는 알고리즘과 코드의 예를 [그림 6-32]과

[표 6-7] 환경 변수 처리를 위한 명령어(프로그램) 설계 지침

<table>
<tr><th>지 침</th></tr>
<tr><td>① "환경변수이름=값" 형태로 되어 있으므로 '='를 구분자로 사용해서 환경 변수의 이름과 설정된 값을 분리해서 추출한다.</td></tr>
<tr><td>② 현재 파라미터 영역에 저장된 환경 변수 영역은 자주 사용될 것이므로 원래 상태를 유지한다.</td></tr>
<tr><td>③ ①,②를 위해서 "환경변수이름=값" 형태의 문자열 전체를 임시 버퍼로 복사해서 처리하거나, 파라미터 영역을 잠시 변경했다가 사용한 후 원상 복구한다.</td></tr>
<tr><td>④ '='의 존재 위치를 찾아 이 부분을 NULL 문자(0)로 채워 "환경변수이름"과 "값" 부분을 독립된 문자열로 분리하여 처리한 후, 원래 상태로 복구한다.
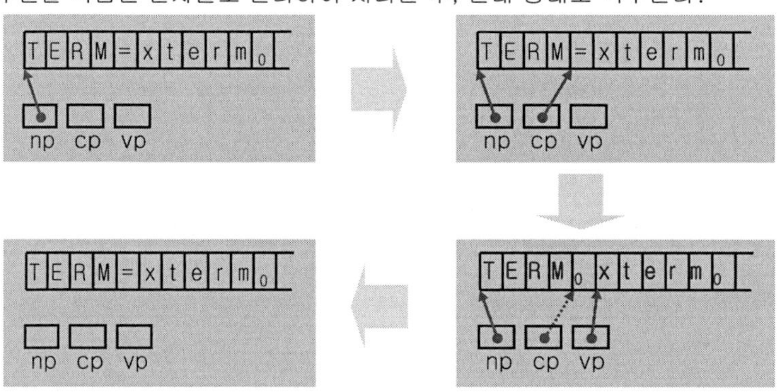
</td></tr>
<tr><td>⑤ 검색하고자 하는 환경 변수와 "환경변수이름" 부분을 비교하여 일치하면 "값" 부분을 해당 환경 변수의 값으로 추출한다.</td></tr>
<tr><td>⑥ 가급적, 환경 변수 검색 부분을 서브루틴(함수)으로 구현한다.</td></tr>
</table>

[그림 6-33]에 각각 보였다

```
:
char  *see_env(char  *env[],  char  *envname) {
        int        i, ok;
        char       *np,  *cp,  *vp;

        for (i = 0; (np = env[i]) != NULL;  i++) {
            cp = strchr(np, '=');        /*  '=' 의 위치       */
            *cp = '\0';
            vp = cp + 1;
            ok = strcmp(np, envname);  /* 환경변수이름 비교 */
            *cp = '=';
            if (ok == 0)
                return(vp);
        }
        return(NULL);
}
:
```

[그림 6-32] [표 6-7] 지침을 위한 알고리즘의 예

```
/* env_test2.c */                          /* [그림 5-26] 참조 */
#include <stdio.h>
char    *see_env();
int main(int  argc, char *argv[], char *env[])
{
        char    *vp;
        vp = see_env(env, "XXX");
        if (vp == NULL)
                printf(" XXX is not… \n");
        else
                printf(" Value of XXX is %s… \n", vp);
        return(0);
}

#include <string.h>
char *see_env(char *env[], char *envname)
{
        int       i, ok;
        char     *np,  *cp,  *vp;

        for (i = 0; (np = env[i]) != NULL;  i++) {
             cp = strchr(np, '=');
             *cp = '\0';
             vp = cp + 1;
             ok = strcmp(np, envname);
             *cp = '=';
             if (ok == 0) return(vp);
        }
        return(NULL);
}
```

[그림 6-33] 환경 변수의 직접 처리를 위한 C 프로그램 코드의 예

- **유닉스 표준 C 라이브러리의 getenv() 함수를 사용하는 방법**

getenv()는 유닉스 C 표준 라이브러리에 포함된 함수 중의 하나로, 환경 변수를 전달 받는 main()의 세 번째 파라미터와 관계 없이 원하는 환경 변수를 쉽게 검색할 수 있다. getenv() 함수의 사용법은 [표 6-8]과 같다.

[표 6-8]의 getenv()를 활용하는 전형적인 코드를 [그림 6-34]에 보였다.

[표 6-8] getenv() 함수의 사용법

구 분	내 용
사 용 법	#include <stdlib.h> char * getenv(const char *name);
매개변수	▪ name : 쉘에서 설정했던 환경 변수의 이름 → const는 문자열 name의 내용을 변경하지 않음을 보장하는 의미
사 용 예	char *val; : val = getenv("PASS"); /* 환경 변수 PASS에 설정된 문자열이*/ if (!strcmp(val, "stone_bridge")) /* "stone_bridge" 인가를 판별함 */ :
처리과정	▪ name에 주어진 환경 변수가 존재하면 그 변수에 설정된 값(문자열)의 주소를 반환함 ▪ name에 주어진 환경 변수가 존재하지 않으면, NULL(0)을 반환함

```
/* env_test3.c */                    /* [그림 5-26] 참조 */
#include <stdio.h>
#include <stdlib.h>
int main(int  argc, char  *argv[])
{
        char   *vp;
        vp = getenv("XXX");
        if (vp == NULL)
                printf("XXX is not…\n");
        else
                printf("Value of XXX is %s…\n", vp);
        return(0);
}
```

[그림 6-34] getenv()를 활용한 환경 변수 참조를 위한 C 프로그램 코드의 예

☞ [실습 6-2]

STEP I

1. [그림 6-35]의 env_test1.c 를 이해하고 코딩한 후 컴파일한다.

2. $ env ↵
   의 실행 결과를 확인한다.

3. $ env_test1 ↵
   의 실행 결과를 과정 2의 결과와 비교하고 토론한다.

4. $ XXX=xyz ↵ / $ export XXX ↵ / $ env ↵ } Bourne·Korn 셸 — % setenv XXX xyz ↵ / % env } C 셸

Bourne·Korn 셸	C 셸
$ XXX=xyz ↵	% setenv XXX xyz ↵
$ export XXX ↵	% env
$ env ↵	

   의 실행 결과를 과정 2의 결과와 비교하고 토론한다.

5. 과정 4 실행 후,
   $ env_test1 ↵
   의 실행 결과를 과정 4의 결과와 비교하고 토론한다.

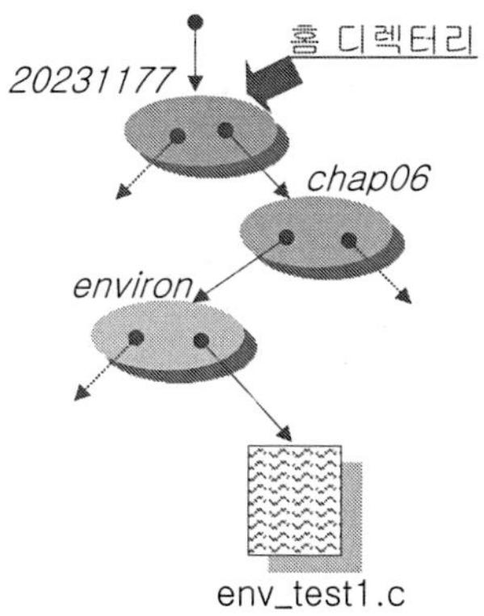


```
/* env_test1.c */
#include <stdio.h>
#include <stdlib.h>

main(int  argc, char  *argv[], char  *env[])
{
        int     i;
        for(i = 0; env[i] != NULL; i++) {
                printf("%d-->%s \n", i,  env[i]);
        }
        exit(0);
}
```

[그림 6-35] 환경 변수 참수 실습 I

STEP II

1. [그림 6-36]의 env_test2.c 를 이해하고 코딩한 후 컴파일한다.

2. `$ env_test2 ↵`
   의 실행 결과를 확인하고 토론한다.

3. `$ XXX=xyz; export XXX ↵`
   `$ env_test2 ↵` } Bourne·Korn 셸

   `% setenv XXX xyz ↵`
   `% env_test2 ↵` } C 셸

   의 실행 결과를 확인하고 토론한다.

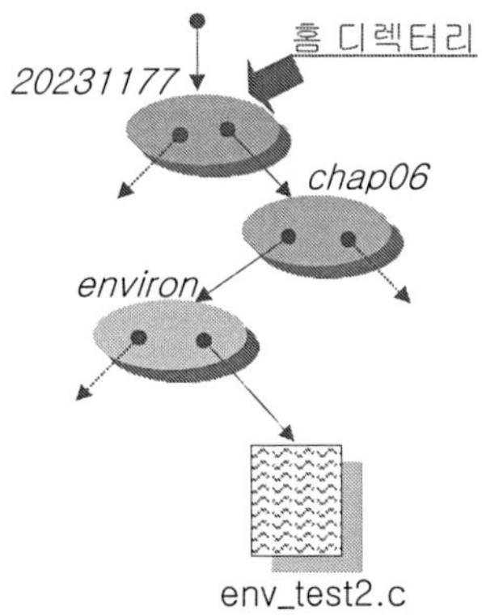


```
/* env_test2.c */                    /* [그림 5-26] 참조 */
#include <stdio.h>
char   *see_env();
int main(int  argc, char  *argv[], char  *env[])
{
     char    *vp;
     vp = see_env(env, "XXX");
     if (vp == NULL)
        printf("XXX is not… \n");
     else
        printf("Value of XXX is %s… \n", vp);
     return(0);
}
#include <string.h>
char  *see_env(char  *env[],  char  *envname)
{
     int     i, ok;
     char    *np,  *cp,  *vp;
     for (i = 0; (np = env[i]) != NULL;  i++) {
        cp = strchr(np, '=');
        *cp = '\0';
        vp = cp + 1;
        ok = strcmp(np, envname);
        *cp = '=';
        if (ok == 0) return(vp);
      }
      return(NULL);
}
```

[그림 6-36] 환경 변수 참조 실습 II

STEP III

1. [그림 6-37]의 env_test3.c을 이해하고 코딩한 후 컴파일한다.

2. $ env_test3 ↵

   의 실행 결과를 확인하고 토론한다.

3. $ XXX=xyz; export XXX ↵
   $ env_test3 ↵ } Bourne·Korn 셸
   % setenv XXX xyz ↵
   % env_test3 ↵ } C 셸

   의 실행 결과를 확인하고 토론한다.

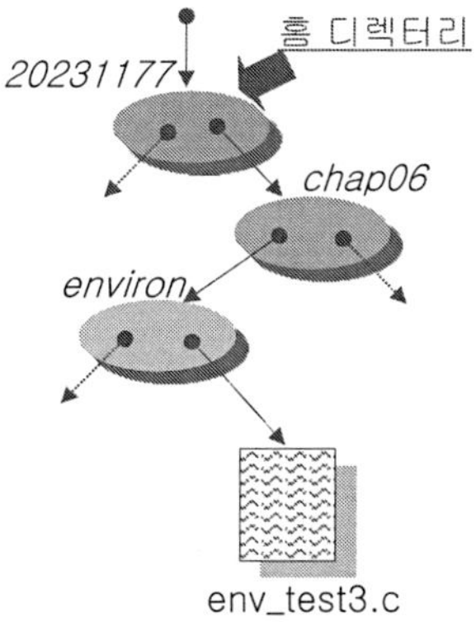


```
/* env_test3.c */  /* [그림 5-13], [그림 5-26] 참조 */
#include <stdio.h>
#include <stdlib.h>
int main(int  argc, char  *argv[])
{
    char   *vp;
    vp = getenv("XXX");
    if (vp == NULL)
        printf("XXX is not …\n");
    else
        printf("Value of XXX is %s…\n", vp);
    return(0);
}
```

[그림 6-37] 환경 변수 참조 실습 III

STEP IV

1. [그림 6-38]의 env_test4.c을 이해하고 코딩한 후 컴파일한다.

2. $ env_test4 ↵

   의 실행이 성공적으로 완료할 수 있도록 환경 변수를 설정한다.

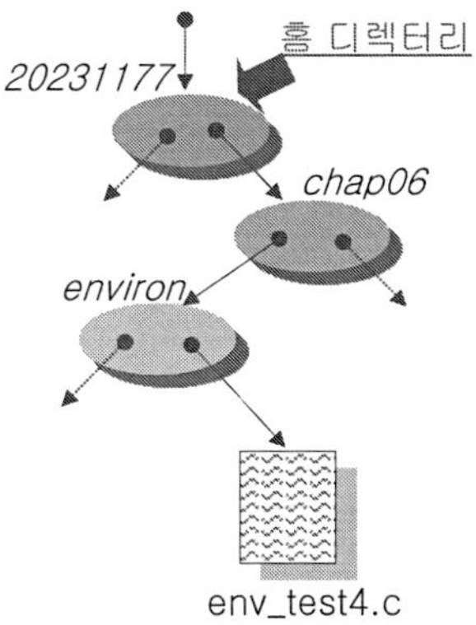


```
/* env_test4.c */
#include <stdio.h>
#include <stdlib.h>
#include <string.h>
main(int  argc, char  *argv[])
{
    char   *vp;
    vp = getenv("PASS");
    if (!vp || strcmp(vp, "bridge_stone") != 0)
          printf("Failure…\n");
    else
          printf("Success…\n");
    exit(0);
}
```

[그림 6-38] 환경 변수 참조 실습 IV

Note

제 6 장 유닉스 명령어 설계

6.3 명령어 종료 상태 처리

원천 코드로부터 컴파일되어 생성된 실행 파일이 주 기억장치에 적재되어 실행 상태에 있는 프로그램을 보통 프로세스(process)라 한다. 이들 프로세스들에는 간단한 계산 후 종료하는 것에서부터, 하루 24시간 1 년 365일 계속 실행하는 네트워크 서버 등 다양하다. 그러나, 어떤 프로세스든 언젠가는 종료해야 한다는 점에서 예외일 수 없다. 예를 들어 무한히 실행하는 네트워크 서버라 할지라도 시스템의 주기적인 점검이나 정전 등에 대비해서 종료할 수 있어야 한다.

■ 유닉스 명령어(프로그램)의 종료 방법

유닉스 운영체제에 의해서 실행중인 프로세스가 종료하는 경우는 [그림 6-39]와 같이 크게 네 가지로 분류될 수 있고, 그 각각에 대한 수단이나 방법을 [표 6-9]에 요약하였다.

명령어 종료 상태란, 해당 명령어를 실행시킨 부모에게 그 명령어가 어떤 경우에 의해 종료하였는가를 통보하는 약속된 코드를 말한다. 여기서 부모는 대부분의 경우 해당 명령어를 실행시킨 쉘이 된다. 즉, 쉘은 자신이 실행시킨 명령어의 종료 상태를 통보 받음으로써 그 명령어의 처리 결과를 판단할 수 있다.

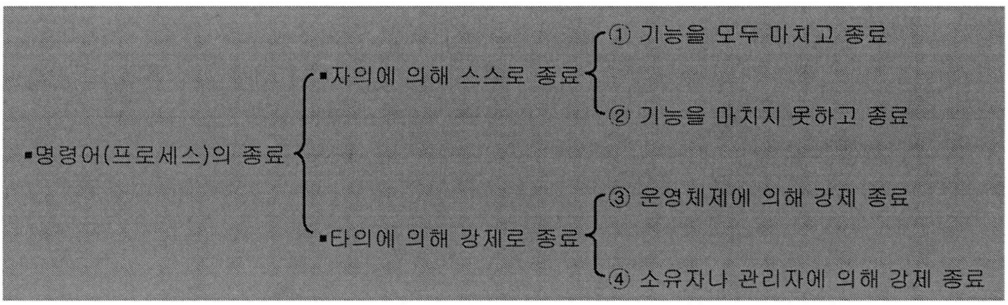

[그림 6-39] 유닉스 명령어(프로세스)의 종료 경우 분류

[표 6-9] [그림 6-39]에서 분류한 명령어 종료 경우에 대한 수단과 방법

종 료 분 류		수 단	방 법
자의	① 기능을 모두 마치고 종료	▪ main() 함수에서 return() 사용(복귀) ▪ 임의의 지점에서 exit() 함수 호출	return(), exit()에서 0을 사용
	② 기능을 마치지 못하고 종료		return(), exit()에서 0이 아닌 값을 사용
타의	③ 운영체제에 의해 강제 종료	▪ 신호(signal) 송신	포인터 등이 잘못되었을때 신호 발생
	④ 소유자나 관리자에 의해 강제 종료		무한루프 등일 때 kill명령어, kill() 함수,^C 사용

여기서 다루는 내용은 프로그램 작성자의 의도 즉, 프로세스가 주어진 환경 조건에 따라 자의로 종료하는 경우이고, 운영체제나 관리자에 의해 강제로 종료되는 경우의 대처 방법은 학습 범위를 벗어나므로 다루지 않는다.

[그림 6-40]에 프로그램 흐름에 따라 자의로 종료하도록 하는 몇 가지 설계 예를 보였다. 이 그림의 (a)와 (b)는 main()에서 종료하면서 각각 0, 2란 종료 상태를 부모에게 전달한다. [표 6-9]에서 설명한 바와 같이 main() 함수에서의 복귀(return())는 곧 종료를 의미하고, exit() 호출은 그 위치에 관계 없이 종료를 의미하므로 (a)의 return(0) 문장은 exit(0)와, (b)의 return(2) 문장은 exit(2)와 동일하다.

[그림 6-40]의 (c)와 (d)는, main() 함수에서 호출된 서브 함수에서 종료해야 할

```
/* ext_test1.c */
#include <stdio.h> … <stdlib.h>
int main() {
   printf("I am happy.\n");
① return(0);  /* exit(0) */
}
```

(a) 종료상태가 0인 경우

```
/* ext_test2.c */
#include <stdio.h> … <stdlib.h>
int main() {
   printf("I am unhappy.\n");
① return(2);  /* exit(2) */
}
```

(b) 종료상태가 0이 아닌 경우

```
/* ext_test5.c */
#include <stdio.h> … <stdlib.h>
#define  FAIL  1
int main(int  argc, char *argv[]) {
   int  s;

   s = sum(argc, argv);
   if (s < 0)
①     return(FAIL);
   printf ("%s+%s=%d\n",
              argv[1], argv[2], s);
② return(0);
}
int sum(int  argc, char *argv[])
{
   int  s;

   if (argc != 3)
      return(-1);
   s = atoi(argv[1]) +
                  atoi(argv[2]);
   /* do something more */
   return(s);
}
```

(c) main()에서 종료하는 경우(집중식)

```
/* ext_test6.c */
#include <stdio.h> … <stdlib.h>
#define  FAIL  1
int main(int  argc, char *argv[]) {
   int  s;

   s = sum(argc, argv);


   printf ("%s+%s=%d\n",
              argv[1], argv[2], s);
① return(0);
}
int sum(int  argc, char *argv[])
{
   int  s;

   if (argc != 3)
②     exit(FAIL);
   s = atoi(argv[1]) +
                  atoi(argv[2]);
   /* do something more */
   return(s);
}
```

(d) 서브함수에서 종료하는 경우(분산식)

[그림 6-40] 자의로 종료하는 경우의 설계 예

상황이 발생했을 때 종료 절차를 설계하는 방식의 단적인 예를 보였다. (c)의 경우는 함수로부터 반환 받는 복귀 값에 성공·실패의 값을 부여하여 종료 사유가 발생하더라도 main() 함수까지 복귀하여 종료(①)하도록 하는 집중식 설계 방식이고, (d)는 종료 사유가 발생한 서브 함수에서 즉시 종료(②)하는 분산식 설계 방식이다.

집중식 종료 절차와 분산식 종료 절차에 대한 개략적인 비교표를 [표 6-10]에 요약하여 보였는데, 일반적으로 프로그램의 시작과 종료가 main() 함수에서 이루어지도록 설계하는 것이 프로그램의 구성 즉, 완성도 측면에서 우수하다.

[표 6-10] 집중식 종료 절차와 분산식 종료 절차의 비교

비교항목	집중식종료절차	분산식종료절차
개 념	main() 함수에서만 종료함	서브함수 어느 곳에서라도 종료함
장 점	종료 경우에 대한 관리가 용이 하므로 비정상 종료에 관한 유지보수가 간편함	미흡한 실행환경 발생 즉시 해당 함수에서 종료하므로 프로그램 작성이 용이함
단 점	함수 호출 단계가 깊어질 경우 각 함수의 복귀 값 정의가 복잡함	종료 지점을 발견하기가 어려우므로 오류 수정등 유지보수가 곤란함
권 고	종료 상태가 단순하면서 함수 호출 단계가 깊지 않은 경우	종료 상태가 복잡하면서 함수 호출 단계가 깊은 경우

■ **명령어의 종료 상태**

명령어의 종료 상태(exit status)란 main() 함수에서 return()에 주어진 복귀 값이나, exit()에 주어진 매개변수 값을 말하는 것으로, 그 개념을 [표 6-11]에 요약하였다. 명령어 종료상태에서 한 가지 중요한 사항은 부모라는 용어이다. 유닉스 환경에서 모든 새로운 프로세스(실행 중인 프로그램)는 반드시 이미 실행 중인 다른 프로세스의 도움으로 생성될 수 있는데 이 때 새로운 탄생된 프로세스는 자식(child), 그 프

[표 6-11] 명령어 종료상태의 개념

항 목	내 용
정 의	▪ main() 에서 복귀할 때 return()에 주어지는 매개 변수 값 ▪ exit() 호출할 때 주어지는 매개 변수 값 ▪ 명령어가 종료하면서 부모(쉘)에게 전달하는 약속된 종료 코드
타 입	▪ 0~127 혹은 -128~+127 혹은 0~255 정수(시스템의 표현 기법에 따라 상이)
해 석	▪ 종료 값 0은 정상적인 종료로 해석됨(참, true) ▪ 0 이외의 종료 값은 비정상 종료(오류에 의한 종료)로 해석됨(거짓, false) ▪ 비정상 오류 종료 코드는 해당 명령어 작성자에 의해 고유하게 정의됨
활 용	▪ 해당 명령어를 실행시킨 부모(쉘)가 명령어 실행 결과의 성패에 따라 이차적인 대응 처리를 할 수 있는 메커니즘으로 활용됨

로세스를 탄생 시킨 프로세스는 부모(parent)라 부른다.

부모 역할을 담당하는 대표적인 프로세스로 쉘을 들 수 있다. 쉘은 사용자로부터 명령어 문자열을 입력 받아, 대응되는 명령어 실행 파일을 찾아 메모리에 적재하고 실행시켜주기 때문이다([그림 5-2] 참조).

일반 프로그램에서 다른 프로그램을 실행시켜 새로운 프로세스를 생성하기 위해서는 유닉스 운영체제 서비스를 호출하는 함수인 fork(), exec() 등을 활용해야 하는데, 이 것들은 우리의 학습 범위를 벗어나므로 여기서는 다루지 않는다.

■ **명령어 종료 상태의 확인**

유닉스 사용자로서 명령어 종료 상태는 쉘 환경에서 쉽게 확인하거나 활용할 수 있다. 종료 상태를 확인하는 방법은 사용 중인 쉘에 따라 조금씩 다르다.

- Bourne·Korn 쉘

Bourne·Korn 쉘은 바로 전 실행한 명령어(프로그램)의 종료 상태를 미리 정의된 쉘 변수 중의 하나인 $?에 보관한다. 따라서, 직전에 실행했던 명령어의 종료 상태는

```
$ echo $? ↵
```

의 명령어로 확인할 수 있다. [그림 6-41]에 Bourne·Korn 쉘에서 ls 명령어의 종료 상태를 확인하는 모습을 보였다. 이 그림으로부터 ls 명령어는 기능을 정상적으

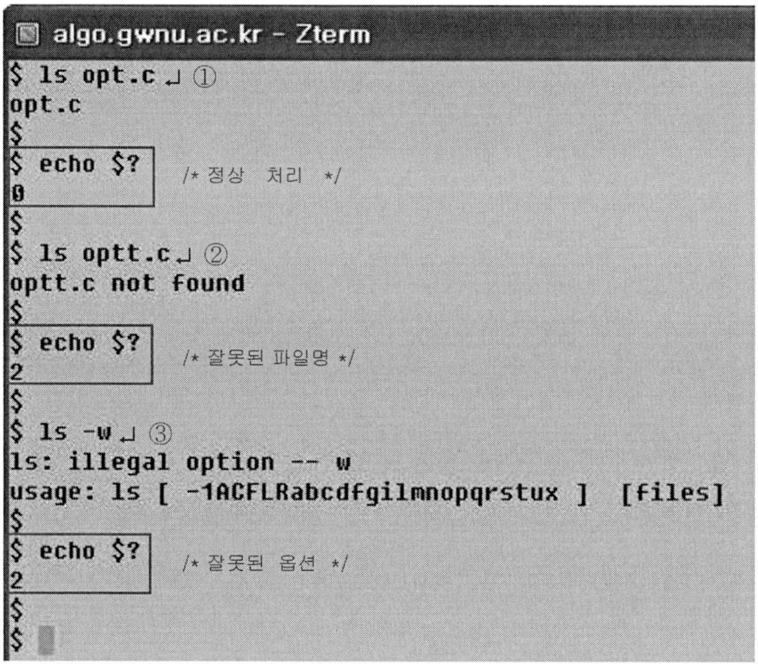

[그림 6-41] Bourne·Korn 쉘에서 명령어 종료상태 확인의 예

로 완료하고 종료한 경우에는 0을, 잘못된 파일이나 잘못된 옵션으로 비정상 종료한 경우에는 2를 종료 상태로 넘겨주고 있음을 알 수 있다.

• C 쉘

Bourne·Korn 쉘에서와 유사하게 C 쉘에서도 바로 전에 실행한 명령어의 종료 상태를 쉘 변수 $status에 관리한다. C 쉘에서 명령어 종료 상태를 확인하는 예를 [그림 6-42]에 보였다. 이 그림에서 cp 명령어의 정상 종료 상태는 [그림 6-41]의 ls 명령어와 같이 0이고, 사용법이 잘못되었거나 파일이 잘못된 경우의 비정상 종료 상태는 1임을 알 수 있다.

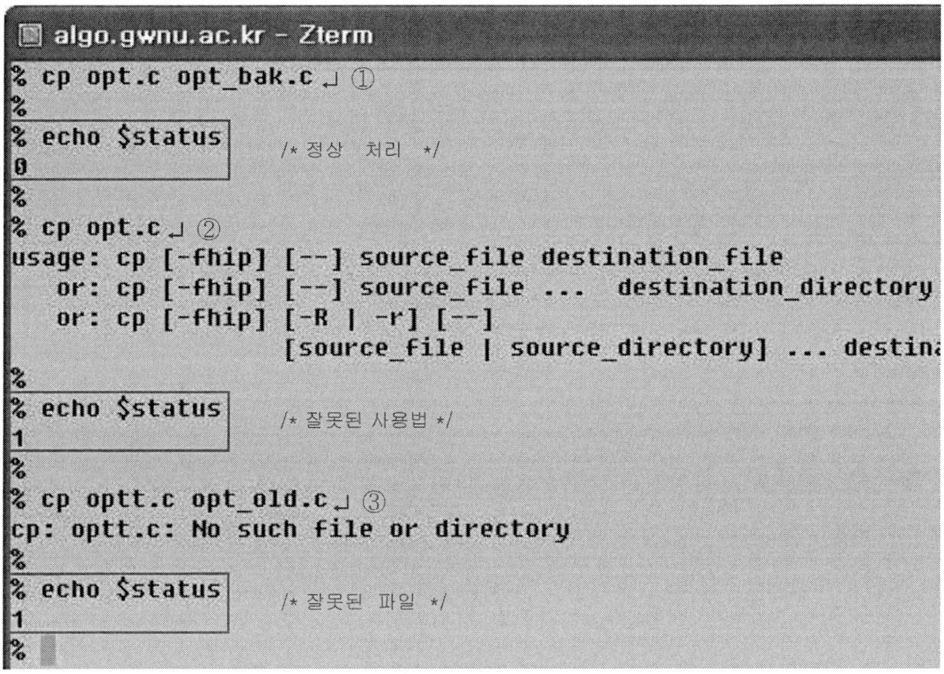

[그림 6-42] C 쉘에서 명령어 종료상태 확인의 예

명령어 종료 상태는 앞에서 살펴본 바와 같이 정상 처리 후 종료한 경우에는 항상 0 값이 전달되고, 그 밖의 오류나 비정상적인 환경에 따라 종료한 경우에는 각 명령어가 자체적으로 정의한 0이 아닌 오류 코드가 전달된다.

■ **불명확한 명령어 종료 상태**

종료 방법으로 exit()를 사용한 경우에는 문법적으로 반드시 종료 상태를 명시하게 되어 있으므로 종료 상태가 명확하게 전달된다. 그런데 main() 함수에서 return 문장으로 종료하거나 return 문장 없이 종료할 때에는 종료 상태가 명확하지 않은 경우가 발생 할 수 있다. 즉, [표 6-12]에 보인 return 문장의 특징으로 인해 불명확한 종료 상태가 전달 될 수 있다.

프로그램 작성자가 범하기 쉬운 실수는 main() 함수에서 복귀하는 마지막 return() 문장을 누락하는 경우인데, 이와 같이 return() 문장이 누락되거나 복귀 값이 명시되지 않은 return 문장을 사용한 경우에는 명령어 종료 상태로 어떤 값이 전달될지 예측할 수 없다. 이런 경우에는 해당 명령어가 실행될 당시의 메모리 및 기타 환경에 따라 종료 상태가 달라질 수 있다.

불명확한 명령어 종료 상태를 예방하기 위해서는 가급적 exit() 함수를 사용하는 것이 좋다.

[표 6-12] 불명확한 종료 상태를 유발하는 return 문장의 특성

① return 형태나 return(n) 형태 등 두 가지 모두 문법적인 오류가 없다.
예) return; → 복귀 값(return value) 없이 제어 흐름만 복귀함
return(n); → 매개 변수 n을 명시적 복귀 값으로 전달함

② 함수에서 제어 흐름이 함수의 마지막 줄인 '}'를 만나면 return; 문장으로 간주한다.
예)

```
main()
{
    printf("I don't know. \n");
}
```

⇔

```
main()
{
    printf("I don't know. \n");
    return;
}
```

■ **명령어 종료 상태의 활용**

명령어의 종료 상태는 [그림 6-41], [그림 6-42]에서와 같이 명령어 실행 후 결과를 확인하는 정도의 간단한 활용도 있지만, 이런 용도 보다는 여러 명령어를 실행시켜 가면서 그 실행 결과에 따라 다른 명령어들을 조건부로 실행시키고자 할 때와 같이 명령어의 조건부 실행을 자동화하는 등의 쉘 프로그래밍(10 장 참조)에 긴요하게 활용된다.

명령어 종료 상태를 활용한 조건부 실행의 간단한 예 중의 하나는 명령어 들을 괄호와 논리 연산자(&&, ||)를 이용해서 일렬로 배열하는 것이다. 쉘은 명령어들 전체의 최종 논리 값을 계산하기 위해 일반적인 논리식 계산 규칙에 따라 명령어들을 실행시키고 그 종료 상태로부터 참·거짓을 얻어 계산 과정에 반영한다. 이 때, 명령어의 종료 상태가 0이면 참을, 0이 아니면 거짓을 적용한다([표 6-11] 참조).

예를 들어 [그림 6-43]에 보인 두 명령어 ext_test1.c와 ext_test2.c가 있을 때 다음의

```
$ ext_test1 && ext_test2 ↵
```

조건부 실행 명령어는 다음과 같이 진행된다([그림 6-44] 참조).

① 두 항목이 &&(and)로 연결되어 있으므로 우선 앞쪽에 위치한 명령어인 ext_test1을 실행시킨다.

② ext_test1의 종료 상태가 0 즉, 참이므로 ext_test2까지 실행해야만 전체 논리 값이 결정된다.

③ ext_test2를 실행시킨다.

④ ext_test2의 종료 상태는 0이 아니므로 거짓이 되고, 결국 전체 논리식의 최종 값을 거짓으로 결정한다(T && F → F).

유사한 방법으로 아래의

```
$ ext_test1 || ext_test2 ↵
```

조건부 실행 명령어는 다음과 같이 진행된다([그림 6-44] 참조).

① 두 항목이 ||(or)로 연결되어 있으므로 우선 앞쪽에 위치한 명령어인 ext_test1을 실행시킨다.

② ext_test1의 종료 상태가 0 즉, 참이므로 ext_test2까지 실행하지 않더라도 전체 논리 값이 참이라는 사실을 알아낸다(T || T → T, T || F →T).

④ 따라서 ext_test2는 실행시키지 않고 전체 논리식의 최종 값을 참으로 결정한다.

```
/* ext_test1.c */  /*[그림 6-40](a)참조 */
#include <stdio.h> … <stdlib.h>
int main() {
   printf("I am happy.\n");
   return(0);   /* exit(0) */
}
```

```
/* ext_test2.c */  /*[그림 6-40](b)참조 */
#include <stdio.h> … <stdlib.h>
int main() {
   printf("I am unhappy.\n");
   return(2);   /* exit(2) */
}
```

[그림 6-43] 조건부 실행의 명령어 종료 상태 활용을 위한 예제 프로그램

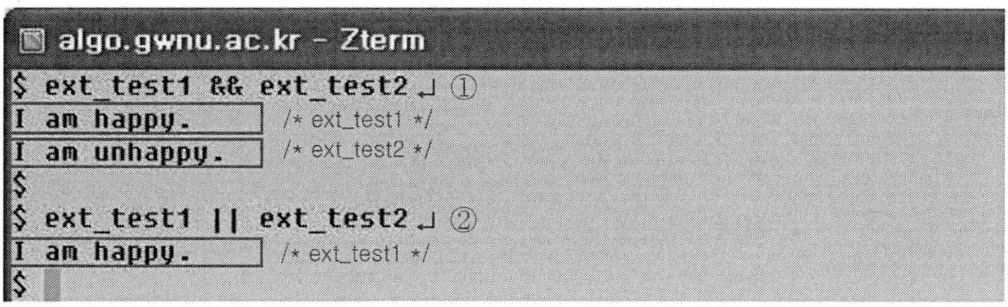

[그림 6-44] [그림 6-43] 프로그램을 이용한 조건부 명령어 실행의 예

☞ [실습 6-3]

STEP I

1. Bourne·Korn 쉘로 로그인 하거나 Bourne·Korn 쉘을 서브 쉘로 실행시킨다.
2. `$ ls ↵` `$ echo $? ↵` 를 차례로 실행하여 ls 명령어의 정상 처리 종료 상태를 확인한다.
3. `$ ls xyz.c ↵` `$ echo $? ↵` 를 차례로 실행하여 잘못된 파일에 대한 ls 명령어의 비정상 처리 종료상태를 확인한다.
4. `$ ls -w ↵` `$ echo $? ↵` 를 차례로 실행하여 잘못된 옵션에 대한 ls 명령어의 비정상 처리 종료상태를 확인한다.

STEP II

1. C 쉘로 로그인 하거나 C 쉘을 서브 쉘로 실행시킨 후, 임의의 내용으로 opt.c 를 편집한다.
2. `% cp opt.c ↵` `% echo $status ↵` 를 차례로 실행하여 잘못된 사용법에 의한 cp 명령어의 비정상 처리 종료상태를 확인 한다.
3. `% cp opt.c opt_bak.c ↵` `% echo $status ↵` 를 차례로 실행하여 cp 명령어의 정상 처리 종료상태를 확인한다.

STEP III

1. [그림 6-45]의 ext_test1.c 를 코딩하고 컴파일한다.
2. `$ ext_test1 ↵` `$ echo $? ↵` } Bourne·Korn 쉘 `% ext_test1 ↵` `% echo $status ↵` } C 쉘
   를 실행하여 ext_test1 명령어의 종료상태를 확인하고 토론한다.
3. [그림 6-45]의 ext_test1.c 내용 중, return(0)를 exit(0)로 수정하고 컴파일한다.
4. 과정 2를 반복하여 main() 함수에서 return()과 exit()를 비교하고 토론한다.

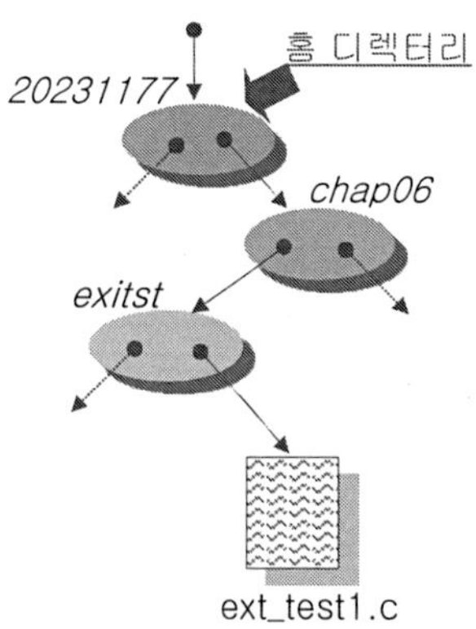


```
/* ext_test1.c */        /* [그림 6-40] [그림 6-43] 참조 */
#include <stdio.h>
#include <stdlib.h>
int main()
{
   printf("I am happy.\n");
   return(0);  /* exit(0) */
}
```

[그림 6-45] 종료상태 실습 III

STEP IV

1. [그림 6-46]의 ext_test2.c 를 코딩하고 컴파일한다.
2. `$ ext_test2 ↵` / `$ echo  $? ↵` } Bourne·Korn 쉘 `% ext_test2 ↵` / `% echo $status ↵` } C 쉘

   를 실행하여 ext_test2 명령어의 종료상태를 확인하고 토론한다.
3. [그림 6-46]의 ext_test2.c 내용 중, return(2)를 exit(2)로 수정하고 컴파일한다.
4. 과정 2 를 반복하여 main() 함수에서 return()과 exit()를 비교하고 토론한다.

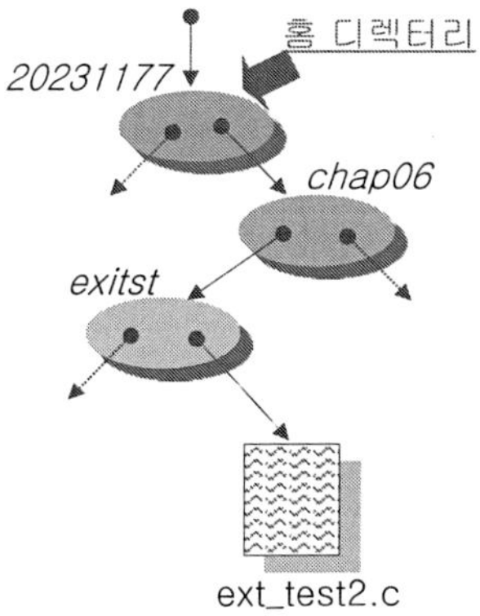


```
/* ext_test2.c */          /* [그림 6-40] [그림 6-43] 참조 */
#include <stdio.h>
#include <stdlib.h>

int main()
{
    printf("I am unhappy.\n");
    return(2);   /* exit(2) */
}
```

[그림 6-46] 종료상태 실습 IV

STEP V

1. [그림 6-47]의 ext_test3.c를 이해하고 코딩한 후, 컴파일한다
2. `$ ext_test4  127↵` / `$ echo  $? ↵` } Bourne·Korn 쉘 `% ext_test3  127↵` / `% echo $status ↵` } C 쉘

   와 같은 명령어 형식으로 매개 변수의 값을 -300~300 사이의 임의의 값으로 바꿔 가면서 여러 번 실행하여 종료 상태의 최대 값과 최소 값을 확인한다.

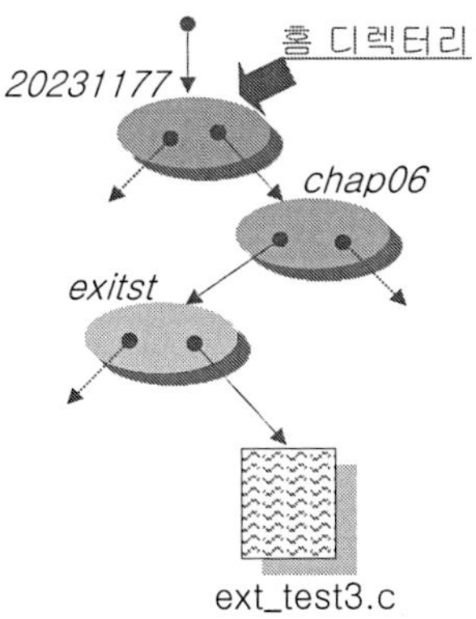


```
/* ext_test3.c */
#include <stdio.h>
#include <stdlib.h>
main(int  argc, char  *argv[])
{
    int  extst;
    if (argc != 2) {
       printf("usage: %s number \n", argv[1]);
       exit(1);
    }
    extst = atoi(argv[1]);
    exit(extst);
}
```

[그림 6-47] 종료상태 실습 V

STEP VI

1. [그림 6-48]의 ext_test4.c 를 코딩하고 컴파일한다.

2. `$ ext_test3 ↵` `$ echo $? ↵` } Bourne·Korn 셸   `% ext_test3 ↵` `% echo $status ↵` } C 셸

를 여러 번 실행하여 ext_test3 명령어의 불명확한 종료상태를 확인하고 토론한다(시스템에 따라 결과가 다를 수 있음).

3. ext_test4.c 내용 중, main() 함수 안에 있는 return 문장을 제거하고 컴파일한 후, 과정 2 를 반복하여 그 결과를 return 문장이 있었을 때와 비교하고 토론한다.

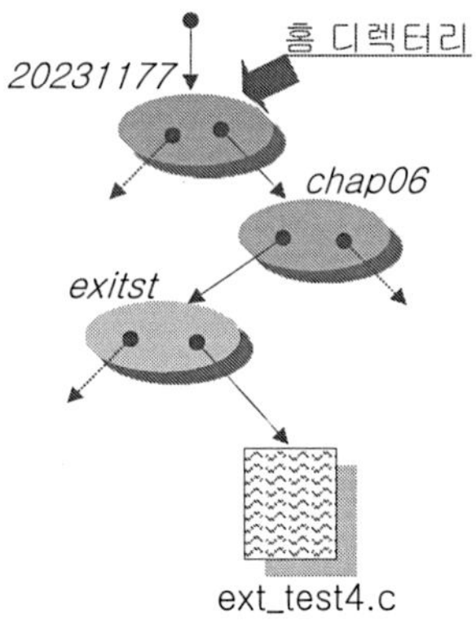


```c
/* ext_test4.c */
#include <stdio.h>
#include <stdlib.h>
#include <unistd.h>
#include <time.h>
int main()
{
   int   x;
   printf("I don't know.\n");
   sleep(1);
   x = sub();
   return(x);
}
int sub()
{
   time_t  t;
   time(&t);
   srand(t);
   t = rand() % 100;
   return(t);
}
```

[그림 6-48] 종료상태 실습 VI

STEP VII

1. [그림 6-49]의 ext_test5.c 를 이해한 후, 코딩하고 컴파일한다.

2. `$ ext_test5 4 5 ↵` `$ echo $? ↵` } Bourne·Korn 쉘 　 `% ext_test5 4 5 ↵` `% echo $status ↵` } C 쉘
를 실행하여 ext_test5 명령어의 정상 처리 종료상태를 확인하고 토론한다.

3. `$ ext_test5 4 ↵` `$ echo $? ↵` } Bourne·Korn 쉘 　 `% ext_test5 4 ↵` `% echo $status ↵` } C 쉘
를 실행하여 ext_test5 명령어의 비정상 처리 종료상태를 확인하고 토론한다.

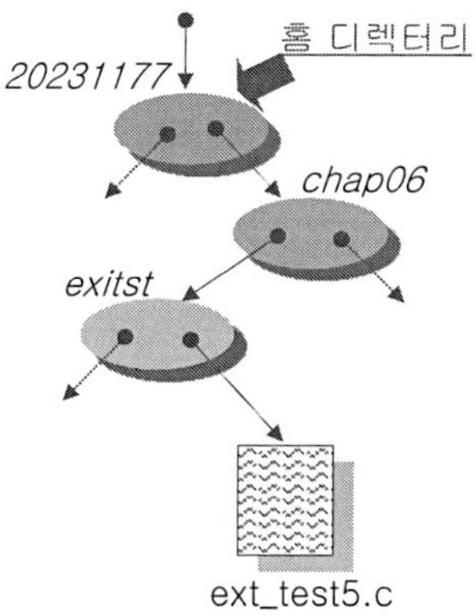


```
/* ext_test5.c */                          /* [그림 6-40] 참조 */
#include <stdio.h>
#include <stdlib.h>
#define  FAIL  1

int main(int  argc, char *argv[])
{
    int  s;

    s = sum(argc, argv);
    if (s < 0)
①      return(FAIL);
    printf ("%s+%s=%d \n", argv[1], argv[2], s);
② return(0);
}
int sum(int  argc, char *argv[])
{
    int  s;

    if (argc != 3)
       return(-1);
    s = atoi(argv[1]) + atoi(argv[2]);
    return(s);
}
```

[그림 6-49] 종료상태 실습 VII

STEP VIII

1. [그림 6-50]의 ext_test6.c 를 이해한 후, 코딩하고 컴파일한다.

2. `$ ext_test6 4 5 ↵` / `$ echo $?  ↵` } Bourne·Korn 셸 `% ext_test6 4 5 ↵` / `% echo $status ↵` } C 셸

   를 실행하여 ext_test6 명령어의 정상 처리 종료상태를 확인하고 토론한다.

3. `$ ext_test6 4 ↵` / `$ echo $?  ↵` } Bourne·Korn 셸 `% ext_test6 4 ↵` / `% echo $status ↵` } C 셸

   를 실행하여 ext_test6 명령어의 비정상 처리 종료상태를 확인하고 토론한다.

4. [그림 6-49]의 ext_test5와 [그림 6-50]의 ext_test6 사이에 기능상의 차이점이 있는지 토론한다.

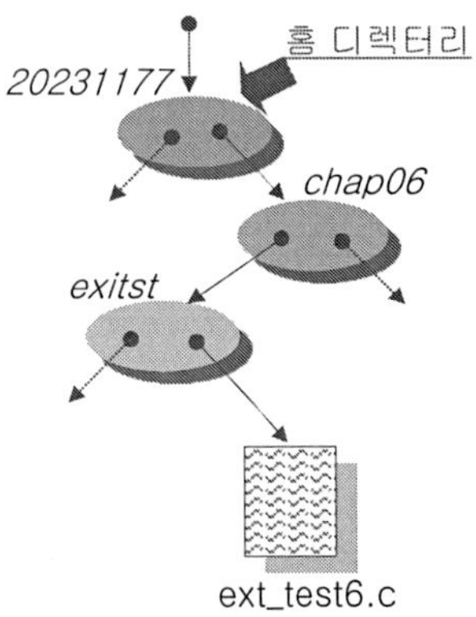


```
/* ext_test6.c */                          /* [그림 6-40] 참조 */
#include <stdio.h>
#include <stdlib.h>
#define  FAIL   1
int main(int  argc, char *argv[])
{
   int  s;

   s = sum(argc, argv);
   printf ("%s+%s=%d\n", argv[1], argv[2], s);
① return(0);
}
int sum(int  argc, char *argv[])
{
   int  s;

   if (argc != 3)
②     exit(FAIL);
   s = atoi(argv[1]) + atoi(argv[2]);
   return(s);
}
```

[그림 6-50] 종료상태 실습 VIII

6.4 명령어 표준 입·출력 처리

키보드 입력, 화면(모니터) 출력, 디스크 입·출력, 마그네틱 테이프 입·출력 등 하드웨어 저장 장치와의 입·출력 방법은 탑재된 운영체제에 따라 상당히 다를 수 있다. 즉, 유닉스, 리눅스, 윈도즈 등 널리 상용화된 모든 운영체제 들은 하드웨어와의 약속된 접속 규약에 따라 물리적인 입·출력을 대행해 주기 때문에 사용자는 프로그램을 통해서 운영체제에게 입·출력 서비스를 의뢰해야 하는데, 이 때 입·출력을 의뢰하는 방법은 운영체제 고유의 특성에 따라 달라지는 것이다.

그러나 입·출력을 다루는 운영체제의 전반적인 개념과 절차는 유사하다.

6.4.1 운영체제의 입·출력 위치(장치) 식별

유닉스 운영체제는 사용자가 원하는 입·출력 장치를 쉽게 인식할 수 있도록 각 장치의 명칭을 문자열로 구성하여 제공한다. 이 때 문자열의 구성은 3 장에서 다뤘던 바와 같이 단순한 단어로 이루어지거나 경로명(pathname)이라 일컫는 트리 구조의 디렉터리 체계로 이루어진다.

경로명은 사용자로 하여금 하드 디스크 등 대 용량 저장 장치 위에 논리적인 저장 장치(공간)을 체계적이고 쉽게 생성하거나 제거할 수 있도록 도와주는 운영체제의 파일 시스템 기능을 통해 입·출력을 원할 경우 사용된다. 뿐만 아니라 일반 파일과 동일하게 경로명으로 표시되지만 그 것이 특정 입·출력 하드웨어와 연결되는 파일이 있는데 이런 파일을 특수 파일의 일종인 장치 파일(device file)이라 부른다.

[그림 6-51]에 일반 파일, 터미널 장치, 마그네틱 테이프 장치, 디스크 장치와 연결된 장치 파일의 예를 보였는데, 일반 파일 혹은 장치 파일을 불문하고 사용자 입장에서 프로그램을 작성해서 입·출력을 처리하는 방법은 동일하다.

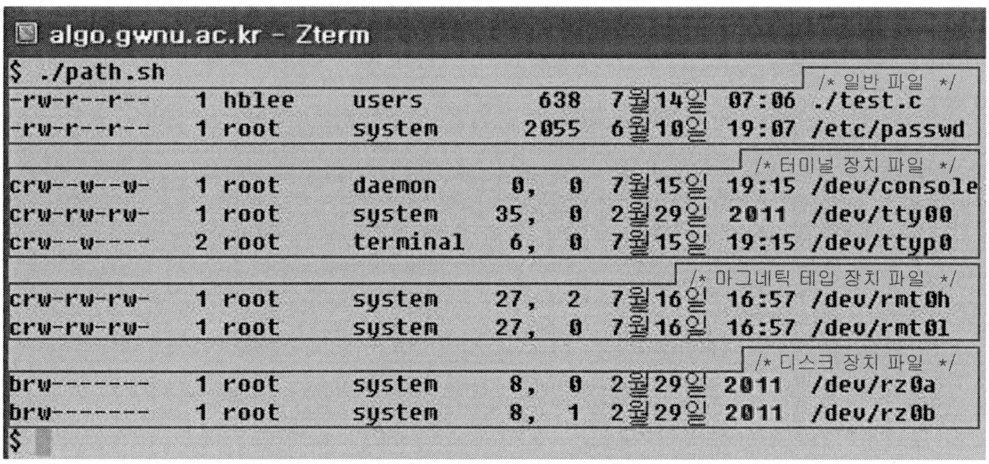

[그림 6-51] 입출력 장치와 연결된 장치 파일의 예

6.4.2 운영체제의 입·출력 서비스 절차

사용자가 프로그램을 통해서 유닉스 운영체제에게 입·출력을 의뢰했을 때 운영체제는 단순히 입·출력만을 처리하는 것이 아니고, 입·출력을 정당하고 정확하게 수행하기 위해 여러 가지 부수적인 사항들을 확인해야 한다.

[표 6-13]에 입·출력을 위해 운영체제가 실시해야 하는 일반적인 사항들을 요약하였다. 이들 사항들은 최소한으로 요구되는 것들이고 운영체제의 특성에 따라 더 이상의 추가 항목이 부가될 수 있다.

[표 6-13] 입·출력을 위한 운영체제의 부가적인 처리 사항

확인항목	주요 확인 사항
경로명 무결성 검증	• 경로명의 구성 형태 검사 • 경로명에 대응되는 입·출력 장치의 존재 여부
입·출력 장치의 상태	• 장치의 고장 여부(입·출력 가능 여부) • 저장 데이터 내에서 입·출력 지점
입·출력 장치의 속성	• 장치 유형(입력 전용, 출력 전용, 입·출력용) • 소유자 • 저장된 데이터의 크기 • 저장 가능한 최대 크기

보통 하나의 입·출력 장치에 대한 입·출력은 한 번으로 끝나지 않고 여러 번에 걸쳐 연속적으로 이루어지는데, [표 6-13]에 나열된 모든 사항들을 입·출력 의뢰가 있을 때마다 매번 중복해서 확인한다면 불필요한 추가 부담이 크다. 또한 입·출력을 의뢰를 할 때마다 길이가 긴 경로명을 전달하는 것은 비효율적이다. 이런 문제점을 해결하기 위해 유닉스 운영체제는 [그림 6-52]와 같이 입·출력 준비, 입·출력 실행, 입·출력 종료 등 크게 3 단계를 거친 입·출력 절차를 따르도록 한다.

입·출력 준비 단계에서 운영체제는 사용자가 지시한 입·출력 위치(장치) 즉, 경로명에 대한 정보를 내부 표에 저장하고, 그 표에 대한 유일한 id 를 사용자에게 알려주어 그 이후부터는 경로명 대신 id를 사용하게 함으로써 입·출력 과정을 간편하게 해준다. 이 때 주어지는 id를 보통 파일 명시자 혹은 파일 식별자(file descriptor)라 부른다.

파일 식별자는 0, 1, 2, ... 와 같이 입·출력 준비가 의뢰되는 순서에 따라 운영체제에 의해서 명령어(프로세스) 단위로 중복되지 않는 음이 아닌 정수로 부여된다. 또한 해당 파일 식별자에 대한 입·출력이 종료(폐쇄)되면 그 파일 식별자는 다른 입·출력 장치에 할당되어 재사용 될 수도 있다.

[그림 6-52]에 따른 전형적인 유닉스 운영체제 입·출력 C 프로그램을 [그림 6-53]에 보였다.

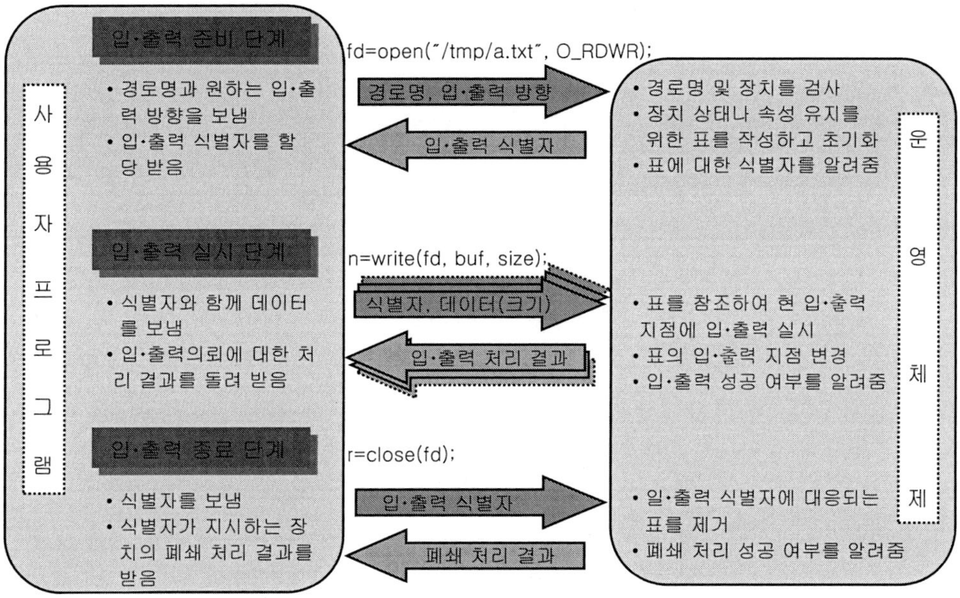

[그림 6-52] 유닉스 운영체제의 입·출력 서비스 절차

```
/* std_test01.c */
#include <stdio.h>
#include <fcntl.h>
#include <unistd.h>
#include <stdlib.h>
main(int  argc, char  *argv[])
{
      int     fd1, fd2, n;
      char    buf[1024];
      fd1 = open("test1.c", O_RDONLY);
      if (fd1 < 0) {
           printf("test1.c is not readable… \n");
           exit(1);
      }
      fd2 = open("test2.c", O_WRONLY);
      if (fd2 < 0) {
           printf("test2.c is not writable… \n");
           exit(2);
      }
      while ( ( n = read(fd1, buf, sizeof(buf)) ) > 0 )
           write(fd2, buf, n);
      close(fd1); close(fd2);
      exit(0);
}
```

준비(개방) / 실시 / 종료(폐쇄)

[그림 6-53] [그림 6-52]에 따른 전형적인 유닉스 운영체제 입·출력 프로그램

6.4.3 표준 입·출력 장치와 표준 입·출력 파일 식별자의 개념

■ 기본 입·출력 장치

사용자 프로그램이 입·출력을 전혀 하지 않고 수행되는 경우는 드물다. 입·출력 내용 중에서도 프로그램이 필요로 하는 기본적인 인수나 제어 옵션의 입력(키보드), 프로그램의 처리 결과의 출력(화면), 오류에 대한 확인 메시지의 출력(화면) 등은 아주 기본적이면서도 중요하다.

그런데 위와 같은 기본적인 입·출력을 위해 [그림 6-52]의 절차를 거쳐야 한다면 아주 곤란한 문제에 직면한다. 즉, 사용자 프로그램들이 실행될 때마다 기본 입·출력 장치가 달라질 수 있기 때문에, 그 때마다 원천코드 내에서 입·출력 장치를 나타내는 경로명을 수정하여 다시 컴파일한 후 실행시켜야 할 것이다. 그렇다고, 기본 입·출력 장치를 미리 정해 두고 모든 프로그램이 공유할 수는 없는 일이다.

위 문제 점을 해결하기 위해 대부분의 운영체제는 프로그램을 실행시킬 때 [그림 6-54]의 절차에 따라 기본 입·출력 장치를 지정하고 미리 개방하여 그 프로그램에게 넘겨줌으로써 해당 프로그램으로 하여금 준비 과정 없이 곧바로 입·출력할 수 있도록 한다.

[그림 6-54]의 ①에서 실행시킬 프로그램을 위한 기본 입·출력 장치를 선정하는 방법과 ③에서 개방된 입·출력 식별자를 전달하는 방법은 운영체제에 따라 상이하다. 유닉스 환경에서 이들은 [그림 6-55]의 방법으로 이루어진다.

① 새로 실행시킬 프로그램을 위한 기본 입·출력 장치(경로명)를 선정한다.
② 선정된 입·출력 장치를 개방(준비)하여 입·출력 식별자를 얻는다.
③ 사용자 프로그램을 실행시키면서 ②의 입·출력 식별자를 전달한다.
④ 사용자 프로그램은 전달 받은 ③의 입·출력 식별자를 사용하여 준비단계 없이 곧바로 입·출력한다.
⑤ 즉, 사용자 프로그램은 기본 입·출력 장치에 대한 구체적인 정보에는 관심을 두지 않고, 무조건 운영체제로부터 넘겨받은 입·출력 식별자를 사용하여 입·출력한다 ➔ 표준 입·출력이라 함.

[그림 6-54] 일반 운영체제의 기본 입·출력 장치 준비 과정

- 사용자가 프로그램을 실행 시키기 위해 접속한 단말기의 키보드를 기본 입력 장치로 선정한다.
- 사용자가 프로그램을 실행 시키기 위해 접속한 단말기의 모니터를 기본 출력 장치로 선정한다.
- 개방해서 얻은 기본 입·출력 식별자에 언제나 동일한 특정 번호(0, 1, 2)를 부여하여 프로그램에게 전달한다.

[그림 6-55] 유닉스 시스템의 기본 입·출력 장치 준비 방법

■ 표준 입·출력(standard input output) 장치 및 표준 입·출력 파일 식별자

표준 입·출력 장치는 운영체제가 마련해준 기본 입·출력 장치를 바탕으로 운영체제와 모든 사용자 프로그램 사이에 존재하는 하나의 묵시적 약속 사항이다. 이는 어떤 운영체제 환경에서 어떤 프로그램을 작성하는가에 관계 없이 프로그래머가 이해하고 지키고 또 활용해야 할 간단하면서도 중요한 규칙이다. [그림 6-56]에 표준 입·출력 장치와 표준 입·출력 파일 식별자의 개념을 응용 프로그램 시각에서 설명해 놓았다.

[그림 6-55]의 내용에 기반하여, 유닉스·리눅스 환경에서 표준 입력은 키보드(파일 식별자 0)로, 표준 출력(파일 식별자 1)과 표준 오류(파일 식별자 2)는 화면(모니터)과 연결된다. 그러나 이들 표준 입·출력 장치 각각은 해당 프로그램을 실행시킬 때 운영체제에 요청하여 다른 입·출력 장치로 재설정할 수 있다. 다만, 표준 입·출력 장치가 재설정되더라도 응용 프로그램에게 전달되는 표준 입·출력 파일 식별자는 변함없이 0, 1, 2로 설정되기 때문에 응용 프로그램이 동작하는 데는 전혀 지장이 없다.

예를 들어

```
$ ls > ls.out ↵
```

의 명령어에서 '>'는 표준 출력 장치를 화면 대신 'ls.out' 파일로 설정함을 의미한다.

▪ 모든 응용 프로그램은 실행되는 순간 그 스스로의 의지와 관계 없이 기본적으로 다음과 같이 세 개의 표준 입·출력 식별자가 개방되어 주어진다.

① 첫 번째 입·출력 식별자(0)는 입력 장치와 연결된다.
② 두 번째 입·출력 식별자(1)는 출력 장치와 연결된다.
③ 세 번째 입·출력 식별자(2)도 출력 장치와 연결된다.

(표준 입·출력 파일 식별자)

▪ 프로그래머는 위 세 개의 입·출력 식별자가 다음의 용도로 주어진다고 간주하고 준비과정 없이 곧바로 입·출력한다(묵시적 약속).

① 첫 번째 입·출력 식별자(0)는 프로그램이 처리할 데이터가 입력될 장치와 연결되어 있다.
② 두 번째 입·출력 식별자(1)는 정상적인 처리 결과를 출력할 장치와 연결되어 있다.
③ 세 번째 입·출력 식별자(2)는 처리 도중 발생한 치명적인 오류나 주의를 요하는 등의 오류 메시지를 출력할 장치와 연결되어 있다.

▪ 위의 세 입·출력 장치(식별자)를 다음과 같이 명명한다.

① 첫 번째 입·출력 장치를 표준 입력(standard in) 장치라 한다.
② 두 번째 입·출력 장치를 표준 출력(standard out) 장치라 한다.
③ 세 번째 입·출력 장치를 표준 오류(standard error) 장치라 한다.

▪ 표준 입·출력 장치가 운영체제에 의해 변경되더라도 해당 입·출력 식별자는 변하지 않기 때문에 프로그램은 특수한 경우를 제외하고는 그 변경 사실을 인지할 필요가 없다.

[그림 6-56] 표준 입·출력 장치와 표준 입·출력 파일 식별자의 개념

```
/* std_test02.c */
#include <stdio.h> <fcntl.h> <unistd.h> <stdlib.h>
main(int  argc, char  *argv[])
{
      int   fd, n;
      char  buf[1024];

      if ( (fd = open("test1.c", O_WRONLY)) < 0 ) {
            printf("test1.c is not writable… \n");
            exit(1);
      }                  /*표준 입력 파일 식별자 */
      while( ( n=read(0, buf, sizeof(buf)) ) > 0)
            write(fd, buf, n);
      close(fd);
      exit(0);
}
```

(a) 표준 입력(키보드)→ 파일(test1.c)

```
/* std_test03.c */
#include <stdio.h> <fcntl.h> <unistd.h> <stdlib.h>
main(int  argc, char  *argv[])
{
      int   fd, n;
      char  buf[1024];

      if ( (fd = open("test1.c", O_RDONLY)) < 0 ) {
            printf("test1.c is not readable… \n");
            exit(1);
      }
      while( ( n=read(fd, buf, sizeof(buf)) ) > 0)
            write(1, buf, n);
      close(fd);    /*표준 출력 파일 식별자 */
      exit(0);
}
```

(b) 파일(test1.c)→표준 출력(화면)

```
/* std_test04.c */
#include <unistd.h> <stdlib.h>
main(int  argc, char  *argv[])
{
      int   n;
      char  buf[1024];   /*표준 입력 파일 식별자 */

      while( ( n=read(0, buf, sizeof(buf)) ) > 0)
             write(1, buf, n);
                         /*표준 출력 파일 식별자 */
      exit(0);
}
```

(c) 표준입력(키보드)→표준 출력(화면)

[그림 6-57] 표준 입·출력 파일 식별자 활용 프로그램의 예

[그림 6-57]에 표준 입·출력 식별자를 활용하는 C 프로그램의 예 몇 가지를 보였다. 이 그림의 (a)는 파일 식별자 0에 연결될 장치(키보드)에서 데이터를 읽어서 test1.c 파일에 저장하는 프로그램인데, 여기서 파일 식별자 0(표준 입력 식별자)은 별도의 개방 절차 없이 그대로 사용되고 있다.

(b)는 test1.c 파일에 저장된 내용을 읽어서 파일 식별자 1에 연결된 장치(화면)로 출력하는 프로그램이다. 여기서도 파일 식별자 1(표준 출력)은 이미 개방되어 준비된 식별자이므로 별도의 개방 절차 없이 그대로 사용되고 있다.

(c)는 파일 식별자 0에 연결된 장치(키보드)에서 데이터를 읽어서 파일 식별자 1에 연결된 장치(화면)로 출력하는 프로그램이다. (a), (b)에서와 마찬가지로 여기서도 파일 식별자 0(표준 입력)과 1(표준 출력)은 이미 개방되어 준비된 식별자이므로 별도의 개방 절차 없이 그대로 사용되고 있다.

6.4.4 입·출력 처리 라이브러리 함수를 사용한 입·출력

■ **입·출력 라이브러리 함수의 개념 및 필요성**

[그림 6-52]의 일반 입·출력과 [그림 6-56]의 표준 입·출력 과정의 개념적 절차는 운영체제에 따라 그 구체적인 방법이 다를 수 있다. 그런데, FORTRAN, COBOL 등 대다수 고급 프로그래밍 언어 들은 운영체제의 이질성을 은폐하는 각 언어 고유의 입·출력 문장을 제공하기 때문에 구체적인 입·출력 절차에 신경 쓸 필요가 없다.

그러나 C 언어는 고유의 입·출력 문장을 제공하지 않기 때문에 입·출력이 필요할 때는 해당 프로그램이 실행될 시스템의 운영체제가 요구하는 절차에 따라 각각 다르게 코딩 되어야 한다. 이는 고급 언어의 큰 장점 중의 하나인 시스템 간 호환성이라는 특성을 결정적으로 저해하는 요인이 아닐 수 없다.

위의 문제점을 해결하는 방법이 곧 어느 시스템에서나 표준화된 입·출력 라이브러리 함수를 제공하는 것이다. 입·출력 라이브러리 함수는 [그림 6-58]의 (a)에서 보는

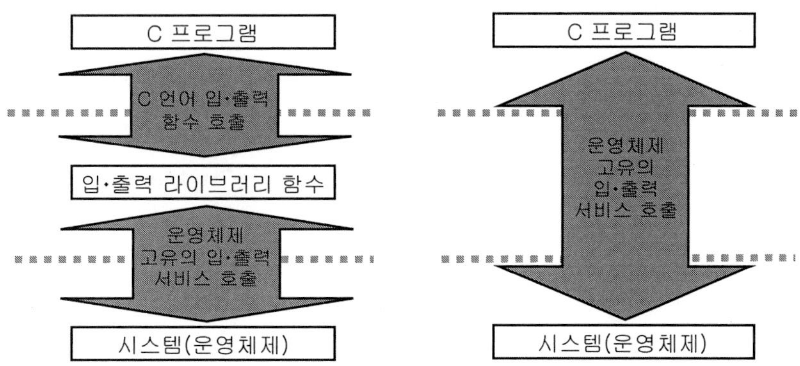

(a) 라이브러리를 통한 간접 입·출력 (b) 운영체제를 통한 직접 입·출력

[그림 6-58]] C 언어 입·출력 라이브러리의 개념

바와 같이 C 언어가 설치된 운영체제의 이질성을 은폐하여 모든 C 프로그래머에게 동일한 입·출력 방법을 제공한다. 즉, 어느 시스템에서나 동일한 사용법과 동일한 기능의 라이브러리 함수로 존재하기 때문에 사용자는 시스템의 상이성을 인식하지 않고 입·출력을 처리할 수 있다.

그렇다고 반드시 입·출력을 위해 라이브러리 함수만을 사용할 필요는 없다. 입·출력 성능의 극대화 등 특별한 사유가 있을 때에는 [그림 6-58]의 (b)처럼 해당 운영체제의 입·출력 서비스를 직접 활용할 수도 있다. [그림 6-53], [그림 6-57]은 이처럼 유닉스 운영체제 고유의 특성(open(), read(), write(), lseek(), close())을 활용한 프로그램으로 입·출력 자체는 효율적일 수 있으나 다른 운영체제에서는 실행되지 못할 수도 있다는 단점을 지니고 있다.

라이브러리를 통한 출력에서 유의해야 할 아주 중요한 사항 중의 하나로 라이브러리 수준의 버퍼링 기능을 들 수 있다. 즉, C 프로그램에서 출력 라이브러리 함수 호출이 완료되었다 하더라도, 그 출력된 내용이 운영체제에 즉시 전달되지 않고 특정 시점까지 라이브러리 내 임시 버퍼에 존재한다는 것인데, 이는 데이터를 모아 한꺼번에 전달함으로써 성능 향상을 도모하기 위함이다. 그런데, 출력 내용이 라이브러리 내에 머무르고 있는 동안 프로그램이 비정상 종료되면 출력되었던 내용이 그대로 사라져 버리기 때문에 이 점을 염두에 두어야 한다.

따라서, 매우 민감한 데이터를 라이브러리를 통해 출력할 때는 라이브러리 내에 머무르고 있는 데이터를 강제로 운영체제로 밀어내는 플러시(flush) 함수를 자주 호출해 주어야 한다

■ 입·출력 라이브러리 함수를 통한 입·출력 절차

라이브러리를 통한 입·출력 또한 [그림 6-52]와 [그림 6-53]에 보인 일반적인 입·출력과 동일한 절차에 따라 이루어지는데, 다만 입·출력 식별자를 얻는 방법과 입·출력 처리를 담당하는 함수의 사용법이 다르다.

이 때, 가장 중요한 입·출력 식별자로는 숫자가 아닌 FILE 구조형을 사용한다. FILE 구조형은 시스템에서 제공하는 stdio.h 파일에 정의되어 있으므로 입·출력 라이브러리 함수를 사용하고자 할 때에는 반드시 이 파일을 삽입하여 참조해야 한다.

준비(개방) 단계에서 입·출력 개방 함수 fopen()은 [그림 6-59]의 FILE 구조 하나를 라이브러리 내에 할당하여 운영체제에서 얻은 파일 식별자(_fileno) 등의 내용을 기록하고, 그 구조형 변수에 대한 주소(포인터)를 입·출력 식별자로 넘겨준다(FILE *). 여기서 얻어진 입·출력 식별자는 라이브러리 내에 지속적으로 유지·관리되면서 다른 입·출력 라이브러리 함수에 공유된다.

입·출력 작업이 모두 끝나면 반드시 입·출력 종료 함수 fclose()를 호출하여 해당 입·출력 장치를 폐쇄하고 입·출력 식별자를 파기해야 한다. [그림 6-60]에 라이브러리 함수를 이용한 입·출력 프로그램의 예를 보였다.

```
struct FILE {
  int    _flags;           /* High-order word is _IO_MAGIC; rest is flags. */
  char  *_IO_read_ptr;     /* Current read pointer */
  char  *_IO_read_end;     /* End of get area. */
  char  *_IO_read_base;    /* Start of putback+get area. */
  char  *_IO_write_base;   /* Start of put area. */
  char  *_IO_write_ptr;    /* Current put pointer. */
  char  *_IO_write_end;    /* End of put area. */
  char  *_IO_buf_base;     /* Start of reserve area. */
  char  *_IO_buf_end;      /* End of reserve area. */
  char  *_IO_save_base;    /* Pointer to start of non-current get area. */
  char  *_IO_backup_base;/* Pointer to first valid character of backup area */
  char  *_IO_save_end;     /* Pointer to end of non-current get area. */
  int    _fileno;          /* Operating system file descriptor */
  :
  char _shortbuf[1];
};
```

[그림 6-59] 입·출력 라이브러리의 전형적인 입·출력 식별자 구조

```
/* std_test10.c */
#include <stdio.h>
struct  mark_data {
        int   st_id;
        int   kor;
        int   eng;
        int   mat;
};
int main()
{
    FILE    *fp;
    struct  mark_data mark;
    int     n;
    fp = fopen("mark.dat" , "r" ); ...................... /* 준비 단계 */
    if (fp == NULL) {
        printf("file open fail...\n" );
        return(-1);
    }
    while(1) {
        n = fread(&mark, sizeof(mark), 1, fp); ... /* 실시 단계 */
        if (n != 1)
            break;
        printf("id=%d, kor=%d, eng=%d, mat=%d \n" ,
                                 mark.st_id, mark.kor, mark.eng, mark.mat);
    }
    fclose(fp); ........................................ /* 종료 단계 */
    return(0);
}
```

[그림 6-60] 라이브러리 함수를 이용한 입·출력 프로그램의 예

6.4.5 표준 C 라이브러리의 일반 입·출력 처리 함수

[표 6-14]에 입·출력을 처리하는 대표적인 표준 C 라이브러리 함수들의 목록을 나열하였다. 이들 함수들은 입·출력 준비(개방) 함수, 입·출력 실행 함수, 입·출력 종료 함수 등 크게 세 가지 유형으로 분류된다.

이 들 중, 입·출력 준비(개방) 함수와 입·출력 종료 함수는 각각 1 개씩만 존재하기 때문에 비교적 간단하지만, 입·출력 실행 함수에는 여러 가지 형태가 있기 때문에 그 용법을 잘 이해해야 한다. 그 중에서도 특히 길이에 관계 없이 줄(line) 단위로 입·출력하는 경우와 줄 개념이 배제된 바이트 혹은 레코드 단위로 입·출력하는 경우가 중요하다. 줄 단위의 입·출력에서는 데이터 모두가 ASCII 등 문자 코드로 구성되어 있다는 전제 하에 가능하고, 바이트나 레코드 단위에서는 문자 코드와 관계 없이 수치나 이미지 등 모든 2 진 데이터를 입·출력할 수 있다.

[표 6-14] 표준 C 라이브러리의 입·출력 함수 목록 : 입·출력 준비와 종료

함수 이름	함수 원형, 기능, 반환 값
fopen()	#include <stdio.h> FILE *fopen(const char *path, const char *mode);
	• 경로명 path가 가르키는 파일(입·출력장치)을 개방하여 대응되는 입·출력 식별자를 반환함. • 이 때 입·출력 모드는 mode에 주어진 문자열에 따라, 아래와 같이 결정함. "r" : 읽기(입력) 전용으로 개방함. 파일이 존재하지 않으면 실패하고, 존재하면 파일의 첫 부분부터 입력이 이루어짐. "w" : 쓰기(출력) 전용으로 개방함. 해당 파일이 이미 존재하면 저장된 내용 전체를 버리고 처음부터 새로 저장함. 파일이 존재하지 않으면 파일을 새롭게 생성함. "a" : 쓰기(출력) 모드로 개방하되 맨 뒤부터 출력이 이루어짐. 파일이 존재하지 않으면 새롭게 생성함. "r+": 읽기· 쓰기(입·출력) 모드로 개방함. 파일이 존재하지 않으면 실패하고, 파일이 존재하면 파일의 첫 부분부터 입·출력이 이루어짐. "w+": 읽기· 쓰기(입·출력) 모드로 개방함. 파일이 존재하지 않으면 새롭게 생성하고, 파일이 존재하면 파일의 첫 부분부터 입·출력이 이루어짐. "a+": 읽기· 쓰기(입·출력) 모드로 개방하되, 맨 뒤부터 입·출력이 이루어짐. 파일이 존재하지 않으면 새롭게 생성함.
	성공하면 FILE 구조형 포인터를 반환하고, 실패하면 NULL(0)을 반환함.
fclose()	#include <stdio.h> int fclose(FILE *stream);
	▪ 입·출력 식별자 stream에 대응되는 입·출력 장치를 폐쇄하고, 라이브러리 내부에 유지되고 있던 모든 자료를 폐기함.
	성공하면 0을 반환하고, 실패하면 EOF('^D'=0x04)를 반환함.

[표 6-14] 표준 C 라이브러리의 입·출력 함수 목록 : 레코드 단위 입·출력

함수 이름	함수 원형, 기능, 반환 값
fread()	#include <stdio.h> size_t fread(void *ptr, size_t size, size_t nmemb, FILE *stream);
	• 입력 식별자 stream에서 데이터를 읽어서, ptr부터 시작하는 메모리 영역으로 복사함. • 이 때 입력은 size 바이트 단위로 최대 nmemb 번까지 이루어질 수 있음. - size 바이트 단위란 크기가 size 바이트인 레코드로 이해될 수 있고, nmemb는 size 바이트 크기인 레코드의 개수로 이해될 수 있음. - 입력 장치에 size x nmemb보다 적은 데이터가 남아 있거나, 입력 도중에 오류가 발생하면 그 때까지 입력된 횟수, 즉 size 바이트 단위의 크기를 반환함. - 남은 데이터가 총 69 바이트일 때, fread(..., 10, 5, ...)는 총 50 바이트를 입력하고, 10 바이트를 5번 입력했으므로 5를 반환함 - 남은 데이터가 총 69 바이트일 때, fread(..., 10, 7, ...)는 총 60 바이트를 입력하고, 10 바이트를 6번 입력했으므로 6을 반환함. 맨 뒤쪽 9 바이트는 10 바이트 단위를 채우지 못하기 때문에 입력되지 않음.
	입력된 총 데이터의 바이트 단위 크기를 size 단위로 계산한 크기(레코드 단위의 개수)를 반환함. (오류 여부는 식별되지 않기 때문에 원하는 만큼 입력이 안될 경우는 그 원인이 데이터의 부족에 의한 것인지, 오류에 의한 것인지를 다른 방법으로 조사해야 함)
fwrite()	#include <stdio.h> size_t fwrite(void *ptr, size_t size, size_t nmemb, FILE *stream);
	• ptr부터 시작하는 메모리 영역에 존재하는 데이터를 출력 식별자 stream으로 출력함. • 이 때 출력은 size 바이트 단위로 최대 nmemb 번까지 이루어질 수 있음. - size 바이트 단위란 크기가 size 바이트인 레코드로 이해될 수 있고, nmemb는 size 바이트 크기인 레코드의 개수로 이해될 수 있음. - 출력 장치에 size x nmemb보다 적은 저장공간이 남아 있거나, 출력 도중에 오류가 발생하면 그 때까지 출력된 횟수, 즉 size 바이트 단위의 크기 를 반환함. - 남은 저장공간이 총 69 바이트일 때, fwrite(..., 10, 5, ...)는 총 50 바이트를 출력하고, 이는 10 바이트를 5번 출력한 결과이므로 5를 반환함. - 남은 저장공간이 총 69 바이트일 때, fwrite(..., 10, 7, ...)는 총 60 바이트를 출력하고, 이는 10 바이트를 6번 출력한 결과이므로 6을 반환함. 나머지 10 바이트는 전체가 아닌 일부만 출력 가능하므로 10 바이트 전체를 처음부터 출력하지 않음.
	출력된 총 데이터의 바이트 단위 크기를 size 단위로 계산한 크기(레코드 단위의 개수)를 반환함. (오류 여부는 fread()에서와 동일함)

[표 16-14] 표준 C 라이브러리의 입·출력 함수 목록:줄(문자열),문자단위 입·출력

함수 이름	함수 원형, 기능, 반환 값
fgets()	#include <stdio.h> char *fgets(char *s, int size, FILE *stream);
	• 입력 식별자 stream으로부터 줄단위 문자열을 읽어서, 크기가 size인 문자형 배열 s에 복사함. - 줄단위 문자열이라 함은 줄바꿈 문자('\n' 혹은 '\r')로 끝나는 문자열을 말함. - 배열 s에 문자열이 복사된 후 맨 뒤에는 반드시 NULL 문자('\0')를 채워야 하므로, 입력 가능한 줄단위 문자열은 줄바꿈 문자를 포함해서 최대 (size-1) 바이트를 넘을 수 없음. - 만약 입력 장치에 존재하는 줄단위 문자열의 크기가 (size-1)보다 크면 (size-1) 문자만 입력되고, 나머지는 다음 번 줄단위 문자열로 입력됨. - 줄바꿈 문자가 없더라도 입력 장치의 끝에 도달하면 그 때까지의 문자열만 입력됨. 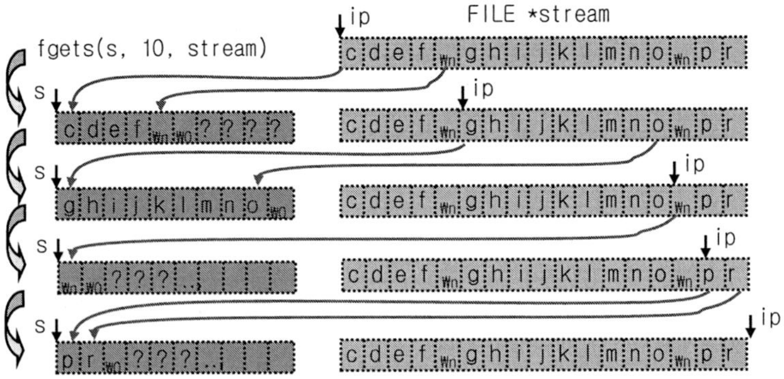
	문자열 입력에 성공하면 배열(주소) s를 반환하고, 치명적인 오류가 있거나 단 1 문자도 읽지 못한 채 입력 장치의 끝에 도달하면 NULL(0)을 반환함.
fgetc()	#include <stdio.h> int fgetc(FILE *stream);
	• 입력 식별자 stream으로부터 문자 하나를 읽은 후, 문자 코드를 정수 값으로 반환함.
	입력 문자가 있을 때는 해당 문자의 코드를 반환하고, 입력 장치의 끝에 다다르거나 치명적인 오류가 있는 경우에는 EOF('^D'=0x04)를 반환함.
fputs()	#include <stdio.h> int fputs(const char *string, FILE *stream);
	• 문자열 string을 출력 식별자 stream으로 출력함. • 문자열 맨 뒤에 위치한 null 문자는 출력하지 않음. • 문자열이 모두 출력된 후, 줄바꿈 문자는 출력하지 않음.
	출력된 문자의 총 개수, 즉 문자열의 길이를 반환함. 실패하면 EOF('^D'=0x04)를 반환함.

[표 16-14] 표준 C 라이브러리의 입·출력 함수 목록:줄(문자열),문자단위 입·출력

함수 이름	함수 원형, 기능, 반환 값
fprintf()	#include <stdio.h> int fprintf(FILE *stream, const char *format, ...);
	• 포맷 문자열 format에 지시된 내용으로 가공한 문자열을 출력 식별자 stream으로 출력함. • 포맷 문자열 format은 다음과 같은 지시 내용으로 구성됨 - 크게 일반 문자 부분과 포맷 제어 문자 부분으로 구성되고, 그 들 사이에 위치나 개수등에 관해서는 특별한 제약이 없음. - 일반 문자 부분은 가공 없이 그대로 출력하고, 포맷 제어 문자 부분은 약속된 가공 규칙에 의해 대응되는 매개 변수를 변환하여 출력함. - 포맷 제어 문자 부분은 '%' 문자로 시작하는데, 제어 문자 부분의 끝을 표시하는 별도의 문자는 사용하지 않고, 제어 문자 부분의 형태가 완성될 때까지 연속되는 것으로 간주함. - 하나의 포맷 제어 문자 부분은 반드시, 대응되는 추가의 매개 변수를 필요로 함. 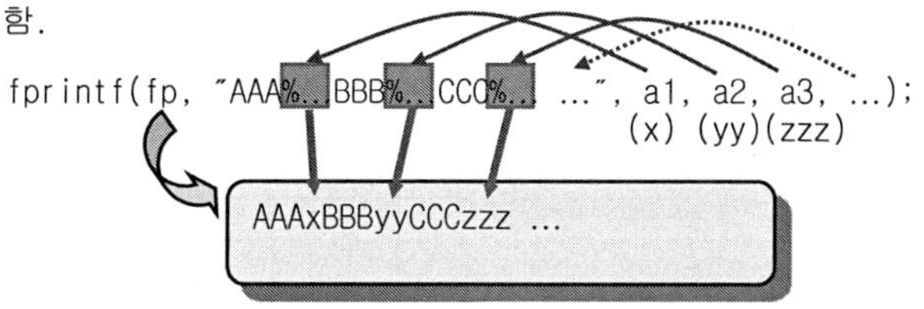 • 포맷 제어 문자 부분의 구성 예 ① "%d" : 대응되는 정수형 매개변수 값을 10진 ASCII 숫자로 변환하여 출력함. ② "%3d" : 대응되는 정수형 매개 변수 값을 십진 ASCII 숫자로 변환하되, 길이가 3보다 작으면 앞쪽에 공백을 삽입하고, 3보다 크거나 같으면 그대로 출력함. ③ "%.3d" : ②와 동일하나 숫자 길이가 짧으면 공백 대신 '0'을 삽입함. ④ ①,②,③에서 'd'는 'i'와 동일하고, 'd' 대신 'u', 'o','x' 혹은 'X'를 사용하면 각각 양의 10진 표현, 8진 표현,16진 표현으로 변환하여 출력함. ⑤ "%f" : 대응되는 실수형 매개 변수 값을 10진 ASCII 숫자로 변환하여 출력 함. 소수점 아래는 '0'을 채워서 6자리까지 출력함. ⑥ "%9f" : ⑤와 동일하되, 소수점을 제외하고, 소수점 아래 6자리와 정수 부분을 합친 전체 길이가 9보다 작으면 정수 앞에 공백을 삽입하고, 9보다 크거나 같으면 그대로 출력함. ⑦ "%9.2f": 소수점 아래를 2 자리만 변환하여 ⑤와 같이 전체 길이에 9를 적용함. ⑧ "%09.2f": ⑦ 과 동일하나, 정수 앞 공백 부분을 '0'으로 채워 출력함. ⑨ "%s" : 대응되는 문자열 매개변수를 그대로 출력함. ⑩ "%7s" : ⑨와 동일하나 문자열 길이가 7보다 작으면 앞쪽에 공백을 삽입하고, 7보다 크거나 같으면 그대로 출력함.
	포맷된 제어 문자 부분을 포함하여 출력한 총 문자 수를 반환함. 오류가 발생했을 경우에는 음수를 반환함.

[표 16-14] 표준 C 라이브러리의 입·출력 함수 목록 : 포맷 문자열 출력

<table>
<tr><th>함수 이름</th><th>함수 원형, 기능, 반환 값</th></tr>
<tr><td rowspan="3">vfprintf()</td><td>#include <stdarg.h>
#include <stdio.h>
int vfprintf(FILE *stream, const char *format, va_list printarg);</td></tr>
<tr><td>

• 포맷 문자열 format의 제어 문자 부분에 대응되는 매개 변수를 일일이 나열해서 받는 대신, 매개 변수들이 차례로 저장된 곳의 주소를 printarg에 넘겨 받아 매개 변수를 참조함.
• 제어 문자 부분에 대응되는 매개 변수를 참조하는 방법만 다들 뿐, 출력 방법은 fprintf()와 동일함.
• vfprintf()의 사용 예

```
addxy()
{
    int x, y;
    scanf("%d,%d", &x, &y);
    if (x < 0 || y < 0)
        error("addxy", "input value %d and %d is invalid\n", x, y);
    return(x+y);
}
```

```
void error(char *funct, char *fmt, ...)
{                                          ①
    va_list  args; ②
    fprintf(stderr, "ERROR in %s: ", funct);

    va_start(args, fmt); ③
    vfprintf(stderr, fmt, args); ④
    va_end(args); ⑤
    abort();
}
```

- 매개 변수의 개수가 확정되어있지 않을 경우에는 확실한 부분까지만 나열하고, 나머지 부분은 '...'으로 표시함(??? 참조).
- 함수 호출 때 나열한 실 인자들은 일정한 규칙에 따라 차례대로 저장됨 .
- error() 함수는 func, fmt 두 매개 변수를 필수적으로 요구하고, 그 나머지 매개 변수는 fmt에 들어 있는 제어 문자 부분에 따라 가변적임(①).
- va_list 타입의 변수 args는 특정 매개 변수의 주소를 저장할 수 있음 (②, ③).
- 매크로 va_start(args, fmt)는 va_list 타입의 변수 args에 매개 변수 fmt 다음에 위치한 매개 변수, 즉, x의 주소를 기록함(④).
- 매크로 va_end(args)는 va_list 타입의 변수 args에 기록된 내용을 폐기함(⑤).
</td></tr>
<tr><td>포맷된 제어 문자 부분을 포함하여 출력한 총 문자 수를 반환함. 오류가 발생했을 경우에는 음수를 반환함.</td></tr>
</table>

[표 16-14] 표준 C 라이브러리의 입·출력 함수 목록 : 포맷 문자열 입력

함수 이름	함수 원형, 기능, 반환 값
fscanf()	#include <stdio.h> int fscanf(FILE *stream, const char *format, ...);
	• 입력 식별자 stream으로부터 문자열을 입력하되, 그 문자열을 포맷 문자열인 format에 지시된 내용으로 재해석하여 입력함. • 포맷 문자열 format은 다음과 같은 지시 내용으로 구성됨 - 크게 일반 문자 부분과 포맷 제어 문자 부분으로 구성되고, 그 들 사이에 위치나 개수등에 관해서는 특별한 제약이 없음. - 입력된 문자열은 포맷 문자열로 재해석 했을 때 전체적인 형태가 일치해야 올바른 입력이 이루어 질 수 있음. - 입력 문자열 중, 포맷 문자열의 일반 문자 부분에 대응되는 부분은 그대로 버려짐. - 입력 문자열 중, 포맷 문자열의 제어 문자 부분에 해당되는 부분은 대응되는 매개 변수로 복사됨. - 포맷 제어 문자 부분은 '%' 문자로 시작하는데, 제어 문자 부분의 끝을 표시하는 별도의 문자는 사용하지 않고, 제어 문자 부분의 형태가 완성될 때까지 연속되는 것으로 간주함. - 하나의 포맷 제어 문자 부분은 반드시, 대응되는 추가의 매개 변수를 필요로 함. 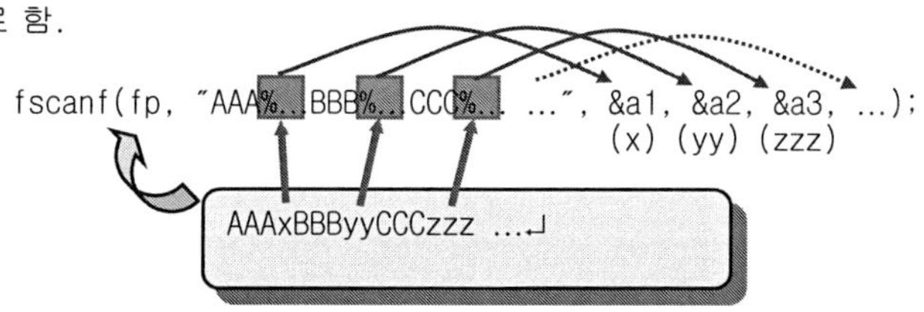 • 포맷 제어 문자 부분의 구성 예 ① "%d" : 입력 문자열에서 10진 ASCII 숫자로 구성된 대응 부분을 2 진수로 변환하여 해당되는 정수형 매개 변수에 복사함. ② "%3d": 입력 문자열에서 10진 ASCII 숫자로 구성된 대응 부분을 2 진진로 변환하여 해당되는 정수형 매개 변수에 복사하되, 그 부분의 길이가 3보다 작으면 그 부분만을 대응 부분으로 간주하고, 3 보다 크거나 같으면 정확히 숫자 3 개까지만 변환함. ③ "%x" : 입력 문자열에서 16진 ASCII 숫자로 구성된 대응 부분을 2 진수로 변환하여 해당되는 정수형 매개 변수에 복사함(예: 0x123). ④ "%o" : 입력 문자열에서 8진 ASCII 숫자로 구성된 대응 부분을 2 진 수로 변환하여 해당되는 정수형 매개 변수에 복사함(예: 0123). ⑤ "%f" : 입력 문자열에서 10진 ASCII 숫자로 구성된 실수 대응 부분을 을 2 진수로 변환하여 해당되는 실수형 매개 변수에 복사함 (예: 1.2). ⑥ "%s" : 입력 문자열에서 공백을 제외한 문자로 구성된 대응 부분을 해당되는 문자형 배열 매개 변수에 복사함.
	포맷된 제어 문자 부분에 의해 복사된 총 아이템 수를 반환함. 최초 제어 문자 부분을 변환하기 이전에 문자열이 끝나면 EOF('^D'=0x04)를 반환함.

6.4.6 표준 C 라이브러리의 표준 입·출력 처리 함수

운영체제 수준에서 제공하는 표준 입·출력 장치의 개념을 [그림 6-55], [그림 6-56]에서 설명한 바 있다. 즉, 유닉스 운영체제에서는 파일 식별자 0, 1, 2가 각각 표준 입력, 표준 출력, 표준 오류 장치에 연결되어 미리 준비(개방)된 상태로 제공되기 때문에 이 들 식별자는 곧바로 입·출력에 사용될 수 있는 것이다.

표준 C 라이브러리에서는 운영체제가 제공하는 표준 입·출력 장치를 [그림 6-60]의 개방 과정 없이 곧바로 사용할 수 있는 표준 입·출력 식별자 뿐만 아니라 전용 함수도 제공한다. 이와 같이 표준 C 라이브러리 환경에서 표준 입·출력은 표준 입·출력 식별자를 사용하는 방법과 전용 함수를 사용하는 방법 등 두 가지로 이룰 수 있다.

■ 표준 입·출력 식별자를 사용하는 방법

위에서 언급한 바와 같이 표준 C 라이브러리에서도 운영체제 수준에서의 표준 입·출력 파일 식별자와 마찬가지로 라이브러리 수준의 표준 입·출력 식별자를 제공한다. 라이브러리 수준의 표준 입·출력 식별자는 [그림 6-60]과 [표 6-14]의 개방 함수 fopen()으로 얻어지는 다른 일반 식별자와 동일한 타입으로 [표 6-15]와 같이 상수(stdio.h에 정의됨)로 주어진다. 이들 식별자들은 [표 6-14]에 나열된 입·출력 라이브러리 함수에 준비과정 없이 즉시 사용될 수 있다.

입·출력 처리 라이브러리 함수에 표준 입·출력 식별자를 사용하여 표준 입·출력을 실행하는 프로그램의 예를 [그림 6-61]에 보였다. 이 그림에서 stdin, stout은 어떠한 입·출력 개방과정도 거치지 않고 입·출력 식별자로 직접 사용되고 있음을 알 수 있다. 이들 표준 입·출력 식별자는 [그림 13-11-1]에 보인 운영체제 수준의 표준 입·출력 파일 식별자 0과 1에 각각 대응된다.

[표 6-15] 표준 C 라이브러의 표준 입·출력 식별자

표준 입·출력 식별자	대응 입·출력 장치와 사용예
stdin	• 운영체제가 제공하는 표준 입력장치와 연결 • 예) fscanf(**stdin**, "%d,%d", &a, &b);
stdout	• 운영체제가 제공하는 표준 출력장치와 연결 • 예) fprintf(**stdout**, "a=%d,b=%d ₩n", a, b);
stderr	• 운영체제가 제공하는 표준 오류장치와 연결 • 예) fprintf(**stderr**, "Value is incorrect.₩n");

```
#include <stdio.h> … <stdlib.h>        /* std_test05.c */
main(int  argc, char  *argv[])
{
      int    n;
      char   buf[1024];
      FILE   *fp;

      if ( (fp = fopen("test1.c", "w")) == NULL ) {
            printf("test1.c is not writable… \n");
            exit(1);
                                        /* 표준 입력 식별자 */
      }
      while( ( n=fread(buf, 1, sizeof(buf), stdin) ) > 0)
            fwrite(buf, 1, n, fp);
      fclose(fp);
      exit(0);
}
```

(a) 표준 입력(키보드)→ 파일(test1.c)

```
#include <stdio.h> … <stdlib.h>        /* std_test06.c */
main(int  argc, char  *argv[])
{
      int    n;
      char   buf[1024];
      FILE   *fp;

      if ( (fp = fopen("test1.c", "r")) == NULL ) {
            printf("test1.c is not readable… \n");
            exit(1);
      }
      while( ( n=fread(buf, 1, sizeof(buf), fp) ) > 0)
            fwrite(buf, 1, n, stdout);
      fclose(fp);                       /* 표준 출력 식별자 */
      exit(0);
}
```

(b) 파일(test1.c)→표준 출력(화면)

```
#include <stdio.h> … <stdlib.h>        /* std_test07.c */
main(int  argc, char  *argv[])
{
      int    n;
      char   buf[1024];                 /* 표준 입력 식별자 */

      while( ( n=fread(buf, 1, sizeof(buf), stdin) ) > 0)
            fwrite(buf, 1, n, stdout);

      exit(0);                          /* 표준 출력 식별자 */
}
```

(c) 표준입력(키보드)→표준 출력(화면)

[그림 6-61] 표준 입·출력 식별자 활용 프로그램의 예([그림 6-57] 비교)

■ **표준 입·출력 전용 라이브러리 함수를 사용하는 방법**

표준 오류를 제외한 표준 입력과 출력은 전용 라이브러리 함수를 사용해서 입·출력을 이룰 수 있다. 이들 표준 입·출력 전용 함수는 매개 변수에 식별자를 명시하지 않지만 내부적으로 stdin이나 stdout을 사용한다는 묵시적인 약속을 제공한다.

[표 6-14]에 열거된 대부분의 입·출력 함수들에는 대응되는 입·출력 전용 함수가 존재하고, 그 함수 이름은 원래의 함수 이름에서 앞쪽에 위치한 'f'를 제거한 나머지만으로 구성된다. 예를 들어 fgets()에 대응되는 표준 입력 전용 함수는 gets()이고, 이 함수는 함수 내부에서 stdin을 입력 식별자로 사용한다. 또한, fprintf()에 대응되는 표준 출력 전용 함수는 printf()이고, 이 함수는 내부에서 stdout을 출력 식별자로 사용한다. 따라서 fgets(…, stdin)는 gets(…)와 동일하고, fputs(…, stdout)은 puts(…)와 동일하며, fprintf(stdout, …)는 printf(…)와 동일하다. [표 6-16]에 표준 C 라이브러리에서 제공하는 표준 입·출력 전용 함수를 나열하였다.

[그림 6-62]에 표준 입·출력 전용 함수를 사용한 프로그램의 예를 보였다. 이들 프로그램은 어디에도 stderr 이외의 어떤 입·출력 식별자도 사용하고 있지 않지만 키보드 입력이나 화면 출력이 잘 이루어진다. 이는 내부적을 stdin, stdout 등 이미 개방된 입·출력 식별자를 묵시적으로 사용하고 있기 때문이다.

여기서 한 가지 중요한 사실은 표준 오류 장치 출력을 위한 라이브러리 전용 함수는 존재하지 않기 때문에 일반 출력 함수에 입·출력 식별자 stderr를 명시해서 사용해야 한다.

```
/* std_test08.c */
#include <stdio.h>
#include <stdlib.h>

main(int  argc, char  *argv[])
{
        int      i, x;

        if (argc != 2) {
              fprintf(stderr, "One argument is required. \n");
              fprintf(stderr, "usage: %s number \n", argv[0]);
              exit(1);
         }

         for (i = s = 0; i < atoi(argv[1]); i++) {
              scanf("%d", &x);          /* <-> fscanf(stdin, "%d", &x); */
              s = s + x;
         }

         printf("Total sum = %d \n",  s);
         exit(0);      /* <-> fprintf(stdout, "Total sum = %d \n",  s); */
}
```

[그림 6-62] 표준 입·출력 전용 라이브러리 함수를 사용하는 프로그램 예

[표 6-16] 표준 C 라이브러리의 표준 입·출력 전용 함수

함수 이름	함수 원형, 기능, 반환 값
gets ()	#include <stdio.h> char *gets(char *s, int size);
	• 입력 식별자를 위한 매개변수만 생략되었을 뿐, fgets()와 동일함. • 입력 장치는 표준 입력 식별자인 stdin을 사용하기 때문에 운영체제가 제공하는 표준 입력 장치(기본적으로 키보드)가 사용됨. • 즉, gets(...)는 fgets(stdin, ...)과 동일함.
	fgets()와 동일함(문자열 입력에 성공하면 배열(주소) s를 반환하고, 치명적인 오류가 있거나, 단 1 문자도 읽지 못한 채 입력 장치의 끝에 도달하면 NULL(0)을 반환함).
getchar()	#include <stdio.h> int getchar(void);
	• 입력 식별자를 위한 매개변수만 생략되었을 뿐, fgetc()와 동일함. • 입력 장치는 표준 입력 식별자인 stdin을 사용하기 때문에 운영체제가 제공하는 표준 입력 장치(기본적으로 키보드)가 사용됨. • 즉, getchar()는 fgetc(stdin)과 동일함. 특히, getc()의 기능은 fgetc()와 동일하므로 혼동해서는 안됨.
	fgetc()와 동일함(입력 문자가 있을 때는 해당 문자의 코드를 반환하고, 입력 장치의 끝에 다다르거나 치명적인 오류가 있는 경우에는OF('^D'=0x04)를 반환함).
scanf()	#include <stdio.h> int scanf(const char *format, ...);
	• 입력 식별자를 위한 매개변수만 생략되었을 뿐, fscanf()와 동일함. • 입력 장치는 표준 입력 식별자인 stdin을 사용하기 때문에 운영체제가 제공하는 표준 입력 장치(기본적으로 키보드)가 사용됨. • 즉, scanf(...)는 fscanf(stdin, ...)과 동일함.
	fscanf()와 동일함(포맷된 제어 문자 부분에 의해 복사된 총 아이템 수를 반환함. 최초 제어 문자 부분을 변환하기 이전에 문자열이 끝나면 EOF ('^D'=0x04)를 반환함).
printf()	#include <stdio.h> int printf(const char *format, ...);
	• 출력 식별자를 위한 매개변수만 생략되었을 뿐, fprintf()와 동일함. • 출력 장치는 표준 출력 식별자인 stdout을 사용하기 때문에 운영체제가 제공하는 표준 출력 장치(기본적으로 단말기)가 사용됨. • 즉, printf(...)는 fprintf(stdout, ...)과 동일함.
	fprintf()와 동일함(포맷된 제어 문자 부분을 포함하여 출력한 총 문자 수를 반환함. 오류가 발생했을 경우에는 음수를 반환함).
vprintf()	#include <stdarg.h> #include <stdio.h> int vprintf(const char *format, va_list printarg);
	• 출력 식별자를 위한 매개변수만 생략되었을 뿐, vfprintf()와 동일함. • 출력 장치는 표준 출력 식별자인 stdout을 사용하기 때문에 운영체제가 제공하는 표준 출력 장치(기본적으로 단말기)가 사용됨. • 즉, vprintf(...)는 vfprintf(stdout, ...)과 동일함.
	vfprintf()와 동일함(포맷된 제어 문자 부분을 포함하여 출력한 총 문자 수를 반환함. 오류가 발생했을 경우에는 음수를 반환함).

☞ [실습 6-4]

STEP I

1. [그림 6-63]의 std_test01.c 를 코딩한 후 컴파일하고, 시험용 데이터 파일로 [그림 6-63]의 test1.c 를 편집한다.

3. test2.c 파일이 존재하는지 확인하고 존재하면 삭제한다(ls, rm 명령어).

4. $ std_test01 ↵
   을 실행한다.

5. test2.c 가 생성되었는지를 확인한 후, test1.c 와 test2.c 가 동일한지를 확인하고, 기능 측면에서 cp 명령어 비교한다.

6. test2.c 를 삭제하고, 유닉스 운영체제의 파일 입·출력 서비스(시스템 호출, system call)를 이해한다.

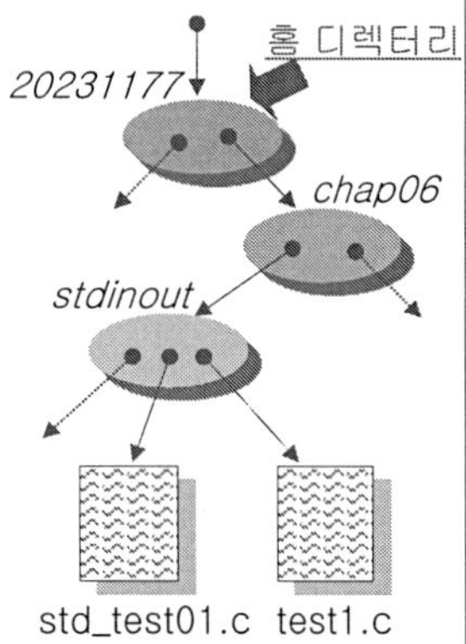


```
/* test1.c */

int main()
{
   int  a = 1,
        b = 2,
        c;
   c = a + b;
   return(0);
}
```

```
/* std_test01.c */                         /* [그림 6-53] 참조 */
#include <stdio.h>
#include <fcntl.h>
#include <unistd.h>
#include <stdlib.h>

main(int  argc, char  *argv[])
{
      int   fd1, fd2, n;
      char  buf[1024];

      fd1 = open("test1.c", O_RDONLY);
      if (fd1 < 0) {
            printf("test1.c is not readable… \n");
            exit(1);
      }
      fd2 = open("test2.c", O_WRONLY | O_CREAT, 0644);
      if (fd2 < 0) {
            printf("test2.c is not writable… \n");
            exit(2);
      }
      while ( ( n = read(fd1, buf, sizeof(buf)) ) > 0 )
            write(fd2, buf, n);
      close(fd1); close(fd2);
      exit(0);
}
```

[그림 6-63] 표준 입·출력 실습 I

STEP II

1. [그림 6-64]의 std_test02.c 를 코딩한 후 컴파일하고, test1.c 를 확인하여 이미 존재하면 삭제한다.

2. $ std_test02 ↵
을 실행하여 [그림 6-64]의 test1.c 의 내용을 키보드로 입력한다. 이 때 모든 입력이 끝나면 입력의 마지막을 의미하는 ^D 를 입력한다.

3. test1.c가 키보드로 입력했던 내용으로 생성되었는가를 확인한다.

4. 표준 입력 파일 식별자 0의 의미와 사용법을 이해한다.

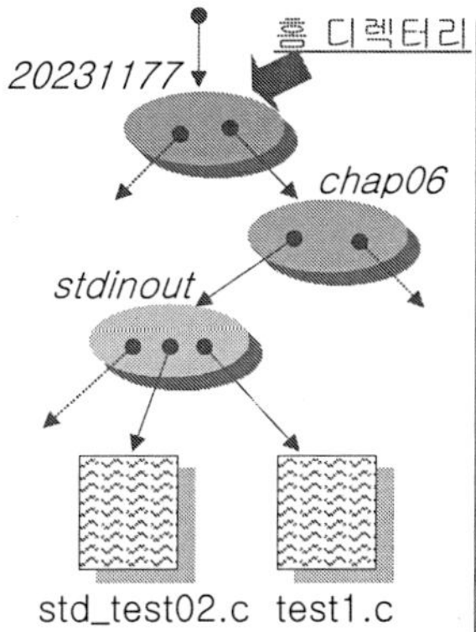


```
/* test1.c */
int main()
{
    int  a = 1,
         b = 2,
         c;
    c = a + b;
    return(0);
}
```

```
/* std_test02.c */                  /* [그림 6-57] (a) 참조 */
#include <stdio.h>
#include <fcntl.h>
#include <unistd.h>
#include <stdlib.h>
main(int  argc, char  *argv[])
{
        int   fd, n;
        char  buf[1024];
        fd = open("test1.c", O_WRONLY | O_CREAT, 0644);
        if (fd < 0) {
            printf("test1.c is not writable… \n");
            exit(1);
        }                           /*표준 입력 파일 식별자 */
        while( ( n=read(0, buf, sizeof(buf)) ) > 0)
            write(fd, buf, n);
        close(fd);
        exit(0);
}
```

[그림 6-64] 표준 입·출력 실습 II

STEP III

1. [그림 6-65]의 std_test03.c 를 코딩하고 컴파일한다.

2. 시험용 데이터 파일로 [그림 6-65]의 test1.c 를 편집한다(이미 존재하면 그대로 사용).

3. $ std_test03 ↵
   을 실행하여 출력된 내용이 test1.c 의 내용과 일치하는지를 확인하고, 기능적인 측면에서 cat 명령어와 비교한다.

4. 표준 출력 파일 식별자 1의 의미와 사용법을 이해한다.

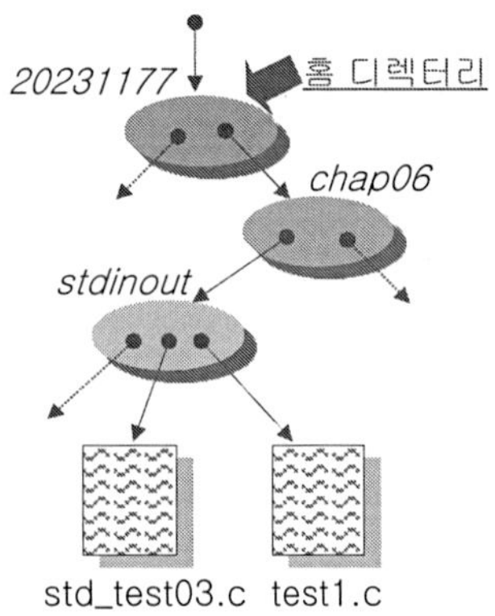


```
/* test1.c */

int main()
{
   int  a = 1,
        b = 2,
        c;
   c = a + b;
   return(0);
}
```

```
/* std_test03.c */            /* [그림 6-57] (a) 참조 */
#include <stdio.h>
#include <fcntl.h>
#include <unistd.h>
#include <stdlib.h>
main(int  argc, char  *argv[])
{
    int   fd, n;
    char  buf[1024];

    if ( (fd = open("test1.c", O_RDONLY)) < 0 ) {
           printf("test1.c is not readable… \n");
           exit(1);
    }
    while( ( n=read(fd, buf, sizeof(buf)) ) > 0)
           write(1, buf, n);
    close(fd);             /*표준 출력 파일 식별자 */
    exit(0);
}
```

[그림 6-65] 표준 입·출력 실습 III

STEP IV

1. [그림 6-66]의 std_test04.c 를 코딩하고 컴파일한다.

2. $ std_test04 ↵

   를 실행하여 [그림 6-66]의 test1.c 의 내용을 키보드로 입력한다. 이 때 모든 입력이 끝나면 입력의 마지막을 의미하는 ^D 를 입력한다.

3. 과정 2 에서 키보드로 입력한 내용과 화면으로 출력된 내용이 동일함을 확인한다.

4. 운영체제가 제공하는 표준 입력 파일 식별자 0과, 표준 출력 파일 식별자 1의 의미와 사용법을 이해한다.

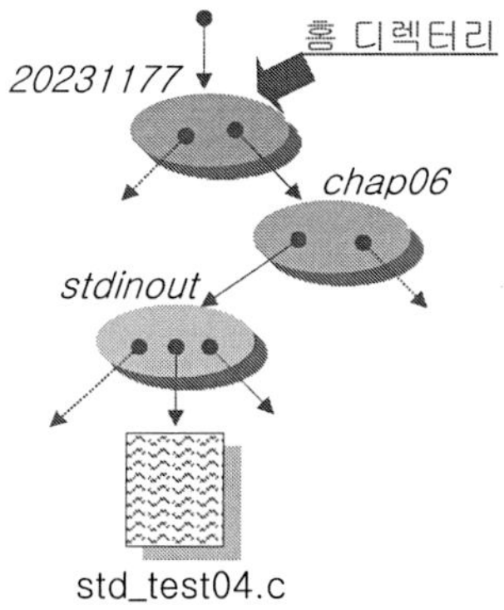


```
/* test1.c */

int main()
{
    int  a = 1,
         b = 2,
         c;
    c = a + b;
    return(0);
}
```

```
/* std_test04.c */          /* [그림 6-57] (c) 참조 */
#include <unistd.h>
#include <stdlib.h>

main(int  argc, char  *argv[])
{
      int   n;
      char  buf[1024];
                        /*표준 입력 파일 식별자 */
      while( ( n=read(0, buf, sizeof(buf)) ) > 0)
              write(1, buf, n);
                        /*표준 출력 파일 식별자 */
      exit(0);
}
```

[그림 6-66] 표준 입·출력 실습 IV

<u>STEP V</u>

1. [그림 6-67]의 std_test05.c 를 코딩한 후 컴파일하고, test1.c 를 확인하여 이미 존재하면 삭제한다.

2. $ std_test05 ↵
 을 실행하여 [그림 6-67]의 test1.c 의 내용을 키보드로 입력한다. 이 때 모든 입력이 끝나면 입력의 마지막을 의미하는 ^D 를 입력한다.

3. test1.c가 키보드로 입력했던 내용으로 생성되었는가를 확인한다.

4. 표준 입력 식별자 stdin의 의미와 사용법을 이해한다.

5. STEP II에서 보인 운영체제 수준의 표준 입력 파일 식별자 0과 과정 4에 보인 라이브러리 수준의 표준 입력 식별자 stdin의 차이점을 이해한다.

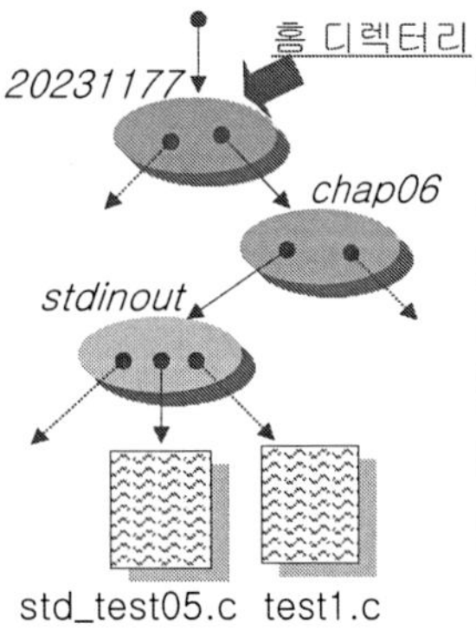


```
/* test1.c */
int main()
{
    int  a = 1,
         b = 2,
         c;
    c = a + b;
    return(0);
}
```

```
/* std_test05.c */              /* [그림 6-61] (a) 참조 */
#include <stdio.h>
#include <stdlib.h>

main(int  argc, char  *argv[])
{
    int   n;
    char  buf[1024];
    FILE  *fp;

    if ( (fp = fopen("test1.c", "w")) == NULL ) {
          printf("test1.c is not writable… \n");
          exit(1);
    }                                   /* 표준 입력 식별자 */
    while( ( n=fread(buf, 1, sizeof(buf), stdin) ) > 0)
          fwrite(buf, 1, n, fp);
    fclose(fp);
    exit(0);
}
```

[그림 6-67] 표준 입·출력 실습 V

STEP VI

1. [그림 6-68]의 std_test06.c 를 코딩하고 컴파일한다.

2. 시험용 데이터 파일로 [그림 6-68]의 test1.c 를 편집한다(이미 존재하면 그대로 사용).

3. `$ std_test06 ↵`
을 실행하여 test1.c과 동일한 내용이 화면으로 출력됨을 확인하고 토론한다.

4. 표준 출력 식별자 stdout의 의미와 사용법을 이해한다.

5. STEP III에서 보인 운영체제 수준의 표준 출력 파일 식별자 1과 과정 4에 보인 라이브러리 수준의 표준 출력 식별자 stdout의 차이점을 이해한다.

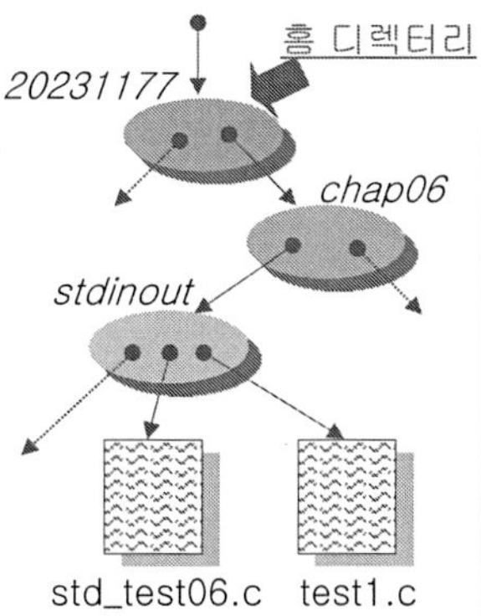


```
/* test1.c */
int main()
{
   int  a = 1,
        b = 2,
        c;
   c = a + b;
   return(0);
}
```

```
/* std_test06.c */             /* [그림 6-61] (b) 참조 */
#include <stdio.h>
#include <stdlib.h>

main(int  argc, char  *argv[])
{
    int   n;
    char  buf[1024];
    FILE  *fp;

    if ( (fp = fopen("test1.c", "r")) == NULL ) {
          printf("test1.c is not readable… \n");
          exit(1);
    }
    while( ( n=fread(buf, 1, sizeof(buf), fp) ) > 0)
          fwrite(buf, 1, n, stdout);
    fclose(fp);                        /* 표준 출력 식별자 */
    exit(0);
}
```

[그림 6-68] 표준 입·출력 실습 VI

STEP VII

1. [그림 6-69]의 std_test07.c 를 코딩하고 컴파일한다.

2. $ std_test07 ↵
   을 실행하여 [그림 6-69] test1.c의 내용을 키보드로 입력한다. 이 때 모든 입력이 끝나면 입력의 마지막을 의미하는 ^D를 입력한다.

3. 과정 2 에서 키보드로 입력한 내용과 화면으로 출력된 내용이 동일함을 확인한다.

4. STEP IV에서 보인 운영체제 수준의 표준 입력 파일 식별자 0, 표준 출력 파일 식별자 1를 사용한 프로그램과, [그림 6-69]에서 보인 라이브러리 수준의 표준 입력 식별자 stdin, 표준 출력 식별자 stdou를 사용한 프로그램의 차이점을 이해하고 장·단점을 토론한다.

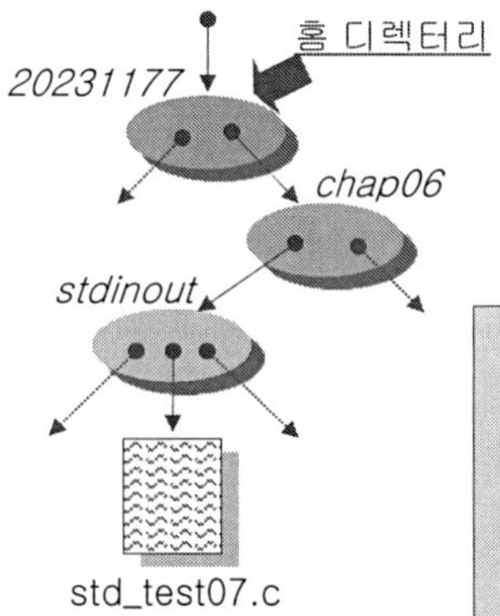


```c
/* test1.c */
int main()
{
    int  a = 1,
         b = 2,
         c;
    c = a + b;
    return(0);
}
```

```c
/* std_test07.c */              /* [그림 6-61] (c) 참조 */
#include <stdio.h>
#include <stdlib.h>

main(int  argc, char  *argv[])
{
    int   n;
    char  buf[1024];          /* 표준 입력 식별자 */
    while( ( n=fread(buf, 1, sizeof(buf), stdin) ) > 0)
          fwrite(buf, 1, n, stdout);
    exit(0);                   /* 표준 출력 식별자 */
}
```

[그림 6-69] 표준 입·출력 실습 VII

STEP VIII

1. [그림 6-70]의 std_test08.c 를 이해한 후 코딩하고 컴파일한다.

2. $ std_test08 3↵ 을 실행한 후
   3↵ , 4↵ , 5↵ 를 차례로 키보드로 입력하여 3+4+5 의 결과가 화면으로 출력됨을 확인한다.

3. scanf()와 printf()에는 입·출력 식별자를 명시하지는 않았지만 내부적으로 stdin과 stdout을 각각 사용하는 표준 입·출력 전용 함수임을 이해한다.

4. $ std_test08 ↵
   을 실행하여 의도적으로 오류를 일으킨 후 ①, ②에 의해 오류 메시지가 출력됨을 확인한다. 이 때 stderr로 출력된 내용이 stdout과 같이 화면으로 출력되는 이유를 토론한다.

5. 과정 4에서 오류 메시지를 stdout이 아닌 stderr로 출력하는 이유를 토론하다.

6. 표준 입력 전용 함수 scanf(…)와 일반 입력 함수 fscanf(stdin, …)의 기능과, 표준 출력 함수 prtintf(…)와 일반 출력 함수 fprintf(stdout, …)의 기능이 각각 동일함을 확인하고 토론한다.

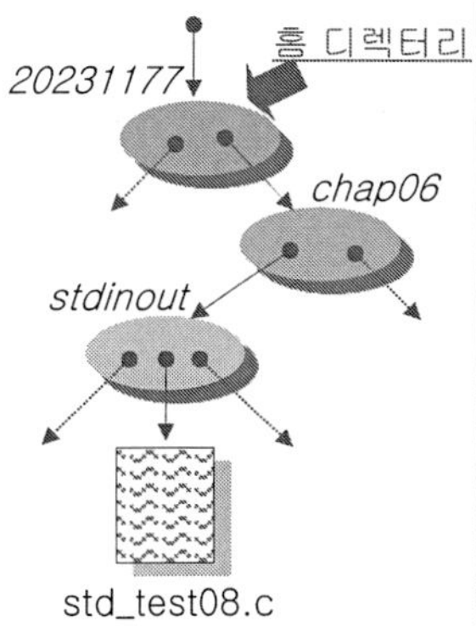


```
/* std_test08.c */                    /* [그림 6-62] 참조 */
#include <stdio.h>
#include <stdlib.h>
main(int  argc, char  *argv[])
{
   int      i, x, s;
   if (argc != 2) {
①     fprintf(stderr, "One argument is required. \n");
②     fprintf(stderr, "usage: %s number \n", argv[0]);
      exit(1);
   }
   for (i = s = 0; i < atoi(argv[1]); i++) {
③         scanf("%d", &x);
       /* fscanf(stdin, "%d", &x); */
          s = s + x;
   }
④ printf("Total sum = %d \n",  s);
/* fprintf(stdout, "Total sum = %d \n",  s); */
   exit(0);
}
```

[그림 6-70] 표준 입·출력 실습 VIII

STEP IX

1. [그림 6-71]의 std_test09.c를 이해한 후 코딩하고 컴파일한다.

2. $ std_test09 ↵

을 실행하여 화면에 출력된 내용을 확인한다.

3. std_test09.c에서 정상 출력 내용과 오류 출력 내용을 개략적으로 분류하고 토론한다.

4. 과정 3의 결과에 따라 std_test09.c의 오류 메시지 출력 부분을 어떻게 고쳐야 할 것인가를 토론한다.

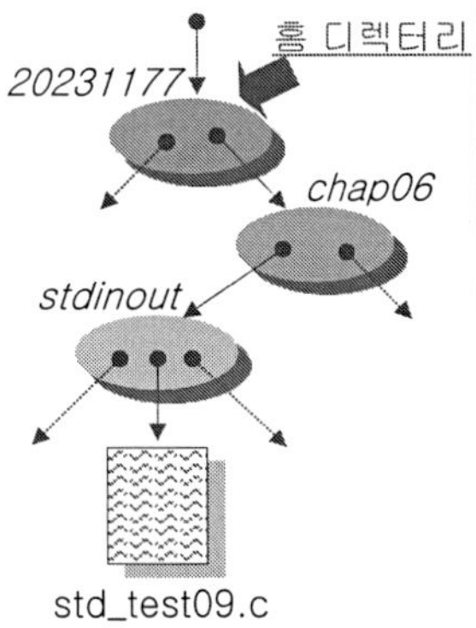


```
/* std_test09.c */                              /* [그림 6-60] 참조 */
#include <stdio.h>
struct  mark_data {
          int   st_id;
          int   kor;
          int   eng;
          int   mat;
};

int main()
{
     FILE     *fp;
     struct   mark_data  mark;
     int      n;

     fp = fopen("mark.dat", "r");
     if (fp == NULL) {
          printf("file open fail…\n");
          return(-1);
     }

     while(1) {
          n = fread(&mark, sizeof(mark), 1, fp);
          if (n != 1)
               break;
          printf("id=%d, kor=%d, eng=%d, mat=%d\n",
              mark.st_id, mark.kor, mark.eng, mark.mat);
     }

     fclose(fp);
     return(0);
}
```

[그림 6-71] 표준 입·출력 실습 X

제 7 장 유닉스 쉘 명령어 줄문법

7.1 명령어 그룹 순차 실행 / 234

7.2 명령어 그룹 조건부 순차 실행 / 240

7.3 여러 줄에 걸친 명령어 입력 / 245

7.4 서브 쉘 실행 / 248

7.5 쉘 제어 구문 / 255

7.6 표준 입·출력 방향 전환 / 277

7.7 명령어 후면 처리 / 322

7. 유닉스 쉘 명령어 줄문법

사용자가 쉘에게 지시하는 명령어는 내부 명령어와 외부 명령어로 분류되고 이들의 차이점 및 처리 과정을 5장에서 자세히 살펴본 바 있다. 쉘이 명령어를 처리하는 과정을 되새기기 위해 [그림 7-1]에 그 과정을 다시 보였다. 이 그림의 과정 ⑤'를 좀더 구체적인 절차로 세분화해 보면 아래와 같다.

- 사용자가 입력한 명령어 문자열로부터 프로그램 실행파일 명칭(명령어 이름)과 명령어 옵션·인수 들을 분리하고 식별한다.
- 실행 파일명이 특정 경로명(예, "./std_test01", "/usr/home/hblee/std_test02")으로 주어졌으면 해당 실행 파일을 곧장 검색한다.
- 실행 파일명이 특정 경로명으로 지정되어 있지 않으면(예, "ls", "cp"), 쉘 변수 PATH(Bourne·Korn 쉘)나 path(C 쉘)에 설정된 디렉터리로부터 실행 파일을 검색한다([그림 5-14], [그림 5-27] 참조).
- 검색한 실행 파일을 운영체제에 의뢰하여 메모리에 적재하고 실행 종료를 기다린다.

위 처리 과정은 "ls -l a.c", "cp a.c b.c"와 같이 명령어 문자열이 명령어 이름과 옵션·인수로만 구성된 비교적 단순한 경우에만 해당된다. 이와 같이 명령어를 단순히 실행시키기만 하는 기능 외에 쉘은 보다 복잡한 명령어 문자열 형태를 허용하여 각각에 따른 부가 기능을 제공한다. 예를 들어 [실습 6-4]의 STEP XI(237 쪽)에 보인 "std_test11 1> std.out" 형태의 명령어 문자열로부터 Bourne·Korn 쉘은 표준 출력 장

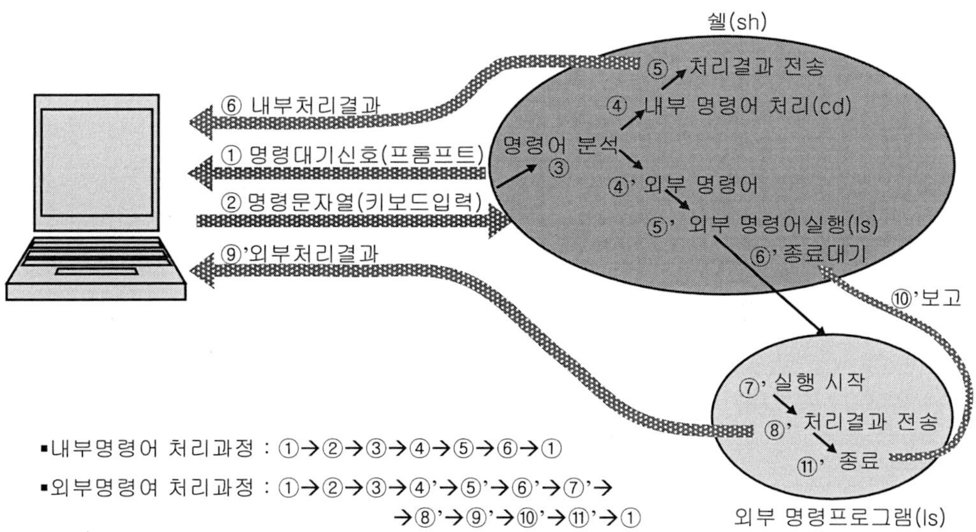

[그림 7-1] 쉘의 명령어 처리 과정([그림 5-2] 참조)

장치의 재설정 지시임을 인지하고 해당 서비스를 대행한다.

즉, 쉘은 명령어 문자열을 구성함에 있어서 기본적인 표기법 외에 몇 가지 독특한 표기법을 허용하고 있는데, 이를 쉘 명령어 줄문법(shell command line syntax)이라 한다.

일반적으로 특별한 줄문법이 요구되는 쉘 기능 분야는 [표 7-1]과 같이 크게 여섯 가지 정도로 분류된다. 이 표에 제시된 예들은 Bourne·Korn 쉘 위주로 주어진 것들이고, 쉘에 따라 다를 수 있다. 이 표에서 ①, ②, ③, ⑥은 쉘에 관계 없이 줄 문법이 동일하고, ④, ⑤는 쉘에 따라 다르다.

[표 7-1] 쉘 명령어 줄문법 분류

줄 문법 분야	쉘 서비스 내용
① 명령어 그룹 순차 실행	• 여러 개의 명령어를 차례로 실행시킨다. 예) $ cd test; ls -l; cp a.c b.c; ls -l ↵
② 명령어 그룹 조건부 순차실행	• 여러 개의 명령어를 종료 상태 및 논리 조건에 따라 조건부로 실행시킨다. 예) $ ls a.c && cp a.c b.c && ls b.c ↵
③ 여러 줄에 걸친 명령어	• 명령어가 복잡하면 여러 줄에 나누어 입력한다. 예) $ ls -l double_to_single.c ₩ ↵ > singlechr_widechr.c ↵
④ 서브 쉘 실행	• 지시된 명령어(들)을 서브 쉘에서 실행시킨다. • 명령어가 종료하면 서브 쉘도 종료한다. 예) $ (cd test; ls -l) ↵
⑤ 쉘 제어 구문	• 고급 프로그래밍 언어에서 제공하는 if, for, while 등 고기능 흐름 제어에 따라 명령어를 실행시킨다. 예) $ if ls a.c ↵ then ↵ cp a.c b.c ↵ fi ↵
⑥ 표준 입·출력 방향 전환	• 기본으로 주어지는 표준 입·출력 장치를 파일 등 다른 장치로 재설정한다. • 예) $ ls -l > ls.out ↵
⑦ 명령어 후면 처리	• 명령어를 후면으로 실행시킨다. • 명령어 후면 실행 직후, 그 명령어의 종료와 관계없이 쉘은 즉시 사용자와 다시 대화한다. • 예) $ web_server & ↵

7.1 명령어 그룹 순차 실행

명령어 그룹 순차 실행이란 한 번의 명령어 문자열에 여러 개의 명령어를 나열해 놓고, 쉘로 하여금 명령어들을 순서대로 하나씩 실행시키도록 하는 명령 방법을 말한다. 이 방법은 사용자가 각 명령어를 하나씩 쉘에게 전달하여 실행시켰을 때와 그 결과가 동일하다.

명령어 그룹 순차 실행은 실행 시간이 상당히 긴 여러 개의 명령어를 실행시키고자 할 때 편리하다. 즉, 각 명령어의 실행 시간이 상당히 길다면, 사용자는 각각의 명령어가 끝날 때까지 기다렸다가 다음 명령어를 입력해야 하기 때문에 명령어의 진행 상황을 지속적으로 살펴봐야 하는 불편이 따른다. 따라서, 여러 개의 명령어들을 쉘에게 한꺼번에 전달해 놓고 사용자는 충분한 시간이 지난 후에 결과를 확인할 수 있는 명령어 그룹 순차 실행이 편리하다.

명령어 그룹 순차 실행을 위한 명령어 줄문법을 [표 7-2]에 요약하였고, [그림 7-2]에 그 예를 보였다. 이 그림에서 ①~⑤의 명령어를 개별적으로 실행한 결과와 그룹으로 실행한 결과가 동일함을 알 수 있다.

[표 7-2] 명령어 그룹 순차 실행을 위한 쉘 명령어 줄문법

사 용 법	설 명
$ cmd1; cmd2; ... ; ↵	▪ 차례로 실행하고자 하는 명령어들을 ';'로 분리하여 나열한다. ▪ 명령어와 ';' 사이에는 개수에 관계 없이 공백이 존재해도 무방하다. ▪ 마지막 ';'는 생략해도 무방하다. ▪ 쉘은 앞 명령어가 종료하자 마자 오류 등 그 결과에 관계 없이 무조건 다음 명령어를 순서에 따라 실행시킨다.
예) $ rm work/*; rmdir work; ↵ $ cd work5; ls -l; rm a.c; cd .. ↵	

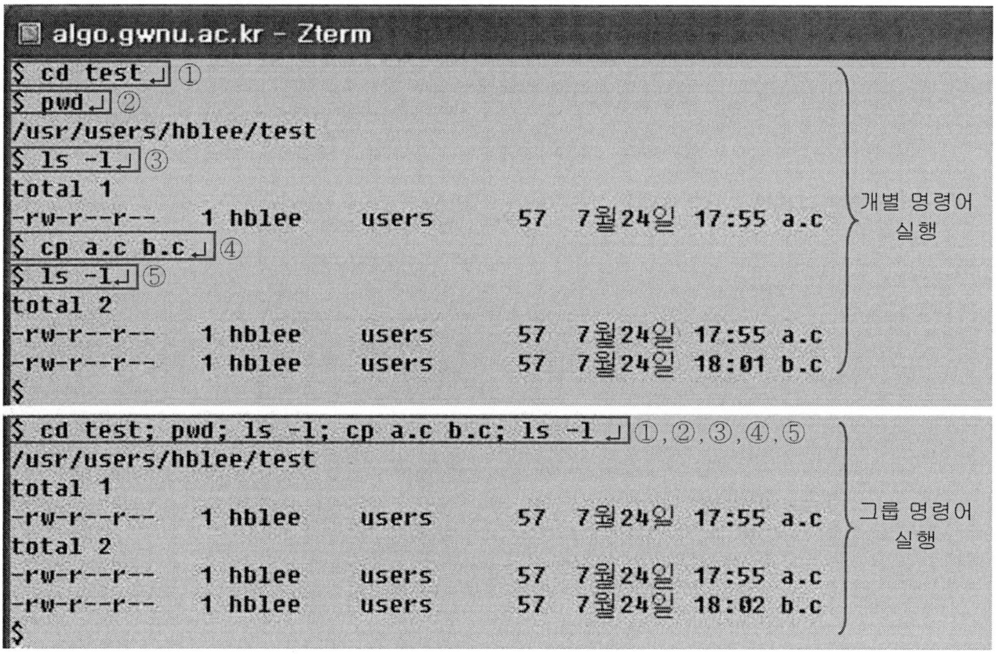

[그림 7-2] 명령어 그룹 순차 실행 예1

명령어 그룹의 순차 실행이 각 개별 명령어를 하나씩 실행했을 때와 그 결과가 동일하다는 뜻은 해당 명령어 그룹에 포함된 모든 명령어들이 이전 명령어의 종료 상태 즉, 이전 명령어의 성공 여부와 관계 없이 무조건 실행됨을 의미하기도 한다.

[그림 7-3]에서 ①, ②, ③은 종료 상태와 관계 없이 각각의 명령어를 독립적으로 실행 시킨 것이고, ④는 종료 상태가 다른 세 명령어를 그룹으로 실행 시켰다. 이 그림의 실행 결과를 [그림 7-4]에 보였는데 종료 상태와 관계 없이 세 명령어가 차례로 실행되었음을 알 수 있다.

```
/* shl_test01.c */
#include <stdio.h> … <stdlib.h>
main()
{
    fprintf(stdout, "This is happy shl_test01.\n ");
    exit(0);
}
```

(a) shl_test01.c

```
/* shl_test02.c */
#include <stdio.h> … <stdlib.h>
main()
{
    fprintf(stderr, "This is unhappy shl_test02.\n ");
    exit(3);
}
```

(b) shl_test02.c

```
/* shl_test03.c */
#include <stdio.h> … <stdlib.h>
main()
{
    fprintf(stdout, "This is happy shl_test03.\n ");
    exit(0);
}
```

(c) shl_test03.c

```
$ shl_test01 ↵ ①
$ shl_test02 ↵ ②
$ shl_test03 ↵ ③
$ shl_test01; shl_test02; shl_test03 ↵  ④
```

(d) 명령어의 개별 실행과 순차 실행

[그림 7-3] 명령어 그룹 순차 실행 예2

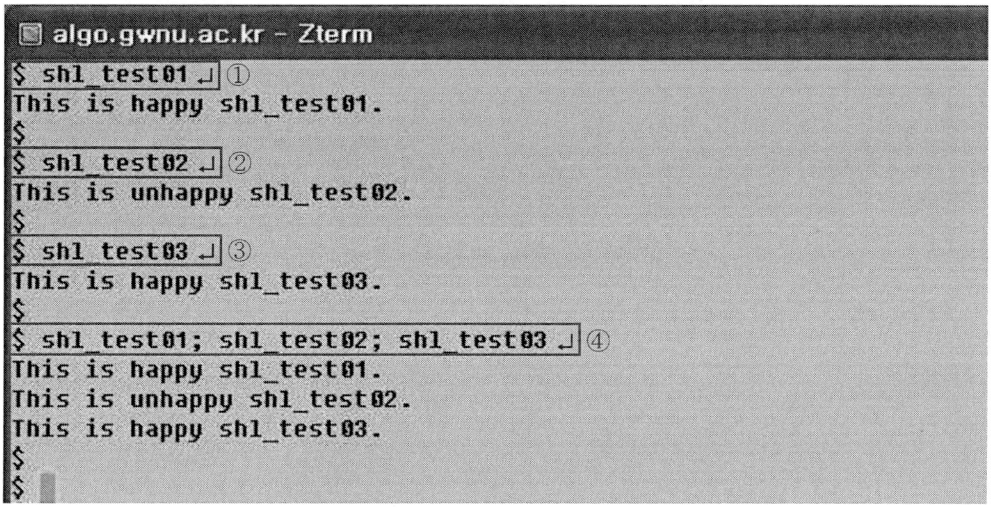

[그림 7-4] [그림 7-3]의 실행 모습

☞ [실습 7-1]

STEP I

1. 다음 명령어를 차례로 실행하고 그 결과를 확인한다.

```
$ pwd ↵
$ ls ↵
```

2. 다음 명령어를 실행하고 과정 1의 결과와 비교한다.

```
$ pwd; ls ↵
```

3. 명령어의 개별 실행과 그룹 순차 실행을 이해하고 토론한다.

STEP II

1. [그림 7-5]의 shl_test01.c, shl_test02.c, shl_test03.c 세 프로그램을 코딩하고 컴파일 한다.

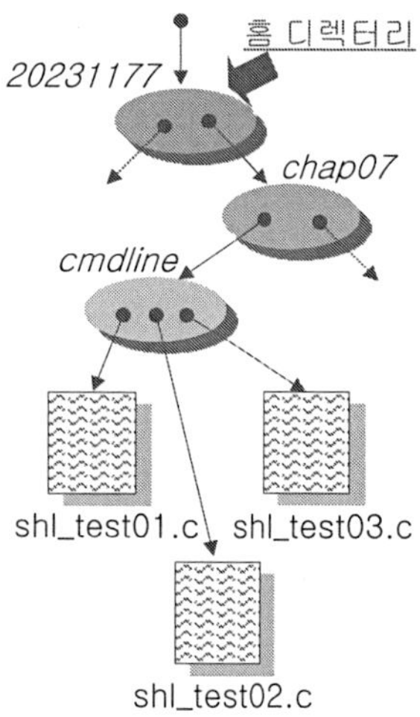


```
/* shl_test01.c */                    /* [그림 7-3] (a) 참조 */
#include <stdio.h>
#include <stdlib.h>
main()
{
    fprintf(stdout, "This is happy shl_test01.\n");
    exit(0);
}
```

```
/* shl_test02.c */                    /* [그림 7-3] (b) 참조 */
#include <stdio.h>
#include <stdlib.h>
main()
{
    fprintf(stderr, "This is unhappy shl_test02.\n");
    exit(3);
}
```

```
/* shl_test03.c */                    /* [그림 7-3] (c) 참조 */
#include <stdio.h>
#include <stdlib.h>
main()
{
    fprintf(stdout, "This is happy shl_test03.\n");
    exit(0);
}
```

[그림 7-5] 명령어 그룹 순차 실행 실습II

2. 아래 명령어를 차례로 실행하고 결과를 확인한다.

```
$ shl_test01 ↵
$ shl_test02 ↵
$ shl_test03 ↵
```

3. 아래 그룹 명령어를 실행한 결과를 과정 2의 결과와 비교하고 종료 상태가 명령어 그룹의 순차 실행에 미치는 영향을 토론한다.

```
$ shl_test01; shl_test02; shl_test03 ↵
```

STEP III

1. [그림 7-6]의 shl_test04.c, shl_test05.c, shl_test06.c 세 프로그램을 코딩하고 컴파일 한다.
2. 아래와 같이 세 명령어를 차례로 실행시킨다.

```
$ shl_test04 ↵
$ shl_test05 ↵
$ shl_test06 ↵
```

3. 세 명령어를 아래와 같이 그룹으로 실행시켜, 기다리는 편리성 측면을 과정 2와 비교한다.

```
$ shl_test01; shl_test02; shl_test03 ↵
```

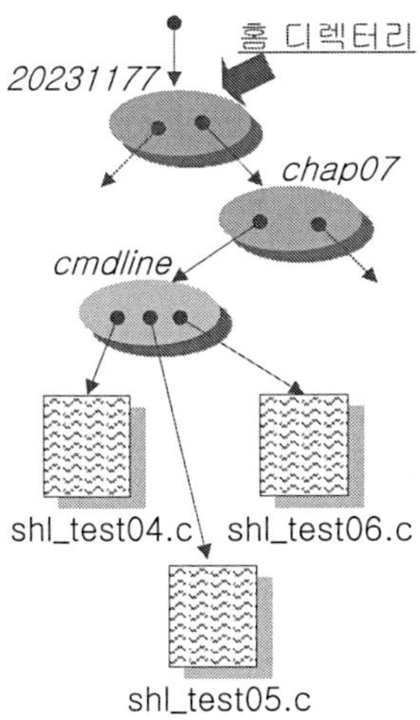


```
/* shl_test04.c */
#include <stdio.h>
#include <unistd.h>
#include <stdlib.h>
main()
 { sleep(30); printf("shl_test04 Ok...\n"); exit(0); }
```

```
/* shl_test05.c */
#include <stdio.h>
#include <unistd.h>
#include <stdlib.h>
main()
 { sleep(20); printf("shl_test05 Ok...\n"); exit(0); }
```

```
/* shl_test06.c */
#include <stdio.h>
#include <unistd.h>
#include <stdlib.h>
main()
 { sleep(10); printf("shl_test06 Ok...\n"); exit(0); }
```

[그림 7-6] 명령어 그룹 순차 실행 실습III

7.2 명령어 그룹 조건부 순차 실행

명령어 그룹 조건부 순차 실행이란 명령어 6.3 절의 명령어 종료 상태와 논리식의 계산 순서에 따라 다음 명령어의 실행 여부가 결정되는 명령어 그룹의 실행 방식이다. 명령어 그룹 조건부 순차 실행을 위한 쉘 명령어 줄문법은 [표 7-3]에 요약한 바와 같이 각각의 명령어 종료 상태를 하나의 논리항으로 삼아 논리 연산자로 연결한 논리식 형태로 표현된다.

[표 7-3]의 예 ①은 파일 a.c가 존재하면 삭제하는 조건부 명령어 실행이고, ②는 파일 또는 디렉터리 work가 존재하지 않으면 디렉터리 work를 생성하는 조건부 명령어 실행이다.

[표 7-3] 명령어 그룹 조건부 순차 실행을 위한 쉘 명령어 줄문법

사 용 법	설 명
$ cmd1 && cmd2 || ... ↵	▪ 명령어와 명령어를 논리 연산자로 연결한다. ▪ 논리 연산자로 "&&"(and) 와 "||"(or)를 사용한다. ▪ 명령어의 종료상태가 논리식의 논리항에 사용되고, 종료상태가 0이면 참(true), 0이 아니면 거짓(false)으로 대응된다. ▪ 논리 연산자 "&&"와 "||"의 우선순위는 동일하다. 다만 논리식의 우선 순위 조정을 위해 괄호를 사용할 수 있다. ▪ 명령어들은 논리식 전체의 최종 값이 결정될 때까지만 계산 순서에 따라 실행된다
예) $ ls a.c && rm a.c ↵ ① $ ls work || mkdir work ↵ ②	

명령어 그룹 조건부 순차 실행에서 실행 순서가 결정되는 몇 가지 예를 살펴보기 위한 명령어 프로그램과 명령어 그룹 실행의 예를 [그림 7-7]에 보였다. 이 그림에 보인 각각의 실행 예의 실행 과정은 아래와 같다.

① 논리식 형태가 모두 and로 연결되어 있으므로 앞에서부터 출발해서 하나라도 거짓(0이 아닌 종료상태)이 나타나면 전체 논리식이 거짓으로 결정되므로 이후의 명령어는 실행하지 않는다. 따라서 이 명령어 그룹은 shl_test02까지 실행되고 멈춘다.

② 논리식 형태가 모두 or로 연결되어 있으므로 앞에서부터 출발해서 하나라도 참(종료상태 0)이 나타나면 전체 논리식이 참으로 결정되므로 이후의 명령어는 실행할 필요가 없다. 이 명령어 그룹에서 shl_test01이 참이므로 shl_test02 이후의 명령어들은 실행할 필요가 없다.

③ 논리식이 A and B or C 형태로 이 것은 (A and B) || C와 같다. 따라서, 우선 A and B를 계산하고 이것이 참이면 C는 계산할 필요가 없다. A(shl_test01)는 참이고 B(shl_test02)는 거짓이므로 A and B 전체는 거짓이다. 따라서 C의 결

과에 따라 전제 논리 값이 결정되므로 C(shl_test03)까지 실행되어 전체가 참으로 결정된다.

④ A || B && C 형태의 논리식으로 A || (B && C)와 동일하고, A가 거짓일 때에만 (B && C)의 계산이 필요하다. 그런데 A(shl_test01)가 참이므로 (B && C)의 결과에 관계없이, 최종 값은 참으로 결정된다. 즉, (B && C)는 계산할 필요가 없으므로 이들의 실행이 필요 없다.

⑤ A && (B || C)에서 A(shl_test01)가 참이므로 (B || C)계산이 필요하고, 여기서 다시 B(shl_test02)가 거짓이므로 C(shl_test03)까지의 실행이 필요하다. 전체 결과는 참으로 결정된다.

```
/* shl_test01.c */                          /* [그림 7-5] (a) 참조 */
#include <stdio.h> … <stdlib.h>
main()
{
    fprintf(stdout, "This is happy shl_test01.\n");
    exit(0);
}
```

(a) shl_test01.c(종료상태 0→true)

```
/* shl_test02.c */                          /* [그림 7-5] (b) 참조 */
#include <stdio.h> … <stdlib.h>
main()
{
    fprintf(stderr, "This is unhappy shl_test02.\n");
    exit(3);
}
```

(b) shl_test02.c(종료상태 3→false)

```
/* shl_test03.c */                          /* [그림 7-5] (b) 참조 */
#include <stdio.h> … <stdlib.h>
main()
{
    fprintf(stdout, "This is happy shl_test03.\n");
    exit(0);
}
```

(c) shl_test03.c(종료상태 0→true)

```
$ shl_test01 && shl_test02 &&  shl_test03 ↵  ①
$ shl_test01 || shl_test02 ||  shl_test03 ↵  ②
$ shl_test01 && shl_test02 ||  shl_test03 ↵  ③
$ shl_test01 || shl_test02 &&  shl_test03 ↵  ④
$ shl_test01 && (shl_test02 || shl_test03) ↵ ⑤
```

(d) 명령어 그룹 조건부 순차 실행의 예

[그림 7-7] 명령어 그룹 조건부 순차 실행에서 실행 순서 결정의 예

[그림 7-7]의 명령어 그룹 조건부 순차 실행의 모습을 [그림 7-8]에 보였다. 위 ④에서 이미 설명한 바와 같이 ④의 부분 논리식 shl_test01 || shl_test02를 계산할 때 shl_test01이 참이어서 이 부분 논리식 값이 최종 결정됨으로 shl_test02는 실행되지 않았다.

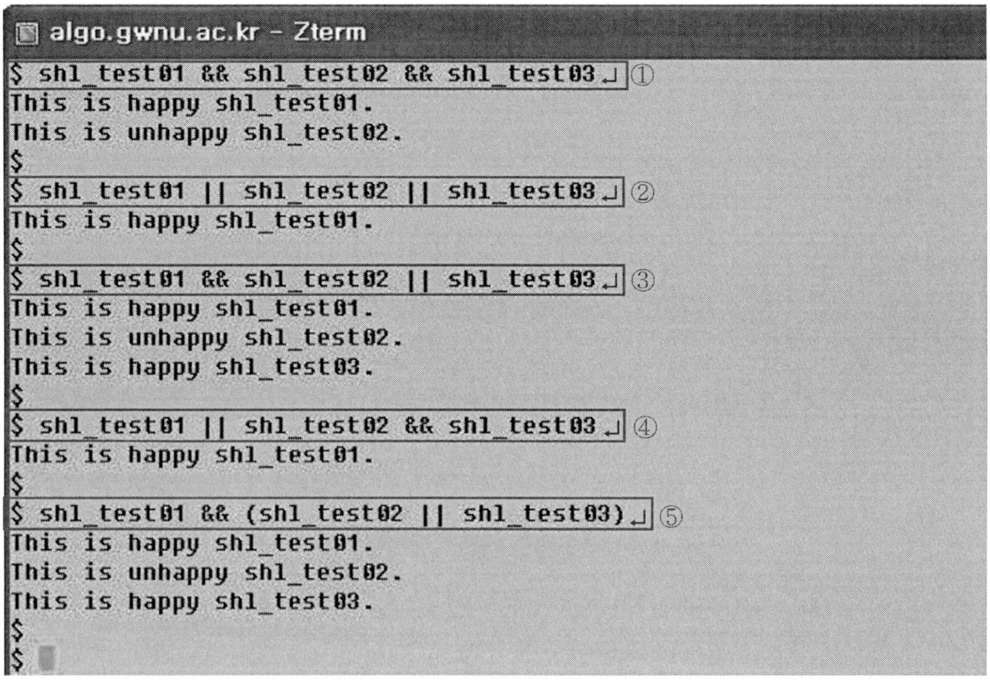

[그림 7-8] [그림 7-7]의 실행 모습

☞ [실습 7-2]

STEP I

1. `$ ls /etc/qwx.c ↵` `$ echo $? ↵` } Bourne·Korn 셸 　 `% ls /etc/qwx.c ↵` `% echo $status ↵` } C 셸

명령어를 실행하여 /etc/qwx.c의 존재 여부를 확인한다.

2. 과정 1의 결과를 바탕으로

`$ ls /etc/qwx.c || echo "/etc/qwx.c does not exist…" ↵`

의 실행 결과를 예측한 후 실제 실행 결과와 비교하고 토론한다.

3. 과정 1의 결과를 바탕으로

`$ ls /etc/qwx.c && echo "/etc/qwx.c exist…" ↵`

의 실행 결과를 예측한 후 실제 실행 결과와 비교하고 토론한다.

STEP II

1. `$ ls /etc/group ↵` `$ echo $? ↵` } Bourne·Korn 셸 　 `% ls /etc/group ↵` `% echo $status ↵` } C 셸

명령어를 실행하여 /etc/group의 존재 여부를 확인한다.

2. 과정 1의 결과를 바탕으로

`$ ls /etc/group || echo "/etc/group does not exist…" ↵`

의 실행 결과를 예측한 후 실제 실행 결과와 비교하고 토론한다.

3. 과정 1의 결과를 바탕으로

`$ ls /etc/group && echo "/etc/group exist…" ↵`

의 실행 결과를 예측한 후 실제 실행 결과와 비교하고 토론한다.

STEP III

1. STEP I, II를 바탕으로

`$ ls /etc/qwc.c && ls /etc/group ↵`

의 종료 상태를 예측한 후, 실제 실행 결과와 비교하고 토론한다.

2. STEP I, II를 바탕으로

`$ ls /etc/qwc.c || ls /etc/group ↵`

의 종료 상태를 예측한 후, 실제 실행 결과와 비교하고 토론한다.

STEP IV

1. [그림 7-9]의 shl_test01.c, shl_test02.c, shl_test03.c 세 프로그램을 코딩하고 컴파일한다([그림 7-5]와 동일).

2. 아래 명령어를 차례로 실행하여 각각의 종료 상태를 확인한다.

Bourne·Korn 쉘	C 쉘
`$ shl_test01;echo $?↵`	`% shl_test01;echo $status↵`
`$ shl_test02;echo $?↵`	`% shl_test02;echo $status↵`
`$ shl_test03;echo $?↵`	`% shl_test03;echo $status↵`

3. 아래의 각 명령어 그룹을 실행한 결과를 과정 2의 결과와 비교하고 종료 상태가 명령어 그룹의 조건부 순차 실행에 미치는 영향을 토론한다.

```
$ shl_test01 && shl_test02 && shl_test03 ↵
$ shl_test01 || shl_test02   || shl_test03 ↵
$ shl_test01 && shl_test02 || shl_test03 ↵
$ shl_test01 || shl_test02 && shl_test03 ↵
$ shl_test01 && (shl_test02 || shl_test03) ↵
```

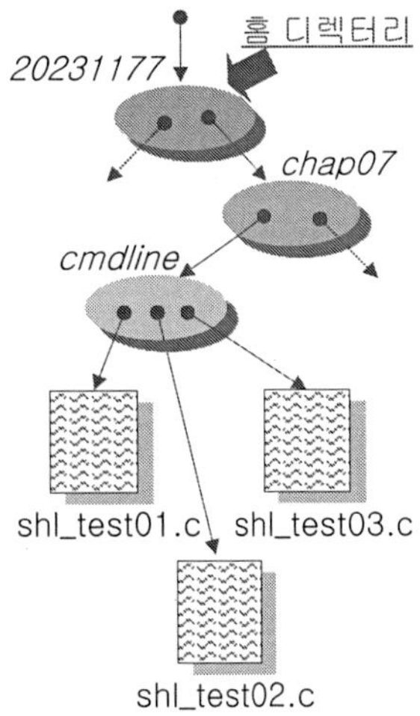


```
/* shl_test01.c */                    /* [그림 7-3] (a) 참조 */
#include <stdio.h>
#include <stdlib.h>
main()
{
    fprintf(stdout, "This is happy shl_test01.\n");
    exit(0);
}
```

```
/* shl_test02.c */                    /* [그림 7-3] (b) 참조 */
#include <stdio.h>
#include <stdlib.h>
main()
{
    fprintf(stderr, "This is unhappy shl_test02.\n");
    exit(3);
}
```

```
/* shl_test03.c */                    /* [그림 7-3] (c) 참조 */
#include <stdio.h>
#include <stdlib.h>
main()
{
    fprintf(stdout, "This is happy shl_test03.\n");
    exit(0);
}
```

[그림 7-9] 명령어 그룹 조건부 순차 실행 실습 IV([그림 7-5]와 동일)

7.3 여러 줄에 걸친 명령어 입력

터미널의 특성에 따라 명령어의 길이가 터미널의 길이를 넘어 서면 자동으로 다음 줄로 넘어 가거나(auto wrap), 더 이상 입력이 불가능한 경우가 있다. [그림 7-10]은 텔넷 소프트웨어 netterm에서 긴 명령어를 입력할 때 autowrap 특성이 설정되어 있는 경우와 그렇지 않는 경우를 비교하였다. 이 그림의 (a)는 autowrap 특성이 설정되어 있지 않아 터미널의 한 줄을 넘는 부분이 보이지 않는 모습이고, (b)는 autowrap 특성이 설정되어 한 줄이 넘는 부분이 계속해서 다음 줄로 이어지는 모습이다.

위의 (a)에서 한 줄이 넘는 부분을 계속해서 입력하면 내부적으로는 입력이 되고 있지만 터미널에는 나타나지 않기 때문에 사실상 입력이 불가능하다.

(a) Autowrap 특성이 설정되어 있지 않은 경우

(b) Autowrap 특성이 설정되어 있는 경우

[그림 7-10] 유닉스 단말기의 autowrap 특성

그런데 [그림 7-10]의 (b)와 같이 autowrap 특성에 의해 다음 줄로의 자동 이동이 가능한 경우라 하더라도 긴 명령어를 하나의 연속된 문자열로 입력하면 입력 오류 가능성이 크고 읽기에도 도움이 되지 않는다. 즉, 길거나 복잡한 명령어는 단정하게 정리하여 여러 줄에 나누어 입력할 수 있으면 편리하다.

따라서, 사용자와 대화하는 모든 쉘은 터미널의 특성과 관계 없이 명령어를 여러 줄에 나누어 입력할 수 있는 쉘 명령어 줄문법을 제공한다. 이와 같이 명령어를 여러 줄에 나누어 입력할 때, 쉘은 새로운 명령어와의 구별을 위해 두 번째 줄부터는 보조 프롬프트 문자열을 입력 대기 문자열로 사용한다.([그림 5-17] (a) 참조).

[표 7-4]에 명령어를 여러 줄에 나누어 입력할 수 있는 쉘 명령어 줄문법을 요약하였다.

[표 7-4] 여러 줄 명령어 입력을 위한 쉘 줄문법

사 용 법	설 명
$ cmd ...\↵ … … …\↵ … … … ↵ ('\' 는 '₩' 문자와 동일)	▪ 명령어 문자열 도중에 새로운 줄로 이동하고 싶은 곳에 '\' 문자를 입력하고 곧바로 '↵'를 입력하여 다음 줄로 이동한다. ▪ 새로운 줄로 이동하여 명령어의 나머지 부분을 계속 입력하되, 또 다른 새로운 줄이 필요하면 위와 같이 '\'를 이용한다. ▪ 쉘은 새로운 줄의 내용을 윗줄의 '\' 부분부터 연결하여 전체 명령어 문자열로 사용한다. ▪ '\' 는 가급적 공백 부분에 위치하는 것이 좋다.
예) $ ls -l a.c aa.c \ ↵ > b.c bb.c ↵	

쉘 명령어 줄문법을 이용해서 명령어를 여러 줄에 나누어 입력하고 실행하는 예를 [그림 7-11]에 보였다. 이 그림의 ①은 첫 번째 줄과 두 번째 줄을 이었을 때 shl_test01.c와 bak 사이에 구분자 공백이 없으므로 mv 명령어의 사용 문법 오류를 유발한다. 그러나 ②에서는 '₩' 앞에 공백이 명시되어 있어서 두 줄을 이었을 때도 두 경로명 사이에 공백이 존재하므로 mv 명령어의 사용법에 어긋나지 않는다.

```
algo.gwnu.ac.kr - Zterm
$ ls -l↵
total 4
drwxr-xr-x   2 hblee    users        512  7월25일  02:38 bak
-rw-r--r--   1 hblee    users         89  7월24일  21:17 shl_test01.c
-rw-r--r--   1 hblee    users         91  7월24일  21:35 shl_test02.c
-rw-r--r--   1 hblee    users         89  7월24일  21:16 shl_test03.c
$
$ mv shl_test01.c₩↵      ① → mv  shl_test01.cbak↵
> bak↵
usage: mv [-i | f] [--] src target
   or: mv [-i | f] [--] src1 ... srcN directory
   or: mv [-i | f] [--] directory1 ... destination_directory
$
$ mv shl_test01.c ₩↵     ② → mv  shl_test01.c  bak↵
> bak↵
$
$ ls -l↵
total 3
drwxr-xr-x   2 hblee    users        512  7월25일  02:40 bak
-rw-r--r--   1 hblee    users         91  7월24일  21:35 shl_test02.c
-rw-r--r--   1 hblee    users         89  7월24일  21:16 shl_test03.c
$
$ ls -l bak↵
total 1
-rw-r--r--   1 hblee    users         89  7월24일  21:17 shl_test01.c
```

[그림 7-11] 여러 줄에 걸친 명령어 입력 예

☞ [실습 7-3]

STEP I

1. 사용 중인 단말기에서 아래의 명령어를 실행하여 autowrap 특성의 설정 여부를 확인한다.

```
$ ls -l aaa.c bbb.c ccc.c ddd.c eee.c fff.c ggg.c hhh.c iii.c jjj.c kkk.c lll.c mmm.c ↵
```

2. 사용 중인 단말기에 autowrap 특성 설정 기능이 있는지 확인하고, 설정 기능이 있다면 설정을 변경해 가면서 과정 1을 되풀이하여 유닉스 단말기의 autowrap 특성을 이해한다.

STEP II

1. 다음 명령어를 실행하여 명령어 성공 여부를 확인한다.

```
$ ls -l  /etc/group  /etc/passwd ↵
```

2. 다음과 같이 group 다음에 '\' 문자를 붙여 입력하여, 과정 1의 명령어를 두 줄에 나누어 입력한 후 명령어의 성공 여부를 확인하고 토론한다.

```
$ ls -l  /etc/group\ ↵
/etc/passwd ↵
```

3. 과정 2로부터 다음과 같이 group과 '\' 문자 사이에 하나 이상의 공백을 추가한 경우의 명령어 성공 여부를 확인하고 토론한다.

```
$ ls -l  /etc/group  \ ↵
/etc/passwd ↵
```

4. 과정 2로부터 다음과 같이 /etc 앞에 하나 이상의 공백을 추가한 경우의 명령어 성공 여부를 확인하고 토론한다.

```
$ ls -l  /etc/group\ ↵
    /etc/passwd ↵
```

5 과정 3으로부터 다음과 같이 '\' 문자 다음이 하나 이상의 공백을 추가한 경우의 명령어 성공 여부를 확인하고 토론한다.

```
$ ls -l  /etc/group  \    ↵
/etc/passwd ↵
```

7.4 서브 쉘 실행

5 장 [그림 5-5]에서 설명한 바와 같이 서브 쉘(sub shell)이란 로그인 쉘 상태에서 새로 실행된 새로운 쉘을 말한다. 명령어 형태로 명시적으로 수행된 서브 쉘에 관련해서 주지해야 할 몇 가지 사항은 [표 7-5] 와 같다.

[표 7-5] 서브 쉘의 주요 수행 규칙

① 서브 쉘은 로그인 쉘(원래 쉘)에 정의된 모든 전역 변수(환경 변수)를 그대로 상속한다.
② 서브 쉘의 지역 변수(쉘 변수)는 초기화 된다. 즉, 로그인 쉘에 새로 정의된 쉘 변수는 서브 쉘로 상속되지 않는다.
③ 서브 쉘에서 설정된 지역 변수나 전역 변수는 로그인 쉘에 전혀 영향을 미치지 않는다.
④ 서브 쉘에서 변경된 작업 디렉터리(change directory)는 로그인 쉘에 영향을 미치지 않는다. 즉, 로그인 쉘의 작업 디렉터리는 서브 쉘에서 작업 디렉터리와 독립적으로 유지된다.

서브 쉘을 사용하는 주요 목적은 로그인 쉘과 다른 유형의 쉘을 사용하거나, [그림 7-12]와 같이 쉘 수행 환경의 독립성을 활용하기 위함이다. 쉘 수행 환경의 독립성은 전형적으로 쉘 변수나 작업 디렉터리의 많은 변화 이후에 다시 원래의 상태로 되돌아 가고자 하는 경우에 매우 편리하다.

[그림 7-12]는 서브 쉘 상태에서 일어난 많은 일들(public_html로의 작업 디렉터리 변경, 새로운 환경 변수 CCC 설정 등)과 관계 없이 해당 서브 쉘을 종료하여 원래의 쉘로 되돌아가면 이전의 로그인 쉘 상태가 모두 그대로 유지됨을 보이고 있다. 또한 이 그림으로부터 서브 쉘은 원래의 쉘에 정의되었던 환경 변수(AAA)는 그대로

[표 7-6] 서브 쉘 실행을 위한 쉘 명령어 줄문법

사 용 법	기 능
$ . . . ;(. . .); . . . ① ② ③	▪ 부분 ① 의 명령어(들)은 원래 쉘에서 수행된다. ▪ 부분 ② 의 괄호안 명령어(들)은 서브 쉘에서 수행된다. 이 때 서브 쉘은 원래의 쉘과 동일한 쉘이 실행된다. ▪ 부분 ③ 의 명령어(들)은 다시 원래 쉘에서 수행된다. ▪ 부분 ①, ②, ③은 그룹 명령어 문법과 동일하게 ';'로 분리되어여야 하고, 각 부분에 여러 개의 명령어가 존재하면 역시 마찬가지로 ';'로 분리되어야 한다. ▪ ①, ②, ③ 각 부분은 그룹 명령어 순차 실행과 동일하게 실행된다. ▪부분 ①과 ③은 존재하지 않아도 무방하다.
예) $ AAA=XXX; export AAA; (cd public_html; CCC=YYY; export CCC); echo $CCC ↵ $ ls; (cd test; rm *); ls ↵	

상속 받지만 쉘 지역 변수(aaa)는 상속 받지 못함을 알 수 있다. 반대로 서브 쉘에서 설정된 변수 CCC는 원래의 쉘에 영향을 끼치지 않았음을 알 수 있다.

앞에서 살펴본 바와 같이 서브 쉘을 명시적으로 실행시켜서 사용할 수도 있지만, 이 경우 서브 쉘을 실행시킨 후 나중에 반드시 종료 시켜야 하는 번거로움이 따른다. 이런 불편함을 줄이기 위해 쉘 명령어 줄문법은 보다 간편한 서브 쉘 사용법을 제공한다. [표 7-6]에 서브 쉘을 활용하는 쉘 명령어 줄문법을 보였다.

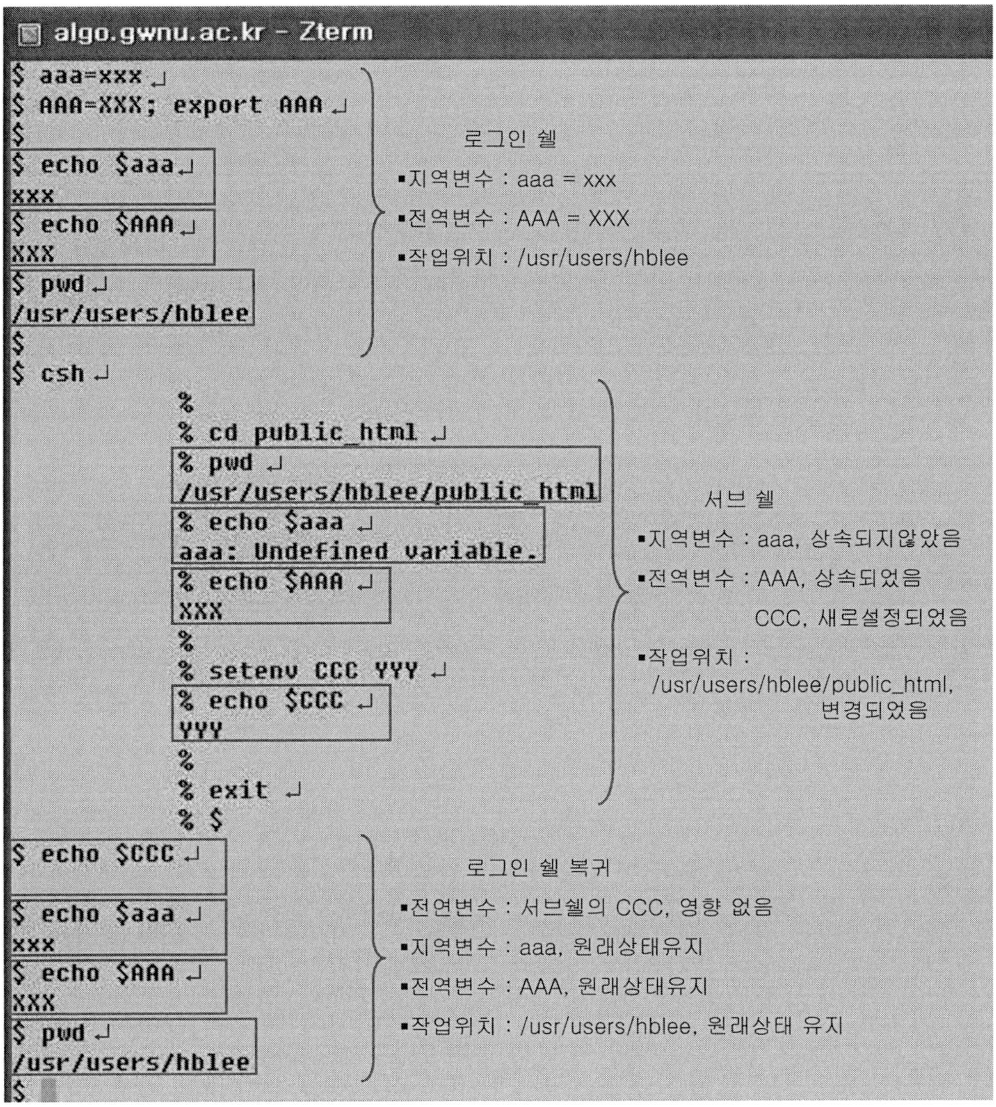

[그림 7-12] 로그인 쉘과 서브 쉘 사이의 쉘 변수 및 작업 디렉터리 변화의 영향

그런데, 쉘의 명령어 줄문법에 의해 쉘을 묵시적으로 실행했을 때와 명령어 형식에 의해 명시적으로 서브 쉘을 실행했을 때에 약간의 차이점이 존재하는데, 그 주요 내용 두 가지는 아래와 같다.

- 서브 쉘은 원래의 쉘에 정의된 쉘 지역 변수도 상속한다.
- 원래의 쉘과 동일한 쉘이 서브 쉘로 수행된다.

[그림 7-13]에 [그림 7-12]의 실행 내용을 쉘 명령어 줄문법에 의한 묵시적 서브 쉘로 실행한 결과를 보였다. 이 그림에서는 [그림 7-12]에서와는 달리 원래의 쉘에서 설정 되었던 쉘 지역 변수 aaa가 서브 쉘에 상속되었음을 볼 수 있다.

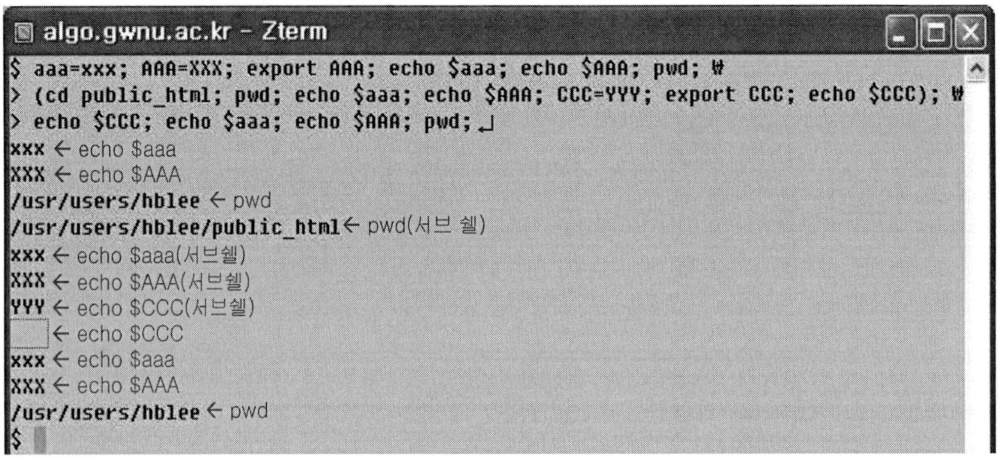

[그림 7-13] [그림 7-12]를 쉘 명령어 줄문법에 의한 서브 쉘로 실행한 결과

☞ [실습 7-4]

STEP I

1. [그림 7-14]의 shl_test07.c~shl_test12.c를 코딩하고 컴파일한다.

2. 작업 디렉터리를 chap07에 고정시키고 아래와 같이 shl_test07~shl_test08, shl_test10~shl_test12, shl_tes09를 차례로 실행시킨다.

```
$ cmdline/shl_test07 ↵
$ cmdline/shl_test08 ↵
```

```
$ cmdline1/shl_test10 ↵
$ cmdline1/shl_test11 ↵
$ cmdline1/shl_test12 ↵
```

```
$ cmdline/shl_test09 ↵
```

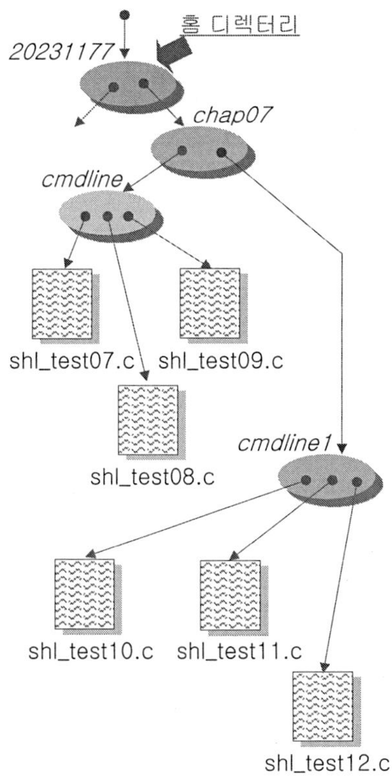


```
/* shl_test07.c */
#include <stdio.h>
#include <stdlib.h>
main() {
    printf("This is shl_test07.\n"); exit(0);
}
```

```
/* shl_test08.c */
#include <stdio.h>
#include <stdlib.h>
main() {
    printf("This is shl_test08.\n"); exit(0);
}
```

```
/* shl_test09.c */
#include <stdio.h>
#include <stdlib.h>
main() {
    printf("This is shl_test09.\n"); exit(0);
}
```

```
/* shl_test10.c */
#include <stdio.h>
#include <stdlib.h>
main() {
    printf("This is shl_test10.\n"); exit(0);
}
```

```
/* shl_test11.c */
#include <stdio.h>
#include <stdlib.h>
main() {
    printf("This is shl_test11.\n"); exit(0);
}
```

```
/* shl_test12.c */
#include <stdio.h>
#include <stdlib.h>
main() {
    printf("This is shl_test12.\n"); exit(0);
}
```

[그림 7-14] 서브 쉘 실습 I

3. 아래와 같이 과정 2를 명령어 그룹으로 순차 실행한다.

```
$ cmdline/shl_test07; cmdline/shl_test08; \ ↵
  cmdline1/shl_test10; cmdline1/shl_test11; cmdline1/shl_test12; \ ↵
  cmdline/shltest09 ↵
```

4. 아래와 같이 작업 디렉터리를 cmdline과 cmdline1으로 이동해 가면서 과정 2의 순서대로 명령어를 실행하고 작업 디렉터리를 work6으로 복구한다.

```
$ cd  cmdline ↵
$ shl_test07 ↵
$ shl_test08 ↵
```

```
$ cd  ../cmdline1 ↵
$ shl_test10 ↵
$ shl_test11 ↵
$ shl_test12 ↵
```

```
$ cd  ../cmdline ↵
$ shl_test09 ↵
$ cd  ../ ↵
```

5. 아래와 같이 과정 4를 명령어 그룹으로 순차 실행한다.

```
$ cd  cmdline; shl_test07; shl_test08; \ ↵
  cd  ../cmdline1; shl_test10; shl_test11; shl_test12;\ ↵
  cd  ../cmdline; shl_test09; cd  .. ↵
```

6. 아래와 같이 과정 5를 서브 쉘을 이용해서 세 번의 명령어 그룹으로 순차 실행하고, 각 명령어 실행 직후 작업 디렉터리의 변화를 확인한다.

```
$ (cd  cmdline; shl_test07; shl_test08) ↵
$ (cd  cmdline1; shl_test10; shl_test11; shl_test12) ↵
$ (cd  cmdline; shl_test09) ↵
```

7. 아래와 같이 과정 6을 한 번의 명령어 그룹으로 순차 실행하고, 명령어 실행 직후 작업 디렉터리의 변화를 확인한다.

```
$ (cd  cmdline; shl_test07; shl_test08) \ ↵
  (cd  cmdline1; shl_test10; shl_test11; shl_test12) \ ↵
  (cd  cmdline; shl_test09) ↵
```

8. 과정 2~7을 비교하고 토론하여 서브 쉘의 기능과 편리성을 이해한다.

STEP II

1. [그림 7-15]의 shl_test13.c를 코딩하고 컴파일한다.

2. 아래 명령어를 사용해서 환경 변수 PASS가 설정되어 있는지 확인하고, 설정되어 있다면 설정을 해제한다.

Bourne·Korn 쉘	C 쉘
$ env ↵	% env ↵
$ unset PASS ↵	% unsetenv PASS ↵

3. 아래 명령어를 실행해서 shl_test13의 성공 여부를 확인하고 토론한다.

Bourne·Korn 쉘	C 쉘
$ shl_test13 ↵	% shl_test13 ↵
$ echo $? ↵	% echo $status ↵

4. 아래 명령어를 사용해서 shl_test13의 성공 여부와 로그인 쉘에서 설정된 환경 변수 PASS가 서브 쉘에 상속되는지를 토론한다.

```
$ PASS=bridge_stone; export  PASS; (shl_test13; echo $?); echo $PASS ↵
```
(Bourne·Korn 쉘)

```
% setenv  PASS  bridge_stone; (shl_test13; echo $status); echo $PASS ↵
```
(C 쉘)

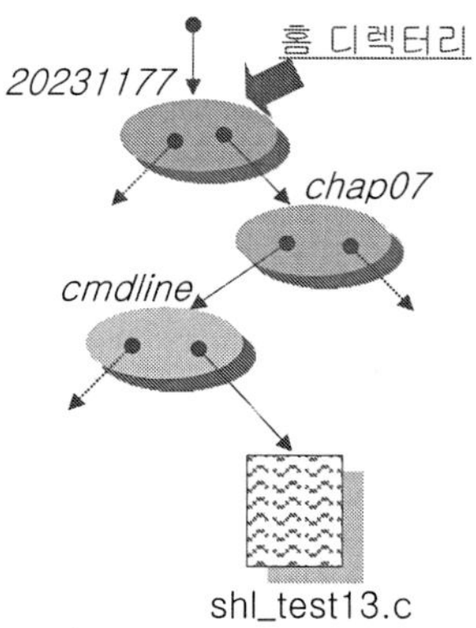


```
/* shl_test13.c */            /* [그림 6-38] 참조 */
#include <stdio.h>
#include <stdlib.h>
#include <string.h>
main(int  argc, char  *argv[])
{
      char   *vp;
      vp = getenv("PASS");
      if (!vp || strcmp(vp, "bridge_stone") != 0) {
              fprintf(stderr, "Failure…\n");
              exit(1);
      }
      else {
              printf("Success…\n");
              exit(0);
      }
}
```

[그림 7-15] 서브 쉘 실습 II

5. 아래 명령어를 사용해서 shl_test13의 성공 여부와 서브 쉘에서 설정된 환경 변수 PASS가 원래의 로그인 쉘에 영향을 미치는지를 토론한다.

```
$ (PASS=bridge_stone; export  PASS; shl_test13; echo $?); echo $PASS ↵
```

(Bourne·Korn 쉘)

```
% (setenv  PASS  bridge_stone; shl_test13; echo $status); echo $PASS ↵
```

(C 쉘)

STEP III

1. 다음 명령어를 실행하여 로그인 쉘에서 정의된 쉘 변수(지역 변수)가 서브 쉘에 상속되는지를 확인하고 토론한다.

Bourne·Korn 쉘

```
$ aaa=1 ↵
$ echo $aaa ↵
$ (echo $aaa) ↵
$ aaa=2 ↵
$ echo $aaa ↵
$ (echo $aaa) ↵
```

C 쉘

```
% set  aaa=1 ↵
% echo $aaa ↵
% (echo $aaa) ↵
% set  aaa=2 ↵
% echo $aaa ↵
% (echo $aaa) ↵
```

2. 과정 1을 아래 명령어를 사용해서 확인하고 토론한다.

```
$ aaa=1; echo $aaa; (echo $aaa); aaa=2; echo $aaa; (echo $aaa) ↵
```

(Bourne·Korn 쉘)

```
% set aaa=1; echo $aaa; (echo $aaa); set aaa=2; echo $aaa; (echo $aaa) ↵
```

(C 쉘)

3. 다음 명령어를 실행하여 로그인 쉘에서 정의된 환경 변수(전역 변수)가 서브 쉘에 상속되는지를 확인하고 토론한다.

Bourne·Korn 쉘

```
$ AAA=1; export AAA ↵
$ echo $AAA ↵
$ (echo $AAA) ↵
$ AAA=2 ↵
$ echo $AAA ↵
$ (echo $AAA) ↵
```

C 쉘

```
% setenv  AAA 1 ↵
% echo $AAA ↵
% (echo $AAA) ↵
% setenv  AAA 2 ↵
% echo $AAA ↵
% (echo $AAA) ↵
```

4. 과정 3을 아래 명령어를 사용해서 확인하고 토론한다.

```
$ AAA=1; export AAA; echo $AAA; (echo $AAA); AAA=2; ₩ ↵
   echo $AAA; (echo $AAA) ↵
```

(Bourne·Korn 쉘)

```
% setenv  AAA  1; echo $AAA; (echo $AAA); setenv  AAA  2; ₩ ↵
   echo $AAA; (echo $AAA) ↵
```

(C 쉘)

7.5 쉘 제어 구문

7.2 절 [표 7-3]에서 여러 명령어를 종료 상태 조건에 따라 순차적으로 실행하는 쉘 줄문법을 다룬 바 있다. 그런데 이 줄문법은 조건 판단 기준으로 명령어 종료 상태만을 사용할 수 있을 뿐만 아니라, 실행 순서 또한 순차적이기 때문에 아주 단순한 상황에서만 적용 가능하다. 이런 한계를 극복하기 위해 각 쉘은 고급 프로그래밍 언어에서 제공하는 일반 제어 흐름 문장과 동일한 수준의 쉘 제어 구문을 제공한다.

쉘 제어 구문은 쉘과 대화하면서 키보드로 직접 지시하여 구사할 수도 있지만, 그보다는 시동파일(5.3 절 참조)과 동일한 개념으로 파일에 저장하여 실행

키는 경우가 더 많다. 후자의 경우를 보통 쉘 프로그래밍이라 한다. 즉, 쉘 프로그램은 키보드로 입력할 지시 내용을 파일에 저장한 쉘 명령어들로서, 그 내용들은 쉘에 의해 차례로 읽혀져 실행되게 된다.

쉘 제어 구문은 각 쉘에 따라 고유한 문법으로 구성되어 있기 때문에 사용자는 자신이 주로 사용하는 쉘의 제어 구문을 익혀야 한다. 그러나, 유닉스 시스템에 설치된 대부분의 시스템 쉘 스크립트가 Bourne·Korn 쉘 용으로 작성되어 있기 때문에 여기서는 Bourne 쉘의 쉘 제어 구문만을 다룬다.

Bourne 쉘은 [표 7-7]과 같이 전형적인 제어 구문에 해당되는 네 가지 제어 구문을 제공한다. 이들 제어 구문은 C 등 고급 프로그래밍 언어에서 제공하는 제어 구문과 매우 유사하다. 한 가지 중요한 차이점은 논리식을 구성하는 논리 항이 명령어의 종료 상태로 이루어 진다는 점에 있다.

[표 7-7] Bourne 쉘 제어 구문의 유형

제어 구문 유형	실 행 방 법
if ① then ② else ③ fi	① 을 계산하여 참이면 ②를, 거짓이면 ③을 실행
while ① do ② done	① 을 계산하여 참이면 ②를 실행하고 다시 ①을 계산하는 과정을 반복하고, 거짓이면 반복을 중단
until ① do ② done	① 을 계산하여 거짓이면 ②를 실행하고 다시 ①을 계산하는 과정을 반복하고, 참이면 반복을 중단
for ~ in ① do ② done	① 에 제시된 각 항목에 대하여 ②를 한 번씩 실행
case ① in ② esac	쉘 변수 ①과 동일한 문자열을 ②에서 찾아, 그 곳에 나열된 명령어(들)을 실행

■ Bourne 쉘의 if ~ then ~ else ~ fi 제어 구문

[표 7-7]에 Bourne 쉘의 if ~ then ~ else ~ fi 제어 구문 사용법을 요약하였다. 이 표의 예 ①은 ls work 명령어의 성공여부 즉, work 디렉터리의 존재 여부에 따라 명령어 실행 순서가 달라진다. 만약 존재하지 않다면 work 디렉터리의 생성을 시도하고 그 결과를 출력한다.

예 ②는 work 디렉터리도 존재하고 그 아래에 tmp.c가 존재한다면 tmp.c를 삭제한다. 예 ③은 tmp 디렉터리나 temp 디렉터리가 존재하면 정상적으로 간주하는 메시지를 출력하고, 둘 모두 존재하지 않으면 비정상임을 알리는 메시지를 출력한다.

그런데, [표 7-8]로부터 숫자나 문자를 비교하는 등의 관계식을 사용할 수는 없을까 하는 의문이 있을 수 있다. Bourne 쉘에서 이런 관계식을 이용할 때는 관계식을 전문으로 계산하는 전용 명령어인 test를 사용해야 한다. 예를 들어 쉘 변수 aaa에 "123"라는 숫자 문자열 값이 들어 있는지를 비교하기 위한 일반 프로그래밍 언어에서의 문장은,

[표 7-8] Bourne 쉘의 if~then~else~fi 제어 구문 사용법

사 용 법	기 능

$ if 명령어_문자열_11 ↵
then ↵
명령어_문자열_21 ↵
명령어_문자열_22 ↵
:
명령어_문자열_2n ↵
else
명령어_문자열_31 ↵
명령어_문자열_32 ↵
:
명령어_문자열_3n ↵
fi
 	
$ if 명령어_문자열_11 ↵
then ↵
명령어_문자열_21 ↵
명령어_문자열_22 ↵
:
명령어_문자열_2n ↵
fi
	▪ if 제어 구문은 문법 자체가 반드시 여러 줄에 나누어 입력하도록 구성되어 있다.
	▪ '명령어_문자열_11' 은 단일 명령어, 명령어 그룹 순차 실행, 명령어 그룹 조건부 순차 실행 등과 같이 명령어 종료 상태에 의한 논리 값 계산이 가능한 명령어 형태여야 한다.
	- 단일 명령어 형태이면 해당 명령어의 종료 상태가 0이면 참, 0이 아니면 거짓으로 결정
	- 명령어 그룹 순차 실행 형태이면, 맨 마지막 명령어의 종료상태에 따라 참•거짓 결정
	- 명령어 그룹 조건부 순차 실행 형태이면 [표 7-3]의 절차 즉, 전체 논리식 계산 결과에 따라 결정
	▪ 실행 과정
	❶ '명령어_문자열_11'을 실행시킨 종료상태로 참•거짓을 결정
	❷ ❶이 참이면 '명령어_문자열_21'~'명령어_문자열_2n'을 실행
	❸ ❶이 거짓이면 '명령어_문자열_31'~'명령어_문자열_3n' 실행
	▪ else~ '명령어_문자열_3n' 부분은 생략해도 무방하다.

예) ①
```
$ if ls work ↵
    then ↵
        echo "work directory exist... " ↵
    else ↵
        if mkdir work ↵
        then ↵
            echo "work directory created... " ↵
        else
            echo "work directory failed... " ↵
        fi ↵
    fi ↵
```

②
```
$ if ls work && ls work/tmp.c ↵
    then ↵
        rm work/tmp.c ↵
    fi ↵
```

③
```
$ if ls tmp || ls temp ↵
    then ↵
        echo "temporary ok..." ↵
    else
        echo "temporary not..." ↵
    fi ↵
```

```
if   aaa = 123 …
```

형태로 이루어지지만, 쉘 제어 구문에서는

```
if   test   aaa = 123
```

과 같이 test 명령어로 하여금 논리식을 계산하도록 하고 그 결과를 종료 상태로 넘겨 받아 전체 논리식 계산 결과로 활용한다. 즉, 논리식이 test 명령어에게 부가 정보로 전달되면, test 명령어는 그 논리식을 계산한 후 그 결과인 참(=0)·거짓(≠0)을 종

[표 7-9] test 명령어 사용법

<table>
<tr><th>사 용 유 형</th><th colspan="2">계 산 방 법</th></tr>
<tr><td rowspan="17">$ test 논리식 ↵</td><td colspan="2">▪ 논리식의 계산 결과에 따라 참•거짓(종료상태) 결정
▪ 관계식 및 관계 연산자</td></tr>
<tr><th>관 계 식</th><th>결 정 과 정</th></tr>
<tr><td>str</td><td>▪ str(상수 문자열 혹은 쉘 변수)이 NULL("")이 아니면 참, NULL이면 거짓
예) $ test "xyz" ↵ $ test $name ↵</td></tr>
<tr><td>str1 == str2</td><td>▪ 일반 문자열 str1과 str2가 동일하면 참
예) $ test $name == kim ↵</td></tr>
<tr><td>str1 != str2</td><td>▪ 일반 문자열 str1과 str2가 같지 않으면 참</td></tr>
<tr><td>num1 -eq num2</td><td>▪ 숫자 문자열 num1과 num2가 동일하면 참
예) $ test $sum -eq 100 ↵</td></tr>
<tr><td>num1 -ne num2</td><td>▪ 숫자 문자열 num1과 num2가 같지 않으면 참</td></tr>
<tr><td>num1 -gt num2</td><td>▪ 숫자 문자열 num1이 num2보다 크면 참</td></tr>
<tr><td>num1 -ge num2</td><td>▪ 숫자 문자열 num1이 num2보다 크거나 같으면 참</td></tr>
<tr><td>num1 -lt num2</td><td>▪ 숫자 문자열 num1이 num2보다 작으면 참</td></tr>
<tr><td>num1 -le num2</td><td>▪ 숫자 문자열 num1이 num2보다 작거나 같으면 참</td></tr>
<tr><td colspan="2">▪ 여러 개의 관계식을 연결하는 논리 연산자 및 논리식</td></tr>
<tr><th>논 리 식</th><th>결 정 과 정</th></tr>
<tr><td>관계식1 -a 관계식2</td><td>▪ '관계식1'과 '관계식2'가 모두 참이면 전체가 참, 하나라도 거짓이면 전체가 거짓(and).
예) $ test $name = kim -a $city = seoul ↵</td></tr>
<tr><td>관계식1 -o 관계식2</td><td>▪ '관계식1'과 '관계식2'중 하나라도 참이면 전체가 참, 모두 거짓이면 전체가 거짓(or).
예) $ test $name = kim -o $name = lee ↵</td></tr>
<tr><td>~ -a ~ -o~...</td><td>and, or를 논리식 계산 규칙에 따라 적용함</td></tr>
<tr><td colspan="2"></td></tr>
<tr><td>$ test -f file ↵</td><td colspan="2">▪ 이름이 'file'인 파일이 존재하면 참, 존재하지 않으면 거짓
예) $ test -f a.c ↵</td></tr>
<tr><td>$ test -r file ↵</td><td colspan="2">▪ 이름이 'file'인 파일이 존재하고 읽기 가능하면 참, 그렇지 않으면 거짓</td></tr>
<tr><td>$ test -w file ↵</td><td colspan="2">▪ 이름이 'file'인 파일이 존재하고 쓰기 가능하면 참, 그렇지 않으면 거짓</td></tr>
<tr><td>$ test -d dir ↵</td><td colspan="2">▪ 이름이 'dir'인 디렉터리가 존재하면 참, 존재하지 않으면 거짓</td></tr>
</table>

료 상태로 쉘에게 넘겨준다.

[표 7-9]에 쉘 제어 구문의 논리식에 자주 사용되는 test 명령어의 사용법을 요약하였다. 이 표에서 보는 바와 같이 test 명령어는 쉘 제어 구문에서 아주 요긴하게 사용되므로, Bourne 쉘은 test 명령어를 위해 특별히 간편한 표기법을 도입해서 사용할 수 있도록 하고 있다.

test 명령어의 간편 표현법을 [표 7-10]에 요약하였다. test 명령어의 간편 표현법은 특히 쉘 제어 구문에서 일반 프로그래밍 언어와 매우 유사한 구문 형태를 제공하기 때문에 이해에 많은 도움을 준다.

[그림 7-16]과 [그림 7-17]에 if 제어 구문과 test 명령어의 사용 예를 보였다.

[표 7-10] test 명령어의 간편 표현 사용법

<table>
<tr><td>사 용 법</td><td colspan="2">▪ test a1 a2 a3 ... ⟺ [a1 a2 a2 ...]
▪ "test" 를 생략하고, 논리식 등의 부가 정보를 '[', ']'로 닫는다. 이 때 '[', ']' 는 반드시 부가 정보와 하나 이상의 공백으로 분리되어야 한다.</td></tr>
<tr><td rowspan="4">예</td><td>test 명령어 원래 표현</td><td>test 명령어 간편 표현</td></tr>
<tr><td>$ test -f a.c ↵</td><td>$ [-f a.c] ↵</td></tr>
<tr><td>$ test $name = kim ↵</td><td>$ [$name = kim] ↵</td></tr>
<tr><td>$ if test $sum -gt 100 ↵
then ↵
echo "sum is too much..." ↵
fi ↵</td><td>$ if [$sum -gt 100] ↵
then ↵
echo "sum is too much..." ↵
fi ↵</td></tr>
</table>

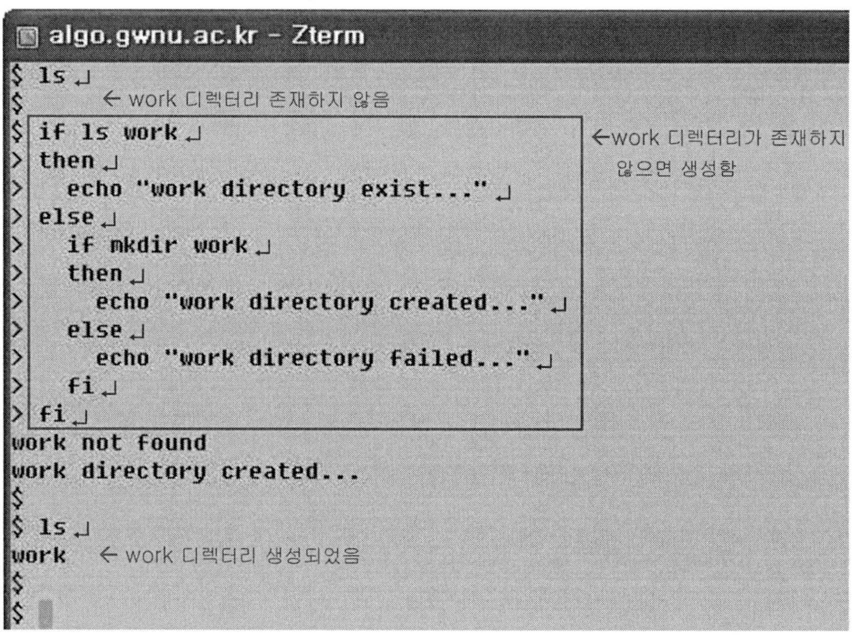

[그림 7-16] Bourne 쉘의 if~then~else~fi 제어구문 실행의 예

[그림 7-16]은 ls 명령어를 통해서 work 디렉터리의 존재 여부를 탐색하고 있는데, 이와 같이 일반 명령어를 사용할 경우 탐색 결과를 알리는 종료 상태 외에 원하지 않은 메시지가 출력되므로 불편하다. 이와는 달리, [그림 7-17]의 (a)는 단지 존재 여부만을 탐색하므로 불필요한 메시지를 출력하지 않는다. 이 그림의 (b)는 test 명령어의 간편 표현법을 사용하여 (a)와 동일한 결과를 얻고 있다.

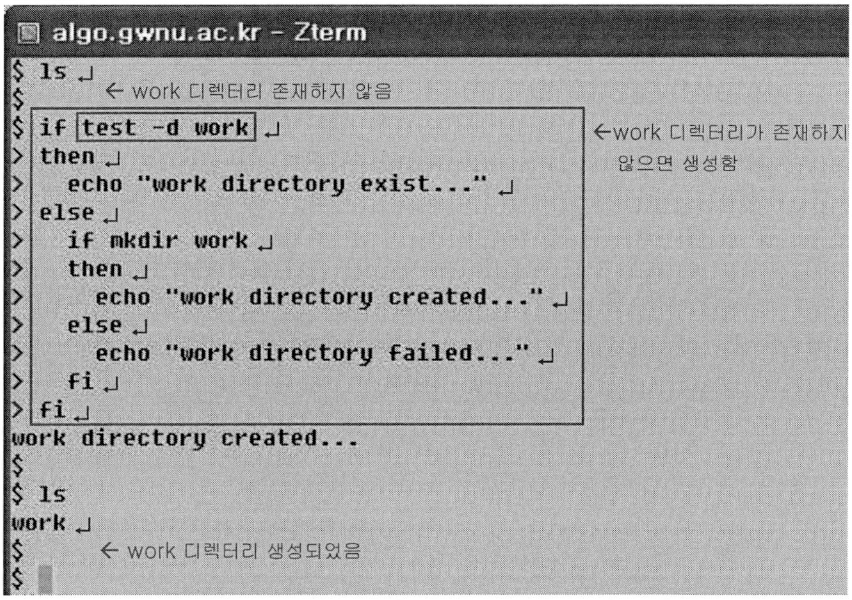

(a) test 명령어 사용 예([그림 7-16]과 동일)

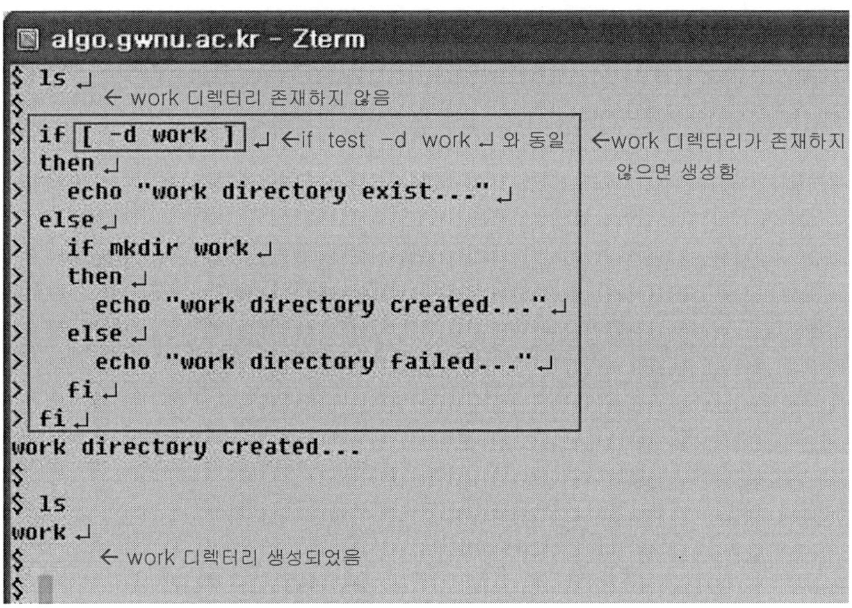

(b) test 명령어의 간편 표현법 사용 예((a)와 동일)

[그림 7-17] test 명령어와 test 명령어의 간편 표현법 사용 예

■ Bourne 쉘의 while ~ do ~ done 제어 구문

[표 7-11]에 Bourne 쉘의 while ~ do ~ done 제어 구문 사용법을 요약하였다. 이 표의 예 ①은 파일 work.txt이 사라질 때까지 5 초 간격으로 조사하면서 기다리는 부분으로, 어떤 파일이 다른 프로그램에 의해서 처리될 때까지 기다리는 일종의 동기화 기법으로 자주 사용된다.

예 ②는 로그인한 사용자를 검색하는 명령어 who(10.9절 참조)를 5 초 간격으로 3 번 실행하는 프로그램으로, 어떤 명령어를 주기적으로 여러 번 실행하고자 할 때 사용된다. 이 예에서 명령어 expr은 문자열로 저장된 수치 값을 계산하여 그 결과를 문자열로 출력하는 명령어로서 반복 처리 제어 구문에서 매우 긴요하게 사용된다. 즉, 쉘은 문장 j=i+1 을 쉘 변수 j에 "i+1"의 문자열을 저장하는 것으로 인식할 뿐 계산을 위한 수식으로는 인식하지 않으므로 expr과 같이 계산 식을 전문으로 처리하는 명령어가 필요하다.

[표 7-12]에 expr 명령어의 사용법을 요약하였다. 여기서 \`명령어\` 표현은 "명령어"의 표준 출력 결과 문자열로 해당 표현 전체를 대치함을 의미한다([그림 5-8]의 ⑤ 참조). [그림 7-18]에는 while~do~done 구문과 expr 명령어 실행 예를 보였다.

[표 7-11] Bourne 쉘의 while~do~done 제어 구문 사용법

사 용 법	기 능
$ while 명령어_문자열_11 ↵ do ↵ 명령어_문자열_21 ↵ 명령어_문자열_22 ↵ : 명령어_문자열_2n ↵ done ↵	▪ while 제어 구문은 문법 자체가 반드시 여러 줄에 나누어 입력하도록 구성되어 있다. ▪ ′명령어_문자열_11′은 단일 명령어, 명령어 그룹 순차 실행, 명령어 그룹 조건부 순차 실행 등과 같이 명령어 종료 상태에 의한 논리 값 계산이 가능한 명령어 형태여야 한다. - 단일 명령어 형태이면 해당 명령어의 종료 상태가 0이면 참, 0이 아니면 거짓으로 결정 - 명령어 그룹 순차 실행 형태이면, 맨 마지막 명령어의 종료 상태에 따라 참•거짓 결정 - 명령어 그룹 조건부 순차 실행 형태이면 [표 7-3]의 절차 즉, 전체 논리식 계산 결과에 따라 결정 ▪ 실행 과정 ❶ ′명령어_문자열_11′을 실행하여 참•거짓을 결정 ❷ ❶이 참이면 ′명령어_문자열_21′~′명령어_문자열_2n′을 차례로 실행한 후 ❶부터 다시 실행 ❸ ❶이 거짓이면 while 제어문 전체 실행을 종료
예) $ while [-f work.txt] ↵ ① do ↵ echo ″waiting 5 secs... ″ ↵ sleep 5 ↵ done ↵	$ i=0 ↵ ② $ while [$i -lt 3] ↵ do ↵ who ↵ sleep 5 ↵ i=\`expr $i + 1\` ↵ done ↵

[표 7-12] expr 명령어 사용법

사 용 법	▪ expr a1 a2 a3 ... ▪ a1, a2, a3, ... 는 상수, 쉘 변수, 연산자 등을 의미하고 전체적으로 완성된 수식을 형성해야 한다. ▪ 특수 문자에 해당되는 괄호나 별표 등은 ′(′, ′)′, ′*′ 와 같이 표시하여 해당 문자에 부여된 특별한 의미를 제거해야 한다. ▪ 계산된 결과 값 정수를 표준 출력 장치에 문자열로 출력한다. ▪ 보통 쉘 프로그램(스크립트)에서 명령어 출력 대치 기법으로 사용되어 결과 문자열을 다른 변수에 새로운 값으로 저장하는 목적으로 사용한다. ▪ 수치 계산식 처리 외에 다양한 문자열 처리 기능이 있다.	
예	$ sum=0 ↵ $ expr $sum + 15 ↵ $ expr ″(″ $sum ″*″ 100 ″)″ / 2 ↵	$ i=0 ↵ $ i=\`expr $i + 1\` ↵ $ j=\`expr $i – 1\` ↵

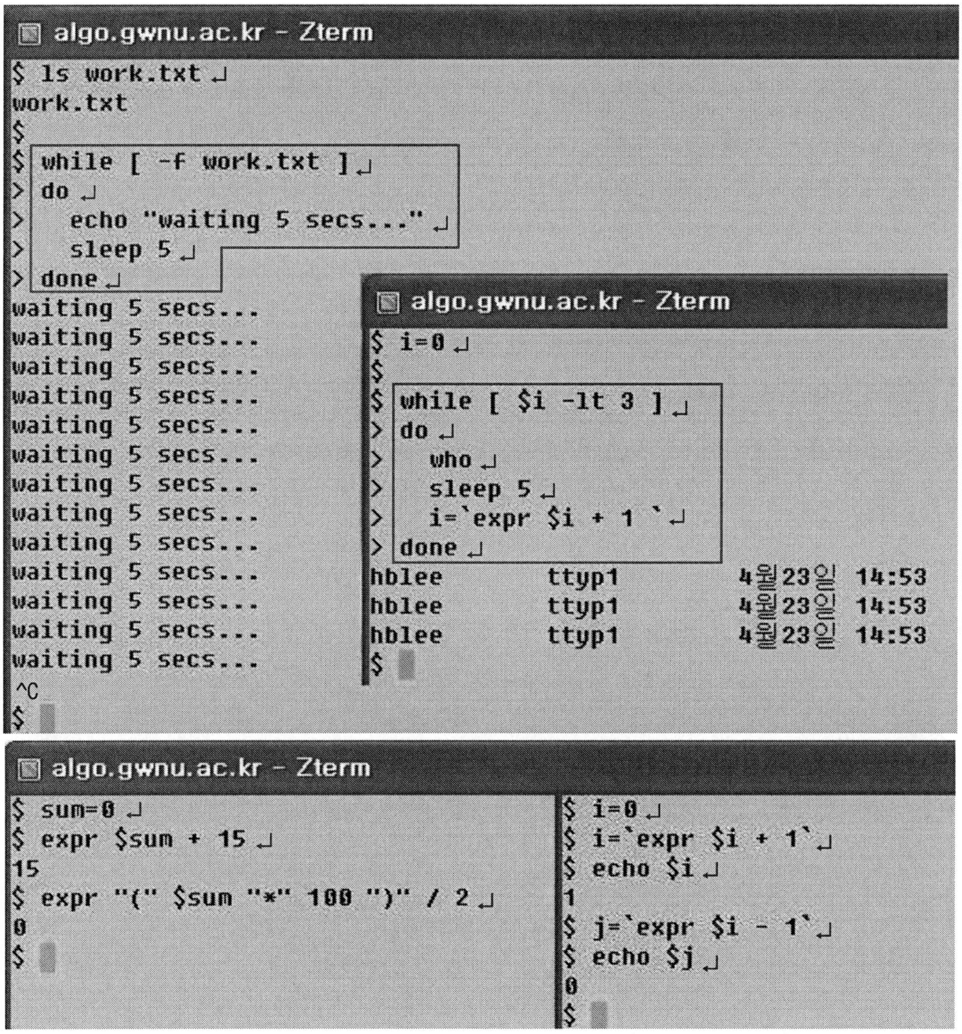

[그림 7-18] Bourne 쉘의 while~do~done 제어구문과 expr 명령어의 실행 예

Note

■ Bourne 쉘의 until ~ do ~ done 제어 구문

[표 7-11]의 while~do~done 제어 구문이 주어진 조건 즉, 명령어_문자열_11이 유효(참)하는 한 계속 반복하는 문장인 반면에, until~do~done 제어 구문은 주어진 조건이 참이 되기 직전까지 즉, 현재의 조건이 거짓일 동안 계속하는 반복 구조를 제공한다. [표 7-13]에 until~do~done 제어 구문의 사용법을 요약하였다.

[표 7-13]의 예 ①은 [표 7-11]의 예 ① while~do~done 구문을 until~do ~done 구문으로 표현한 것인데, 조건 앞에 '!'(논리 부정 연산자)를 덧붙임으로써 동일한 기능을 발휘한다. 마찬가지로 [표 7-13]의 예 ②는 [표 7-11]의 예 ②를 until~do~done 문장으로 재구성한 것인데, 여기서는 관계 연산자 "-lt"를 "-eq"로 변경하였다. "-lt"는 "0부터 시작해서 3보다 작은 동안"을 의미하고, "-eq"는 "0부터 시작해서 3이 되기 직전까지"를 의미한다.

[그림 17-9]에 until~do~done 제어 구문 실행 예를 보였다.

[표 7-13] Bourne 쉘의 until~do~done 제어 구문 사용법

사 용 법	기 능
$ until 명령어_문자열_11 ↵ do ↵ 명령어_문자열_21 ↵ 명령어_문자열_22 ↵ : 명령어_문자열_2n ↵ done ↵	▪ 여러 줄에 나누어 입력해야 하는 점과, '명령어_문자열_11' 에 관한 내용은 [표 7-11]의 while~do~done 구문과 같다. ▪ 실행 과정 ❶ '명령어_문자열_11'을 실행하여 참•거짓을 결정 ❷ ❶이 거짓이면 '명령어_문자열_21'~'명령어_문자열_2n' 을 차례로 실행한 후 ❶부터 다시 실행 ❸ ❶이 참이면 while 제어문 전체 실행을 종료
예) $ until [! -f work.txt] ↵ ① do ↵ echo "waiting 5 secs... " ↵ sleep 5 ↵ done ↵	$ i=0 ↵ ② $ until [$i -eq 3] ↵ do ↵ who ↵ sleep 5 ↵ i=`expr $i + 1` ↵ done ↵

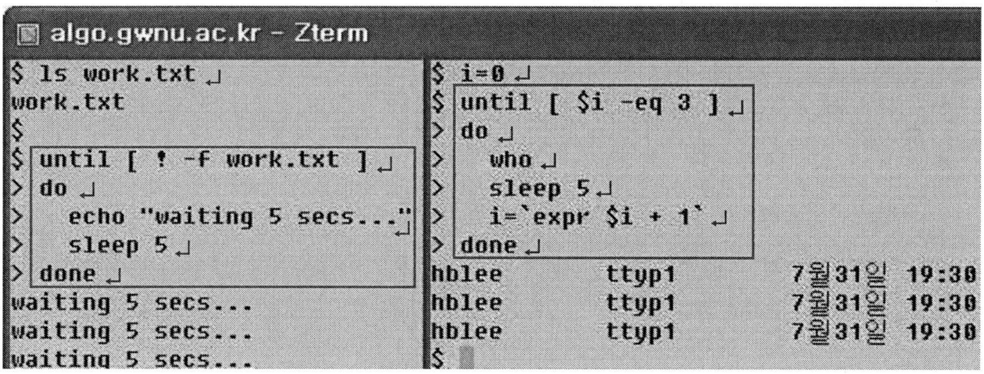

[그림 7-19] Bourne 쉘의 until~do~done 제어구문 실행 예

■ Bourne 쉘의 for ~ do ~ done 제어 구문

[표 7-11]의 while~do~done이나 [표 7-13]의 until~do~done 제어 구문은 반복을 제어하는 조건이 규칙적이고 실행 결과에 지속적으로 영향을 받는다. 반복 제어

[표 7-14] Bourne 쉘의 for~do~done 제어 구문 사용법

<table>
<tr><th>사 용 법</th><th colspan="2">기 능</th></tr>
<tr><td><pre>$ for var in word_list ↵
  do ↵
    명령어_문자열_1 ↵
    명령어_문자열_2 ↵
    :
    명령어_문자열_n ↵
  done ↵</pre>(a) 유형 A</td><td colspan="2">▪ while~do~done 제어 구문과 마찬가지로 여러 줄에 입력해야 한다.
▪ var는 임의의 쉘 변수(지역 변수)를 의미한다.
▪ word_list는 공백으로 분리된 단어(문자열)들의 집합이어야 한다.
▪ 실행 과정
❶ 쉘 변수 var를 정의
❷ word_list를 구성하는 단어들을 공백을 기준으로 분리
❸ ❷의 각 단어들을 차례로 하나씩 쉘 변수 var에 지정하고 그 각각에 대하여 ´명령어_문자열_1´~´명령어_문자열_n´을 실행
❹ ❷의 모든 단어에 대한 각각의 실행이 완료되면 전체 제어 구문을 종료</td></tr>
<tr><td><pre>$ for var in wild_files ↵
  do ↵
    명령어_문자열_1 ↵
    명령어_문자열_2 ↵
    :
    명령어_문자열_n ↵
  done ↵</pre>(b) 유형 B</td><td colspan="2">▪ 여러 줄 입력과 쉘 변수 var가 정의되는 내용은 동일하다.
▪ wild_files는 반드시 디렉터리파일•명칭을 간편하게 표현하는 ´*´등의 메타 문자(4.4절 참조)를 포함해야 한다(wild card).
▪ 실행 과정
❶ 쉘 변수 var를 정의
❷ wild_files에 해당되는 디렉터리•파일 명칭을 파일 시스템에서 검색하여 모두 찾아냄
❸ ❷의 각 명칭들을 차례로 하나씩 쉘 변수 var에 지정하고 그 각각에 대하여 ´명령어_문자열_1´~´명령어_문자열_n´을 실행
❹ ❷의 모든 명칭에 대한 각각의 실행이 완료되면 전체 제어 구문을 종료</td></tr>
<tr><td><pre>$ for var ↵
  do ↵
    명령어_문자열_1 ↵
    명령어_문자열_2 ↵
    :
    명령어_문자열_n ↵
  done ↵</pre>(c) 유형 C</td><td colspan="2">▪ 여러 줄 입력과 쉘 변수 var가 정의되는 내용은 동일하다.
▪ 이 유형은 키보드로 입력하여 실행할 수는 없고, 파일에 쉘 프로그램으로 저장한 후, 명령어 형태로 실행시켜야 한다.
▪ 실행 과정
❶ 해당 쉘 프로그램이 일반 명령어 형태로 실행됨. 이 때, 명령어 부가 정보가 수반 될 수 있음
❷ ❶에서 주어진 모든 부가 정보를 수집함
❸ ❷의 각 부가 정보들을 차례로 하나씩 쉘 변수 var에 지정하고 그 각각에 대하여 ´명령어_문자열_1´~´명령어_문자열_n´을 실행
❹ ❷의 모든 부가 정보에 대한 각각의 실행이 완료되면 전체 제어 구문을 종료</td></tr>
<tr><td><pre>예) $ for i in 1 3 2 6 ↵
      do ↵   ①
        s=`expr $s + $i` ↵
      done ↵</pre></td><td><pre>$ for fn in a*.c ↵
  do ↵   ②
    echo "file $fn ..." ↵
  done ↵</pre></td><td><pre>for arg ↵ /*arg.sh*/
do ↵   ③
  echo $arg ↵
done ↵
$ sh arg.sh a1 a2 a3 ↵</pre></td></tr>
</table>

논리식에 사용된 쉘 변수가 매 반복마다 1 만큼씩 증가된 후 비교된다거나, 특정 파 파일이나 디렉터리의 존재 여부 검사 등이 그 예이다. 따라서, 이들 제어 구문은 실행 되면서 각 반복의 초기 값이 결정된다고 볼 수 있다.

이와는 달리 for~do~done 제어 구문은 유형에 따라 조금 다르지만 대체로 각 반복에 대한 초기 값을 문장 자체에 구체적으로 미리 명시한다.

for~do~done 제어 구문은 각 반복에 대한 초기 값을 명시하는 방법에 따라 [표 7-14]와 같이 크게 세 가지로 분류된다. 유형 A는 각 반복을 제어하는 쉘 변수 var에 주어질 초기 값을 리스트 형태로 구체적으로 명기하고, 유형 B는 초기 값 리스트를 파일 시스템에 존재하는 파일이나 디렉터리의 명칭에서 얻도록 한다. 유형 C는 제어 구문을 파일에 저장한 후 명령어 형태로 실행시킬 때 주어지는 부가 정보를 초기 값 리스트로 사용하도록 한다. 따라서 유형 A는 초기 값 리스트가 언제나 동일하지만, 유형 B와 C는 실행될 당시의 환경에 따라 달라지게 된다.

[표 7-14]의 예 ①은 유형 A에 해당되고, 명기된 리스트 1, 3, 2, 6의 값을 구한다. 예 ②는 유형 B에 해당되고 이 명령어가 실행되는 작업 디렉터리에 존재하는 파일 중 a*.c에 해당되는 모든 파일 명칭들이 리스트로 작성되어 참조된다. 예를 들어 작업 디렉터리에 a.c, ab.c b.c, ba.c가 존재한다면 예 ②의 명령어는 a.c, ab.c 를 화면에 출력하게 된다.

예 ③은 유형 C 형태로, 명령어 내용을 arg.sh 파일에 저장한 후, 명령어 형태의 쉘 프로그램으로 실행 시키면, 이 때 주어지는 명령어 부가 정보가 리스트로 작성되어 초기 값으로 참조된다. 따라서 이 예는 a1, a2, a3를 화면에 출력한다.

[그림 7-20]에 이 예들의 실행 모습을 보였다.

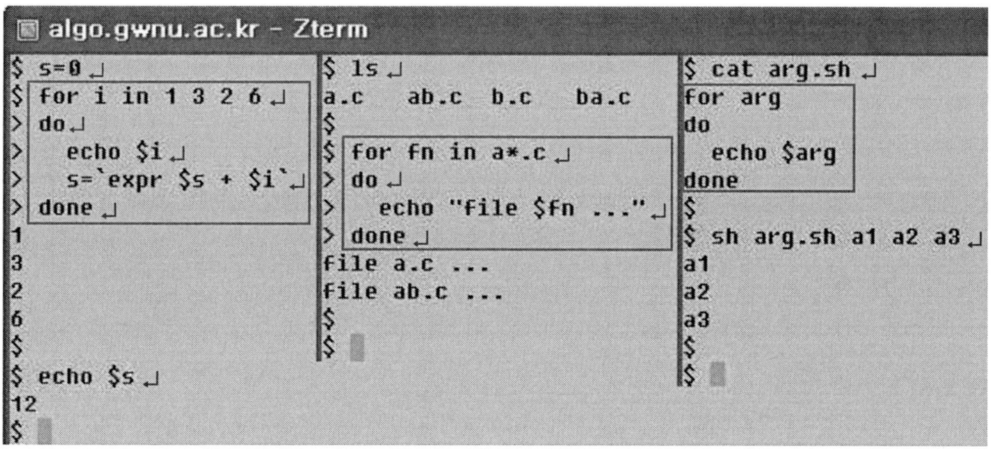

[그림 7-20] Bourne 쉘의 for~do~done 제어구문의 실행 예

■ Bourne 쉘의 case ~ in ~ esac 제어 구문

case~in~esac 제어 구문은 다수의 경우의 수가 상호 배타적으로 구성된 상황에서 주어진 조건에 대응되는 하나의 경우를 용이하게 선택하여 요구되는 명령어를 실행할 수 있도록 만들어진 제어 구문으로서, if~then~else~fi 제어 구문으로 복잡하게 구현해야 할 내용을 간편하게 줄여준다.

[표 7-15]에 case~in~esac 제어 구문의 사용법을 요약하였다. 이 표의 예 ①은 쉘 변수 fname에 저장된 값(문자열)을 ".c"로 끝나는 경우, ".h"로 끝나는 경우, ".o"로 끝나는 경우, 그 밖의 모든 경우 등 크게 네 가지로 분류하여 각각의 경우에 대응되는 처리를 한다. 예 ②는 쉘 변수 flag의 값을 "start", "stop", 그 밖의 경우 등 크

[표 7-15] Bourne 쉘의 case ~ in ~ esac 제어 구문 사용법

사 용 법	기 능

`$ case $var in ↵`
`  패턴1 ) 명령어_문자열_1 ;; ↵`
`  패턴2 ) 명령어_문자열_2 ;; ↵`
`  :`
`  패턴n ) 명령어_문자열_n ;; ↵`
`  * ) 명령어_문자열_* ;; ↵`
`esac ↵`
	▪ while~do~done 등 다른 제어 구문과 마찬가지로 여러 줄에 입력해야 한다.
	▪ var는 어떤 문자열을 저장하고 있는 임의의 쉘 변수(지역변수)를 의미한다.
	▪ "패턴1"~"패턴n"는 임의의 문자열로, 정규식(간편) 표현이 가능하다. 이들은 쉘 변수 var에 저장된 문자열과 일치할 가능성이 있고, 서로 간에 중복되지 않아야 한다.
	예) *.c : ".c"로 끝나는 모든 문자열
	-[ocs] : "-o" 혹은 "-c" 혹은 "-s"
	-x|-y : "-x" 혹은 "-y" → -[xy]와 동일
	▪ 패턴 '*' 부분은 생략되어도 무방하고, '패턴1'~'패턴n'은 순서에 무관하다.
	▪ 실행 과정
	❶ '패턴1'~'패턴n' 중에 쉘 변수 var에 저장된 문자열과 일치하는 것이 있는지 검색한다.
	❷ ❶에서 일치하는 '패턴i'가 존재하면 대응되는 '명령어_문자열_i'를 실행한 후 전체 제어 구문을 종료한다.
	❸ ❶에서 일치하는 패턴이 존재하지 않으면, 패턴 '*'가 존재하는지 검색한다.
	❹ ❸에서 패턴 '*'가 존재한다면, '명령어_문자열_*' 부분을 실행한다.
	❺ ❸에서 패턴 '*'가 존재하지 않으면 어떤 명령어 문자열도 실행하지 않고, 전체 제어 구문을 종료한다.

예) `$ fname=main.c ↵` ①
`$ case $fname in ↵`
`  *.c ) echo "C source file...";; ↵`
`  *.h ) echo "C header file...";; ↵`
`  *.o ) echo "Object file...";; ↵`
`  * ) echo "Unknown file...";; ↵`
`esac ↵`
	`$ flag=start ↵` ②
	`$ case $flag in ↵`
	`  start ) /bin/apache/apachectl start;; ↵`
	`  stop ) /bin/apache/apachectl stop;; ↵`
	`  * ) echo "Unknown flag...";; ↵`
	`esac ↵`

게 세 가지로 분류하여 처리한다.

[그림 7-21]에 case~in~esac 제어 구문의 실행 예를 보였다. 이 그림의 ③은 ②의 case~in~esac 제어 구문을 if~then~else~fi 제어 구문으로 변환한 명령어인데, 명령어 길이가 길 뿐만 아니라 복잡해서 읽기도 더 어렵다는 것을 알 수 있다.

```
algo.gwnu.ac.kr - Zterm
$ fname=main.c ↵
$ case $fname in ↵                                  ①
>  *.c ) echo "C source file...";; ↵
>  *.h ) echo "C header file...";; ↵
>  *.o ) echo "Object file...";; ↵
>    * ) echo "Unknown file...";; ↵
> esac ↵
C source file...
$
$ flag=end ↵
$ case $flag in ↵                                   ②
>  start) /bin/apache/apachectl start;; ↵
>   stop) /bin/apache/apachectl stop;; ↵
>      *) echo "Unknown flag...";; ↵
> esac ↵
Unknown flag...
$
$
```

```
$ flag=end ↵
$ if [ $flag = "start" ] ↵                          ③
> then ↵
>   /bin/apache/apachectl start ↵
> fi ↵
$ if [ $flag = "stop" ] ↵
> then ↵
>   /bin/apache/apachectl stop ↵
> else ↵
>   echo "Unknown flag..." ↵
> fi ↵
Unknown flag...
$
$
```

[그림 7-21] Bourne 쉘의 case~in~esac 제어구문의 실행 예

☞ [실습 7-5]

STEP I

1. 작업 디렉터리에 파일 혹은 디렉터리 work가 존재하는지 살펴보고, 만약 존재하면 삭제한다(Bourne 쉘).

2. 다음 명령어를 실행하여 work 디렉터리가 존재하지 않을 때 ls 명령어의 종료 상태를 확인한다.

```
$ ls  work; echo $? ↵
```

3. 다음 제어 구문을 실행한 후 work 디렉터리가 생성되었음을 확인하고, 과정 2를 반복하여 ls 명령어의 종료 상태가 어떻게 달라졌는지를 살펴 본다.

```
$ if  ls  work ↵
  then ↵
      echo "work directory exist…" ↵
  else ↵
      if  mkdir  work ↵
      then ↵
          echo "work directory created…" ↵
      else ↵
          echo "work directory failed…" ↵
      fi ↵
  fi ↵
```

4. 과정 3에서 work 디렉터리가 생성된 후, 과정 3의 제어 구문을 다시 실행하여 화면 출력 내용을 확인한다.

5. 과정 2, 3, 4를 통해서 명령어 종료 상태가 제어 구문 논리식에 어떻게 적용되는지를 토론한다

6. 과정 3의 제어 구문에서 work 디렉터리의 존재 여부를 조사하기 위해 사용한 ls 명령어의 불편한 점을 토론한다.

7. 디렉터리 work를 삭제한다.

STEP II

1. 작업 디렉터리에 파일 혹은 디렉터리 work가 존재하는지 살펴보고, 만약 존재하면 삭제한다(Bourne 쉘).

2. 다음 명령어를 실행하여 test 명령어의 종료 상태를 확인한다.

```
$ test  -d  work; echo $? ↵
```

3. 다음 제어 구문을 실행한 후 work 디렉터리가 생성되었음을 확인하고, 과정 2를 반복하여 test 명령어의 종료 상태가 어떻게 달라졌는지와 test 명령어의 기능을 이해한다.

```
$ if  test  -d  work ↵
  then ↵
     echo "work directory exist…" ↵
  else ↵
     if  mkdir  work ↵
     then ↵
        echo "work directory created…" ↵
     else ↵
        echo "work directory failed…" ↵
     fi ↵
  fi ↵
```

4. 과정 3에서 work directory가 생성된 후, 과정 3의 제어 구문을 다시 실행한 후, 화면에 출력된 내용을 STEP I의 과정 4와 비교하여 test 명령어의 장점을 토론한다.

5. 디렉터리 work가 생성된 상태에서 아래 제어 구문을 실행하여 그 결과를 살펴보고, test 명령어의 간편 표현법을 이해한다.

```
$ if  [ -d  work ] ↵
  then ↵
     echo "work directory exist…" ↵
  else ↵
     if  mkdir  work ↵
     then ↵
        echo "work directory created…" ↵
     else ↵
        echo "work directory failed…" ↵
     fi ↵
  fi ↵
```

6. 디렉터리 work를 삭제한다.

STEP III

1. [그림 7-22]의 shl_test01.c~shl_test03.c를 코딩하고 컴파일한다(이미 존재하면 그대로 사용, [그림 7-0] 참조, Bourne 쉘).

2. 아래 제어 구문을 실행하여 명령어 종료 상태가 제어 구문의 논리식에 어떤 영향을 미치는지 토론하다.

```
$ if   shl_test01 ↵
  then ↵
      if   shl_test02 && shl_test03 ↵
      then ↵
          echo "Ok…₩n" ↵
     else ↵
          echo "shl_test02 or shl_test03 fail…₩n" ↵
     fi ↵
  else ↵
      echo "shl_test01 fail…₩n" ↵
  fi ↵
```

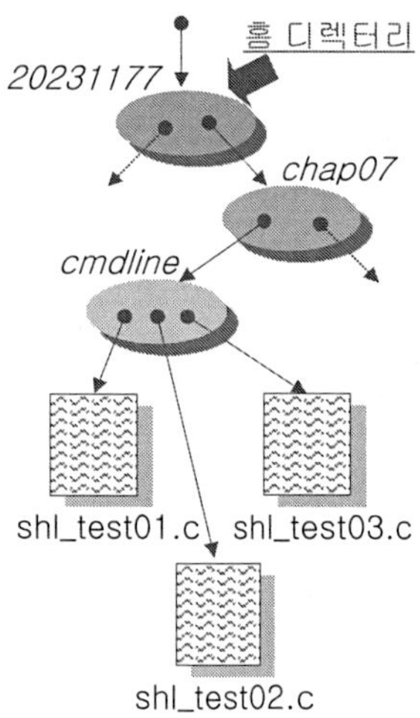


```
/* shl_test01.c */                    /* [그림 7-3] (a) 참조 */
#include <stdio.h>
#include <stdlib.h>
main()
{
    fprintf(stdout, "This is happy shl_test01.\n");
    exit(0);
}
```

```
/* shl_test02.c */                    /* [그림 7-3] (b) 참조 */
#include <stdio.h>
#include <stdlib.h>
main()
{
    fprintf(stderr, "This is unhappy shl_test02.\n");
    exit(3);
}
```

```
/* shl_test03.c */                    /* [그림 7-3] (c) 참조 */
#include <stdio.h>
#include <stdlib.h>
main()
{
    fprintf(stdout, "This is happy shl_test03.\n");
    exit(0);
}
```

[그림 7-22] 쉘 제어 구문 실습 III([그림 7-5]와 동일)

STEP IV

1. 다음 제어 구문을 실행하여 test 명령어의 문자열 데이터 비교 기능을 이해한다 (Bourne 쉘).

```
$ name="kim" ↵
```

```
$ if  test  $name = "kim" ↵
  then ↵
     echo "Ok, name is kim…" ↵
  else ↵
     echo "Name must be kim…" ↵
  fi ↵
```

2. 다음 제어 구문을 실행하여 test 명령어의 문자열 데이터 비교 기능을 이해한다.

```
$ city=busan ↵
```

```
$ if  [  $city != seoul  ] ↵
  then ↵
     echo "City must be seoul…" ↵
  else ↵
     echo "Ok. city is seoul…" ↵
  fi ↵
```

3. 다음 제어 구문을 실행하여 test 명령어의 숫자 데이터 비교 기능을 이해한다.

```
$ salary=100 ↵
```

```
$ if  [  $salary  -gt  100  ] ↵
  then ↵
     echo "Salary is more than 100…" ↵
  else ↵
     echo "Salary is less than or equal…" ↵
  fi ↵
```

4. 다음 제어 구문을 실행하여 expr 명령어의 사용법과 기능을 이해한다.

```
$ x=100 ↵
```

```
$ y=200 ↵
```

```
$ s=`expr  $x  +  $y` ↵
```

```
$ if  [  $s  -le  150  ] ↵
 then ↵
    echo "Sum of x and y is less than equal 150" ↵
 else ↵
    echo "Sum of x and y is more than 150" ↵
 fi ↵
```

STEP V

1. 다음 제어 구문을 실행하여 while 제어 구문을 이해한다(Bourne 쉘).

```
$ s=0 ↵
$ i=1 ↵
$ while  test  $i  -le  10 ↵
  do ↵
     s=`expr  $s  +  $i` ↵
     i=`expr  $i  +  1` ↵
  done ↵
$ echo $s ↵
```

2. 다음 제어 구문을 실행하여 until 제어 구문을 이해한다.

```
$ s=0 ↵
$ i=1 ↵
$ until  [  $i  -gt  10  ]↵
  do ↵
     s=`expr  $s  +  $i` ↵
     i=`expr  $i  +  1` ↵
  done ↵
$ echo $s ↵
```

STEP VI

1. 동일한 자신의 id로 두 번 로그인하여 단말기 창 2개(단말기 1, 단말기 2)를 개방하고, 양쪽 모두 동일한 작업 디렉터리로 이동한다(Bourne 쉘).

2. 단말기 2에서 vi, cp, cat 명령어 등을 이용하여 임의의 내용을 갖는 work.txt 파일을 생성한다.

3. 단말기 1에서 다음 제어 구문을 실행하고 약 15초 이상 기다린다.

```
$ while  [  -f  work.txt  ] ↵
  do ↵
     echo "waiting 5 secs…" ↵
     sleep  5 ↵
  done ↵
```

4. 단말기 2에서 파일 work.txt를 삭제한 후, 단말기 1에서의 변화를 토론한다.

5. 과정 3의 의도 즉, 응용 분야를 이해한다.

STEP VII

1. 동일한 자신의 id로 단말기 창 2개(단말기 1, 단말기 2)를 개방하고, 양쪽 모두 동일한 작업 디렉터리로 이동한다(Bourne 쉘).

2. 단말기 1에서 다음 제어 구문을 실행하고 약 15초 이상 기다린다.

```
$ until  test  -f  work.txt ↵
  do ↵
     echo "waiting 5 secs…" ↵
     sleep  5 ↵
  done ↵
```

3. 단말기 2에서 vi, cp, cat 명령어 등을 이용하여 임의의 내용을 갖는 work.txt 파일을 생성한 후, 단말기 1에서의 변화를 토론한다.

4. 과정 2의 의도 즉, 응용 분야를 이해한다.

5. work.txt 파일을 삭제한다.

STEP VIII

1. 다음 제어 구문을 실행하고 결과를 확인한다(Bourne 쉘).

```
$ se=0; so=0 ↵
$ i=1 ↵
$ while  [  $i  -le  10  ] ↵
  do ↵
     t=`expr  $i   /  2` ↵
     t=`expr  $t  "*"  2` ↵
     if  [  $i  -eq  $t  ] ↵
     then ↵
        se=`expr  $se  +  $i` ↵
     else
        so=`expr  $so  +  $i` ↵
     fi ↵
     i=`expr  $i  + 1`↵
  done ↵
$ echo "SE=$se, SO=$so" ↵
```

2. 과정 1의 프로그램 의도를 토론한다.

STEP IX

1. 아래의 명령어를 실행하여 for 제어 구문의 유형 A([표 7-14] 참조)를 이해한다 (Bourne 쉘).

```
$ for v in a1 a2 a3 ↵
  do ↵
     echo "===> $v" ↵
  done ↵
```

2. 다음 제어 구문 실행 결과를 확인하고, 그 의도를 토론한다.

```
$ s=0 ↵
```

```
$ for i in 1 3 2 6 ↵
  do ↵
     s=`expr $s + $i` ↵
  done ↵
```

```
$ echo "S=$s" ↵
```

3. 다음 제어 구문 실행 결과를 확인하고, 그 의도를 토론한다.

```
$ s=0 ↵
```

```
$ for i in 1 3 2 6 ↵
  do ↵
     t=`expr $i / 3` ↵
     t=`expr $t "*" 3` ↵
     if [ $i -eq $t ]
     then
        s=`expr $s + $i` ↵
     fi
  done ↵
```

```
$ echo "S=$s" ↵
```

4. 다음 제어 구문 실행 결과를 확인하고, 그 의도를 토론한다.

```
$ for f in /etc/passwd /etc/group /etc/passwd ↵
  do ↵
     if ls -l $f ↵
     then ↵
        cp $f /tmp ↵
     fi ↵
  done ↵
```

STEP X

1. 아래의 명령어를 실행하여 for 제어 구문의 유형 B([표 7-14] 참조)를 이해한다 (Bourne 쉘).

```
$ ls   /etc/h* ↵
```

```
$ for  fn  in  /etc/h* ↵
  do ↵
     echo "===> $fn" ↵
  done ↵
```

2. 다음 제어 구문 실행 결과를 확인하고, 그 의도를 토론한다.

```
$ for  fn  in  /etc/h* ↵
  do ↵
     cp  $fn  /tmp ↵
  done ↵
```

```
$ ls  -l  /tmp/h* ↵
```

STEP XI

1. [그림 7-23]의 arg.sh를 코딩한다.

2. arg.sh를 아래 명령어로 실행하여 for 제어 구문의 유형 C([표 7-14] 참조)를 이해한다

```
$ sh  arg.sh  a1  a2  a3 ↵
```

```
$ sh  arg.sh  1  3  2  6 ↵
```

```
$ sh  arg.sh  /etc/passwd  /etc/group  /etc/hosts ↵
```

3. 과정 2로부터 쉘 프로그래밍의 개념을 토론한다.

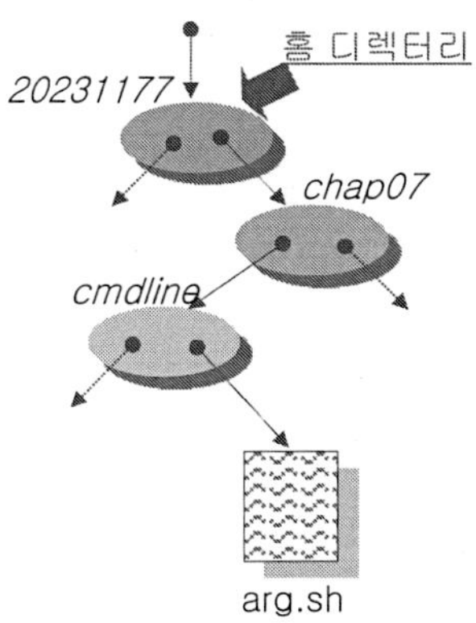


```
# arg.sh
i=0
for  arg
do
   echo  "arg_$i --> $arg"
   i=`expr $i + 1`
done
```

[그림 7-23] 제어구문 실습 XI

STEP XII

1. 아래의 명령어를 실행하여 case~in~esac 제어 구문을 이해한다(Bourne 쉘).

```
$ fname=main.c ↵
```

```
$ case  $fname  in ↵
  *.c ) echo "C source file…" ;; ↵
  *.h ) echo "C header file…" ;; ↵
  *.o ) echo "Object file…" ;; ↵
    * ) echo "Unknown file…" ;; ↵
  esac ↵
```

2. 아래의 명령어를 실행하여 case~in~esac 제어 구문을 이해한다.

```
$ flag=end ↵
```

```
$ case  $flag  in ↵
  start ) /bin/apache/apachectl start ;; ↵
   stop) /bin/apache/apachectl stop ;; ↵
      *) echo "Unknown flag…" ;; ↵
  esac ↵
```

3. 아래의 명령어를 실행하여 그 결과를 확인하고, 과정 2의 제어 구문과 비교하고 토론한다.

```
$ flag=end ↵
```

```
$ if  [  $flag  =  "start"  ] ↵
  then ↵
     /bin/apache/apachectl  start ↵
  fi ↵
  if  [  $flag  =  "stop"  ] ↵
  then ↵
     /bin/apache/apachectl  stop ↵
  else ↵
     echo "Unknown flag…" ↵
  fi ↵
```

7.6 표준 입·출력 방향 전환

6.4 절에서, 모든 입·출력은 입·출력 준비, 입·출력 실시, 입·출력 종료 등 3 단계를 거쳐야 하고, 이들 입·출력 절차는 운영체제 수준의 서비스를 직접 활용하는 방법([그림 6-52], [그림 6-53] 참조)과 표준 C 라이브러리 수준에서 제공하는 입·출력 함수를 활용하는 방법([그림 6-60] 참조) 등 두 가지가 있음을 설명한 바 있다.

7.6.1 표준 입·출력 장치의 재고찰

■ **입·출력 파일 식별자와 입·출력 식별자**

운영체제 수순의 입·출력과 라이브러리 함수 수준의 입·출력 사이의 중요한 차이점 중의 하나는 입·출력 장치를 명시하는 방법에 있다. 즉, 운영체제 수준에서는 정수형의 입·출 파일 식별자(file descriptor)를 사용하고, 입·출력 함수 수준에서는 파일 구조체(FILE)의 포인터형인 입·출력 식별자를 사용한다.

■ **표준 입·출력 장치**

입·출력 장치 중 프로그램이 시행되기 직전 처리 데이터의 입력(표준 입력), 처리 결과의 출력(표준 출력), 오류나 긴급 메시지의 출력(표준 오류) 등 세 가지 목적으로 미리 개방(준비)되어 제공되는 것들이 있는데 이를 기본 입·출력 장치라 하고([그림 6-54], [그림 6-55] 참조), 이들 기본 입·출력 장치가 특정 입·출력 파일 식별자와 대응되어 있는 상태를 표준 입·출력 장치라 한다.

■ **표준 입·출력 파일 식별자와 표준 입·출력 식별자**

유닉스 운영체제 환경에서 표준 입력 장치는 0, 표준 출력 장치는 1, 표준 오류 장치는 2 의 입·출력 파일 식별자가 각각 예약되어 준비된다([그림 6-56], [그림 7-24] 참조). 라이브러리 수준에서는 표준 입력 장치에 stdin, 표준 출력 장치에는 stdout, 표준 오류 장치에는 stderr의 입·출력 식별자가 각각 상수로 정의되어 있다.

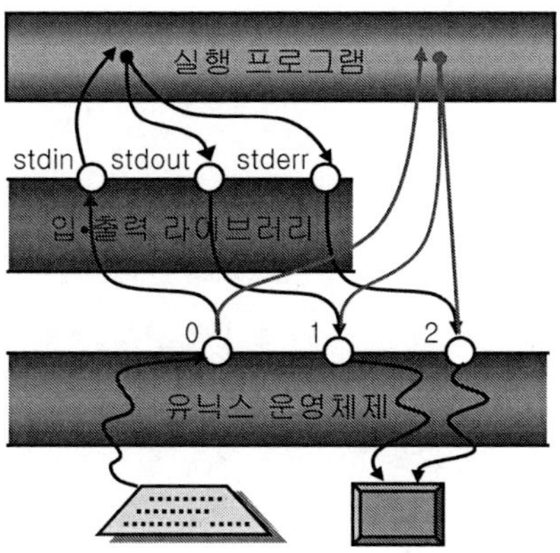

[그림 7-24] 표준 입·출력 파일 식별자 및 표준 입·출력 식별자

■ 표준 입·출력 장치의 용도

유닉스 환경에서 프로그램(명령어)을 작성하고자 할 때에는 표준 입력, 표준 출력, 표준 오류를 정확히 이해한 후 활용해야 한다. 특히, 표준 출력과 표준 오류는 출력이라는 공통점을 가지고 있고, 출력 장치 또한 대부분의 경우 화면(모니터)을 공유하기 때문에 언뜻 보아서는 차이점이 구별되지 않는다. 그러나 이들 출력 장치는 방향 전환에 의해 변경될 수 있고, 정상적인 처리 결과의 출력과 기타 오류 및 긴급 메시지는 구별되어야 하기 때문에 표준 출력과 표준 오류는 분명히 구분되어 출력되어야 한다([그림 6-56] 참조).

[표 7-16]에 표준 입·출력 장치의 용도를 요약하였다.

[표 7-16] 표준 입·출력 장치의 용도

표준 입•출력 장치	표준 입•출력 파일 식별자 (운영체제)	표준 입•출력 식별자 (라이브러리)	용 도
표준 입력(키보드)	0	stdin	▪ 프로그램(명령어)이 처리할 기본 데이터의 입력
표준 출력(모니터)	1	stdout	▪ 프로그램의 정상적인 처리 결과의 출력
표준 오류(모니터)	2	stderr	▪ 프로그램의 오류나 긴급 메시지의 출력

■ 표준 입·출력 프로그래밍

[그림 7-25]에 용도에 따른 표준 입·출력 프로그래밍과 그 실행 예를 [그림 7-26]에 보였다. 이 프로그램은 1~99 개까지의 수를 표준 입력 장치에서 받아들여 내림차순으로 정렬하고 그 결과를 표준 출력 장치로 출력하는 프로그램인데, 데이터의 개수는 명령어 인수로 입력 받는다. 각 표준 입·출력의 의도는 아래와 같다.

① 우선 데이터의 개수를 명시하는 명령어 인수 1 개가 필요하기 때문에 이 조건을 만족하지 못하면 오류 메시지를 표준 오류 장치에 출력하고 비정상 종료한다(종료 상태 1).

② 데이터 개수가 주어졌다 하더라도 그 수가 1보다 적으면 오류 메시지를 표준 오류 장치에 출력하고 비정상 종료한다(종료 상태 2).

③ 데이터 개수가 주어졌다 하더라도 그 수가 99보다 크면 오류 메시지를 표준 오류 장치에 출력하고 비정상 종료한다 (종료 상태 3).

④ ②, ③에서 검증된 데이터 개수(1~99)만큼 정렬할 데이터를 표준 입력 장치로부터 입력 받는다.

⑤ 입력된 데이터가 양의 정수가 아니면 경고 메시지를 표준 오류 장치에 출력한다.
⑥ 데이터의 입력이 모두 완료 되었다는 정상 메시지를 표준 출력 장치에 출력한다.
⑦ 결과임을 알리는 정상 메시지를 표준 출력 장치에 출력한다.
⑧ 정렬된 결과 데이터를 표준 출력 장치에 출력한다

```
/* shl_test16.c */
#include <stdio.h>
#include <stdlib.h>
main(int argc, char *argv[])
{
    int         n, i, j, maxj, t, data[99];

    if (argc != 2) {
 ①    fprintf(stderr, "usage : %s numb \n ", argv[0]);
       exit(1);
    }

    n = atoi(argv[1]);
    if (n < 1) {
 ②    fprintf(stderr, "usage : %s numb(>0) \n", argv[0]);
       exit(2);
    }
    if (n > 99) {
 ③    fprintf(stderr, "usage : %s numb(<100) \n", argv[0]);
       exit(3);
    }

    for (i = 0; i < n; i++) {
 ④    scanf("%d", &data[i]);    /* <-> fscanf(stdin, "%d", &data[i]) */
       if (data[i] <= 0)
 ⑤        fprintf(stderr, "warning : input value is not positive...\n");
    }
 ⑥ printf("End of input...\n");  /* <-> fprintf(stdout, "End of input...\n") */

    for (i = 0; i < n -1; i++) {
       maxj = i;
       for (j = i +1; j < n; j++) {
          if (data[maxj] < data[j])
                maxj = j;
       }
       t = data[i]; data[i] = data[maxj]; data[maxj] = t;
    }

 ⑦ printf("The results...\n");    /* <-> fprintf(stdout, "The results...\n" */
    for (i = 0; i < n; i++) {
 ⑧     printf("%d \n", data[i]);
    }
    exit(0);
}
```

[그림 7-25] 표준 입·출력 프로그래밍

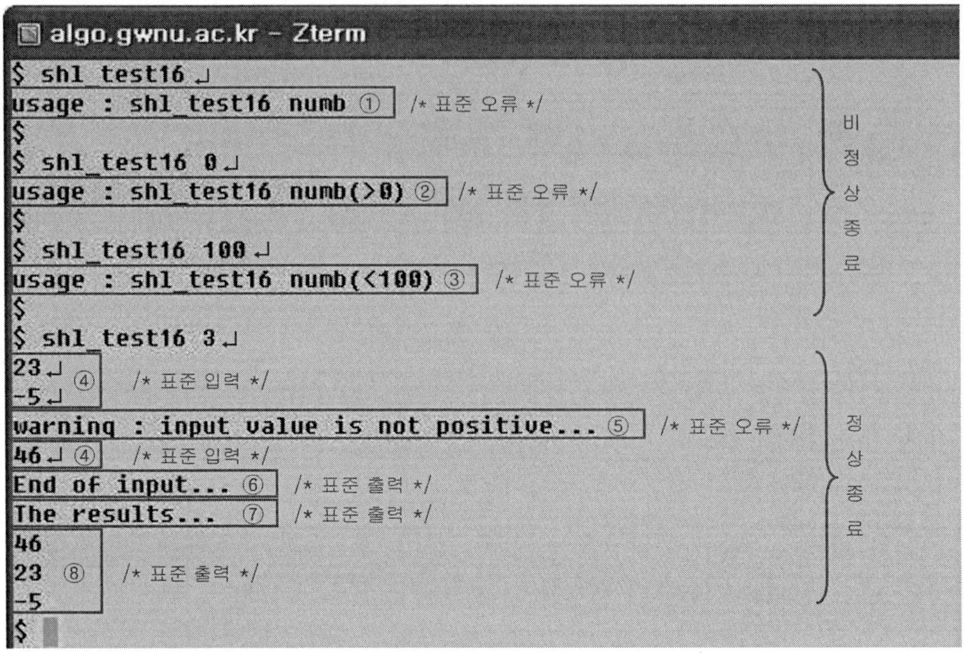

[그림 7-26] [그림 7-25] 프로그램의 실행 예

7.6.2 표준 입·출력 방향 전환의 개념

■ **표준 입·출력 방향 전환의 필요성**

사용자가 단말기에서 실행시킨 프로그램에게는 표준 입력 장치로는 키보드가, 표준 출력과 표준 오류 장치로는 화면이 기본적으로 설정된다. 따라서 [그림 7-25]는 키보드에서 정렬할 데이터를 읽어 처리한 후 화면으로 출력하는 프로그램이다. 그런데 이 경우 다음과 같은 곤란한 상황에 직면할 수 있다.

- 키보드로 데이터를 입력하는 도중 이미 입력한 데이터에 오타 등 잘못이 발견되었거나 수정할 필요성이 발생하면 처음부터 다시 실행해야 한다. 즉, 애써 입력한 데이터는 1 회 사용된 후 사라져버린다.
- 많은 데이터를 키보드를 통해서 연속적으로 정확하게 입력하기란 쉬운 일이 아니다([그림 7-26]에서 최대 99개 데이터를 입력할 경우 등).
- 화면으로 출력된 처리 결과를 활용하기 위해서는 그 내용을 모두 기억하거나 옮겨 적어야 한다.
- 출력 내용이 많을 때는 제한된 화면으로 전체 내용을 올바르게 이해하기가 쉽지않다.
- 표준 출력과 표준 오류가 동일 화면에 출력되므로 정상적인 처리 결과와 오류나 긴급 메시지의 구별이 혼란스럽다([그림 7-26] 참조).

위 문제점들은 표준 입·출력 방향 전환으로 해결 될 수 있다.

■ 표준 입·출력 방향 전환의 개념

표준 입·출력 방향 전환(redirection)이란, 프로그램이 실행되기 직전 운영체제의 도움을 얻어 표준 입력, 표준 출력, 표준 오류 장치를 사용자의 의도에 따라 기본 장치 이외의 다른 입·출력 장치로 변경시키는 것을 말한다. 가장 널리 사용되는 방향 전환용 입·출력 장치는 일반 파일이다.

예를 들어 표준 입력을 일반 파일로 방향 전환 시키면 키보드에서 입력할 내용이 해당 파일에 저장된 내용으로 입력된다. 마찬 가지로 표준 출력이나 표준 오류를 파일로 방향 전환 시키면 화면으로 출력될 내용이 지시된 파일로 저장된다.

표준 입·출력 방향이 전환되는 과정은 아래와 같다.

① 사용자는 명령어 문자열에 표준 입·출력 방향 전환 요구 표시를 명시해서 쉘에게 전달한다.
② 쉘은 표준 입·출력 방향 전환 문법을 인식하고 사용자의 의도대로 운영체제 서비스를 이용해서 표준 입·출력 장치를 변경한다.
③ 표준 입·출력 장치가 변경된 상태에서 명령어를 실행시킨다.
④ 실행된 명령어는 표준 입·출력 장치의 변경을 인식하지 못하고 기존의 방법대로 표준 입·출력을 실행한다. 이 때 표준 입·출력은 변경된 입·출력 장치에서 이루어 진다.

위 과정에서 표준 표준 입·출력 장치가 변경되는 구체적인 방법을 알기 위해서는 유닉스 운영체제 내에서 입·출력 파일 식별자가 어떻게 관리되는가와 부모 프로세스와 자식 프로세스 사이에 입·출력 파일 식별자가 어떻게 상속되는가에 대한 보다 깊은 지식이 필요하다.

■ 표준 입·출력 방향 전환을 위한 명령어 줄 문법

위에서 언급한 바와 같이 표준 입·출력 방향 전환을 위해서는 사용자가 그 의도를 쉘에게 전달해야 하고, 쉘은 그 내용을 인식할 수 있어야 한다. 따라서, 표준 입·출력 방향 전환을 위한 명령어 줄문법은 쉘의 종류에 따라 다르다.

여기서는 Bourne·Korn 쉘과 C 쉘에서의 표준 입·출력 방향 전환 문법만을 다루기로 한다.

7.6.3 표준 입력 방향 전환 줄문법

표준 입력 방향 전환 줄문법은 Bourne·Korn 쉘과 C 쉘 모두 [표 7-17]과 같이 동일하다. [그림 7-27]에 [그림 7-26]의 shl_test13을 키보드 대신 파일 입력으로 실행한 모습과 sort(문자열을 정렬하여 출력함)의 키보드 입력 실행과 파일 입력 실행

[표 7-17] 표준 입력 방향 전환 줄문법

사 용 법	▪명령어_이름 옵션 인수 ... < 새로운_입력_장치 ↵ - 기본 명령어 문자열 뒤에 '<' 표시와 입력 장치를 덧붙인다. - '<' 앞•뒤에 공백이 반드시 필요하지는 않지만 이해를 돕기 위해 공백을 두는 것이 좋다. - '새로운_입력_장치'는 일반 파일인 경우가 대부분이다. - 키보드 대신, '새로운_입력_장치'로부터 표준 입력 데이터가 입력된다.

예	$ shl_test16 3 < data.txt ↵
	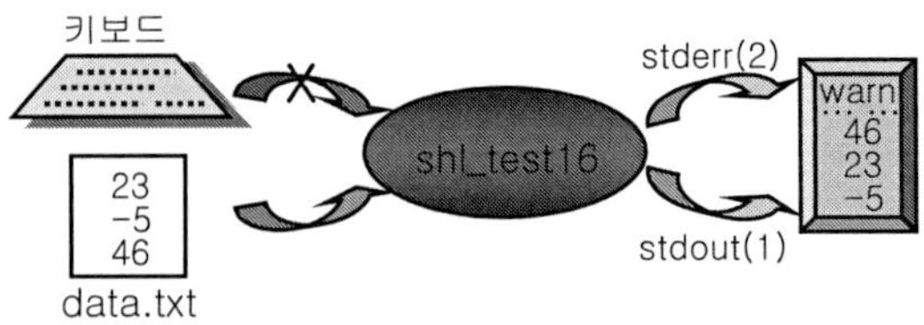
	
	$ sort < name.txt ↵

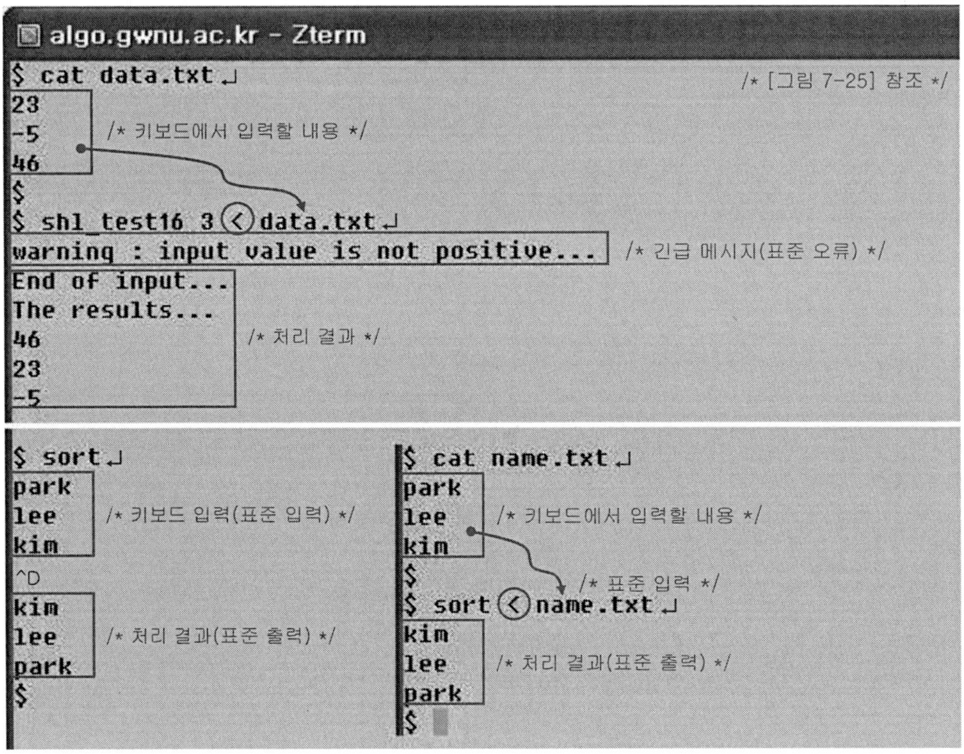

[그림 7-27] 표준 입력 방향 전환 실행 예

모습을 보였다.

표준 입력 방향 전환 표시인 '<'와 유사한 기호로 "<<" 표시가 있다. 이 표시는 키보드 입력의 개수가 정해지지 않고 입력의 끝을 알리는 '^D' 즉, EOF(End Of File) 문자에 의해 입력이 종료되는 경우에 편리하게 사용된다. 예를 들어 [그림 7-27]에서 sort 명령어의 키보드 입력이 '^D'에 의해 종료되고 있는데, 이를 "<<" 표시를 활용하여 표시하면 [그림 7-28]과 같다.

즉, "<<" 표시 뒤에 입력의 종료를 의미하는 임의의 문자열(종료 문자열)을 두고, 실제 입력의 맨 마지막에 해당 종료 문자열을 입력하면 표준 입력의 종료를 의미한다.

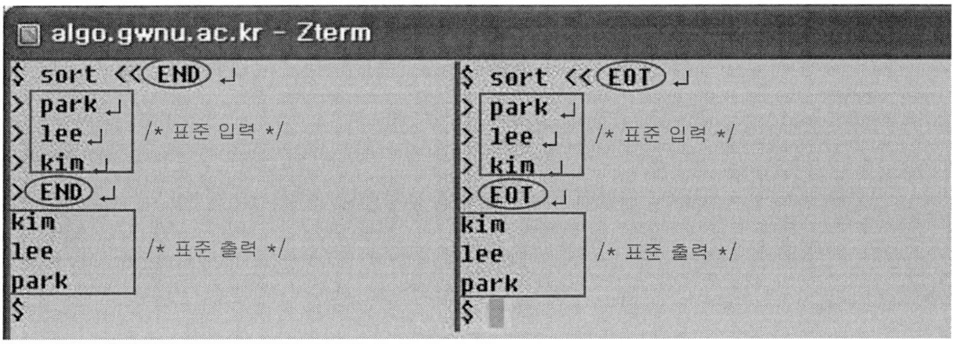

[그림 7-28] "<<" 표기 사용 예

"<<" 표기 법을 사용할 때와 '^D'를 사용했을 때의 중요한 차이점 중의 하나는 데이터 입력의 즉시성 여부인데, 이는 입력한 문자열이 즉시즉시 입력되는지, 아니면 전

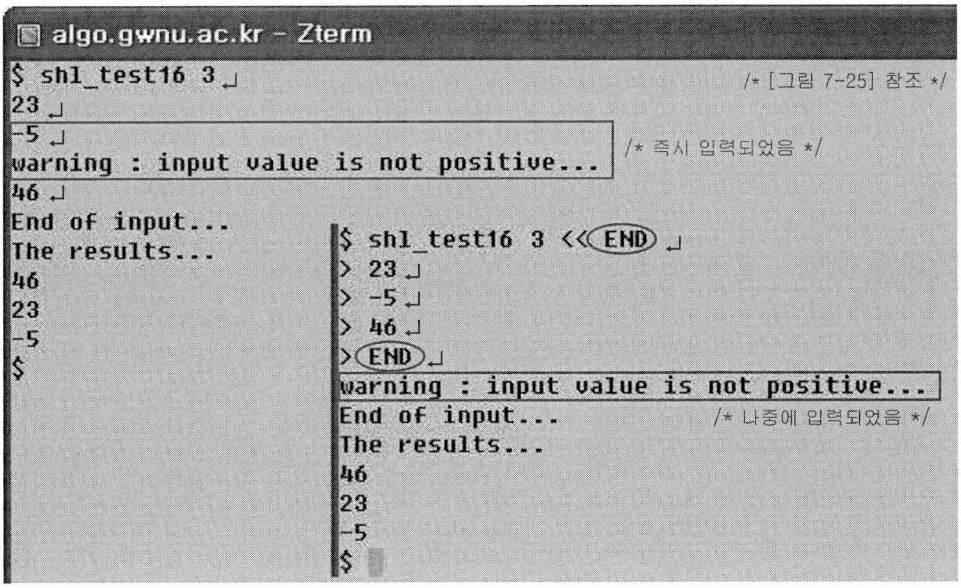

[그림 7-29] "<<" 표기법의 특성

체 입력 내용이 모아진 다음에 한 줄씩 차례로 입력되는지 하는가의 차이점이다. "<<" 표기법의 경우 종료 문자열로 전체 입력 내용이 완성될 때까지 앞쪽에서 입력한 내용들이 입력되지 않는다. 즉, 입력 내용이 종료 문자열로 완성될 때까지 해당 프로그램이 실행되지 않고 기다린다는 것이다.

[그림 7-29]에서 '^D'를 사용했을 때는 입력 데이터 -5에 대한 긴급 메시지가 즉시 출력되었다. 이는 -5가 즉시 입력되었음을 의미한다. 그러나, "<<"를 사용했을 때는 전체 입력이 종료 문자열로 완성된 다음에 긴급 메시지가 출력되었는데, 이는 전체 입력이 완성되기 전에는 -5가 입력되지 않았음을 의미한다.

더불어, 표준 입력을 파일로 방향 전환하여 특정 문자열(예: "EOT") 이전까지만 입력하고자 하는 아래의 시도들은 소기의 목적대로 동작하지 않는다.

```
$ sort < name.txt << EOT↵
$ sort << EOT < name.txt ↵
```

7.6.4 Bourne·Korn 쉘의 표준 출력 및 표준 오류 방향 전환 줄문법

표준 출력 및 표준 오류의 방향 전환 줄문법은 Bourne·Korn 쉘과 C 쉘 사이에 상당히 큰 차이점이 존재한다. 따라서, 이들의 방향 전환을 원할 때에는 사용 중인 쉘이 어떤 쉘인가를 유심히 살펴보고 해당 쉘에 접합한 줄문법을 구사해야 한다.

■ Bourne·Korn 쉘의 표준 출력 및 표준 오류 각각의 방향 전환 줄문법

Bourne·Korn 쉘의 표준 출력 및 표준 오류 각각의 방향 전환 줄문법을 [표 7-18]에 보였다. [표 7-18]의 요지는 아래와 같이 몇 가지로 요약될 수 있다.

- 표준 출력 방향 전환
  - "1>", "1>>" 두 가지 기호를 사용하고, 이 때 표준 출력 파일 식별자를 의미하는 '1'은 생략이 가능하다.
  - '>' 기호는 방향 전환되는 파일을 언제나 새로운 내용으로 재생성한다.
  - ">>" 기호는 방향 전환되는 파일의 기존 내용을 보존하고 새로운 내용을 뒷 부분에 추가한다.
- 표준 오류 방향 전환
  - "2>", "2>>" 두 가지 기호를 사용하고, 이 때 표준 오류 파일 식별자를 의미하는 '2'는 생략할 수 없다.
  - '>'와 ">>" 기호의 차이점은 표준 출력 방향 전환에서와 동일하다.

[표 7-18] Bourne·Korn 쉘의 표준 출력 및 표준 오류 방향 전환 줄문법

표준출력
사 용 법
	▪ 명령어_이름 옵션 인수 ... 1> 새로운_출력_장치 ↵
	- 기본 명령어 문자열 뒤에 "1>" 표시와 입력 장치를 덧붙인다('1' 과 '>'는 반드시 붙여야 함).
	- 여기서 1은 표준 출력 파일 식별자를 의미한다([표 7-16] 참조).
	- "1>" 앞에는 반드시 한 개 이상의 공백이 필요하고, 뒤에는 공백이 반드시 필요하지는 않지만 이해를 돕기 위해 공백을 두는 것이 좋다.
	- '새로운_출력_장치'는 일반 파일인 경우가 대부분이다.
	- 표준 출력 데이터가 화면 대신, '새로운_출력_장치'로 출력된다.
	- '새로운_출력_장치'에 존재하는 데이터는 모두 버려지고 항상 새로운 내용으로 저장된다.
	- "1>" 표시에서 '1'은 생략될 수 있다.
	
	예) $ shl_test16 3 1> data_out.txt ↵
	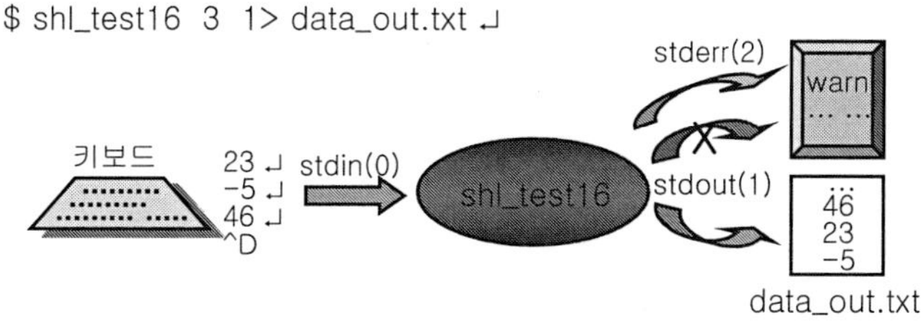
	$ sort > name_out.txt ↵ /* '1' 생략되었음 */
	
	▪ 명령어_이름 옵션 인수 ... 1>> 새로운_출력_장치 ↵
	- "1>"과 모든 것이 동일하다. 다만 '새로운_출력_장치'에 저장된 기존의 내용이 보존되고, 새로 출력되는 내용은 그 이후에 추가된다.
	
	예) $ shl_test16 3 1>> data_out.txt ↵
	$ sort >> name_out.txt ↵ /* '1' 생략되었음 */

표준오류 사 용 법	▪ 명령어_이름 옵션 인수 ... 2> 새로운_출력_장치 ↵ ▪ 명령어_이름 옵션 인수 ... 2>> 새로운_출력_장치 ↵ - 모든 것이 표준 출력 사용법과 동일하다. 다만 여기서 2는 표준 오류 파일 식별자를 의미하기 때문에([표 7-16] 참조), 표준 오류 메시지가 화면 대신, '새로운_출력_장치'로 출력된다. 또 한가지 다른 점으로 '2'를 생략할 수 없다. 예) $ shl_test16 3 2> data_err.txt ↵ 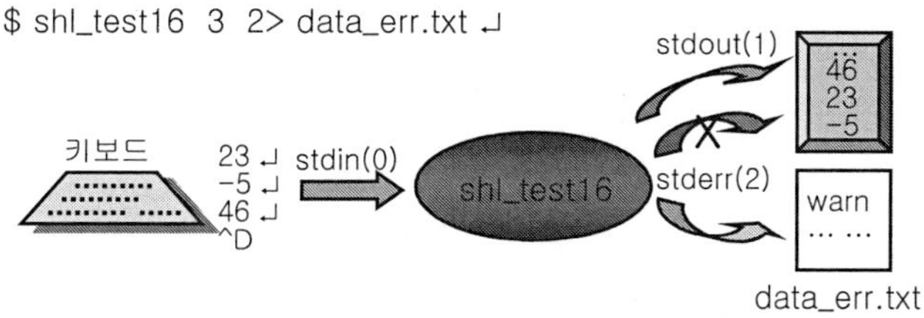 $ sort 2>> name_err.txt ↵

[그림 7-30]에 Bourne·Korn 쉘의 표준 출력 및 표준 오류 방향 전환 실행 예를 보였다. 이 그림의 실행 예에서 shl_test13([그림 7-25] 참조)과 ls 명령어는 똑 같이 표준 출력과 표준 오류의 두 데이터 모두를 출력한다. 따라서 어느 한 쪽을 방향 전환시키면 해당 출력 데이터만 파일로 저장되고, 다른 한 쪽은 원래의 출력 장치인 화면에 그대로 출력된다.

특히, ls 명령어의 경우 shl_test13.c에 대한 정보는 정상적인 표준 출력으로 처리하고, xxx.c는 존재하지 않으므로 이에 대한 정보는 표준 오류로 처리하고 있음을 알 수 있다. 이와 같이 표준 출력과 표준 오류를 분리하여 처리하는 것은 비단 ls 뿐만 아니라 모든 유닉스 명령어가 묵시적으로 따르는 규약이다.

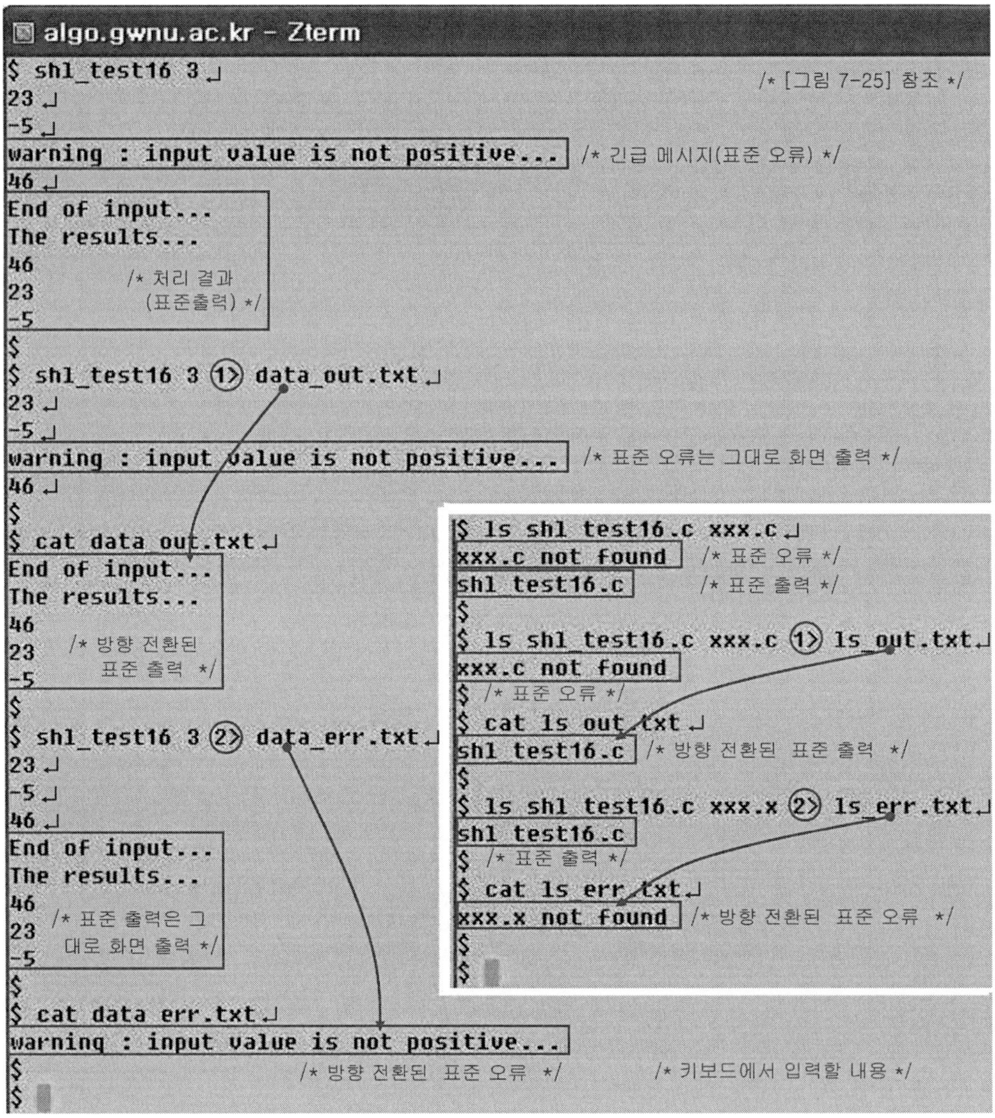

[그림 7-30] Bourne·Korn 쉘의 표준 출력 및 표준 오류 방향 전환 실행 예

■ Bourne·Korn 쉘의 표준 출력 및 표준 오류의 동시 방향 전환 줄문법

표준 출력 및 표준 오류의 동시 방향 전환이란 양쪽 모두를 방향 전환시키는 것을 말하고, 각각 서로 다른 출력 장치로 방향 전환하는 경우와 양쪽 모두를 동일한 출력 장치로 방향 전환하는 경우로 구분할 수 있다.

• 표준 출력과 표준 오류를 각각 독립된 출력 장치로 방향 전환하는 경우

표준 출력과 표준 오류를 각각 독립된 출력 장치로 방향 전환하고자 할 때에는 [표 7-19]와 같이 [표 7-18]의 표준 출력 및 표준 오류의 방향 전환을 동시에 명시하면 된다. [그림 7-31]에는 이 표의 예를 실행한 모습을 보였다.

[표 7-19] 표준 출력과 표준 오류를 각각 독립된 출력 장치로 방향 전환하는 방법

표준 출력 표준 오류 동시사용법 (다른 장치)	▪ 명령어_이름 옵션 인수 ... 1> 새로운_출력_장치1 2> 새로운_출력_장치2 ↵ ▪ 명령어_이름 옵션 인수 ... 1>> 새로운_출력_장치1 2> 새로운_출력_장치2 ↵ ▪ 명령어_이름 옵션 인수 ... 1> 새로운_출력_장치1 2>>새로운_출력_장치2 ↵ ▪ 명령어_이름 옵션 인수 ... 1>> 새로운_출력_장치1 2>>새로운_출력_장치2 ↵ - [표 7-18]에 보인 표준 출력 방향 전환 기호("1>", "1>>")와 표준 오류 방향 전환 기호 ("2>", "2>>")의 네 가지 조합 모두 가능하다. - 표준 출력과 표준 오류의 순서는 무관하다. - '새로운_출력_장치1'과 '새로운_출력_장치2'는 동일한 장치일 수 없다.

예	$ shl_test16 3 1> data_out.txt 2> data_err.txt ↵
	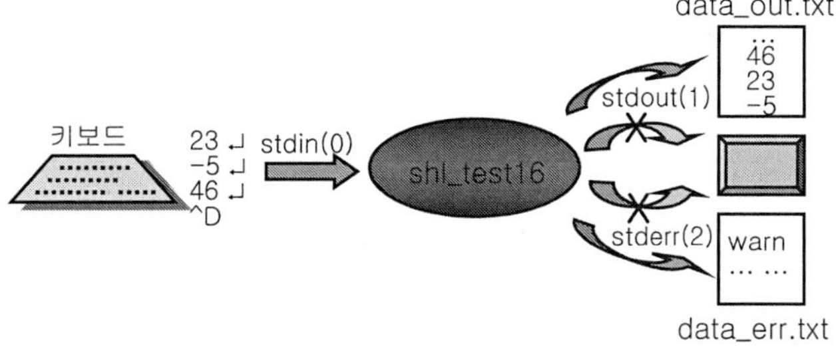
	
	$ sort 2> name_err.txt >> name_out.txt ↵ /* '1'이 생략되었음 */

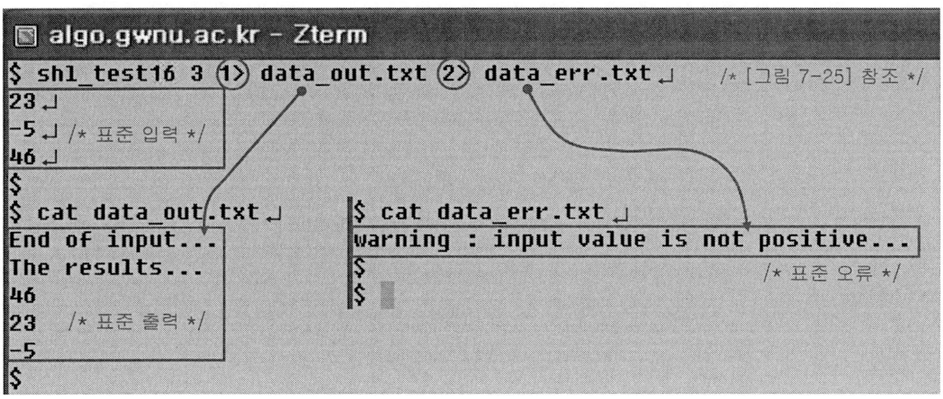

[그림 7-31] Bourne·Korn 쉘의 표준 출력 및 표준 오류 동시 방향 전환 실행 예1

• 표준 출력과 표준 오류를 동일한 출력 장치로 방향 전환하는 경우

표준 출력과 표준 오류를 동일한 출력 장치로 방향 전환하고자 할 때에는 [표 7-19]의 방법에 따라, 먼저 '새로운_출력_장치1'을 지정한 다음, '새로운_출력_장치2'의 이름으로 "&1"이나 "&2"를 사용한다. [표 7-20]에 "&1"와 "&2"의 사용법을 자세히 설명하였고, [그림 7-32]에 그 실행 예를 보였다.

[표 7-20] 표준 출력과 표준 오류를 동일한 출력 장치로 방향 전환하는 방법

표준 출력 표준 오류 동시사용법 (동일 장치)	▪ 명령어_이름 옵션 인수 ... 1> 새로운_출력_장치 2>&1 ↵ ▪ 명령어_이름 옵션 인수 ... 1>> 새로운_출력_장치 2>&1 ↵ ▪ 명령어_이름 옵션 인수 ... 2> 새로운_출력_장치 1>&2 ↵ ▪ 명령어_이름 옵션 인수 ... 2>> 새로운_출력_장치 1>&2 ↵ - "&1"은 현재 표준 출력으로 설정된 장치를, "&2"는 표준 오류 장치로 설정된 장치를 의미한다. - 앞쪽에서 표준 출력을 방향 전환('1>' 혹은 '1>>')한 후, 표준 오류도 동일한 장치로 방향 전환하고자 할 때에는 "2>&1"을 사용한다. - 앞쪽에서 표준 오류를 방향 전환('2>' 혹은 '2>>')한 후, 표준 출력을 동일한 장치로 방향 전환하고자 할 때에는 "1>&2"를 사용한다. - '>'와 '&'는 붙여 기술해야 한다. - 표준 출력과 표준 오류의 저장 순서는 무의미하다(일정하지 않을 수 있음).

예	$ shl_test16 3 1> data_out.txt 2>&1 ↵
	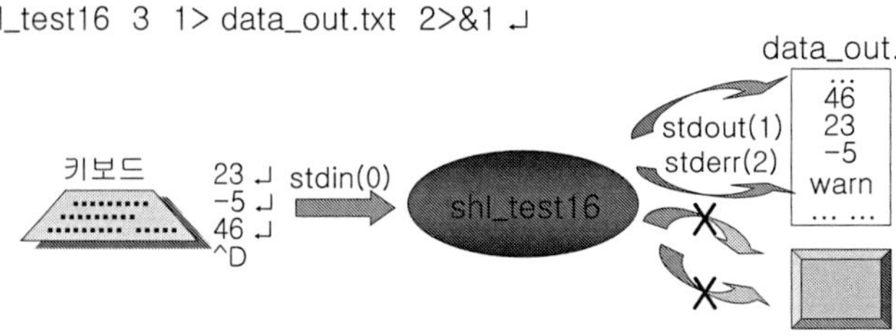
	
	$ sort 2>> name_err.txt >&2 ↵ /* '1'이 생략되었음 */

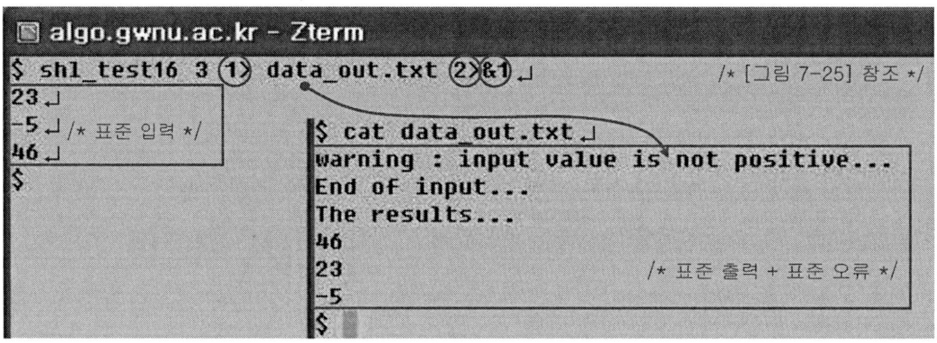

[그림 7-32] Bourne·Korn 쉘의 표준 출력 및 표준 오류 동시 방향 전환 실행 예2

■ **Bourne·Korn 쉘의 표준 입력, 표준 출력 및 표준 오류의 동시 방향 전환 줄문법**

표준 출력과 표준 오류 뿐만 아니라, 표준 입력까지 모든 조합의 동시 방향 전환도 가능하다. 즉, [표 7-17]~[표 7~20]에 설명한 여러 유형의 방향 전환 줄문법을 적용해서 이들의 조합으로 사용할 수 있다는 것이다. [표 7-21]에 표준 입력, 표준 출력, 표준 오류의 동시 방향 전환 사용법과 예를 설명하였고, [그림 7-33]에 그 실행 예를 보였다. [표 7-21]의 내용을 요약하면 아래와 같다.

- 표준 입력, 표준 출력, 표준 오류의 방향 전환 표기 위치는 순서에 관계없이 어느 곳이나 위치할 수 있다.
- 표준 입력, 표준 출력, 표준 오류의 방향 전환 표기는 어떤 조합으로도 가능하다.
- 표준 출력의 방향 전화 기호 "1>"에서 1은 생략 가능하다.

[표 7-21] 표준 입력, 표준 출력 및 표준 오류를 동시에 방향 전환하는 방법

표준 입력 표준 출력 표준 오류 동시사용법	▪ 명령어_이름 옵션 인수 ...< 새로운_입력_장치 1> 새로운_출력_장치 ↵ ▪ 명령어_이름 옵션 인수 ... 1> 새로운_출력_장치 < 새로운_입력_장치 ↵ ▪ 명령어_이름 옵션 인수 ...< 새로운_입력_장치 2> 새로운_출력_장치 ↵ ▪ 명령어_이름 옵션 인수 ... 2> 새로운_출력_장치 < 새로운_입력_장치 ↵ ▪ 명령어_이름 옵션 인수 ...< 새로운_입력_장치 1> 새로운_출력_장치1 2> 새로운_출력_장치2 ↵ ▪ 명령어_이름 옵션 인수 ...< 새로운_입력_장치 2> 새로운_출력_장치1 1> 새로운_출력_장치2 ↵ ▪ 명령어_이름 옵션 인수 ...2> 새로운_출력_장치1 < 새로운_입력_장치 1> 새로운_출력_장치2 ↵ ▪ 명령어_이름 옵션 인수 ...2> 새로운_출력_장치1 1> 새로운_출력_장치2 < 새로운_입력_장치 ↵ ▪ 명령어_이름 옵션 인수 ...2> 새로운_출력_장치 1>&2 < 새로운_입력_장치 ↵ ▪ 명령어_이름 옵션 인수 ...< 새로운_입력_장치 2> 새로운_출력_장치 1>&2 ↵ ▪ 명령어_이름 옵션 인수 ...2> 새로운_출력_장치 1>&2 < 새로운_입력_장치 ↵ ▪ ::: - 표준 입력, 표준 출력, 표준 오류의 방향 전환을 순서에 무관하게 표기한다. - '>'는 목적에 따라 ">>"로 대체할 수 있다. - 다른 표기법에서와 마찬가지로 '1'은 생략할 수 있다.

예	$ shl_test16 3 < data.txt 1> data_out.txt 2>&1 ↵
	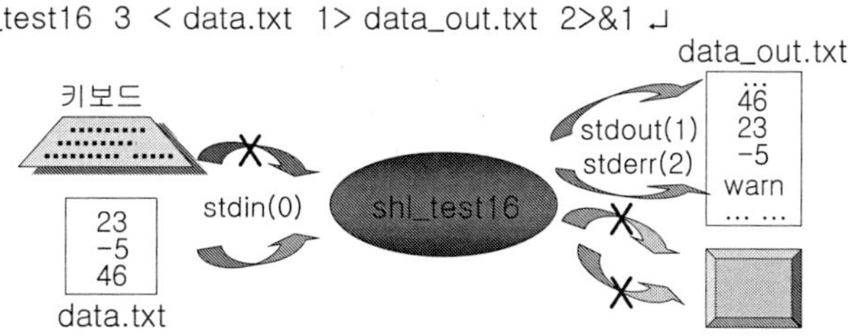
	$ sort 2> name_err.txt >&2 < name.txt ↵ /* '1'이 생략되었음 */

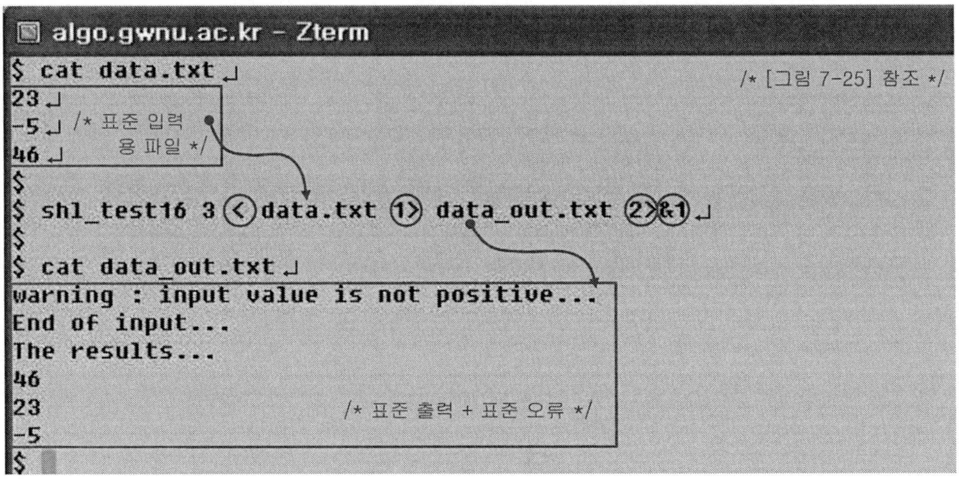

[그림 7-33] Bourne·Korn 쉘의 표준 입력, 출력, 오류의 동시 방향 전환 실행 예

■ Bourne·Korn 쉘의 표준 입·출력 방향 전환 기호 요약

[표 7-22]에 지금까지 다뤘던 Bourne·Korn 쉘의 표준 입·출력 방향 전환 줄문법에 사용되는 기호를 요약하였다.

[표 7-22] Bourne·Korn 쉘의 표준 입·출력 방향 전환 줄문법을 위한 기호 요약

표준 입·출력 방향	기 호	기 능
표준 입력(stdin, 0)	<	▪ 표준 입력 장치의 변경 예) $ sort < data.txt ↵
표준 출력(stdout, 1)	1>	▪ 표준 출력 장치의 변경 ▪ 기존 파일 내용을 버리고 새롭게 저장 ▪ '1'은 생략 가능 예) $ ls 1> ls.txt ↵ $ ls > ls.txt ↵
	1>>	▪ 표준 출력 장치의 변경 ▪ 기존 파일 내용을 보존하고, 새롭운 내용을 뒤로 추가 ▪ '1'은 생략 가능 예) $ ls 1>> ls.txt ↵ $ ls >> ls.txt ↵
	&1	▪ 방향 전환 순서상, 현재 표준 출력으로 지정된 출력 장치를 의미함 예) $ ls /etc/passwd xxx.c 1> ls.txt 2>&1 ↵
표준 오류(stderr, 2)	2>	▪ 표준 오류 장치의 변경 ▪ 기존 파일 내용을 버리고 새롭게 저장 예) $ ls xxx.c 2> ls.txt ↵
	2>>	▪ 표준 오류 장치의 변경 ▪ 기존 파일 내용을 보존하고, 새롭운 내용을 뒤로 추가 예) $ ls xxx.c 2>> ls.txt ↵
	&2	▪ 방향 전환 순서상, 현재 표준 오류로 지정된 출력 장치를 의미함 예) $ ls /etc/passwd xxx.x 2> ls.txt 1>&2 ↵

7.6.5 C 쉘의 표준 출력 및 표준 오류 방향 전환 줄문법

Bourne·Korn 쉘과 달리 C 쉘은 표준 출력외에 표준 오류를 독립적으로 방향 전환할 수 없고 표준 출력만 방향 전환시키거나, 표준 출력과 표준 오류를 동일한 출력 장치로 방향 전환시켜야 한다.

■ C 쉘의 표준 출력 방향 전환 줄문법

C 쉘에서의 표준 출력 방향 전환 줄문법은 Bourne·Korn 쉘의 표준 출력 방향 전환 줄문법에서 '1'이 생략된 경우와 동일하다. C 쉘의 표준 출력 방향 전환 줄문법을 [표 7-23]에 설명하였다. 이 표의 주요 요점은 아래와 같다.

- C 쉘의 표준 출력 방향 전환 줄문법은 Bourne·Korn 쉘의 표준 출력 방향 전환 줄문법에서 '1'이 생략된 형태([표 7-18] 참조)와 동일하다.
- C 쉘의 표준 출력 방향 전환 줄문법에서 '>'와 '>>'의 차이점은 Bourne·Korn 쉘에서와 동일하다.
- C 쉘에서는 표준 오류만을 위한 방향 전환 줄문법은 제공되지 않는다. 이 때문에 '>'나 '>>' 앞에 표준 출력을 의미하는 '1'을 굳이 표시할 필요가 없다.

[표 7-23] C 쉘의 표준 출력 방향 전환 줄문법

표준출력 사 용 법	▪ 명령어_이름 옵션 인수 ... > 새로운_출력_장치 ↵ - 기본 명령어 문자열 뒤에 '>' 표시와 입력 장치를 덧붙인다. - '>' 앞•뒤에는 공백이 반드시 필요하지는 않지만 이해를 돕기위해 공백을 두는 것이 좋다. - '새로운_출력_장치'는 일반 파일인 경우가 대부분이다. - 표준 출력 데이터가 화면 대신, '새로운_출력_장치'로 출력된다. - '새로운_출력_장치'에 존재하는 데이터는 모두 버려지고 항상 새로운 내용으로 저장된다. 예) % shl_test16 3 > data_out.txt ↵ % sort > name_out.txt ↵ ▪ 명령어_이름 옵션 인수 ... >> 새로운_출력_장치 ↵ - 위 '>' 과 모든 것이 동일하다. 다만 '새로운_출력_장치'에 저장된 기존의 내용이 보존되고, 새로 출력되는 내용은 그 이후에 추가된다. 예) % shl_test16 3 >> data_out.txt ↵ % sort >> name_out.txt ↵
표준오류 사 용 법	▪ 표준 오류 방향 전환 줄문법은 제공하지 않음. ([표 7-25]의 서브 쉘을 이용해야 함)

아래의 [그림 7-34]에 C 쉘에서의 표준 출력 방향 전환 실행의 예를 보였다.

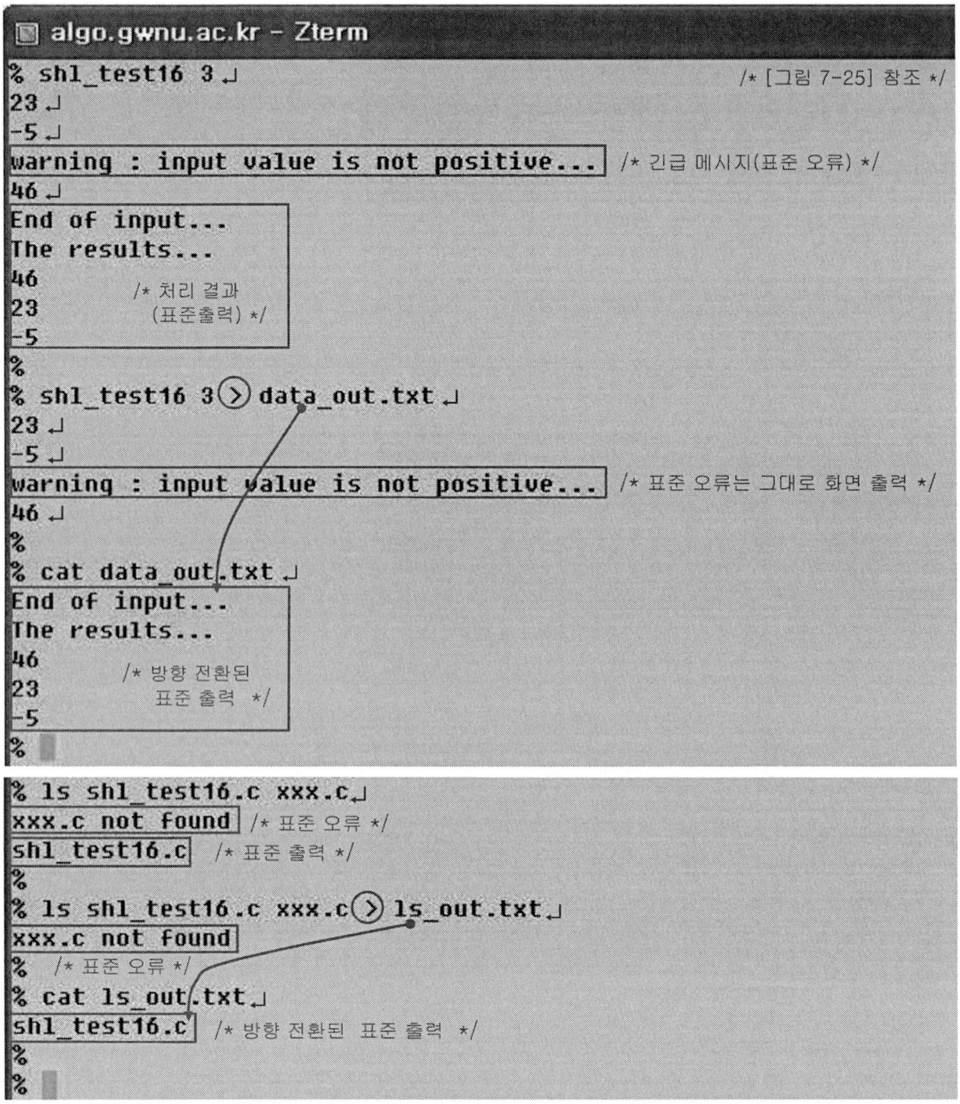

[그림 7-34] C 쉘의 표준 출력 방향 전환 실행 예

■ C 쉘의 표준 출력 및 표준 오류의 동시 방향 전환 줄문법

앞에서 언급한 바와 같이 C 쉘에서는 표준 오류만의 방향 전환을 위한 줄문법은 존재하지 않고, 표준 출력과 표준 오류를 동일한 출력 장치로 방향 전환하는 줄문법을 제공한다. [표 7-24]에 표준 출력 및 표준 오류의 동시 방향 전환 줄문법 설명하였고, [그림 7-35]에 그 실행 예를 보였다.

[표 7-24] 표준 출력과 표준 오류를 동일한 출력 장치로 방향 전환하는 방법

표준 출력 표준 오류 동시사용법 (동일 장치)	▪ 명령어_이름 옵션 인수 ... >& 새로운_출력_장치 ↵ ▪ 명령어_이름 옵션 인수 ... >>& 새로운_출력_장치 ↵ - '>'나 ">>" 뒤에 '&'을 붙인다. - '>'와 ">>"의 차이점은 표준 출력에서와 동일하다([표 7-23] 참조). - ">&"나 ">>&" 앞•뒤에 반드시 공백이 필요한 것은 아니나, 이해를 돕기 위해 공백을 두는 것이 좋다. - 표준 출력과 표준 오류의 내용이 방향 전환되어 '새로운_출력_장치'로 저장된다. - 표준 출력과 표준 오류의 저장 순서는 무의미하다(일정하지 않을 수 있음).
예	% shl_test16 3 >& data_out.txt ↵ % sort >>& name_err.txt ↵

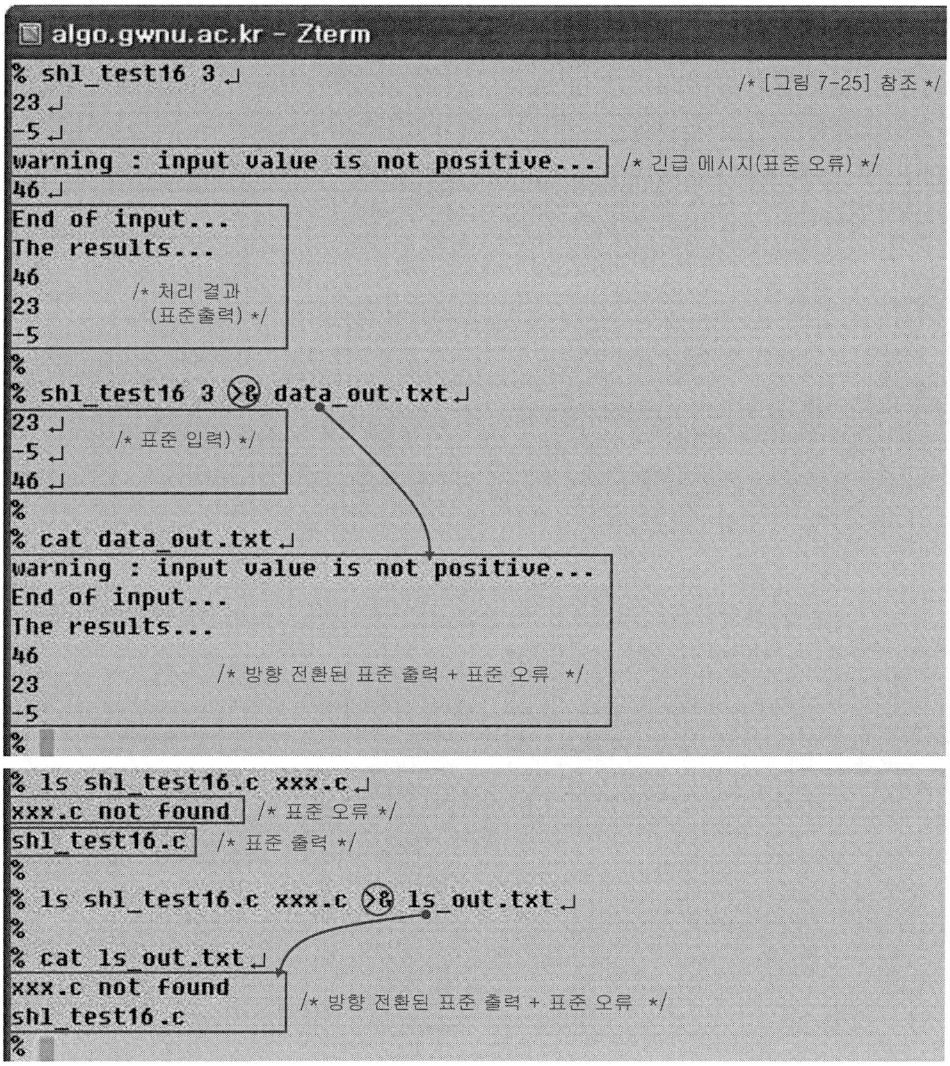

[그림 7-35] C 쉘의 표준 출력 및 표준 오류의 동시 방향 전환 실행 예1

■ **C 쉘에서 표준 출력과 표준 오류를 각각 독립된 출력 장치로 동시 방향 전환 방법**

C 쉘은 표준 오류만의 방향 전환을 위한 줄문법을 제공하지 않지만 서브 쉘을 활용하여 표준 출력과 표준 오류를 각각 독립된 장치로 방향 전환시킬 수 있다. [표 7-25]에 C 쉘에서 서브 쉘을 이용하여 표준 출력과 표준 오류를 독립적으로 방향 전환하는 방법을 설명하였다. 표준 출력과 표준 오류가 분리되는 원리는 아래와 같다.

- "(…)"에 서브 쉘이 생성되고, 생성된 서브 쉘의 표준 출력과 표준 오류는 모두 '새로운_출력_장치2'로 방향 전환된다.
- 서브 쉘 안에서 실행되는 '명령어_이름'은 서브 쉘에 의해 표준 출력이 '새로운_출력_장치1'로 방향 전환되고, 표준 오류는 서브 쉘의 장치 그대로 출력된다.
- 결국 '새로운_출력_장치2'에는 '명령어_이름'의 표준 출력이 제외된 표준 오류만이 저장된다.
- 만약 서브 쉘 안 즉, 괄호 안에 다른 명령어들이 여러 개 포함되어 있다면 그 각각의 방향 전환 여부에 따라 해당 명령어들의 표준 출력과 표준 오류의 방향 전환이 달라진다. 예를 들어 아래의

```
% (shl_test16 3 > data_out.txt; ls /etc/passwd   xxx.c) >& data_err.txt ↵
```

명령어 문자열에서 shl_test13의 표준 오류, ls의 표준 출력과 표준 오류는 모두 data_err.txt로 방향 전환된다. 그러나, 아래의

```
% (shl_test16 3 > data_out.txt; ls /etc/passwd   xxx.c > ls_out.txt) >&
                                                           data_err.txt ↵
```

명령어 문자열에서는 shl_test13의 표준 오류와 ls의 표준 오류만이 data_err.txt로 방향 전환된다.

[표 7-25] 표준 출력과 표준 오류를 각각 독립된 출력 장치로 방향 전환하는 방법

표준 출력 표준 오류 동시사용법 (다른 장치)	▪ (명령어_이름 옵션 인수 ... > 새로운_출력_장치1) >& 새로운_출력_장치2 ↵ - '(...)'는 서브 쉘을 의미한다. - '>'는 목적에 따라 ">>"로 대체할 수 있다([표 7-23] 참조). - '새로운_출력_장치1'과 '새로운_출력_장치2'는 서로 다른 출력 장치이다.
예	% (shl_test16 3 > data_out.txt) >>& data_err.txt ↵ % (sort >> name_out.txt) >& name_err.txt ↵

[그림 7-36]에 서브 쉘을 사용해서 표준 출력과 표준 오류를 독립적으로 방향 전환시키는 실행 예를 보였다

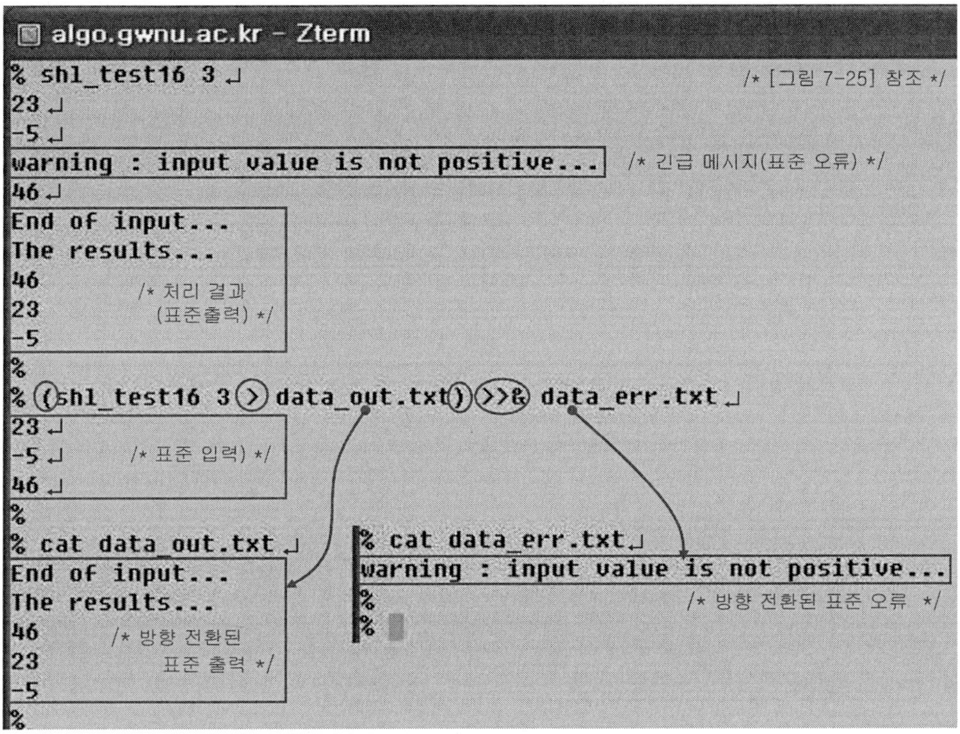

[그림 7-36] C 쉘의 표준 출력 및 표준 오류의 동시 방향 전환 실행 예2

■ C 쉘의 표준 입력, 표준 출력 및 표준 오류의 동시 방향 전환 줄문법

Bourne·Korn 쉘에서와 마찬가지로 C 쉘에서도 [표 7-17], [표 7-23]~[표 7-25]에 보인 다양한 방향 전환 줄문법을 조합해서 적용할 수 있다. [표 7-26]에 C 쉘에서 표준 입력, 표준 출력 및 표준 오류를 다양하게 동시 방향 전환하는 방법을 설명하였다. 이 표에서 표준 입력 방향 전환이 서브 쉘 안쪽에 있는 경우와 바깥쪽에 있는 경우, 그 결과는 동일하지만 아래와 같이 주의를 필요로 할 때가 있다.

- 표준 입력 방향 전환이 서브 쉘 안쪽에 위치하고, 서브 쉘 안에 다른 명령어가 존재한다면, 그 표준 입력 방향 전환은 오로지 해당 명령어에게만 유효하다. 예를 들어 아래의

```
% (shl_test16  3 < data.txt > data_out.txt; sort ) >& data_err.txt ↵
```

명령어 문자열에서 shl_test13의 표준 입력은 data.txt로 전환되지만 sort는 전환되지 않는다.

- 표준 입력 방향 전환이 서브 쉘 바깥쪽에 위치하고, 서브 쉘 안에 다른 명령어가 존재한다면, 그 표준 입력 방향 전환은 서브 쉘 안의 모든 명령어에게 유효하다. 예를 들어 아래의

```
% (shl_test16  3 > data_out.txt; sort ) < data.txt >& data_err.txt ↵
```

명령어 문자열에서는 shl_test13과 sort 모두 표준 입력의 방향이 data.txt로 전환된다.

[표 7-26] 표준 입력, 표준 출력 및 표준 오류를 동시에 방향 전환하는 방법

표준 입력 표준 출력 표준 오류 동시사용법	▪ 명령어_이름 옵션 인수 ...< 새로운_입력_장치 > 새로운_출력_장치 ↵ ▪ 명령어_이름 옵션 인수 ... > 새로운_출력_장치 < 새로운_입력_장치 ↵ ▪ 명령어_이름 옵션 인수 ...< 새로운_입력_장치 >& 새로운_출력_장치 ↵ ▪ 명령어_이름 옵션 인수 ... >& 새로운_출력_장치 < 새로운_입력_장치 ↵ ▪ (명령어_이름 옵션 인수 ...< 새로운_입력_장치 > 새로운_출력_장치1) >& 새로운_출력_장치2 ↵ ▪ (명령어_이름 옵션 인수 ... > 새로운_출력_장치1 < 새로운_입력_장치) >& 새로운_출력_장치2 ↵ ▪ (명령어_이름 옵션 인수 ... > 새로운_출력_장치1) < 새로운_입력_장치 >& 새로운_출력_장치2 ↵ ▪ (명령어_이름 옵션 인수 ... > 새로운_출력_장치1) >& 새로운_출력_장치2 < 새로운_입력_장치 ↵ ▪ ::: - 표준 입력, 표준 출력, 표준 오류의 방향 전환을 순서에 무관하게 표기한다. - 특히, 서브 쉘을 사용할 때 표준 입력은 서브 쉘 안쪽 혹은 바깥쪽 어느 쪽에 표기해도 무방하다. - '>'는 목적에 따라 ">>"로 대체할 수 있다.
예	% (shl_test16 3 < data.txt > data_out.txt) >& data_err.txt ↵ % (sort > name_out.txt) < name.txt >& name_err.txt ↵

아래의 [그림 7-37]에 C 쉘에서 표준 입력, 표준 출력 및 표준 오류를 동시에 방향 전환하는 실행 예를 보였다.

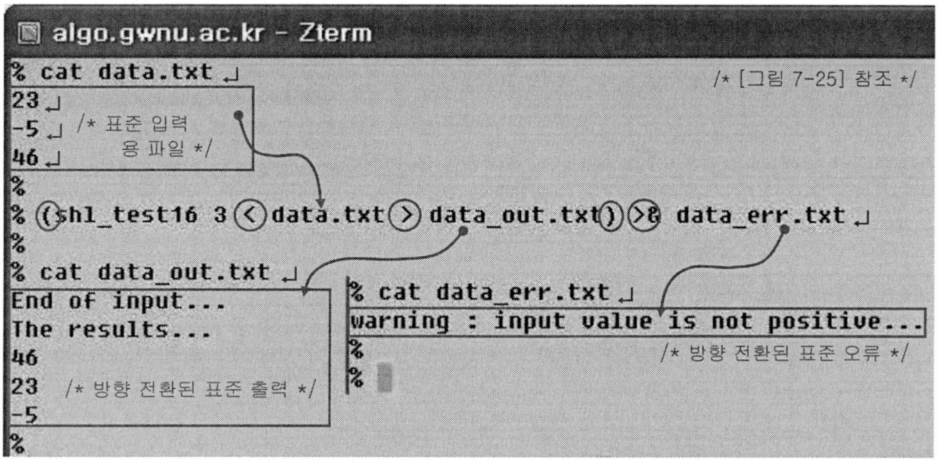

[그림 7-37] C 쉘의 표준 입력, 출력, 오류의 동시 방향 전환 실행 예

■ C 쉘의 표준 입·출력 방향 전환 기호 요약

C 쉘의 표준 입·출력 방향 전환 줄문법에 사용되는 기호를 [표 7-27]에 요약하였다.

[표 7-27] C 쉘의 표준 입·출력 방향 전환 줄문법을 위한 기호 요약

표준 입•출력 방향	기 호	기 능
표준 입력(stdin, 0)	<	▪ 표준 입력 장치의 변경 예) % sort < data.txt ↲
표준 출력(stdout, 1)	>	▪ 표준 출력 장치의 변경 ▪ 기존 파일 내용을 버리고 새롭게 저장 예) % ls > ls.txt ↲
	>>	▪ 표준 출력 장치의 변경 ▪ 기존 파일 내용을 보존하고, 새롭운 내용을 뒤로 추가 예) % ls >> ls.txt ↲
표준 출력(stdout, 1) + 표준 오류(stderr, 2)	>&	▪ 표준 출력과 표준 오류 장치를 동일 장치로 변경 ▪ 기존 파일 내용을 버리고 새롭게 저장 예) % ls /etc/passwd xxx.c >& ls.txt ↲
	>>&	▪ 표준 출력과 표준 오류 장치를 동일 장치로 변경 ▪ 기존 파일 내용을 보존하고, 새롭운 내용을 뒤로 추가 예) % ls /etc/passwd xxx.c >>& ls.txt ↲
표준 출력(stdout, 1), 표준 오류(stderr, 2)	(...) >& (...) >>&	▪ 서브 쉘을 이용하여 표준 출력과 표준 오류를 독립적으로 방향 전환 예) % (ls /etc/passwd xxx.c > ls1.txt) >& ls2.txt ↲

7.6.6 표준 입·출력 파이프

■ **표준 입·출력 파이프의 개념**

7.6.3~7.6.5 절에서 표준 입력, 표준 출력, 표준 오류의 입·출력 방향을 원래의 키보드나 화면(모니터)으로부터 다른 입·출력 장치로 변환시키는 쉘 줄문법을 다뤘고, 거기서 사용했던 새로운 입·출력 장치로 주로 일반 파일이었다. 그런데, 단순히 하나의 독립된 명령어로부터 입·출력 방향을 전환시켜 파일에서 입력하거나 파일로 출력

```
/* shl_test15.c */
#include <stdio.h>
#include <stdlib.h>

main()
{
        printf("I am happy.\n");
        fprintf(stdout, "I am cheerful.\n");
        fprintf(stderr, "I am unhappy.\n");
        exit(0);
}
```

(a) shl_test15.c

```
/* shl_test17.c */
#include <stdio.h>
#include <stdlib.h>

main()                              /* small → large */
{
        char    buf[128];
        int     i;

        while(1) {
             if (fgets(buf, 128, stdin) == NULL)
                  break;
             for (i = 0; buf[i] != 0; i++)
                  if (buf[i] >= 'a' && buf[i] <= 'z')
                       buf[i] = buf[i] & 0xdf;
             printf("%s", buf);
        }
        exit(0);
}
```

(b) shl_test17.c

```
$ shl_test15 > tmp_out.txt ↵
$ shl_test17 < tmp_out.txt ↵
$ rm  tmp_out.txt ↵
```

(c) 두 명령어의 연계 실행

[그림 7-38] 두 명령어의 연계 실행을 위한 예

하는 수준을 떠나, 한 명령어로부터의 출력을 받아 다른 명령어의 입력으로 사용해야 할 경우가 있다.

[그림 7-38]의 (a)는 임의의 표준 출력이 있는 프로그램이고, (b)는 임의의 표준 입력 문자열을 모두 대문자로 변환하는 프로그램이다. 이 때 (a)의 출력물을 대문자로 받고 싶을 때 취할 수 있는 방법으로 다음의 두 가지를 생각할 수 있다.

① 프로그램 (a) 자체를 수정해서 대문자로만 출력하도록 한다.
② [그림 7-38] (c)와 같이, 프로그램 (a)는 그대로 두고 그 출력 결과를 파일로 받은 후, 대문자로 변환하는 전문 프로그램 (b)에게 표준 입력 방향 전환으로 전달하여 대문자로 변환하도록 한 후 그 결과를 사용한다.

위 두 가지 방법에서 ①은 사용자가 원래대로 소문자가 포함된 내용을 받아야 하는 경우도 있기 때문에 곤란하다. 그러나 방법 ②는 프로그램의 역할 분담으로 융통성이 좋아 프로그램의 활용도가 높다. 다만, 임시 파일을 만들고 이를 사용한 후 삭제해야 하는 번거로움이 따른다는 점이 불편하다.

위와 같이 여러 개의 명령어(프로그램)들이 표준 출력과 표준 입력으로 연계되어 연속적으로 사용되는 상황을 표준 입·출력 파이프라 하고, 이를 개념적으로 표현하면 [그림 7-39]와 같다.

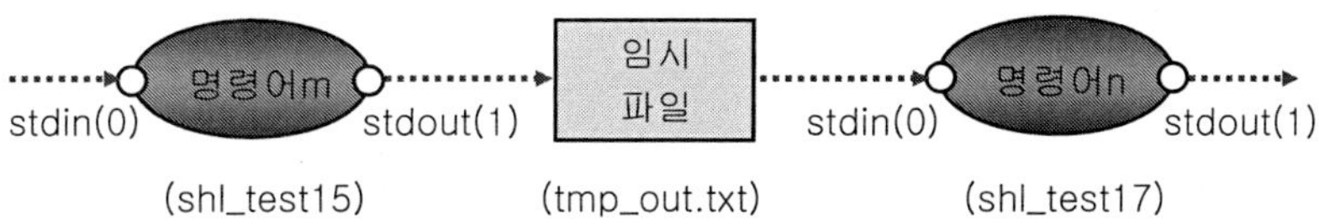

[그림 7-39] 표준 입·출력 파이프 개념

유닉스 환경에서 표준 입·출력 파이프 개념을 활용해야 하거나, 활용하면 편리해지는 경우가 너무나 많다. 즉, 유닉스의 모든 명령어는 표준 입·출력 설계 개념을 엄격히 지키고, 그 기능 또한 세분화되어 있기 때문에 [그림 7-39]와 같이 연속적으로 사용하기에 편리하게 설계되어 있는 것이다. 이런 맥락에서 유닉스 명령어 설계 사상의 한 측면을 다음과 같이 정리할 수 있다.

- 거의 모든 명령어가 원래의 기본 입력 장치인 키보드에서 데이터를 입력 받고, 원래의 기본 출력 장치인 화면으로 출력하도록 설계되어 있으나, 사실 이런 설계의 최종 목표는 표준 입·출력 방향 전환이나 표준 입·출력 파이프에 의한 데이터 및 처리 결과의 입·출력에 있다.
- 첫 명령어의 출력 결과는 원시 데이터로 인정되기 때문에, 사용자는 제 2, 제 3의 명령어를 사용해서 원시 데이터를 가공하고 필터링하여 원하는 최종 결과를 얻도록 한다.

앞에서 설명한 표준 입·출력 파이프 개념에 의한 유닉스 명령어의 단계적 사용에 대한 이해를 돕기 위해 아래의 가상 문제 해결 시나리오를 제기해 보기로 한다.

□ **시스템 현황 :**

- 유닉스 환경에서 대부분의 명령어 실행 파일은 "/bin"이나 "/usr/bin" 디렉터리에 존재한다.
- 이들 디렉터리 아래에는 다시 여러 개의 계층적 디렉터리가 다양한 깊이로 존재하고, 그 곳에 관련 명령어들이 존재한다.

□ **사용자 문제 :** 총 몇 개 정도의 명령어들이 존재하는지 알고 싶다.

□ **해 결 과 정 :** ([그림 7-40] 참조)

① 특정 디렉터리 이하 모든 디렉터리와 파일에 대한 경로명을 출력하는 find 명령어를 사용한다($ find /bin/ /usr/bin ↵). 이 때 ls 명령어에 "-R" 옵션을 사용해서 활용할 수도 있으나, 결과물에 경로명 대신 파일명만이 출력되므로 find 명령어가 좀더 편리하다.

② 단계 ①의 출력결과가 너무 많아 화면을 넘치므로, 표준 출력 방향 전환을 이용하여 결과물을 tmp.txt 파일로 받는다($ find /bin /usr/bin > tmp.txt ↵).

③ vi 등을 사용해서 tmp.txt를 편집 모드로 개방하여 총 몇 줄이 있는지 센다.

④ 단계 ③ 역시 번거러운 방법이므로, 표준 입력 장치로 입력되는 내용의 줄을 세어주는 전문 명령어 wc의 표준 입력 장치를 tmp.txt로 방향 전환해서 tmp.txt에 저장된 총 줄 수를 간단하게 알아낸다($ wc –l < tmp.txt ↵).

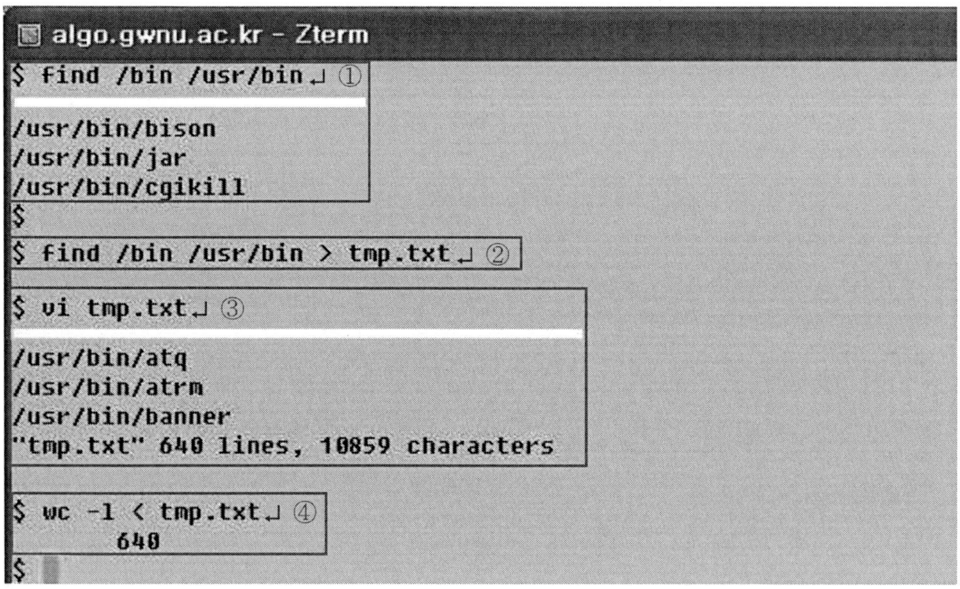

[그림 7-40] 표준 입·출력 파이프 개념에 의한 유닉스 명령어의 단계적 사용 예

■ 표준 입·출력 파이프를 위한 쉘 줄문법

[그림 7-38], [그림 7-39]에서 임시 파일을 사용한 표준 입·출력 파이프는 이미 언급한 바와 같이 임시 파일 생성해야 할 뿐만 아니라, 명령어를 여러 번 구사해야 하므로 명령어 문자열 자체가 길어져서 불편하다. 이를 간편하게 처리할 수 있도록 Bourne·Korn 쉘과 C 쉘 모두 편리한 표기법의 동일한 줄문법을 제공한다.

[그림 7-28]에 Bourne·Korn 쉘과 C 쉘에서 동일하게 사용되는 표준 입·출력 파이프 줄문법을 설명하였고, [그림 7-41]에 그 실행 예를 보였다.

[표 7-28] 표준 입·출력 파이프 줄문법

표준 입•출력 파이프 사용법	▪ 명령어_이름1 옵션_인수1 ... | 명령어_이름2 옵션_인수2 ... | ... ↵ – ´표준 출력→표준 입력´ 관계로 사용할 명령어들을 순서에 따라 ´|´ 기호로 연결한다. – ´|´ 기호 앞•뒤에는 반드시 공백이 필요한 것은 아니나, 이해를 돕기 위해 공백을 두는 것이 좋다. –´명령어_이름1´의 표준 출력 장치가 ´명령어_이름2´의 표준 입력 장치로 설정된다(표준 오류는 연계되지 못함). – ´명령어_이름2´의 표준 출력 장치는 그 다음 명령어의 표준 입력 장치로 설정된다(표준 오류는 연계되지 못함). – 쉘은 표준 입•출력 파이프 기호를 인식하고, 유닉스 운영체제에 의뢰하여 ´표준 출력→표준 입력´ 관계를 파이프 장치로 연결한다.
예	$ shl_test15 | shl_test17 > results.txt ↵  % ls –l | grep ˝.c˝ | wc –l ↵

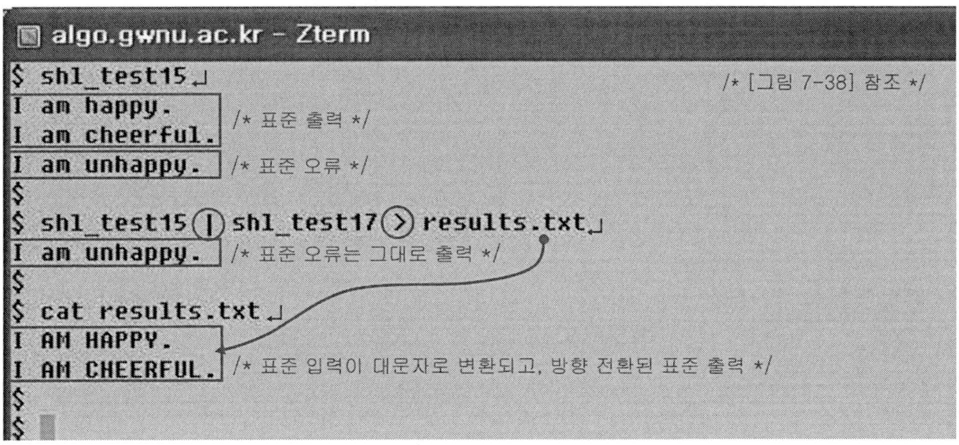

[그림 7-41] 표준 입·출력 파이프 실행 예

■ 표준 입·출력 방향 전환 및 파이프와 관련된 유닉스 명령어

[그림 7-41]에서 최종 결과는 results.txt에만 저장되고 화면에는 아무런 결과가 출력되지 않기 때문에 방향 전환된 결과 파일의 내용을 열어봐야 한다. 이럴 경우 결과 파일로 저장되면서 동일한 내용이 화면으로도 출력된다면 편리할 수 있다. [표 7-29]의 tee 명령어를 사용하면 바로 이런 문제를 해결 할 수 있다.

이 표의 첫 번째 예에서 shl_test17의 표준 출력이 tee 명령어의 표준 입력으로 전달되고, tee 명령어는 이 내용을 명령어 인수로 받아들인 파일명칭 results.txt에 저장하고 동일한 내용을 표준 출력 즉, 화면으로 내보낸다. 결국, 최종 결과물을 파일 results.txt에 저장하면서 같은 내용을 화면에도 출력한 셈이다. [그림 7-42]에 이 명령어의 실행 예를 보였다.

tee와 같이 표준 입력 내용을 파일과 화면 등 두 곳으로 출력해주는 명령어로 script가 있다. script 명령어는 화면에 출력된 모든 내용을 주어진 파일로 있는 그대

[표 7-29] tee 명령어 사용법

사용법	▪ tee file_1 file_2 ... file_n ↲ - 표준 입력 장치에서 입력된 내용을 'file_1', ..., 'file_n'에 모두 같은 내용으로 저장하고, 동일한 내용을 표준 출력 장치로 출력한다. - 'file_1', ..., 'file_n'이 이미 존재하면, 출력 내용이 기존의 내용 뒤에 추가된다.
예	$ shl_test15 | shl_test17 | tee results.txt ↲ 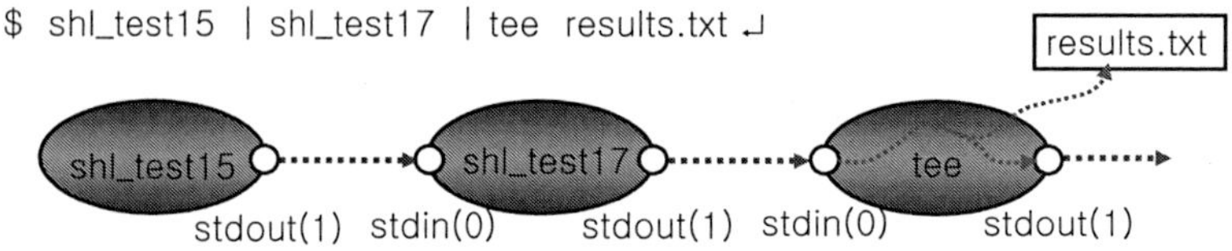 % ls -l . | tee ls_out.txt ↲

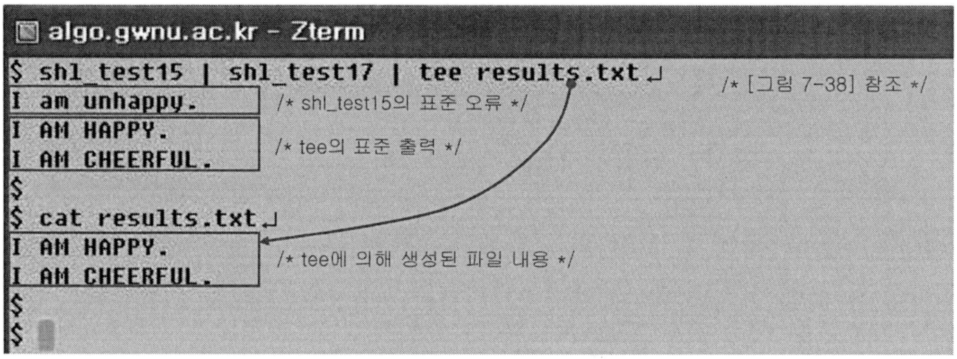

[그림 7-42] tee 명령어의 실행 예

로 캡쳐하여 기록한다. [표 7-30]에 script 명령어의 사용법을 설명하였다. script 명령어는 이 표의 예에 보인 그림과 같이 전단의 script와 후단의 script 등 두 개의 script 명령어와 서브 쉘을 실행시켜 아래와 같이 각각 역할을 분담한다.

- 전단 script : 키보드(표준 입력 장치)로부터의 입력을 파일과 화면(표준 출력 장치)으로 내보내고, 동일한 내용을 새로 생성한 서브쉘 혹은 서브 쉘이 실행시킨 명령어(shl_test16)의 표준 입력 통로로 보낸다.
- 서브 쉘(sh) : 표준 입력 통로를 통해서 전단 script의 명령어 문자열을 전달 받아 그 내용을 파이프로 연결된 후단 script의 표준 입력 통로로 보낸 후, 해당 명령어를 실행 시킨다.
- 실행 명령어 : 서브쉘에 의해 실행된 명령어는 표준 입·출력 장치를 상속 받기 때문에 이 명령어의 모든 표준 출력 내용은 후단 script의 표준 입력 통로로 전달된다.
  또한, 명령어가 필요로 하는 표준 입력 내용은, 표준 입력 통로가 전단 script와 연결되어 있기 때문에, 키보드 입력 내용을 자신의 표준 입력 통로를 통해서 받을 수 있다.
- 후단 script : 서브 쉘이나 명령어의 표준 출력 통로에 파이프로 연결된 자신의 표준 입력 통로를 통해서 전달 받은 내용을 파일과 화면으로 출력한다.

[표 7-30] script 명령어 사용법

사용법	▪ script file ↵ - 이 명령어 실행 이후, 화면으로 출력된 모든 내용을 캡쳐하여 'file'에 1:1 그대로 저장한다. - 로그인 쉘과 동일한 새로운 서브 쉘이 실행되어 사용자와 대화한다. - '^D'를 입력하는 순간 script 명령어 및 서브 쉘이 종료한다.

예	$ script scree.txt ↵
	$ shl_test16 ↵
	:
	^D
	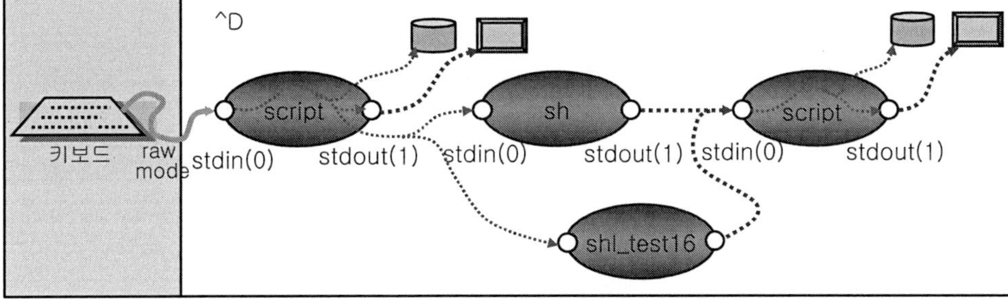

[그림 7-43]에 script 명령어의 실행 예를 보였다.

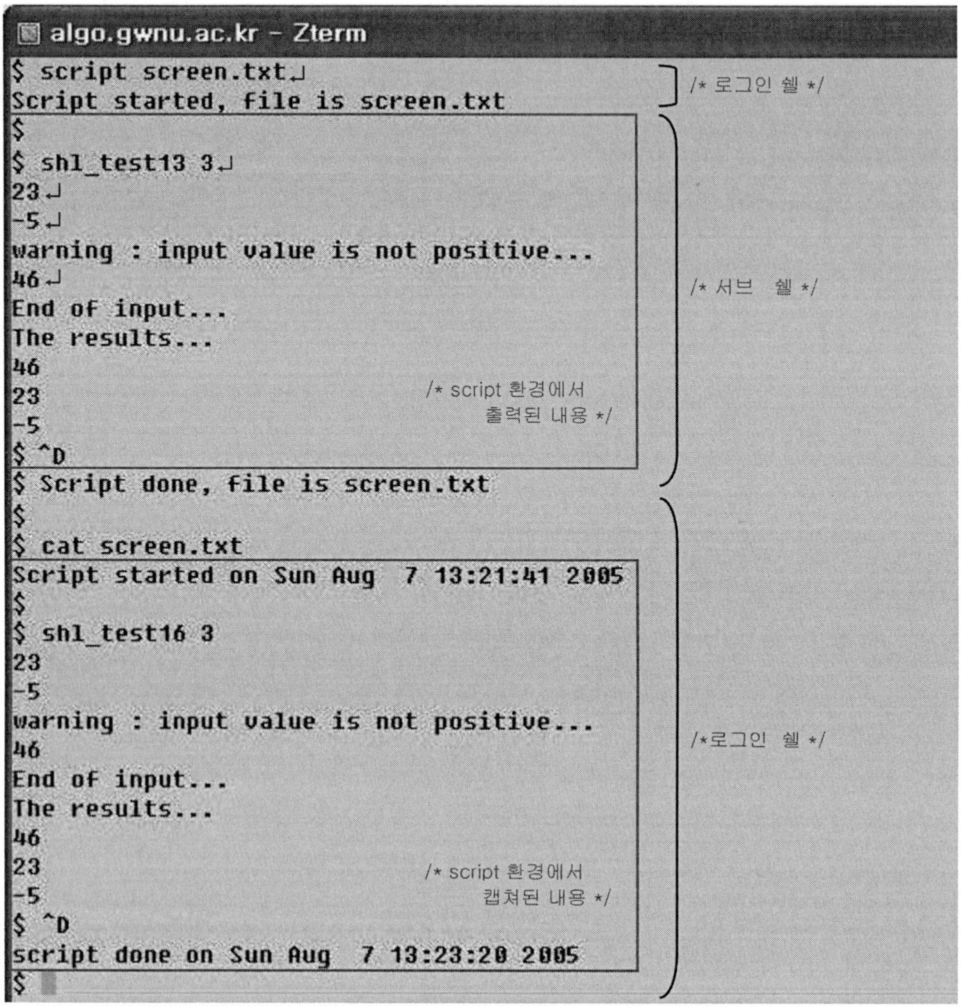

[그림 7-43] script 명령어의 실행 예

7.6.7 처리 데이터 입력을 위한 유닉스 명령어 설계

[표 7-16]에서 표준 입력 장치란, 명령어가 처리할 기본 데이터기 입력되는 장치라고 정의하였다. 그런데, 이미 앞에서 언급한 바와 같이 기본적으로 표준 입력 장치는 키보드이지만 데이터가 키보드에서 입력되는 경우는 드물고, 아래의 두 가지 방법에 의해 표준 입력 장치를 다른 입력 장치로 재설정해서 사용하는 경우가 더 일반적이다.

- **표준 입력 방향 전환** : 표준 입력 장치를 키보드 대신 일반 파일로 재설정함으로써 파일에 저장된 내용을 처리 데이터로 사용한다.
- **표준 입·출력 파이프** : 표준 입력 장치를 다른 명령어의 표준 출력 장치로 재설정

함으로써 그 명령어가 출력하는 실시간 데이터를 받아들여 처리 데이터로 사용한다.

위의 두 가지 방법은 표준 입력 장치에 의한 데이터 입력이라는 근간을 유지하기 때문에 각 개별 명령어 관점에서는 물리적인 입력 장치와는 전혀 관계 없이 표준 입력으로부터 들어오는 데이터를 처리하기만 하면 된다. 즉, 프로그램 내부에서의 데이터 입력 과정은 물리적인 표준 입력 장치의 유형과 독립적이다.

그런데, 상당 수의 유닉스 명령어가 표준 입력 장치에 의한 데이터 입력 외에 명령어 옵션으로 주어지는 파일명에 의한 데이터 입력을 허용하고 있다. 물론 C 언어 컴파일러인 gcc와 같이 원래부터 파일에 저장된 내용만을 처리하는 명령어들은 굳이 파일 내용을 표준 입력으로 방향 전환해서 입력하지 않고, 명령어 사용법 자체를 옵션에 파일명을 명시하도록 한다.

여기서 다루고자 하는 표준 입력 장치에 의한 데이터 입력과 명령어 옵션에 주어지는 파일명에 의한 데이터 입력이란, 둘 중 한 가지를 선택해서 입력 수단으로 활용할 수 있도록 하는 명령어 설계 방식을 말한다. 대부분의 유닉스 명령어들은 둘 중 한 가지로 고정되어 작성되어 있으나, 자주 사용하는 일부 명령어들은 사용자의 사용법에 따라 표준 입력 장치를 사용하기도 하고 명령어 옵션의 파일명을 사용하기도 한다.

이를테면 아래 명령어

`$ cat ↵` ……①

은 명령어 옵션이 주어지지 않았으므로 cat은 표준 입력 장치인 키보드로부터 데이터를 입력 받는다. 아래 명령어

`$ cat < results.txt ↵` ……②

역시 명령어 옵션이 주어지지 않았으므로 표준 입력 장치를 사용하는데, 다만 표준 입력 방향 전환에 의해 키보드가 아닌 파일 results.txt를 입력 장치로 사용한다. 그러나 아래의

`$ cat   results.txt ↵` ……③

명령어는 명령어 옵션에 파일명 results.txt가 주어졌으므로 표준 입력 장치를 아예 사용하지 않고 그 대신 results.txt 파일을 개방해서 사용한다.

위 예에서 ②와 ③의 처리 결과는 동일하지만 내부에서 데이터를 입력 받는 통로는 전혀 상이하다는 점과, 이는 어디까지나 cat 명령어의 설계가 그렇게 동작할 수 있도록 설계되었기 때문에 가능할 뿐, 줄문법 자체가 동일하지 않다는 사실에 유의해야 한다.

[표 7-31]에 표준 입력 장치와 명령어 옵션 파일명 사이의 데이터 입력 선택을 위한 명령어 설계 지침을 요약하였다.

[표 7-31] 표준 입력 장치와 명령어 옵션 파일명 사이의 입력 데이터 선택 지침

① 명령어 옵션이 하나 이상 주어지면 그 것들을 파일명으로 간주하고 개방하여 입력 데이터로 사용한다. ② 명령어 옵션이 전혀 주어지지 않으면 표준 입력 장치로부터의 입력을 입력 데이터로 사용한다.

[그림 7-44]에 [그림 7-38]의 shl_test17.c를 [표 7-31]의 지침에 따라 재 작성한 예를 보였고, [그림 7-45]과 [그림 7-46]에 이 프로그램의 실행 예를 보였다.

```
/* shl_test18.c */
#include <stdio.h>
#include <stdlib.h>
main(int   argc,  char  *argv[])   /* small → large */
{
        char    buf[128];
        int     i;
        FILE    *ifp;
        if (argc == 1)
              ifp = stdin;
        else {
              ifp = fopen(argv[1], "r");
              if (ifp == NULL) {
                    fprintf(stderr, "%s is not found… \n", argv[1]);
                    exit(1);
              }
        }
        while(1) {
              if (fgets(buf, 128, ifp) == NULL)
                    break;
              for (i = 0; buf[i] != 0; i++)
                    if (buf[i] >= 'a' && buf[i] <= 'z')
                          buf[i] = buf[i] & 0xdf;
              printf("%s", buf);
        }
        exit(0);
}
```

[그림 7-44] 표준 입력 장치와 명령어 옵션 파일명 사이의 입력 선택 설계 예

[그림 7-46]은 위의 shl_test18 명령어를 방향 전환된 표준 입력 파일과, 명령어 옵션 파일명 등 양쪽 모두를 명시하여 실행시킨 결과를 보였다. 이 경우 [표 7-31]에 의해 명령어 옵션 파일명이 우선하기 때문에 표준 입력이 파일로 방향 전환되었다고 하더라도 표준 입력 장치 자체가 아예 참조되지 않는다.

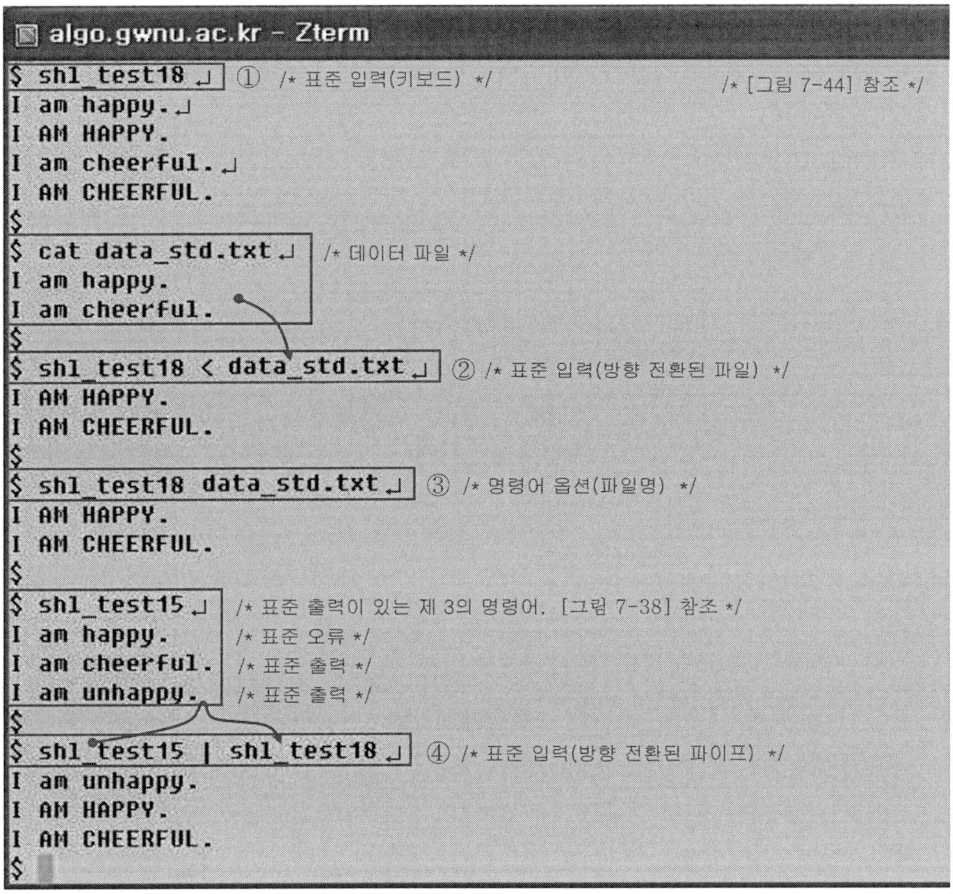

[그림 7-45] 표준 입력 장치와 명령어 옵션 파일명 사이의 입력 선택의 실행 예 1

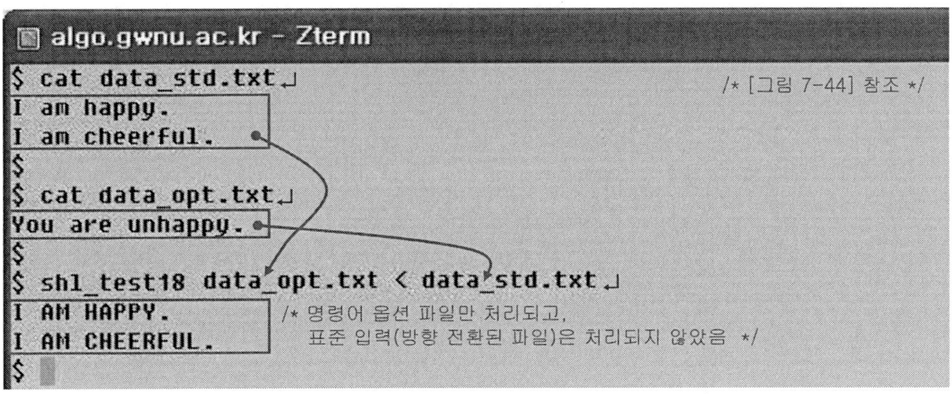

[그림 7-46] 표준 입력 장치와 명령어 옵션 파일명 사이의 입력 선택의 실행 예 2

Note

☞ [실습 7-6]

STEP I

1. [그림 7-47]의 shl_test14.c를 이해한 후, 코딩하고 컴파일한다. 그리고 input.txt 파일을 새롭게 편집한다.

2. 다음 명령어를 실행시켜 그 결과를 확인하고 토론한다.

```
$ shl_test14 ↵
I am happy. ↵
I am cheerful. ↵
I am unhappy. ↵
^D
```

3. 다음 명령어를 실행시켜 그 결과를 과정 2와 비교하고, 표준 입력의 방향 전환 개념을 토론한다.

```
$ shl_test14 < input.txt ↵
```

4. C 쉘(또는 반대로 Bourne·Korn 쉘)에서 과정 2, 3을 반복한 결과를 비교하고 토론한다.

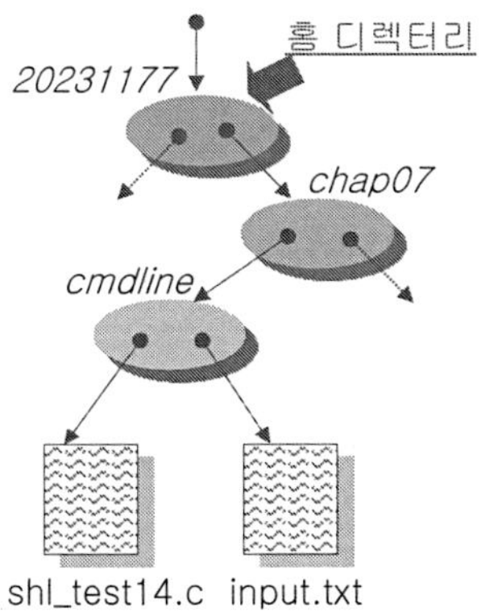


```
/* shl_test14.c */
#include <stdio.h>
#include <stdlib.h>
main()
{
        char    buf[128];
        int     n = 0;
        while(1) {
                if (fgets(buf, 128, stdin) == NULL)
                        break;
                n++;
        }
        printf("Last line : %s", buf);
        printf("Total line(s) : %d.\n", n);
        exit(0);
}
```

input.txt
```
I am happy.
I am cheerful.
I am unhappy.
```

[그림 7-47] 표준 입·출력 방향 전환 실습 I

<u>STEP II</u>

1. 아래의 양쪽 명령어를 실행시켜 화면 출력 결과를 비교하고 토론한다.

①
```
$ sort ↵
Hong Gil Dong ↵
Yi Soon Shin ↵
Park Jeong Hee ↵
Choi Young ↵
Kim Yoo Shin ↵
Cha Dol ↵
Jeong Cul ↵
Song Choon Hyang ↵
Na Woon Kyu ↵
Lee Seung Man ↵
^D
```

②
```
$ sort  <<  EON ↵
Hong Gil Dong ↵
Yi Soon Shin ↵
Park Jeong Hee ↵
Choi Young ↵
Kim Yoo Shin ↵
Cha Dol ↵
Jeong Cul ↵
Song Choon Hyang ↵
Na Woon Kyu ↵
Lee Seung Man ↵
EON ↵
```

2. 과정 1의 ①에서 “Jeong Chul”을 “Jeong Cheol”로 수정해서 재실행 시킨다.

3. [그림 7-48]의 name.txt를 새롭게 편집한 후, 아래 명령어를 실행시켜 그 결과를 과정 1과 비교한다.

```
$ sort < name.txt ↵
```

4. 과정 3에서 편집한 name.txt의 내용 중, “Jeong Chul”을 “Jeong Cheol”로 수정한 후 과정 3의 실행을 반복한다.

5. 과정 2와 과정 4로부터, 파일로 방향 전환된 표준 입력의 편리성을 토론한다.

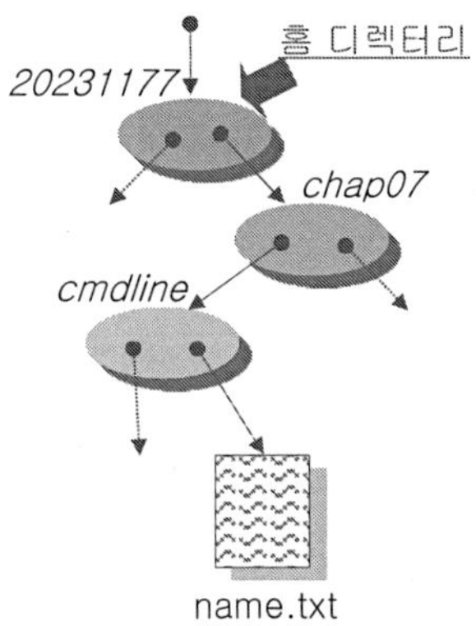

name.txt
```
Hong Gil Dong
Lee Soon Shin
Park Jeong Hee
Choi Young
Kim Yoo Shin
Cha Dol
Jeong Chul
Song Choon Hyang
Na Woon Kyu
Lee Seung Man
```

[그림 7-48] 표준 입·출력 방향 전환 실습 II

STEP III

1. [그림 7-49]의 shl_test15.c를 이해한 후, 코딩하고 컴파일한다.

2. Bourne·Korn 셸에서 다음 각 명령어들의 실행에 대하여 화면 출력, data_out.txt, data_err.txt의 내용을 확인하고 토론한다.

①
```
$ shl_test15 ↵
```

②
```
$ shl_test15  1>  data_out.txt ↵    ($ shl_test15  > data_out.txt ↵ )
$ cat  data_out.txt ↵
```

③
```
$ shl_test15  2>  data_err.txt ↵
$ cat  data_err.txt ↵
```

④
```
$ shl_test15  1>  data_out.txt  2>  data_err.txt ↵
$ cat  data_out.txt ↵
$ cat  data_err.txt ↵
```

⑤
```
$ shl_test15  1>  data_out.txt  2>&1 ↵    ($ shl_test15 > data_out.txt 2>&1 ↵)
$ cat  data_out.txt ↵
```

⑥
```
$ shl_test15  2>  data_err.txt  1>&2 ↵    ($ shl_test15 2> data_err.txt >&2 ↵)
$ cat  data_err.txt ↵
```

3. 다음 양쪽 두 명령어들을 실행한 후 data_out.txt 내용을 확인하고, '>' 와 ">>"의 차이점을 토론한다.

①
```
$ shl_test15  1>  data_out.txt ↵
$ shl_test15  2>  data_out.txt ↵
$ cat  data_out.txt ↵
```

②
```
$ shl_test15  1>  data_out.txt ↵
$ shl_test15  2>> data_out.txt ↵
$ cat  data_out.txt ↵
```

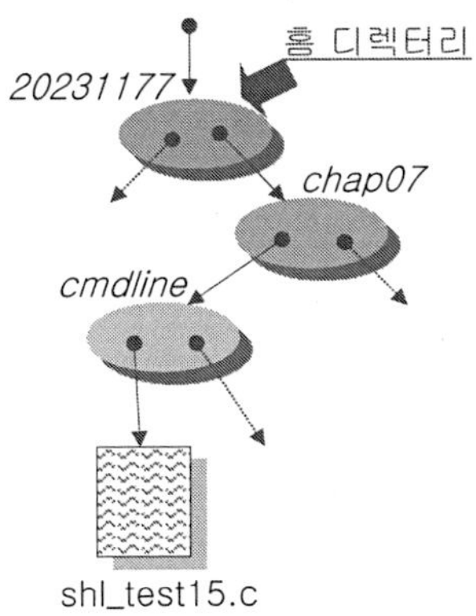


```
/* shl_test15.c */          /* [그림 7-38] 참조 */
#include <stdio.h>
#include <stdlib.h>
main()
{
        printf("I am happy.\n");
        fprintf(stdout, "I am cheerful.\n");
        fprintf(stderr, "I am unhappy.\n");
        exit(0);
}
```

[그림 7-49] 표준 입·출력 방향 전환 실습 III

4. 파일 data_out.txt와 data_err.txt를 삭제한다.

STEP IV

1. [그림 7-49]의 shl_test15.c를 이해한 후, 코딩하고 컴파일한다(이미 존재하면 그대로 사용).

2. C 쉘에서 다음 각 명령어들의 실행에 대하여 화면 출력, data_out.txt, data_err.txt의 내용을 확인하고 토론한다.

①
```
% shl_test15 ↵
```

②
```
% shl_test15  >  data_out.txt ↵
% cat  data_out.txt ↵
```

③
```
% shl_test15  >&  data_err.txt ↵
% cat  data_err.txt ↵
```

④
```
% ( shl_test15  >  data_out.txt )  >&  data_err.txt ↵
% cat  data_out.txt ↵
% cat  data_err.txt ↵
```

3. Bourne·Korn 쉘과 C 쉘에서 표준 출력과 표준 오류의 방향 전환 줄문법의 차이점과 기능을 토론한다.

STEP V

1. [그림 7-49]의 shl_test15.c를 코딩한다(이미 존재하면 그대로 사용).

2. Bourne·Korn 쉘에서 다음 각 명령어를 차례로 실행하여 ls 명령어의 표준 출력과 표준 오류 메시지의 기준을 이해한다.

①
```
$ ls  shl_test15.c  xxx.c ↵
```

②
```
$ ls  shl_test15.c  xxx.c  >  ls_out.txt ↵
$ cat  ls_out.txt ↵
```

③
```
$ ls  shl_test15.c  xxx.c  2>  ls_err.txt ↵
$ cat  ls_err.txt ↵
```

3. 파일 ls_out.txt와 ls_err.txt를 삭제한다.

STEP VI

1. [그림 7-50] shl_test14.c를 코딩·컴파일하고, name.txt를 편집한다([그림 7-48] 참조, 이미 존재하면 그대로 사용).

2. 아래의 각 명령어들을 실행시켜 표준 입력과 표준 출력의 동시 방향 전환 줄문법과 표준 출력 방향 전환의 효용성을 이해한다(쉘의 종류와 무관).

①
```
$ sort  <  name.txt ↵
```

②
```
$ sort  <  name.txt  > name_out.txt ↵
$ cat  name_out.txt ↵
```

3. 다음 명령어를 실행시켜 과정 2의 sort 명령어와 shl_test14 사이의 표준 입출력 파이프 개념을 이해하고, 파일 name_out.txt를 삭제한다(쉘의 종류와 무관).

```
$ shl_test14 < name_out.txt ↵
```

4. 아래 명령어의 실행 결과와 과정 3의 결과를 비교·토론하여 표준 입·출력 파이프 줄문법과 그 편리성을 이해한다(쉘의 종류와 무관).

```
$ sort  <  name.txt  |  shl_test14 ↵
```

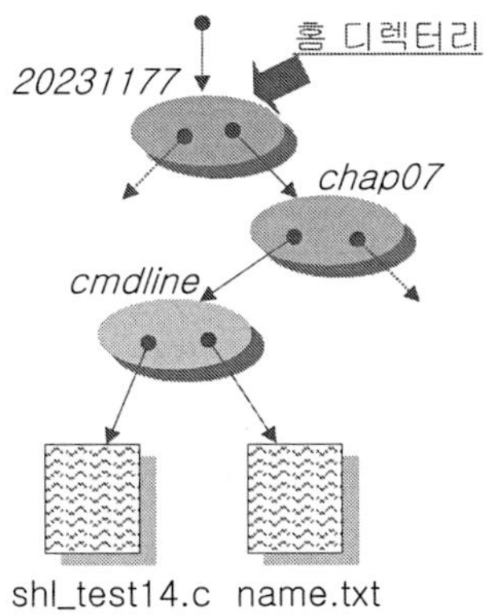

name.txt

```
Hong Gil Dong
Lee Soon Shin
Park Jeong Hee
Choi Young
Kim Yoo Shin
Cha Dol
Jeong Chul
Song Choon Hyang
Na Woon Kyu
Lee Seung Man
```

```c
/* shl_test14.c */
#include <stdio.h>
#include <stdlib.h>
main()
{
	char	buf[128];
	int	n = 0;
	while(1) {
		if (fgets(buf, 128, stdin) == NULL)
			break;
		n++;
	}
	printf("Last line : %s", buf);
	printf("Total line(s) : %d.\n", n);
	exit(0);
}
```

[그림 7-50] 표준 입·출력 방향 전환 실습 VI

STEP VII

1. [그림 7-51] shl_test16.c를 이해한 후 코딩하고 컴파일한다. 그리고 data.txt 파일을 새롭게 편집한다.

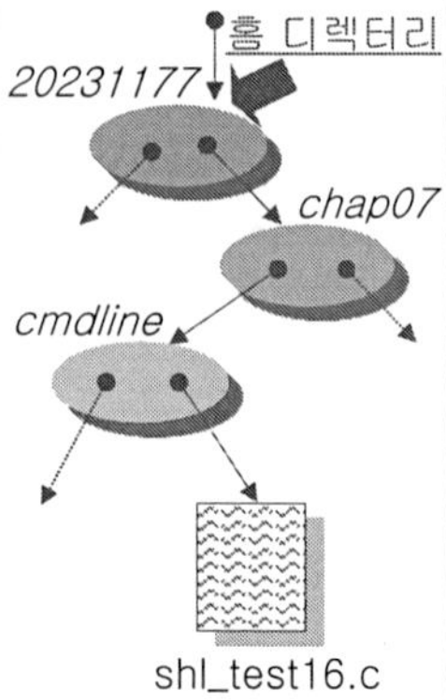


```
/* shl_test16.c */                          /* [그림 7-25] 참조 */
#include <stdio.h>
#include <stdlib.h>
main(int argc,  char *argv[])
{
   int    n, i, j, maxj, t, data[99];

   if (argc != 2) {
      fprintf(stderr, "usage : %s numb\n", argv[0]);
      exit(1);
   }
   n = atoi(argv[1]);
   if (n < 1) {
      fprintf(stderr, "usage : %s numb(>0)\n", argv[0]);
      exit(2);
   }
   if (n > 99) {
      fprintf(stderr, "usage : %s numb(<100)\n", argv[0]);
      exit(3);
   }
   for (i = 0; i < n; i++) {
      fscanf(stdin, "%d", &data[i])
      if (data[i] <= 0)
         fprintf(stderr, "warning : "
                         "input value is not positive...\n");
   }
   printf("End of input...\n");

   for (i = 0; i < n -1; i++) {
      maxj = i;
      for (j = i +1; j < n; j++) {
         if (data[maxj] < data[j])
            maxj = j;
      }
      t = data[i]; data[i] = data[maxj]; data[maxj] = t;
   }

   printf("The results...\n");
   for (i = 0; i < n; i++)
      printf("%d\n", data[i]);
   exit(0);
}
```

```
23                                                    data.txt
-5
46
```

[그림 7-51] 표준 입·출력 방향 전환 실습 VII

2. Bourne·Korn 쉘 또는 C 쉘에서 아래 명령어를 실행시켜 프로그램 shl_test16의 기능과 표준 출력, 그리고 표준 오류를 이해한다.

```
$ shl_test16 ↵
23 ↵
-5 ↵
46 ↵
^D
```

3. 아래 명령어들을 각각 실행시켜 Bourne·Korn 쉘의 표준 입력, 표준 출력, 표준 오류의 동시 방향 전환 줄문법을 이해한다.

①
```
$ shl_test16  <  data.txt  1>  data_out.txt  2>  data_err.txt ↵
$ cat  data_out.txt ↵
$ cat  data_err.txt ↵
```

②
```
$ shl_test16  >  data_out.txt  2>  data_err.txt  <  data.txt ↵
$ cat  data_out.txt ↵
$ cat  data_err.txt ↵
```

③
```
$ shl_test16  2>  data_err.txt  <  data.txt  >  data_out.txt ↵
$ cat  data_out.txt ↵
$ cat  data_err.txt ↵
```

4. 아래 명령어들을 각각 실행시켜 C 쉘의 표준 입력, 표준 출력, 표준 오류의 동시 방향 전환 줄문법을 이해한다.

①
```
% shl_test16  <  data.txt  >  data_out.txt ↵
% cat  data_out.txt ↵
```

②
```
% shl_test16  >&  data_err.txt  <  data.txt ↵
% cat  data_err.txt ↵
```

③
```
% ( shl_test16  >  data_out.txt  <  data.txt )  >&  data_err.txt ↵
% cat  data_out.txt ↵
% cat  data_err.txt ↵
```

④
```
% ( shl_test16  >  data_out.txt )  >&  data_err.txt  <  data.txt ↵
% cat  data_out.txt ↵
% cat  data_err.txt ↵
```

STEP VIII

1. [그림 7-52]의 shl_test15.c와 shl_test17.c를 이해한 후, 코딩하고 컴파일한다.

2. 아래 명령어를 표준 입·출력 개념으로 실행시켜 shl_test15의 표준 출력 결과를 대문자로 변환시킨 최종 결과를 얻는다(쉘의 종류와 무관).

```
$ shl_test15  >  tmp_out.txt ↵
$ shl_test17  < tmp_out.txt >  results.txt ↵
$ cat  results.txt ↵
$ rm  tmp_out.txt ↵
```

3. 표준 입·출력 파이프 줄문법인 아래 명령어를 실행시켜 그 결과를 과정 2와 비교하고, 표준 입·출력 파이프 줄문법의 편리성을 이해한다(쉘의 종류와 무관).

```
$ shl_test15 | shl_test17 > results.txt ↵
```

4. 파일 results.txt를 삭제한다.

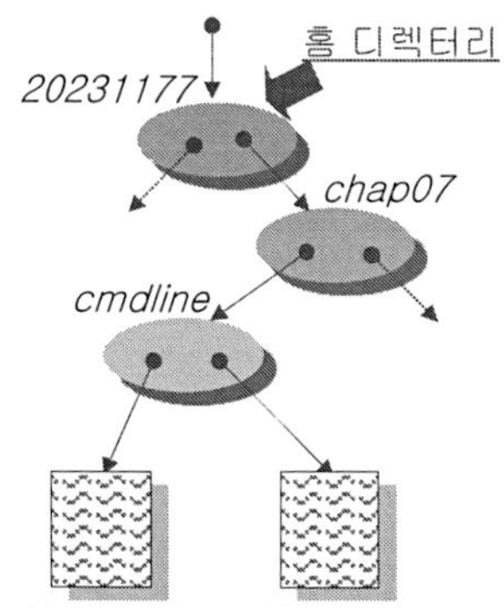


```
/* shl_test15.c */                /* [그림 7-38] 참조 */
#include <stdio.h>
#include <stdlib.h>
main()
{
        printf("I am happy.\n");
        fprintf(stdout, "I am cheerful.\n");
        fprintf(stderr, "I am unhappy.\n");
        exit(0);
}
```

```
/* shl_test17.c */                /* [그림 7-38] 참조 */
#include <stdio.h>
#include <stdlib.h>
main()                            /* small → large */
{
        char    buf[128];
        int     i;
        while(1) {
            if (fgets(buf, 128, stdin) == NULL)
                break;
            for (i = 0; buf[i] != 0; i++)
                if (buf[i] >= 'a' && buf[i] <= 'z')
                    buf[i] = buf[i] & 0xdf;
            printf("%s", buf);
        }
        exit(0);
}
```

[그림 7-52] 표준 입·출력 방향 전환 실습 VIII

STEP IX

1. [그림 7-52]의 shl_test15.c와 shl_test17.c를 이해한 후, 코딩하고 컴파일한다(이미 존재하면 그대로 사용).

2. 아래 두 명령어의 실행시킨 결과를 비교하고, tee 명령어의 용도와 편리성, 내부 동작 방식에 대하여 토론한다(쉘의 종류와 무관).

①
```
$ shl_test15 | shl_test17 > results.txt ↵
$ cat   results.txt ↵
$ rm   results.txt ↵
```

②
```
$ shl_test15 | shl_test17 | tee   results.txt ↵
```

3. 아래 명령어를 차례로 실행시킨 결과를 확인하고, script 명령어의 용도와 내부 동작 방식에 대하여 토론한다.

```
$ script   screen.txt ↵
$ shl_test15 | shl_test17 | tee   results.txt ↵
$ cat   results.txt ↵
$ rm   results.txt ↵
$ ^D
$ cat   screen.txt ↵
```

4. 파일 results.txt.와 screen.txt를 삭제한다.

% script 명령어는 화면에 나타나는 모든 내용(표준 출력 및 표준 오류 포함)을 입력으로 받아들여 이면에서 기록한다. script 명령어는 더 이상의 입력이 없음을 의미하는 ^D가 입력되는 순간 종료한다.

⇨ script 명령어는 내부적으로 쉘을 하나 띄워 키보드에서 입력된 내용을 파일에 저장한 뒤 쉘에게 전달하고, 쉘의 출력결과를 파일에 저장한 뒤 화면에 출력한다.

% tee 명령어는 표준 입력 장치로 입력된 내용을 표준 출력 장치로 출력하는 동시에 주어진 파일에 저장한다.

STEP X

1. 다음 각 명령어들을 실행시켜 결과를 확인하고, 각 명령어가 의도하는 바에 대하여 토론한다(쉘의 종류와 무관).
   ① `$ ls /bin /usr/bin | wc -w ↵`

   ② `$ ls -l /bin /usr/bin | wc -l ↵`

   ③ `$ ls -lR /bin /usr/bin | wc -l ↵`

   ④ `$ who | wc -l ↵`

   ⑤ `$ who | grep "hblee" | wc -l ↵`

STEP XI

1. 작업 디렉터리를 [그림 7-53]의 위치로 옮긴다.
2. 아래 명령어들을 각각 실행시켜 결과를 확인하고, 각 명령어가 의도하는 바에 대하여 토론한다(쉘의 종류와 무관).
   ① `$ ls -l | wc -l ↵`

   ② `$ ls | wc -w ↵`

   ③ `$ ls -l | grep ".c" | wc -l ↵`

   ④ `$ ls | grep ".c" | wc -w ↵`

   ⑤ `$ ls -l | grep ".c" | grep "16" | wc -l ↵`

   ⑥ `$ grep "printf" < shl_test16.c | wc -l ↵`

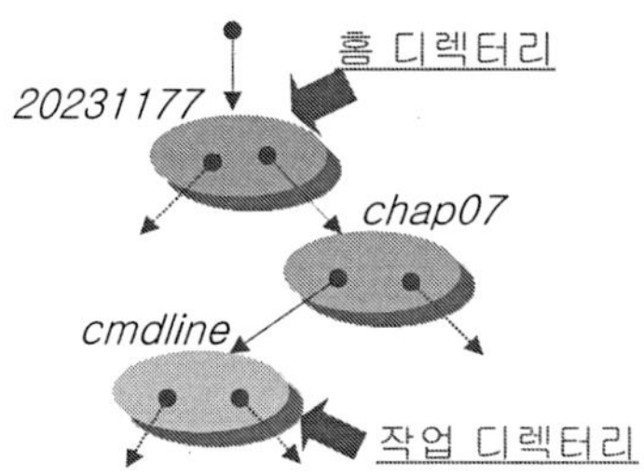

[그림 7-53] 표준 입·출력 방향 전환 실습 XI

STEP XII

1. [그림 7-54]의 name.txt 파일을 편집한다(이미 존재하면 그대로 사용).

2. 아래의 명령어들을 실행시킨 결과를 비교하고, sort 명령어의 표준 입력과 명령어 옵션 파일 입력 사이의 선택 기능을 이해한다.
   ① $ sort < name.txt ↵

   ② $ sort name.txt ↵

3. 아래의 명령어들을 실행시킨 결과를 비교하고, wc 명령어의 표준 입력과 명령어 옵션 파일 입력 사이의 선택 기능을 이해한다.
   ① $ wc -l < name.txt ↵

   ② $ wc -l name.txt ↵

4. 아래의 명령어들을 실행시킨 결과를 비교하고, grep 명령어의 표준 입력과 명령어 옵션 파일 입력 사이의 선택 기능을 이해한다.
   ① $ grep "SHIN" < name.txt ↵

   ② $ grep "SHIN" name.txt ↵

5. 아래의 명령어들을 실행시킨 결과를 비교하고, cat 명령어의 표준 입력과 명령어 옵션 파일 입력 사이의 선택 기능을 이해한다.
   ① $ cat < name.txt ↵

   ② $ cat name.txt ↵

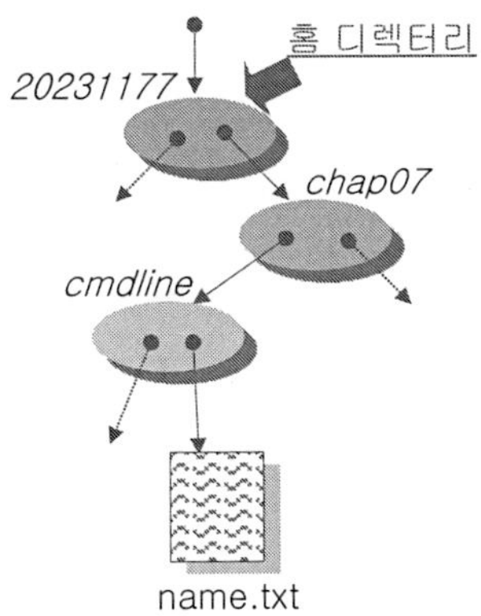

name.txt

```
Hong Gil Dong
Lee Soon Shin
Park Jeong Hee
Choi Young
Kim Yoo Shin
Cha Dol
Jeong Chul
Song Choon Hyang
Na Woon Kyu
Lee Seung Man
```

[그림 7-54] 표준 입·출력 방향 전환 실습 XII

STEP XIII

1. [그림 7-55]의 shl_test15.c, shl_test18.c를 이해한 후, 코딩하고 컴파일한다. 그리고 data_std.txt와 data_opt.txt 파일을 편집한다(이미 존재하면 그대로 사용).

2. 아래 명령어를 실행시켜 shl_test18의 표준 입력이 동작하는지 확인하고 토론한다.

```
$ shl_test18 ↵
 I am happy ↵
 I am cheerful ↵
 ^D
```

3. 아래 명령어를 실행시켜 파일로 방향이 전환된 shl_test18의 표준 입력이 동작하는지 확인하고 토론한다.

```
$ shl_test18  <  data_std.txt ↵
```

4. 아래 명령어들을 실행시켜 shl_test15의 표준 오류와 표준 출력을 확인한다(쉘의 종류와 무관함).

```
$ shl_test15  >  tmp_out.txt ↵
$ cat  tmp.out ↵
$ rm  tmp.out ↵
```

5. 아래 명령어를 실행시켜 표준 입·출력 파이프로 방향이 전환된 shl_test18의 표준 입력이 동작하는지 확인하고 토론한다.

```
$ shl_test15  |  shl_test18 ↵
```

6. 아래 명령어를 실행시켜 shl_test18이 명령어 옵션으로 주어진 파일 데이터를 제대로 입력하는지 확인하고 토론한다.

```
$ shl_test18  data_opt.txt ↵
```

7. 과정 3과 4의 결과를 비교하고 처리 결과의 동일성 처리 과정의 상이점을 토론한다.

8. 아래 명령어를 실행시킨 결과를 확인하고 명령어 옵션으로 주어진 파일과 표준 입력 중 어느 쪽 우선순위가 높은지를 토론한다.

```
$ shl_test18  data_opt.txt  <  data_std.txt ↵
```

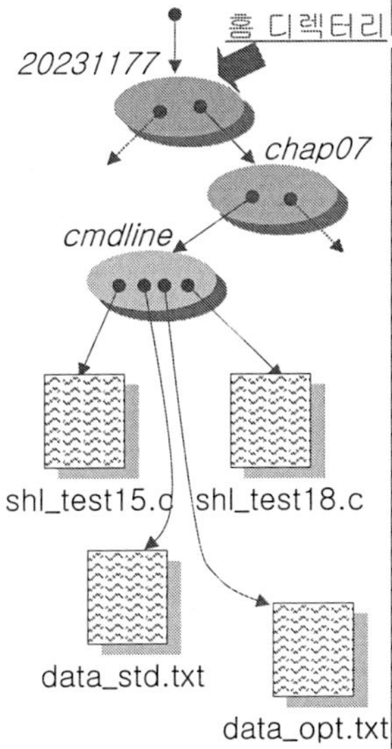


```
/* shl_test15.c */                    /* [그림 7-38] 참조 */
#include <stdio.h>
#include <stdlib.h>
main()
{
      printf("I am happy.\n");
      fprintf(stdout, "I am cheerful.\n");
      fprintf(stderr, "I am unhappy.\n");
      exit(0);
}
```

```
/* shl_test18.c */                    /* [그림 7-44] 참조 */
#include <stdio.h>
#include <stdlib.h>
main(int  argc,  char  *argv[]) /* small → large */
{
      char    buf[128];
      int     i;
      FILE    *ifp;
      if (argc == 1)
           ifp = stdin;
      else {
           if (!(ifp = fopen(argv[1], "r"))) {
                fprintf(stderr, "%s is not found…\n",
                                              argv[1]);
                exit(1);
           }
      }
      while(1) {
           if (fgets(buf, 128, ifp) == NULL) break;
           for (i = 0; buf[i] != 0; i++)
                  if (buf[i] >= 'a' && buf[i] <= 'z')
                       buf[i] = buf[i] & 0xdf;
           printf("%s", buf);
      }
      exit(0);
}
```

```
I am happy.                                data_std.txt
I am cheerful.
```

```
You are unhappy.                           data_opt.txt
```

[그림 7-55] 표준 입·출력 방향 전환 실습 XIII

7.7 명령어 후면 처리

유닉스 운영체제 관점에서 보는 모든 실행 프로그램(프로세스)은 CPU(처리기)를 공평하게 조금씩 골고루 할당하여 실행시켜 주어야 할 서비스 제공 대상이라는 점에서 그 특성이 동일하다. 그런데, 그들 프로세스들은 실행되는 패턴에 따라 아래의 [표 7-32]와 같이 크게 세 가지 유형으로 분류될 수 있다. 이 표에서 단기 실행형 프로세스는 매우 짧은 시간에 종료되기 때문에 처리 결과의 화면 출력이 없다면 그 실행 여부를 느끼지 못한다.

영구 실행형은 시스템과 함께 영원히 실행되기 때문에 디먼(daemon)이라고도 하는데, 그렇다고 살아있는 동안 CPU를 지속적으로 요구하지는 않는다. 예를 들어 인터넷 디먼인 inetd 프로세는 인터넷 접속이 요청될 때만 잠시 CPU를 할당 받아 실행되고, 서비스가 끝나면 다시 휴면(sleep) 상태로 돌아간다.

[표 7-32] 실행 패턴에 따른 프로세스의 분류

실행 유형	실 행 형 태
단기 실행	▪ 수 millisecond ~ 수 second 이내에 종료되는 프로세스 예) 대부분의 유닉스 사용자 명령어
장기 실행	▪ 수십 second ~ 수 hour 이내에 종료되는 프로세스 예) 행렬 계산 등 과학 용 프로그램
영구 실행	▪ 시스템의 부팅과 함께 영원히 실행되는 프로세스 예) 인터넷 서버, 웹 서버 등 네트워크 서버 프로세스

명령어의 후면 처리란 전면 처리에 대응되는 용어로서, 운영체제와는 전혀 관계없이 순전히 사용자의 쉘 관점에서 주어진 개념으로 주로 장기 및 영구 실행형 프로세스를 실행시킬 때 의미가 크다.

■ 전면 처리와 후면 처리의 개념

사용자가 쉘과 대화하면서 프로그램(명령어)을 실행시킬 때, 지금까지 사용했던 방식은 모두 전면 처리(fore ground processing)에 해당된다. 즉, 명령어 전면 처리란 사용자의 명령어 문자열을 입력 받은 쉘이 해당 명령어를 실행 시킨 후 그 명령어가 종료될 때까지 기다렸다가 종료 상태까지 확인한 후, 다음 명령어를 받아 처리하는 과정을 반복하는 형태이다.

이 때 명령어가 단기 실행형이면 사용자는 매우 빠른 속도로 쉘과 대화할 수 있지만, 장기 실행형이면 짜증이 유발될 정도로 오랫동안 기다린 후에야 다음 명령어를 입력할 수 있다. 만약 그 명령어가 영구 실행형이라면 그 명령어를 강제로 종료시키지 않는 한 사용자는 그 쉘과 더 이상 대화할 수 없다.

아래의 [그림 7-56]에 쉘이 명령어를 전면 처리하는 전형적인 과정을 보였다.

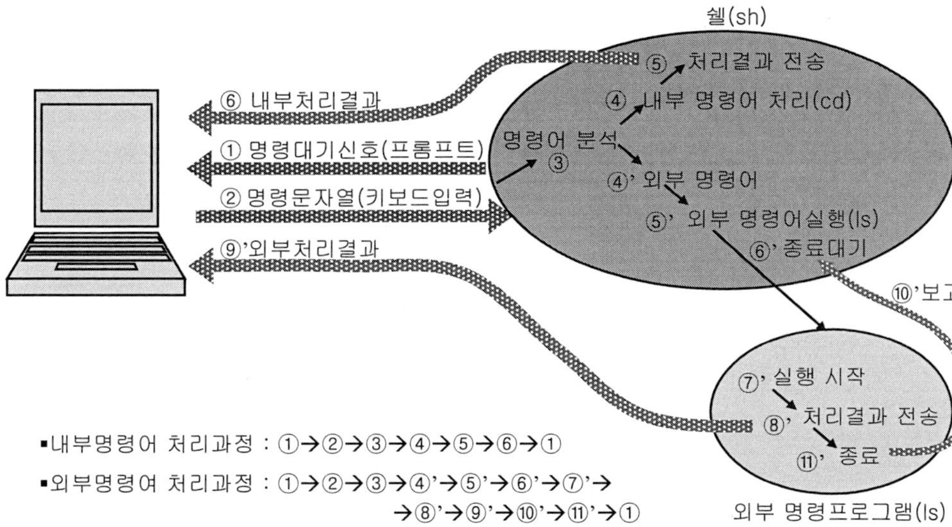

[그림 7-56] 쉘의 명령어 전면 처리 과정([그림 5-2] 참조)

명령어 후면 처리(back ground processing)란 쉘이 명령어를 실행 시킨 후, 그 명령어가 끝날 때까지 기다리지 않고 곧바로 사용자와의 대화로 되돌아 오는 형태의 처리 과정을 말한다. 이를 다시 말하면, 쉘은 명령어의 실행 시작까지만 관여하고 더 이상의 관계를 단절함으로써, 해당 명령어의 종료 여부나 종료 상태 등에 대해서는 일절 관여하지 않는 처리 방식을 말한다.

[그림 7-56]에서 내부 명령어는 어차피 쉘이 처리해야 하므로 후면 처리 의미가 없고, 외부 명령어 처리에 대해서는 ⑥'의 종료 대기와 ⑩'의 보고 과정이 생략되어 ①→②→③→④'→⑤'→①의 과정이 되풀이 된다. 이 때 후면 처리 명령어는 여러 개 있을 수 있는데, 이 들 여러 명령어들이 표준 출력을 화면으로 할 경우 화면 내용이 뒤섞일 수 있다. 따라서 후면 처리할 명령어는 표준 입·출력을 파일로 방향 전환시키는 것이 좋다. 아래의 [표 7-33]에 전면 처리와 후면 처리의 개념을 요약하였다.

[표 7-33] 명령어 전면 처리와 후면 처리의 개념

처리 형태	처 리 방 법
전면 처리	▪ 쉘은 실행시킨 명령어가 종료할 때까지 기다린다. ▪ 명령어가 종료하기 이전에는 사용자와 대화하지 못한다. ▪ 명령어의 종료 상태를 확인할 수 있다.
후면 처리	▪ 쉘은 명령어를 실행시킨 직후, 그 명령어와의 관계를 단절한다. ▪ 명령어 실행 시작 후, 곧바로 사용자와의 대화로 되돌아 온다. ▪ 여러 개의 명령어를 실행시켜 놓을 수 있다. ▪ 명령어의 종료 상태를 확인할 수 없다.

■ 후면 처리를 위한 쉘 줄문법

[표 7-34]에 후면 처리를 위한 쉘 줄 문법을 설명하였는데, 이는 쉘의 종류에 관계 없이 동일하다.

[그림 7-58]에, 명령어를 후면 처리로 실행시킴으로써 얻을 수 있는 편리한 점의 전형적인 예를 보였다. 이 그림에 보인 세 프로그램 각각은 15초간 실행 후 종료하기 때문에 세 프로그램을 전면 처리 형태로 차례차례 실행시킨다면 사용자는 단말기 앞에서 기다렸다가 15초 간격으로 세 프로그램을 차례로 실행시켜야 한다((d)의 왼쪽

[표 7-34] 명령어 후면 처리를 위한 쉘 줄문법

명령어 후면처리 사용법	▪ 명령어_이름 옵션 인수 ... & ↵ - 명령어 문자열 맨 뒤쪽에 '&' 기호를 덧붙인다. - '&' 기호 앞에는 반드시 공백이 필요한 것은 아니나, 이해를 돕기 위해 공백을 두는 것이 좋다. - 쉘은 '명령어_이름'을 후면으로 실행시킨 뒤, 즉시 사용자와의 대화 상태로 복귀한다.
예	$ ls -l /usr/bin & ↵ % ps & ↵

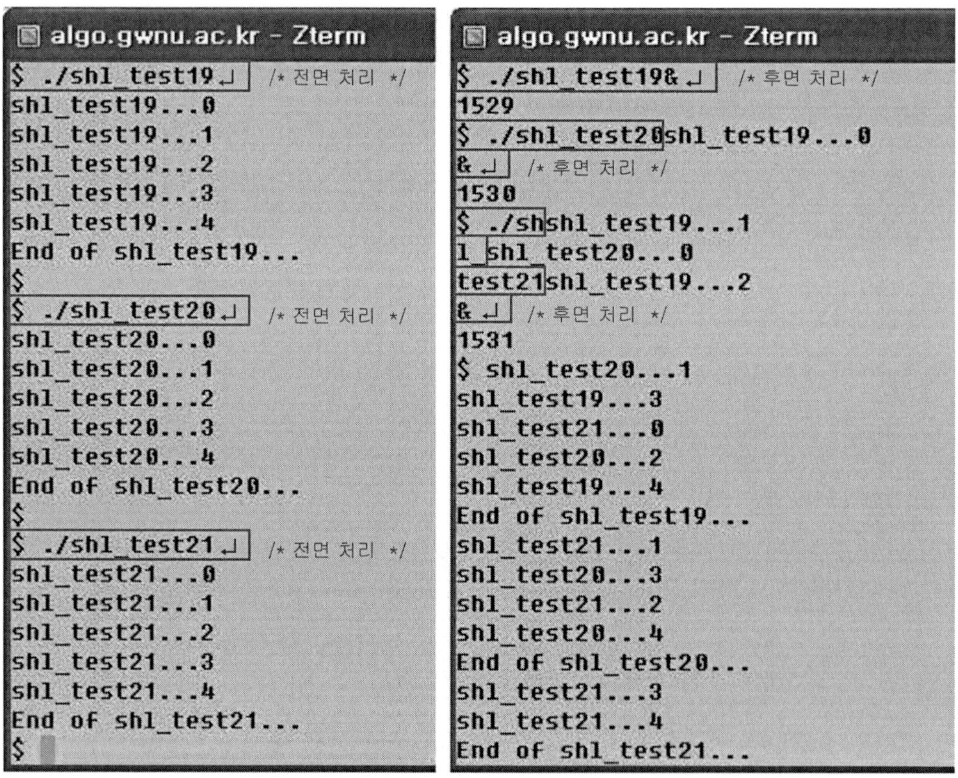

[그림 7-57] 명령어 후면 처리 실행 예([그림 7-58] 참조)

그림 참조). 뿐만 아니라 총 처리 시간도 45초가 소요된다. 그러나 이들을 후면 처리로 실행시켜 놓으면 단말기에서 하나의 프로그램이 끝날 때까지 기다려야만 하는 번거러움이 줄고, 실행 소요 시간도 줄일 수 있다. [그림 7-57]에 그 실행 예를 보였다.

```
/* shl_test19.c */
#include <stdio.h> … <stdlib.h>  <unistd.h>
main() {
        int     i;

        for (i = 0; i < 5; i++) {
              sleep(3);     /* 3 seconds */
              printf("shl_test19…%d\n", i);
        }
        printf("End of shl_test19…\n");  exit(0);
}
```

(a) shl_test19.c

```
/* shl_test20.c */
#include <stdio.h> … <stdlib.h>  <unistd.h>
main() {
        int     i;

        for (i = 0; i < 5; i++) {
              sleep(3);     /* 3 seconds */
              printf("shl_test20…%d\n", i);
        }
        printf("End of shl_test20…\n");  exit(0);
}
```

(b) shl_test20.c

```
/* shl_test21.c */
#include <stdio.h> … <stdlib.h>  <unistd.h>
main() {
        int     i;

        for (i = 0; i < 5; i++) {
              sleep(3);     /* 3 seconds */
              printf("shl_test21…%d\n", i);
        }
        printf("End of shl_test21…\n");  exit(0);
}
```

(c) shl_test21.c

```
$ shl_test19 ↵
$ shl_test20 ↵
$ shl_test21 ↵
```

```
$ shl_test19 & ↵
$ shl_test20 & ↵
$ shl_test21 & ↵
```

(d) 세 명령어의 전면 처리와 후면 처리

[그림 7-58] 명령어 후면 처리 예

☞ [실습 7-7]

STEP I

1. [그림 7-59]의 shl_test19.c, shl_test20.c, shl_test21.c를 코딩하고 컴파일한다.

2. 아래의 양쪽 두 가지 명령어들을 실행시키고 실행 시간의 차이점 및 화면 출력 내용에 대하여 토론한다.

①
```
$ shl_test19 ↵
$ shl_test20 ↵
$ shl_test21 ↵
```

②
```
$ shl_test19 & ↵
$ shl_test20 & ↵
$ shl_test21 & ↵
```

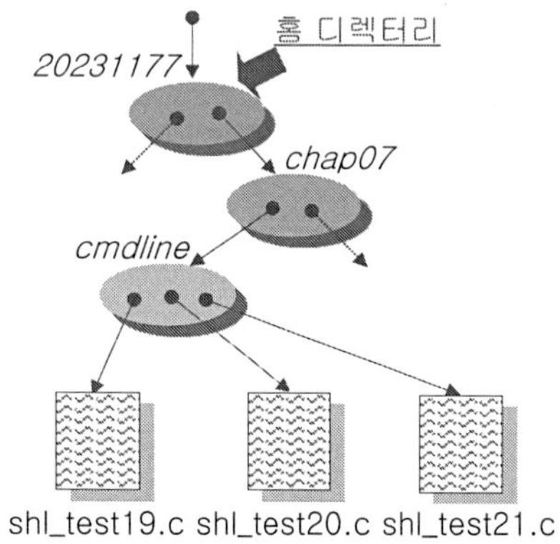


```
/* shl_test19.c */     /* [그림 7-58] 참조 */
#include <stdio.h>
#include <stdlib.h>
#include <unistd.h>
main() {
    int     i;
    for (i = 0; i < 5; i++) {
          sleep(3);       /* 3 seconds */
          printf("shl_test19…%d\n", i);
    }
    printf("End of shl_test19…\n"); exit(0);
}
```

```
/* shl_test20.c */
#include <stdio.h>
#include <stdlib.h>
#include <unistd.h>
main() {
    int     i;
    for (i = 0; i < 5; i++) {
          sleep(3);       /* 3 seconds */
          printf("shl_test20…%d\n", i);
    }
    printf("End of shl_test20…\n"); exit(0);
}
```

```
/* shl_test21.c */
#include <stdio.h>
#include <stdlib.h>
#include <unistd.h>
main() {
    int     i;
    for (i = 0; i < 5; i++) {
          sleep(3);       /* 3 seconds */
          printf("shl_test21…%d\n", i);
    }
    printf("End of shl_test21…\n"); exit(0);
}
```

[그림 7-59] 명령어 후면 처리 실습 I

STEP II

1. [그림 7-60]의 shl_test22.c를 이해한 후, 코딩하고 컴파일한다.

2. 다음 명령어를 실행시켜 서버 프로세스의 개념을 이해하고 토론한다.

```
$ shl_test22 ↵
```

3. 과정 2의 실행중인 명령어를 '^C'를 입력하여 중단시킨다.

4. 다음 명령어를 실행시켜 서버 프로세스의 후면 처리 실행의 필요성을 인식한다.

```
$ shl_test22  > log_22.txt & ↵
$ cat  log_22.txt ↵
$ cat  log_22.txt ↵
```

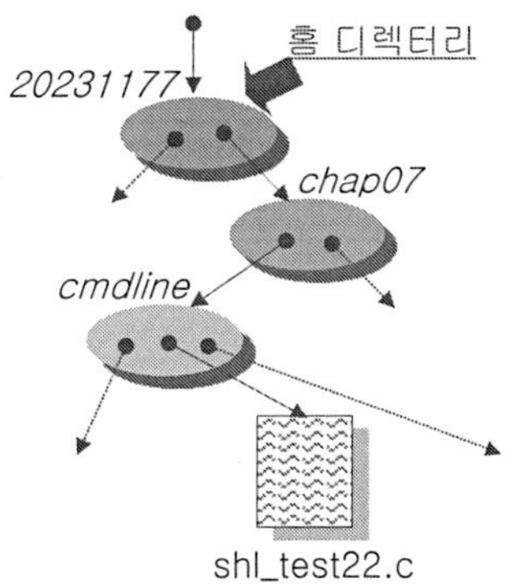


```c
/* shl_test22.c */
#include <stdio.h>
#include <unistd.h>
int main()
{
    while (1) {
        sleep(3);        /* 3 seconds */
        printf("shl_test22… \n");
        fflush(stdout);
    }
    return(0);
}
```

[그림 7-60] 명령어 후면 처리 실습 II

Note

제 8 장 유닉스 파일 시스템 고급 주제

8.1 유닉스 보안 개념 / 331

8.2 파일 보안 및 보안 모드 / 334

8.3 프로세스 소유자 및 프로세스 보안 / 356

8.4 파일 시스템 내부 구조 / 360

8.5 디스크 파티션과 파일 시스템 마운트 / 372

8.6 하드 링크와 소프트 링크 / 376

8.7 파일 접근 시간 / 386

8. 유닉스 파일 시스템 고급 주제

3 장에서 개념적이고 논리적인 시각에서 유닉스 파일 시스템을 조명하였는데, 극히 최상위 사용자 즉, 유닉스 환경에서 주어진 업무만 다루는 단순 작업자에게는 그 정도의 지식만으로도 충분할 수 있다. 그러나, 자신의 자료를 스스로 보호해야 하거나 시스템 전체에 대한 관리를 필요로 하는 작업자에게는 파일 시스템에 대한 보다 심화된 지식이 요구된다. 이러한 파일 시스템 심화 주제는 크게 파일 보안과 파일 시스템 내부 구조로 분류할 수 있다.

8.1 유닉스 보안 개념

유닉스 환경에서 사용자들의 접근 허용 여부가 통제되어야 할 대상 자원으로 파일과 프로세스(실행 중인 프로그램)가 있다. 특히, 유닉스에서 모든 하드웨어는 파일로 나타나기 때문에 일반 문서 뿐만 아니라 시스템을 구성하는 거의 모든 자원이 파일에 해당된다.

[표 1-4]에 요약한 바와 같이 유닉스 운영체제의 특징 중의 하나는 다중 사용자를 지원한다는 점이다. 즉, 여러 사람이 동시에 접속하여 각각 자신의 데이터를 유지 관리하고, 때로는 자신의 프로그램이나 시스템 명령어를 실행시키기도 한다. 이와 같이 다중 사용자 운영체제인 유닉스 환경으로부터, 특정 사용자 관점에서 자원 보호와 관련된 우려 사항의 예를 [표 8-1]에 보였다.

[표 8-1]의 작성 이면에는, 유닉스 안에 있는 모든 자원(파일과 프로세스)은 누군가의 소유물이기 때문에 소유자 이외의 다른 사람으로부터 보호되어야 한다는 대전제가 존재한다. 이는, 모든 파일과 프로세스는 생성될 때 반드시 소유자가 부여되어야 함을 의미한다. 일반적으로 시스템에 부착된 하드디스크, CD-ROM, 메모리, 프린터, 화면(모니터), 키보드, 랜카드 등의 하드웨어는 설치할 때 소유자를 시스템 관리자(사용자 id 'root')로 설정한다.

일반 사용자들이 자신의 홈 디렉터리 범부에서 파일을 만들거나, 실행 파일을 실행시키면 이런 자원들의 소유자는 해당 사용자로 설정된다.

[표 8-1] 보호 자원과 보안 침해 유형

보호자원	보안침해내용
파　일	▪ 자신 소유의 파일이나 디렉터리를 다른 사용자가 임으로 읽거나 항해한다. ▪ 자신 소유의 파일이나 디렉터리를 다른 사용자가 임으로 삭제하거나 수정한다. ▪ 자신이 작성한 실행 프로그램을 다른 사용자가 임으로 실행시킨다.
프로세스	▪ 자신이 실행시킨 후 진행 중인 프로세스를 다른 사용자가 임의로 중단시킨다(... kill 명려어 참조).

[그림 8-1]에 자원과 소유자 관계에 의한 자원 보호 개념을 그림으로 보였다. 이 그림은 '→' 표로 표시한 접근시도가 자신의 자원에 대해서는 허용되지만 다른 사용자 소유의 자원에 대해서는 원칙적으로 허용되지 않음을 보이고 있다.

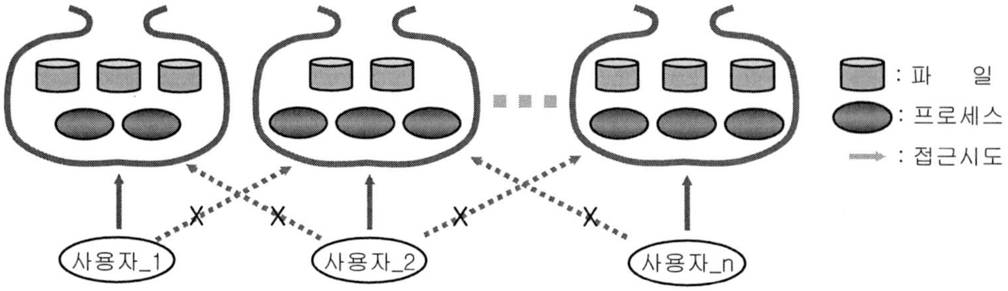

[그림 8-1] 자원과 소유자 관계에 의한 자원 보호 개념

☞ [실습 8-1]

STEP I

1. 아래 명령어를 실행시켜 "/etc/group" 파일의 소유자를 확인한다.

```
$ ls  -l  /etc/group ↵
```

2. 아래 명령어로 나의 id(로그인 id)를 살펴보고 과정의 1의 소유자와 비교한다.

```
$ id ↵
```

3. 아래 명령어를 실행시켜 다른 사용자 소유의 파일에 대한 읽기 접근을 시도한 후, 그 가능 여부를 확인하고 토론한다.

```
$ cat  /etc/group ↵
```

4. 아래 명령어를 실행시켜 다른 사용자 소유의 파일에 대한 쓰기 접근을 시도한 후, 그 가능 여부를 확인하고 토론한다.

```
$ ls  -l  >  /etc/group↵
```

5. 아래 명령어를 실행시켜 다른 사용자 소유의 파일에 대한 실행 접근을 시도한 후, 그 가능 여부를 확인하고 토론한다.

```
$ /etc/group ↵
```

STEP II

1. 아래 명령어를 실행시켜 "/bin/date" 파일의 소유자를 확인한다.

```
$ ls  -l  /bin/date ↵
```

2. 아래 명령어를 실행시켜 다른 사용자 소유의 파일에 대한 실행 접근을 시도한 후, 그 가능 여부를 확인하고 토론한다.

```
$ /bin/date ↵
```

8.2 파일 보안 및 보안 모드

앞에서 언급한 바와 같이 유닉스 환경에서 파일은 일반 문서 저장용 파일 뿐만 아니라 시스템을 구성하는 거의 모든 자원을 망라하여 포함한다. [표 8-2]에 파일의 유형을 분류하였는데, 이 파일들의 공통점은 파일 시스템에서 각자 유일한 경로명과 4.1 절 [표 4-2]에서 언급한 파일 속성들을 가진다는 점에 있다.

위와 같이 유닉스 환경에서 파일은 곧 유닉스 시스템의 모든 자원의 표상이므로 유닉스 시스템 보안은 곧 파일 보안이라 해도 과언이 아니다. 파일에 대한 보안은 [표 8-1]에 보인 파일 보안 침해 행위란 구체적으로 무엇이며 그 행위의 주체는 누구인가에 대한 정확한 인식에서부터 출발한다. 유닉스 환경에서는 보안 침해 행위를 '접근(access)'이라 부르고 접근의 주체를 '사용자(users)'라 부른다.

일반적으로 접근을 시도하는 접근 주체는 운영체제 안에 계정으로 등록된 사용자 개개인이고, 접근을 시도하는 주 목적은 문서(파일)를 관리하기 위함이다. 이 때, 문서의 관리란 문서의 작성(생성), 수정, 판독, 삭제 등 다양한 활동으로 이루어진다. 여기서 필연적으로 대두되는 문제는 어떤 문서에 대한 어느 사용자의 특정 문서관리 활동을 허용할 것인가 아니면 불허할 것인가 하는 보안 문제이다.

모든 컴퓨터 환경은 위의 보안 문제에 대하여 엄격하고 명확한 규칙을 제공해야 한다. 그런데 이런 주어진 규칙을 어기고 사용자 계정을 도용하거나 허용되지 않는 문서관리 활동을 시도하는 등 비정상적인 접근시도를 하는 경우가 있는데 이를 흔히 해킹이라 일컫는다.

해킹에 의한 보안 침해는 해당 컴퓨터 환경의 보안 규칙이 구조적으로 불완전하거나 관리자의 잘못된 보안 설정으로 인한 경우가 대부분이지만, 사용자 개개인의 허술한 보안 틈새를 통해 이루어지는 경우도 많다. 예를 들어 사용자의 비밀번호가 유출되어 악의를 가진 사용자가 컴퓨터에 접속했다면 이는 해커에게 해킹을 시도하기 위한 교두보를 제공한 결과가 된다.

[표 8-2] 파일의 분류

유 형		파 일 내 용
일 반 파 일		▪ 사용자가 vi 등 편집기, 혹은 프로그램의 파일 개방 절차([그림 6-57], [그림 6-60] 참조)로 직접 작성하거나, ▪ cp, gcc 등 명령어에 의해 간접적으로 생성한 문서 저장 파일
특수파일	디렉터리	▪ 파일들을 계층적으로 저장하기 위한 연결 내용을 저장하는 파일 ▪ 반드시 유닉스 운영체제에 의뢰해야면 작성되고 수정될 수 있음 (cp, rm, mv 등의 명령어는 내부적으로 디렉터리 내용의 수정을 운영체제에게 의뢰함)
	장치파일	▪ 하드디스크, 키보드, 랜카드 등 하드웨어 장치와 연결됨 ▪ 파일 체차에 어떤 내용이 저장되는 것이 아니고, 해당 파일에 대한 입•출력은 곧 대응되는 주변 장치로의 입•출력을 의미함

8.2.1 파일 보안 모델

파일 보안 즉, 파일 접근을 명확하게 통제하기 위해서는 파일에 대한 접근 주체는 누구이며, 접근 목적에는 어떤 것들이 있는지를 구체적으로 정의해야 한다.

■ 파일 접근 주체

파일에 대해 접근을 시도하는 주체는 당연히 임의의 사용자일 것이다. 이를 좀더 자세하게 들여다 보면, 접근의 목표가 되는 파일 관점에서 접근을 시도해오는 사용자는 크게 소유자와 소유자 이외의 사용자로 구분될 수 있다. 그러나 유닉스 환경에서는 접근 주체를 좀더 세분화시켜 [표 8-3]과 같이 세 가지로 분류한다. 이 표에서 소유자 owner를 의미한 'o', 동일 그룹 group을 의미하는 'g', 다른 사용자 other를 의미하는 'o'는 파일 보안 관리 작업에서 자주 사용되는 대표 문자들이므로 잘 익혀둘 필요가 있다.

[표 8-3] 파일 접근 주체의 분류

접근주체	내용
소 유 자→u (user,owner)	▪ 접근 대상 파일의 소유자와 일치하는 사용자
소유자그룹→g (group)	▪ 접근 대상 파일의 소유자와 그룹이 동일한 사용자(사용자 계정 등 등록시 관리자에 의해 동일 그룹 id가 부여됨, [그림 2-1], [그림 2-2] 참조)
다른사용자→o (other)	▪ 접근 대상 파일의 소유자와 전혀 관계 없는 사용자

■ 파일 접근 유형

유닉스에서 [표 8-3]의 파일 접근 주체가 파일에 접근하는 목적 즉, 파일 접근 유형은 [표 8-4]와 같이 읽기, 쓰기, 실행 등 세 가지로 분류하고 있다. 일부 다른 운영체제에서는 쓰기 유형을 수정, 추가, 삭제로 세분화시켜 총 다섯 가지로 분류하는 경우도 있으나, 유닉스에서는 세 가지로만 구분한다.

[표 8-4] 파일 접근 유형의 분류

접근유형	내용
읽 기→r (read)	▪ 파일에 저장된 내용이나, 파일에 연결된 장치로부터의 읽기를 시도함
쓰 기→w (write)	▪ 파일 자체 혹은 파일에 연결된 장치로의 쓰기 즉, 변경을 시도함 ▪ 파일 자체를 삭제하려는 시도도 이 유형에 포함됨
실 행→x (execute)	▪ 실행 파일을 실행시키려고 시도함

■ 파일 접근 수단

사용자들이 파일에 접근하기 위해 주로 명령어를 사용하는 경우가 많지만, 자신이 작성한 프로그램에서 운영체제에 의뢰하여 직접 접근할 수 도 있다. 이를테면 사용자 id 'hblee'가 다음 명령어

```
$ cp ../gdhong/a.c /tmp/b.c ↵
```

를 실행시켰다면 다음의 보안 사항이 통제되어야 한다.

① 사용자 'hblee'는 파일 '../gdhong/a.c'를 읽을 수 있는가? 읽을 수 없다면 실패.

② 만약 디렉터리 '/tmp'에 파일 'b.c'가 이미 존재한다면, 사용자 'hblee'는 파일 'b.c'를 삭제할 수 있는가? 삭제하고 새로운 파일을 생성해야 하므로 삭제할 수 없다면 실패.

③ 사용자 'hblee'는 디렉터리 '/tmp'에 파일을 생성할 수 있는가? 생성할 수 없다면 실패.

위 명령어 처리 과정에서 cp는 ①~③의 보안 관련 항목을 모두 점검하고 파일 접근에 문제가 없는 경우에만 파일 복사 기능을 수행한다.

■ 파일 접근 통제 주체

파일 접근 주체가 시도하는 파일로의 모든 접근 시도는 운영체제가 제공하는 입·출력 서비스를 받아야 한다. 예를 들어 6 장에서 다뤘던 [그림 8-2]의 표준 입·출력 프로그램에서 open(), read(), write(), close() 등은 모두 운영체제에게 서비스를 의뢰하는 시스템 호출들이다. cp 등 명령어를 통한 파일 접근에서도 명령어 내부에서 이 그림과 같이 시스템 호출들이 사용되기 때문에 이들도 결국은 운영체제의 도움으로 파일에 접근할 수 있다.

```
#include <stdio.h> … <fcntl.h>  <unistd.h>  <stdlib.h>
main(int  argc, char  *argv[])
{
        int   fd, n;
        char  buf[1024];
        if ( (fd = open("test1.c", O_RDONLY)) < 0 ) {
                printf("test1.c  is  not readable… \n");
                exit(1);
        }
        while( ( n=read(fd, buf, sizeof(buf)) ) > 0)
                write(1, buf, n);
        close(fd);        /*표준 출력 파일 식별자 */
        exit(0);
}
```

[그림 8-2] 파일 접근 프로그램의 예

■ **파일 보안 모델**

파일 접근 주체, 파일 접근 유형, 파일 접근 통제 주체, 파일 접근 대상인 파일 등 파일 보안 관련 개체들의 관계를 도식적으로 표현하면 [그림 8-3]과 같다. 이 보안 모델에서 유닉스 운영체제는 접근 대상인 파일을 중심으로 세 가지 유형의 사용자 및 세 가지 유형의 접근 유형에 따라 그 허용 여부를 판단한다.

통상적으로 특정 파일에 대한 접근은 해당 소유자만이 가능하겠지만 때로는 사용자 상호간에 파일을 공유할 필요성도 있으므로 다른 사용자로부터의 어떤 접근 가능성도 아예 원천적으로 배제할 수는 없다. 예를 들면 동일 그룹으로 등록된 개발 팀원들은 서로 간에 파일을 최소한 읽을 수 있어야 한다.

또한 그 반대로, 소유자라고 해서 모든 유형에 대한 접근이 무조건 허용되어야 하는 것도 아니다. 이를 테면 실수에 의한 삭제나 변경을 예방하기 위해 자기 스스로에 대한 쓰기 접근을 차단할 수 있어야 한다.

이와 같이 세 가지 유형의 사용자 각각에 대하여, 세 가지 접근 유형에 대한 허용 여부를 표시하기 위해서는 각 파일 당 최소한 9 비트의 정보가 필요하다(0 : 접근 불허, 1 : 접근 허용).

[그림 8-3]에서 소유자는 특정 파일에 대한 모든 접근이 가능하고, 소유자와 동일 그룹의 사용자는 그 파일에 대한 읽기와 실행 접근만이 가능하고 쓰기 접근은 불가능하다. 소유자와 어떤 관계도 없는 제 3의 사용자는 읽기를 제외한 쓰기와 실행 접근이 불가능하다.

이와 같이 보안 규칙은 잘 짜여진 틀 속에서 이해가 쉬워야 하고, 다양한 보안 정책을 설정할 수 있도록 유연성이 높아야 한다.

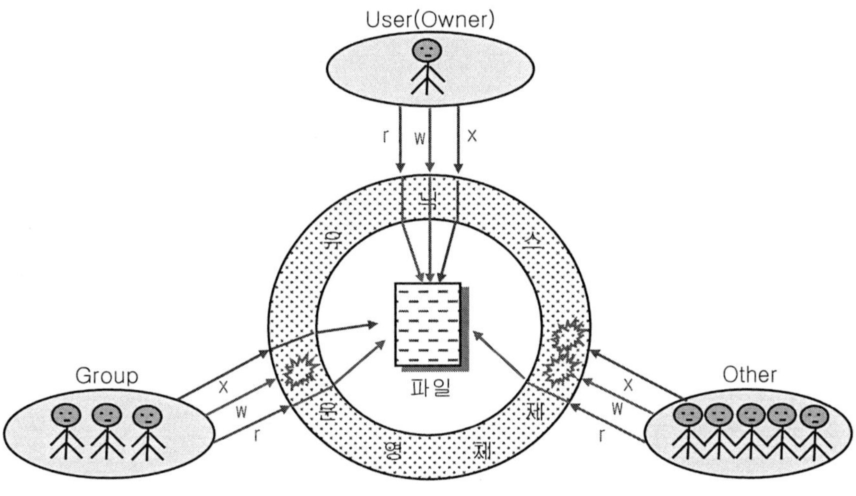

[그림 8-3] 유닉스 파일 보안 모델

8.2.2 파일 보안 모드

■ 보안 통제의 표현

사용자 유형별, 접근 유형별 접근 통제 정보를 모아 [그림 8-4]와 같이 9 비트로 표현한 내용을 파일 보안 모드(security mode)라 한다. 이 그림에 보인 예들의 파일 접근 통제는 아래와 같이 이루어진다.

① 소유자 : 해당 파일에 대해 읽기, 쓰기, 실행 모두 가능
그 룹 : 읽기와 실행만 가능, 쓰기는 불가능
제 3자 : 실행만 가능, 읽기 쓰기 불가능

② 소유자 : 읽기와 실행만 가능, 쓰기는 불가능
그 룹 : 실행만 가능, 읽기와 쓰기는 불가능
제 3자 : 어떤 접근도 불가능

③ 소유자 : 읽기, 쓰기, 실행 모두 가능
그 룹 : 어떤 접근도 불가능
제 3자 : 어떤 접근도 불가능

④ 소유자 : 읽기, 쓰기, 실행 모두 가능
그 룹 : 읽기, 쓰기, 실행 모두 가능
제 3자 : 읽기, 쓰기, 실행 모두 가능

보안 모드는 아래 그림에서 보는 바와 같이 8진법 숫자에 의한 표현법과 문자 기호에 의한 표현법 등 두 가지 방법으로 표현할 수 있다.

- **8 진법 숫자에 의한 보안 모드 표현 방법**

사용자 유형별 접근 모드가 3 비트로 이루어지므로 이를 8진법 숫자로 해석하여 총 세 자리로 표현한다. 예를 들어 모드 비트열 111은 4+2+1이므로 7로 표현되고, 모드 비트열 100은 4+0+0이므로 4, 모드 비트열 101은 4+0+1이므로 5로 각각 표현된다.

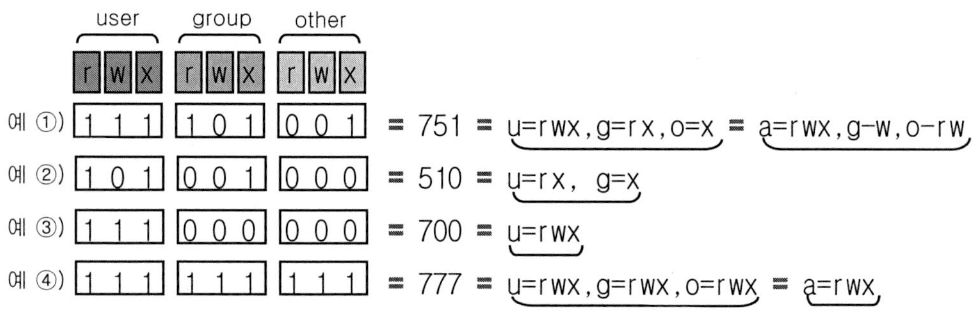

[그림 8-4] 8 진법과 문자 기호에 의한 보안 모드의 절대적 표현

• **문자 기호에 의한 보안 모드 표현 방법**

사용자 유형과 접근 유형을 간단한 문자로 대응시켜 사용자 유형별로 허용된 모드 비트만을 나열하고, 사용자 유형들은 ','로 연결하여 열거한다. 사용자 유형을 위한 문자 기호로는 [표 8-3]에 주어진 u(user), g(group), o(other)을 사용하고, 접근 유형을 위한 문자 기호로는 [표 8-4]에 주어진 r(read), w(write), x(execute)를 사용한다. 특히 사용자 유형에서 a(all)는 모든 사용자 그룹에 공통으로 적용되는 접근 비트를 한 번에 표시하기 위해 사용된다.

[그림 8-4]의 예 ①은 소유자에게는 모든 접근(rwx)이, 그룹에게는 읽기와 실행(rx)이, 제 3자에게는 실행(x)만 허용되므로 이를 각 사용자 유형별로 표시하면 u=rwx, g=rx, o=x가 된다. 또한 이 모드는 모든 사용자 유형에 실행(x) 모드가 허용되므로 이를 a에 표현하면 a=x가 되고, 그 나머지를 각 사용자별로 표시하면 u=rw, g=r이 된다. 이 둘 중 어느 쪽이든 편리한 쪽을 선택해서 표현하면 된다.

• **문자 기호에 의한 상대적 보안 모드 표현 방법**

경우에 따라 이미 존재하는 모드를 기준으로 새로운 모드 값을 표현하면 편리할 때가 있다. 이럴 때에는 [그림 8-4]에서 보인 '=' 기호 대신 '+', '-' 기호를 사용한다. 문자 기호에 의한 보안 모드의 상대적 표현의 예를 [그림 8-5]에 보였다. 이 그림의 예 ①은 현재 모드에서 불가능한 그룹의 쓰기 접근과 제 3자의 읽기 접근을 허용한다.

예 ②는 소유자의 쓰기 접근을 허용하고 그룹의 실행 접근을 불허하며, 예 ③은 그룹과 제 3자의 읽기와 쓰기 접근을 허용한다. 예 ④는 그룹과 제 3자의 쓰기와 실행 접근을 불허한다.

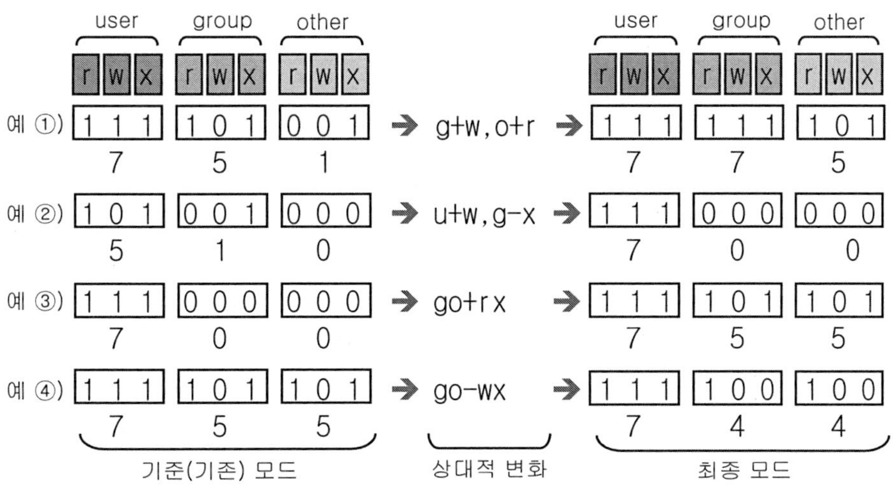

[그림 8-5] 보안 모드의 상대적 표현

■ 보안 모드의 부착

4 장의 [표 4-2]에서 각 파일의 속성 정보를 언급한 바 있는데, 파일 이름, 소유자, 생성 및 수정 일자, 크기, 파일 유형 등이 그 것들이다. 이 표에서는 누락되었으나 그러한 파일 속성 중 아주 중요한 항목 중의 하나가 바로 파일 보안 모드이다. 파일 보안 모드는 각 파일의 속성 정보에 부착되어 해당 파일에 대한 접근이 시도될 때마다 운영체제에 의해 참조된다.

따라서, 파일 보안 모드는 일반 사용자들의 개인 파일 뿐만 아니라, 유닉스 시스템의 구성 요소도 파일로 관리되기 때문에 시스템 자체를 보호하는 데 결정적인 역할을 담당한다.

파일 속성 정보에 부착된 보안 모드는 ls 명령어에 '-l' 옵션을 사용해서 관찰할 수 있는데, [그림 8-6]에 그 예를 보였다.

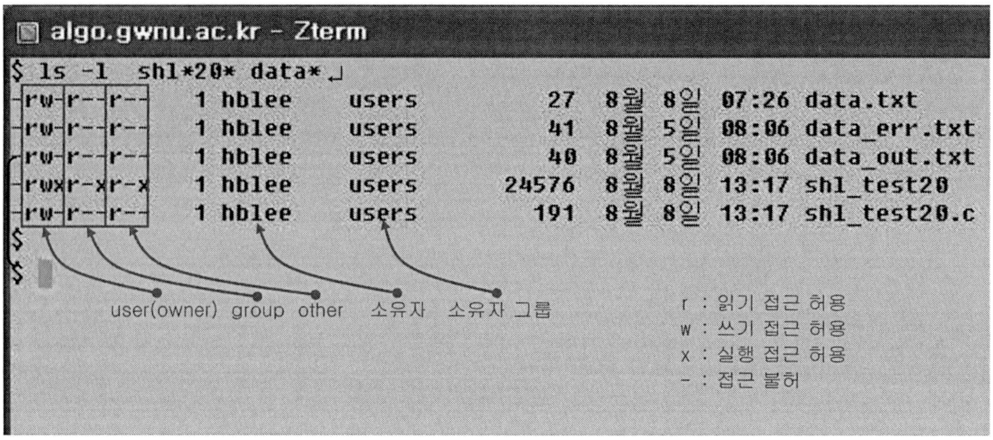

[그림 8-6] 파일에 부착된 보안 모드의 예

■ 보안 모드의 설정

파일 보안 모드는 파일이 생성될 때 해당 소유자의 요청에 의해 최초로 설정된 후, 소유자나 관리자의 chmod 명령어에 의해 변경될 수 있다.

• 초기 보안 모드의 결정

초기 보안 모드의 결정은 각 사용자별로 미리 설정된 umask(user mask)에 의해 결정된다. umask란 [그림 8-4]에 보인 9 개의 보안 통제 비트 중에서 어떤 파일이든 파일이 생성될 때 반드시 접근 불허로 설정되어야 할 비트 정보를 저장하고 있는 각 사용자별 개인 정보로서, 운영체제 안에 보관된다.

즉, 파일의 초기 보안 모드는 9 개의 접근 통제 비트 중 umask에 명시된 비트들은 0, 그 이외의 비트들은 1로 설정된다. [그림 8-7]에 umask가 초기 설정 모드를 결정하는 예를 보였다.

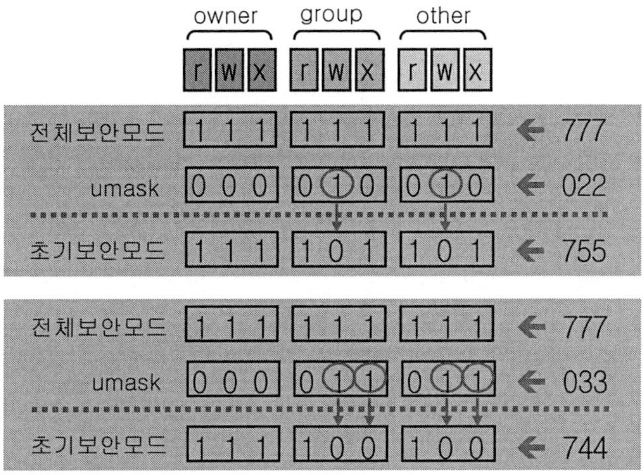

[그림 8-7] umask가 초기 보안 모드 결정에 적용되는 예

• **umask의 설정**

umask는 유닉스 운영체제가 부팅될 때 관리자 설정에 의해 모든 사용자(사실은 모든 프로세스) 공히 동일한 값으로 설정된다. 이 때 umask 자체의 초기 값은 보통 022로 설정된다. 이는 각 개인의 파일에 대해 그룹이나 제 3자에게 읽기나 실행 접근은 허용하고 쓰기 접근은 금지한다는 전체적인 보안 전략이라고 해석할 수 있다.

그러나 umask는 사용자 개인별로 얼마든지 변경할 수 있기 때문에, 결국 초기 보안 모드는 사용자의 의지에 따라 결정된다고 보아야 한다(5.6.1 절 [그림 5-31]

[표 8-5] umask 명령어 사용법

사용법	▪ umask mask ↵
	- 'mask' 에 표현된 umask 값을 운영체제 안에 설정한다(사실은 쉘 프로세스에 설정되어, 해당 쉘에서 실행된 모든 명령어나 프로그램에 상속됨).
	- 'mask' 값은 8 진법 숫자나 문자 기호에 의한 표현법 등 어느 것이나 무방하다(쉘에 따라 숫자 표현만이 허용될 수도 있음).
	예) $ umask 022 ↵ /* 그룹과 제 3자에 대한 쓰기 접근을 제거함 */
	$ umask g=w,o=w ↵ /* 위와 동일 */
	$ umask g+w,o-w ↵ /* 이미 설정되어 있는 umask를 기준으로 함 */
	
	▪ umask ↵
	- mask 값 즉, 명령어 옵션을 생략하면 현재 설정되어 있는 umask 값을 출력한다.
	예) $ umask ↵

참조). 즉, 사용자 개개인의 보 안 문제는 어디까지나 사용자 개개인의 책임인 것이다. 사용자가 자신의 umask 값을 변경하기 위해서는 명령어 umask를 사용한다. [표 8-5]에 umask 명령어의 사용법을 설명하였다.

[그림 8-8]에는 umask 명령어의 실행 예를 보였다. 이 그림에서 유의해야 할 사항은 mask 값의 상대적 표현에서 그 기준을 어디에 두는가 하는 것이다. 예를 들어 명령어 ④의 g-x는 현재 설정된 전체 모드 중에서 그룹 모드의 실행 접근만 불허한다는 의미인데, 여기서 전체 모드란 umask 값 자체가 아니고, 그 반대인 초기 보안 모드를 의미한다. 즉, 현재 설정된 umask의 반대되는 값이 초기 보안 모드인데, 그 모드에서 또다시 그룹의 실행 접근을 비트를 제거한다는 것이다.

umask에는 이와 같이 제거되어야 할 비트가 설정되어야 하므로 umask의 그룹 실행 접근 비트가 설정되었다. 명령어 ⑥은 반대로 초기 모드에서 제 3 사용자의 쓰기 접근을 허용하는 것이므로, 이에 대응되는 umask의 보안 비트는 제거되어야 한다.

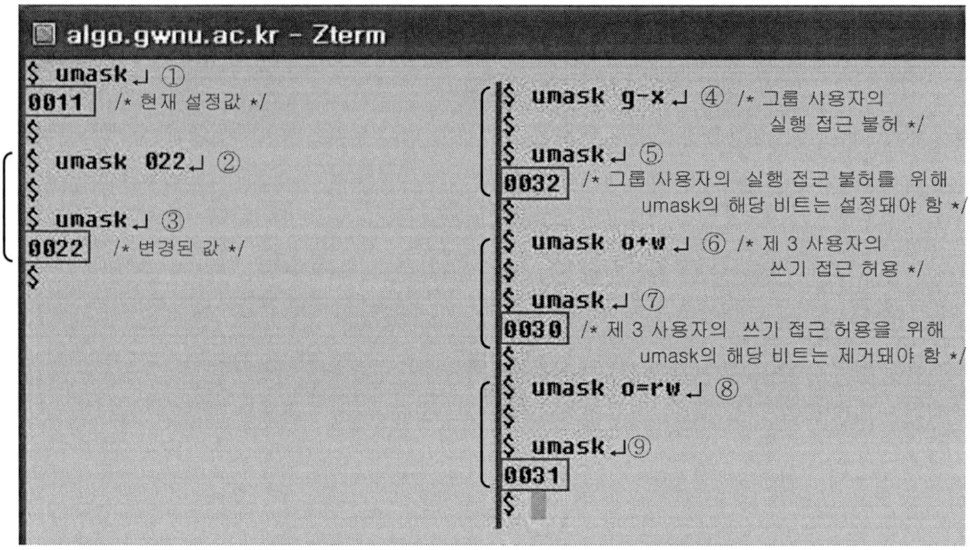

[그림 8-8] umask 명령어의 실행 예

• 초기 보안 모드 결정 사례

[그림 8-7]에 따르면 umask에 설정된 비트를 제외한 나머지 모든 비트가 모여 초기 보안 모드로 결정된다. 그런데, 여기에 한가지 더 고려되어야 할 사항이 있는데 그것은 곧 실행 접근 모드를 어떻게 다뤄야 할 것인가에 대한 문제이다. 즉, 사용자가 다루는 대부분의 파일은 실행이 가능한 파일이 아닌데, umask에 설정되어 있지 않다고 해서 실행 모드를 초기 모드에 포함시킨다면 사용자에게 혼란을 초래할 수 있다. 따라서 파일이 생성될 때 umask 외에 실행 모드가 추가로 제거되는

경우가 많다.

[표 8-6]에 파일이 생성되는 대표적인 몇 가지 경우를 들고 각각에 있어서 초기 보안 모드가 결정되는 구체적인 과정을 열거하였다. 이 표의 사례 ③과 ⑥을 위한 프로그램 예는 [그림 8-9]에 보였고, 각각의 실제 예를 [그림 8-10]에 보였다.

[표 8-6] 파일 초기 보안 모드 결정 사례

파일 생성 방법	초기 보안 모드 설정 방법
① vi 등 편집기 사용	▪ 전체 보안 모드 777에서 umask 설정 값과 모든 실행 비트가 제거됨 ▪ $ vi data.txt ↵ 예) umask=022 ➔ 초기 보안 모드= 644
② 표준 입•출력 방향전환	▪ 위와 동일함(단, 동일 파일이 이미 존재하면 보안 모드는 그대로 유지되고, 내용만 변경) ▪ $ ls -l > ls.out ↵
③ 표준 입•출력 개방 함수가 사용된 프로그램 실행	▪ 위와 동일함(단, 동일 파일이 이미 존재하면 보안 모드는 그대로 유지되고, 내용만 변경) ▪ ...fp = fopen("data1.txt", "w");...
④ cp 명령어에 의한 파일 복사	▪ 원본 파일의 보안 모드가 그대로 복사됨 (단, 동일 파일이 이미 존재하면 보안 모드는 그대로 유지되고,내용만 변경) ▪ $ cp a.c b.c ↵
⑤ mv 명령어에 의한 파일 이동	▪ 파일의 보안 모드 변경 없음 ▪ $ mv b.c c.c ↵
⑥ 운영체제 파일 개방 서비스가 사용된 프로그램 실행	▪ 프로그래머가 지시한 보안 모드에서 umask 설정 값이 제거됨 ▪ ...fd = open("data2.txt", O_RDWR|O_CREAT, 775);... 예) 프로그래머 지시 모드=775, umask=022 ➔ 초기 보안 모드=755

```
/* mod_test1.c */
#include <stdio.h>  …  <stdlib.h>
main()
{
     FILE   *fp;
     if (!(fp = fopen("data1.txt", "w"))) {
         fprintf(stderr, "Can not open data1.txt. \n");
         exit(1);
     }
     fprintf(fp, "I am happy. \n");
     fclose(fp);
     exit(0);
}
```

[그림 8-9] 파일을 생성하는 프로그램의 예(계속)

```
/* mod_test2.c */

#include <stdio.h> … <fcntl.h>  <unistd.h>  <stdlib.h>
main()
{
     int       fd;

     fd = open("data2.txt", O_RDWR | O_CREAT, 0775);
     if (fd < 0 ) {
         fprintf(stderr, "Can not open data2.txt.\n");
         exit(1);
     }
     write(fd, "I am happy.\n", 13);
     close(fd);
     exit(0);
}
```

[그림 8-9] 파일을 생성하는 프로그램의 예

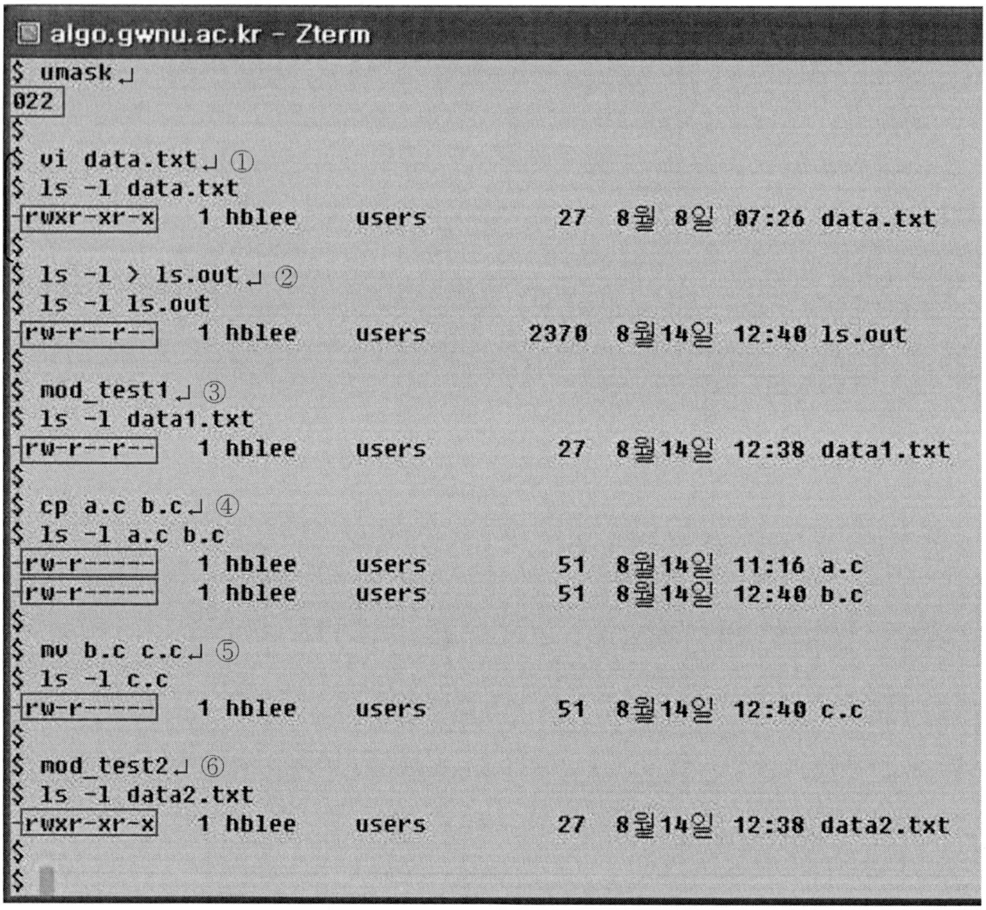

[그림 8-10] 파일 생성과 초기 보안 모드 설정의 실 예

■ 디렉터리와 장치 파일에서의 보안 모드

지금까지 살펴본 rwx 접근 통제 모드는 은연중에 일반 파일을 염두에 두고 확립한 정의였기 때문에 아주 자연스럽고 개념적으로도 큰 혼란이 없다. 그런데 이런 rwx 접근 통제를 디렉터리나 장치 파일에 적용하려다 보면 약간의 개념적 혼란이 일어난다.

디렉터리의 경우 사용자가 직접 작성하는 파일이 아니기 때문에 쓰기 접근이란 정의가 모호하고, 또한 디렉터리의 내용 자체도 사용자가 프로그램을 컴파일하여 저장한 형태의 실행 파일이 아니기 때문에 실행 접근이란 정의도 명확하지 않다.

장치 파일에 대해서는 장치로부터의 읽기 접근과 장치로의 쓰기 접근은 쉽게 정의되지만, 실행 접근의 정의는 언뜻 와 닿지 않는다.

위와 같이, 디렉터리와 장치 파일에 대한 접근 시도의 개념은 일반 파일에서와 동일하게 정의될 수가 없다.

• 디렉터리에서의 보안 모드

위에서 언급한 바와 같이 디렉터리 파일에 대한 보안 모드의 해석은 일반 파일에서와 동일하지 않고, [표 8-7]에 설명된 내용으로 정의된다. 이 표를 정확히 이해하기 위해서는 디렉터리에 실제로 어떤 내용이 저장되어 파일이나 하부 디렉터리에 대한 연결 역할을 하는지에 대한 선행 지식이 필요하다.

8.4절에서 자세히 설명되겠지만, 디렉터리에는 파일이나 하부 디렉터리의 이름과 해당 파일이나 디렉터리가 존재하는 곳의 위치 정보(i_node라 함)만 저장될 뿐, 각각에 대한 자세한 속성 정보나 데이터 내용은 저장되지 않는다.

이 때, 디렉터리에 대한 단순 읽기는 디렉터리에 저장된 내용대로 단순히 파일 혹은 디렉터리의 이름과 위치만 살펴보는 것이고, 보다 심화된 읽기는 위치 정보를 바탕으로 해당 파일이나 디렉터리의 속성 정보를 2차적으로 읽어오는 것을 말한다.

[표 8-7] 디렉터리에 대한 접근 시도의 정의

접근모드	접 근 내 용
읽기(r)	▪ 디렉터리에 저장된 연결 정보 즉, 파일이나 다른 하부 디렉터리 들의 명칭을 열거한다.
쓰기(w)	▪ 디렉터리 안에 새로운 항목을 추가(파일이나 디렉터리의 생성)하거나 제거(파일이나 디렉터리의 삭제)한다.
실행(x)	▪ 디렉터리 안에 저장된 연결 정보를 추적하여, 해당 파일에 대한 구체적인 속성 정보를 얻는다. ▪ 디렉터리에 연결된 파일을 실행시킨다(해당 파일의 속성 정보를 필요로 함). ▪ 작업 디렉터리로 사용한다.

아래의 [표 8-8]에 디렉터리에 대한 모든 접근 시도의 조합에 대한 허용 활동들을 [표 8-7]에 근거하여 요약하였다.

[표 8-8] 디렉터리 보안 모드의 적용

접근모드	가 능 한 활 동
① r--	• 디렉터리에 담겨있는 파일이나 디렉터리 명칭에 대한 단순 열거 가능 • cd 불가능 예) $ ls dir ↵
② r-x	• 디렉터리에 담겨있는 파일이나 디렉터리들의 속성 정보까지 열람 가능 • cd 가능, 실행파일 실행 가능 • 예) $ ls -l dir ↵
③ -w-	• 어떤 접근 시도도 불가능 - 삭제를 하기 위해서는 해당 파일의 저장 정보 등 속성 정보가 필요하나, 이 정보를 얻을 수 없음 - 생성을 위해서는 기존 항목을 삭제해야 할 경우가 있으나, 기존 항목에 대한 속성 정보가 없으므로 불가능함
④ -wx	• 디렉터리 내 새로운 항목의 생성(파일 생성)이나 기존 항목의 제거(파일 삭제) 가능 • cd 가능, 실행파일 실행 가능 예) $ rm dir/file ↵ $ cp file dir/file ↵
⑤ rwx	▪ ①, ②, ④ 모두 가능

● **장치 파일에서의 보안 모드**

이미 언급한 바와 같이 장치 파일 자체에는 저장되는 내용의 실체가 존재하지 않으므로 실행(x) 접근에 대한 의미가 없다.

8.2.3 파일 보안 모드의 변경

파일이 생성될 때 부착된 초기 보안 모드는 chmod(change mode) 명령어에 의해 수정될 수 있다. [표 8-7] chmod 명령어의 사용법을 자세히 설명하였다. 이 표에서 특히 강조되어야 할 내용은

- chmod 명령어는, 보안 모드를 변경하고자 하는 파일(들)의 소유자나 관리자 만이 실행할 수 있다.

하는 점이다. 만약 누구라도 보안 모드를 변경할 수 있다면, 자신에게 유리한 모드로의 변경이 가능하기 때문에 보안이라는 개념이 사라지게 된다. 이를테면, "rwx가 모두 허용된 그룹이나 제 3 사용자에게는 해당 파일의 보안 모드를 변경할 수 있도록 한다"라고 한다면, 그 사용자는 원래 소유자의 모드를 모두 박탈하고 자신만리 접근할 수 있도록 모드를 변경해서 결국은 그 파일을 빼앗는 결과를 낳기 때문이다.

[표 8-9] chmod 명령어 사용법

사용법	▪ chmod mode file_1 file_2 ... file_n ↵ - 'mode'에 설정된 보안 모드를 파일 'file_1' ~ 'file_n' 에 모두 동일하게 재설정 한다. - chmod 명령어는 파일 'file_1' ~ 'file_n'의 소유자나, 파일 소유와 관계 없이 관리자가 사용할 때에만 기능을 발휘한다. - umask의 영향을 받지 않는다. - 'mode' 값은 8 진법 숫자나 문자 기호에 의한 표현법 등 어느 것이나 무방하다.

예	$ chmod 664 a.c b.c ↵
	$ chmod g-w,o+r c.c ↵
	$ chmod a=rwx,g-w,o-wx test ↵ /* 전체 rwx에 g-w, o-wx 적용 */

아래 [그림 8-11]에 chmod 명령어의 몇 가지 실행 예를 보였다. 이 그림의 예 ②는 파일 c.c의 현재 모드 640인 상태에서 그룹의 쓰기(w)를 제거하고, 제 3자의 읽기(r)를 추가하므로 644가 된다. 이 때, 그룹의 쓰기는 이미 존재하지 않았으므로 변하지 않는다. 예 ③은 전체 모두를 777로 가정한 다음, 그룹에서 쓰기를 제거하고, 제 3자에서는 쓰기와 실행을 제거하므로 결국은 754가 된다.

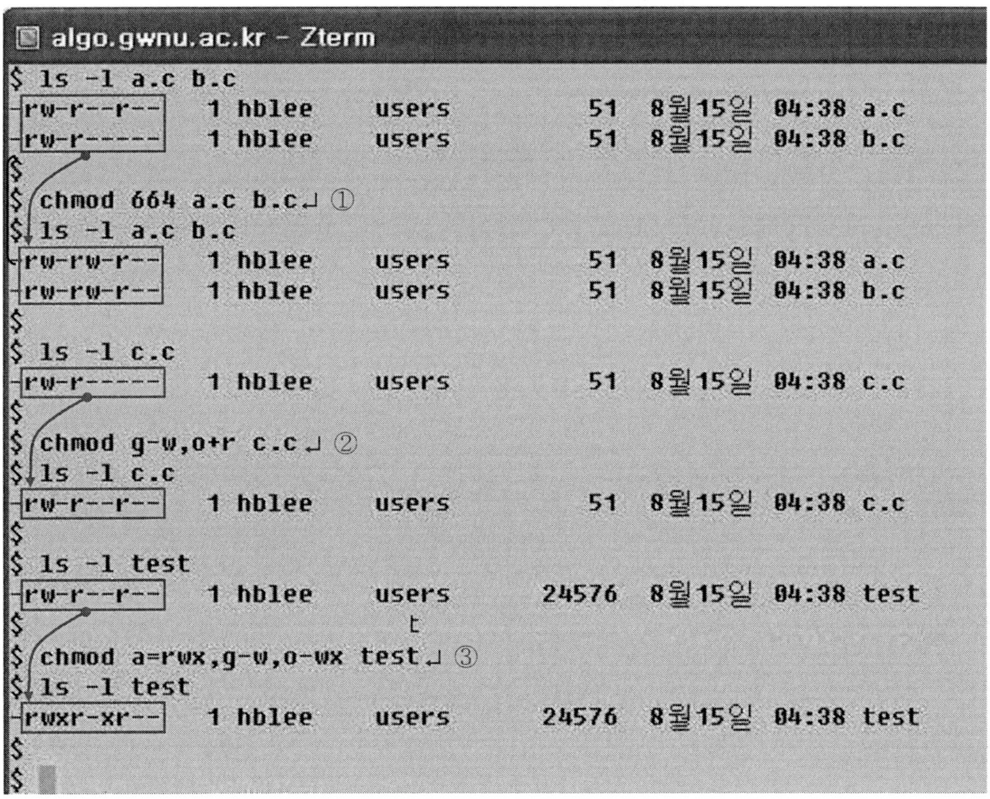

[그림 8-11] chmod 명령어의 실행 예

8.2.4 파일 소유자의 변경

파일이 생성될 때 생성 주체인 사용자로 파일의 소유자는 그 설정된다. 이렇게 설정된 파일의 소유자는 영구적인 것이 아니고, 필요에 따라 변경될 수 있다. 특히 관리자에게는 사용자들의 데이터를 백업하거나 복구할 때 소유자 변경이 자주 필요하다.

파일의 소유자 변경은 chown(change owner) 명령어로 가능하고, [표 8-10]에 chown 명령어의 사용법을 설명하였다. chown 명려어에서도 아주 중요한 사실은 chmod 명령어에서 마찬가지로 실행 주체의 자격에 관한 것인데,

- chown 명령어는 보안 모드를 변경하고자 하는 파일(들)의 소유자와 관계 없이 관리자 만이 실행할 수 있다.

라는 점이다. 이는 보안 모드와 함께 소유자 또한 보안에 직접적인 영향을 미치므로 소유자를 쉽게 변경할 수 없도록 하기 위함이다.

따라서 자신의 파일을 다른 사용자에게 넘겨주고 싶을 때는, 그 사용자로 하여금 해당 파일들을 복사하도록 보안 모드를 열어주면 된다.

[표 8-10] chown 명령어 사용법

사용법	▪ chown user file_1 file_2 ... file_n ↵ - 'user'는 변경하고자 하는 새로운 사용자의 로그인 id이다. 로그인 id 대신, 해당 사용자의 대응되는 사용자 id 번호를 사용해도 무방하다. - 파일 'file_1' ~ 'file_n'의 소유자를 모두 새로운 사용자 'user'로 변경한다. - chmod 명령어는 파일의 현재 소유자와 관계 없이 관리자에 의해서만 실행 가능하다(유닉스 버전에 따라 파일의 현재 소유자도 실행 가능한 경우 있음)
예	# chown hblee a.c b.c ↵ /* 프롬프트 '#'은 관리자 임을 의미함 */ # chown 213 c.c ↵

☞ [실습 8-2]

STEP I

1. [그림 8-12]의 mode.txt 파일이 존재하는지 살펴보고, 존재하면 삭제한다.

2. 다음 명령어를 실행시켜 현재 설정된 umask 값을 확인하고 기록한다.

```
$ umask ↵
```

3. vi 를 사용해서 [그림 8-12]의 mode.txt 파일을 생성한다.

4. 다음 명령어를 실행시켜 mode.txt의 소유자와 초기 보안 모드를 확인하고, 초기 보안 모드에 umask와 실행 접근 모드가 어떻게 적용되었는지를 토론한다.

```
$ ls -l  mode.txt ↵
```

5. 다음 명령어를 실행시켜 umask를 777로 변경하고, 과정 1~4를 반복한다.

```
$ umask 777 ↵
```

6. 과정 2에서 기록해 둔 최초의 값으로 umask를 재설정한다.

7. 다음 각 명령어를 차례로 실행시켜, 보안 모드의 변경 과정을 확인한다.

```
$ ls -l  mode.txt ↵
$ chmod  755  mode.txt ↵
$ ls -l  mode.txt ↵
$ chmod  g+w,o-r  mode.txt ↵
$ ls -l  mode.txt ↵
```

```
$ chmod  a=rwx,g-w,o-wx mode.txt ↵
$ ls -l  mode.txt ↵
$ chmod  u-x  mode.txt ↵
$ ls -l  mode.txt ↵
```

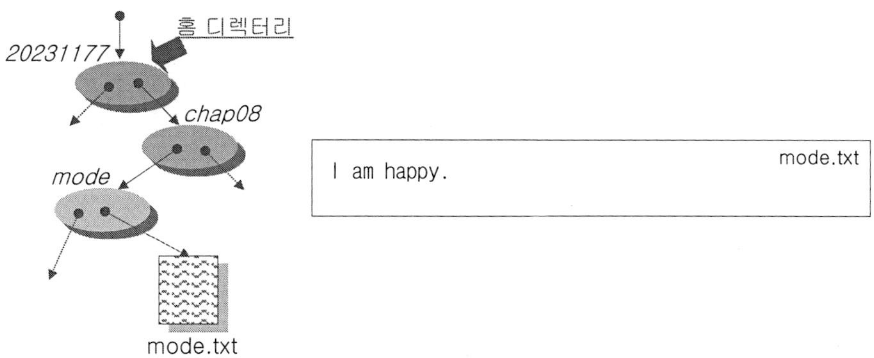

[그림 8-12] 보안 모드 실습 I

STEP II

1. 현 작업 디렉터리에 ls.out 파일이 있는지 살펴보고, 존재하면 삭제한다.

2. umask 명령어를 사용해서 현재 설정된 umask 값을 확인한다.

3. 다음 명령어를 실행시켜 ls 명령어의 표준 출력을 방향 전환하여 파일을 생성한다.

```
$ ls -l > ls.out ↵
```

4. 과정 2에서 새로 생성된 파일 ls.out의 초기 보안 모드를 확인하고 토론한다.

STEP III

1. [그림 8-13]의 mod_test1.c를 이해한 후, 코딩하고 컴파일한다.

2. 현 작업 디렉터리에 data1.txt 파일이 있는지 살펴보고, 존재하면 삭제한다.

3. 아래 명령어를 실행시켜 data1.txt가 올바르게 생성되었는지와 data1.txt의 초기 보안 모드를 확인한다.

```
$ mod_test1 ↵
$ cat data1.txt ↵
$ ls -l data1.txt ↵
```

4. 과정 3에서 새로 생성된 data1.txt의 초기 보안 모드가 설정된 과정을 토론한다.

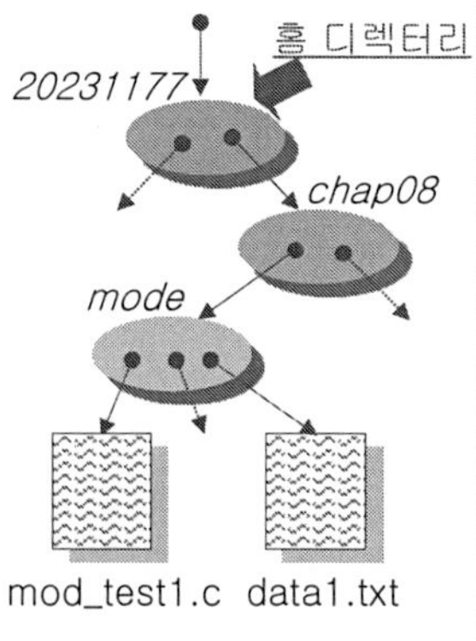


```
/* mod_test1.c */                    /* [그림 8-9] 참조 */
#include <stdio.h>
#include <stdlib.h>

main()
{
   FILE  *fp;
   if (!(fp = fopen("data1.txt", "w"))) {
      fprintf(stderr, "Can not open data1.txt.\n");
      exit(1);
   }
   fprintf(fp, "I am happy.\n");
   fclose(fp);
   exit(0);
}
```

[그림 8-13] 보안 모드 실습 III

STEP IV

1. [그림 8-14]의 mode.txt 파일이 존재하지 않으면 vi를 사용해서 작성한다.

2. 다음 명령어를 실행시켜 mode.txt의 보안 모드를 새롭게 설정한다.
```
$ chmod  444  mode.txt ↵
```

3. 다음 명령어를 실행시켜 mode.txt를 복사한 새로운 파일 mode1.txt를 생성한다.
```
$ cp  mode.txt  mode1.txt ↵
```

4. 원본 파일 mode.txt와 mode1.txt의 보안 모드를 비교하고 토론한다.

5. 파일 mode.txt의 보안 모드를 555로 변경하고, 과정 3과 동일한 명령어로 mode.txt 파일을 이미 존재하고 있는 mode1.txt 파일로 복사한다.

6. 과정 5에서 덮어 쓰여진 mode1.txt의 보안 모드에 어떤 변화가 있는지 토론한다.

STEP V

1. [그림 8-14]의 mode.txt 파일이 존재하지 않으면 vi를 사용해서 작성한다. 또한 mode2.txt 파일이 존재하는지 살펴보고, 존재하면 삭제한다.

2. mode.txt의 보안 모드를 222로 재설정한다.

3. 다음 명령어를 실행시켜 mode.txt를 /tmp/mode1.txt로 이동시킨다.
```
$ mv  mode.txt  /tmp/mode1.txt ↵
```

4. 다음 명령어를 실행시켜 /tmp/mode1.txt의 보안 모드를 확인하고 과정 2의 보안 모드 222와 비교하고 토론한다.
```
$ ls  -l  /tmp/mode1.txt ↵
```

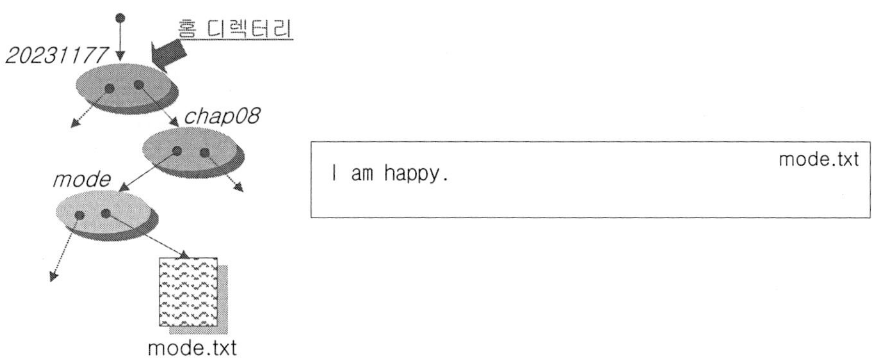

[그림 8-14] 보안 모드 실습 IV([그림 8-12]와 동일)

STEP VI

1. [그림 8-15]의 mod_test2.c를 이해한 후, 코딩하고 컴파일한다.

2. 현 작업 디렉터리에 data2.txt 파일이 있는지 살펴보고, 존재하면 삭제한다.

3. 아래 명령어를 실행시켜 data1.txt가 올바르게 생성되었는지와 data2.txt의 초기 보안 모드를 확인한다.

```
$ mod_test2 ↵
$ cat   data2.txt ↵
$ ls  -l  data2.txt ↵
```

4. 과정 3에서 새로 생성된 data2.txt의 초기 보안 모드가 설정된 과정을 토론한다.

5. mode_test2 파일에서 자신에 대한 실행 모드를 제거한 후, 실행시킨 결과를 토론한다

6. data2.txt에 자신에 대한 실행 모드를 추가한 후, 실행시킨 결과를 토론한다.

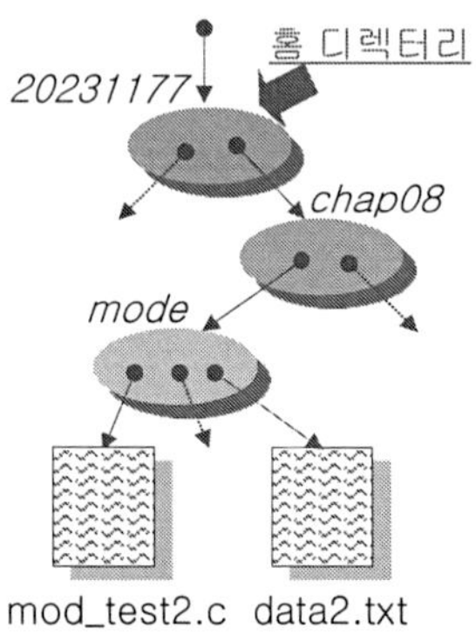


```
/* mod_test2.c */                          /* [그림 8-9] 참조 */
#include <stdio.h>
#include <fcntl.h>
#include <unistd.h>
#include <stdlib.h>
main()
{
    int        fd;
    fd = open("data2.txt", O_RDWR | O_CREAT,  0775);
    if (fd < 0) {
        fprintf(stderr, "Can not open data2.txt.\n");
        exit(1);
    }
    write(fd, "I am happy.\n", 13);
    close(fd);
    exit(0);
}
```

[그림 8-15] 보안 모드 실습 VI

STEP VII

1. vi를 사용해서 STEP VI에서 생성된 파일 data2.txt에 "I am cheerful." 문자열을 추가한 후, 저장을 시도하여 자신의 쓰기 접근이 가능함을 확인한다.

2. 다음 명령어를 실행시켜 소유자 자신에 대한 읽기, 쓰기 접근 모드를 제거한다.

```
$ chmod  u-wr  data2.txt ↵
```

3. 다음 명령어 실행의 성공 여부를 살펴보고 파일의 소유자라고 하더라도 보안 모드의 적용을 받는다는 사실을 확인한다.

```
$ cat  data2.txt ↵
$ ls  -l  >  data2.txt ↵
```

STEP VIII

1. 작업 디렉터리를 /tmp로 이동한다.

2. 다음 명령어를 사용해서 자신의 로그인 id와 일치하는 새로운 파일을 생성하고 초기 보안 모드를 확인한다.

```
$ ls  >  자신의_로그인_id ↵
```

3. 아래와 같이 옆 사람과 협동하여 서로 상대방의 파일에 대하여 읽기 접근을 시도하여 그 결과를 토론한다.

```
$ cat  상대방의_로그인_id ↵
```

4. 아래와 같이 id 명령어를 사용해서 자신과 상대방의 그룹 일치 여부를 확인한다.

```
$ id ↵
```

5. chmod 명령어를 사용해서, 상대방의 읽기 접근이 차단되도록 자기 파일의 보안 모드를 변경한 후 과정 3을 반복한다.

6. chmod 명령어를 사용해서, 상대방의 쓰기 접근이 허용되도록 자기 파일의 보안 모드를 변경한다.

7. 아래와 같이 서로 상대방의 파일에 대하여 쓰기 접근을 시도하여, 결과를 토론한다.

```
$ cp  /etc/group  상대방의_로그인_id ↵
```

8. rm 명령어를 사용해서 쓰기 접근이 허용된 상대방 파일에 대하여 삭제를 시도하고 그 결과를 토론한다.

STEP IX

1. 작업 디렉터리를 [그림 8-16]의 mode 디렉터리로 이동하고, 하부 디렉터리 dmode를 생성한다.

2. 다음 명령어를 사용해서 디렉터리 dmode의 보안 모드를 확인하고 기록한다.
```
$ ls -l ↵
```

3. 아래 명령어들을 차례로 실행하여 그 결과로부터 디렉터리 보안 모드의 적용 과정을 이해한다.

①
```
$ chmod 055 dmode ↵
$ cp * dmode ↵
$ ls dmode ↵
$ ls -l dmode ↵
$ cd dmode ↵
$ cd dmode/../ ↵
```

③
```
$ chmod 355 dmode ↵
$ cp * dmode ↵
$ ls dmode ↵
$ ls -l dmode ↵
$ cd dmode ↵
$ ./mod_test1 ↵
$ cd .. ↵
```

②
```
$ chmod 255 dmode ↵
$ cp * dmode ↵
$ ls dmode ↵
$ ls -l dmode ↵
$ cd dmode ↵
$ cd dmode/../ ↵
```

④
```
$ chmod 455 dmode ↵
$ ls dmode ↵
$ ls -l dmode ↵
$ cd dmode ↵
$ cd dmode/../ ↵
$ dmode/mod_test1 ↵
```

⑤
```
$ chmod 555 dmode ↵
$ ls dmode ↵
$ ls -l dmode ↵
$ cd dmode ↵
$ cd dmode/../ ↵
$ dmode/mod_test1 ↵
```

4. 디렉터리 dmode의 보안모드를 원래대로 복구한 후, 삭제한다.

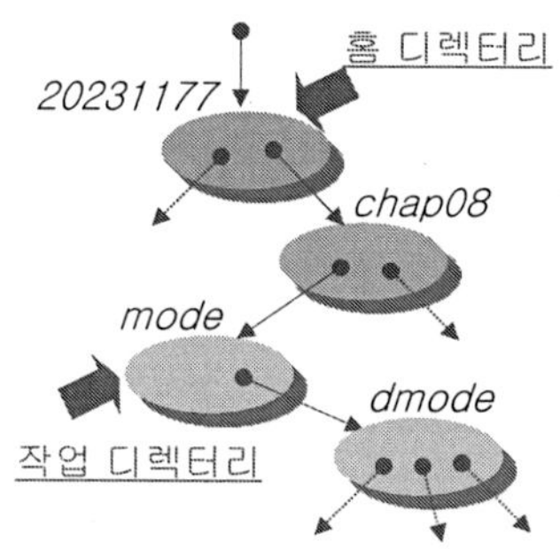

[그림 8-16] 보안 모드 실습 IX

STEP X

1. [그림 8-17]에 보인 자신(20231177) 및 다른 사용자(20237711)의 홈 디렉터리와 각각의 파일 mod_test1.c을 확인하고, 작업 디렉터리를 각자의 홈 디렉터리로 이동한다.

2. 다음과 같이 두 사용자가 각각 상대방의 mod_test1.c에 대한 읽기 접근을 시도하고 결과를 토론한다.

```
$ vi  ../../2023/20237711/chap08/mode/mod_test1.c ↵
$ vi  ../../2023/20231177/chap08/mode/mod_test1.c ↵
```

3. 각자 자신의 파일에 대한, 그룹과 제 3자의 읽기 접근 시도가 차단되도록 보안 모드를 수정한 후, 과정 2를 반복하여 그 결과를 토론한다.

4. 과정 3에서 변경한 파일 mod_test1.c의 보안 모드를 원래대로 복구한다.

5. 아래와 같이 서로 상대방의 mode 디렉터리로 이동하여 mod_test1.c에 대해 ls, cat, vi 명령어 등을 시도해보고 그 결과를 보안 측면에서 토론한다.

```
$ cd ../../2023/20237711/chap08/mode ↵
```

6. 다시 자신의 홈 디렉터리로 이동한다.

7. 다음 명령어를 실행시켜 자신의 홈 디렉터리의 보안 모드를 확인 한다.

```
$ ls  -al ↵          /* "." 디렉터리는 현재 디렉터리를 의미함 */
```

8. 다음 명령어를 실행시켜 자신의 홈 디렉터리의 보안 모드를 수정한 후, 과정 2를 반복한 결과를 확인하고 토론한다.

```
$ chmod  700  . ↵
```

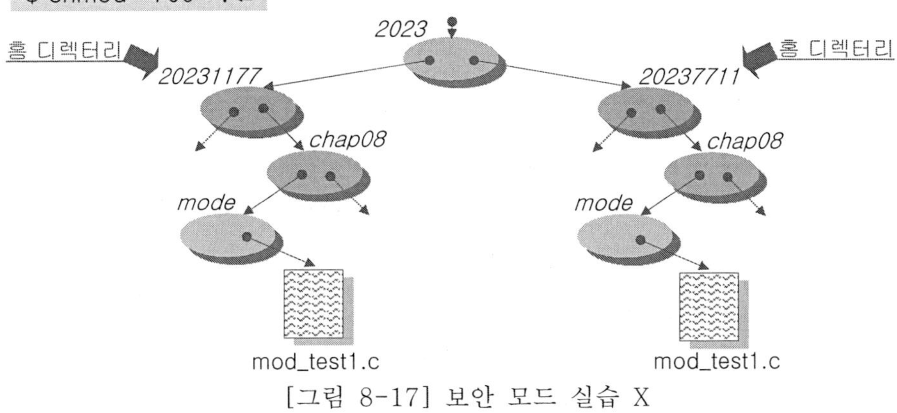

[그림 8-17] 보안 모드 실습 X

8.3 프로세스 소유자 및 프로세스 보안

사용자와 파일 사이의 개념적인 보안 관계를 [그림 8-3]에 보인 바 있다. 그 그림에서 유닉스 운영체제의 통제 대상이 되는 사용자의 접근 행위가 구체적으로 무엇인지를 이해할 필요가 있다. 이를 위해, 사용자의 파일 접근의 구체적인 행위를 아래와 같이 정의할 수 있다.

① 사용자는 프로그램을 실행시켜 파일 접근을 시도한다.
② 대부분의 경우, 사용자는 명령어 문자열을 쉘에게 전달하고, 쉘이 사용자의 의도에 따라 해당되는 실행 파일을 유닉스 운영체제에 의뢰하여 메모리에 적재함으로써 해당 프로그램의 수행이 시작된다.
③ 사용자가 실행을 원하는 프로그램에는 시스템에 설치된 시스템 명령어 뿐만 아니라, 사용자 스스로 작성한 개인 프로그램(개인 명령어)도 포함된다(5.1 절 [그림 5-3] 참조).
④ 새로 적재된 프로그램 즉, 프로세스는 실행을 의뢰한 사용자의 소유가 된다.
⑤ 실행된 프로세스는 프로그래머가 지시한 대로 유닉스 운영체제의 서비스를 이용해서 파일 접급을 시도한다.
⑥ 유닉스 운영체제는 프로세스의 소유자를 파일에 대한 접근 주체로 여긴다.

위 과정에서 보안과 관련하여 가장 중요한 핵심 내용은 ③, ④ 항으로써, 사용자는 자신이 작성한 프로그램 즉, 자신 소유의 실행 파일은 물론, ls, cp 등 자신 소유가 아닌 실행 파일을 실행 시키더라도, 일단 적재된 이후, 그 프로세스는 실행 시켰던 사용자의 소유가 된다는 점이다. 이 개념을 [그림 8-18]에 보였다. 이 그림에서 실행 파일 t.exe의 소유자는 hblee이고, 파일 보안 모드는 rwx-----x이다. 이 때 사용자 hblee와 제 3자 관계에 있는 gdhong이 t.exe 파일에 대하여 실행 접근을 시도하면 보안 통제에 통과하여 실행에 성공하고, 여기서 생성된 프로세스의 소유자는 실행 파일 t.exe의 소유자인 hblee와 관계 없이 gdhong이 된다.

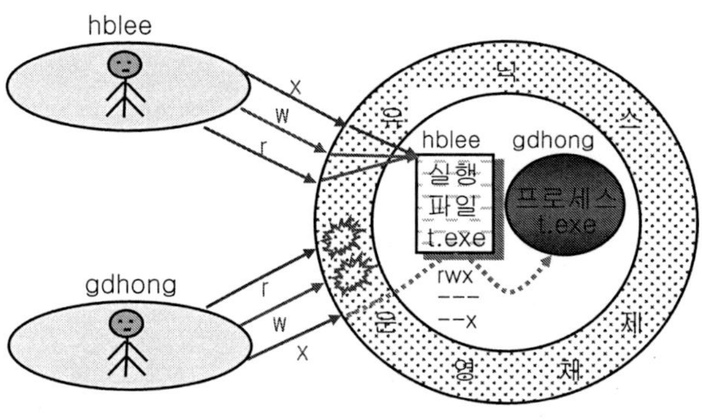

[그림 8-18] 프로세스 소유자의 결정

[그림 8-19]에 프로세스 소유자가 어떻게 결정되는지를 보이는 실 예를 보였다. 이 그림의 요점은 다음과 같다.

- 파일 data.txt의 소유자는 hblee이고, 보안 모드가 600이기 때문에 오직 소유자만이 읽기 및 쓰기 접근이 가능하다(④).
- 시스템 명령어 rm, 즉 실행 파일 rm의 소유자는 bin이다(②, ③).
- ⑤에서 시스템 명령어 rm을 실행시키는 사용자는 hblee이다(①)
- ⑤의 실행 결과 data.txt 파일 삭제가 성공하였다(⑥) 이는 곧, ⑤에서 생성된 rm 프로세스의 소유자가 곧 해당 명령어를 실행시켰던 hblee 임을 의미한다.

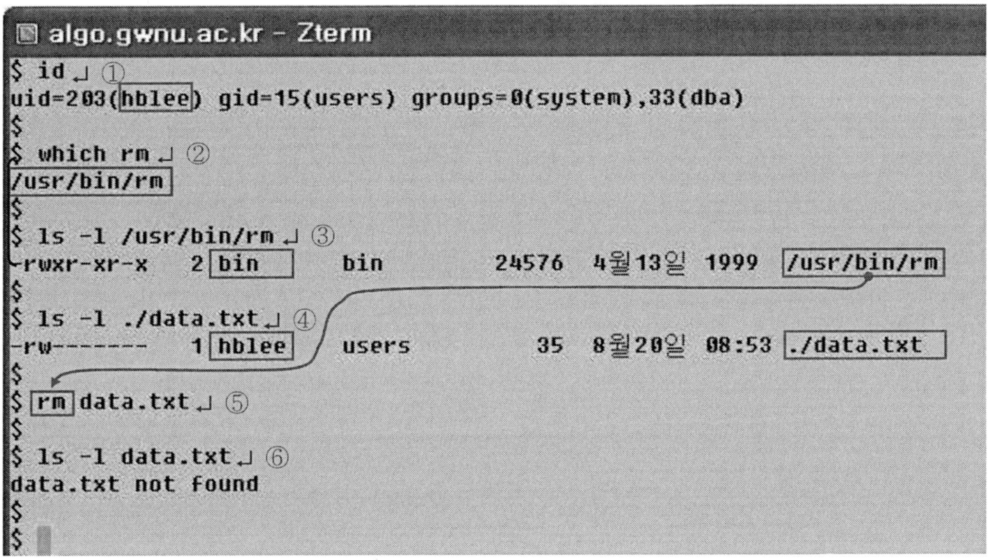

[그림 8-19] 명령어 프로세스 소유자가 결정되는 예

위에서 살펴본 바와 반대로 실행된 명령어 프로세스의 소유자를 그 명령어를 실행시킨 사용자가 아닌, 실행 파일의 소유자로 결정하는 방법이 있는데 이런 방식을 set-user-id라 부른다. 프로세스의 소유 그룹 또한 이런 방법으로 설정될 수 있는데 이를 set-group-id라 부른다.

Set-user-id와 set-group-id는 파일 보안 모드와 마찬가지로 실행 파일에 그 표시가 부착되어 효력이 발휘되고, 설정하는 방법은 chmod 명령어에서 문자 기호 s를 사용한다. 즉, [표 8-4]의 r, w, x 접근 기호 외에 s기호가 있으며 이 기호는 소유자(u:set-user-id)와 그룹(g:set-group-id)에만 적용 가능하다. 예를 들어

```
$ chmod   u+s   myprog ↵
```

명령은 실행 파일 myprog에 set-user-id 표시를 하고, 이 실행 파일은 누가 실행시키는가에 관계 없이 해당 프로세스는 파일의 소유자 권한으로 실행된다(보다 자세한 내용은 유닉스 매뉴얼 중 getuid(), geteuid() 시스템 콜 참조).

☞ [실습 8-3]

STEP I

1. [그림 8-20]의 프로그램 pro_test1.c를 이해한 후, 코딩하고 컴파일 한다.

2. 실행 파일 pro_test1을 /tmp 디렉터리에 'pro_test1_자신의_로그인_id' 형태의 이름으로 복사하고, 작업 디렉터리를 /tmp로 이동한다.

```
$ cp  pro_test1  /tmp/pro_test1_자신의_로그인_id ↵
```

3. 아래와 같이 실행 파일을 실행시켜 출력 결과를 확인하고 토론한다.

```
$ pro_test1_자신의_로그인_id ↵
```

4. 옆 실습생으로 하여금 나의 실행 파일을 과정 3과 같이 실행 시키도록 한 후, 그 출력 결과를 확인하고 토론한다.

5. 다음 명령어로 실행 파일에 set-user-id를 설정한 후, 파일 보안 모드를 살펴보고 어떤 변화가 있는지 확인한다.

```
$ chmod  u+s  pro_test1_자신의_로그인_id ↵
```

6. 실행 파일을 실행시켜, 출력 결과에서 set-user-id에 의한 어떤 차이점이 있는지 확인하고 토론한다.

7. 옆 실습생으로 하여금 나의 실행 파일을 과정 6과 같이 실행 시키도록 한 후, set-user-id가 출력 결과에 어떤 영향을 미쳤는지를 확인하고 토론한다.

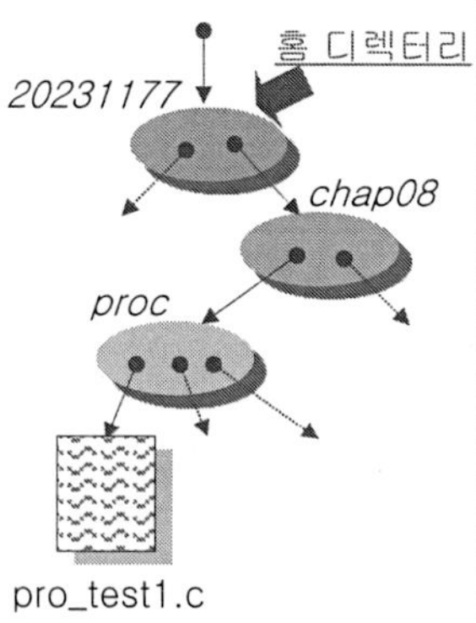


```
/* pro_test1.c */
#include <stdio.h>
#include <unistd.h>
#include <stdlib.h>
#include <pwd.h>
main()
{
    int     uid;
    struct  passwd  *pwp;

    uid = geteuid(); /* owner_id of this process */
    pwp = getpwuid(uid);
    printf("owner_name=%s, owner_id=%d \n",
                                        pwp->pw_name, uid);
    exit(0);
}
```

[그림 8-20] 프로세스 소유자 실습 I

STEP II

1. [그림 8-21]의 pro_test2.c를 이해한 후, 코딩하고 컴파일 한다. 그리고 proc.txt 파일이 존재하지 않으면 vi를 사용해서 편집한다.

2. 홈 디렉터리(20231177), chap08, proc 등 세 디렉터리의 보안 모드를 그룹이나 제 3자가 들어와서 읽기 및 실행을 할 수 있도록 모두 755로 수정하고, 파일 proc.txt의 보안 모드는 소유자 자신의 읽기 접근만이 가능하도록 400으로 수정한다.

3. 실행 파일 pro_test2의 보안 모드가 그룹이나 제 3자가 실행 가능할 수 있도록 되어 있는지 확인하고, 그렇지 못하면 수정한다.

4. pro_test2를 실행 시켜 출력 결과를 확인하고 토론한다.

5. 옆 실습생으로 하여금 자신의 디렉터리로 이동하여 pro_test2를 실행 시키도록 한 다음, 그 결과를 확인하고 토론하다.

6. 다음 명령어를 이용해서 실행 파일 pro_test2에 set-user-id를 설정한다.

```
$ chmod  u+s  pro_test2 ↵
```

7. 과정 5를 반복하여 그 결과로부터 set-user-id가 미치는 영향을 분석하고, set-user-id의 필요성을 토론한다.

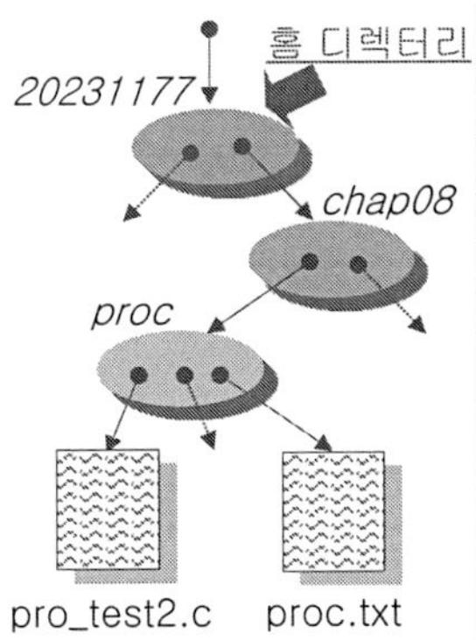


```
/* pro_test2.c */
#include <stdio.h>
#include <stdlib.h>
main()
{
   FILE   *fp;
   char   buf[128];
   if  ((fp = fopen("proc.txt", "r")) == NULL) {
      fprintf(stderr, "Error for mode.txt file… \n");
      exit(1);
   }
   fgets(buf, sizeof(buf), fp);
   printf("R=%s \n", buf);
   fclose(fp);
   exit(0);
}
```

proc.txt

```
I am happy.
```

[그림 8-21] 프로세스 소유자 실습 II

8.4 파일 시스템 내부 구조

사용자 관점에서 바라보는 유닉스 파일 시스템은 [그림 8-22](3.1 절 [그림 3-2] 참조)와 같이 디렉터리와 문서 파일이 이루는 계층적 저장 구조를 이룬다. 그러나 이러한 계층적 저장 구조는 일차원적이고 단순한 저장 구조를 가지는 물리 디스크 구조와 일치하지 않는다. 이와 같이 사용자 관점의 논리적 파일 시스템과 물리적 저장 구조 사이에서 변환 역할을 담당하는 운영체제의 기능을 파일 시스템이라 한다.

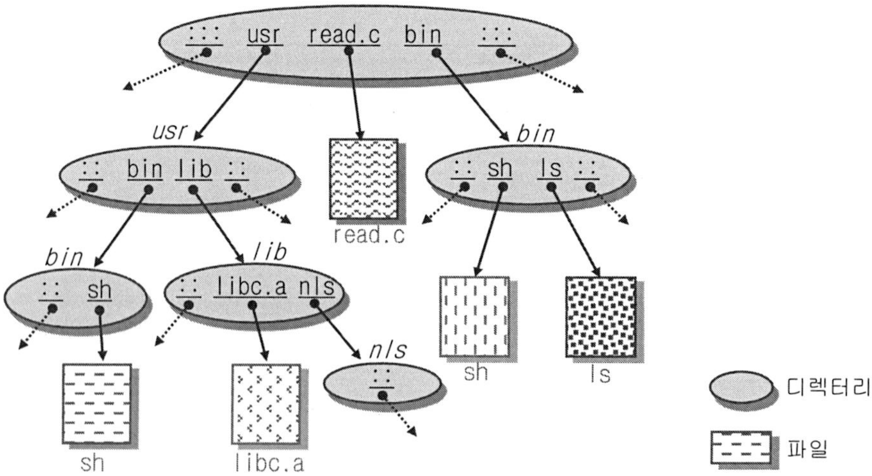

[그림 8-22] 사용자 관점에서 바라본 유닉스 파일 시스템

8.4.1 하드 디스크의 저장 구조

■ 기계적 구조

하드 디스크는 [그림 8-23]과 같이 크게 암(arm), 헤드(head), 플래터(disk) 등 세 가지 기계적 구성 요소로 구성된다. 이들의 역할은 다음과 같다.

- 플래터 : 데이터를 자기적 성질로 저장하는 매체
- 헤 드 : 플래터에 접근하여 자기적 성질을 이용하여 데이터를 기록하거나 읽어내는 부위
- 암 : 헤드를 안쪽이나 바깥쪽으로 이동시키기 위한 지지대

위에서 플래터는 편평한 둥근 판으로 구성되어 있는데, 데이터를 임의의 장소에 아무렇게나 기록하는 것이 아니고, 아래와 같이 일정한 위치에 트랙(track)과 섹터(sector)를 지정하여 저장한다.

- 트 랙 : 둥근 디스크 면을 운동장의 트랙처럼 일정한 간격으로 구분한 저장 영역
- 섹 터 : 트랙을 다시 일정한 길이로 등분한 저장 영역으로 보통 512 바이트

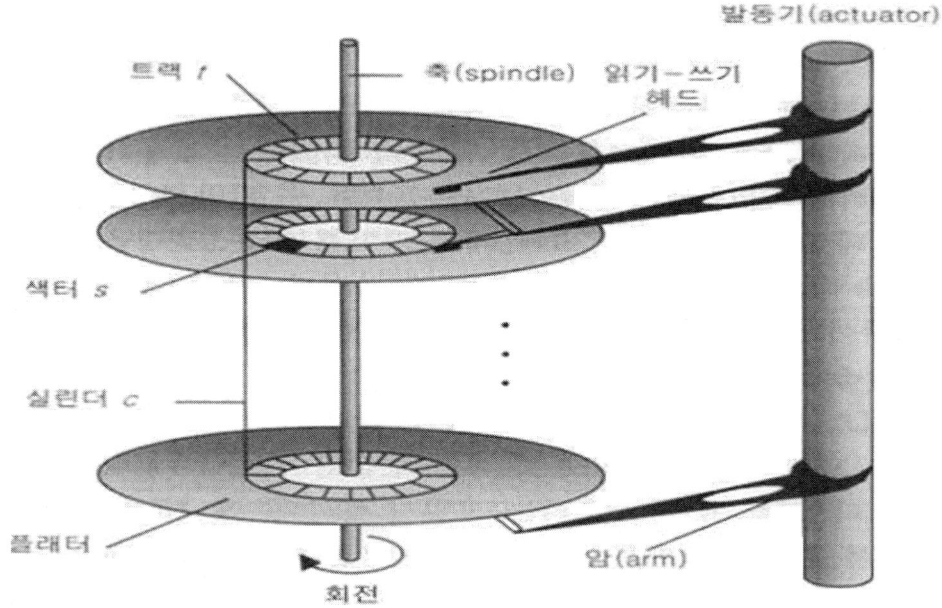

[그림 8-23] 하드 디스크의 구조

■ **디스크 입·출력 방법**

[그림 8-23]의 내부 구성 요소들은 [그림 8-24]와 같이 패킹되어 외부와는 연결선 즉, 커넥터 만이 노출되어 있다. 커넥터는 입·출력을 위한 아래의 신호선이 포함된다.

- 동작 명령 : 읽기·쓰기를 지시하는 명령 코드
- 헤드 번호 : 데이터를 읽거나 저장하기 위한 디스크 면
- 트랙 번호 : 선택된 디스크 면의 트랙 지정
- 섹터 번호 : 선택된 트랙 내의 섹터 지정

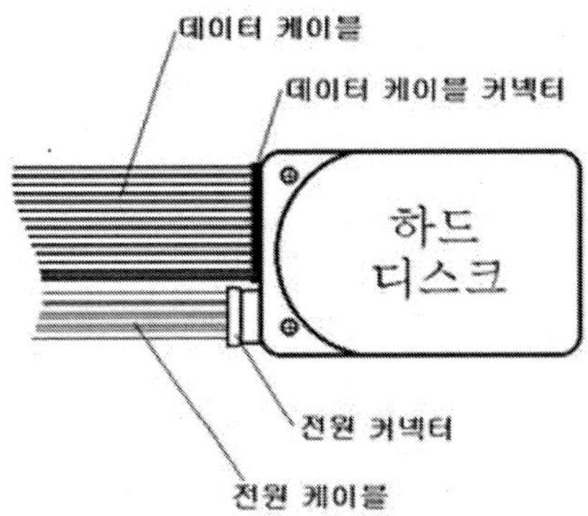

[그림 8-24] 하드 디스크의 외부 연결 구조

앞 내용 중 중요한 사실은, 디스크 내의 저장 위치는 헤드+트랙+섹터 등 세 가지 요소로 구성되고, 저장 단위는 섹터의 크기인 512 바이트라는 점이다. 따라서, 특정 섹터 내 일부 데이터를 수정할 경우에는 해당 섹터 전체를 읽은 후 수정한 다음 다시 섹터 전체를 저장해야 한다.

헤드, 트랙, 섹터로 식별되는 섹터들은 간단한 대응식에 의해 0, 1, 2, … 와 같이 일련 번호를 부여하여 일차원 배열 형태로 재배치할 수 있다. 즉, 운영체제 시각에서 디스크는 일렬로 나열된 섹터들의 모임으로 간주된다.

8.4.2 파일 관리

■ i_node

유닉스 파일 시스템에서 디렉터리를 포함한 모든 파일들은 속성 정보를 가진다(4.1 절 [표 4-2], 8.2 절 파일 보안 참조). 대표적인 속성 정보로 파일명, 소유자, 생성 및 수정일자, 크기, 파일 유형, 파일 보안 모드 등을 들 수 있다. 이들 속성 정보는 [그림 8-25]와 같이 파일의 본 내용과는 분리되어 저장되는데, 이 저장 구조를 유닉스 파일 시스템에서는 i_node라 일컫는다.

속성 정보 저장을 위한 i_node는 모든 파일에 대하여 공히 동일하기 때문에 디스크 섹터에 규칙적인 저장이 가능하고, 그 저장 위치에 따라 유일하고 일관된 번호 부여가 가능하다. [그림 8-25]의 주요 요점은 다음과 같다.

- i_node는 연속되는 섹터에 규칙적으로 저장된다. 예를 들어 파일 하나를 위한 속성 정보를 64 바이트로 정의한다면 섹터 하나 당 8 개(=512/64)의 i_node를 저장할 수 있다.
- 각 i_node는 그 위치에 따라 각각 고유의 번호가 대응된다. 예를 들어 두 번째 섹터에서 세 번째에 저장된 i_node 번호는 10(8*1+2이 된다. 이를 다시 말하면 i_node 번호를 알면, 곧 해당 파일을 알 수 있다는 것이다.
- i_node에는 해당 파일의 내용이 저장된 데이터 섹터에 대한 정보가 포함된다. 예를 들어, 아래 그림에서 i_node 4 번에 해당되는 파일의 데이터는 1000, 2001, 2003 번 섹터에 차례로 저장되어 있는데, 이들 섹터 번호들이 i_node에 기록된다.

■ **i_node 영역과 데이터 영역**

[그림 8-25]에서 살펴 본 바와 같이 유닉스 파일 시스템에서는 디스크 공간이 크게 i_node 저장 영역과 데이터 저장 영역으로 분리되어야 한다([그림 8-26] 참조). 이를 위한 초기화 작업을 포맷이라 하는데, 각 유닉스 공급자 별로 각각 고유한 포맷 명령어가 제공되고 이 명령어는 관리자만이 사용할 수 있다.

디스크 포맷을 실시할 때, 관리자는 i_node 영역과 데이터 영역간의 비율을 결정

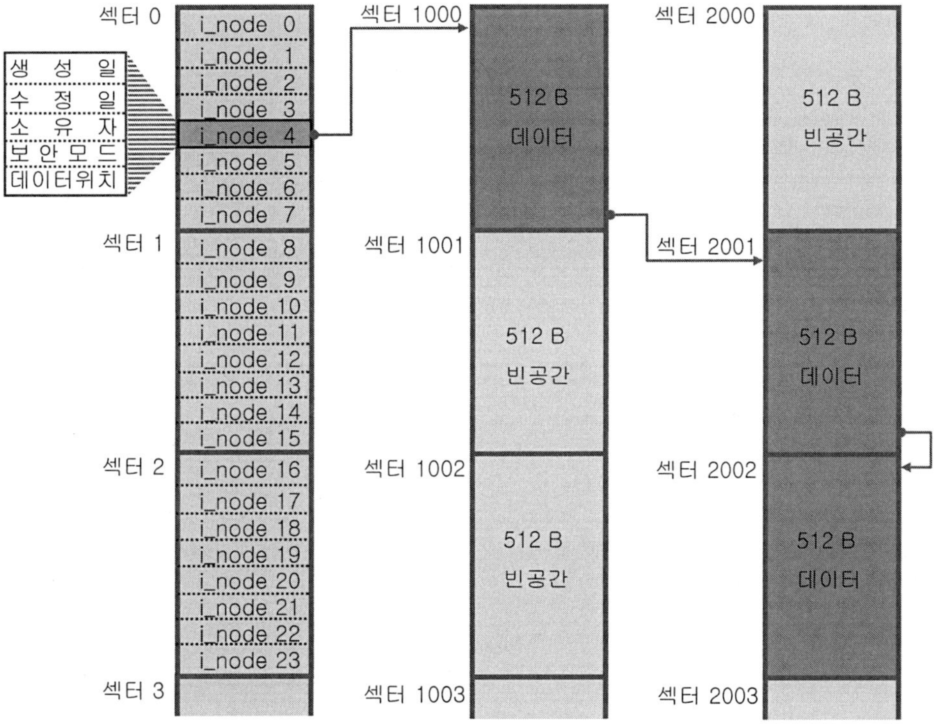

[그림 8-25] i_node 개념

해야 하는데 보통의 경우 1:4 정도의 비율을 적용한다. 그러나 보다 효율적인 공간 활용을 위해서는 아래 내용을 참고하는 것이 바람직하다.

- 파일 수가 많지 않으면서 파일 크기가 큰 경우는 데이터 영역의 비율을 높인다.
- 파일의 수가 많으면서 파일의 크기가 크지 않는 경우에는 i_node 영역의 비율을 높인다.

위의 고려 사항은, 데이터 영역은 남아 있는데 i_node 영역이 부족해서 새로운 파일을 생성할 수 없거나, 반대로 i_node 영역은 남아 있는데 파일의 확장이 불가능한 경우 등을 최소화 하는데 도움이 될 수 있다.

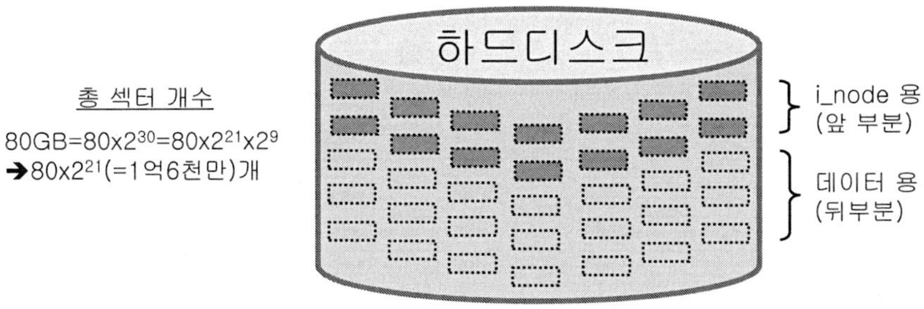

[그림 8-26] i_node영역과 데이터 영역의 분리

■ **데이터 섹터 위치 정보의 관리**

[그림 8-25]에서 언급한 바와 같이 파일의 데이터가 저장된 섹터들에 대한 정보는 i_node에 관리된다. 그런데, i_node 자체의 규격화로 인하여 저장 공간이 한정되어 있으므로 데이터 섹터 번호를 많이 저장할 수가 없다. 이는 곧 큰 파일을 생성하지 못한다는 결론이다. 이 문제를 해결하기 위해서 [그림 8-27]과 같이 데이터 섹터 번호를 간접적으로 관리하는 기법을 사용한다. 이 그림의 주안점은 아래와 같다.

- i_node에 총 13 개의 섹터 정보 저장 공간을 둔다.
- 위의 13 개중, 첫 10 개에는 데이터가 저장된 섹터 번호를 직접 저장한다. 즉, 크기가 5 K(512*10) 이내의 파일은 직접 저장 방식으로 충분하다.
- 5 K를 벗어나는 부분은 '데이터 10' 위치에 간접 섹터 하나를 연결하고, 그 간접 섹터에 데이터 섹터들의 번호를 저장한다. 섹터 번호를 표시하기 위한 정수의 크기를 4 바이트로 가정하면 간접 섹터 안에는 총 128 개의 데이터 섹터 번호를 저장할 수 있으므로, 여기에는 총 64 K(128*512)의 데이터를 연결할 수 있다.
- 5 K + 64 K를 벗어나는 부분은 '데이터 11' 위치를 사용한다. 이 부분은 간접 섹터를 이중으로 연결한 후, 뒤 쪽 섹터에 데이터 섹터 번호를 저장한다. 이 들 이중

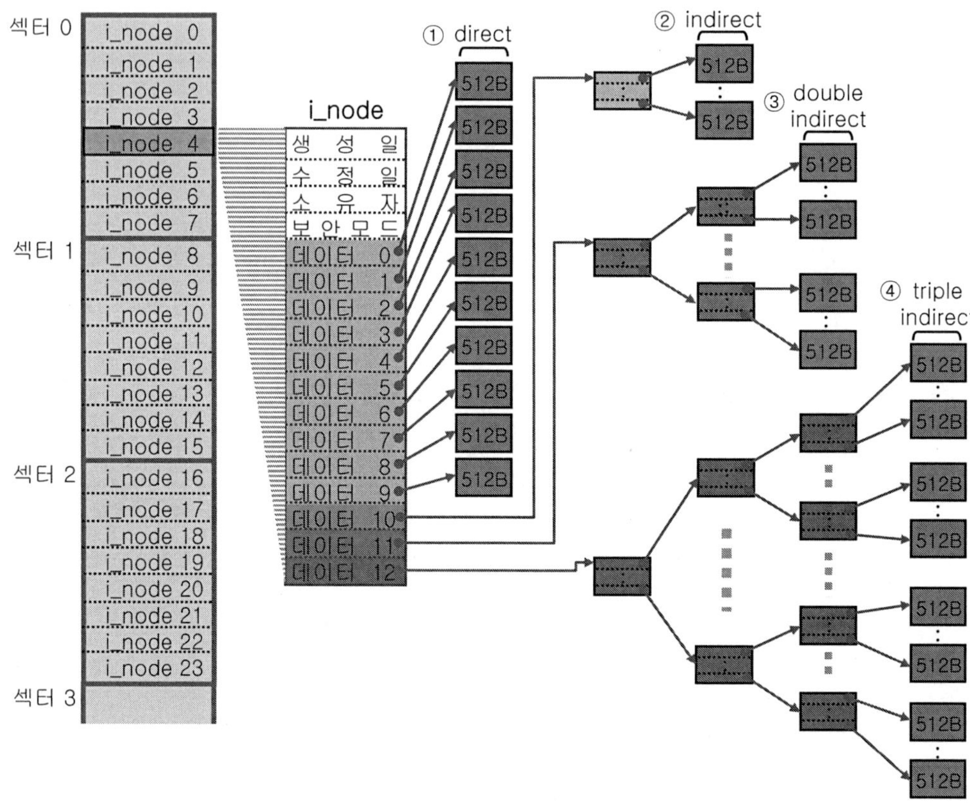

[그림 8-27] i_node의 데이터 섹터 정보 관리 방법

간접 섹터에는 총 16,384(128*128)개의 데이터 섹터 번호를 저장할 수 있으므로 8 M(16,384*512)의 데이터를 저장할 수 있다.

- 5 K + 64 K + 8 M를 벗어나는 부분은 '데이터 12' 위치를 사용한다. 이 부분은 간접 섹터를 삼중으로 연결하고, 맨 뒤 섹터에 데이터 섹터의 번호를 저장한다. 여기에 저장할 수 있는 데이터 섹터 번호의 총 수는 2,097,152(128*128*128) 개이므로, 저장할 수 있는 데이터의 최대 크기는 1 G(2,097,152*512)가 된다.
- 결국 [그림 8-27]의 i_node 포맷으로 저장할 수 있는 파일의 최대 크기는 5 K + 64 K + 8 M + 1 G 이다.

위 i_node와 간접 섹터의 구조는 매우 전형적인 형태이고, 실제 시스템에서는 약간의 변형과 기타 다른 방법에 의해 충분한 파일 크기를 지원한다. 즉, 내부의 구체적인 i_node 실현 방법은 유닉스 버전에 따라 조금씩 차이가 있다.

8.4.3 디렉터리와 파일의 관계

[그림 8-28]에 디렉터리 "mode"에 두 파일 mode01.c와 mode01.c가 연결된 개념적 모습과, 이에 대응되는 파일 시스템 내부의 구체적인 구성 내용을 보였다.

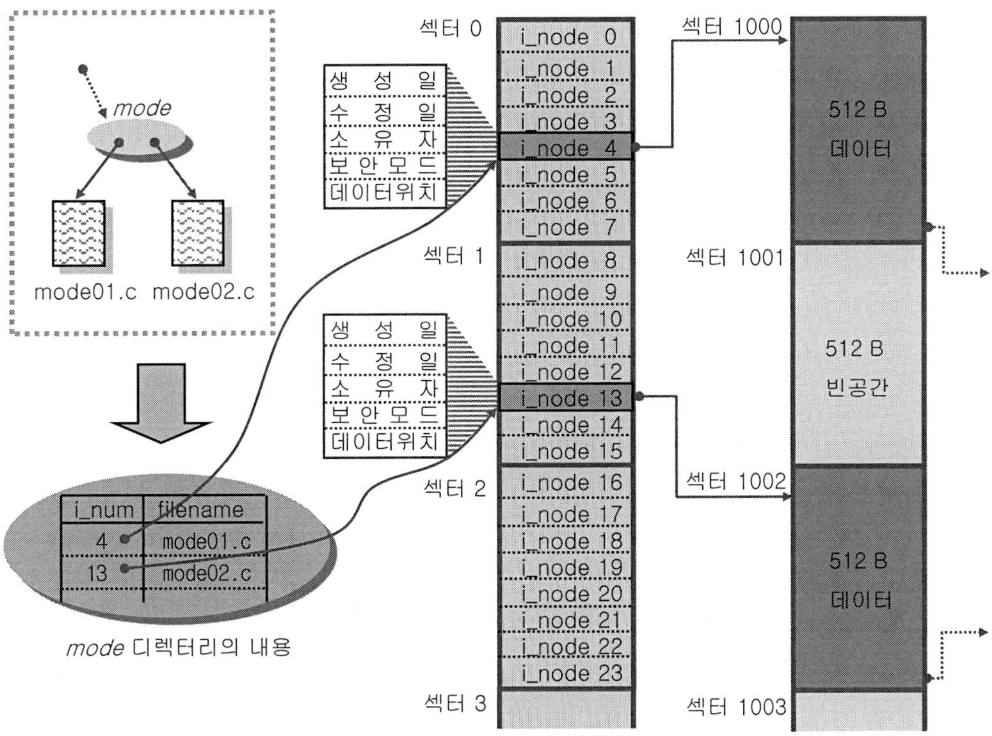

[그림 8-28] 디렉터리의 구성

Note

[그림 8-28]에 보인 디렉터리와 파일의 내부 연결 구조에서 매우 중요한 두 가지 사항은 아래와 같다.

- 디렉터리에는 파일의 속성 정보가 저장된 i_node의 번호가 저장된다.
- 파일의 이름은 i_node가 아닌 디렉터리에서 관리된다.

위 두 가지 사실로부터 파일의 생성, 삭제, 이름 변경을 위한 내부 절차를 다음과 같이 요약할 수 있다.

□ **파일의 생성**

① 비어있는 i_node 하나를 할당하고 초기화 한다.
② 디렉터리에 ①에서 할당된 i_node 번호와 파일 명칭을 추가한다.
③ 파일의 데이터 저장을 위해 데이터 및 간접 섹터들을 할당하여 데이터를 기록하고, 할당된 섹터 번호들을 ①의 i_node에 기록한다.

□ **파일의 제거**

① 디렉터리에 기록된 i_node 번호로부터 i_node를 읽는다.
② ①의 i_node에 저장된 데이터 섹터 정보로부터 모든 데이터 및 간접 섹터 들을 유휴 상태로 만든다(반납함).
③ ①의 i_node 자체를 유휴 상태로 바꾸고 저장한다.
④ 디렉터리에서 해당 i_node 번호와 파일 명칭을 제거한다.

□ **파일 이름의 변경**

① 단순히 디렉터리에 기록된 파일 이름을 변경해서 저장한다.

여기서 한 가지 의문점은 디렉터리 내용의 수정을 누가 하느냐 하는 것인데, 디렉터리 내용은 어떤 사용자라도 직접 편집할 수 없고, 오로지 운영체제에 의뢰해서만 가능하다. 예를 들어 “mode/mode01.c”를 생성하기 위해서는 해당 경로명을 전달하여 반드시 유닉스 운영체제의 파일 생성 서비스(open())를 받아야 하고, 이 때 운영체제는 내부적으로 디렉터리에 대해서 필요한 편집 작업을 수행한다.

따라서 사용자의 실수에 의해 디렉터리 내용이 헝클어질 가능성은 전혀 없다. 만약 다른 어떤 이유로 디렉터리 내용이 잘 못 된다면, 사용자는 자신의 파일을 잃어버릴 수 밖에 없다. 이를테면, 디렉터리 내용을 수정하는 도중에 전원이 차단된다면 디렉터리 내용은 정확성을 잃을 있다. 시스템을 중단시키기 위해 곧바로 전원 스위치를 내리는 것이 아니라, 주어진 절차에 따라 정상적으로 내려야 하는 이유 중의 하나가 바로 파일 시스템을 보호하자는 데 있다.

8.4.4 계층적 디렉터리 연결 구조

[그림 8-28]에서 디렉터리의 구성 내용을 살펴보았는데, 이 그림으로부터 디렉터리 자체는 어디에 어떻게 존재하는가 하는 또 다른 의문점에 직면한다. 그러나, 디렉터리 자체도 일반 파일과 동일하게 i_node 라는 속성 정보에 의해 관리되고, 데이터 또한 데이터 섹터에 저장된다. 다만, 디렉터리의 저장 내용이 다른 파일이나 디렉터리에 대한 연결을 위한 정보이고, 운영체제에 의해서 편집된다는 사실이 다를 뿐이다.

[그림 8-29]에는 전형적인 파일 시스템 일부와 그를 위한 내부의 연결 구조의 개념을, [그림 8-30]에는 파일 시스템 내부 구조에 대한 실 예를 보였다. 이들 그림으로부터 다음 사실들을 정리할 수 있다.

- 파일이나 디렉터리의 이름은 바로 상위에 존재하는 디렉터리에서 관리된다.
- 따라서 최상위 디렉터리는 i_node만 존재할 뿐 이름이 존재하지 않는다. 이를 루트(root) 디렉터리라 부르고, 루트 디렉터리의 이름으로 '/'를 사용한다.
- 보통 루트 디렉터리는 1 번 i_node를 사용하는데, 시스템에 따라 2 번 i_node를 사용하는 경우도 있다([그림 8-30] 참조).
- 0 번 i_node 영역은 파일 시스템 전반에 걸친 특별 정보를 저장하는 용도로 사용된다. 이를테면 비어있는 데이터 섹터 정보, 비어있는 i_node 정보, 전체 사용량 정보 등이 그 예들이다.

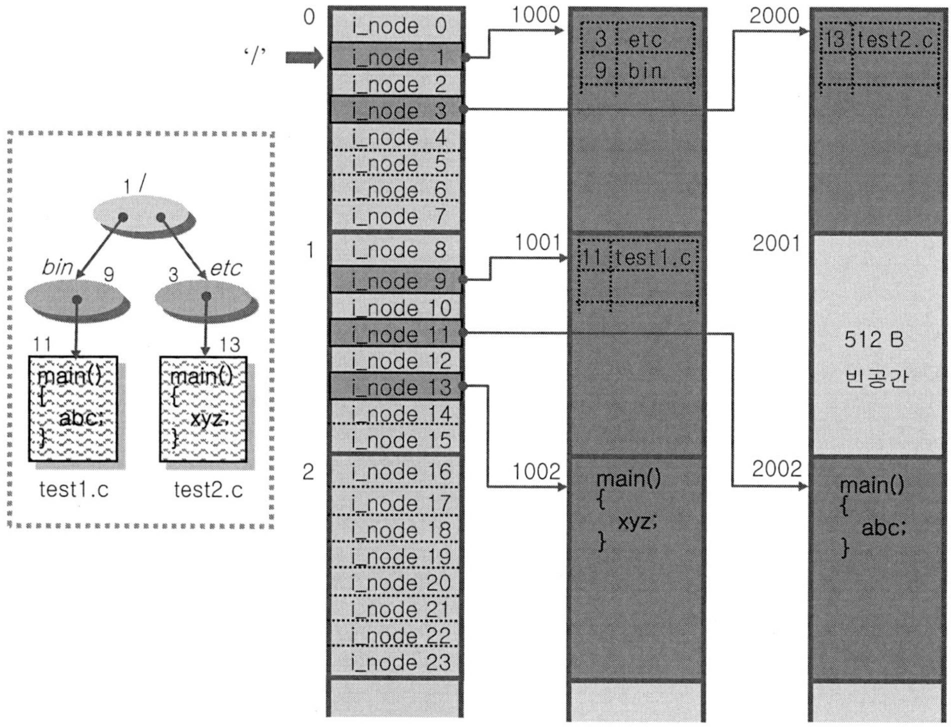

[그림 8-29] 디렉터리의 계층적 연결

```
algo.gwnu.ac.kr - Zterm
$ pwd↵
/tmp/hblee/work/fsys/backup
$
$ ls -ail / ↵        root i_node 번호
total 53930
    2 drwxr-xr-x  24 root     system       1536  8월 1일  18:43 .
    2 drwxr-xr-x  24 root     system       1536  8월 1일  18:43 ..
 2048 drwxrwxrwt   6 root     system       1024  8월24일  11:41 tmp
$
$ ls -ail /tmp ↵
total 8
 2048 drwxrwxrwt   6 root     system       1024  8월24일  11:41 .
    2 drwxr-xr-x  24 root     system       1536  8월 1일  18:43 ..
21505 drwxr-xr-x   3 hblee    system        512  8월24일  11:42 hblee
$
$ ls -ail /tmp/hblee ↵
total 3
21505 drwxr-xr-x   3 hblee    system        512  8월24일  11:42 .
 2048 drwxrwxrwt   6 root     system       1024  8월24일  11:41 ..
 4105 drwxr-xr-x   3 hblee    system        512  8월24일  11:42 work
$
$ ls -ail /tmp/hblee/work ↵
total 3
 4105 drwxr-xr-x   3 hblee    system        512  8월24일  11:42 .
21505 drwxr-xr-x   3 hblee    system        512  8월24일  11:42 ..
16391 drwxr-xr-x   3 hblee    system        512  8월24일  12:05 fsys
$
$ ls -ail /tmp/hblee/work/fsys ↵
total 5
16391 drwxr-xr-x   3 hblee    system        512  8월24일  12:05 .
 4105 drwxr-xr-x   3 hblee    system        512  8월24일  11:42 ..
20511 drwxr-xr-x   2 hblee    system        512  8월24일  11:42 backup
19475 -rw-r--r--   1 hblee    system         26  8월24일  11:42 test1.c
19474 -rw-r--r--   1 hblee    system         52  8월24일  11:42 test2.c
$
$ ls -ail /tmp/hblee/work/fsys/backup ↵
total 4
20511 drwxr-xr-x   2 hblee    system        512  8월24일  11:42 .
16391 drwxr-xr-x   3 hblee    system        512  8월24일  12:05 ..
20512 -rw-r--r--   1 hblee    system         26  8월24일  11:42 test1.c
20513 -rw-r--r--   1 hblee    system         52  8월24일  11:42 test2.c
$
```

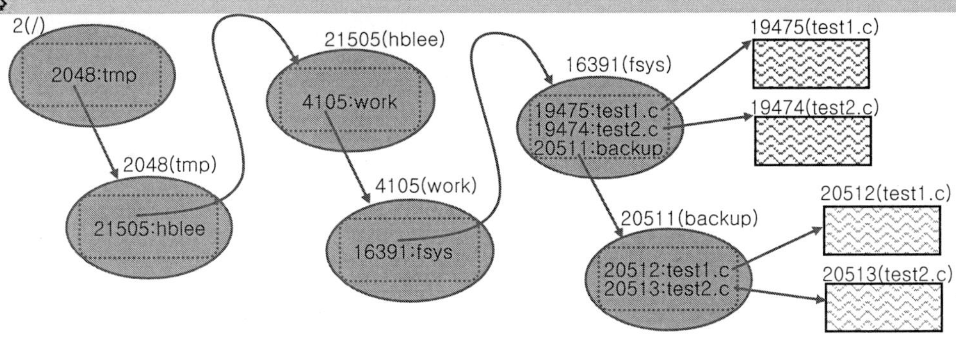

[그림 8-30] 파일 시스템 내부 구성 실행 예

☞ [실습 8-4]

STEP I

1. [그림 8-23]에서, 헤드 16개, 디스크면 당 트랙 25,038개, 트랙 당 섹터 63개인 하드 디스크의 총 저장 용량을 개산한다.

2. 과정 1의 디스크에서 섹터의 일련 번호를 부여하는 다음 두 가지 방식을 이해하고 각각의 장•단점을 토론한다(방법 ②에서 모든 헤드의 동일 트랙 번호들의 모임을 실린더라 함).
   ① 헤드 0 : 트랙 0 : 섹터 0~62 : 트랙 1 : 섹터 0~62 …
   헤드 1 : 트랙 0 : 섹터 0~62 : 트랙 1 : 섹터 0~62 …
   …
   ② 헤드 0 : 트랙 0 : 섹터 0~62 : 헤드 1 : 트랙 0 : 섹터 0~62
   헤드 2 : 트랙 0 : 섹터 0~62 : 헤드 3 : 트랙 0 : 섹터 0~62
   …

STEP II

1. vi를 사용해서 [그림 8-31]의 file1.txt, file2.txt, file3.txt를 편집한다.

2. 디렉터리 hblee의 상위 디렉터리("..")로부터 시작해서 그 이하의 모든 디렉터리와 파일들의 내부 연결 구조를 [그림 8-29]의 모습으로 그린다. 이 때 i_node 번호는 ls 명령어의 -i 옵션을 사용하여 얻는다.

3. 루트 디렉터리("/")로부터 시작해서 그 이하의 모든 디렉터리와 파일들의 연결 모습을 [그림 8-30]과 동일한 과정으로 그리고, 루프 디렉터리를 위한 i_node 번호가 무엇인지를 확인한다.

4. 과정 3에서, 루트 디렉터리의 상위 디렉터리("..")의 i_node 번호와 루트 디렉터리 자신의 i_node 번호가 같은지를 비교하고 그 결과를 토론한다.

5. 과정 3에서, 최초의 루트 디렉터리 외에 중간 디렉터리에서, i_node 번호가 루트 디렉터리의 i_node 번호와 일치하는 것이 있는지 살펴보고, 같은 것이 있다면 다음 절에서 참조할 수 있도록 의문 사항으로 기록한다.

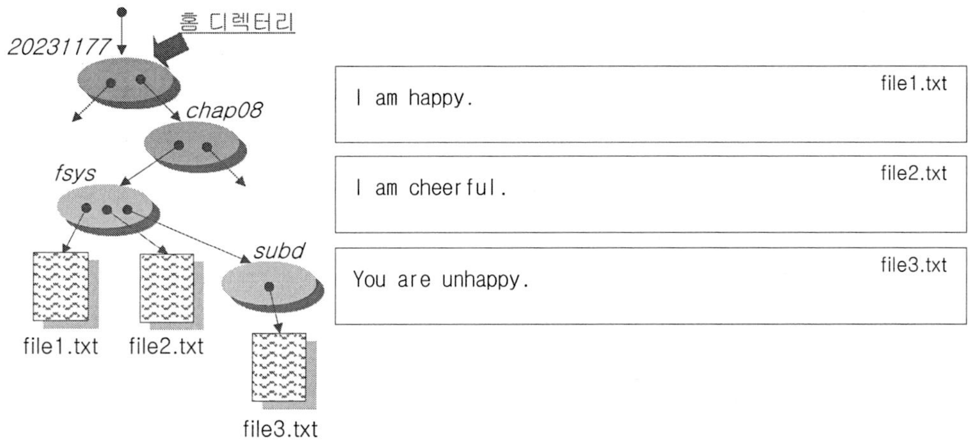

[그림 8-31] 파일 시스템 구조 실습

8.5 디스크 파티션과 파일 시스템 마운트

[그림 8-29]와 같이 루트 디렉터리를 가지는 파일 시스템은 물리적으로 하나의 디스크 혹은 파티션 단위로 유지된다. 물론 볼륨 메니저(volume manager)라는 특수한 소프트웨어를 설치하여 여러 디스크에 걸쳐서 하나의 파일 시스템을 형성하는 경우도 있으나, 대부분의 경우 성능이나 신뢰성을 위해 물리 디스크를 여러 파티션으로 분리하여 각각에 독립적인 파일 시스템을 구축한다. 이 때, 디스크 파티션을 설정하는 방법은 유닉스 공급자에 따라 조금씩 다르다.

여기서 중요한 사실은, 유닉스 시스템에서 사용자가 바라보는 파일 시스템은 하나의 루트 디렉터리를 가진 단일 파일 시스템으로 인식되는데, 그렇다면 오직 하나의 디스크 혹은 하나의 파티션만 사용할 수 밖에 없는가 하는 점이다. 이와 반대로 윈도즈 파일 시스템은 디스크나 파티션별로 각각 독립된 파일 시스템으로 사용된다(3.2 절 [그림 3-4] 참조).

유닉스 환경에서는 [그림 8-32](3.2 절 [표 3-6], [그림 3-9] 참조)와 같이 마운트(mount)라는 개념을 도입하여 파일 시스템의 루트 디렉터리를 다른 파일 시스템상에 존재하는 임의의 디렉터리에 연결해서 사용할 수 있다. 이 경우 연결을 허용한 기존 파일 시스템의 디렉터리 내용은 더 이상 접근할 수 없다.

유닉스 운영체제가 부팅하면서 최초로 사용하는 파일 시스템을 루트 파일 시스템이라 하는데, 루트 파일 시스템 이외의 모든 파일 시스템은 관리자가 mount 명령어([표 8-11] 참조)를 사용해서 연결한 후에만 접근될 수 있다.

[그림 8-32]의 파일 시스템 형성을 위한 mount 명령어의 사용 예는 아래와 같다.

```
# mount  /dev/hd01c  /usr ↲
# mount  /dev/hd02d  /usr/users ↲
```

위 명령어에서 '#'은 관리자의 명령어 프롬프트이고, "/dev/hd01c"는 하드 디스크와 연결된 장치 파일(특수 파일의 일종)이다.

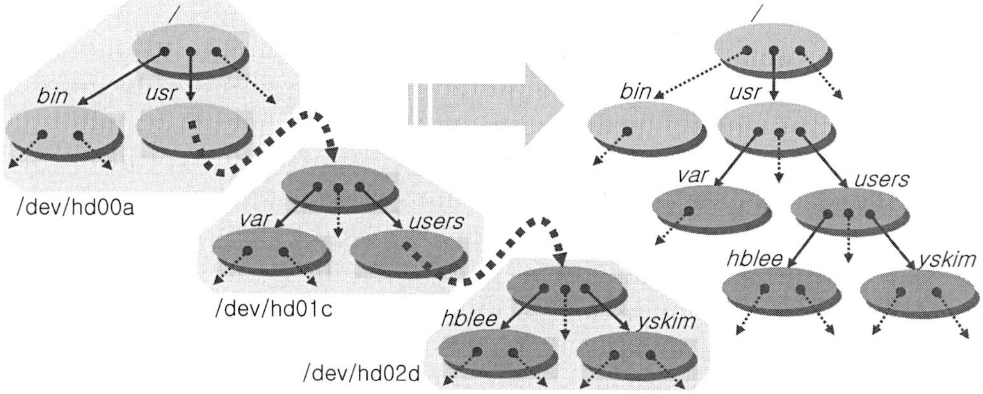

[그림 8-32] 파일 시스템 마운트 개념

아래의 [표 8-11]에 mount 명령어의 사용법을 요약하였다. 이 표의 내용과 같이 mount 명령어는 관리자 명령어이지만, 명령어 옵션을 주지 않는 기본 형태로는 일반 사용자도 사용이 가능하고, 이 경우 파일 시스템의 마운트 상태를 출력해 준다. [그림 8-33]에 mount 명령어를 기본형태 사용하는 예를 보였다.

[표 8-11] mount 명령어 사용법

사용법	▪mount disk_device_file mount_point ↵ - ´disk_device_file´에 대응되는 디스크(파티션에) 구축된 파일 시스템을 ´mount_point´에 연결(마운트) 한다. - ´mount_point´는 임의의 디렉터리를 나타내는 경로명이어야 한다. - 이 옵션 형태는 관리자 만이 사용 가능하다. 예) # mount /dev/hd01c /usr ↵ ▪mount ↵ - 마운트 지점과 마운트된 디스크 장치에 관한 정보를 출력한다. - 이 형태는 일반 사용자도 사용 가능하다. 예) $ mount ↵

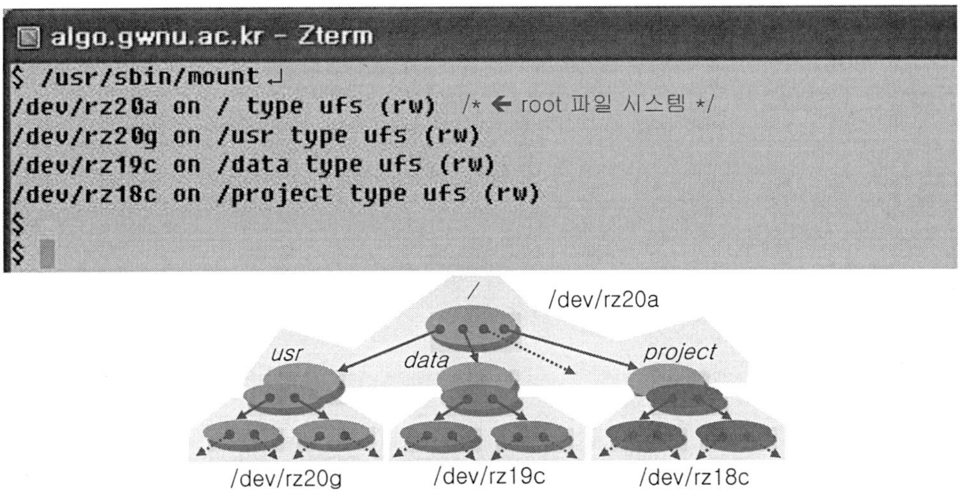

[그림 8-33] mount 명령어의 사용 예

[그림 8-32]에서 마운트가 완성된 후 디렉터리 "/usr"의 i_node 번호는 "/dev/hd00a"에서의 "/usr"가 아닌 "/dev/hd01c"의 루트 디렉터리의 i_node 번호로 검색된다. 마찬 가지로 마운트된 후 "/dev/usr/users" 디렉터리의 i_node 번호는 "/dev/hd01c"에서의 "/users"가 아닌 "/dev/hd02d"의 루트 디렉터리의 i_node 번호로 검색된다. 즉, 각 단위 파일 시스템 별로 루트 디렉터리의 i_node 번호는 1 혹은 2로 동일하므로 마운트된 전체 파일 시스템에서 세 디렉터리 "/", "/usr", "/usr/users"의 i_node 번호는 모두 같은 값으로 검색된다.

[그림 8-34]에 [그림 8-33]의 파일 시스템 마운트 지점의 i_node 번호를 보였다. 이 그림에서 "/" 즉, 루트 디렉터리의 i_node 번호가 2임을 보이고 있고, 디렉터리 "/data", "/project", "/usr"의 i_node 번호는 이 디렉터리들이 모두 마운트 지점이기 때문에 마운트된 파일 시스템들의 루트 디렉터리의 i_node 번호인 2로 보이고 있다.

```
algo.gwnu.ac.kr - Zterm
$ ls -ail /↲
total 53930
 2 drwxr-xr-x  24 root     system      1536  8월  1일 18:43 .
 2 drwxr-xr-x  13 root     system       512 11월22일 2004 data
 2 drwxr-xr-x  15 root     system       512 11월22일 2004 project
 2 drwxr-xr-x  26 root     system       512  6월30일 2001 usr
19 -rwxr-xr-x   1 root     system   9530320  5월27일 2001 vmunix.save
$
```

[그림 8-34] [그림 8-33]의 마운트 지점의 i_node 번호 검색

마운트 된 각 개별 파일 시스템의 용량과 사용 현황을 살펴보기 위해서는 df(disk free) 명령어를 사용한다. [표 8-12]에 df 명령어의 사용법을 설명하였고, [그림 8-35]에는 [그림 8-33]의 파일 시스템에 대한 df 명령어 실행 예를 보였다.

[표 8-12] df 명령어의 사용법

사용법	▪ df ↲ - 마운트된 각 파일 시스템의 전체 크기, 사용된 량, 사용 가능한 량을 섹터('블록'이라고도 함) 단위로 출력한다. 예) $ df ↲ ▪ df -k ↲ - 마운트된 각 파일 시스템의 전체 크기, 사용된 량, 사용 가능한 량을 1KB (kilo byte)단위로 출력한다. 예) $ df -k ↲

```
algo.gwnu.ac.kr - Zterm
$ df↲
Filesystem    512-blocks      Used   Available Capacity  Mounted on
/dev/rz20a        412060    177520      193334      48%  /
/dev/rz20g       4822042   4230624      109212      98%  /usr
/dev/rz19c      17388284   6543516     9105938      42%  /data
/dev/rz18c       8633896   6209638     1560868      80%  /project
$
$ df -k↲
Filesystem   1024-blocks      Used   Available Capacity  Mounted on
/dev/rz20a        206030     88760       96667      48%  /
/dev/rz20g       2411021   2115312       54606      98%  /usr
/dev/rz19c       8694142   3271758     4552969      42%  /data
/dev/rz18c       4316948   3104819      780434      80%  /project
$
```

[그림 8-35] df 명령어 실행 예

☞ [실습 8-5]

STEP I

1. 아래 명령어를 사용해서 자신이 사용중인 유닉스 환경에서 파일 시스템의 마운트 지점을 확인한다.
   $ mount ↵ 혹은
   $ /usr/sbin/mount ↵
   (mount 명령어는 관리자 명령어에 속하므로 다른 시스템 디렉터리에 존재할 가능성도 있음).

2. 과정 1에서 하드 디스크와 연결된 장치 파일들의 명칭을 확인하고, 각각에 대하여 아래의 명령어 형태를 사용해서 출력되는 파일을 보고, 보안 모드 앞에 표시되는 파일 타입을 확인한다.
   $ ls -l /dev/rz20a ↵

3. ls 명령어의 -i 옵션을 사용해서 과정 1에 나타난 모든 마운트 지점의 i_node 번호를 확인하고 토론한다.

4. 과정 3과 마찬가지 방법으로 "/" 디렉터리의 i_node 번호를 검색한다.

5. 과정 2, 3에서 얻은 모든 i_node 번호를 비교하고 토론하다.

STEP II

1. mount 명령어를 사용해서 전체 파일 시스템에 마운트되어 있는 디스크 들을 확인한다.

2. pwd 명령어를 사용해서 자신의 홈 디렉터리에 대한 경로명을 확인한다.

3. 과정 1, 3으로부터 자신의 데이터가 저장되는 디스크를 확인한다.

STEP III

1. 아래 명령어를 사용해서 마운트된 모든 파일 시스템의 사용 현황을 관찰하고 토론한다.
   $ df ↵
   $ df -k ↵

8.6 하드 링크와 소프트 링크

[그림 8-28], [그림 8-29]로부터 디렉터리의 역할은 "제 3의 장소에 위치하는 파일에 대한 정보를 유지한다" 라고 정의할 수 있다. 그렇다면, 제 3의 장소에 위치하고 있는 특정 파일에 대한 정보는 오직 하나의 디렉터리에서만 관리되어야 하는가 하는 의문을 제기할 수 있다.

유닉스 운영체제의 파일 시스템은 하나의 파일에 대하여 여러 디렉터리가 참조할 수 있도록 허용한다. 즉, 하나의 파일이 여러 개의 경로명으로 접근이 가능하다는 것이다. 이와 같이 하나의 파일을 여러 곳에서 참조하는 현상을 링크(link)라 하는데 여기에는 하드 링크(hard link)와 소프트 링크(soft link) 등 두 가지 유형이 있다.

8.6.1 하드 링크

하드 링크는 동일 파일 시스템 내에서 특정 파일에 대한 연결 참조를 여러 번 하는 것을 말한다. [그림 8-36]에 하드 링크의 개념을 보였다. 이 그림의 주요 내용은 아래와 같다.

- i_node 11(test1.c)은 bin 디렉터리가, i_node 13(test2.c)은 etc 디렉터리가 참조하고 있던 상황에서, i_node 13을 디렉터리 bin에서 test3.c 이름으로 또 참조한다.
- 이 때, i_node 13에 대한 참조 수(refernce count)는 1에서 2로 변한다.

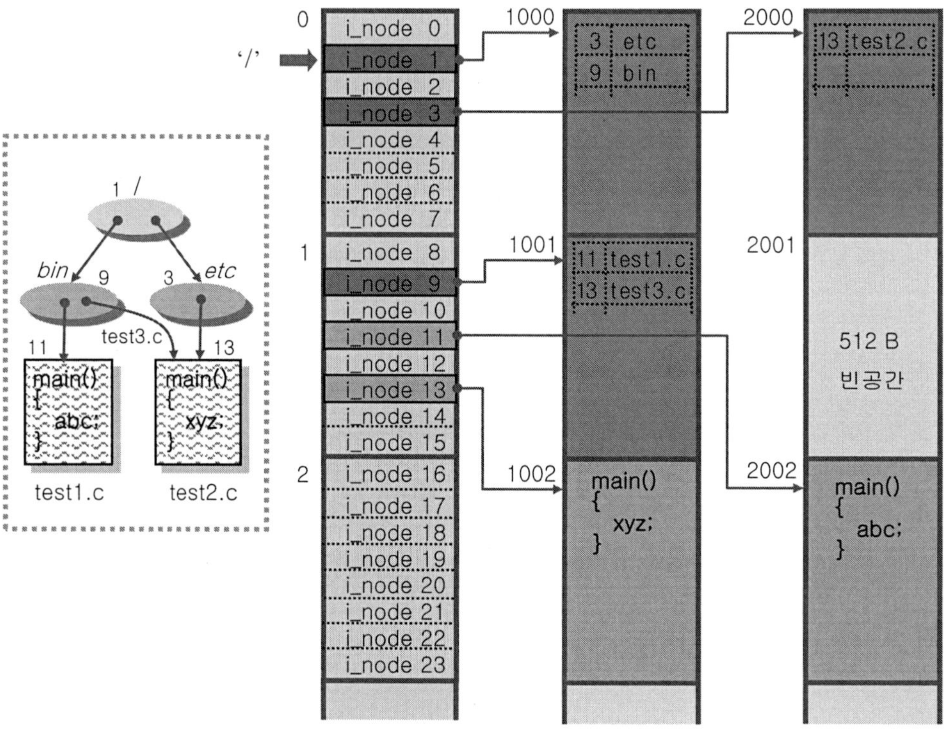

[그림 8-36] 하드 링크의 개념

하드 링크는 [그림 8-37]과 같이 크게 두 가지 경우로 구분해서 조명해 볼 수 있다. 이 들 하드 링크에 관한 규칙 혹은 제한 사항은 아래와 같다.

- (a)의 경우 dir1과 dir2는 동일 파일 시스템 즉, 동일 디스크 혹은 동일 파티션에 존재해야 한다.
- (a)의 경우 파일 명칭 file2는 file1과 동일해도 무방하다.
- (b)의 경우 파일명 file1과 file2는 동일 디렉터리 dir1에 저장되어야 하므로 서로 달라야 한다.
- (a), (b) 어느 경우든, 링크가 완성된 이후에는 원래 링크와 새로운 링크라는 개념이 전혀 없다. 즉, 파일에 대한 모든 속성 정보는 디렉터리가 아닌 i_node에 존재하므로 해당 i_node를 참조하는 모든 디렉터리에서 관찰되는 파일 정보는 모두 동일하다. 따라서, [그림 8-37]의 (a)에서 경로명 "…/dir1/file1"과 "…/dir2/file2"는 완전히 동일하다. 즉, 아래의 두 명령어 결과는 완전히 일치한다.

```
$ ls -l  …/dir1/file1 ↵
$ ls -l  …/dir2/file2 ↵
```

  마찬가지로 (b)에서 "…/dir1/file1"과 "…/dir1/file2"는 동일하다.
- 하나의 파일에 대하여 (a)와 (b) 형이 동시에 존재할 수 있다.
- (a), (b) 어느 경우든, 링크 수에 대한 실질적인 제한이 없고, 링크가 새로 형성될 때마다 해당 파일의 속성 정보에는 참조 수(link count 혹은 reference count)가 새롭게 기록된다.
- (a), (b) 어느 경우든, 파일 삭제(rm 명령어)는 링크 하나의 단절을 의미한다. 따라서, 다른 링크가 존재하는 한 참조되는 파일은 삭제되지 않고, 마지막 링크가 제거되는 순간에만 해당 파일이 삭제된다(링크가 하나인 일반적인 경우는 한 번의 rm 명령어에 의해 파일이 삭제됨).

파일 링크는 파일 시스템 경로명 상에서 멀리 떨어져 있는 파일을 가까운 경로명으로 참조하고자 할 때 편리하다.

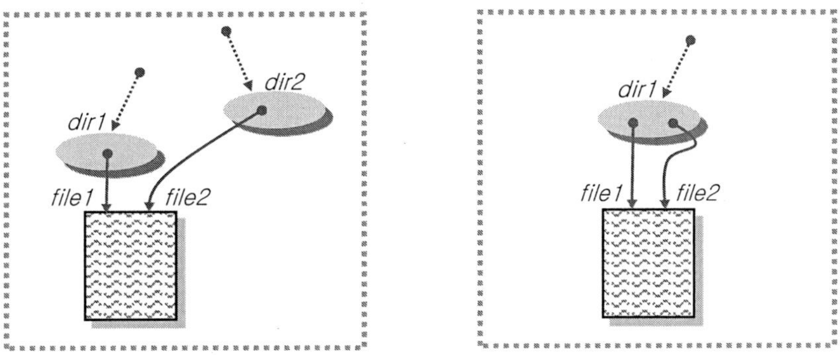

(a) 다른 디렉터리로부터의 링크　　(b) 동일 디렉터리로부터 링크

[그림 8-37] 하드 링크의 분류

■ 하드 링크 설정 명령어

[표 8-13]에 하드 링크를 설정하는 명령어 ln의 사용법을 설명하였고, 이 그림의 예를 차례로 실행 시킨 예를 [그림 8-38]에 보였다. 이 실행 예에서의 주안점은 아래와 같다.

- ls 명령어의 -i 옵션은 파일이나 디렉터리가 차지하고 있는 i_node 번호를 출력하도록 한다.
- 참조된 파일의 i_node 번호가 동일하다.
- 하드 링크가 생성될 때마다 대상이 되는 파일의 참조 수는 증가한다.

[표 8-13] ln 명령어 사용법

사용법	▪ ln 기존_파일_경로명 새_파일_경로명 ↵ - '기존_파일_경로명'이 지시하는 파일(i_node)에 대하여 새로운 경로 '새_파일_경로명'을 만든다(기존 파일이 반드시 존재해야 함). - 디렉터리에 대한 하드 링크는 불가능하다. - '기존_파일_경로명'과 '새_파일_경로명'은 반드시 동일 파일 시스템에 존재해야 한다. - 참조되는 파일의 참조 수(link count)가 하나 증가된다.

예	$ ln ../hard/test1.c test1.c ↵
	$ ln test1.c ../hard/test2.c ↵
	$ ln test1.c test2.c ↵

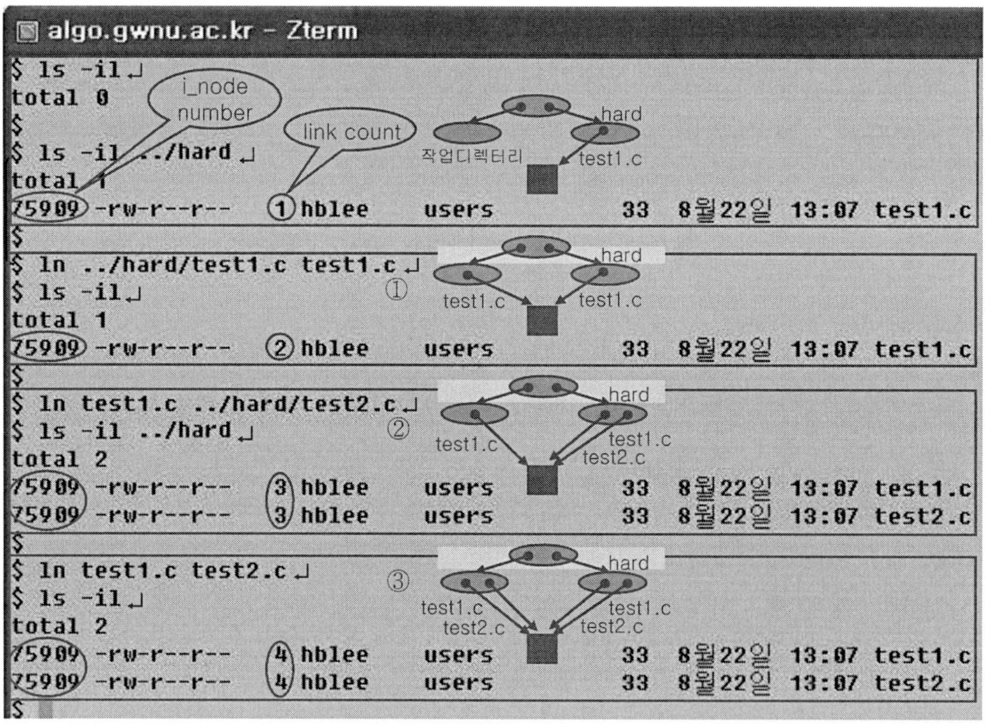

[그림 8-38] 하드 링크 설정 실행 예1

아래 [그림 8-39]는 여러 개의 하드 링크가 연결된 상태에서 해당 파일을 삭제했을 때 디렉터리의 내용과 파일의 참조 수 변화를 보였다. ①~③의 삭제에서는 해당 디렉터리에서의 링크만 사라질 뿐 i_node 번호 75909인 파일 자체는 여전히 존재한다. 그러나 ④에서는 마지막 링크가 제거되어 더 이상의 참조가 존재하지 않으므로 파일 자체도 제거된다.

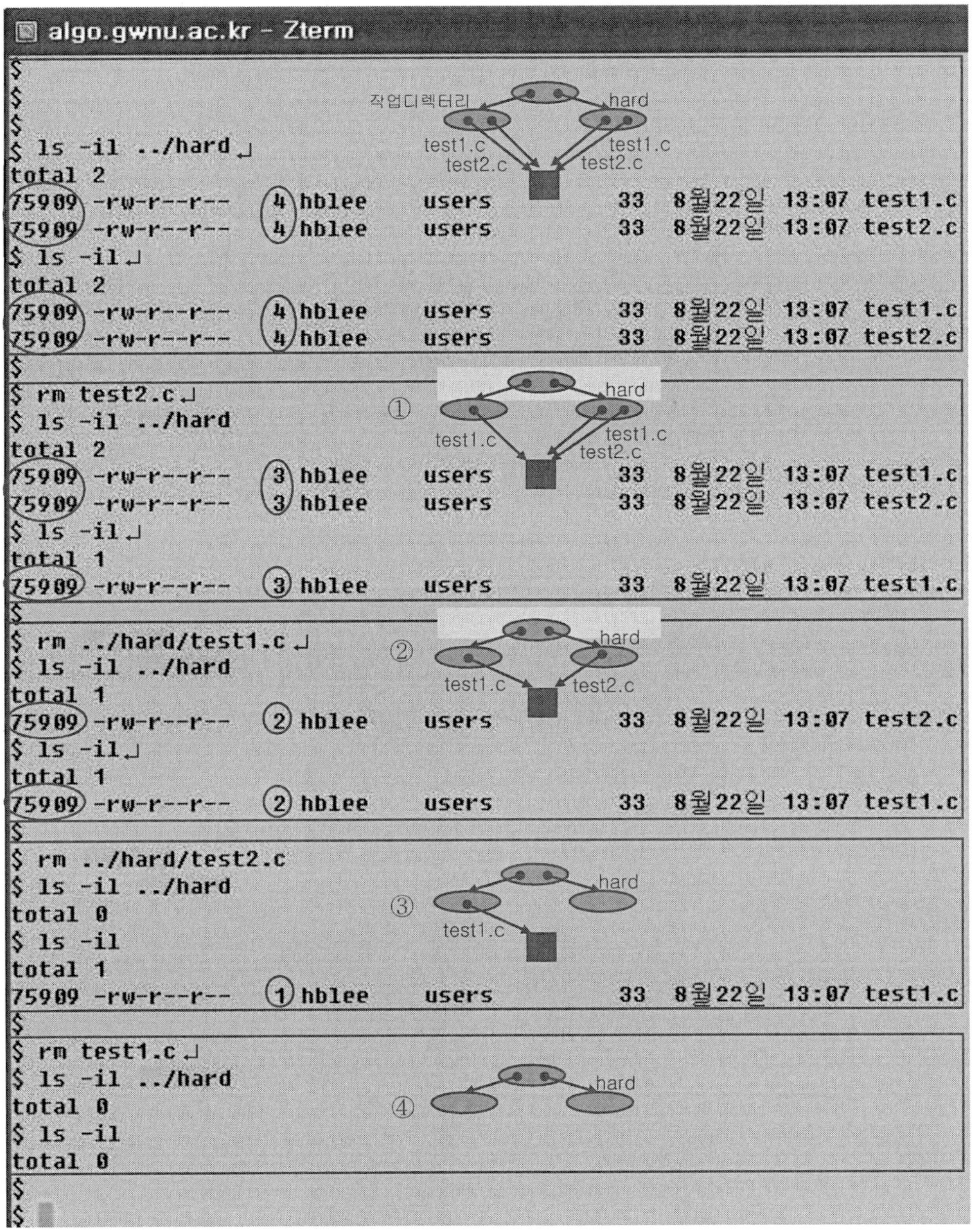

[그림 8-39] 하드 링크 설정 실행 예2

8.6.2 소프트 링크

하드 링크가, 디렉터리에서 목적 파일의 i_node를 참조함으로써 직접적인 링크를 형성하는 반면에, 소프트 링크는 목적 경로명을 저장하여 이정표 역할을 담당하는 제3의 새로운 파일을 거쳐 간접적인 링크를 형성한다([그림 8-40] 참조). 따라서, 소프트 링크의 최종 목적 위치 즉, 경로명의 위치에는 반드시 내용 및 속성이 동일한 파일이 있을 필요는 없고 명칭만 동일한 파일이 존재하면 된다. 이런 이유로 소프트 링크는 느슨한 링크 혹은 심볼릭 링크(symbolic link)라 부르기도 한다.

심지어는 소프트 링크의 최종 목적 위치에 대응되는 파일이 존재하지 않아도 파일 시스템 구성상의 문제는 없다. 아래에 소프트 링크의 특성을 요약하였다.

- 소프트 링크는 목적 파일의 i_node 대신, 목적 파일의 경로명을 저장하는 제3의 파일을 경유한다.
- 소프트 링크는 목적 파일의 존재 여부에 관계 없이 어떤 경로명으로라도 설정이 가능하다.
- 소프트 링크는 접근이 이루어질 때 비로서 최종 목적 파일의 참조(방향 전환)를 시도한다. 이때 목적 경로명이 존재하지 않으면 오류가 발생한다.
- 소프트 링크는 경로명만을 사용하므로 파일이나 디렉터리 등 모든 파일 유형에 대한 설정이 가능하다.

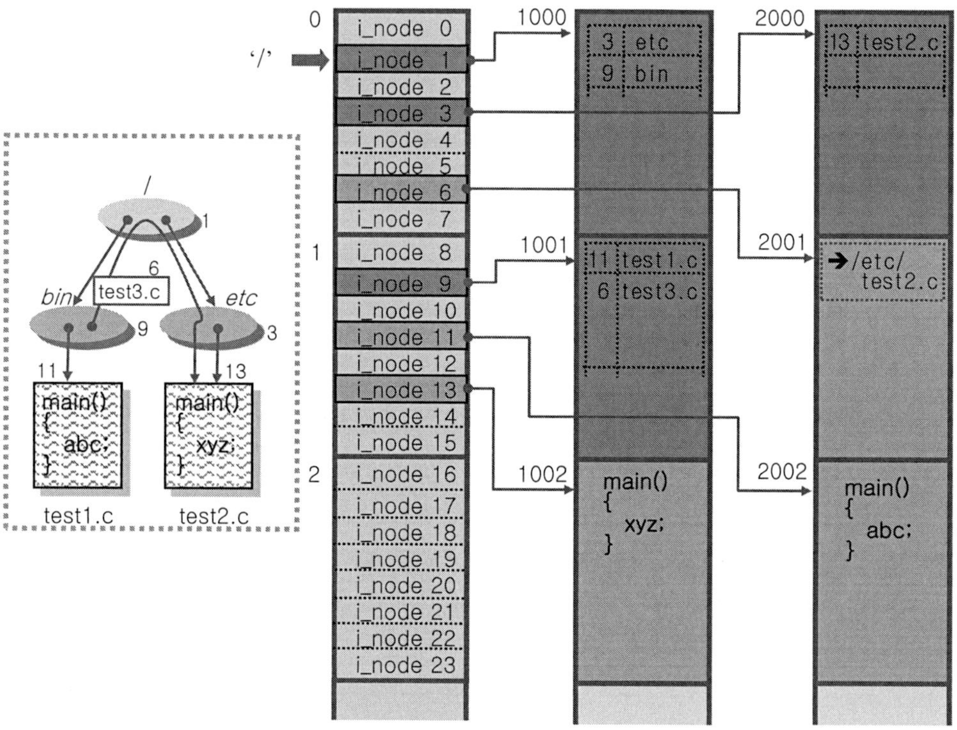

[그림 8-40] 소프트 링크의 개념

소프트 링크의 구체적인 구현 방법, 내부적 구성 방식, 표시 방식은 유닉스 버전에 따라 약간의 차이점이 있을 수 있으니, 어느 경우에나 사용자 관점에서의 개념은 동일하다.

아래의 [표 8-14]에 하드 링크와 소프트 링크의 차이점을 요약하였다. 이 표에서 특히 중요한 사항은, 소프트 링크의 경우 경로명을 연결 장치로 사용하기 때문에 전체 파일 시스템 내 어느 곳으로도 연결 할 수 있다는 점과, 디렉터리 항목과 목적 파일이 전혀 독립적이어서 연결 설정에 융통성이 높다는 점이다.

[표 8-14] 하드 링크와 소프트 링크의 비교

비교 항목	하드 링크	소프트 링크
연결 장치	▪ i_node 번호	▪ 경로명
연결 범위	▪ 동일 파일 시스템 내	▪ 마운트 된 전체 파일 시스템
연결 상태	▪ 상시 연결 상태 유지	▪ 접근이 이루어질 때 참조 시도
연결 대상	▪ 디렉터리를 제외한 파일만 가능	▪ 파일과 디렉터리 모두 가능
연결 조건	▪ 반드시 목적 파일이 존재해야 함	▪ 목적 파일이 존재하지 않아도 무방 (나중에 생성하거나 변경 가능하고, 파일 명만 일치하면 됨)
독 립 성	▪ 디렉터리 항목과 목적 파일이 서로 종속됨. 즉, 디렉터리 항목 삭제시 목적 파일도 영향을 받음	▪ 디렉터리 항목과 목적 파일은 전혀 독립적임. 즉, 디렉터리 항목을 삭제하더라도 목적 파일에는 어떤 영향도 미치지 않음.

■ 소프트 링크 설정 명령어

[표 8-15] 소프트 링크를 설정하는 명령어 ln의 사용법을 성명하였는데, [표 8-13]에 보인 하드 링크 명령어 ln에 -s 옵션을 사용하면 소프트 링크 명령어로 사용할 수 있다. 여시서 's'는 symbolic 을 의미한다.

[표 8-15] 소프트 링크를 위한 ln 명려어 사용법

사용법	▪ ln -s 기존_경로명 새_경로명 ↵ - '기존_경로명'을 지시하는 새로운 경로명 파일 '새_경로명'을 만든다(기존 경로명이 존재하지 않아도 무방함). - 파일 및 디렉터리 모두에 대한 링크가 가능하다. - '기존_경로명'과 '새_경로명'은 반드시 동일 파일 시스템에 존재할 필요는 없다. - 참조 대상인 파일이나 디렉터리에는 어떤 영향도 미치지 않는다.
예	$ ln -s ../soft/dst.c src.c ↵ $ ln -s src.c ../work/src.c ↵

아래 [그림 8-41]에 소프트 링크 설정 실행의 예로 보였다. 이 그림으로부터,

- 링크를 간접적으로 연결하는 제 3의 파일이 별도로 생성되고, 그 파일 내용으로 목적 경로명이 저장되며, 파일의 타입은 'l'로 나타난다.
- 소프트 링크 설정을 하더라도 최종 목적 파일에는 어떤 영향도 미치지 않는다.
- 링크 파일에 접근하면 바로 목적 파일이 참조 된다.

라는 사실들을 확인할 수 있다.

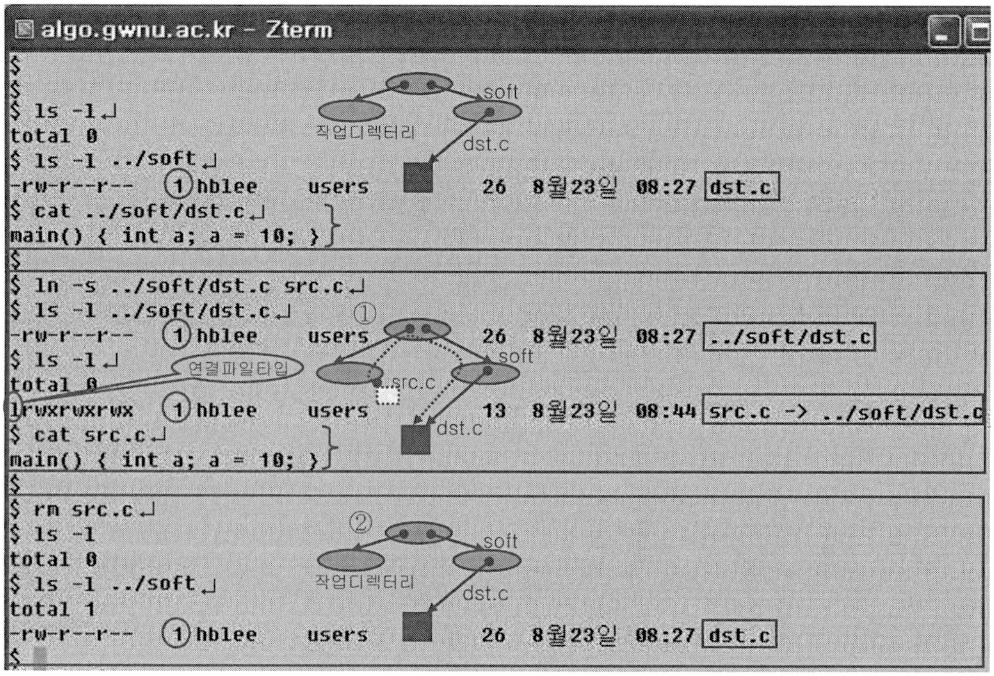

[그림 8-41] 소프트 링크 설정 실행 예

☞ [실습 8-6]

STEP I

1. [그림 8-42]의 디렉터리 체계 link, work, hard를 구축하고, 파일 test1.c를 편집한다.

2. 작업 디렉터리를 work로 옮긴다.

3. 다음 명령어를 차례로 실행시켜 각 파일의 i_node 번호, 링크 카운트, 저장 내용을 확인하고 하드 링크의 개념과 기능을 토론한다.

```
$ ln ../hard/test1.c ./test1.c ↵
$ ls -il ../hard ↵
$ ls -il ./ ↵
$ cat ../hard/test1.c ./test1.c ↵

$ ln ./test1.c ../hard/test2.c ↵
$ ls -il ../hard ↵
$ ls -il ./ ↵
$ cat ../hard/test1.c ./test1.c ../hard/test2.c ↵

$ ln ../hard/test2.c ./test2.c ↵
$ ls -il ../hard ↵
$ ls -il ./ ↵
$ cat ../hard/test1.c ./test1.c ../hard/test2.c ./test2.c ↵
```

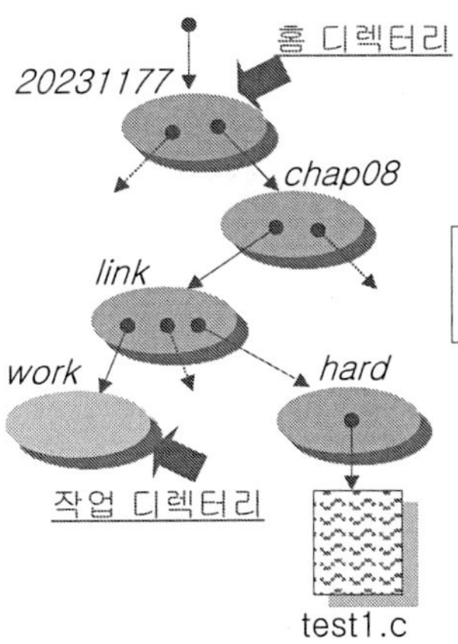

test1.c
```
main() { int x; x = 100; }
```

[그림 8-42] 링크 실습 I

4. 다음과 같이 vi 명령어를 사용해서 test2.c의 내용 중 변수 x를 y로 수정한 후 다른 링크 파일들의 내용과 비교하고 하드 링크의 기능을 이해한다.

```
$ vi  test2.c ↵
$ cat  ../hard/test1.c ↵
$ cat  ../hard/test2.c ↵
$ cat  test1.c ↵
```

5. 다음 명령어를 차례로 실행시켜 링크 카운트의 변화를 관찰하고 그 결과를 토론한다.

```
$ rm  ./test2.c ↵
$ ls  -il  ../hard ↵
$ ls  -il  ./ ↵

$ rm  ../hard/test2.c ↵
$ ls  -il  ../hard ↵
$ ls  -il  ./ ↵

$ rm  ./test1.c ↵
$ ls  -il  ../hard ↵
$ ls  -il  ./ ↵
```

6. 다음과 같이 다른 디스크(파티션)에 존재하는 파일이나, 존재하지 않는 파일에 대한 하드 링크를 시도하여 그 결과를 확인하고 토론한다.

```
$ ln  /etc/group  ./group ↵
$ ln  ../hard/test3.c  ./test3.c ↵
```

STEP II

1. [그림 8-43]와 같이 디렉터리 link, work, soft를 생성하고 작업 디렉터리를 옮긴다.
2. [그림 8-43]의 파일 dst.c를 생성하기 전에 다음 명령어를 실행시켜 그 결과를 확인하고 하드 링크와 소프트 링크간의 차이점 및 소프트 링크의 기능을 이해한다.

```
$ ln  ../soft/dst.c  ./src.c ↵
$ ln  -s  ../soft/dst.c  ./src.c ↵
$ ls  -il  ../soft  ./src.c ↵
$ cat  ./src.c ↵
```

3. [그림 8-43]의 파일 dst.c를 편집한 후, 다음 명령어를 실행시켜 그 결과를 확인하고, 하드 링크와 소프트 링크간의 차이점 및 소프트 링크의 기능을 이해한다.

```
$ cat  ./src.c ↵
$ ls  -il  ../soft/dst.c  ./src.c ↵
```

4. 다음과 같이, vi 편집기를 사용해서 소프트 링크를 경유해서 dst.c의 내용 중 변수 a를 b로 수정 한 다음 원본과 소프트 링크를 통해 파일 수정 결과를 확인한다.

```
$ vi  ./src.c ↵
$ cat  ./soft/dst.c ↵
$ cat  ./src.c ↵
```

5. 다음과 같이, vi 편집기를 사용해서 원본 파일 dst.c의 내용 중 과정 4에서 변경했던 변수 b를 다시 a로 환원한 다음 원본과 소프트 링크를 통해 수정 결과를 확인한다.

```
$ vi  ../soft/dst.c ↵
$ cat  ./soft/dst.c ↵
$ cat  ./src.c ↵
```

6. 다음 명령어를 실행시켜 소프트 링크 파일의 삭제가 원본 파일에 어떤 영향을 미치는지를 확인하고 토론한다.

```
$ ls  -il  ../soft/dst.c ↵
$ ls  -il  ./src.c ↵
$ rm  ./src.c ↵
$ ls  -il  ../soft ↵
```

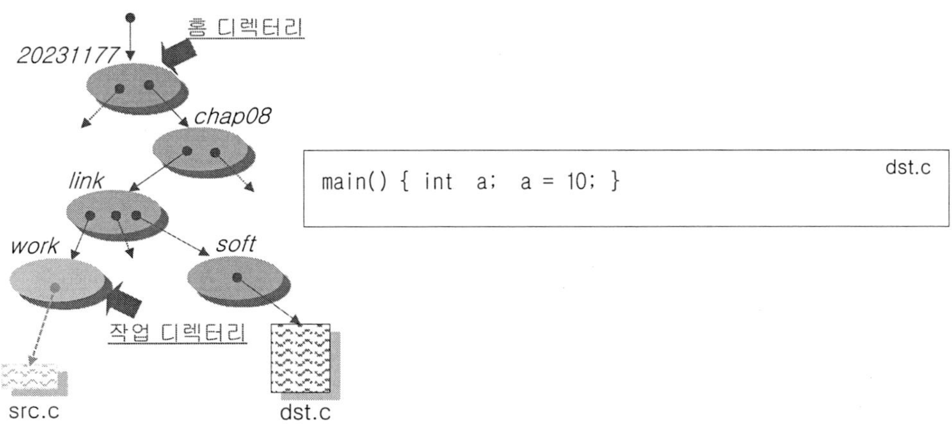

[그림 8-43] 링크 실습 II

8.7 파일 접근 시간

[그림 8-25]~[그림 8-28]의 i_node 구조 즉, 파일의 속성 정보에서 생성일과 수정일 항목을 보였다. 이들 시간과 관련된 파일 속성 정보는 사용자 관점에서 매우 중요하고 요긴하게 사용된다. 해당 문서를 언제 생성했고 또 언제 수정했는지 등은 비단 문서 자체의 속성 정보로서 뿐만 아니라, 해당 문서를 도중에 누군가가 위조하거나 변경하지는 않았는지 또는 읽어 보지는 않았는지 등에 대한 단서를 제공하기 때문에 보안 측면에서도 매우 중요하다.

■ 파일·디렉터리의 시간 속성 정보

유닉스 운영체제는 아래의 [표 8-15]에 정의된 세 가지 시간 속성을 i_node에 관리한다. 이 표에서 특이한 것은 생성 시간 속성을 최초의 생성 시간이 아닌 i_node 변경 시간으로 설정한다는 것인데, 이는 아마도 유닉스를 최초로 설계할 때 비쌌던 디스크 공간을 절약하기 위함이 아니었나 추측된다.

[표 8-16] i_node에 관리되는 시간 속성

시간 속성	속 성 내 용	비 고 (예)
생성 시간 (creation or change)	▪ i_node 내용이 변경된 시각	▪ 최초로 생성될 때 (vi-w, cp, ...) ▪ 내용이 수정될 때 (vi-w, ...) ▪ 모드, 소유자 등이 수정될 때 (chmod, chown, ...)
수정 시간 (modification)	▪ 파일•디렉터리의 내용이 변경된 시각	▪ 내용이 수정될 때 (vi-w, ...)
읽기 시간 (access)	▪ 파일•디렉터리의 내용이 접근된 시각	▪ 내용이 접근될 때 (vi-r, cat, ...)

■ 파일·디렉터리의 시간 속성 정보 검색

파일·디렉터리의 시간 속성 정보는 ls 명령어([표 4-3] 참조)의 -l 옵션으로 검색할 수 있다. [표 8-17]에 [표 8-16]의 시간 속성 정보 각각을 검색하기 위한 ls 명령어의 옵션을 정리하였다. [그림 8-44]에는 시간 속성의 변화 과정과 검색하는 방법의 실행 예를 보였다.

[표 8-17] i_node 시간 속성 검색을 위한 ls 명령어 옵션

검색 속성	ls 명령어 옵션	예
생성 시간	-l -c (-lc 와 동일)	$ ls -lc ... ↵
수정 시간	-l (기본)	$ ls -l ... ↵
읽기 시간	-l -u (-lu 와 동일)	$ ls -lu ... ↵

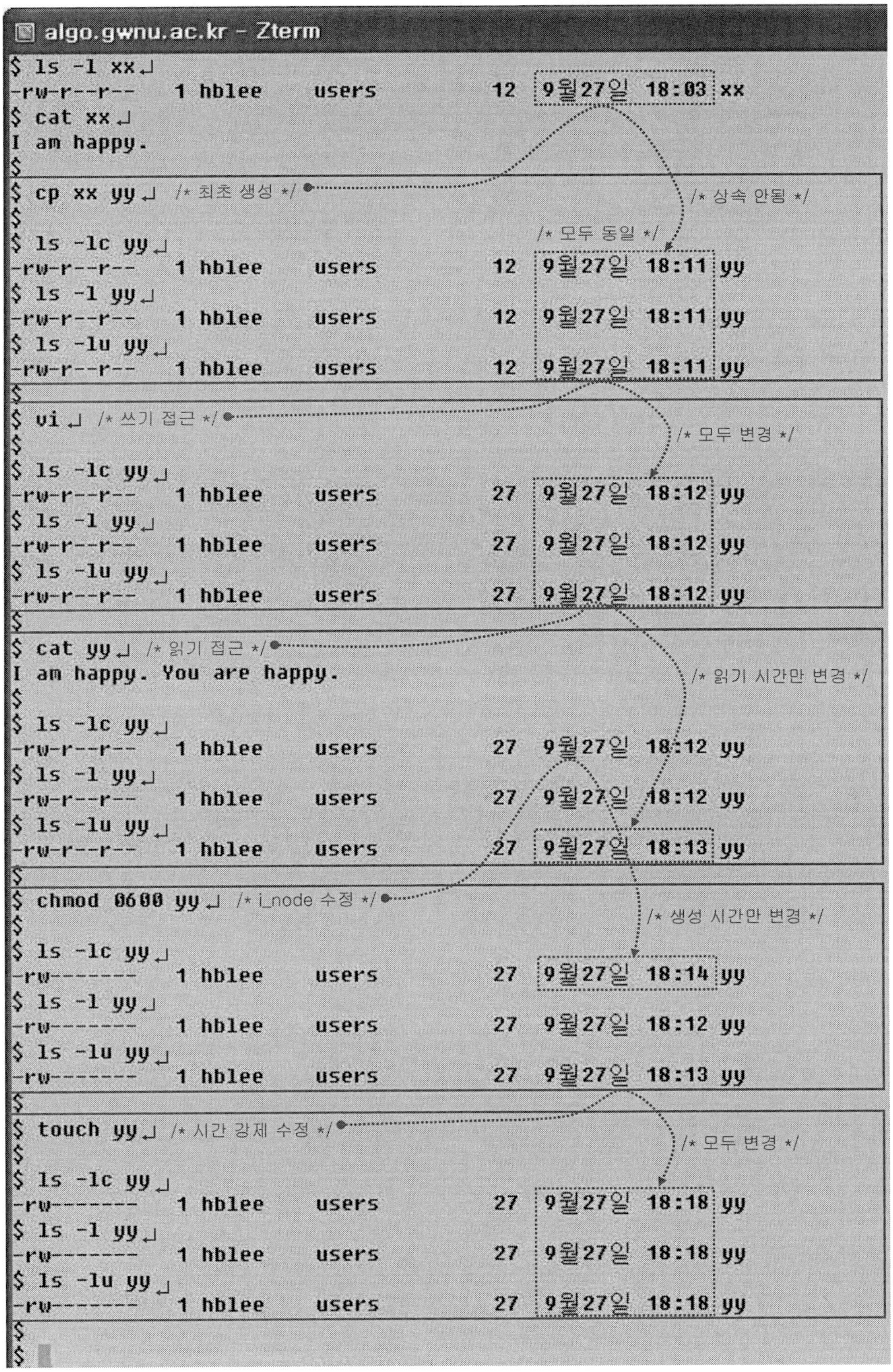

[그림 8-44] 시간 속성 검색 실행의 예

■ 파일·디렉터리의 시간 속성 정보의 임의 수정

때에 따라서는, [8-16]에 보인 시간 속성 정보의 정상적인 변경 과정에 의하지 않고, 시간 속성 정보만을 임의적을 수정해야 할 경우가 있는데, 그 몇 가지 전형적인 경우를 아래에 나열하였다.

- 컴퓨터 시계의 고장으로 많은 수의 파일과 디렉터리의 접근 시간이 잘못 설정되어 있을 때
- 마그네틱 테이프 등 보조 기억 장치에 저장해 놓았던 파일들을 복구한 후, 해당 파일들의 접근 시간 조정이 필요할 때
- 자동 컴파일 환경(make 명령어 참조)에서 원천 코드의 내용 수정 없이 컴파일만 다시 하고 싶을 때(make 명령어는 최근 수정된 파일만 찾아서 컴파일 함)

위와 같이 파일이나 디렉터리의 시간 속성 정보만을 변경하기 위해서는 touch 명령어를 사용한다. [표 8-18]에 touch 명령어의 사용법을 설명하였고, [그림 8-44]의 아래 부분에 touch 명령어의 사용 예를 보였다.

[표 8-18] touch 명령어의 사용법

사용법	▪ touch 경로명 ↵ - '경로명'에 대응되는 파일의 생성 시간, 변경 시간, 읽기 시간 속성 정보를 현재 시각으로 수정한다. - '경로명'에 대응되는 파일이 존재하지 않을 때는 크기가 0인 파일을 현재 시간을 기준으로 생성한다.
예	$ touch main.c ↵

☞ [실습 8-7]

STEP I

1. vi를 사용해서 [그림 8-45]의 파일 xx를 편집한다.

2. 1~2 분을 기다렸다가 파일 xx를 yy로 복사한다.

3. 다음 명령어를 사용해서 파일 xx와 yy의 시간 속성을 비교하여 이 속성이 상속되는지를 토론하다.

```
$ ls  -lc  xx ↵        $ ls  -lc  yy ↵
$ ls  -l   xx ↵        $ ls  -l   yy ↵
$ ls  -lu  xx ↵        $ ls  -lu  yy ↵
```

4. vi를 사용해서 파일 yy의 내용 뒤에 "You are happy." 내용을 추가한 다음 저장한다.

5. 과정 3의 방법으로, 파일 yy의 생성 시간, 수정 시간, 읽기 시간이 어떻게 변했는지를 관찰하고 토론한다.

6. cat 명령어를 사용해서 파일 yy의 내용을 읽은 후, 과정 5를 반복한다.

7. chmod 명령어를 사용해서 파일 yy의 보안 모드를 600으로 수정한 후, 과정 5를 반복한다.

8. 아래 명령어를 사용해서 파일 yy의 시간 속성을 수정한 후, 과정 5를 반복한다.

```
$ touch  yy ↵
```

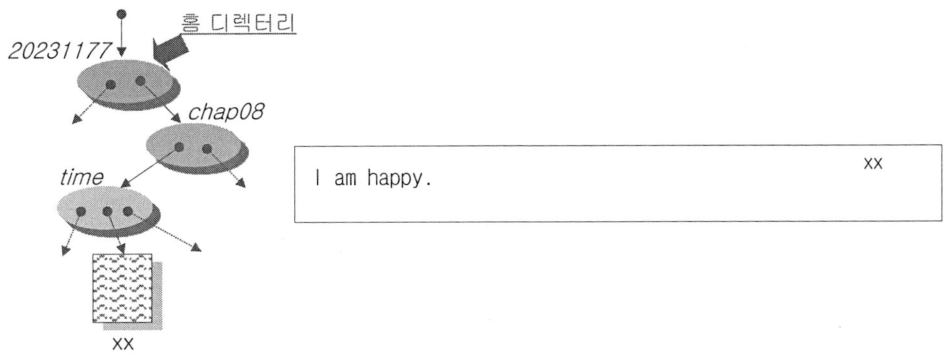

[그림 8-45] 시간 속성 실습 I

STEP II

1. ls 명령어를 사용해서 파일 zz가 있는지 확인하고, 존재하면 삭제한다.

2. 아래 명령어를 사용해서 파일 zz를 생성한다.

```
$ touch  zz ↵
```

3. 다음 명령어를 사용해서 파일 zz의 크기와 시간 속성을 검색해 보고 그 결과를 토론한다.

```
$ ls  –lc  zz ↵
$ ls  –l  zz ↵
$ ls  –lu  zz ↵
```

제 9 장 유닉스 프로세스 관리

9.1 프로세스의 개념 / 393

9.2 프로세스의 상태, 우선 순위, 속성 / 403

9.3 프로세스 통제(신호) / 418

9.4 C 셸의 작업 통제 / 427

9. 유닉스 프로세스 관리

유닉스 환경에서 어떤 작업을 처리한다는 것은 곧 컴퓨터로 하여금 특정 프로그램에 주어진 명령들을 수행하게 함을 의미한다. 이 때, 컴퓨터가 프로그램을 받아들여 수행의 대상으로 설정하기까지는 다양하고 복잡한 과정을 거쳐야 한다. 여기서 컴퓨터라 함은 유닉스 운영체제 및 그 통제 하에 있는 처리기(CPU)를 말한다.

이 때, 일반 사용자에게는 자신의 의도에 따라 처리 중인 프로그램의 진행 상태를 살펴 보거나 임시 중단 및 재개, 영구 중단 등의 조치를 취할 수 있는 통로가 주어져야 하고, 관리자에게는 시스템 차원에서 현재 얼마나 많은 프로그램들이 수행 중에 있고, 또 그 부하는 얼마나 되는가 등을 살펴 볼 수 있는 권한과 필요에 따라서는 특정 사용자의 프로그램을 강제로 종료 시킬 수 있는 자격이 주어져야 한다.

9.1 프로세스의 개념

앞 장의 여러 부분에서 "실행 중인 프로그램을 프로세스라 한다"라는 사실을 언급하였다. 프로세스가 되기까지의 보편적인 과정을 그림으로 묘사해 보면 [그림 9-1]과 같다.

■ 실행 파일

실행 파일(executable file)은 사용자가 작성한 원천 코드와 시스템에서 제공하는 라이브러리 들이 기계어로 번역된 후 통합된 내용으로 구성된다. 여기에는 프로그램의 메모리 적재 주소, 크기, 부분별 특성 등에 대한 정보를 부가적으로 기록하여 로더에게 충분한 정보를 제공한다. 이런 실행 파일의 구조에는 크게 ELF(Executable & Linking Format)와 COFF(Common Object File Format)의 두 가지 유형이 있는데, 대부분의 유닉스 시스템은 이 두 가지 모두를 지원한다.

ELF 혹은 COFF 형식으로 구성되어 적재 및 실행한 가능한 파일을 유닉스 환경에서는 a.out 파일이라 부른다.

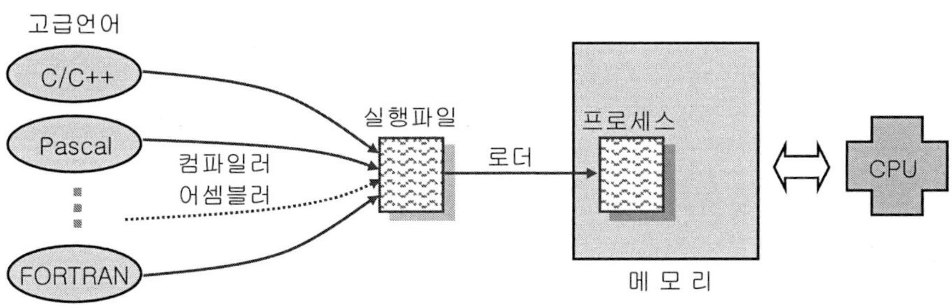

[그림 9-1] 프로세스까지의 진화 과정

■ **로더와 프로세스 생성**

로더(loader)는 ELF 혹은 COFF 구조로 저장된 a.out 파일을 메모리에 적재하여 실행을 준비하는 역할을 담당한다. 로더의 형태는 다양한 형태로 존재할 수 있지만, 유닉스 환경에서는 운영체제 안에 시스템 서비스 형태(fork(), exec())로 존재한다. 따라서 유닉스 환경에서 실행 파일은 반드시 현재 실행 중인 다른 프로그램 즉, 다른 프로세스에 의해서만 적재될 수 있다.

이런 의미에서 [그림 7-1]에 보였던 쉘의 역할은 한 마디로, "사용자가 원하는 명령어(실행 파일)의 적재 대행" 이라고 정의할 수 있다. 즉, 쉘은 사용자로부터 명령어 문자열을 입력 받아 분석한 후, 대응되는 실행 파일을 검색하고 그 실행 파일을 운영체제의 로더에게 의뢰하여 적재한다.

■ **프로세스 부모·자식 관계 및 가계도**

위에서 언급한 바와 같이 프로세스는 반드시 현재 실행 중인 다른 프로세스에 의해서만 생성될 수 있다. 따라서, 생성하는 프로세스와 생성되는 프로세스 사이에는 특별한 관계가 유지될 수 있는데 이를 부모·자식(parent·child) 관계라 부른다.

위의 부모·자식 관계를 역추적하면 최초의 조상으로부터 시작되는 모든 프로세스들의 가족보가 형성된다. [그림 9-2]에 유닉스 시스템에서 사용자와 대화하는 쉘 프로세스가 탄생하기까지의 전형적인 가계도를 보였다. 이 그림에서 하위 프로세스들은 바로 위에 존재하는 프로세스에 의해 생성됨을 의미한다. 따라서 바로 인접한 수준에 있는 프로세스들은 부모·자식 관계를 이룬다. 부모·자식 관계에서 유념해야 할 중요한 사실은 아래와 같다.

- 하나의 부모 프로세스는 여러 개의 자식 프로세스를 생성할 수 있고, 그 자식 프로세스들은 다른 형제들과 독립적인 개체로 인정되어 동시에 실행된다

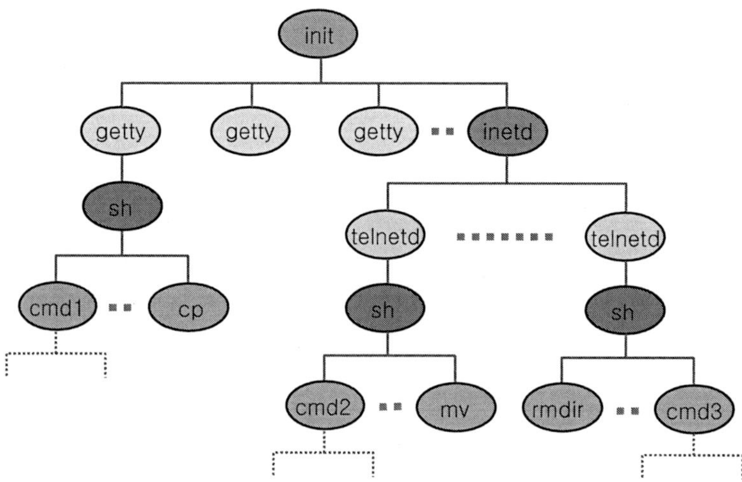

[그림 9-2] 프로세스 가계도

• 반대로, 특정 프로세스 관점에 부모 프로세스는 반드시 하나만 존재한다.

[그림 8-2]에 보인 프로세스들의 주된 역할을 [표 9-1]에 보였다. 이 표에서 getty 프로세스가 생성한 login 프로세스는 쉘 프로세스로 대체되어 사라지기 때문에 가계도 상에는 나타나지 않는다.

[표 9-1] 프로세스 가계도 프로세스들의 주 역할

프로세스	주 요 기 능
init	• 유닉스 운영체제가 부팅될 때 생성된 최초의 사용자 모드 프로세스 • 유닉스 수행 수준(run level)에 따라 특정 설정 파일을 참고하여 필요한 프로그램들을 적재하여 실행 시킴
getty	• 생성시 주어진 유닉스 전용 단말기(장치)에 대하여 전원의 on/off를 감시하여, 전원이 감지되면 login 프로세스를 생성하여 쉘을 생성하도록 함 • 쉘이 종료하면 위 과정을 반복함
inetd	• 인터넷(TCP/IP) 접속 요청에 대기하고 있다가, 요청이 발생하면 대응할 프로그램을 적재하여 실행 시킴 ▪ 인터넷 요청에는 웹(http), 파일 전송(ftp), 전자 우편(smtp) 등 다양함 ▪ 원격 로그인(remote login) 요청인 경우 telnetd 프로그램을 적재하여 실행 시킴
telnetd	• 사용자의 로그인 쉘(sh, csh, ksh 등)을 적재하여 실행 시킨 후, 쉘과 원격 사용자 사이에서 데이터 전송을 중개함
sh(csh,ksh)	▪ 사용자로부터 명령어 문자열을 받아, 해당되는 명령어를 적재하여 실행 시킴

■ 유닉스 수행 수준

[그림 9-2]에서 보는 바와 같이 모든 프로세스는 init 프로세스의 영향에 의해 생성된다. 즉, init 프로세스는 유닉스 시스템 관점에서 실행시킬 프로세스들을 결정한다. 또한, init 프로세스에 의해 실행된 프로세스들은 그 역할이 무엇이냐에 따라 유닉스 시스템이 주로 어떤 환경에서 사용될 수 있는가를 좌우한다.

보통, 사용자 관점에서 바라보는 유닉스 시스템의 사용 환경은 [표 9-2]와 같이 크게 4 가지 정도로 분류되는데, 이를 수행 수준(run level) 혹은 수행 모드(run mode)라 한다. 이 표에서 single user mode는 관리자가 시스템을 점검하거나 유지보수, 혹은 시스템 설정 변경이 필요할 때의 사용 환경으로 자주 사용되지는 않는다.

[표 9-2]의 수행 수준 내용은 절대적인 것이 아니어서 관리자의 설정에 따라 얼마든지 변경될 수 있고, 뿐만 아니라 새로운 수행 수준도 정의될 수 있다.

[표 9-2] 유닉스 사용 환경(수행 수준)

수행수준	기호	사 용 환 경
halt mode	0	• 전원 차단을 위한 시스템 정지(shutdown) 상태임
single user mode	S	• console 장치에 대한 getty만 생성되기 때문에, 관리자 한 사람만 사용할 수 있음
multi user mode	2	• 모든 유닉스 전용 단말기에 대하여 getty가 생성되기 때문에 다수의 일반 사용자의 로그인 접속이 가능함
network multi user mode	3	• 유닉스 전용 단말기 뿐만 아니라, 네트워크 및 inetd 등 관련 프로세스가 생성되기 때문에 네트워크를 통한 일반 사용자의 원격 로그인 접속도 가능함

• **수행 수준 설정 파일**

앞에서 언급한 바와 같이 수행 수준의 실체는 곧 그 수준에서 실행되어야 할 프로세스들의 집합이다. 이들 수행 수준은 "/etc/inittab" 파일에 정의되고, 오직 관리자만이 수정할 수 있다.

[그림 9-3]에 수행 주준이 정의되는 예를 보였는데 여기서 init 프로세스가 수행 수준을 정의하는 프로그램들을 실행시키는 과정은 다음과 같다.

① 파일 /etc/inittab은 "줄이름:수행수준:대기여부:명령어문자열" 형태의 줄로 구성된다.

② 파일 /etc/inittab의 첫 줄 두 번째 칸에서 기본 수행 수준(initdefault) 3을 얻는다.

③ 두 번째 줄부터 각 줄에 대해서, 두 번째 칸의 수행 수준에 3이 포함되어 있으면 해당 줄의 네 번째 칸에 정의된 명령어 문자열을 실행시킨다. 예를 들어 세 번째 줄 "fs:23:wait:/sbin/bcheckrc …"의 두 번째 칸의 수행 수준 "23"에는 3이 포함되어 있으므로 이 줄의 네 번째에 지시된 명령어 문자열 "/sbin/bcheckrc …"를 실행 시킨다.

④ ③에서 실행되는 명령어는 쉘 스크립트(쉘 프로그램)인 경우가 많다. 예를 들어 줄 이름이 s3인 줄의 경우 실행 시킬 명령어 "/sbin/rc3"는 디렉터리 "/sbin/r3.d"에서 'S'(start)로 시작하는 모든 명령어 파일을 실행시키는 쉘 스크립트이다.

⑤ 유닉스 전용 단말기 및 콘솔에 대한 getty 프로세스는 줄 이름 cons, tty1, tty2에서 생성되고, 원격 로그인을 위한 inetd는 줄 이름 s3의 "/sbin/rc3"에 의해 실행되는 "/sbin/rc3.d/S55inetd" 명령어에 의해서 생성된다.

⑥ 이 예에서 전체적으로 수행 수준 3을 위해, 줄 이름이 fs, update, s2, s3, cons, tty1, tty2인 줄의 명령어 문자열이 차례로 실행된다.

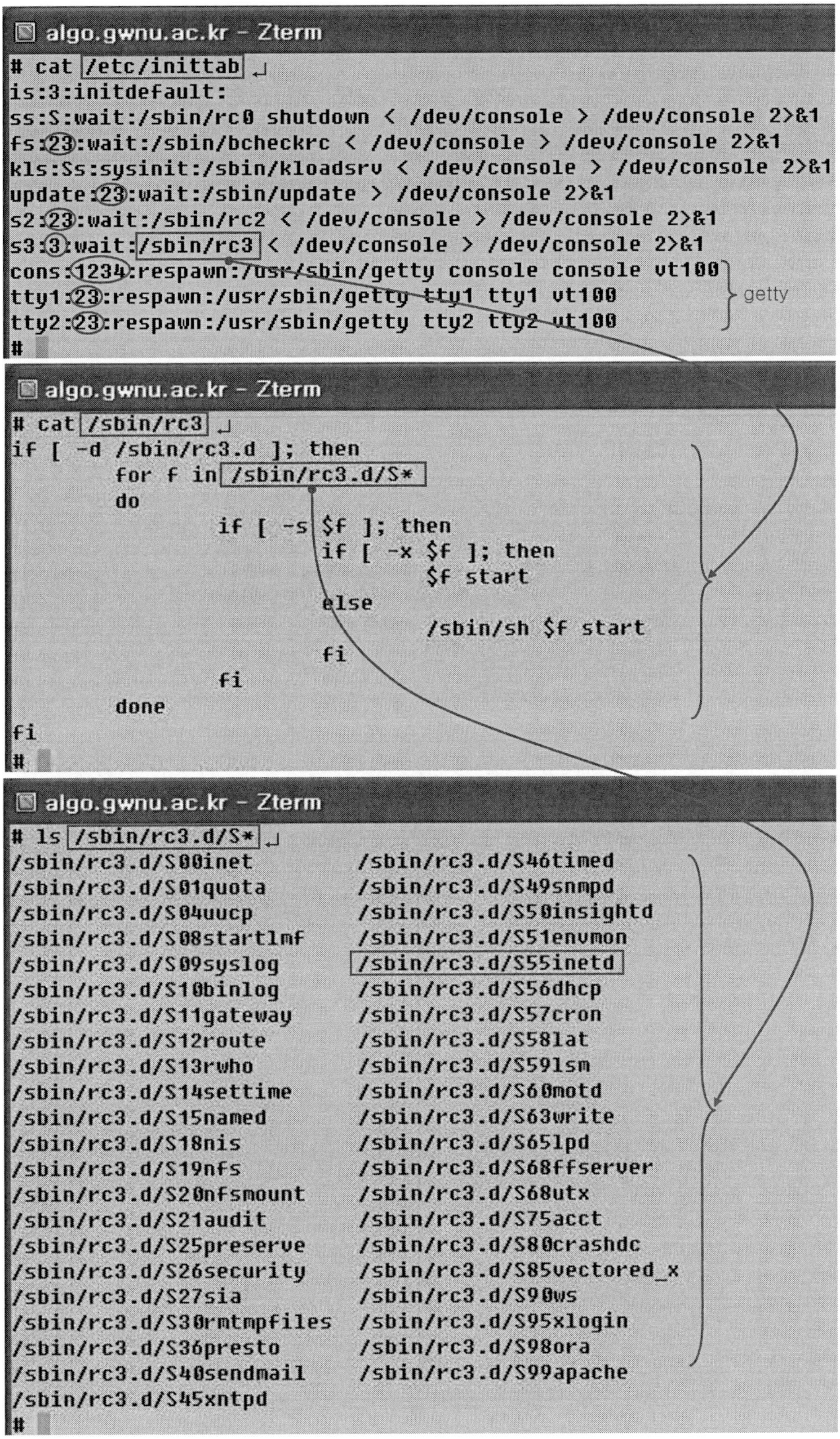

[그림 9-3] 유닉스 수행 수준의 정의 과정

• 수행 수준의 변경

애초의 유닉스 수행 환경은 유닉스 운영체제가 부팅하면서 최초로 탄생되는 init 프로세스가 /etc/inittab 파일을 참조해서 결정한다. 때로는 운영체제를 부팅하기 위한 펌웨어 명령어에서 수행 수준을 결정하여 전달하기도 하고, 때로는 무조건 single user mode로 부팅이 완료된 다음에 관리자에 의해 특정 모드로 전환되기도 한다.

사용중인 유닉스 환경을 다른 수행 수준으로 전환하기 위해서는 init 명령어를 사용해야 한다. init 명령어는 [그림 9-2]에서 보는 바와 같이 이미 실행되어 프로세스로 존재하고 있지만, 이 명령어를 다시 실행 시키면 이미 존재하는 init 프로세스와 통신하여 수행 수준을 새로운 모드로 전환할 수 있도록 한다. [표 9-3]에 init 명령어의 사용법을 요약하였다.

[표 9-3] init 명령어 사용법

사용법	▪ init run_level ↵ - 'run_level'은 0, S, 2, 3 등과 같이 "/etc/inittab" 파일에서 인식되는 수행 수준의 기호여야만 한다. - 기존의 프로세스를 모두 종료 시킨 다음, 수행 수준 'run_level'을 위한 프로그램들을 새롭게 실행 시킨다. - 관리자만이 실행 시킬 수 있다.
예	# init 0 ↵ /* 시스템 전체를 중단(shutdown)시킴 */ # init S ↵ /* single user mode로 전환시킴 */ # init 3 ↵ /* 네트워크 환경이 활성화된 multi user mode로 전환시킴 */

• 수행 수준의 확인

현재 사용 중인 유닉스 환경이 어떤 수행 수준에 있는지를 알기 위해서는 [표 9-4]에 보인 who 명령어에 -r 옵션(r은 run을 의미함)을 사용한다. 이 명령어의 실행 예를 [그림 9-4]에 보였다.

[표 9-4] who 명령어의 -r 옵션 사용법

사용법	▪ who -r ↵ - 현재 사용 중인 유닉스의 수행 수준을 출력한다. - 현재 수준으로의 변경시각, 현 수준으로의 변경 횟수, 변경 전 수행 수준 등을 부가 정보로 제공한다. - 어떤 사용자도 사용할 수 있다.
예	$ who -r ↵

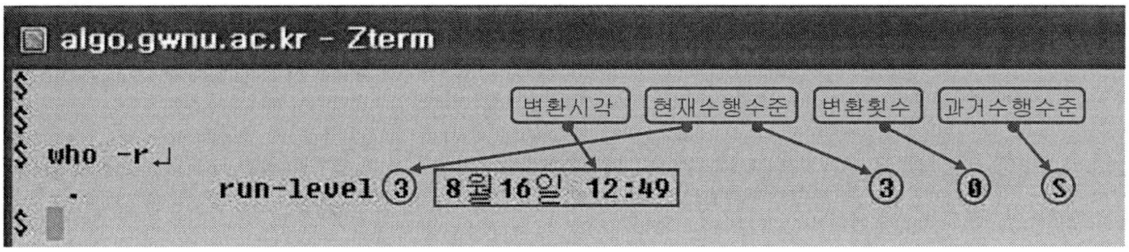

[그림 9-4] who 명령어의 -r 옵션 실행 예

■ 프로세스 id

유닉스 운영체제는 새로운 프로세스를 생성할 때 유일한 프로세스 id를 부여한다. 프로세스 id는 정수의 일부 구간을 설정하여 중복되지 않는 한 반복적으로 사용된다. 유닉스 운영체제가 관리할 수 있는 프로세스의 최대 개수는 시스템 하드웨어 즉, 메모리나 처리기(CPU) 등의 용량·성능에 따라 좌우되지만 상업용 서버의 경우 대체로 2,000~3,000개 정도가 한계로 알려져 있다.

[그림 9-2]에 보인 몇 가지 시스템 프로세스들은 시스템의 동작 개시와 함께 영구적으로 존재하게 되지만, 기타 대부분을 차지하는 일반 사용자가 실행시킨 프로세스들은 수행 기간이 짧기 때문에 매우 빈번하게 생성·소멸을 반복한다. 이 때, 바로 전에 사용되었던 프로세스 id가 자주 재사용 된다면 유일성은 유지되지만 동일한 프로세스 id가 자주 등장함으로써 사용자에게 혼란을 줄 가능성이 높다. 이런 문제점을 보완하기 위해 유닉스 운영체제는 프로세스 id를 다음의 방법으로 부여한다.

① 시스템 프로세스에게는 대개 하위 번호를 할당한다. 특히, 거의 모든 유닉스 버전에서 init 프로세스에게는 1 번, 운영체제 내부에서만 활동하는 스케줄러 프로세스에게는 0 번을 할당한다.
② 부여 가능한 프로세스 id 풀을 최대 동시 상주 프로세스 개수의 10배 정도로 확보하고, 새로운 프로세스가 생성될 때마다 가능한 한 커지는 쪽의 프로세스 id를 부여한다. 보통, 유닉스 프로세스 id 풀로 0~32,767 범위의 정수를 사용한다.
③ 과정 ②에서 프로세스 id 풀의 끝에 다다르면 다시 낮은 쪽부터 시작해서 과정 ②를 반복한다.
④ 과정 ②, ③ 도중, 현재 사용중인 프로세스 id는 건너뛴다.
⑤ 현재 활동 중인 프로세스는 자신의 프로세스 id를 시스템 전체적으로 유익한 식별 장치로 사용해도 무방하다. 예를 들어, 자신만이 사용할 임시 파일을 공통 작업 디렉터리인 "/tmp"나 "/usr/tmp"에 생성하고자 할 때 파일 이름에 자신의 프로세스 id를 활용하면 유일한 파일을 생성할 수 있다.

☞ [실습 9-1]

STEP I

1. [그림 9-5]의 pid_test1.c를 이해한 후, 코딩하고 컴파일한다.

2. 다음 명령어를 실행시켜 자신이 사용중인 쉘의 프로세스 id를 확인한다.
   `$ ps ↵`

3. 아래와 같이 명령어 pid_test1을 후면으로 실행시킨 후, 그 출력 결과와 과정 2의 결과를 비교하여 프로세스 id 및 부모·자식 관계를 이해하고 토론한다.
   `$ pid_test1 & ↵`

4. 과정 3을 여러 번 반복하여 프로세스 id의 부여 방법에 어떤 경향이 있는지를 토론한다.

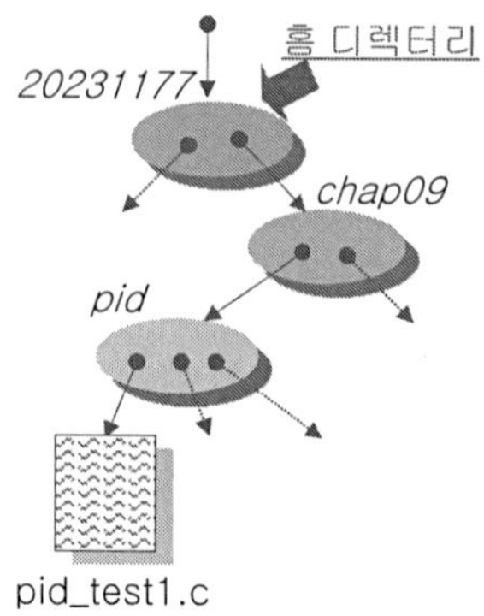


```
/* pid_test1.c */
#include <stdio.h>
#include <unistd.h>
#include <stdlib.h>
main()
{
        int     mypid, parentpid;
        mypid = getpid();    /* pid of this process */
        parentpid = getppid();    /* pid of parent */
        printf("My pid = %d\n", mypid);
        printf("Parent pid = %d\n", parentpid);
        sleep(5);
        exit(0);
}
```

[그림 9-5] 프로세스 개념 실습 I

STEP II

1. 다음 명령어를 실행하여 시스템 안에 등록되어 있는 모든 프로세스에 대한 정보를 얻어 파일 ps.out에 저장한다.
   `$ ps -ef  > ps.out ↵`

2. 과정 1에서 얻은 파일 ps.out을 참조하여, STEP I의 과정 2에서 얻은 자기 쉘의 프로세스 id로부터 출발해서 init 프로세스까지의 가계보를 작성한다([그림 9-2] 참조).

STEP III

1. 다음 명령어를 실행시켜 자신이 사용중인 유닉스 환경의 수행 수준을 확인한다.

```
$ who  -r ↵
```

2. 아래 명령어를 사용해서 "/etc/inittab" 파일의 내용을 탐색한다.

```
$ cat  /etc/inittab ↵
```

3. 과정 2의 내용으로부터 과정 1에서 얻은 수행 수준이 포함된 줄에 어떤 내용들이 있는지 살펴본다.

4. 아래 명령어를 실행하여 시스템 안에 getty 프로세스가 있는지 확인한다(어떤 시스템에도 콘솔 단말기가 존재하므로 반드시 하나 이상의 getty가 존재해야 함).

```
$ ps  -ef  |  grep "getty" ↵
```

5. 과정 1에서 얻은 수행 수준을 참고하여, 과정 2의 "/etc/inittab" 파일에서부터 시작해서 getty 프로세스가 실행되기까지의 과정을 추적하고 토론한다.

6. 과정 4의 명령어 형태를 활용하여 inetd 프로세스가 존재하는지 관찰하고, 만약 존재한다면 inetd 프로세스가 실행되기까지의 과정을 추적하고 토론하다.

STEP IV

1. 다음 명령어를 실행시켜 영원히 종료하지 않는 후면처리 프로세스 하나를 생성하고, 그 프로세스의 id(자신의 id, 부모 프로세스 id 모두)를 확인하고 기록한다.

```
$ cat < /dev/zero > /dev/zero & ↵
$ ps -f ↵                /* cat_pid */
```

2. 쉘을 종료하고 다시 로그인한 후, 아래 명령어를 사용해서 과정의 1의 프로세스가 아직 존재하는지 확인(자신의 id, 부모 프로세스 id 모두)하고 토론한다.

```
$ ps  -fp  cat_pid ↵     /* 과정 1에서 기록해 둔 프로세스 id */
```

3. 과정 1의 cat을 아래와 같이 실행시킨 후, 과정 2를 반복하여, cat 프로세스가 아직 존재하는지 확인하고 토론한다.

```
$ nohup  cat < /dev/zero > /dev/zero & ↵
$ ps -f ↵                /* cat_pid */
```

4. [그림 9-6] (a)와 (b) 상태에서 갑작스러운 쉘의 종료에 따라 표준 입·출력 장치인 키보드와 모니터가 폐쇄되었을 때 각각의 경우 shl_test16의 운명에 대하여 토론한다.

5. 과정 3에서 사용한 nohup(no hangup) 명령어의 기능을 표준 입·출력 장치와 결부하여 토론한다.

6. 다음 명령어를 실행시켜 과정 3에서 실행된 프로세스를 종료시킨다.

```
$ kill cat_pid ↵
```

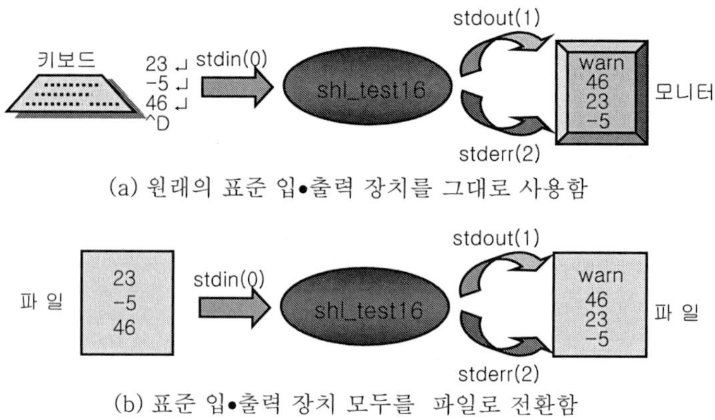

[그림 9-6] 표준 입·출력 장치 폐쇄의 영향(7.6.3절 참조)

9.2 프로세스의 상태, 우선 순위, 속성

■ 프로세스 상태

프로세스로 등록된 프로그램은 프로그램이 종료할 때까지 쉬지 않고 실행되는 것이 아니라 아래와 같이 다양한 과정 즉, 상태 변화를 거치면서 점진적으로 실행된다.

① 시스템 안에는 여러 개의 프로세스가 등록되어 있으므로, 유닉스 운영체제는 CPU로 하여금 각 프로세스를 일정한 시간 만큼씩 번갈아 처리할 수 있도록 관리한다.
② 실행 도중, 지정된 시간 내에 처리가 종료되지 않는 프로세스는 인터럽트 기법에 의해 CPU를 운영체제에게 선점 당하게 되고, 다른 프로세스에 대한 처리 서비스가 끝난 후 실행이 재개될 수 있다(준비 상태).
③ 실행 도중, 키보드, 인터넷, 디스크 등의 입•출력 완료를 대기하거나, 외부로부터의 신호를 기다리는 등 처리 진행을 잠시 중단해야 할 때에는 운영체제가 그 사실을 인지하고 해당 프로세스를 CPU 할당 대상에서 제외시킨다(대기 상태).
④ 대기 중, 입•출력이 완료되거나 기다리던 신호가 발생하면 운영체제는 해당 프로세스를 CPU 할당 대상 목록에 등재하고 차례를 기다리도록 한다(준비 상태).
⑤ 상태 ② 혹은 ③을 거쳐 준비 상태에 있는 프로세스는 운영체제의 스케줄 전략에 따라 CPU가 할당되고 일정 기간 동안 CPU를 차지하여 실행된다(실행 상태).
⑥ 상태 ⑤의 실행 중 프로그램이 종료하면 해당 프로세스는 더 이상의 CPU 처리를 필요로 하지 않는다(주검 상태).

위의 과정을 그림으로 도식화 하면 [그림 9-7]과 같다.

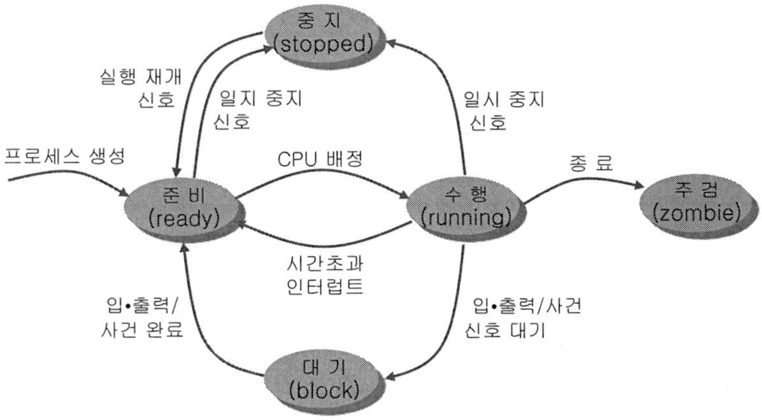

[그림 9-7] 프로세스 상태 천이도(프로세스의 일생)

■ 프로세스 우선 순위

[그림 9-7]에서 CPU를 기다리는 준비 상태(ready)인 프로세스가 많을 때, 어느 프로세스에게 CPU를 먼저 할당할 것인가를 결정하기 유닉스 운영체제는 모든 프로세스에게 우선 순위를 계산해서 부여한다. 우선 순위를 결정하는 방법은 유닉스 버전에 따라 특히 민감한 부분이기 때문에 운영체제의 특성을 좌우하는 매우 중요한 요소 중의 하나이다.

보통 유닉스 운영체제의 우선 순위 계산에는 아래 사항들이 고려되는데, [표 9-5]에 전형적인 우선 순위 계산 식을 보였다.

- 처음 생성되었을 때 주어지는 기본 우선 순위는 모두 동일하다.
- 우선 순위 등급으로 0~127 사이의 값을 사용하고, 값이 적을수록 우선 순위가가 높고, 값이 클수록 우선 순위가 낮다.
- 운영체제에게 입·출력을 의뢰한 후, 입·출력의 완료를 기다리며 대기 상태(block)에 있다가 다시 재개하는 프로세스에게 주어지는 우선 순위를 시스템 우선 순위라 하고, 이 우선 순위는 0~39의 값은 가진다.
- 운영체제가 아닌 사용자 프로그램 부분을 진행 중에 있는 프로세스에게 주어지는 우선 순위를 사용자 우선 순위라 하고, 이 우선 순위는 40~127의 값을 가진다.
- 최근 일정 시간 동안의 CPU 사용 시간이 많을수록 우선 순위는 낮아진다.
- CPU를 받지 못하고 기다리는 시간이 오래 될수록 그 프로세스의 우선 순위는 점점 높아진다.
- CPU 사용 시간과 기다리는 시간을 반영하기 위해서 모든 프로세스의 우선 순위는 1 초에 1 번 정도 재계산된다.
- 사용자 우선 순위 계산 수식에 모든 프로세스에게 공통으로 적용되는 기본 항목이 있는데 이를 nice 값이라 한다.
- 계산된 우선 순위가 동일한 경우에는 준비 상태에 먼저 도달한 프로세스에게 우선권을 준다.
- 사용자 프로그램 수행 중, 인터럽트 등에 의해서 우선 순위가 더 높은 프로세스가 탄생하면 그 프로세스에게 CPU를 빼앗긴다(CPU선점).

[표 9-5] 우선 순위 계산식

Priority value = Threshold priority + Nice value + (Recent CPU usage / 2) - Waiting time	
Threshold priority	▪ 시스템 우선 순위와 사용자 우선 순위 구별 - 시스템 우선 순위 : 0 - 사용자 우선 순위 : 40
Nice value	▪ 0~39 값으로 기본적으로 20을 적용함
Recent CPU usage	▪ 최근(몇 초간) CPU 사용시간
Waiting time	▪ 준비 상태에서 CPU를 기다린 시간

[표 9-5]의 우선 순위 계산식에 nice 값을 둔 이유는 특별한 명시가 없는 한 모든 프로세스에게 동일한 기본 값을 적용하되, 필요한 경우 특정 프로세스의 nice 값을 변경시켜서 다른 프로세스 보다 높거나 낮은 우선 순위로 조정할 수 있는 여지를 남겨두기 위함이다.

Nice 값의 변경 규칙은 아래와 같다.

- 일반 사용자는 자신의 프로세스에 대하여 nice 값을 높일 수만 있다. 즉, 일반 사용자는 우선 순위를 낮출 수만 있는데, 그 이유는, 긴급하지 않는 프로세스 우선 순위를 낮춰서 CPU를 양보할 수 있는 기회는 주되, 반대로 우선 순위를 임으로 높혀서 CPU를 독차지하는 상황은 방지하기 위함이다.
- 관리자는 모든 프로세스에 대해서 nice 값을 높이거나 낮출 수 있다. 즉, 관리자는 어떤 프로세스에 대해서도 우선 순위를 낮추거나 높일 수 있다. 이는 관리자에게 시스템 관리 상, 혹은 특정 프로세스의 중요성 등에 따라 우선 순위를 변경할 수 있는 권한을 주기 위함이다.

Nice 값을 변경시키는 방법에는 아래와 같이 두 가지가 있는데, 각각의 경우에 사용하는 명령어가 다르다.

① 프로그램을 처음 실행시킬 때 변경된 nice 값을 적용한다. 이 경우는 nice 명령어를 사용한다.
② 실행 중인 프로그램의 nice 값을 변경한다. 이 경우에는 renice 명령어를 사용한다.

[표 9-6]에 nice와 renice 명령어의 사용법을 요약하였고, [그림 9-8]에 이들 명령어의 실행 예를 보였다.

[표 9-6] nice, renice 명령어 사용법

사용법	▪ nice -n nice_value 명령어_문자열 ↵ - '명령어_문자열'에 대응되는 명령어를 실행시키되, nice 값을 'nice_value'를 더한 값으로 초기화한다. * csh의 경우 내부 명령어와 구별할것(/usr/bin/nice) - 'nice_value'는 -20~19사이의 값을 사용한다(양수인 경우 '+' 표시 불허). - 일반 사용자는 'nice_value'에 양수만을 사용할 수 있다. 예) $ nice -n 5 sh ↵ * nice 값은 자식에게 상속됨 ▪ renice -n nice_value -p pid1 pid2 ... ↵ - id가 'pid1', 'pid2', ... 인 실행중인 프로세스들의 nice 값을 'nice_value'를 더한 값으로 재설정한다. - 'nice_value'는 -20~+19사이의 값을 사용한다. - 일반 사용자는 'nice_value'에 양수만을 사용할 수 있다. 예) # renice -n -5 3219 3321 ↵

아래의 [그림 9-8]에서 일반 사용자는 우선 순위의 상향 조정이 불가능하고(①), 자식(cat) 프로세스는 부모(쉘)로부터 nice 값을 상속 받는다는(②) 사실에 유의해야 한다. 두 번째 예는 새로운 쉘에서의 실행 모습이다.

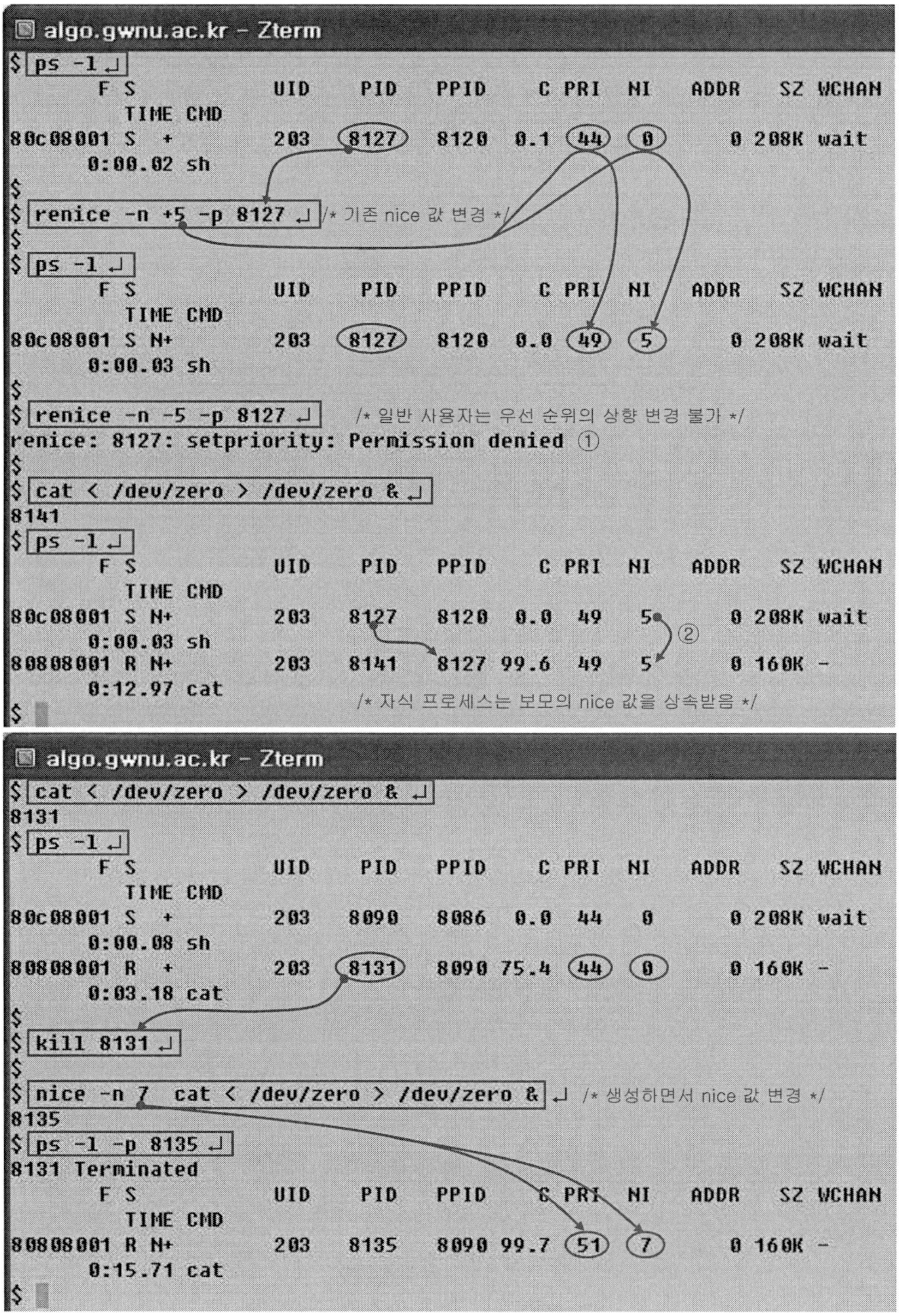

[그림 9-8] nice, renice 명령어의 실행 예

■ 프로세스 속성

[그림 9-7]에서 프로세스가 처음으로 생성되면, 운영체제가 관리해야 하거나 사용자에게 정보를 제공하기 위해 프로세스에게 다양한 정보들이 부착된다. 이러한 정보를 프로세스 속성 정보라 하는데, 유닉스 버전에 따라 약간의 차이가 있다. [표 9-7]에 거의 공통적으로 제공되는 프로세스의 속성 정보 몇 가지를 요약해 보였다.

[표 9-7] 프로세스 속성

속성 항목	속 성 내 용
UID (user id)	▪프로그램의 실행을 요청한 사용자의 로그인 id(소유자 id)
PID (process id)	▪ 해당 프로세스가 생성될 때 운영체제가 부여한 유일한 id(정수) ▪ 동일 프로그램이라 하더라도 실행시킬 때마다 다름
PPID (parent process id)	▪ 해당 프로세스를 직접 탄생시킨 부모 프로세스의 PID ▪ 부모 프로세스가 존재하는 한 변하지 않음 ▪ 만약 부모 프로세스가 해당 프로세스(자식 프로세스)보다 먼저 종료하면 그 자식 프로세스는 PID가 1인 init 프로세스의 자식으로 편입됨. 즉, 이 경우 자식 프로세스의 PPID는 1로 변경됨
S (state)	▪ [그림 9-6]에 보인 프로세스의 현재 상태 - O : 수행(running, Own CPU)　　- R : 준비(ready) - S : 대기(sleeping)　　-T : 중단(stopped) - Z : 주검(zombie)
C (CPU utilization)	▪ 최근 CPU 점유 비율 ▪ 만약 비슷한 작업으로 구성된 프로세스 다섯 개가 있었다면 각각 20 정도로 나타남
PRI (priority)	▪ 운영체제에 의해 계산되어 부여된 현재의 우선순위(priority) 값 ▪ 보통 0~127 사이이며, 0은 높은 쪽, 127은 낮은 쪽을 의미함
NI (nice value)	▪ 보통 0~39 사이이며, 프로세스의 우선순위 계산에 사용되는 상수 ▪ 프로세스가 처음 생성되었을 때는 모든 프로세스가 20으로 동일하지만 renice 명령어를 사용해서 - 일반 사용자는 자신 소유의 프로세스에 대해서 값을 높일 수만 (즉, 우선 순위를 낮출 수만) 있고, - 관리자는 모든 프로세스에 대해서 높히거나 낮출 수가 있음 ▪ 20을 0으로 대응시켜 (+-)로 표시됨, 예를 들어 +5는 25를 의미함
SZ (size)	▪ 프로세스가 차지하고 있는 메모리의 크기 ▪ 보통 512 바이트 혹은 1 K 바이트 단위로 표시 됨
TTY (terminal)	▪ 해당 프로세스에 연결된 터미널 장치 이름 ▪ 즉, 표준 입•출력 장치
TIME	▪ 해당 프로세스가 생성된 이후 PCU 사용 시간(일,시간,분,초) ▪ 기다리는 시간(block time)은 제외
CMD (command)	▪ 명령어의 실행파일 이름 ▪ 즉, 실행시킬 때 사용했던 명령어 문자열

■ **프로세스 탐색**

일반 유닉스 사용자는 자신이 실행시켜 후면으로 작업 중인 여러 개의 프로세스를 소유할 수 있다. 물론 무한정 많은 프로세스의 생성은 불가능하고 해당 시스템에 설정된 사용자 당 최대 개수의 범위 내에서만 가능하다. 이 때 사용자는 자신의 프로세스들이 어떤 상태에 있으며 CPU 사용량은 어느 정도 되는지 등에 대한 정보를 궁금해 할 수 있다.

관리자에게는 비단 자신의 프로세스 뿐만 아니라, 시스템의 전체적인 관점에서 얼마나 많은 프로세스들이 활동하는지, 너무 많은 프로세스들이 활동하고 있지는 않은지 등에 대한 정보가 필요하다.

위와 같이, 운영체제에 등록되어 활동 중인 프로세스들에 대한 정보를 탐색하기 위해서는 ps(process status) 명령어를 사용해야 한다. ps 명령어는 [표 9-5]에 보인 프로세스 속성들에 대한 관심 여부를 확인하기 위해 매우 다양한 옵션을 요구하기 때문에 퍽 복잡한 명령어 중의 하나이다. 또한, 유닉스 버전에 따라 운영체제 내부의 프로세스 관리 방식이 다르기 때문에 ps 명령어의 옵션도 다른 경우가 많다.

[표 9-9]에, 보편적으로 자주 사용되는 옵션을 중심으로 ps 명령어의 사용법을 설명하였고, [그림 9-8]에 그 실행 예를 보였다. [표 9-6]의 주요 핵심 내용은 아래와 같다.

- 옵션은 크게 탐색 대상 프로세스의 범위를 지정하기 위한 것(-e, -p, -u)과 속성 정보 중 어떤 것을 선택할 것인가(-f, -l)를 지정하는 것 등 두 가지로 분류된다.

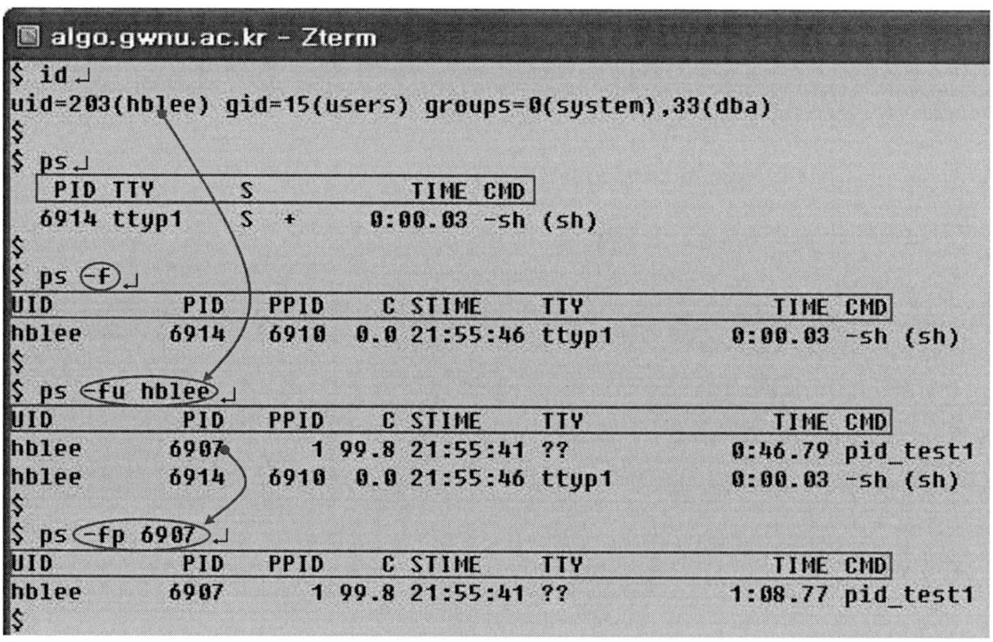

[그림 9-9] ps 명령어 실행 예

- 위 두 가지 유형의 각 옵션은 기본형 즉, 옵션이 없을 경우의 기본 기능인 ①을 기준으로 적용된다.
- 위 두 유형의 옵션은 조합되어 사용될 수 있다.
- [표 9-8]에 표시된 옵션 외에 더 많은 옵션들이 존재한다.

[표 9-8] ps 명령어 사용법

사용법		
	그룹 1 옵션	• ps ↵ ① - 사용자 자신이 현재 사용중인 단말기에서 실행시킨 프로세스들의 PID, TTY, S, TIME, CMD 등을 출력한다. • ps -e ↵ 혹은 ps -A ↵ ② - 소유자와 관계 없이, 활동 중인 모든 프로세스에 대해서 ①과 동일한 속성들을 출력한다. • ps -p ″pid_list″ ↵ ③ - 소유자와 관계 없이, 프로세스 id가 ′pid_list′에 속한 프로세스에 대해서 ①과 동일한 속성들을 출력한다. 예) $ ps –p ″4032 4035″ ↵ • ps -u ″uid_list″ ↵ ④ - 소유자의 로그인 id가 ′uid_list′에 속한 프로세스에 대해서 ①과 동일한 속성들을 출력한다. 예) $ ps –u ″hblee gdhong″ ↵
	그룹 2 옵션	• ps -f ↵ ⑤ - ①의 프로세스에 대하여 꼭 필요한 모든(full) 속성 즉, UID, PID, PPID, C, TTY, TIME, CMD 등을 출력한다. • ps -l ↵ ⑥ - ①의 프로세스에 대하여 자세한(long) 속성 즉, S, UID, PID, PPID, C, PRI, TTY, NI, SZ, TTY, TIME, CMD 등을 출력한다.
	그룹 1+2 옵션	• ps -ef ↵ (②+⑤) /* ps -e -f ↵ 와 동일 */ - ②의 프로세스에 대하여 꼭 필요한 모든(full) 속성 즉, UID, PID, PPID, C, TTY, TIME, CMD 등을 출력한다. • ps -fp ″pid_list″ ↵ (③+⑤) /* ps -f -p ″pid_list″ ↵ 와 동일 */ - ③의 프로세스에 대하여 꼭 필요한 모든(full) 속성 즉, UID, PID, PPID, C, TTY, TIME, CMD 등을 출력한다. • ps -fu ″uid_list″ ↵ (④+⑤) /* ps -f -u ″uid_list″ ↵ 와 동일 */ - ④의 프로세스에 대하여 꼭 필요한 모든(full) 속성 즉, UID, PID, PPID, C, TTY, TIME, CMD 등을 출력한다. • ps -el ↵ (②+⑥) /* ps -e -l ↵ 과 동일 */ - ② 의 프로세스에 대하여 자세한(long) 속성 즉, S, UID, PID, PPID, C, PRI, TTY, NI, SZ, TTY, TIME, CMD 등을 출력한다. • ps -lp ″pid_list″ ↵ (③ +⑥) /* ps -l -p ″pid_list″ ↵ 와 동일 */ - ③ 의 프로세스에 대하여 자세한(long) 속성 즉, S, UID, PID, PPID, C, PRI, TTY, NI, SZ, TTY, TIME, CMD 등을 출력한다. • ps -lu ″uid_list″ ↵ (④ +⑥) /* ps -l -u ″uid_list″↵ 와 동일 */ - ④ 의 프로세스에 대하여 자세한(long) 속성 즉, S, UID, PID, PPID, C, PRI, TTY, NI, SZ, TTY, TIME, CMD 등을 출력한다.

☞ [실습 9-2]

STEP I

1. 다음 명령어를 실행시켜 자신 소유의 후면 처리 프로세스를 하나 생성시킨다.

   `$ cat < /dev/zero > /dev/zero & ↵` /* *cat_pid* */

2. 다음 명령어를 실행시켜 그 결과로부터, 탐색 대상 프로세스를 지정하는 ps 명령어의 옵션을 이해한다.

   `$ ps ↵` /* *sh_pid* , *cat_pid* */

   `$ ps -u login_id ↵`

   `$ ps -p sh_pid cat_pid ↵`

   `$ ps -e ↵`

3. 다음 명령어를 실행시켜 그 결과로부터, 출력 대상 프로세스 속성을 지정하는 ps 명령어의 옵션을 이해한다.

   `$ ps ↵`

   `$ ps -f ↵`

   `$ ps -l ↵`

4. 다음 명령어를 실행시켜, 과정 2와 3의 조합에 의해 탐색 대상 프로세스와 출력 대상 프로세스 속성을 동시 지정하는 ps 명령어의 옵션 지정 형식을 이해한다([표 6-2] 참조).

   `$ ps ↵`

   `$ ps -f -u login_id ↵`

   `$ ps -p sh_pid cat_pid -l ↵`

   `$ ps -ef ↵`

   `$ ps -u login_id -l ↵`

   `$ ps -le ↵`

   `$ ps -f -p sh_pid cat_pid ↵`

5. 다음 명령어를 실행시켜 과정 1에서 생성했던 cat 프로세스를 종료 시킨다.

   `$ kill cat_id ↵`

STEP II

1. [그림 9-10]의 프로그램 pst_test1.c를 이해한 후, 코딩하고 컴파일한다.

2. 현재 사용 중인 단말기 외에, 동일한 사용자 id로 다시 접속하여 새로운 단말기 창을 연다.

3. 원래의 창에서 다음 명령어를 실행시켜 키보드 입력 대기 상태를 확인한다.
   ```
   $ pst_test1 ↵
   ```

4. 다른 창에서 다음 명령어를 실행시켜 과정 3에서 실행시킨 pst_test1 프로세스의 상태를 관찰하고 토론한다.
   ```
   $ ps  -l  -u  login_id ↵
   ```

5. 원래의 창에서 pst_test1 프로세스에게 로그인 id 등 임의의 문자열을 입력한다.

6. 과정 3의 프로세스가 종료하기 전, 재빠르게 과정 4를 반복하여, 해당 프로세스의 상태가 어떻게 변했는지 관찰하고 토론한다.

7. pst_test1 프로세스가 종료할 때까지 기다린다.

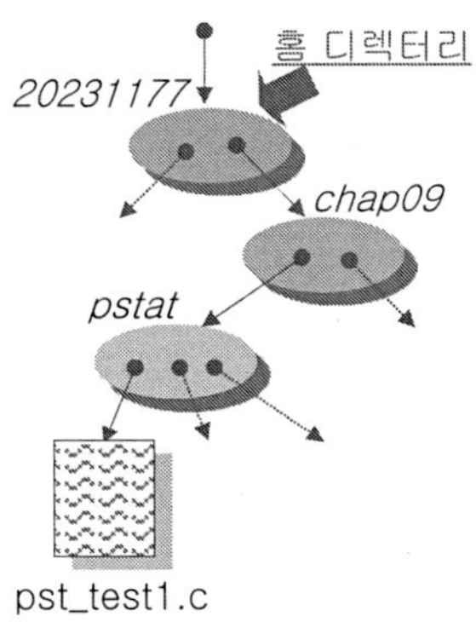


```
/* pst_test1.c */
#include <stdio.h>
#include <fcntl.h>
#include <unistd.h>
#include <stdlib.h>
main()
{
        int     fd, i;
        char    buf[128];
        if ((fd = open("/dev/null", O_WRONLY)) < 0) {
                fprintf(stderr, "Open error… \n");
                exit(1);
        }
        scanf("%s", buf);       /* key board  input */
        for (i = 0; i < 15000000; i++)
                write(fd, buf, strlen(buf));
        close(fd);
        printf("End of pst_test1… \n");
        exit(0);
}
```

[그림 9-10] 프로세스 상태, 우선 순위 실습 II

STEP III

1. 다음 명령어를 실행시켜 자신이 사용중인 쉘 프로세스의 상태(S), 프로세스 소유자(UID), 프로세스 id(PID), 부모 프로세스 id(PPID), 프로세스 크기(SZ), 우선순위(PRI), nice 값(NI)을 살펴보고 확인한다.

   `$ ps -l ↵` /* *sh_pid* */

2. 과정 1에서 자신의 쉘 프로세스가 S(sleep, 대기) 상태에 있다면 그 이유를 설명하고 토론한다.

3. 다음 명령어를 실행시켜 새로 생성된 프로세스의 nice 값과 우선 순위 값을 확인한다.

   `$ cat < /dev/zero > /dev/zero & ↵` /* *cat1_pid* */

   `$ ps -l ↵`

4. 다음 명령어를 실행시켜 과정 1의 쉘 프로세스의 nice 값을 5 증가 시킨 후, 우선 순위와 nice 값의 변화를 관찰하고 토론한다.

   `$ renice -n 5 -p sh_pid ↵`

   `$ ps -l -p sh_pid ↵`

5. 다음 명령어를 실행시켜, nice 값이 변경된 쉘에 의해 생성된 프로세스의 nice 값과 우선 순위 값을 관찰하고 토론한다(nice 값의 상속).

   `$ cat < /dev/zero > /dev/zero & ↵` /* *cat2_pid* */

   `$ ps -l ↵`

6. 다음 명령어를 실행시켜, 과정 4에서 변경한 nice 값의 원상 복귀를 시도하고, 그 결과를 토론한다.

   `$ renice -n -5 -p sh_pid ↵`

7. 다음 명령어로 과정 3과 4에서 생성한 프로세스들을 종료시킨다.

   `$ kill cat1_pid cat2_pid ↵`

8. nice 값이 변경된 쉘을 종료한 다음 다시 로그인하여 단말기를 새롭게 연다.

STEP IV

1. [그림 9-11]의 프로그램 pst_test2.c와 pst_test3.c를 이해한 후, 코딩하고 컴파일한다.

2. 아래 명령어를 여러 번 실행시켜 어느 쪽이 얼마만큼 먼저 끝나는지를 관찰하고 토론한다.

```
$ pst_test2 & ↵
$ pst_test3 & ↵
```

3. 아래 명령어를 여러 번 실행시켜 어느 쪽이 얼마만큼 먼저 끝나는지를 관찰하고 토론한다.

```
$ nice  -n  10  pst_test2 & ↵
$ pst_test3 & ↵
```

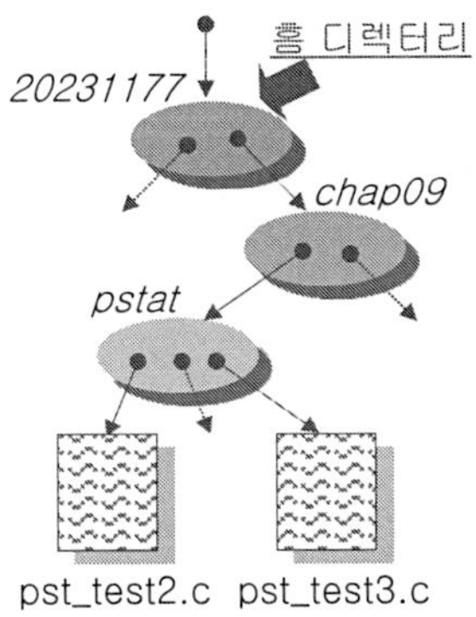


```c
/* pst_test2.c */
#include <stdio.h>
#include <fcntl.h>
#include <unistd.h>
#include <stdlib.h>
main()
{
     int       fd, i;
     if ((fd = open("/dev/null", O_WRONLY)) < 0)
         fprintf(stderr, "Open error… \n"), exit(1);
     for (i = 0; i < 10000000; i++)
          write(fd, "-", 1);
     close(fd);
     printf("End of pst_test2… \n"), exit(0);
}
```

```c
/* pst_test3.c */
#include <stdio.h>
#include <fcntl.h>
#include <unistd.h>
#include <stdlib.h>
main()
{
     int       fd, i;
     if ((fd = open("/dev/null", O_WRONLY)) < 0)
          fprintf(stderr, "Open error… \n"), exit(1);
     for (i = 0; i < 10000000; i++)
          write(fd, "-", 1);
     close(fd);
     printf("End of pst_test3… \n"), exit(0);
}
```

[그림 9-11] 프로세스 상태, 우선 순위 실습 IV

STEP V

1. [그림 9-12]의 프로그램 pst_test4.c ~ pst_test6.c를 이해한 후, 코딩하고 컴파일한다.

2. 다음 명령어를 실행시켜 파이프 통로 역할의 파일 "pipe"를 생성한다.

```
$ mkfifo  pipe ↲
```

3. 다음 명령어를 실행시켜 프로세스 pst_test4가 넘겨주는 "bread" 문자열을 pst_test5와 pst_test6 중 어느 프로세스가 가져가는지를 관찰하고 토론한다.

```
$ pst_test4 & ↲
$ pst_test5 & ↲
$ pst_test6 & ↲
```

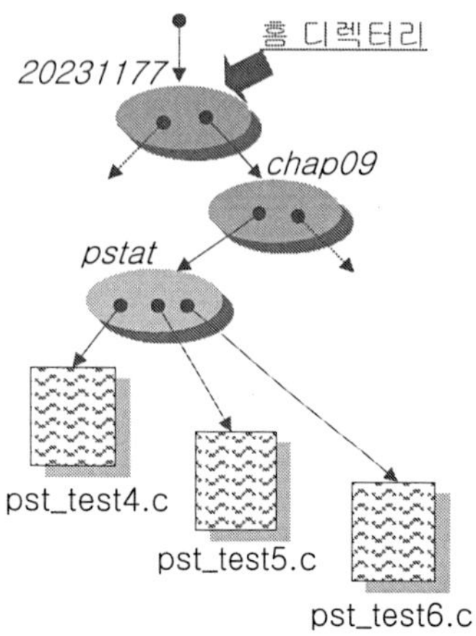


```
/* pst_test4.c */
#include <fcntl.h>
#include <unistd.h>
#include <stdlib.h>
main()
{
  int      fd;
  if ((fd = open("pipe", O_WRONLY)) < 0) exit(1);
  for ( ;  ; )
      sleep(3), write(fd, "bread", 5);
}
```

```
/* pst_test5.c */
#include <stdio.h>
#include <fcntl.h>
#include <unistd.h>
#include <stdlib.h>
main()
{
  int      fd;     char   buf[128];
  if ((fd = open("pipe", O_RDONLY)) < 0) exit(1);
  for ( ;  ; ) {
      if (read(fd, buf, 128) <= 0) exit(2);
      printf("pst_test5 eats the bread… \n");
  }
}
```

```
/* pst_test6.c */
#include <stdio.h>
#include <fcntl.h>
#include <unistd.h>
#include <stdlib.h>
main()
{
  int      fd;     char   buf[128];
  if ((fd = open("pipe", O_RDONLY)) < 0) exit(1);
  for ( ;  ; ) {
      if (read(fd, buf, 128) <= 0) exit(2);
      printf("pst_test6 eats the bread… \n");
  }
}
```

[그림 9-12] 프로세스 상태, 우선 순위 실습 V

4. 원래의 창 이외에, 동일 사용자 id를 사용해서 새로운 유닉스 단말기 창을 연다.

5. 새로운 창에서 아래 명령어를 사용해서 과정 3에서 실행시킨 프로세스들의 id와 우선 순위, nice 값을 확인하고 기록한다.

```
$ ps -l -u login_id ↵     /* pst_test4_id, pst_test5_id, pst_test6_id */
```

6. 새로운 창에서 아래 명령어를 실행시켜 프로세스 pst_test5의 nice 값을 3 증가시키고, 원래의 창에서 어떤 변화가 있는지 살펴보고 토론한다.

```
$ renice -n 3 -p pst_test5_id ↵
$ ps -l -u login_id ↵
```

7. 새로운 창에서 아래 명령어를 실행시켜 프로세스 pst_test6의 nice 값을 5 증가시키고, 원래의 창에서 어떤 변화가 있는지 살펴보고 토론한다.

```
$ renice -n 5 -p pst_test6_id ↵
$ ps -l -u login_id ↵
```

8. 새로운 창에서 아래 명령어를 실행시켜 프로세스 pst_test5의 nice 값을 다시 7 증가시키고, 원래의 창에서 어떤 변화가 있는지 살펴보고 토론한다.

```
$ renice -n 7 -p pst_test5_id ↵
$ ps -l -u login_id ↵
```

9. 새로운 창에서 아래 명령어를 실행시켜 프로세스 pst_test5의 nice 값을 범위에서 벗어나는 값으로 증가시키고자 시도할 때의 nice 값 변화를 관찰하고 토론한다.

```
$ renice -n 50 -p pst_test5_id ↵
$ ps -l -u login_id ↵
```

10. 새로운 창에서 아래 명령어를 여러 번 실행시켜 프로세스 pst_test5의 nice 값을 1~2 씩 증가시키면서 최대 얼마까지 증가 시킬 수 있는지를 확인한다.

```
$ renice -n 1 -p pst_test5_id ↵
$ ps -l -u login_id ↵
```

11. 새로운 창에서 아래 명령어를 실행시켜, 과정 3에서 실행시켰던 모든 프로세스를 종료시킨다(프로세스 pst_test4만 종료시키면 나머지 두 프로세스는 read()에서 발생한 오류에 의해 자동으로 종료함)

```
$ kill pst_test4_id ↵
```

STEP VI

1. [그림 13-6]의 프로그램 pst_test7.c와 pst_test8.c를 이해한 후, 코딩하고 컴파일한다(nice() 함수를 사용해서 자신의 nice 값을 올릴 수 있음. 즉, 자신의 우선순위를 낮출 수 있음).

2. 다음 명령어를 실행시켜 두 프로세스 중, 어느 것이 먼저 끝나는지를 관찰하고 그 결과를 토론한다.

```
$ pst_test7 & ↵
```

```
$ pst_test8 & ↵
```

3. 두 프로그램에 설정된 nice 값을 서로 교환하여 반대 값으로 수정한 후, 컴파일한다.

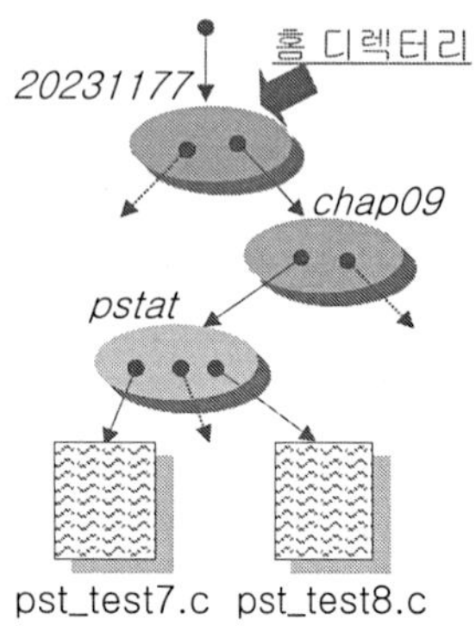


```
/* pst_test7.c */
#include <stdio.h>
#include <fcntl.h>
#include <unistd.h>
#include <stdlib.h>
main()
{
    int       fd, i;
    nice(15);          /* set nice value for itself */
    if ((fd = open("/dev/null", O_WRONLY)) < 0)
        fprintf(stderr, "Open error… \n"), exit(1);
    for (i = 0; i < 10000000; i++)
        write(fd, "-", 1);
    close(fd);
    printf("End of pst_test7… \n");
    exit(0);
}
```

```
/* pst_test8.c */
#include <stdio.h>
#include <fcntl.h>
#include <unistd.h>
#include <stdlib.h>
main()
{
    int       fd, i;
    nice(5);           /* set nice value for itself */
    if ((fd = open("/dev/null", O_WRONLY)) < 0)
        fprintf(stderr, "Open error… \n"), exit(1);
    for (i = 0; i < 10000000; i++)
        write(fd, "-", 1);
    close(fd);
    printf("End of pst_test8… \n");
    exit(0);
}
```

[그림 9-13] 프로세스 상태, 우선 순위 실습 VI

4. 아래와 같이 과정 2를 반복하여 이번에는 어느 프로세스가 먼저 끝나는지를 관찰하고 그 결과를 토론한다.

```
$ pst_test7 & ↵
$ pst_test8 & ↵
```

5. 두 프로그램의 nice 값 차이가 1이 되도록(예, 4와 5) 수정하여 컴파일하고, 과정 4를 반복한다.

6. 과정 5에서 nice 값 차이에 따른 종료 시간이나 순서에 변화가 있는지 관찰하고 토론하다.

STEP VII

1. 다음 명령어를 실행시켜 현재 진행 중인 모든 프로세스에 대한 속성 정보를 파일로 얻는다.

```
$ ps  -el  > ps.out ↵
```

2. 파일 ps.out으로부터 현재 어느 프로세스의 우선 순위가 가장 높은지를 살펴보고 토론한다.

3. 파일 ps.out으로부터 현재 nice 값이 가장 큰 프로세스는 어느 것인지 살펴보고 토론한다.

4. 파일 ps.out으로부터 현재 nice 값이 가장 작은 프로세스는 어느 것인지 살펴보고 토론한다.

5. 파일 ps.out으로부터 현재 CPU를 가장 많이 사용하고 있는 프로세스는 어느 것인지 살펴보고 토론한다.

9.3 프로세스 통제(신호)

■ 프로세스 통제의 유형 및 필요성

프로세스 통제란 수행 중에 있는 프로그램 즉, 프로세스에 대하여 강제 종료, 임시 중단, 실행 재개 등의 조치를 취하는 행위를 말한다. [표 9-9]에 전형적인 프로세스 통제 유형을 요약하였다.

[표 9-9] 대표적인 프로세스 통제의 유형

통제 유형	통 제 내 용
강제 종료	▪실행 중인 프로그램이 스스로 종료하기 전에 무조건 강제로 종료하도록 한다.
일시 중지	▪완전히 종료하도록 하는 것은 아니고, 임시로 CPU의 할당을 받지 못하여 더 이상의 실행이 이루어지지 않도록 한다. ▪[그림 9-7]에서 프로세스 상태가 stopped 상태로 변한다.
실행 재개	▪일시 중지 상태에 있는 프로세스가 CPU를 할당 받아서 계속 수행될 수 있도록 한다. ▪우선 순위에 따라 다른 프로세스와 공평하게 CPU를 할당받는다. ▪[그림 9-7]에서 프로세스 상태가 stopped 이외의 다른 상태로 변한다.
약속 처리	▪프로그램을 작성할 때 약속했던 처리 부분들을 온라인으로 지시한다.

위의 [표 9-9]에서 각각의 통제 유형이 유용하게 활용되는 전형적인 사례는 아래와 같다.

- 강제 종료
  - 오류로 인해 프로그램이 무한 반복(무한 루프, indefinite loop)으로 실행되고 있을 때
  - 프로그램이 아무런 반응이 없이 정지(홀드 hold) 상태에 있을 때
- 일시 중지
  - 프로그램의 출력 결과를 감시하고 있는 도중에 잠시 자리를 비워야 할 때
  - 프로그램을 단계적으로 실행시키면서 진행 과정을 차분하게 분석하고자 할 때 (디버깅 수단)
  - 운영체제의 부하가 심해, 일시적으로 수행을 보류시키고자 할 때
- 실행 재개
  - 위의 일시 중지된 프로그램을 재개하고자 할 때
- 약속 처리
  - 프로그램 안에 저장된 특정 변수의 값을 임의의 시점에 덤프하고 싶을 때
  - 특정 상태를 초기화시켜 처음부터 새로 시작하도록 할 때
  - 자식 프로세스의 종료 등 특정 이벤트에 대한 처리를 지시하고자 할 때

■ 프로세스 통제 모델 및 수단

[표 9-9] 보인 통제 유형들은 유닉스 운영체제 의뢰하여 간접적으로 이루어진다. 강제 종료, 일시 정지, 실행 재개는 오로지 운영체제 수준에서 처리되고, 약속 처리는 프로그래머에 의해 미리 약속된 처리 부분이 프로세스 안에 준비되어 있어야 한다.

프로세스 통제는 [그림 9-14]와 같이 통제 유형에 해당되는 신호(signal)와 통제 대상이 되는 프로세스의 id를 운영체제에게 전달함으로써 이루어 진다. 이 때, 신호는 임의의 사용자가 임의의 프로세스에게 보낼 수 있는 것이 아니고, 아래의 허용된 경우에만 보낼 수 있다.

- 일반 사용자는 오직 자신 소유의 프로세스에게만 보낼 수 있다.
- 관리자 및 운영체제는 소유자와 관계 없이 모든 프로세스에게 보낼 수 있다.

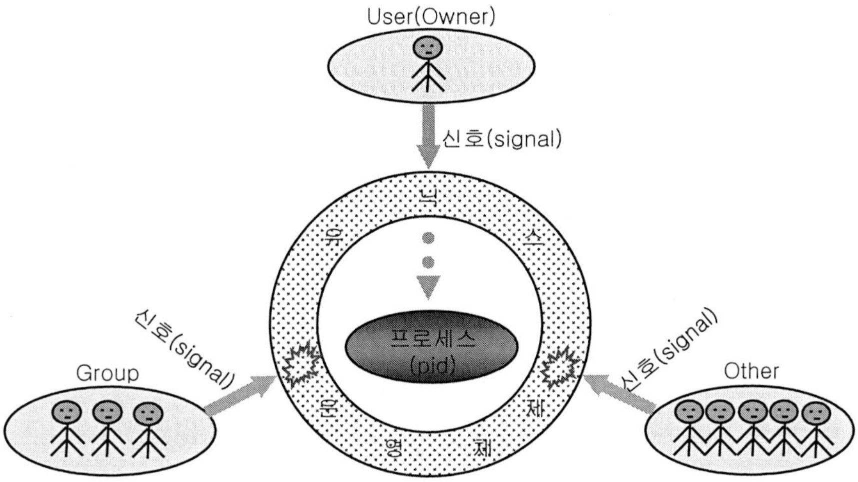

[그림 9-14] 프로세스 통제 모델과 수단

신호의 종류에는 30 개 정도가 있는데 유닉스 버전에 따라 약간의 차이가 있다. [표 9-10]에 대표적인 프로세스 통제용 신호를 요약하였다.

[표 9-10] 프로세스 통제를 위한 대표적인 신호

신호이름	신호번호	신 호 처 리 내 용
SIGHUP	1	▪ 단말기가 닫혔음을 실행중인 프로세스들에게 보낸다(대응처리가 준비되어 있지 않으면 즉시 종료됨).
SIGINT	2	▪ 실행 중인 프로세스에게 잠시 주목을 요구한다(대응처리가 준비되어 있지 않으면 즉시 종료됨).
SIGKILL	9	▪ 해당 프로세스를 즉시 강제 종료시킨다(대응처리 방어 불가능).
SIGTERM	15	▪ 해당 프로세스의 실행 종료를 요구한다(대응처리 방어 가능).
SIGSTOP	17	▪ 해당 프로세스의 실행을 일시 중지시킨다.
SIGCONT	19	▪ 위에서 일시 중지된 프로세스의 실행을 재개시킨다.

■ 프로세스 통제를 위한 신호 전송

[그림 9-14]의 프로세스 통제 모델에 따라 사용자는 통제 대상 프로세스에게 [표 9-10]에 보인 신호들을 보낼 수 있다. 신호를 보내는 방법에는 크게 키보드의 제어키(control key)를 이용하는 방법과 신호 전송 명령어 kill을 사용하는 방법 등 두 가지가 있다.

• 키보드의 제어키를 사용하는 방법

이 방법은 쉘에서 전면 처리로 실행시킨 프로그램이 종료하지 않음으로써 키보드로부터 새로운 명령어 입력이 불가능한 상황에서만 사용할 수 있다. [표 9-11]에 키보드에서 보낼 수 있는 신호를 요약하였다.

[표 9-11] 키보드 제어키에 의한 신호 발생

제어키	발생신호	신 호 전 송 처 리 내 용
^C (Ctrl+C)	SIGINT	▪ 프로그램 안에 대응 처리가 없는 프로세스는 즉시 종료한다(대부분 이 경우에 해당됨). ▪ 프로세스의 종료와 함께 쉘과의 대화가 재개된다.
^Z (Ctrl+Z)	SIGSTOP	▪ 해당 프로세스를 일시 중지 상태로 전환시킨다. ▪ 프로세스 실행의 중단과 함께 쉘과의 대화가 재개된다. ▪ 쉘의 종류에 따라 신호가 전송되지 않을 수도 있다.

[그림 9-15]에, sig_test1 프로그램을 실행시킨 후, 제어키를 이용해서 [표 9-11]의 신호를 발생·전송하는 과정의 예를 보였다.

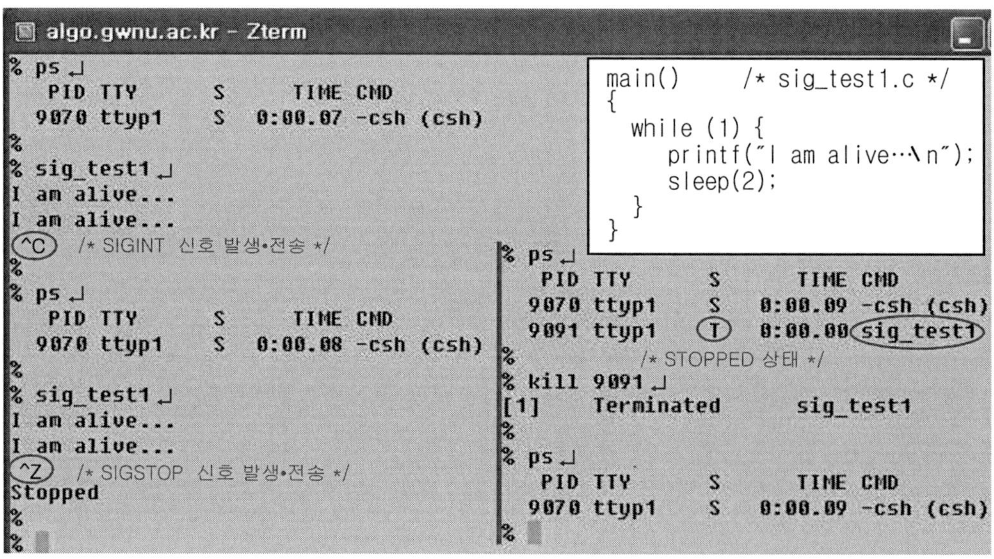

[그림 9-15] 제어키에 의한 SIGINT, SIGSTOP 신호의 발생·전송 실행 예

• kill 명령어를 사용하는 방법

명령어 kill은 특정 프로세스에게 특정 신호를 전문적으로 전송하는 명령어로서, 대부분의 경우 통제 대상 프로세스를 강제로 종료시키기 위한 목적으로 사용되므로 명령어 이름이 "kill"로 되었다. kill 명령어는 쉘과 대화가 가능한 어느 단말기에서도 사용이 가능하다. [표 9-12]에 kill 명령어의 사용법을, [그림 9-16]에 그 실행 예를 보였다.

[표 9-12] kill 명령어 사용법

사용법	▪ kill pid1 pid2 pid3 ... ↵ - id가 'pid1', 'pid2', 'pid3' ... 인 프로세스(들)에게 SIGTERM 신호를 보낸다. - 대응처리가 없는 대부분의 프로세스들은 즉시 종료한다. - 대응처리가 있는 프로세스들은 이 신호를 무시하거나 다른 특정 처리 후 계속 생존할 수 있다. 예) $ kill 9091 9093 9097 ↵ ▪ kill -신호이름 pid1 pid2 pid3 ... ↵ - id가 'pid1', 'pid2', 'pid3' ... 인 프로세스(들)에게 '신호이름'에 해당되는 신호를 보낸다 - '신호이름'은 [표 9-10]에 보인 신호이름에서 앞쪽 "SIG"를 제외한 나머지 부분만을 기술한다, 예) $ kill -STOP 9091 9093 9097 ↵ /* SIGSTOP */ ▪ kill -신호번호 pid1 pid2 pid3 ... ↵ - id가 'pid1', 'pid2', 'pid3' ... 인 프로세스(들)에게 '신호번호'에 해당되는 신호를 보낸다 - 신호번호는 유닉스 버전에 따라 약간의 차이가 있을 수 있으므로 가급적이면 신호이름을 사용하는 것이 좋다. 예) $ kill -9 9091 9093 9097 ↵ /* SIGKILL */
공 통	▪ 일반 사용자는 자신 소유의 프로세스에게만 신호(종류불문)를 보낼 수 있다. ▪ 관리자는 모든 프로세스에게 신호를 보낼 수 있다.

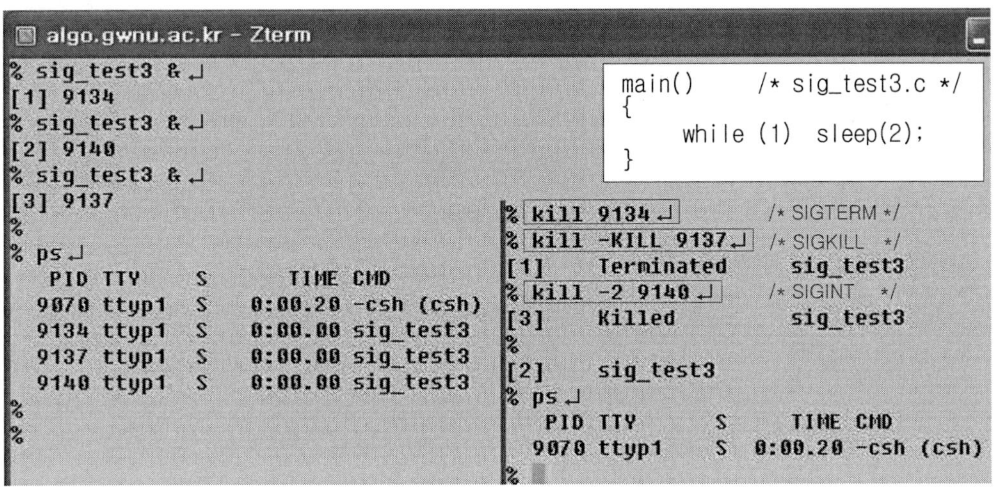

[그림 9-16] kill 명령어의 실행 예

☞ [실습 9-3]

STEP I

1. [그림 9-17]의 프로그램 sig_test1.c를 이해한 후, 코딩하고 컴파일 한다.

2. 아래와 같이 sig_test1 프로그램을 실행시킨다.

```
$ sig_test1 ↵
```

3. 과정 2에서 실행시킨 프로그램에게 SIGINT 신호를 전달하여 종료시키기 위해 ^C 제어키를 입력한다.

4. ps 명령어를 사용해서 sig_test1 프로세스가 종료했는지를 관찰한다.

STEP II

1. [그림 9-17]의 프로그램 sig_test1.c를 이해한 후, 코딩하고 컴파일 한다(이미 존재하면 그대로 사용).

2. 아래와 같이 sig_test1 프로그램을 실행시킨다.

```
$ sig_test1 ↵
```

3. 지금 사용중인 단말기 외에, 동일한 사용자 id로 접속해서 새로운 단말기 창을 연다.

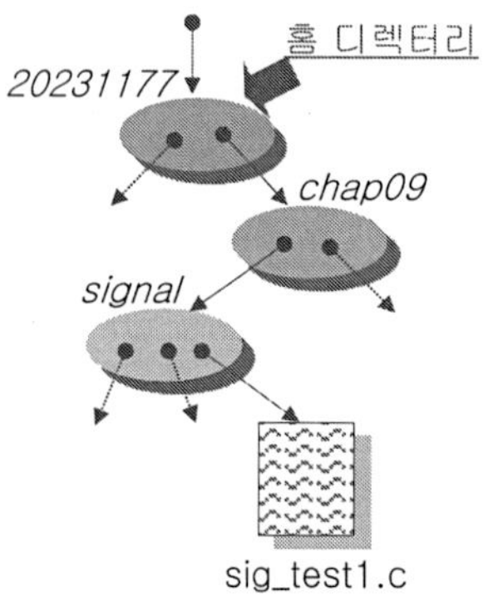


```
/* sig_test1.c */
#include <stdio.h>
#include <unistd.h>

main()
{
        while(1) {
                printf("I am alive… \n");
                sleep(2);
        }
}
```

[그림 9-17] 프로세스 통제 실습 I

4. 새로운 창에서 ps 명령어를 사용하여 과정 2에서 생성한 프로세스 id (*sig_test1_pid*)를 확인한다.

5. 새로운 창에서 아래 명령어를 실행하여 과정 2에서 생성한 sig_test1 프로세스에게 SIGINT 신호를 보낸다.
```
$ kill  -INT  sig_test1_pid ↵
```

6. 원래의 창에서 어떤 변화가 일어나는지 살펴보고 토론한다.

STEP III

1. [그림 9-17]의 프로그램 sig_test1.c를 이해한 후, 코딩하고 컴파일 한다(이미 존재하면 그대로 사용).

2. 아래와 같이 sig_test1 프로그램을 실행시킨다.
```
$ sig_test1 ↵
```

3. 지금 사용중인 단말기 외에, 동일한 사용자 id로 접속해서 새로운 단말기 창을 연다.

4. 새로운 창에서, ps 명령어를 사용해서 과정 2에서 실행시킨 프로그램의 id (*sig_test1_pid*)와 상태를 확인한다.

5. 새로운 창에서, 아래와 명령어를 사용해서 과정 4의 프로세스에게 SIGSTOP 신호를 전달하여 sig_test1 프로세스의 일지 중지를 시도한다.
```
$ kill  -STOP  sig_test1_pid ↵
```

6. 새로운 창에서, ps 명령어를 사용하여 sig_test1 프로세스의 상태를 확인한 후, 원래의 창에 어떤 변화가 있는지 관찰하고 토론한다.

7. 새로운 창에서, 아래와 명령어를 사용해서 과정 4의 프로세스에게 SIGCONT 신호를 전달하여 sig_test1 프로세스의 실행 재개를 시도한다.
```
$ kill  -CONT  sig_test1_pid ↵
```

8. 새로운 창에서, ps 명려어를 사용하여 sig_test1 프로세스의 상태를 확인한 후, 원래의 창에 어떤 변화가 있는지 관찰하고 토론한다.

9. 원래의 창에서 쉘과의 대화가 가능한지를 관찰하고, 이 현상의 결과를 토론한다(전면 처리 프로세스를 후면 처리로 변환한 결과임)

10. 아래 명령어를 사용해서 sig_test1 프로세스를 종료시킨다.

```
$ kill  sig_test1_pid ↵
```

STEP IV

1. [그림 9-17]의 프로그램 sig_test1.c를 이해한 후, 코딩하고 컴파일 한다(이미 존재하면 그대로 사용).

2. C 쉘로 로그인 하거나 서브쉘로 C 쉘을 띄운다(^Z는 C 쉘에서 가장 잘 인식됨).

3. 아래와 같이 sig_test1 프로그램을 실행시킨다.

```
% sig_test1 ↵
```

4. 과정 3에서 실행시킨 프로그램에게 SIGSTOP 신호를 전달하여 실행을 일시 중지키기 위해 ^Z 제어키를 입력하고, 쉘과의 대화가 재개되는지를 확인한다.

5. ps 명령어를 사용해서 sig_test1 프로세스의 id(*sig_test1_pid*)와 상태를 확인하고 토론한다.

6. 아래 명령어를 사용해서 일지 중지 상태에 있는 sig_test1 프로세스에게 SIGCONT 신호를 보낸 후, 어떤 변화가 일어나는지 살펴보고 토론한다.

```
% kill  -CONT  sig_test1_pid ↵
```

7. 과정 6 후, 쉘과의 대화가 가능한지 살펴보고, 대화가 가능하다면 ps 명령어를 사용해서 sig_test1 프로세스의 상태를 관찰하고 토론한다(전면 처리 중이던 프로세스를 후면 처리로 전환 시킨 결과임).

8. 아래 명령어를 사용해서 sig_test1 프로세스를 종료시킨다.

```
% kill  -KILL  sig_test1_pid ↵
```

STEP V

1. [그림 9-18]의 프로그램 sig_test2.c를 이해한 후, 코딩하고 컴파일 한다.

2. 아래와 같이 sig_test2 프로그램을 실행시킨다.

```
$ sig_test2 ↵
```

3. 과정 2에서 실행시킨 프로그램에게 SIGINT 신호를 전달하기 위해 ^C 제어키를 입력하고, 어떤 변화가 있는지를 살펴보고 토론한다(프로그램의 신호에 대한 대응 처리)

4. 지금 사용중인 단말기 외에, 동일한 사용자 id로 접속해서 새로운 단말기 창을 열고, 이 새로운 단말기에서 ps 명령어를 사용해서 과정 2에서 생성한 프로세스의 id(*sig_test2_pid*)를 확인한다.

5. 새로운 단말기에서 아래 명령어를 사용하여 과정 4의 프로세스에게 신호를 보낸 후, 원래의 단말기에 어떤 변화가 있는지 관찰하고 그 결과를 토론한다.

```
$ kill  -INT  sig_test2_pid ↵
$ kill  -TERM  sig_test2_pid ↵
$ kill  sig_test2_pid ↵
```

6. 새로운 단말기에서 아래 명령어를 실행한 후, 원래의 단말기에 어떤 변화가 있는지 관찰하고 그 결과를 토론한다(SIGKILL 신호는 대응 처리 불가).

```
$ kill  -KILL  sig_test2_pid ↵
$ ps  -u  login_id ↵
```

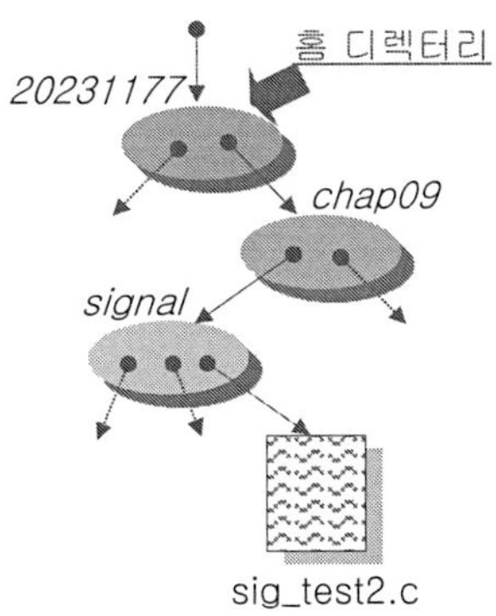


```
/* sig_test2.c */
#include <stdio.h>
#include <unistd.h>
#include <signal.h>
main()
{
        sigset(SIGINT, SIG_IGN);  /* 대응처리 */
        sigset(SIGTERM, SIG_IGN); /* 대응처리 */
        while(1) {
            printf("I am alive… \n");
            sleep(2);
        }
}
```

[그림 9-18] 프로세스 통제 실습 V

STEP VI

1. [그림 9-19]의 프로그램 sig_test3.c를 이해한 후, 코딩하고 컴파일 한다.

2. 아래와 같이 sig_test3 프로그램을 후면 처리로 일곱 번 실행시킨다.

```
$ sig_test3 & ↵
$ sig_test3 & ↵
$ sig_test3 & ↵
$ sig_test3 & ↵
$ sig_test3 & ↵
$ sig_test3 & ↵
$ sig_test3 & ↵
```

3. ps 명령어를 사용해서 과정 2에서 생성한 프로세스들의 id(*sig_test3_pid1*, *sig_test3_pid2*, *sig_test3_pid3*, *sig_test3_pid4*, *sig_test3_pid5*, *sig_test3_pid6*, *sig_test3_pid7*)를 확인한다.

4. 아래 명령어들의 실행 결과의 공통점을 살펴보고, kill 명령어의 사용법을 이해한다.

```
$ kill  sig_test3_pid1 ↵
$ kill  -TERM  sig_test3_pid2 ↵
$ kill  -15  sig_test3_pid3 ↵
$ kill  -KILL  sig_test3_pid4 & ↵
$ kill  -9  sig_test3_pid5 & ↵
$ kill  -INT  sig_test3_pid6 & ↵
$ kill  -2  sig_test3_pid7 & ↵
```

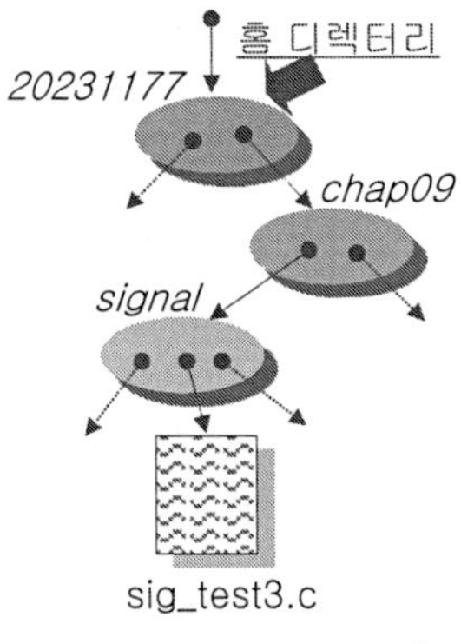


```
/* sig_test3.c */
#include <unistd.h>
main()
{
      while (1) {
            sleep(2);
      }
}
```

[그림 9-19] 프로세스 통제 실습 VI

9.4 C 쉘의 작업 통제

■ 작업 통제의 개념

C 쉘은 운영체제 수준에서 제공하는 프로세스 통제 수단 즉, 신호를 활용해서, 사용자의 요청에 의해 C 쉘 자신에 의해 실행된 모든 프로세스들을 자체적으로 관리한다. 다시 말하면, C 쉘은 후면처리 등으로 실행시킨 여러 프로세스들에 대한 정보를 해당 프로세스들이 종료할 때까지 유지·관리함으로써 사용자에게 보다 손쉬운 프로세스 통제 수단을 제공한다. 이와 같이 C 쉘이 관리하는 프로세스를 작어(job)이라 부른다.

C 쉘 뿐만 아니라 Korn 쉘 등 일부 다른 쉘에서도 모드 설정에 따라 작업 관리가 가능하지만, 기본 사항이 아니므로 여기서는 C 쉘 위주의 내용을 다룬다. 따라서, 여기서 말하는 작업 통제란 C 쉘 수준에서 관리되는 작업(프로세스)에 대하여 9.3 절 [표 9-9]에 정의된 통제 활동들을 적용하는 행위를 말한다. [표 9-13]에, 9.3 절에서 설명된 일반 프로세스 통제 방식과 C 쉘의 작업 통제 방식을 비교하였다.

[표 9-13] 일반 프로세스 통제 방식과 C 쉘의 작업 통제 방식의 비교

비교 항목	일반 프로세스 통제 방식(모든 쉘)	C 쉘의 작업 통제 방식
관리 수준	▪ 유닉스 운영체제	▪ C 쉘(유닉스 운영체제의 지원 활용)
작업 식별	▪ 프로세스 id(예측 불가)	▪ C 쉘이 부여한 자체 id(1, 2, 3 ...)
작업 탐색	▪ ps 명령어 사용	▪ jobs 명령어 사용
통제 방법	▪ kill 명령어에 의한 신호 전송 ▪ 제어키에 의한 신호 전송(^C)	▪ 자체 명령어 제공(bg, fg, stop, kill) ▪ 제어키에 의한 신호 전송(^C, ^Z)
통제 기능	▪ 전면 처리 : 강제 종료, 일시 중지 ▪ 후면 처리 : 강제 종료, 일시 중지, 실행 재개	▪ 전면 처리 : 강제 종료, 일시 중지, 실행 재개(후면 처리 전환) ▪ 후면 처리 : 강제 종료, 일시 중지, 실행 재개, 전면 처리 전환

위의 [표 9-13]에서 기타 쉘의 일반 프로세스 통제 방식의 각 관리 기능을 위한 시나리오는 아래와 같다.

• 전면 처리 → 강제 종료

-전면 처리 중인 단말기에서 ^C 키를 입력하여 SIGINT 신호를 보낸다.

-해당 프로그램 안에 SIGINT 신호에 대한 대응처리([그림 9-18] 참조)가 되어 있다면 해당 프로세스는 종료하지 않을 수 있다.

• 후면 처리 → 강제 종료

-kill 명령어를 사용해서 SIGINT, SIGKILL, SIGTERM 등의 신호를 보낸다. 이중

SIGKILL 신호는 대응처리가 불가능한 신호이므로 대상 프로세스를 반드시 종료시킨다.

-전면 처리 중인 프로세스가 있다면 kill 명령어 자체를 사용할 수 없으므로 이 시나리오는 불가능하다.

- **후면 처리 → 일시 중지**

-kill 명령어를 사용해서 SIGSTOP 신호를 보낸다.

-전면 처리 중인 프로세스가 있다면 kill 명령어 자체를 사용할 수 없으므로 이 시나리오는 불가능하다.

- **일시 중지 → 실행 재개**

-kill 명령어를 사용해서 SIGCONT 신호를 보낸다.

-전면 처리 중인 프로세스가 있다면 kill 명령어 자체를 사용할 수 없으므로 이 시나리오는 불가능하다.

■ 작업 통제 방법

C 쉘에서 관리되는 작업을 통제하기 위해서는 kill 명령어를 사용하는 것이 아니고, 각각의 통제 활동을 위해 제공되는 고유 명령어를 사용한다. [표 9-14]에 이들 명령어의 기능과 사용법을, [그림 9-20]에는 그 사용 예를 보였다.

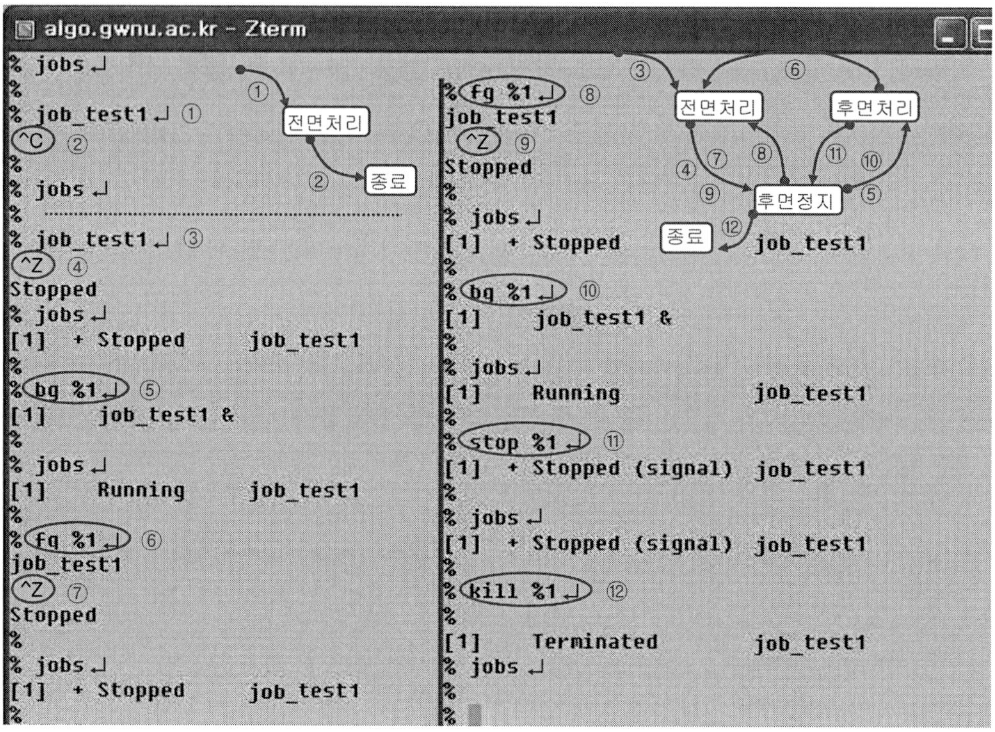

[그림 9-20] C 쉘의 작업 통제 명령어 실행 예

아래 [그림 9-21]에는 [표 9-14]의 명령어에 의한 통제 대상 작업의 상태 천이도를 보였다.

[표 9-14] 작업 통제를 위한 C 쉘의 고유 명령어

통제 명령어	통 제 기 능
% jobs ↵	▪ C 쉘 안에서 관리 중인 작업들(후면 처리 중이거나 일시 중지 상태의 작업)을 각각의 id와 함께 열거한다
% fg id1 di2 ... ↵ % fg ↵ (fg:fore ground)	▪ 후면 처리 중이거나 일시 중지 상태의 작업 'id1', 'id2', ...를 모두 전면 처리 상태로 전환시킨다(여러 개의 전면 처리 작업 가능). ▪ 만약 'id1', 'id2', ... 부분이 생략되면 가장 최근에 일시 중지 상태로 전환되었던 작업이 선택된다. ▪ 'id1', 'id2', ...는 '%1', '%2'와 같이 위의 jobs 명령어가 출력한 작업 id 앞에 '%' 문자를 붙인다. ▪ 쉘은 'id1', 'id2', ... 등 모든 작업이 종료한 다음 사용자와의 대화를 재개한다. 예) % fg %2 %3 %5 ↵
% bg id1 id2 ... ↵ % bg ↵ (bg:back ground)	▪ 일시 중지 상태에 있는 작업 'id1', 'id2', ...를 후면 처리 상태로 전환한다. ▪ 만약 'id1', 'id2', ... 부분이 생략되면 가장 최근에 일시 중지 상태로 전환되었던 작업이 선택된다. 예) % bg %2 %3 %5 ↵
% stop id1 id2 ... ↵	▪ 후면 처리 중인 작업 'id1', 'id2', ...를 일시 중지 상태로 전환한다. 예) % stop %2 %3 %5 ↵
% kill id1 id2 ... ↵	▪ 후면 처리 중이거나 일시 중지 상태의 작업 'id1', 'id2', ...에게 SIGTERM 신호를 보낸다(id 형태에 따라 프로세스 id와 작업 id가 식별됨). 예) % kill %2 %3 %5 ↵ (비교: % kill 1200 1309 ↵)
% ^C	▪ 전면 처리중인 모든 작업에게 SIGINT 신호를 보낸다. ▪ 위 모든 작업이 강제 종료되면 쉘과의 대화를 재개 한다.
% ^Z	▪ 전면 처리중인 작업 중 맨 처음 작업에게 SIGSTOP 신호를 보내어 일시 중지시킨다. ▪ 더 이상의 전면 처리 작업이 없으면 쉘과의 대화를 재개한다.

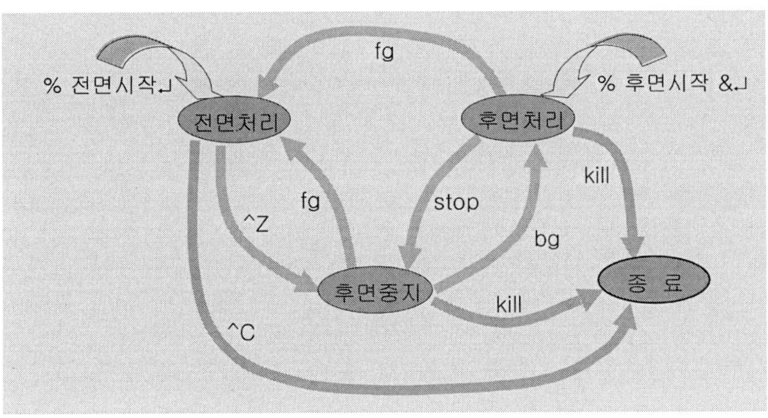

[그림 9-21] C 쉘 작업의 상태 천이도

☞ [실습 9-4]

STEP I ([실습 9-3] STEP III 참조)

1. [그림 8-22]의 프로그램 job_test1.c를 이해한 후, 코딩하고 컴파일한다.

2. 아래와 같이 job_test1 프로그램을 실행시킨다.

```
$ job_test1 ↵
```

3. 지금 사용중인 단말기 외에, 동일한 사용자 id로 접속해서 새로운 단말기 창을 연다.

4. 새로운 창에서 ps 명령어를 사용하여 과정 2에서 생성한 프로세스 id (*job_test1_ pid*)를 확인한다.

5. 새로운 창에서, 과정 2의 job_test1 프로세스에게 SIGSTOP 신호를 보낸다.

6. 과정 5의 job_test1 프로세스의 상태와 원래의 창에 어떤 변화가 있는지 관찰하고 토론한다.

7. 새로운 창에서, 과정 5의 job_test1 프로세스에게 SIGCONT 신호를 보낸다.

8. 과정 7의 job_test1 프로세스의 상태와 원래의 창에 어떤 변화가 있는지 관찰하고 토론한다.

10. 원래의 창 혹은 새로운 창에서, 과정 7의 job_test1 프로세스를 종료시키는 방법을 제안하여 종료시킨다.

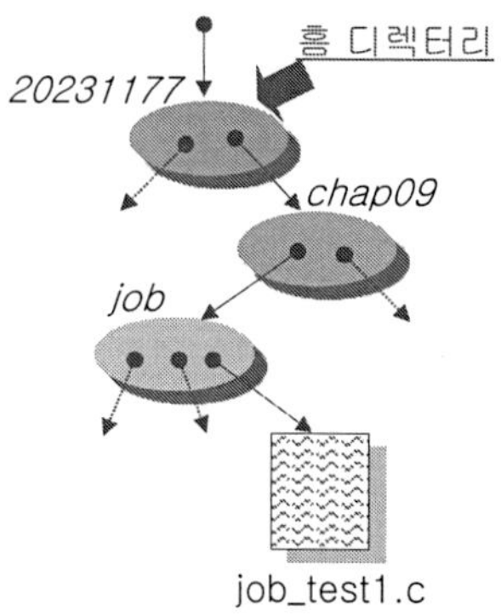


```
/* job_test1.c */                /* [그림 9-17 참조 */
#include <stdio.h>
#include <unistd.h>
main()
{
        while(1) {
              printf("I am alive… \n");
              sleep(2);
        }
}
```

[그림 9-22] 작업 통제 실습 I

STEP II

1. C 쉘로 로그인 하거나, 서브쉘로 C쉘을 띄운다.

2. [그림 8-22]의 프로그램 job_test1.c를 이해한 후, 코딩하고 컴파일한다(이이 존재하면 그대로 사용).

3. 아래와 같이 job_test1 프로그램을 실행시킨다.
   `% job_test1 ↵`

4. ^Z 제어키를 입력하고, 쉘과의 대화가 재개되는지를 확인한다(후면 정지).

5. 아래 명령어를 실행시켜 과정 3의 job_test1 작업의 id(*job_test1_jobid*)와 상태를 확인하고 토론한다.
   `% jobs ↵`

6. 아래 명령어를 실행시킨 후, job_test1 프로세스의 상태를 확인하고 토론한다(후면 정지 → 후면 처리).
   `% bg %`*job_test1_ jobid* ↵ `% jobs ↵`

7. 아래 명령어를 실행시킨 후, job_test1 프로세스의 상태를 확인하고 토론한다(후면 처리 → 후면 정지).
   `% stop %`*job_test1_ jobid* ↵ `% jobs ↵`

8. 아래 명령어를 실행시킨 후, job_test1 프로세스의 상태를 확인하고 토론한다(후면 정지 → 후면 처리).
   `% bg %`*job_test1_ jobid* ↵ `% jobs ↵`

9. 아래 명령어를 실행시킨 후, job_test1 프로세스가 전면 처리로 전환되는지 확인하고 토론한다(후면 처리 → 전면 처리).
   `% fg %`*job_test1_ jobid* ↵

10. 다시 ^Z 제어키를 입력하고, 쉘과의 대화가 재개되는지를 확인한다(후면 정지).

11. 아래 명령어를 실행시켜, job_test1 프로세스가 종료되었는지 확인하고 토론한다(후면 중지 → 종료).
   `% kill %`*job_test1_ jobid* ↵ `% jobs ↵`

STEP III

1. C 쉘로 로그인 하거나, 서브쉘로 C쉘을 띄운다.

2. [그림 8-23]의 프로그램 job_test2.c~job_test4.c를 이해한 후, 코딩하고 컴파일 한다.

3. 아래와 같이 job_test2, job_tet3, job_test4 프로그램을 후면 처리로 실행시킨다.
   % job_test2 & ↵
   % job_test3 & ↵
   % job_test4 & ↵

4. 아래 명령어를 실행시켜 과정 3의 작업들에 대한 작업 id(*job_test2_jobid, job_test3_jobid, job_test4_jobid*)와 상태를 확인한다.
   % jobs ↵

5. 아래 명령어를 실행시켜 과정 4의 모든 작업들을 전면 처리로 전환시킨다.
   % fg *job_test2_jobid job_test3_jobid job_test4_jobid* ↵

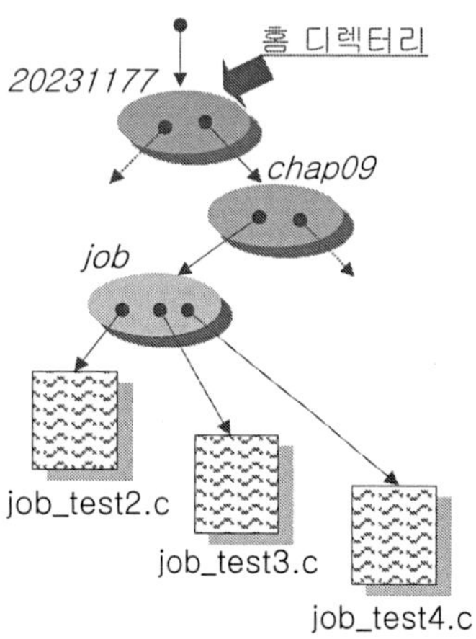


```
/* job_test2.c */
#include <stdio.h>
#include <unistd.h>
main() {
        for ( ;  ; ) {
            printf("job_test2… \n");
            sleep(5);
        }
}
```

```
/* job_test3.c */
#include <stdio.h>
#include <unistd.h>
main() {
        for ( ;  ; ) {
            printf("job_test3… \n" );
            sleep(5);
        }
}
```

```
/* job_test4.c */
#include <stdio.h>
#include <unistd.h>
main() {
        for ( ;  ; ) {
            printf("job_test4… \n" );
            sleep(5);
        }
}
```

[그림 9-23] 작업 통제 실습 III

6. ^C를 입력하여 쉘과의 대화가 재개되는지를 확인한다.

7. jobs 명령어를 사용해서 과정 5의 작업이 어떤 상태에 있는지를 확인하고 토론한다.

8. kill 명령어를 사용해서 과정 7의 작업들을 모두 종료시킨다.

9. 과정 3, 4, 5를 반복하여 job_test2, job_tet3, job_test4 프로그램을 후면 처리로 실행시킨 후, 모든 작업들을 전면 처리로 전환시킨다..

10. ^Z를 입력하여 전면 처리 중에 있는 작업들에게 어떤 변화가 있는지를 관찰하여 토론하고, 쉘과의 대화가 재개되는지를 살펴본다.

11. 쉘과의 대화가 재개될 때까지 차례로 ^Z를 입력하고, 그 때마다 전면 처리 중에 있는 작업들에게 어떤 변화가 있는지를 관찰하고 토론한다.

12. jobs 명령어를 사용해서 작업들이 어떤 상대에 있는지 관찰한 다음, kill 명령어를 사용해서 모든 작업들을 종료시킨다.

STEP IV

1. C 쉘로 로그인 하거나, 서브쉘로 C쉘을 띄운다.

2. [그림 8-23]의 프로그램 job_test2.c를 이해한 후, 코딩하고 컴파일한다(이미 존재하면 그대로 사용).

3. job_test2 프로그램을 다음의 각 절차로 실행시킨다(^C, ^Z, jobs, fg, bg, stop, kill 명령어 사용).
   ① 전면 처리 → 후면 중지 → 전면 처리 → 종료
   ② 전면 처리 → 후면 중지 → 후면 처리 → 종료
   ③ 전면 처리 → 후면 중지 → 종료
   ④ 후면 처리 → 전면 처리 → 종료
   ⑤ 후면 처리 → 후면 중지 → 전면 처리 → 후면 중지 → 종료
   ⑥ 후면 처리 → 종료

Note

제 10 장 유닉스 일반 사용자 명령어

10.1 유닉스 명령어의 분류 및 매뉴얼 체계 / 437

10.2 쉘 환경 설정 명령어 / 443

10.3 파일 관리 명령어 / 445

10.4 파일 내용 탐색 명령어 / 447

10.5 파일 내용 가공 명령어 / 454

10.6 파일 위치 탐색 명령어 / 466

10.7 파일 백업·압축 명령어 / 472

10.8 시스템 탐색·통제 명령어 / 482

10.9 네트워크(인터넷) 통신 명령어 / 488

10. 유닉스 일반 사용자 명령어

유닉스 시스템에 탑재된 명령어는 유닉스 버전이나 공급자에 따라 약간씩 다르지만 대략 500~1,000 개 정도의 명령어([그림 10-2] 참조)를 제공한다. 이들 명령어 중에는 유닉스 표준사용자 환경(POSIX XPG)의 규격을 엄격하게 준수하는 것과, 공급자의 특성을 따라 조금씩 다르게 구현된 고유 명령어들이 포함된다.

10.1 유닉스 명령어의 분류 및 매뉴얼 체계

■ **명령어 분류**

5.1 절에서 살펴본 바와 같이 유닉스 명령어는 그 사용 목적에 따라 [그림 10-1]과 같이 크게 세 가지로 분류될 수 있고, 이들 명령어의 탑재 위치는 대체로 [표 10-1]과 같다. [그림 10-1]에서 시스템 명령어는 관리자가 시스템을 관리(administration)하기 위한 용도로 제공되기 때문에 일반 사용자는 사용할 수 없다.

일반 사용자용 명령어는 사용자 누구나 자유롭게 사용할 수 있는 것으로서, [표 10-2]와 같이 대략 아홉 가지 정도로 분류될 수 있다. 10 장에서는 이들 일반 사용자용 명령어 중에서 이미 설명된 기본 명령어 외에 가장 널리 사용되는 것들의 기본 기능과 사용법을 요약하여 설명한다. 따라서, 보다 자세한 기능과 사용법은 유닉스 매뉴얼을 참조하여야 한다.

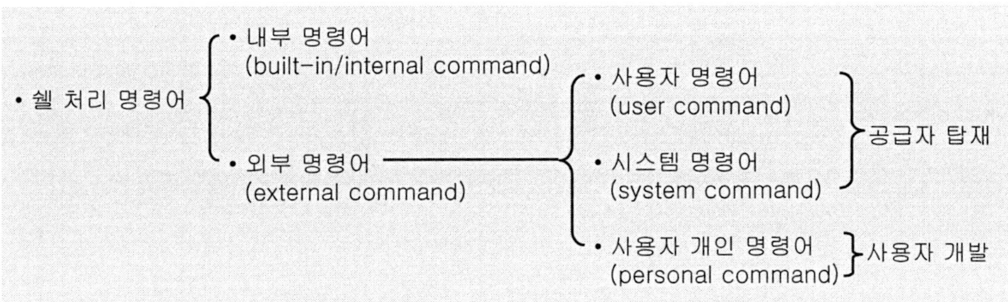

[그림 10-1] 쉘 처리 명령어의 구분([그림 5-3] 참조)

[표 10-1] 사용자 및 시스템 명령어의 분류 및 탑재 위치([표 5-1] 참조)

사용자 및 시스템 명령어 유형	탑 재 위 치
▪ 일반 사용자를 위한 기본 명령어 (ls, mkdir, rmdir, cp, mv, rm, ps, pwd 등)	/bin
▪ 일반 사용자를 위한 다기능 명령어 (vi, find, tar, ar, gcc, awk, grep, tail 등)	/usr/bin
▪ 시스템 관리자를 위한 시스템 관리 명령어 (mount, umount, diskpart, ifconfig, netstat 등)	/sbin, /usr/sbin
▪ 인터넷(TCP/IP) 관련 명령어 (telnet, rlogin, rcp, ftp, ping, finger 등)	/usr/ucb, /usr/local/ucb

acctcom
admin
alias
alpha
appletviewer
apply
apropos
ar
as
asa
at
atom
atq
atrm
awk

banner
basename
batch
bc
bdiff
bfs
biff
binmail
bison

date
dbx
dc
dd
ddifanls
ddifps
ddiftext
decladebug
delta
demangle
deroff
df
diction
diff
diff3
diffmk
dircmp
dirname
dis
domainname
dspcat
dspmsg
dtifanls
dtifddif
dtoc
du

echo
ed
edit
egrep
emacs
env
error
etags
eucset
ex
expand
explain
expr
extract

c89
cal
calendar
cancel
capsar
captoinfo
cat
cb
cc
cd
cdc
cddrec
cdoc
cdptrec
cdsuf
cdvd
cdxar
cflow
cgikill
chat
checkeq
checknr
chfn
chgrp
chmod
chown
chsh
ci
cksum
clear
cmp
co
col
colcrt
colrm
comb
comm
command
compress
cord
cp
cpio
cpp
crashdc
crontab
crypt
csh
csplit
ct
ctags
ctod
cu
cut
cxref
cxx

false
fc
fdetach
feedback
fgrep
file
find
finger
fitset
fixso
flex
fmt
fold
from
ftoc
ftp
fverify

gencat
gendisk
gentapes
genufi
genxlt
get
getacl
getconf
getopt
getopts
gprof
graph
grep
groups
gunzip
gzip

hash
head
help
hostname

iconv
id
ident
iec
indent
infocmp
install
installbsd
invsync
iostat
ipcrm
ipcs

jar
java
java-
rmi.cgi
javac
join

kdbx
kill
kits
kprofile
ksh

ladebug
ladebug-
server
last
lastcomm
ld
learn
leave
lex
lex.bak
line
lint
llogin
ln
locale
localedef
lock
logger
login
logname
look
lorder
lp
lpq
lpr
lprm
lpstat
ls
lsmlog2txt
ltf

m4
machine
mail
mailx
make
man
merge
mesg
mh
mhdecode
mig
mkcatdefs
mkdep
mkdir
mkfifo
mkstr
more
mt
mtools
mv
mxr

nawk
neqn
newgrp
newinv
news
nfsstat
nice
nl
nm
nohup
nrdist
nroff
nslookup
ntp
ntpdc
ntpq

oawk
objZ
od
odump
ostrip

pack
page
pagesize
passwd
paste
patch
pathchk
pax
pcat
pcmserver
pddump
pdtostd
perl
pfstat
pg
pixie
pixstats
posix
pr
printenv
printf
prof
prs
ps
pwd

ranlib
rcp
rcs
rcsclean
rcsdiff
rcsfreeze
rcsit
rcsmerge
rdist
rdistd
read
red
renice
reset
rev
rlog
rlogin
rm
rmail
rmdel
rmdir
rmiregistry
rpcgen
rsh
rstartd
runcat
runcord
runon
rup
ruptime
rusers
rwall
rwho

sact
sccs
sccsdiff
sccshelp
sccstorcs
script
sdiff
sed
setacl
sh
show_unins
talled_info
showmount
size
sleep
soelim
sort
spell
spellin
spellout
split
spray
stdump
strchg
strconf
strextract
strings
strip
strmerge
stty
style
su
suggest
sum

tabs
tail
talk
tar
tbl
tcl
tclhelp
tclsh
tcopy
tee
telnet
test
textddif
tftp
tic
time
timex
tip
touch
tput
tr
trans
trbsd
true
tset
tsort
tty
type

uac
ul
uld
ulimit
umask
unalias
uname
uncompress
unexpand
unget
unifdef
uniq
units
unpack
updmerge
updmv
uprofile
uptime
users
uucp
uudecode
uuencode
uuname
uusend
uustat
uux

vacation
val
vdoc
vedit
vi
view
vmstat

w
wait
wc
what
whatis
whereis
which
who
whoami
whois
window
wish
wishx
write

xargs
xntpdc
xpass
xstr

yacc
yes
ypcat
ypmatch
yppasswd
ypwhich

zcat
zdump
zic

[그림 10-2] 유닉스 일반 사용자 명령어 리스트의 예(HP Tru64 UNIX)

[표 10-2] 목적에 따른 일반 사용자 명령어 분류

분 야	명 령 어	주 요 기 능
쉘 환경 설정	set, setenv, unset, export, echo, env, printenv, umask, ...	▪ 환경 변수•쉘 변수의 설정 및 검색
파일 관리	mkdir, rmdir, vi, rm, cp, mv, umask, chmod, chown, ln, touch, ...	▪ 파일과 디렉터리의 - 생성, 이동, 복사, 삭제, 링크, 수정 시간 변경 - 모드 및 소유자 변경
파일 내용 탐색	cat, od, head, tail, more, wc, grep, diff, cmp, strings, file, ...	▪ 파일 내용의 - 전체•일부를 문자 혹은 2진으로 덤프 - 단어 카운트, 문자열 검색, 내용 비교
파일 내용 가공	pr, sort, awk, sed, ...	▪ 파일 내용을 목적에 따라 가공하여 출력
파일•디렉터리 위치 탐색	cd, pwd, ls, find, ...	▪ 파일 시스템 항해 ▪ 파일 시스템 상의 파일•디렉터리 검색
파일 압축•백업	ar, tar, cpio, dd, gzip, gunzip, compress, uncompress, ...	▪ 여러 파일을 압축하여 합하거나 보조 기억 장치로 출력
시스템 탐색•통제	who, nice, renice, ps, kill, id, finger, mount, df, du, date, cal, ifconfig, netstat, arp, ping, uname, hostname, ...	▪ 로그인 사용자 검색 ▪ 프로세스 검색 및 통제 ▪ 디스크 상황 검색 ▪ 날짜•시간 검색 ▪ 네트워크 설정, 상태 검색 ▪ 운영체제, 시스템 이름 검색
네트워크(인터넷) 통신	ftp, telnet, rlogin, rsh, rcp, talk, mail, ...	▪ 원격 파일 전송 ▪ 원격 로그인 ▪ 원격 수행 ▪ 사용자 대화, 전자 우편

■ **매뉴얼 체계**

유닉스의 표준 매뉴얼 체계는 [표 10-3]과 같이 총 여덟 섹션(section)으로 구성되는데, 앞으로 다루는 일반 사용자 명령어는 섹션 1과 섹션 8의 일부 명령어들이 해당된다.

[표 10-3] 유닉스 표준 매뉴얼 체계

섹 션	섹 션 명 칭	주 요 내 용
1	Commands and Utilities	▪ 일반 사용자 명령어(ls, cp, rm, ...)
2	System Calls	▪ 유닉스 운영체제 서비스(open(), read(), ...)
3	Standard C Libraries	▪ 표준 C 라이브러리(printf(), scanf(), ...)
4	File Formats	▪ 파일 포맷(a.out, hosts, inetd.conf, ...)
5	Miscellaneous	▪ 기타 사항(language locale, terminal, ...)
:		
7	Special Files	▪ 특수 파일(/etc/passwd, /etc/fstab, ...)
8	Administration Commands	▪ 관리자 명령어(mount, unmount, ifconfig, ...)

유닉스 매뉴얼은 책자 형태로도 보급되어 있지만, 온라인 형태로 더 잘 구축되어 있어서 검색과 참조가 용이하다. 온라인 매뉴얼은 man 명령어로 참조할 수 있는데, [표 10-4]에는 그 사용법을 설명하였고, [그림 10-3]에는 rmdir 명령어에 대한 man 명령어의 출력 예를 보였다.

특히 [표 10-4]에서, 검색하고자 하는 주제 타이틀을 정확히 기억하지 못할 때에는, -k 옵션을 사용해서 타이틀이나 설명 내용에 포함될 가능성이 있는 부분 문자열로 검색하면 편리하다.

[표 10-4] man 명령어 사용법

사용법	내용
사용법	▪ man title ↵ - 섹션 1부터 시작해서 'title'과 일치하는 내용이 있는지를 검색하여 출력한다. - 여러 섹션에 동일한 title이 존재하면, 먼저 검색된 내용만 출력한다. - 설명 내용이 페이지 단위로 출력된 상태에서, 스페이스키(' ')는 다음 페이지, 엔터키('↵')는 다음 줄, 'b'키는 이전 페이지, 'k'키는 이전 줄, '/' 키는 검색, 'q'키는 종료를 의미한다(vi 명령어와 대동소이). 예) $ man chmod ↵ ▪ man section title ↵ - 섹션이 'section'인 부분에서만 'title' 내용을 검색하여 출력한다. 예) $ man 2 chmod ↵ ▪ man -k title ↵ - 설명이나 타이틀에 'title' 문자열이 있는 내용을 모두 검색하여 출력한다. 예) $ man -k chm ↵

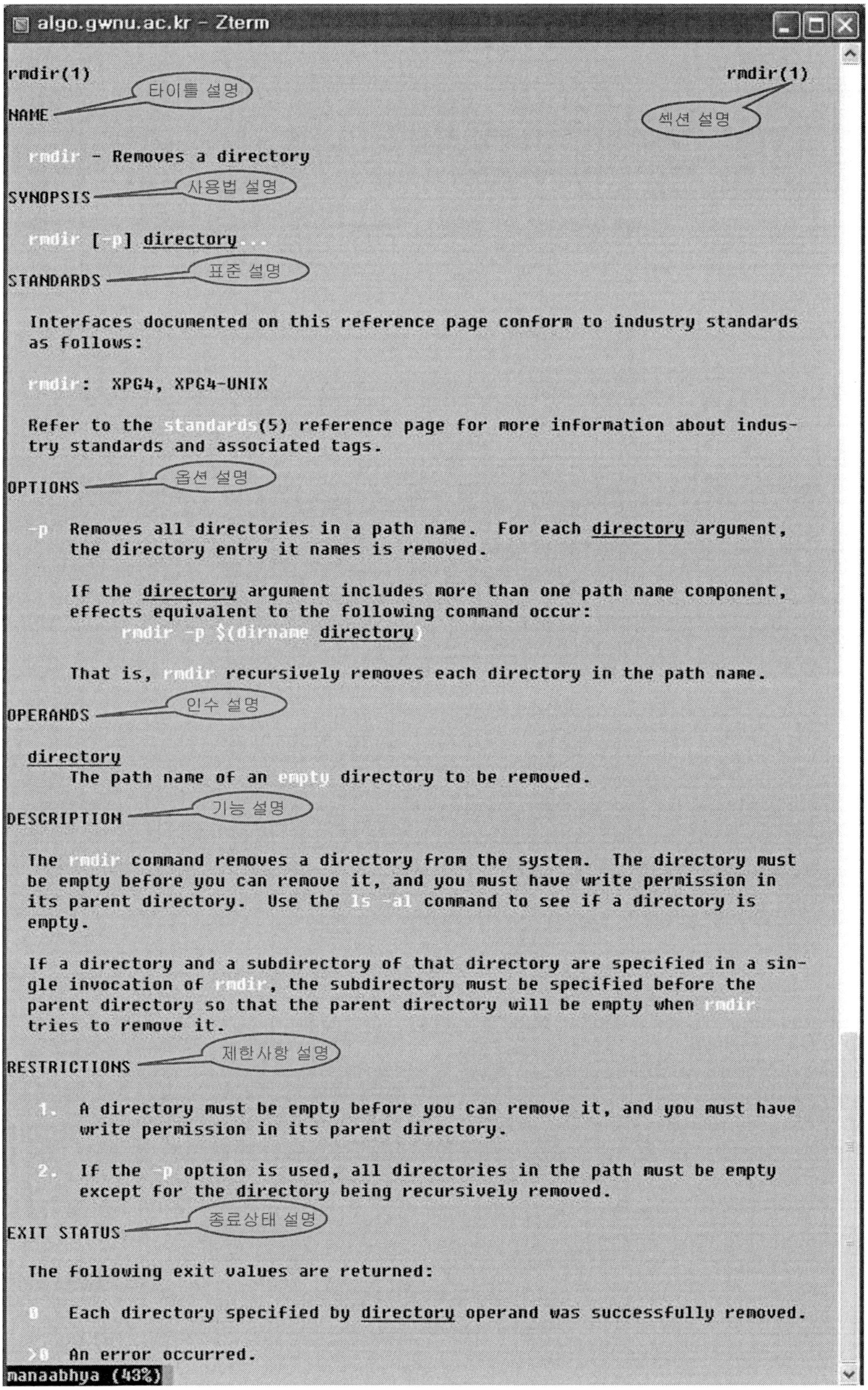


```
rmdir(1)                                                      rmdir(1)

NAME

  rmdir - Removes a directory

SYNOPSIS

  rmdir [-p] directory...

STANDARDS

  Interfaces documented on this reference page conform to industry standards
  as follows:

  rmdir:  XPG4, XPG4-UNIX

  Refer to the standards(5) reference page for more information about indus-
  try standards and associated tags.

OPTIONS

  -p  Removes all directories in a path name.  For each directory argument,
      the directory entry it names is removed.

      If the directory argument includes more than one path name component,
      effects equivalent to the following command occur:
           rmdir -p $(dirname directory)

      That is, rmdir recursively removes each directory in the path name.

OPERANDS

  directory
      The path name of an empty directory to be removed.

DESCRIPTION

  The rmdir command removes a directory from the system.  The directory must
  be empty before you can remove it, and you must have write permission in
  its parent directory.  Use the ls -al command to see if a directory is
  empty.

  If a directory and a subdirectory of that directory are specified in a sin-
  gle invocation of rmdir, the subdirectory must be specified before the
  parent directory so that the parent directory will be empty when rmdir
  tries to remove it.

RESTRICTIONS

   1.  A directory must be empty before you can remove it, and you must have
       write permission in its parent directory.

   2.  If the -p option is used, all directories in the path must be empty
       except for the directory being recursively removed.

EXIT STATUS

  The following exit values are returned:

  0   Each directory specified by directory operand was successfully removed.

  >0  An error occurred.
manaabhya (43%)
```

[그림 10-3] man 명령어 실행 예($ man   rmdir ↵)

☞ [실습 10-1]

STEP I

1. 다음 명령어를 사용해서 ls 명령어에 대한 매뉴얼 출력을 시작한다.

```
$ man  ls ↵
```

2. 스페이스(' '), 엔터('↵') 키를 사용해서 페이지 단위 혹은 줄 단위의 순방향 이동을 시도해보고 토론한다.

3 'b', 'k' 키를 사용해서 페이지 단위 혹은 줄 단위의 역방향 이동을 시도해보고 토론한다.

4 '/' 키를 사용해서 "time" 문자열이 검색된 페이지로 이동한 후, 줄 단위 이동을 사용하여 -c, -u, -t 옵션 설명 부분을 읽고 이해한다.

5 'q' 키를 사용하거나 매뉴얼의 마지막 부분까지 이동해서 man 명령어를 종료시킨다.

STEP II

1. 다음 각 명령어를 실행시켜 출력 결과를 토론한다.

```
$ man  chmod ↵
$ man  1  chmod ↵
$ man  2  chmod ↵
$ man  -k  chmod ↵
$ man  -k  change ↵
```

2. 주제어(타이틀) kill과 관련해서 어떤 매뉴얼이 있는지 탐색한다.

3. 프린터 출력을 위해서는 어떤 명령어를 사용해야 하는지 탐색한다.

4. 디스크 관리와 관련된 명령어에는 어떤 명령어가 있는지 탐색한다.

10.2 쉘 환경 설정 명령어

■ set

- Bourne·Korn 쉘, C 쉘에서 정의된 쉘 변수(내부 변수)를 열거([그림 5-10], [그림 5-23] 참조)
- C 쉘에서 쉘 변수(내부 변수)를 정의함([그림 5-23] 참조)

■ unset

- Bourne·Korn 쉘, C 쉘에서 정의된 쉘 변수 혹은 환경 변수(전역 변수)를 제거함([그림 5-10], [그림 5-23] 참조)

■ setenv

- C 쉘에서 환경 변수를 정의([그림 5-23] 참조)

■ export

- Bourne·Korn 쉘에서 쉘 변수를 환경 변수로 전환([그림 5-10] 참조)

■ echo

- 쉘 변수, 환경 변수, 문자열 등을 출력([그림 5-10], [그림 5-23] 참조)

■ env

- 정의된 모든 환경 변수를 열거([그림 5-10], [그림 5-23] 참조)

■ printenv

- 정의된 특정 환경 변수를 출력([그림 5-10], [그림 5-23] 참조)

■ umask

- 파일 생성시 적용될 초기 보안 모드를 설정([표 8-5] 참조)

☞ [실습 10-2]

STEP I

1. 자신이 사용중인 쉘 환경에서 정의된 모든 쉘 변수(지역 변수)를 출력한다.

2. 자신이 사용중인 쉘 환경에서 정의된 모든 환경 변수(전역 변수)를 출력한다.

3. 자신이 사용중인 쉘 환경에서 정의된 환경 변수 TERM의 값을 검색하고 기록한다.

4. 과정 3의 환경 변수 TERM의 정의를 취소한 후, vi를 시도하고 그 결과를 토론한다.

5. 과정 4에서 취소한 환경 변수 TERM을 다시 정의하고, vi가 제대로 실행되는지 확인한다.

6. 자신이 사용중인 쉘 환경에서 정의된 환경 변수 PATH 값을 검색한다.

STEP II

1. 자신이 사용중인 쉘 환경에서 쉘 변수 myname의 값을 자신의 로그인 id로 설정하여 정의한 후, 검색한다.

2. 과정 1에서 정의한 쉘 변수 myname의 정의를 취소한다.

3. 자신이 사용중인 쉘 환경에서 환경 변수 myname의 값을 자신의 로그인 id로 설정하여 정의한 후, 검색한다.

4. 과정 3에서 정의한 쉘 변수 myname의 정의를 취소한다.

5. 자신이 사용중인 쉘 환경에서 명령어 프롬프트 문자열을 기록한 후, 그 프롬프트를 "==>"로 수정한 후 확인한다.

6. 과정 5에서 변경한 프롬프트를 원위치 한다.

10.3 파일 관리 명령어

■ **mkdir**(make directory)

- 새로운 하부 디렉터리를 생성([표 4-4] 참조)

■ **rmdir**(remove directory)

- 기존의 하부 디렉터리를 삭제([표 4-5] 참조)

■ **vi**(visual editor)

- 일반 텍스트 파일을 생성하고 편집([표 4-6] ~ [표 4-10] 참조)

■ **rm**(remove)

- 파일(들)을 삭제 ([표 4-12] 참조)

■ **cp**(copy)

- 동일 디렉터리 안에서 파일을 다른 이름으로 복사([표 4-13] 참조)
- 파일(들)이나 하부 디렉터리(들)을 다른 디렉터리로 복사([표 4-13] 참조)

■ **mv**(move)

- 동일 디렉터리 안에서 파일이나 하부 디렉터리의 명칭을 변경([표 4-14] 참조)
- 파일(들)이나 하부 디렉터리(들)을 다른 디렉터리로 이동([표 4-14] 참조)

■ **umask**(user mask)

- 파일 생성시 적용될 초기 보안 모드를 설정([표 8-5] 참조)

■ **chmod**(change mode)

- 파일이나 디렉터리에 부착된 보안 모드를 변경([표 8-9] 참조)

■ **chown**(change owner)

- 파일이나 디렉터리의 소유자를 변경([표 8-10] 참조)

■ **touch**

- 파일이나 디렉터리의 생성 시간, 변경 시간, 읽기 시간 속성을 현재 시각(혹은 지정 시각)으로 수정 ([표 8-18] 참조)

☞ [실습 10-3]

STEP I

1. 명령어 rm 의 –r 옵션을 검색하고 설명한다.

2. 명령어 cp 의 –r과 -R 옵션을 검색하고 설명한다.

3. 명령어 chmod의 –R 옵션을 검색하고 설명한다.

4. 명령어 chown의 –R 옵션을 검색하고 설명한다.

STEP II

1. 다음 명령어를 실행시켜 umask 값을 확인한다.

```
$ umask ↵
```

2. 다음 명령어를 실행시켜 파일 empty가 생성되었는지 확인하고, 과정 1의 uamsk 값과 파일 empty의 보안 모드를 결부하여 설명한다.

```
$ touch  empty ↵
```

10.4 파일 내용 탐색 명령어

■ cat file … ↵ (catenate)

- 파일 'file', '…'의 내용을 표준 출력 장치(stdout)로 출력([그림 10-4] 참조)
- 'file' 부분이 생략되면 표준 입력 장치(stdin)로부터의 입력 내용을 처리

■ od [-d -o -x] file … ↵ (octal dump)

- 파일 'file', '…'의 내용을 short(2 byte) 단위로 인식하여 10 진(-d, decimal , 8 진(-o, octal), 16 진(hexadecimal) 수로 표현하여 표준 출력 장치로 출력([그림 10-4] 참조)
- 'file' 부분이 생략되면 표준 입력 장치로부터의 입력 내용을 처리

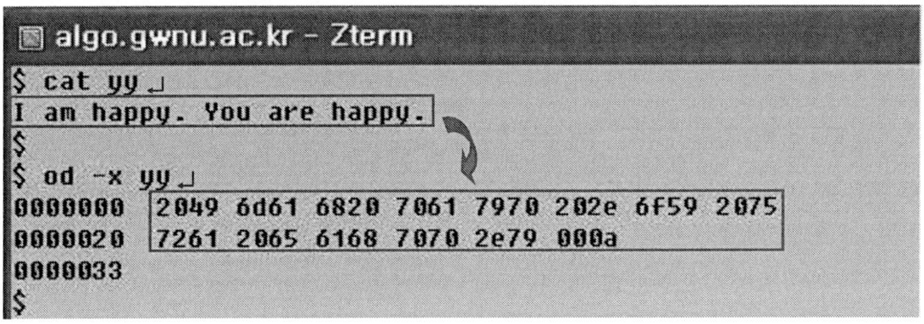

[그림 10-4] od 명령어 실행 예

■ head [-n lines] file … ↵

- 파일 'file', '…'의 내용의 앞 부분 10 줄만 표준 출력 장치로 출력([그림 10-5] 참조)
- 옵션 -n으로 출력 줄 수를 지정할 수 있음
- 'file' 부분이 생략되면 표준 입력 장치로부터의 입력 내용을 처리
- 문서의 내용을 개략적으로 파악하고자 할 때 유용

■ tail [-f] [-lines] file ↵ /* -n lines ➔ XPG style */

- 단일 파일 'file'에 현재 저장된 내용의 뒷 부분 10 줄만 표준 출력 장치로 출력([그림 10-5] 참조)
- 옵션 -n으로 출력 줄 수를 지정할 수 있음
- 'file'이 생략되면 표준 입력 장치로부터 읽은 내용을 처리
- 옵션 -f를 지시하면 현재까지의 내용을 출력한 후 종료하지 않고, 'file'의 내용이 증가되기를 끝없이 기다리면서 증가된 부분을 계속 출력(로그 파일이나 디버그 파일을 실시간으로 추적할 때 매우 유용)

```
algo.gwnu.ac.kr - Zterm
$ cmd_test1 | head -n 3↵
cmd_test1: line_00
cmd_test1: line_01
cmd_test1: line_02
$
$ cmd_test1 | tail -n 3↵
cmd_test1: line_12
cmd_test1: line_13
cmd_test1: line_14
$
$ cmd_test1 | tail -f -n 3↵
cmd_test1: line_12
cmd_test1: line_13
cmd_test1: line_14
$
```

```
/*  cmd_test1.c  */
#include  <stdio.h>
main() {
  int      i;

  for (i = 0; i < 15; i++) {
     printf("cmd_test01: line%.2d··· \n", i);
     fflush(stdout);
  }
}
```

```
$ cmd_test2& ↵
1703
$ tail -f log↵
cmd_test2: line_00
cmd_test2: line_01
cmd_test2: line_02
cmd_test2: line_03
cmd_test2: line_04
cmd_test2: line_05
^C
$ head -n 3 log↵
cmd_test2: line_00
cmd_test2: line_01
cmd_test2: line_02
$
$ tail -n 3 log↵
cmd_test2: line_03
cmd_test2: line_04
cmd_test2: line_05
$
```

```
/*  cmd_test2.c  */
#include  <stdio.h>
main() {
  int      i;
  FILE  *fp = fopen("log", "w");
  for (i = 0; i < 6; i++) {
     fprintf(fp, "cmd_test02: line%.2d··· \n", i);
     fflush(fp);
     sleep(3);
  }
}
```

[그림 10-5] head, tail 명령어 실행 예

■ more [-n lines] file … ↵

- 파일 'file', '…'의 내용을 화면 크기 단위로 표준 출력 장치로 출력
- 옵션 -n으로 출력 단위(줄 수)를 지정할 수 있음
- 'file' 부분이 생략되면 표준 입력 장치로부터 읽은 내용을 처리
- 한 화면이 출력된 상태에서, 스페이스(' ')키는 다음 페이지로, 'b' 키는 이전 페이지로, 엔터('↵') 키는 다음 줄로, 'k' 키는 이전 줄로, '/' 키는 문자열 검색 및 검색된 화면으로의 이동을 위한 명령어로 사용(vi 명령어와 유사)
- 예) `$ more /etc/passwd ↵` `$ ps -e | more ↵`

■ wc [-l] [-w] [-c] file … ↵

- 파일 'file', '…' 각각의 내용에 대하여 줄 수(-l), 워드 수(-w), 바이트 수(-c)를 카운트하여 표준 출력 장치에 출력
- 모든 옵션을 생략하면 세 가지 모두를 출력
- 'file', '…' 부분이 생략되면 표준 입력 장치의 입력 내용을 처리

■ grep [-n] [-i] [-v] pattern_string file … ↵

- 파일 'file', '…' 각각의 내용에서 'pattern_string'이 포함된 모든 줄을 표준 출력 장치에 출력([그림 10-6] 참조)
- 'pattern_string'에 공백 등 특수 문자가 포함되면 인용부호("")와 "\" 문자 사용
- 옵션 -n을 사용하면 줄 번호를 덧붙여 출력
- 옵션 -i를 사용하면 대·소문자를 구별하지 않음
- 옵션 -v를 사용하면 'pattern_string'이 포함되지 않은 줄을 출력
- 'file', '…' 부분이 생략되면 표준 입력 장치의 입력 내용을 처리

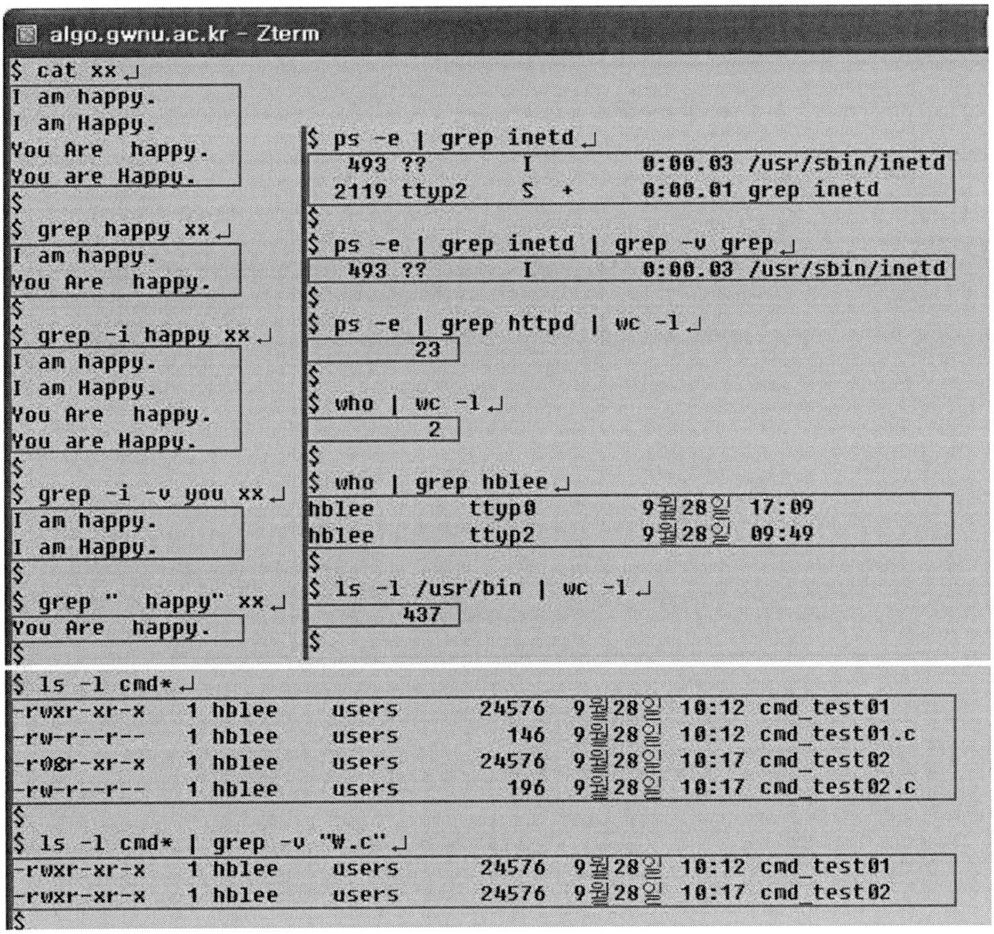

[그림 10-6] grep 명령어 사용 예

■ diff file1 file2 ↵

- 두 텍스트 파일 'file1', 'file2'의 내용을 줄 단위로 비교하여 차이가 있는 양쪽 파일의 줄들을 표준 출력 장치로 출력

■ cmp file1 file2 ↵

- 두 파일 'file1', 'file2'의 내용을 바이트 단위로 비교하여 차이가 있는 최초의 양쪽 바이트를 표준 출력 장치로 출력하고 곧바로 종료

■ strings [-n length] file … ↵

- 파일 'file', '…' 각각의 내용에서 줄바꿈('\n')이나 널문자('\0')로 끝나고 길이가 4 이상인 모든 문자열을 표준 출력 장치에 출력
- 옵션 -n을 사용해서 대상 문자열의 최소 길이 재설정 가능
- 'file', '…' 부분이 생략되면 표준 입력 장치의 입력 내용을 처리

■ file file1 … ↵

- 파일 'file', '…' 각각에 대해서 첫 부분을 살펴보고 어떤 종류의 파일인가를 판단하여 표준 출력 장치에 출력([그림 10-7] 참조)
- 파일 유형의 패턴은 /etc/magic 파일에 등록

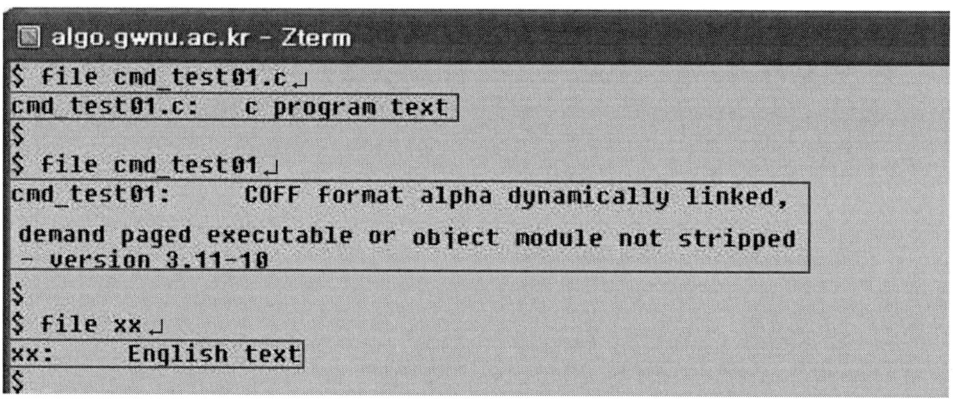

[그림 10-7] file 명령어 실행 예

☞ [실습 10-4]

STEP I

1. [그림 10-8]의 프로그램 cmd_test01.c와 cmd_test02.c를 이해한 후, 코딩하고 컴파일 한다.

2. 다음 명령어를 차례로 실행시켜 결과를 확인하고 토론한다.

```
$ cmd_test1 ↵
$ cmd_test1  |  head  -3 ↵        /* -n 3   ➔ XPG style */
$ cmd_test1  |  tail  -3 ↵        /* -n 3 */
$ cmd_test1  |  tail  -f  -3 ↵    /* -n 3 */

$ cmd_test2 & ↵
$ tail  -f  log ↵  ^C
$ head  -3  log ↵                 /* -n 3 */
$ tail  -3  log ↵                 /* -n 3 */
```

3. 프로그램 cmd_test1.c에서 fflush(stdout)의 역할을 토론한다.

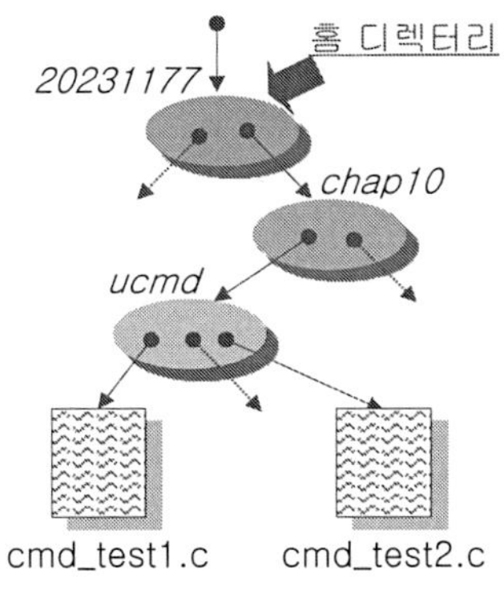


```
/* cmd_test1.c */
#include <stdio.h>
int main()
{
   int     i;
   for (i = 0 ; i < 15 ; i++) {
       printf("cmd_test1: line%.2d… \n", i);
       fflush(stdout);
   }
   return(0);
}
```

```
/* cmd_test2.c */
#include <stdio.h>
#include <unistd.h>
int main()
{
   int     i;
   FILE    *fp = fopen("log", "w");
   for (i = 0 ; i < 6 ; i++) {
        fprintf(fp, "cmd_test2: line%.2d… \n", i);
        fflush(fp);
        sleep(3)
   }
   return(0);
}
```

[그림 10-8] 파일 내용 탐색 명령어 실습 I

STEP II

1. [그림 10-8]의 프로그램 cmd_test01.c와 cmd_test02.c를 이해한 후, 코딩하고 컴파일 한다(이미 존재하면 그대로 사용).

2. 다음 명령어를 사용해서 프로그램 cmd_test01.c와 cmd_test02.c을 비교하고 그 결과를 토론한다.

```
$ diff  cmd_test1.c  cmd_test2.c ↵
```

3. 다음 명령어를 사용해서 실행파일 cmd_test01와 cmd_test02을 비교하고 그 결과를 토론한다.

```
$ cmp  cmd_test1.c  cmd_test2.c ↵
```

4. 다음 명령어를 사용해서 실행파일 cmd_test01와 cmd_test02에 각각 어떤 문자열들이 포함되어 있는지를 살펴보고 토론한다.

```
$ strings  cmd_test1.c ↵
$ strings  cmd_test2.c ↵
```

4. 다음 명령어를 사용해서 각 파일 타입을 살펴보고 토론한다.

```
$ file  log ↵
$ file  cmd_test1.c ↵
$ file  cmd_test1 ↵
```

STEP III

1. [그림 10-8]의 프로그램 cmd_test01.c를 이해한 후, 코딩하고 컴파일 한다(이미 존재하면 그대로 사용).

2. 다음 명령어를 실행시키고, 그 결과로부터 각 명령어가 의도하는 바 목적을 토론한다.

```
$ cmd_test1  |  more ↵
$ cmd_test1  |  grep 3  |  grep  -v  1 ↵
$ cmd_test1  |  grep 3  |  grep  -v  1  |  wc  -l ↵
```

STEP IV

1. ps, grep, wc 명령어를 사용해서 현재 사용중인 시스템에 관리자(root) 소유의 프로세스가 몇 개 있는지 탐색한다.

2. who, grep, wc 명령어를 사용해서 현재 로그인 사용자가 총 몇 사람인지를 탐색한다.

3. who, grep 명령어를 사용해서 현재 console에서 로그인한 사용자가 있는지를 탐색한다.

4. ls, grep 명령어를 사용해서 현재 작업 디렉터리에 cmd로 시작하는 실행 파일이 총 몇 개 있는지를 탐색한다.

10.5 파일 내용 가공 명령어

■ pr [-n] [-l lines] [-w width] [-f] file … ↵

- 파일 'file', '…'의 내용을 용지 크기(66 줄, 72 자)에 맞춰 페이지 단위의 포맷(페이지 헤더 등)으로 재구성하여 표준 출력 장치로 출력([그림 10-9] 참조)
- 옵션 -n을 사용하면 줄 번호를 덧붙여 출력
- 옵션 -l을 사용하면 페이지 줄 수를 재설정
- 옵션 -w를 사용하면 페이지의 줄 길이를 재설정
- 옵션 -f를 사용하면 페이지와 페이지 사이의 공간을 위해 여러 개의 줄바꿈 문자 대신 하나의 페이지 넘김(form feed) 문자를 사용
- 'file', '…' 부분이 생략되면 표준 입력 장치(stdin)로부터의 입력 내용을 처리
- 원천 코드 출력에 유용하고, 주로 표준 출력을 파일로 방향 전환하여 사용

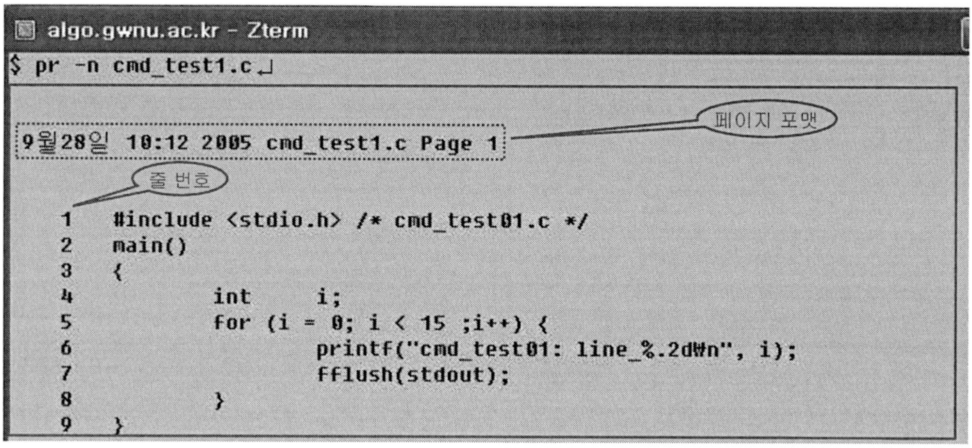

[그림 10-9] pr 명령어 실행 예

■ sort [-k key1] [-k key2] … [-k keyn] [-f] file … ↵

- 파일 'file', '…'의 내용 전체를 대상으로 줄 단위의 텍스트 문자열을 오름차순으로 정렬하여 표준 출력 장치로 출력([그림 10-11] 참조)
- 정렬 기준은 'key1', … 'keyn'으로 정의하며, 일차로 'key1' 부분에 의해 정렬한 다음 'key1'이 동일한 줄 들은 다시 'key2' 부분을 기준으로 재정렬. 'key2'까지도 동일한 줄 들은 다시 'key3' 부분을 기준으로 재정렬. 이런 과정을 'keyn' 부분까지 반복
- 옵션 -k(정렬 기준)이 지정되지 않으면 줄 전체를 하나의 정렬 기준으로 간주
- 오름차순과 내림차순을 각 정렬 기준마다 독립적으로 설정 가능
- 정렬 기준 'key1', …, 'keyn'의 표현 방법은 아래 [그림 10-10] 참조

- 구분자는 기본적으로 스페이스(‘ ’)를 사용하지만, -t 옵션을 사용해서 ‘:’ 등 다른 문자로 재설정 가능
- ‘file’을 생략하면 표준 입력 장치(키보드)의 입력 내용을 정렬

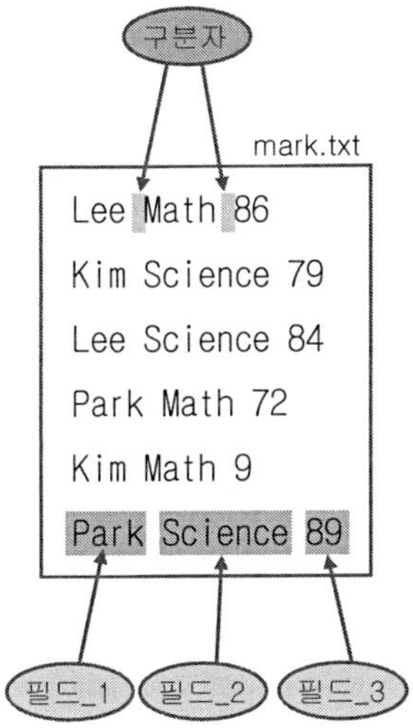


```
                시작위치                          종료위치
key_i : 필드번호[.문자위치][보조지시],[필드번호[.문자위치][보조지시]]
        - 문자위치를 생략하면 1(첫 번째 문자)로 간주
        - 보조지시를 생략하면 오름차순으로 간주
          (r→내림차순으로 정렬, n→수치 필드로 변환)
        - 종료위치를 생략하면 시작위치 이후 줄 끝가지의 모든 내용
```

표현 예	정 렬 기 준 내 용
-k 2	▪ 필드_2 이후의 모든 내용
-k 2,2	▪ 필드_2만의 내용
-k 2,3	▪ 필드_2~필드_3을 합한 내용
-k 3n	▪ 필드_3을 수치로 변환한 내용
-k 3nr	▪ 필드_3을 수치로 변환한 내용을 역순으로
-k 2.3	▪ 필드_2의 세 번째 문자 이후 모든 내용
-k 2.2,3.1	▪ 필드_2의 두 번째 문자부터 필드_3의 첫 번째 까지의 모든 내용
-k 2.2,3.1r	▪ 필드_2의 두 번째 문자부터 필드_3의 첫 번째 문자 까지의 모든 내용을 역순으로

[그림 10-10] sort 명령어를 위한 정렬 기준(key) 설정 방법

```
algo.gwnu.ac.kr - Zterm
$ sort mark.txt↲
Kim Math 9                /* 줄 전체 기준 */
Kim Science 7
Lee Math 86
Lee Science 84
Park Math 72
Park Science 63
$
$ sort -k 2,2 mark.txt↲
Kim Math 9                /* 필드_2 기준 */
Lee Math 86
Park Math 72
Kim Science 7
Lee Science 84
Park Science 63
$
$ sort -k 3,3 mark.txt↲
Park Science 63           /* 필드_3 기준 */
Kim Science 7
Park Math 72
Lee Science 84
Lee Math 86
Kim Math 9
$

$ sort -k 2,2 -k 3,3 mark.txt↲
Park Math 72              /* 필드_2, 필드_3 기준 */
Lee Math 86
Kim Math 9
Park Science 63
Kim Science 7
Lee Science 84
$
$ sort -k 2,2 -k 3,3n mark.txt↲
Kim Math 9                /* 필드_2, 필드_3 기준
Park Math 72                 단, 필드_3은 역순 */
Lee Math 86
Kim Science 7
Park Science 63
Lee Science 84
$
$ sort -k 2,2 -k 3,3nr mark.txt↲
Lee Math 86               /* 필드_2, 필드_3 기준
Park Math 72                 단, 필드_3을 수치로
Kim Math 9                   변환하고 역순      */
Lee Science 84
Park Science 63
Kim Science 7
$
```

[그림 10-11] sort 명령어 실행 예(정렬 데이터는 [그림 10-10] 내용 참조)

■ **awk [-f program_file] ['program'] file ↵** (awake)

- [그림 10-10]의 필드 형태로 구성된 파일 'file'의 내용을 줄 단위로 하나씩 읽어가면서, 각각의 줄에 대하여 'program'에 정의된 명령들을 반복적으로 적용([그림 10-12], [그림 10-13] 참조)(출력 명령어에 의해 표준 출력 장치에 출력)
- 옵션 -f를 사용하면 프로그램 'program'의 내용을 파일 'program_file'에 저장하여 사용 가능. 따라서 -f 옵션과 'program'은 동시 사용 불가(프로그램이 복잡할 때는 가급적 파일에 저장해서 사용)
- 'program'의 작성 방법(문법)은 [표 10-5] 참조
- 'file'을 생략하면 표준 입력 장치로부터 입력된 내용을 처리

[표 10-5] awk 프로그램 작성법(계속)

▪ 프로그램 틀

```
BEGIN { 명령어11, ... }   { 명령어21, ... }   END { 명령어31, ... }
        준 비                  본 체                 마감
```

- 준비 부분은 파일을 읽기 전에 한 번만 실행
- 본체 부분은 읽혀진 모든 줄에 대하여 각각 반복적으로 실행
- 마감 부분은 파일을 모두 읽은 후에 한 번만 실행
- 준비 부분과 마감 부분은 어느 한 쪽 또는 양쪽 모두 생략 가능

▪ awk 예약 변수

위의 준비, 본체, 마감 등 분리된 각각의 프로그램 파트와 관계없이 다음 변수들은 내부적으로 미리 정의되기 때문에 프로그램 명령어에서는 그 값을 참조만 한다.

<table>
<tr><td>NR</td><td colspan="2">• 지금까지 읽은 레코드(줄) 수</td><td rowspan="4">새로운 줄 (레코드)을 읽을 때마다 새롭게 할당</td></tr>
<tr><td>NF</td><td colspan="2">• 현재 읽은 레코드를 구성하는 필드 수</td></tr>
<tr><td>$0</td><td>• 현재 읽은 레코드 전체 문자열(줄 전체)</td><td rowspan="2">$i 형태 가능</td></tr>
<tr><td>$1, $2, ...</td><td>• 현재 읽은 레코드를 구성하는 각 필드 문자열</td></tr>
</table>

<table>
<tr><td>FILENAME</td><td>• 처리 중인 파일 명칭</td><td>변경 불가능</td></tr>
<tr><td>FS</td><td>• 입력 필드 구분자(기본으로 스페이스(' '))</td><td rowspan="2">재설정 가능</td></tr>
<tr><td>OFS</td><td>• 출력 필드 구분자(기본으로 스페이스(' '))</td></tr>
</table>

▪ 사용자 정의 변수

사용자는 위의 준비, 본체, 종료 등 분리된 각각의 프로그램에서 수식 계산이나 할당 문장을 위해 변수를 사용하는 순간 해당 변수가 정의되고, 그 변수는 모든 파트에서 참조될 수 있다.

예) • i=0 → 변수 i가 정의되면서 0으로 초기화
  • s[1]=0 → 배열 s[]가 정의되면서 s[1]은 0으로 초기화

▪ 변수 형

awk 예약 변수, 사용자 정의 변수 등 모든 변수의 형은 대부분의 경우 문자열형, 수치형으로 명백하게 구분되지 않고, 명령어가 원하는 형태로 변환되어 사용된다.

예) • length($3) → 문자열형으로 사용
  • $3/10 → 수치형으로 사용

- 주요 명령어 문장과 함수(C 언어 표기법과 유사)
  - 수식과 배정(할당) 문장

```
sum = $1+$2+$3; avg = sum/3;
```

  - 논리식
    - 관계 연산자 : >, >=, ==, !=, <, <= , ~ (문자열 포함), !~(문자열 불포함)
    - 논리 연산자 : !, &&, ||
  - if 문장

```
if ($1 > 10)
    print $2;
else
    print $3;
```

  - while 문장

```
i = 0;
while(i < 3) {
    sum = sum + $i;
    i++;
}
```

  - for 문장

```
for (i=0; i < 3; i++) {
  s1[i] += $i;
  j = i + 5;
  s2[j] += $j;
}
```

  - print 문장(실행 후 줄바꿈)

```
print $1, $2, $3, sum;
```

  - printf 문장(자동 줄바꿈 않음)

```
printf "s=%d, s1=%d", s, s1[i];
```

  - printf() 함수(printf 문장과 동일)

```
printf("s=%d, s1=%d", sum, s[i]);
```

  - sprintf() 함수(문자열 생성)

```
cmd = sprintf("kill %s", $1);
```

  - system() 함수(쉘 명령어 실행)

```
system(sprintf("kill %s", $1));
```

  - index() 함수(문자열 위치 검색)

```
i = index($2, "sig");
```

  - length() 함수(문자열 길이)

```
len = length($3);
```

  - substr() 함수(문자열 일부 추출)

```
x = substr($5, 3, 2);
```

- 주요 코딩 규칙
  - if 문장, while 문장, for 문장에서 내부 문장이 하나일 때는 '{,}' 생략가능
  - '{,}' 는 명령어 앞('{'), 뒤('}') 혹은 새로운 줄에 독립적으로 기술
  - 가급적 한 줄에 하나의 명령어를 기술하되, 한 줄에 여러 명령어 문장을 쓸 때에는 반드시 세미콜론(';')으로 문장 구분(맨 뒤는 생략해도 무방)

```
algo.gwnu.ac.kr - Zterm
$ awk '{ print $1, FS, $2 }' midterm.txt↵
Lee 90
Kim 65
Park 68
Ahn 48
Lim 36
$
$ awk '{ printf "%s %s₩n", $1, $2 }' midterm.txt↵
Lee 90
Kim 65
Park 68
Ahn 48
Lim 36
$
$ awk '{ printf("%s %s₩n", $1, $2) }' midterm.txt↵
Lee 90
Kim 65
Park 68
Ahn 48
Lim 36
$
```

```
/* midterm.txt */
Lee 90 87 76 Seoul
Kim 65 38 28 Daegu
Park 68 79 55 Busan
Ahm 48 39 19 Incheon
Lim 36 45 28 Ansan
```

[그림 10-12] awk 프로그램 실행 예1

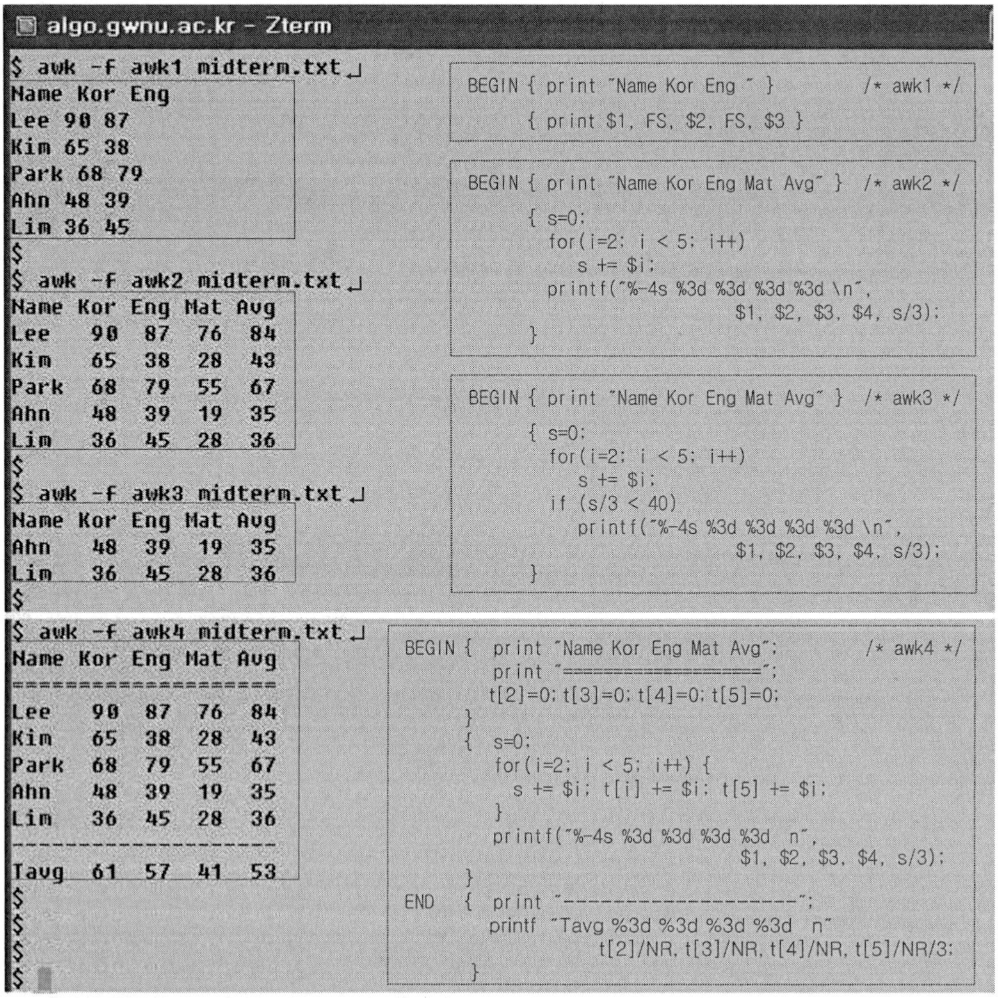

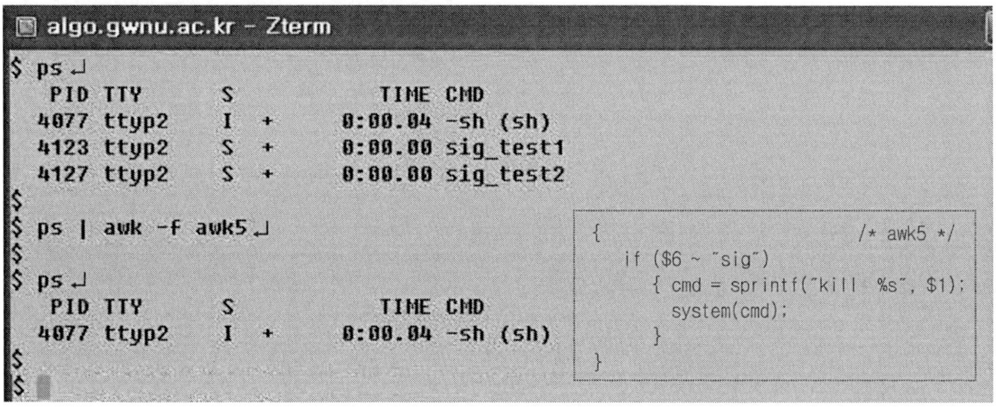

[그림 10-13] awk 명령어 프로그램 실행 예2

■ sed [-n] [-f script_file] [script] file … ↵ (stream editor)

- [그림 10-10]의 필드 형태로 구성된 파일 'file'의 내용을 줄 단위로 하나씩 읽어 가면서, 각각의 줄에 대하여 'script'에 기술된 편집 명령을 반복적으로 적용하고 편집된 결과를 표준 출력 장치에 출력([그림 10-14] 참조)
- 편집 대상이 아닌 줄들은 기본적으로 표준 출력 장치에 그대로 출력(-n 옵션을 사용하면 기본 출력을 하지 않음)
- 옵션 -f를 사용하면 명령어 모음 'script'의 내용을 파일 'script_file'에 저장하여 사용 가능. 따라서 -f 옵션과 'script'는 동시 사용 불가(복잡한 명령어가 필요할 때는 가급적 파일에 저장해서 사용)
- 'script'의 작성 방법(문법)은 [표 10-6] 참조
- 'file' 부분을 생략하면 표준 입력 장치로부터 입력된 내용을 처리

[표 10-6] sed 스크립트 작성법

▪ 명령어 틀

편집대상	편집명령	플래그

• 편집대상 : 편집명령을 적용할 줄을 지정
① 줄번호로 표현 : 줄 범위를 10 진 숫자, '$' 문자로 표시('$'는 는 마지막 줄 의미)
② 패턴으로 표현 : 특정 패턴을 '/.../' 형태로 표현하여, 매칭되는 모든 줄을 선택

3,5	• 줄 번호 3~5 사이의 줄
3,$	• 줄 번호 3 이후의 모든 줄
3	• 줄 번호 3인 줄 하나
/문자열/	• '문자열'이 포함된 모든 줄. '*', '.'에 의한 정규식 표현 가능

③ 편집대상 생략 : 모든 줄을 선택

• 편집명령 : 편집대상에 해당되는 줄에 대하여 반복적으로 적용
• 플 래 그 : 편집명령에 전달할 추가 옵션

▪ 편집명령과 플래그

편 집 명 령	명 령 어 기 능
i \ 문자열	• 해당 줄을 읽기 전 '문자열'을 출력함 • '문자열' 은 반드시 새로운 줄에 기술해야 함
a\ 문자열	• 해당 줄을 읽은 후 '문자열'을 출력함 • '문자열' 은 반드시 새로운 줄에 기술해야 함
c\ 문자열	• 해당 줄 전체를 삭제하고, '문자열'을 출력함 • '문자열' 은 반드시 새로운 줄에 기술해야 함
p	• 현재 읽은 줄을 출력함
s/검색패턴/대치패턴/플래그	• '검색패턴' 부분을 '대치패턴'으로 대치. '*', '.'에 의한 정규식 표현 가능 • '대치패턴'에서 '&' 문자는 매칭된 내용 전체를 의미 • '플래그'가 생략되면 줄에서 첫번째 매칭에만 적용, 'g'이면 줄에 있는 모든 매칭에 적용, 숫자이면 해당 번째의 매칭에만 적용

▪ 주요 코딩 규칙
• 여러 개의 명령어가 필요한 경우에는 각각을 새로운 줄에 기술

```
algo.gwnu.ac.kr - Zterm
$ sed -n 1,3p addr.txt↵
lee 011-213-2731 lee hyung bong
Kim 052-640-7560 Kim dae joong
Pak 010-375-3625 Pak seri
$
$ sed '/Lim/s/han/han song/' addr.txt↵
lee 011-213-2731 lee hyung bong
Kim 052-640-7560 Kim dae joong
Pak 010-375-3625 Pak seri
Ahn 018-456-4567 Ahn joon keun
Lim 019-981-8754 Lim han song
$
$ sed "i\\
> ----------------------------" addr.txt↵
----------------------------
lee 011-213-2731 lee hyung bong
----------------------------
Kim 052-640-7560 Kim dae joong
----------------------------
Pak 010-375-3625 Pak seri
----------------------------
Ahn 018-456-4567 Ahn joon keun
----------------------------
Lim 019-981-8754 Lim han
$
```

```
/* addr.txt */
lee 011-213-2731 lee hyung bong
Kim 052-640-7560 Kim dae joong
Pak 010-375-3625 Pak seri
Ahn 018-456-4567 Ahn joon keun
Lim 019-981-8754 Lim han
```

```
algo.gwnu.ac.kr - Zterm
$ sed -f sed1 addr.txt↵
Lee 011-213-2731 lee hyung bong
Kim 052-640-7560 Kim dae joong
Park 010-375-3625 Park seri
Ahn 018-456-4567 Ahn joon keun
Lim 019-981-8754 Lim han
$
$ sed -f sed2 addr.txt↵
===============================
Lee 011-213-2731 lee hyung bong
Kim 052-640-7560 Kim dae (joon)g
Park 010-375-3625 Park seri
Ahn 018-456-4567 Ahn (joon) keun
Lim 019-981-8754 Lim han
-------------------------------
$
$
```

```
s/lee/Lee/                /* sed1 */
s/Pak/Park/g
```

```
1i \                      /* sed2 */
========================
1,$s/Pak/Park/g
s/joon/(&)/
$a \
------------------------
```

[그림 10-14] sed 명령어 프로그램 실행 예

☞ [실습 10-5]

STEP I

1. 다음 명령어를 사용해서 [그림 10-8]의 프로그램 cmd_test1.c를 프린터 출력 형식에 알맞도록 변형한다.

```
$ pr  -n  cmd_test1.c  > cmd_test1.txt ↵
```

2. vi 명령어를 사용해서, 과정 1에서 생성한 cmd_test1.txt의 내용을 확인하고 토론한다.

```
$ vi  cmd_test1.txt ↵
```

STEP II

1. [그림 10-15]의 파일 mark.txt를 작성하고, 다음 명령어의 목적을 설명한 후, 그 실행 결과를 확인하고 토론한다.

```
$ sort  mark.txt ↵
```

2. 다음 명령어들의 목적을 설명한 후, 그 실행 결과를 확인하고 토론한다.

```
$ sort  -k  2,2  mark.txt ↵
$ sort  -k  3,3  mark.txt ↵
$ sort  -k  2,2  -k 3,3  mark.txt ↵
$ sort  -k  2,2  -k 3,3n  mark.txt ↵
$ sort  -k  2,2  -k 3,3nr  mark.txt ↵
```

3. 제 1 정렬 기준을 과목에 대한 내림차순, 제 2 정렬 기준을 이름에 대한 오름차순으로 지정하여 정렬하는 명령어를 작성하여 실행하고 확인한다.

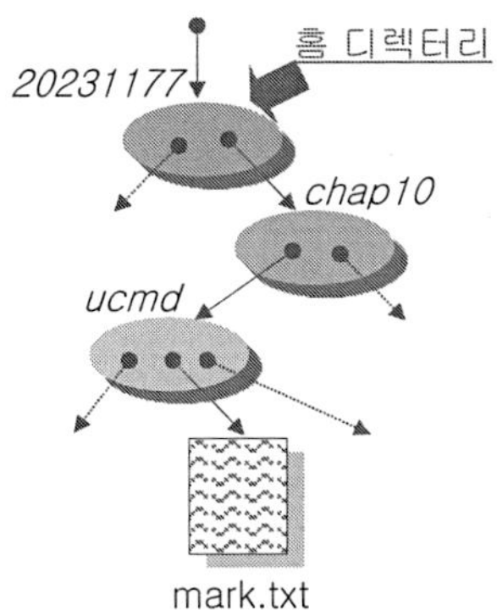


```
Lee Math 86                    mark.txt
Kim Science 79
Lee Science 84
Park Math 72
Kim Math 9
Park Science 89
```

[그림 10-15] 파일 내용 가공 실습 II

STEP III

1. [그림 10-16]의 파일 midterm.txt, 프로그램 cmd_test3.c를 작성하고 컴파일한다.

2. 다음 명령어들의 목적을 설명한 후, 그 실행 결과를 확인하고 토론한다.

```
$ awk '{ print  $1,  FS,  $2 }'  midterm.txt ↵
$ awk '{ printf "%s  %s\n", $1, $2 }'  midterm.txt ↵
$ awk '{ printf("%s  %s\n"), $1, $2 }'  midterm.txt ↵
```

3. 다음과 같이 프로그램 cmd_test3를 후면으로 실행시킨 후, 후면 처리 중인 프로세스가 몇 개 인지 확인하고 토론한다.

```
$ cmd_test3 & ↵
$ ps ↵        /*  cmd_test3_pid1, cmd_test3_pid2, … */
```

4. 다음 명령어를 실행시켜 후면으로 실행 중인 모든 cmd_test3 프로그램을 강제로 종료시킨다.

```
$ kill  cmd_test3_pid1 & ↵
$ kill  cmd_test3_pid2 & ↵
:
```

5. 과정 3을 반복한 후 아래 명령어를 사용해서, 후면 처리 중인 cmd_test3 프로그램을 모두 종료 시킨 후, 확인하고 토론한다.

```
$ ps  | awk  '{ if ($6 ~ "cmd_test3") { system(sprintf("kill %s", $1)) } }' ↵
```

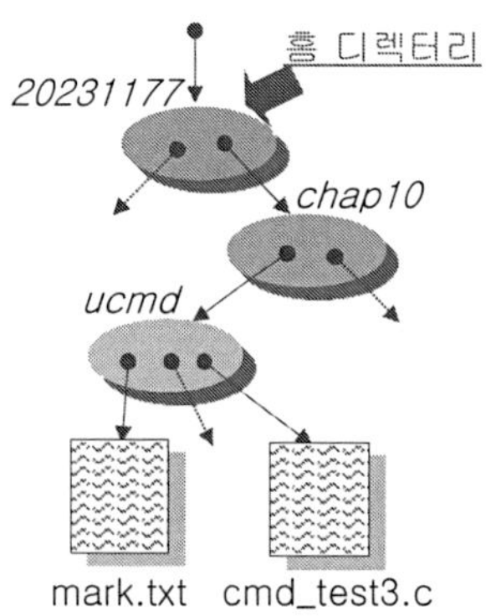


```
Lee 90 87 76 Seoul                midterm.txt
Kim 65 38 28 Daegu
Park 68 79 55 Busan
Ahn 48 39 19 Incheon
Lim 36 45 28 Ansan
```

```
/* cmd_test3.c */
#include <unistd.h>
#include <stdlib.h>
main()
{
    int     i;
    for (i = 0 ; i < 10 ; i++) {
          if (fork() == 0)
              pause(), exit(1);
    }
    pause(); exit(0);
}
```

[그림 10-16] 파일 내용 가공 실습 III

STEP IV

1. [그림 10-17]의 awk 프로그램 파일 awk1~awk4를 이해한 후, 각각을 코딩한다.

2. [그림 10-16]의 midterm.txt에 대하여 아래 명령어를 각각 실행시킨 결과를 확인하고 토론한다.

```
$ awk  -f  awk1  midterm.txt ↵
$ awk  -f  awk2  midterm.txt ↵
$ awk  -f  awk3  midterm.txt ↵
$ awk  -f  awk4  midterm.txt ↵
```

3. [그림 10-16]의 midterm.txt에서 총점이 180 이상인 학생만 출력하는 awk 프로그램을 작성하고, 실행시킨 결과를 확인하고 토론한다.

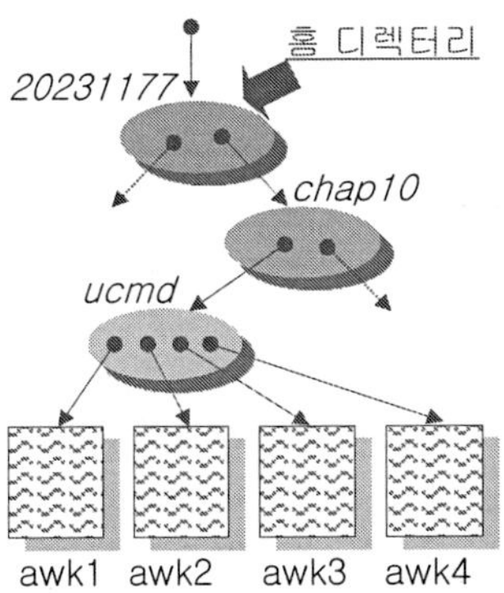


```
BEGIN { print "Name Kor Eng" }                                awk1
      { print  $1, FS, $2, FS, $3 }
```

```
BEGIN { print "Name Kor Eng Mat Avg" }                        awk2
      { s=0;
        for(i=2; i < 5; i++)
           s+= $i;
        printf("%-4s %3d %3d %3d %3d \n",
                         $1, $2, $3, $4, s/3);
      }
```

```
BEGIN { print "Name Kor Eng Mat Avg" }                        awk3
      { s=0;
        for(i=2; i < 5; i++)
           s+= $i;
        if (s/3 < 40)
           printf("%-4s %3d %3d %3d %3d \n",
                         $1, $2, $3, $4, s/3);
      }
```

```
BEGIN { print "Name Kor Eng Mat Avg";                         awk4
        print "====================";
        t[2]=0; t[3]=0; t[4]=0; t[5]=0;
      }
      { s=0;
        for(i=2; i < 5; i++) {
           s+= $i; t[i]+=$i; t[5]+=$i;
        }
        printf("%-4s %3d %3d %3d %3d \n",
                         $1, $2, $3, $4, s/3);
      }
END   { print "----------------";
        printf "Tavg %3d %3d %3d %3d \n",
            t[2]/NR, T[3]/NR, T[4]/NR, t[5]/NT/3;
      }
```

[그림 10-17] 파일 내용 가공 실습 IV

STEP V

1. [그림 10-18]의 데이터 파일 addr.txt와 sed 스크립트 파일 sed1, sed2를 이해한 후, 각각을 작성한다.

2. 아래 명령어의 목적을 설명하고, 실행시킨 결과를 토론한다.

```
$ sed  1,3p  addr.txt ↵
$ sed  -n  1,3p  addr.txt ↵
```

3. 아래 명령어의 목적을 설명한 후, 스크립트 부분에 따옴표(') 문자가 필요한 이유를 설명하고([표 5-8], [그림 6-4]~[그림 6-7] 참조), 그 실행시킨 결과를 토론한다.

```
$ sed  '/Lim/s/han/han  song/'  addr.txt ↵
```

4. 아래 명령어의 목적을 설명한 후, 스크립트 부분에 '\' 문자가 두 번 필요한 이유를 설명하고([표 7-4] 참조), 그 실행시킨 결과를 토론한다.

```
$ sed  "i\\ ↵
  ------------------------------"  addr.txt ↵
```

5. 아래 명령어 각각의 목적을 설명한 후, 그 실행 결과를 토론한다.

```
$ sed  -f  sed1  addr.txt ↵
$ sed  -f  sed2  addr.txt ↵
```

6. addr.txr의 내용 중 "seri"가 있는 줄만 "se ri"로 변경하여 출력하는 sed 스크립트를 작성하고 그 실행 결과를 토론한다.

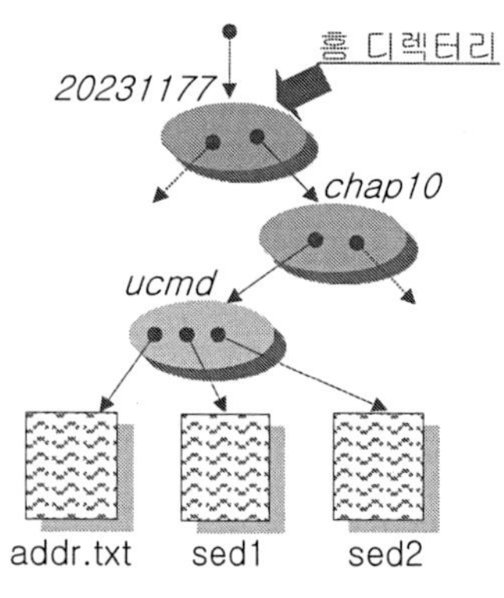


```
lee 011-213-2731 lee hyung bong        addr.txt
Kim 052-640-7560 Kim dae joong
Pak 010-375-3625 Pak seri
Ahn 018-456-4567 Ahn joon keun
Lim 019-981-8754 Lim han
```

```
s/lee/Lee/                              sed1
s/Pak/Park/g
```

```
1i \                                    sed2
============================
1,$s/Pak/Park/g
s/joon*/(&)/
1a \
----------------------------
```

[그림 10-18] 파일 내용 가공 실습 V

STEP VI

1. who, sort 명령어를 사용해서 현재 시스템에 로그인한 사용자들을 알파벳 순서에 따라 오름차순으로 출력한다.

2. ps, sort 명령어를 사용해서 현재 시스템에서 실행 중인 프로세스들을 프로세스 id를 기준으로 하여 내림차순으로 출력한다.

3. ps, awk 명령어를 사용해서 현재 시스템에서 실행 중인 프로세스 중에서 프로세스 id가 가장 큰 프로세스의 이름만을 출력한다.

4. ps, sort, sed 명령어를 사용해서 현재 시스템에서 실행 중인 프로세스들을 프로세스 id 기준으로 오름차순으로 출력하되, 프로세스의 id는 (프로세스id)와 같이 괄호로 묶어서 출력한다.

5. ps, grep, awk 명령어를 사용해서 각 사용자들이 사용하고 있는 쉘을 '사용자 --> 쉘" 형태로 출력한다.

6. ls, awk 명령어를 사용해서 /usr/bin 아래에 있는 모든 명령어를 대상으로 'a', 'b', 'c'로 시작하는 명령어가 각각 몇 개인지 카운트하여 "a --> 개수" 형태로 출력한다.

7. ls, awk 명령어를 사용해서 /usr/bin 아래에 있는 모든 명령어를 대상으로 명령어의 크기가 가장 큰 명령어를 찾아 "명령어 --> 크기" 형태로 출력한다.

10.6 파일 위치 탐색 명령어

■ cd pathname ↵ (change directory)

- 작업 디렉터리를 경로명 'pathname'으로 이동([표 3-8] 참조)

■ pwd ↵ (print working directory)

- 현재 위치하고 있는 작업 디렉터리의 경로명을 출력([표 3-9] 참조)

■ ls pathname … ↵ (list)

- 'pathname', '…'에 해당되는 파일이나 디렉터리의 속성을 열거([표 4-3] 참조)

■ find pathname … **논리식** ↵ (find files)

- 'pathname', '…' 이하 모든 파일·디렉터리 경로명 각각에 대하여 논리식을 적용한 결과가 참이면 해당 경로명을 표준 출력 장치에 출력. 단, 논리식에 -exec, -print가 있을 때는 이들의 계산(처리) 결과에 의해 출력([그림 10-19], [그림 10-20] 참조)
- 논리식은 논리항들을 연속으로 열거. 이들 사이는 묵시적으로 AND 연산이 적용되고([표 10-7] 참조), 논리식 전체가 생략되면 참인 것으로 간주
- 논리식에 AND/OR 연산자를 명시하거나 괄호('(,)') 사용 가능. 이 때, AND 연산자로는 "-a"을, OR 연산자로는 "-o"를 사용([표 10-7] 참조)
- 논리항은 '-체크명령 체크항목' 형태로 구성([표 10-7] 참조)

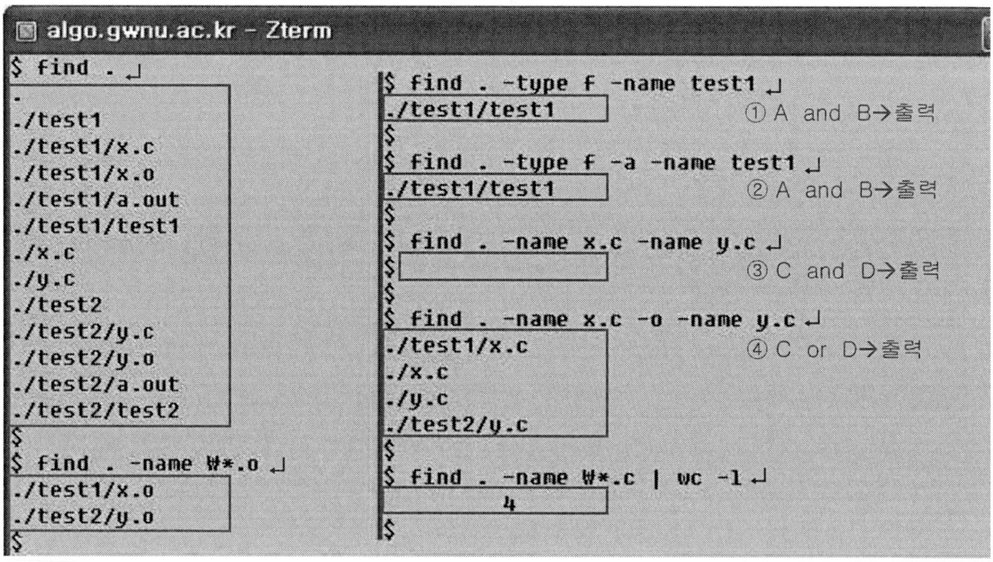

[그림 10-19] find 명령어 실행 예1

[표 10-7] find 명령어의 논리식 작성법

- 논리식 틀

  논리항1 논리항2 논리항3 ... /* 논리항 사이는 모두 AND로 연산으로 간주 함 */
- 논리항 틀

  -체크명령 체크항목 /* 체크 명령에 따라 체크항목이 불필요한 경우도 있음 */
- 논리식에 AND(-a)/OR(-o) 연산자 명시 및 괄호 사용 가능

  (논리항1 -a 논리항2 -o (논리항3 -o 논리항4 -a ...))
- 논리식 예
  - -type f -links +1 -print
  - (-name a.out -o -name core) -atime +7 -print
- 논리식 계산
  - 논리식의 참•거짓이 결정되는 순간까지만 진행

- 논리항

체크명령	체크항목	체 크 기 능 (현재 경로명이 지시하는 대상에 대하여)
-name	파일명	• 파일•디렉터리 명칭이 '파일명'과 일치하면 참 • 문자열에 '\'나 인용부호(')를 사용하면, 파일명 대치 문자 ([표 4-15] 참조) 사용 가능(예: '*.c', '*.c')
-type	f,d,l,p	• 일반파일(f), 디렉터리(d), 심볼릭링크(l), 파이프(p) 이면 참
-user	사용자id	• 소유자가 '사용자id'와 일치하면 참
-group	그룹id	• 소유자의 그룹이 '그룹id'와 일치하면 참
-perm	보호모드	• 보호모드가 '보호모드(8진법 표현)'와 일치하면 참
-links	(+)링크수	• 링크 카운트가 '링크수'(이상)이면 참
-inum	inum	• i_node 번호가 'inum' 이면 참
-atime	(+)일수	• 읽기 접근한 시간이 '일수' 일(이상) 지났으면 참
-ctime	(+)일수	• i_node를 변경한 시간이 '일수' 일(이상) 지났으면 참
-mtime	(+)일수	• 수정 접근한 시간이 '일수' 일(이상) 지났으면 참
-size	크기	• 크기가 '크기'보다 크면 참
-newer	파일명	• '파일명'에 해당되는 파일보다 나중에 수정되었으면 참
-ls		• 현재 경로명을 자세한 속성과 함께 출력함(항상 참)
-exec	쉘명령어	• '쉘명령어'의 실행 종료상태([표 6-11] 참조)가 0이면 참 • '쉘명령어' 에서 - "{ }" 표현은 현재 경로명을 의미함 - '쉘명령어'는 반드시 세미콜론(';')으로 끝내야 함 예) -exec rm { };
-print		• 현재 경로명을 출력함(항상 참)

- 주요 코딩 규칙
  - 쉘의 명령어 줄문법에서 사용되는 특수 문자와 중복되는 문자는 그 기능을 제거하기 위해 '\' 혹은 인용 부호(')를 사용해야 함

    예) -exec rm { } \;

    \(-name a.out -o -name '*.o' \) → '*.o'는 *.o 와 동일

```
algo.gwnu.ac.kr - Zterm
$ find . -type f ₩( -name test1 -o -name test2 ₩)↵
./test1/test1
./test2/test2
$
$ find . ₩( -name a.out -o -name ₩*.o ₩) -exec rm {} ₩; -print↵
./test1/x.o                          /* 삭제되는 파일들만 출력 */
./test1/a.out
./test2/y.o
./test2/a.out
$
$ find .↵
.
./test1
./test1/x.c
./test1/test1
./x.c
./y.c
./test2
./test2/y.c
./test2/test2
$
$ find . -type d -a ₩( -name test1 -o -name test2 ₩) ₩↵
> -a -exec rm -rf {} ₩;↵
find: cannot open < ./test1 >   /* ./test1/x.c, ./test1/test1 삭제시 발생 */
find: cannot open < ./test2 >   /* ./test2/x.c, ./test2/test2 삭제시 발생 */
$
$ find .↵
.
./x.c
./y.c
$
$
```

[그림 10-20] find 명령어 실행 예2

☞ [실습 10-6]

STEP I

1. 다음 두 명령어를 실행시켜 각각의 결과를 비교하고 토론한다.
```
$ ls  -R  /usr/bin ↵
$ find  /usr/bin ↵
```

2. who 와 관련된 명령어를 찾기 위한 다음 두 명령어를 실행시켜 각각의 결과를 비교하고 토론한다.
```
$ ls  -R  /usr/bin  |  grep  who ↵
$ find  /usr/bin  -name  \*who\*  -print ↵
```

3. 다음 명령어의 목적을 설명하고, 그 실행시킨 결과를 토론한다.
```
$ find  /usr/bin  -name  \*who\*  -exec  cp  {}  ./ \;  -print ↵
$ ls  -l  ./*who* ↵
$ rm  ./*who* ↵
```

4. 다음 명령어의 목적을 설명하고, 그 실행시킨 결과를 토론한다.
```
$ find  /usr/bin \( -name 'a*'  -o  -name 'b*' \) -a -type f  |  wc  -l ↵
```

5. 다음 명령어의 목적을 설명하고, 그 실행시킨 결과를 토론한다.
```
$ find  /usr/bin  | sort ↵
```

6. 다음 각 명령어의 목적을 설명하고, 그 실행시킨 결과를 토론한다.
```
$ find  /usr/bin  -type  d  |  wc -l ↵
$ find  /usr/bin  -type  f  |  wc -l ↵
$ find  /usr/bin  -type  d  -type  f  |  wc -l ↵
$ find  /usr/bin  -type  d  -o  type  f  |  wc -l ↵
$ find  /usr/bin  -type  d  -a  type  f  |  wc -l ↵
```

7. 다음 두 명령어의 목적을 설명하고, 그 실행시킨 결과를 토론한다.
```
$ find  /usr/bin  |  sed  's/\///' ↵
$ find  /usr/bin  |  sed  's/\///'  |  sed  's/\//:/' ↵
$ find  /usr/bin  |  sed  's/\///'  |  sed  's/\//:/'  | sed  's/\//:/' ↵
$ find  /usr/bin  |  sed  's/\///'  |  sed  's/\//:/g' ↵
```

STEP II

1. [그림 10-21]의 디렉터리 체계를 생성하고, touch 명령어를 사용해서 크기 0인 파일 x.c, x.o, y.c, y.o, a.out, test1, test2 등을 생성한다.

2. 다음 명령어를 실행시켜 과정 1의 실행 결과를 확인한다.

```
$ find . ↵
```

3. 다음 각 명령어들의 의도하는 바를 설명하고, 그 실행 결과를 토론한다.

```
$ find . -name \*.o ↵
$ find . -type -f -name test1 ↵
$ find . -type f -a -name test1↵
$ find . -name x.c -name y.c ↵
$ find . -name x.c -o -name y.c ↵
$ find . -name \*.c | wc -l ↵
```

4. 다음 각 명령어들의 의도하는 바를 설명하고, 그 실행 결과를 토론한다.

```
$ find . -type f \( -name test1 -o -name test2 \) ↵
$ find . \( -name a.out -o -name \*.o \) -exec rm {}\ ; -print ↵
$ find . ↵
$ find . -type d -a \( -name test1 -o -name test2 \) \ ↵
  -a -exec rm -rf {}\ ;
$ find . ↵
```

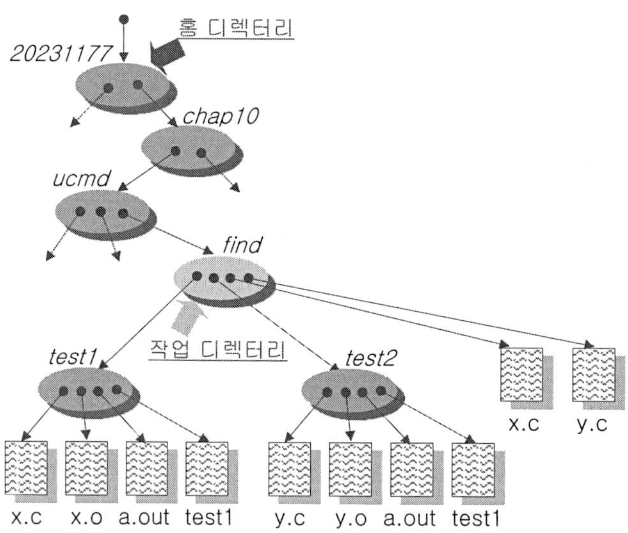

[그림 10-21] 파일 위치 탐색 실습 II

STEP III

1. 자신의 홈 디렉터리에서 find, wc 명령어를 사용하여, C 원천 코드 파일(*.c)이 총 몇 개 있는지 탐색한다.

2. 자신의 홈 디렉터리에서 find, wc 명령어를 사용하여, 오브젝트 파일(*.o)이 총 몇 개 있는지 탐색한다.

3. 과정 2에서 오브젝트 파일들이 존재한다면 find 명령어를 사용해서 모두 삭제한다.

4. 자신의 홈 디렉터리에서 find 명령어를 사용하여, 하부 디렉터리들만 출력하여 탐색한다.

5. 과정 4에서 불필요한 디렉터리가 있을 경우 finf 명령어를 사용해서 삭제한다.

6. 자신의 홈 디렉터리에서 find 명령어를 사용하여, core, a.out 파일이 있는지 탐색한다.

7. 과정 7에서 core, a.out 파일이 존재하면 find 명령어를 사용해서 이들 파일들을 삭제한다.

8. find, wc 명령어를 사용해서 /usr/bin 디렉터리에 총 몇 개의 파일이 있는지 탐색한다.

9. find나 ls 명령어를 사용해서 /usr/bin 디렉터리에 "awk" 문자열을 포함하는 명령어에 어떤 것들이 있는지 탐색한다.

10.7 파일 백업·압축 명령어

■ ar [-r] [-t] [-x] [-d] [-v] archive_file [file] […] ↵ (archive)

- 여러 개의 파일을 하나의 파일로 묶어 관리하면서 내부 파일 들에 대한 교체, 추출, 탐색 기능을 제공(디렉터리는 포함 불가, [그림 10-22] 참조)
- 반드시 -r, -t, -x, -d 옵션 중 하나를 배타적으로 사용
- 옵션 -r(replace)은 'file', '…' 부분에 나열된 파일들을 아카이브 파일 'archive_file'에 새로 등록하거나, 이미 존재하면 교체. 이 때 'archive_file' 자체가 존재하지 않으면 이를 새로 생성
- 옵션 -t(table)는 'archive_file'에 등록된 파일 중, 'file', '…' 부분에 나열된 파일들의 명부를 출력. 'file', '…' 부분 전체가 생략되면 등록된 모든 파일 명부를 표준 출력 장치(stdout)에 출력
- 옵션 -x(extraction)는 'archive_file'에 등록된 파일 중, 'file', '…' 부분에 나열된 파일들을 추출하여 복사. 'file', '…' 부분 전체가 생략되면 등록된 모든 파일을 추출하여 복사
- 옵션 -d(delete)는 'archive_file'에 등록된 파일 중, 'file', '…' 부분에 나열된 파일들을 삭제. 'file', '…' 부분 전체가 생략되면 변화 없음
- 옵션 -v(verbose)를 위의 옵션들과 동시에 사용하면 진행 과정에 대한 보다 자세한 정보를 표준 출력 장치(stdout)에 출력

예)
```
$ ar -r mysrc.a t1.c t2.c t3.c ↵
$ ar -tv mysrc.a ↵
$ ar -xv mysrc.a t2.c ↵
$ ar -d mysrc.a t3.c ↵
$ ar -rv mysrc.c t4.c ↵
$ ar -tv mysrc.a t2.c ↵
$ ar -xv mysrc.a ↵
$ ar -dv mysrc.a t1.c t2.c ↵
```

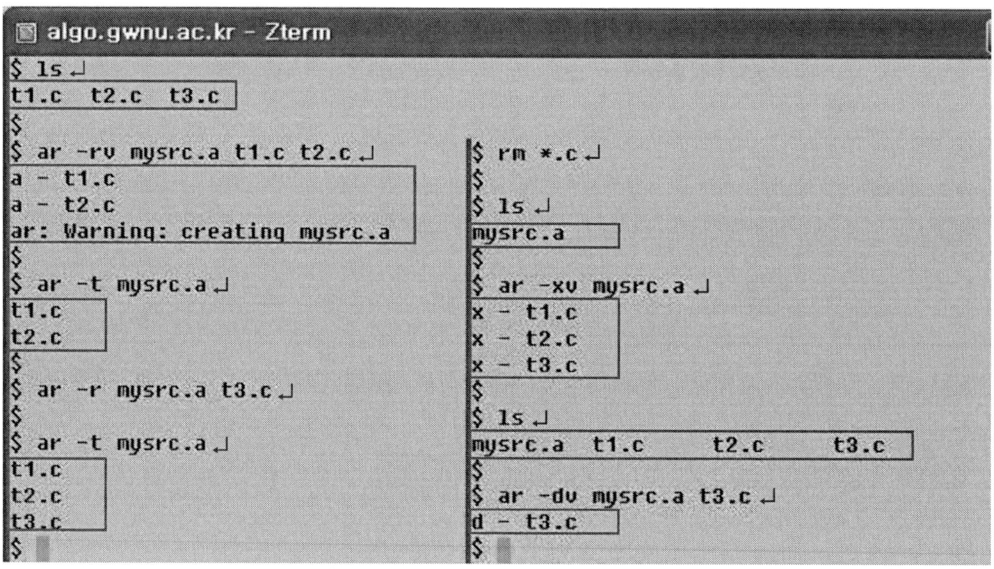

[그림 10-22] ar 명령어 실행 예

■ tar [-c] [-t] [-x] [-v] [-f archive_file] [file] […] ↵ (tape archive)

- 여러 개의 파일을 마그네틱 테이프 장치에 차례로 저장하거나, 저장된 내용을 원래대로 추출하여 파일로 복사. 'file', '…' 부분에 디렉터리가 존재하면 해당 디렉터리 이하 모든 내용을 포함하고 그 계층 구조를 유지([그림 10-23] 참조)
- 반드시 -c, -t, -x 옵션 중 하나를 배타적으로 사용
- 옵션 -c(create)를 사용하면 'file', '…' 부분을 기본 테이프 장치로 출력. -f 옵션은 기본 테이프 장치를 다른 테이프 장치(장치 특수 파일)나 일반 파일로 설정
- 옵션 -t(table)를 사용하면 기본 테이프 장치나 -f 옵션으로 지정한 (장치)파일에 저장된 내용으로부터 'file', '…' 부분에 열거한 파일에 대한 명부를 표준 출력 장치에 출력. 'file', '…' 부분 전체를 생략하면 저장된 내용의 명부 모두를 출력
- 옵션 -x(extract)를 사용하면 기본 테이프 장치나 -f 옵션으로 지정한 (장치)파일에 저장된 내용으로부터 'file', '…' 부분에 열거한 파일들을 추출하여 파일로 복사. 'file', '…' 부분 중 디렉터리가 존재하면 해당 디렉터리 이하의 모든 내용을 디렉터리 체계와 동일하게 추출. 'file', '…' 부분을 생략하면 내용 전부를 추출
- 옵션 -v(verbose)를 위의 옵션들과 동시에 사용하면 진행 과정에 대한 보다 자세한 정보를 표준 출력 장치에 출력
- 테이프 장치는 기본적으로 일부 파일에 대한 교체나 삭제는 불가능

예)

```
$ tar -cv  test1  test2 ↵                $ tar -cvf  /dev/rmt0h  test1 test2 ↵
$ tar -cvf  mysrc.tar  test1 test2 ↵     $ tar -cf  mysrc.tar  t1.c  test1  t2.c ↵
$ tar -tv  test1 ↵                       $ tar -tvf  mysrc.tar ↵
$ tar -xvf  /dev/rmt0m ↵                 $ tar -xf  mysrc.tar  test1 ↵
```

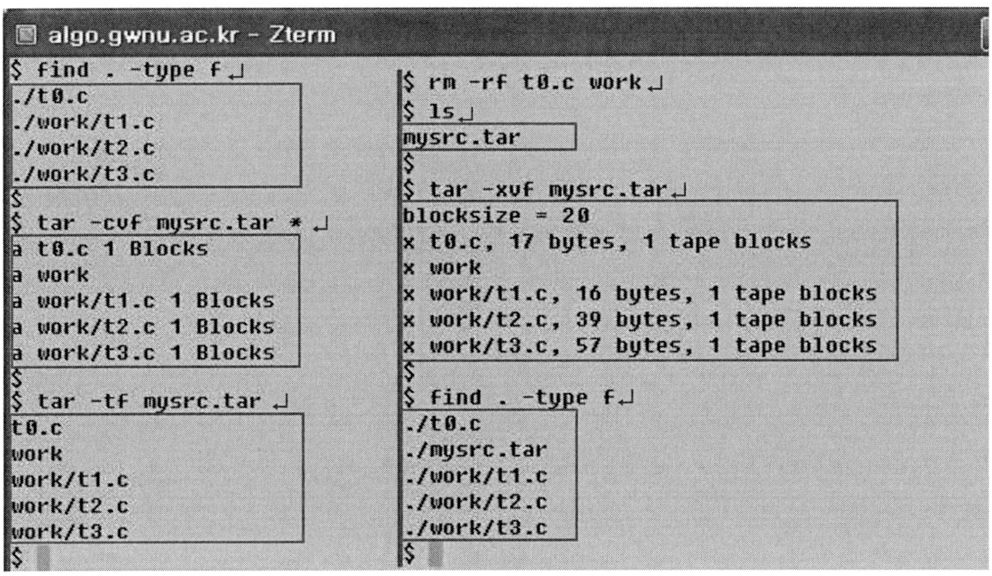

[그림 10-23] tar 명령어 실행 예

■ cpio -o [-v] [-O archive_file] ↵ (copy io device)
cpio -i [-d] [-u] [-m] [-v] [-t] [-I archive_file] [file] […] ↵
cpio -p [-d] [-u] [-m] [-v] directory ↵

- cpio는 크게 **출력 모드**(-o 옵션), **입력 모드**(-i 옵션), **통과(패스) 모드**(-p 옵션) 등 세 가지 기능 모드 제공
- **출력 모드**는 파일들을 아카이브 (장치)파일로 저장. **입력 모드**는 아카이브 (장치)파일로부터 파일들을 추출하여 복사. **통과 모드**는 기존 파일들을 다른 디렉터리로 복사.

- **출력 모드**(-o 옵션)
  - 공백이나 줄바꿈 문자로 분리된 파일명(경로명) 리스트를 표준 입력 장치(stdin)로부터 읽어서, 대응 되는 파일들을 표준 출력 장치(stdout)로 차례로 출력
  - 옵션 -O를 사용하면 출력 장치를 표준 출력 장치가 아닌 다른 저장 장치(장치 특수 파일)나 일반 파일로 재지정 가능(현실적으로 표준 출력 장치로 표준 화면을 그대로 사용하는 일은 무의미)
  - 옵션 -v를 사용하면 처리 중인 경로명 등 자세한 진행 과정을 표준 오류 장치(stderr)로 출력

예)
```
$ cpio -o ↵                          $ cpio -ov < file_list > archive_file ↵
$ ls *.c | cpio -o > Tot ↵           $ ls *.c | cpio -o -O /dev/rmt0h ↵
$ find work | cpio -o -O Tot ↵       $ find . | cpio -o -O /dev/rmt0m ↵
```

- **입력 모드**(-i 옵션)
  - cpio가 출력 모드로 저장했던 내용을 표준 입력 장치에서 읽어, 그 중 'file', '…' 부분에 열거된 것들을 추출하여 파일로 복사
  - 'file', '…' 부분 전체가 생략되면 입력된 내용에 포함된 모든 파일을 추출하여 복사
  - 옵션 -I를 사용하면 입력 내용을 표준 입력 장치 대신 다른 (장치)파일로 재지정 가능(사실상 표준 입력 장치로 키보드를 그대로 사용하는 일은 불가능)
  - 옵션 -d를 사용하면 필요한 디렉터리의 생성을 허용(이 옵션이 없으면 디렉터리 아래에 있는 파일들은 추출 불가능)
  - 옵션 -u를 사용하면 추출할 파일명과 동일한 파일이 이미 존재하더라도 무조건(unconditionally) 추출해서 덮어씀(이 옵션이 없으면, 추출할 파일이 더 새로운 경우 즉, 수정 시간이 더 최근일 때에만 추출)
  - 옵션 -m을 사용하면 추출해 복사한 파일의 수정 시간을 원래대로 유지(이 옵션이 없으면, 추출된 파일의 수정 시간을 현재 시각으로 설정)
  - 옵션 -v를 사용하면 처리 중인 경로명의 자세한 내용 표준 출력 장치에 출력

-옵션 -t를 사용하면 파일 명부만을 표준 출력 장치에 출력(파일 복사 없음)

예)
```
$ cpio -iv < archive_file ↵
$ cpio -iv < archive_file > file_list ↵
$ cpio -id t1.c work < Tot ↵
$ cpio -idumv -I /dev/rmt0h t1.c ↵
$ cpio -id -I Tot t1.c ↵
$ cpio -idumv < /dev/rmt0m ↵
```

• **통과 모드**(-p 옵션)

- 표준 입력 장치로부터 공백이나 줄바꿈 문자로 분리된 파일명(경로명) 리스트를 읽어서, 대응되는 파일들을 'directory'에 명시된 디렉터리로 복사
- 옵션 -d, -u, -m, -v는 입력 모드에서와 동일

예)
```
$ cpio -pv backup ↵
$ cpio -pdumv backup < file_list ↵
$ ls *.c | cpio -pdv backup ↵
$ find . | cpio -pdumv backup ↵
```

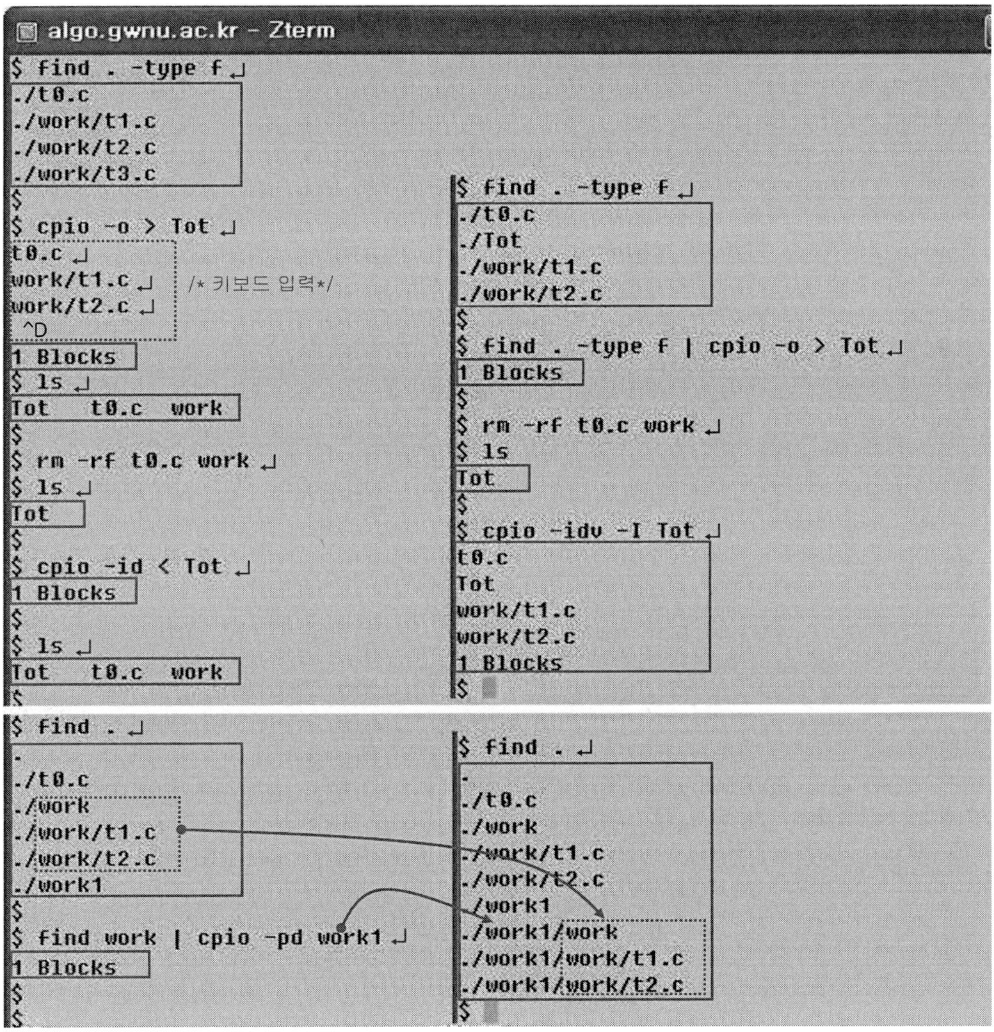

[그림 10-24] cpio 명령어 실행 예

■ dd if=input_file of=out_file [cbs=num1] [skip=num2] [count=num3] [seek=num4] [ibs=num5] [obs=num6] [conversion=func,…] ↲

- 테이프 등 특수 파일을 포함해서, 하나의 저장된 파일 'input_file'을 다른 파일 'output_file'로 저장(복사)하는 과정에서 건너 뛰기와 변환 기능 제공
- cbs(conversion buffer size)는 파일 'input_file'의 논리적 레코드 크기를 'num1' 바이트로 설정
- skip은 복사 시작 전, 파일 'input_file'의 앞 쪽에서 건너뛸 레코드의 수를 'num2'로 설정(지정하지 않으면 0)
- count는 복사할 입력 레코드 수를 'num3' 로 설정(지정하지 않으면 끝까지 복사)
- seek는 출력 시작 전, 파일 'output_file'의 앞 쪽에서 건너뛸 레코드의 수를 'num4'로 설정(지정하지 않으면 0)
- ibs(input block size)는 'input_file'의 물리적 입력 단위를 'num5' 바이트로 설정(지정하지 않으면 디스크 블록 크기와 동일한 512 바이트로 간주)
- obs(output block size)는 'output_file'의 물리적 출력 단위를 'num6' 바이트로 설정(지정하지 않으면 디스크 블록 크기와 동일한 512 바이트로 간주)
- conversion은 출력 전, 'func1', '…'에 명시된 코드 변환을 지시('ascii' 는 EBCIDIC을 ASCII 코드로, 'ebcidic' 는 ASCII를 EBCIDIC 코드로, lcase는 모두 소문자로, ucase는 모두 대문자로 각각 변환)

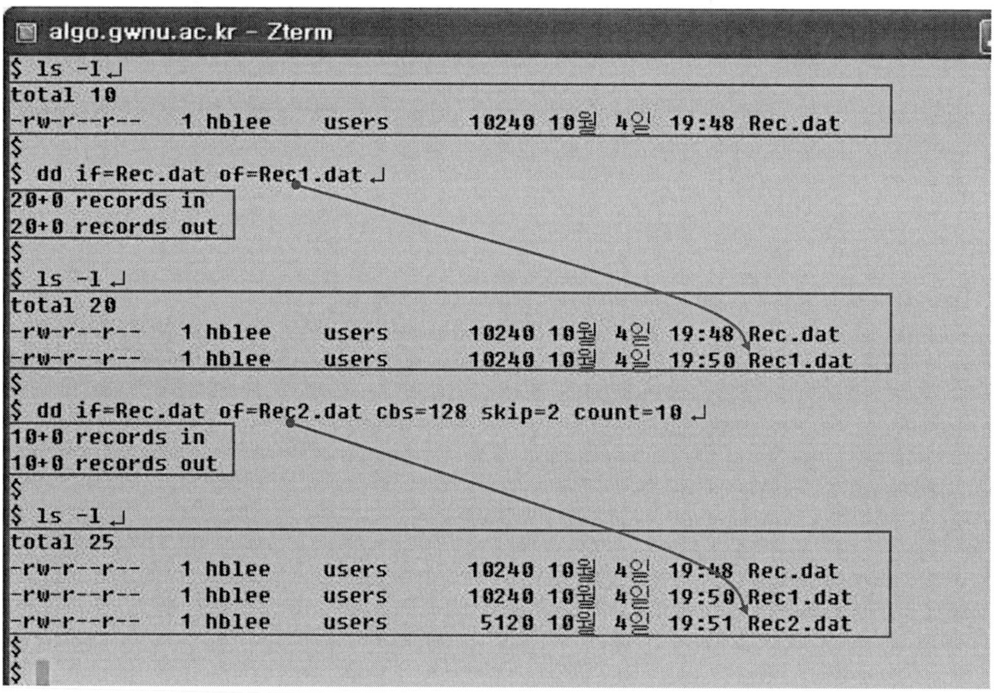

[그림 10-25] dd 명령어 실행 예

■ gzip [file] […] ↵ ■ gunzip [file] […] ↵

- gzip은 ‘file’, ‘…’ 부분에 나열한 파일(들) 각각의 내용을 압축하여, 각각의 파일명 뒤에 “.gz” 확장자를 붙인 파일에 저장하고, 원래의 파일은 삭제([그림 10-26] 참조)
- gunzip은 gzip 명령어에 의해 “.gz”가 붙은 ‘file’, ‘…’ 파일(들) 각각에 대해서 압축 해제한 내용을, 각 파일명에서 “.gz” 확장자가 제거된 파일명에 저장하고, “.gz” 확장자가 붙은 원래의 파일은 삭제([그림 10-26] 참조)

■ compress [file] […] ↵ ■ uncompress [file] […] ↵

- compress는 ‘file’, ‘…’ 부분에 나열한 파일(들) 각각의 내용을 압축하여, 각각의 파일명 뒤에 “.Z” 확장자를 붙인 파일에 저장하고, 원래의 파일은 삭제([그림 10-26] 참조)
- uncompress는 compress 명령어에 의해 “.Z”가 붙은 ‘file’, ‘…’ 파일(들) 각각에 대해서 압축 해제한 내용을, 각 파일명에서 “.Z” 확장자가 제거된 파일명에 저장하고, “.Z” 확장자가 붙은 원래의 파일은 삭제([그림 10-26] 참조)

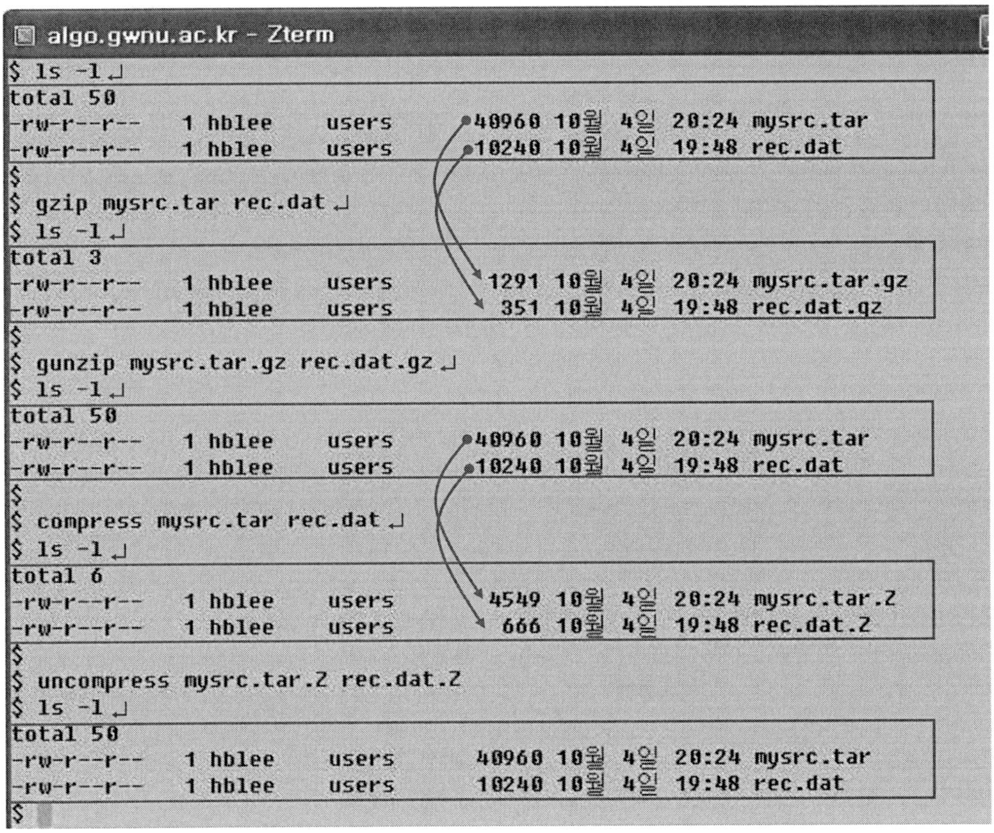

[그림 10-26] gzip, gunzip, compress, uncompress 명령어 실행 예

☞ [실습 10-7]

STEP I

1. [그림 10-27]의 디렉터리를 구축하고, 작업 디렉터리로 이동한다(파일 삭제).

2. 다음 명령어들을 모두 이해한 후, 차례로 실행시키고 그 결과를 토론한다.

```
$ ls -l ↵
$ ar -rv whocmd.a /usr/bin/who* ↵
$ ls -l ↵
$ ar -t whocmd.a ↵
$ ar -rv whocmd.a /usr/bin/vi ↵
$ ar -tv whocmd.a ↵
$ ar -tv whocmd.a who ↵
$ ar -dv whocmd.a who ↵
$ ar -tv whocmd.a ↵
$ ar -xv whocmd.a ↵
$ ls -l ↵
$ rm who* vi* ↵
```

STEP II

1. [그림 10-27]의 디렉터리를 구축하고, 작업 디렉터리로 이동한다(파일 삭제).

2. 다음 명령어들을 모두 이해한 후, 차례로 실행시키고 그 결과를 토론한다.

```
$ mkdir work ↵
$ cp /usr/bin/*sh* work ↵
$ ls -l work ↵
$ tar -cvf shell.tar work ↵
$ ls -l ↵
$ tar -tf shell.tar ↵
$ tar -tvf shell.tar work/sh ↵
$ rm -rf work ↵
$ ls -l work ↵
$ tar -xvf shell.tar ↵
$ ls -l work ↵
$ rm -rf *.tar work ↵
```

3. ar과 tar 명령어에서 관리하는 각각의 파일 명부 스타일을 비교하고 토론한다.

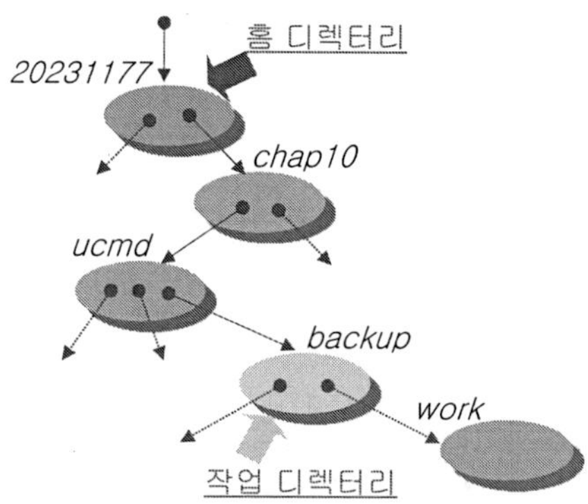

[그림 10-27] 파일 백업·압축 실습 I

STEP III

1. [그림 10-27]의 디렉터리를 구축하고, 작업 디렉터리로 이동한다(파일 삭제).

2. 다음 명령어들을 모두 이해한 후, 차례로 실행시키고 그 결과를 토론한다.

```
$ ls  -l ↵
$ cp  /usr/bin/*awk*  . ↵
$ ls  >  flist ↵
$ cat  flist ↵
$ cpio  -o < flist  >  Tot1 ↵
$ ls  -l ↵
$ cpio  -it  <  Tot1 ↵
$ cpio -o  -O Tot2  < flist ↵
$ ls  -l ↵
$ rm  *awk* ↵
$ ls  -l ↵
$ cpio  -i  <  Tot2 ↵
$ ls  -l ↵
$ rm  *awk* ↵
$ ls  -l ↵
$ cpio -i  -I  Tot1↵
$ ls  -l ↵
$ rm  *awk*  Tot* ↵
```

```
$ mkdir  work ↵
$ cp  /usr/bin/*awk*  work ↵
$ ls  work ↵
$ find  work  ↵
$ ls  work  |  cpio  -o  > Tot0 ↵
$ find  work  |  cpio  -o  > Tot1 ↵
$ cpio  -it  <  Tot1 ↵
$ find  work  |  cpio  -o  -O Tot2 ↵
$ cpio  -it  -I  Tot2 ↵
$ rm  -rf  work ↵
$ cpio  -i  <  Tot1 ↵
$ ls  -l  * ↵
$ cpio  -id  <  Tot2 ↵
$ ls  -l  * ↵
$ rm  -rf  work ↵
$ cpio  -id  -I  Tot1 ↵
$ ls  -l  * ↵
$ rm  -rf  work  Tot* ↵
```

3. 다음 명령어들을 모두 이해한 후, 차례로 실행시키고 그 결과를 토론한다.

```
$ mkdir  work  work1 ↵
$ cp  /usr/bin/*ed  work ↵
$ ls  -l  * ↵
$ find  * ↵
```

```
$ find  work  | cpio  -pd  work1 ↵
$ find  * ↵
$ rm  -rf  work  work1 ↵
```

STEP IV

1. [그림 10-28]의 디렉터리를 구축하고, 작업 디렉터리로 이동한다(파일 삭제).

2. 다음 명령어를 실행시켜 특수 파일(장치 파일)에 대한 백업을 시도해 보고, 그 결과를 토론한다.

```
$ ar  -rv  Tdev.a   /dev/* ↵
$ ar  -tv  Tdev.a ↵
$ tar  -cvf  Tdev.tar  /dev ↵
$ tar  -tvf  Tdev.tar ↵
```

```
$ cpio  -ov  -O  Tdev  /dev ↵
$ cpio  -it  <  Tdev ↵
$ rm  Tdev* ↵
```

3. [표 10-8]의 ar, tar, cpio 명령어에 대한 비교표를 살펴보고 토론한다.

[표 10-8] ar, tar, cpio 명령어의 비교

비교 항목	ar	tar	cpio
공통 점	• 여러 파일을 통합	• 여러 파일을 통합	• 여러 파일을 통합
디렉터리 계층	• 지원하지 않음	• 기본으로 지원함	• 지원함(-d)
파일 명부 스타일	• 최종 단위 파일명만 관리	• 경로명 전체 관리	• 경로명 전체 관리
일부 파일 교체•추가•삭제	• 가능(-r, -d)	• 불가능	• 불가능
일부 파일 탐색•추출	• 가능(-t, -x)	• 가능(-t, -x)	• 가능(-i, -t)
주요 용도	• 라이브러리 관리	• 백업,이동	• 백업,이동,복사(-p)

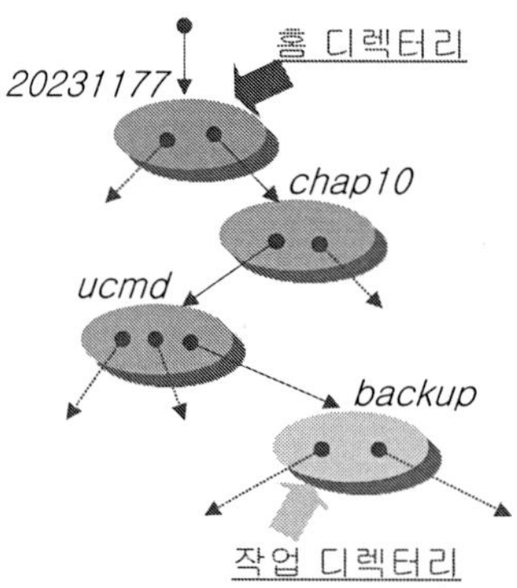

[그림 10-28] 파일 백업•압축 실습 IV([그림 10-27]과 동일)

STEP V

1. [그림 10-28]의 디렉터리를 구축하고, 작업 디렉터리로 이동한다(파일 삭제).

2. 다음 명령어들을 모두 이해한 후, 차례로 실행시키고 그 결과를 토론한다.

```
$ dd if=/usr/bin/ls of=ls ↵
$ ./ls -l /usr/bin/ls ls ↵
$ ls -l /usr/bin/ls ls ↵
$ rm ls ↵
```

3. 다음 명령어들을 모두 이해한 후, 차례로 실행시키고 그 결과를 토론한다.

```
$ dd if=/etc/passwd of=passwd cbs=10 skip=1 ↵
$ head /etc/passwd ↵
$ head ./passwd ↵
$ rm passwd ↵
```

STEP VI

1. [표 10-9]의 ar, tar, cpio 및 dd 명령어에 대한 비교표를 살펴보고 토론한다.

[표 10-9] ar, tar, cpio 및 dd 명령어의 비교

비교 항목	ar, tar, cpio	dd
기본 기능	• 여러 파일을 하나의 파일에 통합하거나 주변 장치로 저장 • 저장 후 복원	• 파일이나 주변장치 상호간에 전체 혹은 일부 데이터 복사 • 복사후 관리 기능 없음
주요 용도	• 라이브러리관리, 백업, 이동•복사	• 일부복사, 변환복사

2. 과정 1의 네 명령어를 ar과 tar, cpio, dd의 두 그룹으로 분류했을 때 차이점을 토론한다(장치 파일의 활용 기능).

STEP VII

1. [그림 10-28]의 디렉터리를 구축하고, 작업 디렉터리로 이동한다(파일 삭제).

2. 다음 명령어들을 모두 이해한 후, 차례로 실행시키고 그 결과를 토론한다(압축률).

```
$ cp /usr/bin/vi /usr/bin/cp . ↵
$ ls -l * ↵
$ gzip vi cp ↵
$ ls -l * ↵
$ gunzip vi.gz cp.gz ↵
$ ls -l * ↵
$ ls -l * ↵
$ compress vi cp ↵
$ ls -l * ↵
$ uncompress vi.Z cp.Z ↵
$ ls -l * ↵
$ rm * ↵
```

10.8 시스템 탐색·통제 명령어

■ who [-b] [-l] [-r] [-t] ↵ (who)

- 시스템에 로그인 한 사용자 id를 표준 출력 장치(stdout)로 출력([표 9-12], [그림 10-29] 참조)
- 옵션 -b를 사용하면 최근 시스템이 부팅한 시각을 출력
- 옵션 -l을 사용하면 현재 사용되고 있지 않은 터미널 리스트를 출력
- 옵션 -r을 사용하면 현재의 유닉스 환경 실행 수준을 출력([표 9-4] 참조
- 옵션 -t를 사용하면 최근 관리자가 시스템 시간을 변경한 시각을 출력

■ nice (nice priority)

- 프로세스를 실행시키면서 우선 순위 값을 조정함([표 9-6] 참조)

■ renice (nice priority)

- 실행 중인 프로세스의 우선 순위를 조정함([표 9-6] 참조)

■ ps (process status)

- 시스템에 등록된 프로세스 정보를 표준 출력 장치로 출력([9-8] 참조)

■ kill (kill process)

- 프로세스에게 신호(signal)를 보내 강제 종료 시키거나 상태 전환을 유도([표 9-12] 참조)

■ id [user] ↵ (identification)

- 현재 사용자 자신의 id 정보를 표준 출력 장치로 출력
- 'user'를 지정하면 해당 사용자의 id 정보를 출력

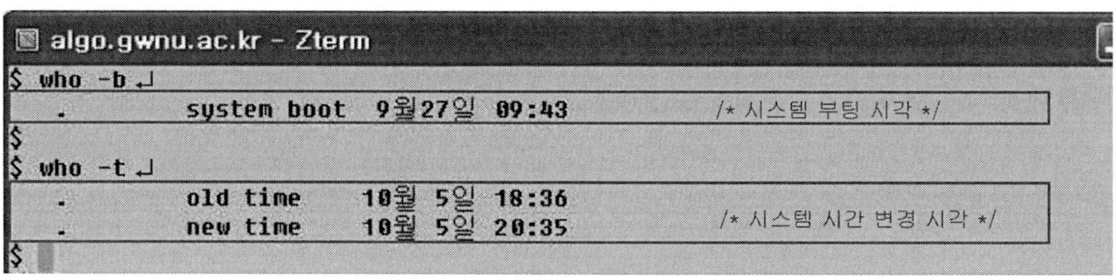

[그림 10-29] who 명령어 실행 예

■ finger [user …] ↵ (identification)

- 현재 로그인 중인 사용자들의 id 및 로그인 정보를 표준 출력 장치로 출력
- 'user', '…'를 지정하면 해당 사용자들의 id 및 로그인 정보를 출력

■ mount [disk_partition directory] ↵ (mount filesystem)

- 현재 파일 시스템글이 마운트된 상태를 표준 출력 장치로 출력([표 8-11] 참조)
- 'disk_parition', 'directory'가 주어지면 'directory' 위치에 'disk_parition'에 구축된 파일 시스템을 연결(관리자만 사용가능)

■ df (disk free)

- 현재 마운트되어 있는 파티션(파일 시스템)별로 디스크 사용율 현황을 표준 출력 장치로 출력([표 8-12] 참조)

■ du [-s] [-k] [directory …] ↵ (disk use)

- 현재 위치하고 있는 디렉터리 이하 모든 하부 디렉터리 별 디스크 사용량을 블록 단위(512 바이트)로 계산하여 표준 출력 장치에 출력. 상위 디렉터리 사용량은 모든 하위 디렉터리 사용량의 합([그림 10-30] 참조)
- 옵션 -s를 사용하면 최상위 디렉터리에 대한 총 사용량만 출력
- 옵션 -k를 사용하면 디스크 사용량을 1K(1024 바이트) 단위로 출력
- 'directory', '…'을 열거하면 그 각각을 최상위 디렉터리로 간주하여 사용량 출력

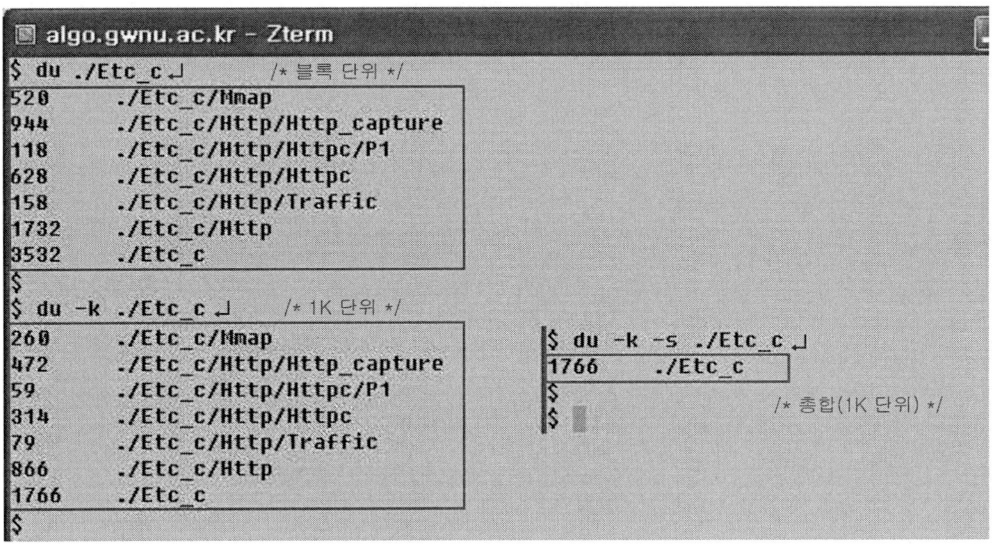

[그림 10-30] du 명령어 실행 예

■ date [mmddHHMM[yy]] ↵ (date)

- 현재 시각을 표준 출력 장치에 출력([그림 10-31] 참조)
- 'mmddHHMMyy'가 주어지면 시스템의 시간을 새로 설정('yy'는 생략 가능하고, 관리자만 설정 가능)

■ cal [[month] year] ↵ (calendar)

- 올해 12 달 달력을 표준 출력 장치에 출력([그림 10-31] 참조)
- 'month', 'year'를 설정하면 해당 년도의 해당 월의 달력을 출력
- 'year'만 지정하면 해당 년도의 12 달 모두를 출력

■ ifconfig interface_id [address l [netmask] ↵ (configure network interface)
ifconfig -a ↵

- TCP/IP 네트워크 인터페이스(이더넷, 시리얼 접속, 루프백 등) 'interface_id'에 IP(인터넷) 주소 'address'나 네트워크 마스크 'netmask'를 부여(관리자만 사용가능)
- 'address', 'netmask' 등을 생략하면 인터페이스 'interface_id'의 설정 내용을 표준 출력 장치에 출력
- 옵션 -a를 사용하면 모든 인터페이스에 대한 설정 내용 출력([그림 10-31] 참조)

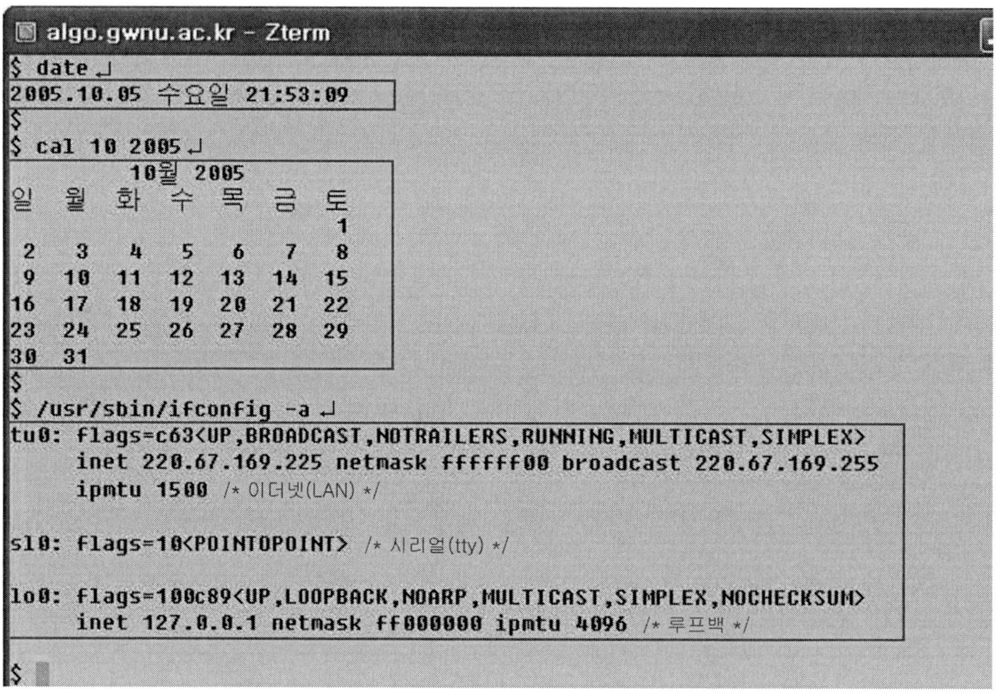

[그림 10-31] date, cal, ficonfig 명령어 실행 예

■ netstat [-i] [-m] [-M] [-r] [-H] [-s] ↵ (network state)

- 현재 사용 중인 모든 소켓(포트)들의 상태를 표준 출력 장치(stdout)에 출력
- 옵션 -i를 사용하면 각 네트워크 인터페이스 별 mtu(패킷 최대 크기), 인터넷 주소, 패킷 송•수신량, 오류 패킷 수, 충돌 횟수 등의 통계를 출력
- 옵션 -m을 사용하면 각 네트워크 프로토콜에서 사용하는 버퍼용 메모리 설정 및 할당 현황을 출력
- 옵션 -M을 사용하면 멀티캐스트 라우팅 정보를 출력(-s 를 추가하면 관련 통계 자료를 같이 출력)([그림 10-32] 참조)
- 옵션 -r을 사용하면 라우팅 테이블 정보를 출력
- 옵션 -H를 사용하면 arp 테이블을 정보를 출력
- 옵션 -s을 사용하면 모든 프로토콜에 대한 각각의 고유 통계를 출력

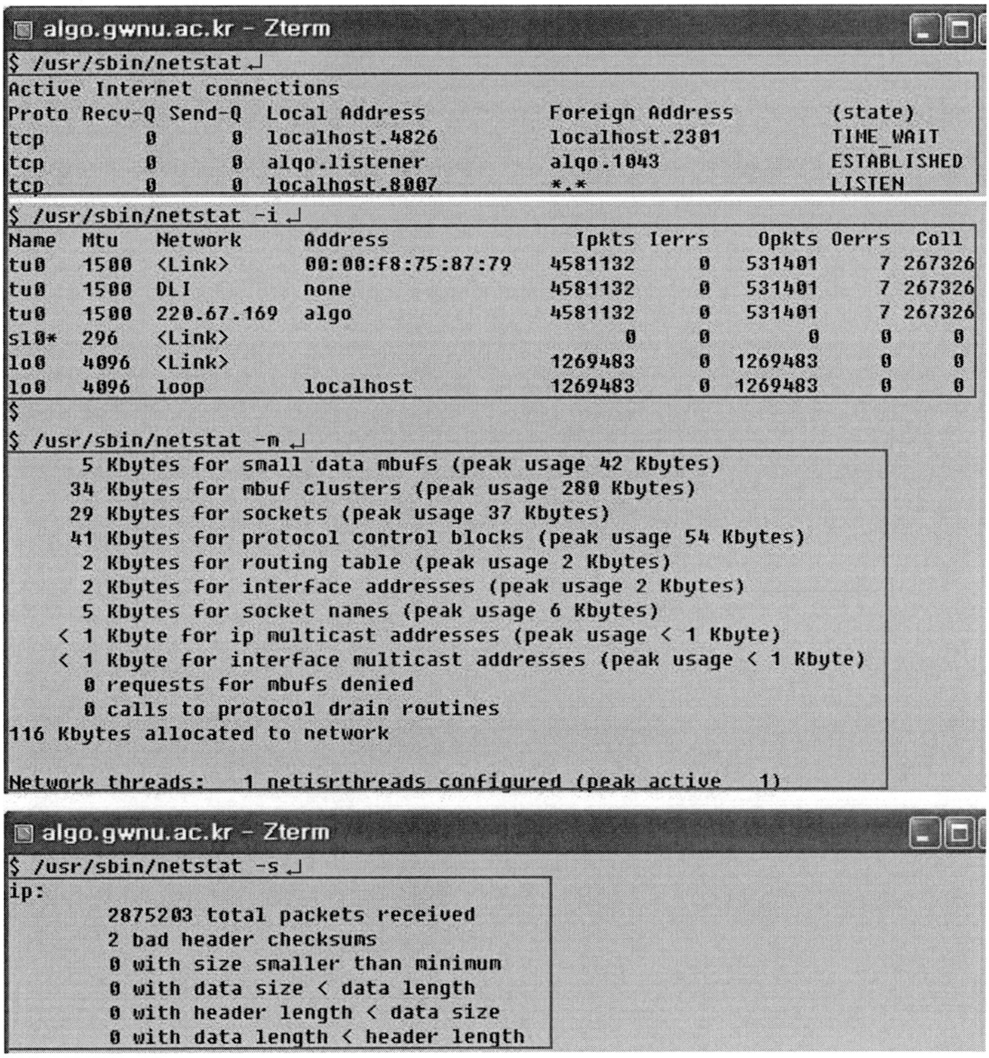

```
algo.gwnu.ac.kr - Zterm
$ /usr/sbin/netstat ↵
Active Internet connections
Proto Recv-Q Send-Q  Local Address          Foreign Address        (state)
tcp        0      0  localhost.4826         localhost.2301         TIME_WAIT
tcp        0      0  algo.listener          algo.1043              ESTABLISHED
tcp        0      0  localhost.8007         *.*                    LISTEN
$ /usr/sbin/netstat -i ↵
Name  Mtu   Network      Address              Ipkts Ierrs    Opkts Oerrs  Coll
tu0   1500  <Link>       00:00:f8:75:87:79   4581132     0   531401     7 267326
tu0   1500  DLI          none                4581132     0   531401     7 267326
tu0   1500  220.67.169   algo                4581132     0   531401     7 267326
sl0*  296   <Link>                                 0     0        0     0      0
lo0   4096  <Link>                           1269483     0  1269483     0      0
lo0   4096  loop         localhost           1269483     0  1269483     0      0
$
$ /usr/sbin/netstat -m ↵
      5 Kbytes for small data mbufs (peak usage 42 Kbytes)
     34 Kbytes for mbuf clusters (peak usage 280 Kbytes)
     29 Kbytes for sockets (peak usage 37 Kbytes)
     41 Kbytes for protocol control blocks (peak usage 54 Kbytes)
      2 Kbytes for routing table (peak usage 2 Kbytes)
      2 Kbytes for interface addresses (peak usage 2 Kbytes)
      5 Kbytes for socket names (peak usage 6 Kbytes)
    < 1 Kbyte for ip multicast addresses (peak usage < 1 Kbyte)
    < 1 Kbyte for interface multicast addresses (peak usage < 1 Kbyte)
      0 requests for mbufs denied
      0 calls to protocol drain routines
116 Kbytes allocated to network

Network threads:   1 netisrthreads configured (peak active    1)
```

```
algo.gwnu.ac.kr - Zterm
$ /usr/sbin/netstat -s ↵
ip:
        2875203 total packets received
        2 bad header checksums
        0 with size smaller than minimum
        0 with data size < data length
        0 with header length < data size
        0 with data length < header length
```

[그림 10-32] netstat 명령어 실행 예

■ arp [-a] [-d hostname] [-s hostname mac_addr] ↵ (arp control)

- 옵션 -a를 사용하면 현재 저장 중인 arp 테이블 내용을 표준 출력 장치로 출력 ([그림 10-33] 참조)
- 옵션 -d를 사용하면 'hostname'과 관련된 엔트리(mac address)를 arp 테이블에서 삭제(관리자만 사용 가능)
- 옵션 -s를 사용하면 'hostname' ←→'mac_address' 엔트리를 arp 테이블에 추가 (관리자만 사용 가능)

■ ping host [count] ↵ (test remote system)

- 원격 시스템 'host'와 인터넷 통신이 되는지 확인하는 패킷을 송신하여 결과를 표준 출력 장치로 출력
- 'count'가 지정되면 시도 횟수를 한정

■ uname [-a] [-m] [-n] [-r] [-s] [-v] ↵ (operating, system name)
uname [-S node_name] ↵

- 옵션 -m은 하드웨어 이름을, -n은 시스템(노드, 호스트) 이름을, -r은 운영체제 릴리즈 버전을, -s는 현재의 운영체제 구현 번호를 각각 출력(옵션 -a는 모든 옵션을 의미) ([그림 10-33] 참조)
- 옵션 -S를 사용하면 시스템 이름을 'node_name'으로 재설정(관리자만 사용 가능)

■ hostname [-s node_name] ↵ (host name)

- 시스템의 이름(노드 이름, 호스트 이름)을 표준 출력 장치로 출력([그림 10-33] 참조)
- 옵션 -s를 사용하면 시스템의 이름을 'node_name'으로 재설정(관리자만 사용 가능)

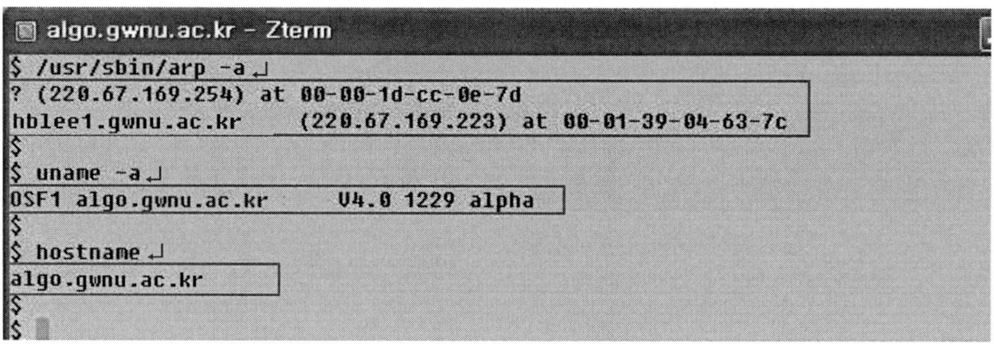

[그림 10-33] arp, uname, hostname 실행 예

☞ [실습 10-8]

STEP I

1. who 명령어를 사용해서
   - 현재 어떤 사용자들이 로그인 해 있는가
   - 현재 수행 중인 유닉스의 실행 환경 수준은 얼마인가
   - 시스템은 부팅은 언제 이루어 졌는가
   - 시스템 시간은 언제 설정되었는가

   등을 탐색한다.

2. du 명령어를 사용해서, 자신의 홈 디렉터리 이하 사용 중인 총 디스크 용량은 얼마인지 탐색한다.

3. date 명령어를 사용해서 시스템의 현재 시각을 탐색한다.

4. cal 명령어를 사용해서 오늘이 속해 있는 달의 달력을 출력한다.

STEP II

1. ifconfig 명령어를 사용해서 현재 사용 중인 시스템에는 어떤 네트워크 인터페이스가 있고, 그 각각은 어떤 인터넷 주소를 가지고 있는지 탐색한다.

2. netstat 명령어를 사용해서
   - 현재 사용중인 소켓(포트)와, LISTEN 상태의 소켓에는 어떤 것들이 있는가
   - 각 네트워크 인터페이스별 mtu, 패킷 송•수신량, 오류 패킷은 어느 정도인가
   - 프로토콜 별 패킷 통계는 어떤가

   등을 탐색한다.

3. arp 명령어를 사용해서 현재 시스템 안에 관리 중인 arp 테이블 내용을 탐색한다.

4. ping을 사용해서 이웃 시스템의 인터넷 접속 여부를 탐색한다.

5. uname 명령어를 사용해서 운영체제 이름과 버전, 시스템 노드 이름, 시스템 하드웨어 이름 등을 탐색한다.

6. hostname 명령어를 사용해서 시스템 이름을 탐색한다.

10.9 네트워크(인터넷) 통신 명령어

■ ftp host ↵ (file transfer)

- 인터넷을 통해 원격 시스템 'host'에 파일을 전송하거나(upload) 수신(download)
- 원격 시스템 이름 'host'는 'xxx.xxx.xxx.xxx' 형태의 해당 시스템의 도메인이나 인터넷 주소([그림 10-34] 참조)
- 반드시 원격 시스템 'host'에 자신이 로그인 할 수 있는 계정 필요
- 일단 ftp 로그인에 성공한 후, 디렉터리 이동, 파일의 검색 및 송•수신, 접속 해제 등을 위한 ftp 자체 명령어 사용([표 10-10] 참조)
- ftp 명령어 앞에 "!"를 붙이면 로컬 시스템의 쉘 명령어 실행

[표 10-10] ftp 명령어 사용법

분 류	ftp 명 령 어	처 리 기 능
원격 시스템 작업 위치 이동 검색 삭제	ftp> cd 경로명 ↵	• 원격 시스템의 작업위치를 '경로명'으로 이동
	ftp> pwd ↵	• 원격 시스템의 현재작업 위치 출력
	ftp> del 경로명 ↵	• 원격 시스템의 '경로명' 파일을 삭제
	ftp> dir [경로명] ↵ ftp> ls [-l] [경로명] ↵	• 원격 시스템의 작업 위치 내용 출력 • '경로명'을 지정하면 해당 디렉터리•파일 출력
파일 송신 수신	ftp> get 원격파일 [로컬파일] ↵	• '원격파일'을 동일 이름으로 수신 • '로컬파일'을 지정하면 새로운 이름으로 수신
	ftp> mget 원격파일 ... ↵	• '원격파일', '...' 등 여러 파일을 계속 수신 • '원격파일' 이름에 '*', '>' 등 와일드 카드 문자 사용 가능
	ftp> put 로컬파일 [원격파일] ↵	• '로컬파일'을 동일 이름으로 전송 • '원격파일'을 지정하면 전송하여 새로운 이름으로 저장
	ftp> mput 로컬파일 ... ↵	• '로컬파일', '...' 등 여러 파일을 계속 전송 • '로컬파일' 이름에 '*', '>' 등 와일드 카드 문자 사용 가능
전송 모드	ftp> ascii ↵	• ASCII 모드(일반 텍스트 파일)로 전송
	ftp> binary ↵	• 이미지, 실행파일 등 binary 모드로 전송
새로운 접속	ftp> close ↵	• 현재 로그인한 접속을 해제
	ftp> open 호스트 ↵	• 원격 시스템 '호스트'에 새롭게 로그인
	ftp> login 사용자_id ↵	• 원격 시스템에 로그인 된 상태에서 '사용자_ _id'로 다시 로그인
	ftp> quit ↵	• 로그인 상태와 관계 없이 ftp 종료
로컬 명령어	ftp> lcd 경로명 ↵	• 로컬 시스템의 작업위치를 '경로명'으로 이동
	ftp> !명령어 ↵	• 로컬 시스템의 모든 쉘 명령어 실행 (예: !pwd, !ls, !rm, !cp, ...)

```
algo.gwnu.ac.kr - Zterm
$ ftp aha.honam.ac.kr↵
Connected to aha.honam.ac.kr.
220 aha.honam.ac.kr FTP server (Version 6.4/OpenBSD/Linux-ftpd-0.17) ready.
Name (aha.honam.ac.kr:hblee): hblee↵
331 Password required for hblee.                          /* 원격 시스템 로그인 */
Password:    ↵
230- Linux aha 2.6.8-2-386 #1 Thu May 19 17:40:50 JST 2011 i686 GNU/Linux
230 User hblee logged in.
Remote system type is UNIX.
Using binary mode to transfer files.
ftp> pwd ↵                                  /* 원격 작업 위치 */
257 "/home/hblee" is current directory.
ftp> dir↵                                   /* 원격 작업 위치 내용 리스트 */
200 PORT command successful.
150 Opening ASCII mode data connection for '/bin/ls'.
total 624
-rwxr-xr-x   1 hblee hblee    266 Mar  7  2011 .alias
-rw-r--r--   1 hblee hblee 374784 Oct 22  2011 2004추계발표.ppt
drwxr-xr-x   4 hblee hblee   4096 Jan 12  2011 Etc
drwxr-xr-x   2 hblee hblee   4096 Mar  7  2011 Format
226 Transfer complete.
ftp> del 2004추계발표.ppt ↵                  /* 원격 파일 삭제 */
250 DELE command successful.
ftp> !pwd ↵                                 /* 로컬 작업 위치 */
/usr/users/hblee
ftp> !ls ↵                                  /* 로컬 작업 위치 내용 리스트 */
public_html   work            피라미드.ppt
ftp> lcd work ↵                             /* 로컬 작업 위치 변경 */
Local directory now /usr/users/hblee/work
ftp> !ls *.c ↵                              /* 로컬 파일 리스트 */
cmd_test1.c  sig_test2.c  t4.c         t7.c         tt.c
cmd_test2.c  t0.c         t5.c         t8.c
sig_test1.c  t3.c         t6.c         test.c
ftp> mput t[3,4].c ↵                        /* 복수 파일(와일드 카드 문자) 전송 */
mput t3.c? y ↵
200 PORT command successful.
150 Opening BINARY mode data connection for 't3.c'.
226 Transfer complete.
293 bytes sent in 0 seconds (0.29 Kbytes/s)
mput t4.c? y ↵
200 PORT command successful.
150 Opening BINARY mode data connection for 't4.c'.
226 Transfer complete.
130 bytes sent in 0 seconds (0.13 Kbytes/s)
ftp> dir ↵                                  /* 원격 작업 위치 내용 리스트 */
200 PORT command successful.
150 Opening ASCII mode data connection for '/bin/ls'.
total 268
-rwxr-xr-x   1 hblee hblee    266 Mar  7  2011 .alias
drwxr-xr-x   4 hblee hblee   4096 Jan 12  2011 Etc
drwxr-xr-x   2 hblee hblee   4096 Mar  7  2011 Format
-rw-r-----   1 hblee hblee    293 Oct  6 20:03 t3.c
-rw-r-----   1 hblee hblee    130 Oct  6 20:03 t4.c
226 Transfer complete.
ftp> quit ↵                                 /* ftp 종료 */
221 Goodbye.
$
```

[그림 10-34] ftp 명령어 실행 예

■ telnet host ↵ (remote login, unix terminal)

- 인터넷을 통해 원격 시스템 'host'에 로그인하여 현재 창을 원격 시스템의 유닉스 단말기 창으로 사용(2 장 [그림 2-5] 참조)
- 원격 시스템의 쉘과의 대화가 종료되면 다시 이전과 같이 로컬 시스템의 단말기로 환원

■ rlogin [-l user] host ↵ (remote login, unix terminal)

- 원격 시스템 'host'에 그 시스템 관리자가 이 곳 로컬 시스템을 신뢰 사이트(trusted host)로 등록했거나("/etc/hosts.equiv" 파일), 원격 시스템 'host'의 사용자가 이 곳 사용자를 신뢰 사용자로 등록(홈 디렉터리의 ".rhosts")한 경우, 암호 검증 과정 없이 곧바로 원격 시스템 'host'에 로그인 하여 현재 창을 원격 시스템의 유닉스 단말기 창으로 사용([그림 10-35] 참조)
- 원격 시스템 'host'에 현재 로그인 중인 로컬 시스템의 사용자 id와 동일한(-l 옵션인 경우에는 'user') 계정이 있어야 함
- 원격 시스템에 신뢰 설정이 되어 있지 않으면 telnet 명령어와 동일하게 암호 검증 과정을 거침

■ rsh [-l user] host command ↵ (remote execution)

- rlogin에서와 마찬가지로 원격 시스템 'host'에 신뢰 관계가 설정된 경우, 로그인이나 암호 검증 과정 없이, 원격 시스템 'host'에서 명령어 'command'를 실행 시켜 그 결과인 표준 출력과 표준 오류 메시지를 로컬 시스템으로 출력([그림 10-35] 참조)
- 명령어만 원격 시스템에서 실행 될 뿐, 모든 표준 입·출력 환경은 로컬 시스템에서 동일하게 이루어짐
- 원격 시스템의 신뢰 관계 설정이 없는 경우 사용이 불가능

  예) `$ rsh host "sort < a.txt > a.out" ↵` → a.txt와 a.out은 모두 로컬 파일임

■ rcp local_file host:path ↵ (remote copy)
  rcp host:path local_file ↵

- rlogin에서와 마찬가지로 원격 시스템 'host'에 신뢰 관계가 설정된 경우, 로그인이나 암호 검증 과정 없이, 원격 시스템 'host'의 파일 'path'를(로) 로컬 시스템 파일 'local_file'로(을) 복사([그림 10-35] 참조)
- 원격 시스템의 신뢰 관계 설정이 없는 경우 사용이 불가능

  예) `$ rcp ./myweb/*.html host:back ↵` → "back"은 원격 시스템의 디렉터리

```
algo.gwnu.ac.kr - Zterm (algo 시스템)
$ id ↵
uid=203(hblee) gid=15(users) groups=0(system),33(dba)
$
$ ls ↵
public_html   work          피라미드.ppt
$
```

```
orange.kangnung.ac.kr - Zterm
[hblee@orange:/user/1/hblee]hostname ↵
orange
[hblee@orange:/user/1/hblee]
[hblee@orange:/user/1/hblee]rlogin algo.gwnu.ac.kr ↵
Last login: Sat Oct  8 20:00:18 from orange.kangnung.

Digital UNIX V4.0F  (Rev. 1229); 2011.05.27 일요일 19:09:06
DIGITAL UNIX Korean Support V4.0F (rev. 96.2)
The installation software has successfully installed your system.

There are logfiles that contain a record of your installation.
$ hostname ↵                            /* 암호 검증 없이 곧바로 로그인 */
algo.gwnu.ac.kr
$
$ id ↵
uid=203(hblee) gid=15(users) groups=0(system),33(dba)
$
$ ls ↵
public_html   work          피라미드.ppt
$
$ ^D Connection closed.                 /* 원격 로그인 종료 */
[hblee@orange:/user/1/hblee]
[hblee@orange:/user/1/hblee]
```

```
orange.kangnung.ac.kr - Zterm
[hblee@orange:/user/1/hblee]rsh algo.gwnu.ac.kr "ls -l" ↵
total 39              /* "ls -l"의 원격 실행 결과 */
-rw-r--r--   1 hblee    users      37888 Oct  4 16:27 피라미드.ppt
drwxr-xr-x   6 hblee    users       1024 Aug  9 08:28 public_html
drwxr-xr-x   8 hblee    users       1024 Oct  5 10:35 work
[hblee@orange:/user/1/hblee]
[hblee@orange:/user/1/hblee]ls ↵
[hblee@orange:/user/1/hblee]             /* 로컬에서의 표준 출력 방향 전환 */
[hblee@orange:/user/1/hblee]rsh algo.gwnu.ac.kr "ls -l" > ls.out ↵
[hblee@orange:/user/1/hblee]ls ↵
ls.out
[hblee@orange:/user/1/hblee]cat ls.out ↵
total 39
-rw-r--r--   1 hblee    users      37888 Oct  4 16:27 피라미드.ppt
drwxr-xr-x   6 hblee    users       1024 Aug  9 08:28 public_html
drwxr-xr-x   8 hblee    users       1024 Oct  5 10:35 work
[hblee@orange:/user/1/hblee]
[hblee@orange:/user/1/hblee]rcp algo.gwnu.ac.kr:피라미드.ppt ./ ↵
[hblee@orange:/user/1/hblee]             /* 원격 파일을 로컬로 복사 */
[hblee@orange:/user/1/hblee]ls -l ↵
종 88
-rw-r--r--   1 hblee    professor    201 10월  8일  20:39 ls.out
-rw-r--r--   1 hblee    professor  37888 10월  8일  20:39 피라미드.ppt
[hblee@orange:/user/1/hblee]
```

[그림 10-35] rlogin, rsh, rcp 명령어 실행 예

■ **talk user** ↵ (talk with another login user)

- 로그인 중인 다른 사용자 'user' 와 대화
- 상대방이 동일한 명령어로 응답한 후 대화 시작([그림 10-36] 참조)

■ **mailx(mail, Mail, sendmail) [address] …**↵ (send or receive mail)

- 자신에게 보내온 메일을 처리(읽기, 삭제하기, 옮기기 등)
- 'address'를 지정하면 해당 메일을 작성한 후, 해당 수신자에게 메일을 전송
- 복잡한 메일을 작성하거나 처리하기 위해서는 내부 명령어 사용([그림 10-37] 참조)
- 송·수신시, 멀티미디어나 이미지 등 텍스트 데이터가 아닌 첨부 파일의 처리가 곤란
- 따라서, 유닉스 환경에서 사용자가 직접 메일을 송·수신하는 일은 드물고, 대부분의 경우 PC 등 그래픽 단말기를 부착한 클라이언트에게 POP3(Post Office Protocol 3), IMAP(Internet Message Access Protocol) 서비스를 제공하면서 메일의 전송 및 보관을 담당하는 서버로 활용

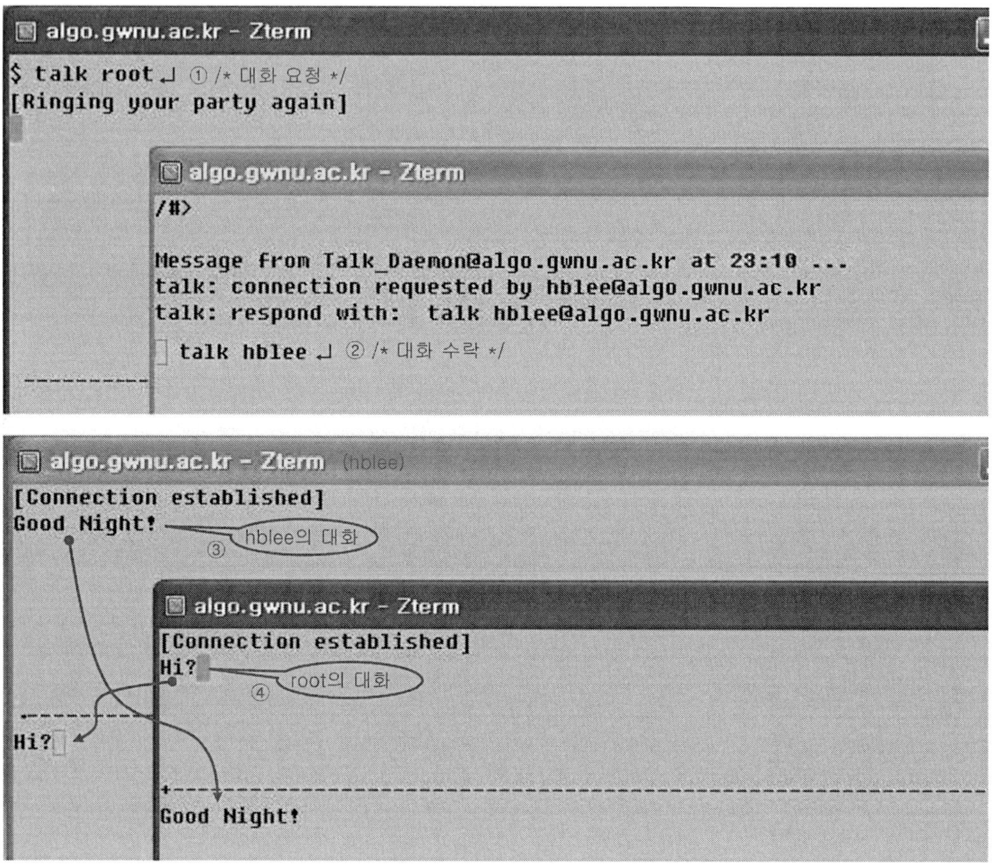

[그림 10-36] talk 명령어 실행 예

```
algo.gwnu.ac.kr - Zterm
$ id ↵          /* 메일 송신 */
uid=203(hblee) gid=15(users) groups=0(system),33(dba)
$
$ hostname ↵
algo.gwnu.ac.kr
$                                   수신자 주소
$ mailx hblee@algo.gwnu.ac.kr↵
Subject: mail test ! ↵
This is test mail. ↵                제목과 본문
How are you? ↵
You can read this mail? ↵
Bye.
^D EOT
$
```

```
$ mailx ↵        /* 메일 수신 */
Mail $Revision: 4.2.4.2 $  Type ? for help.
"/usr/spool/mail/hblee": 1 message 1 unread
>U  1 hblee  (내부명령어) Sat Oct  8 22:18  15/402  "mail test !"
? help ↵
Control Commands:
   q                          Quit - apply mailbox commands entered this session.
   x                          Quit - restore mailbox to original state.
   ! <cmd>                    Start a shell, run <cmd>, and return to mailbox.
   cd [<dir>]                 Change directory to <dir> or $HOME.
Display Commands:
   t [<msg_list>]             Display messages in <msg_list> or current message.
   n                          Display next message.
   f [<msg_list>]             Display headings of messages.
   h [<num>]                  Display headings of group containing message <num>.
Message Handling:
   e [<num>]                  Edit message <num> (default editor is e).
   d [<msg_list>]             Delete messages in <msg_list> or current message.
   u [<msg_list>]             Recall deleted messages.
   s [<msg_list>] <file>      Append messages (with headings) to <file>.
   w [<msg_list>] <file>      Append messages (text only) to <file>.
   pre [<msg_list>]           Keep messages in system mailbox.
Creating New Mail:
   m <addrlist>               Create/send new message to addresses in <addrlist>.
   r [<msg_list>]             Send reply to senders and recipients of messages.
   R [<msg_list>]             Send reply only to senders of messages.
   a                          Display list of aliases and their addresses.
============================== Mailbox Commands ==============================
? ↵  /* 새 메일 읽기 */
Message  1:
This mail has no exchange code header.
Message content will not be converted to your application codeset.
From hblee Sat Oct  8 22:18:16 2011
Date: Sat, 8 Oct 2011  22:18:15 +0900 (KST)
From: <hblee>
To: hblee@algo.gwnu.ac.kr
Subject: mail test !

This is test mail.
How are you?
You can read this mail?
Bye.

? q ↵ /* 종 료 */
Saved 1 message in /usr/users/hblee/mbox   /* 시스템 보관 장소에서 사용자 장소로 이동 */
$
```

[그림 10-37] mailx 명령어 실행 예

☞ [실습 10-9]

STEP I

1. [그림 10-38]의 디렉터리 체계와 프로그램 파일 cmd_test4.c와 cmd_test5.c를 작성하여 컴파일 한 후, 실행 결과를 확인한다.

2. 자신의 로그인 id를 사용해서 새로운 유닉스 단말기 창을 연다.

3. 새로운 창에서 다음 명령어를 실행시켜 자신이 사용중인 로컬 시스템을 원격 시스템으로 간주하여 ftp 접속을 시도하고, 자신의 id와 암호를 사용해서 로그인 한다(이런 상황을 인터넷 루프백이라 함).

```
$ ftp localhost ↵          /* "localhost"는 로컬 시스템을 의미하는 예약어 */
  user_id ↵
  passwd ↵
```

4. 다음의 ftp 내부 명령어들을 차례로 실행시켜, 로컬 작업 위치는 network1으로, 원격 작업 위치는 network로 위치시킨 후, 로컬 및 원격 작업 디렉터리 내용을 탐색한다.

```
ftp> !pwd ↵
ftp> !ls  -l ↵
ftp> lcd  chap10/ucmd/network1 ↵
ftp> !pwd↵
ftp> !ls  -l ↵
```

```
ftp> pwd ↵
ftp> ls  -l ↵
ftp> cd  chap10/ucmd/network ↵
ftp> pwd ↵
ftp> ls  -l ↵
```

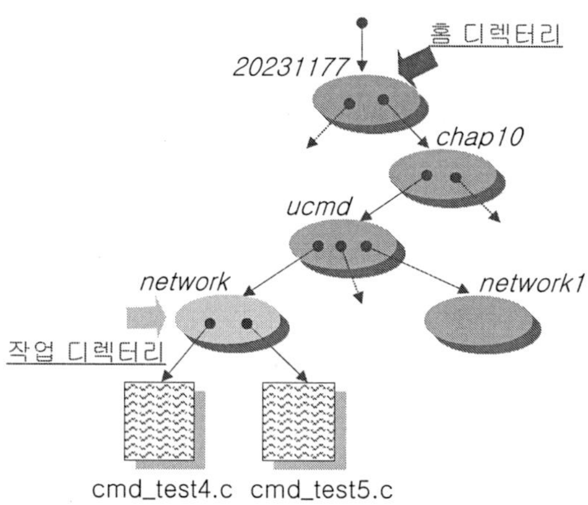


```
/* cmd_test4.c */
#include <stdio.h>
#include <stdlib.h>
main()
{
    printf("I am cmd_test4…\n");
    exit(0);
}
```

```
/* cmd_test5.c */
#include <stdio.h>
#include <stdlib.h>
main()
{   char     buf[32];
    scanf("%s", buf);
    printf("%s", buf);
    exit(0);
}
```

[그림 10-38] 네트워크 통신 실습 I

5. 다음 명령어를 사용해서, 원격 작업 위치 network 디렉터리 내용 중 실행 파일만을 로컬 디렉터리 network1으로 복사하고 확인한다.

```
ftp> binary ↵
ftp> mget  *[4,5] ↵
ftp> !ls  -l ↵
```

6. quit 명령어로 ftp를 종료한 후, 로컬 디렉터리 network1으로 이동하여 두 실행 파일이 수신 되었는지 관찰하고, 실행 가능 여부를 확인한다.

7. 두 파일을 삭제한다.

STEP II

1. [그림 10-38]의 디렉터리 체계와 프로그램 파일 cmd_test4.c와 cmd_test5.c를 작성하여 컴파일 한 후, 실행 결과를 확인한다(이미 존재하면 그대로 사용).

2. 자신의 로그인 id를 사용해서 새로운 유닉스 단말기 창을 열고, 작업 디렉터리를 network1으로 이동한다(이미 존재하면 그대로 사용).

3. 다음 명령어를 사용해서 로컬 시스템에 원격 로그인을 시도한다.

```
$ telnet  localhost ↵
```

4. 과정 3에서 로그인 한 창에서 who, finger 명령어를 사용해서 원격 로그인 한 자신의 id가 있는지 관찰하고 토론한다.

5. pwd, ps, hostname, ls 명령어 등을 사용해서 시스템을 탐색한 후, 셸을 종료하여 원격 접속을 해제한다.

STEP III

1. STEP II의 과정 1, 2를 준비한다.

2. 다음 명령어를 사용해서 로컬 시스템에 원격 로그인을 시도한다.

```
$ rlogin  localhost ↵
```

3. STEP II의 과정 4, 5를 반복한 한 후, telnet과 rlogin의 로그인 과정상 차이점이 있는지 관찰하고 토론한다.

STEP IV

1. [그림 10-39]의 ".rhosts" 파일을 작성한다.

2. 자신의 로그인 id를 사용해서 새로운 유닉스 단말기 창을 연다(이미 존재하면 그대로 사용).

3. 다음 명령어를 사용해서 로컬 시스템에 원격 로그인을 시도한다.

```
$ rlogin  localhost ↵
```

4. STEP III에서의 로그인 과정과 과정 3의 로그인 과정의 차이점을 관찰하고, ".rhosts"파일의 역할에 대하여 토론한다(암호 검증 과정).

5. 쉘을 종료하여 원격 로그인 접속을 해제한다.

STEP V

1. [그림 10-39]의 ".rhosts" 파일을 작성한다(이미 존재하면 그대로 사용).

2. [그림 10-40]의 디렉터리 체계와 프로그램 파일 cmd_test4.c와 cmd_test5.c를 작성하여 컴파일 한 후, 실행 결과를 확인한다(이미 존재하면 그대로 사용).

3. 자신의 로그인 id를 사용해서 새로운 유닉스 단말기 창을 열고, 작업 디렉터리를 network1으로 이동한다(이미 존재하면 그대로 사용).

4. 새로운 창에서 다음 명령어를 실행시킨 후 그 결과를 살펴보고 토론한다.

```
$ rsh  localhost  "chap10/ucmd/network/cmd_test4" ↵
$ rsh  localhost  "chap10/ucmd/network/cmd_test4"  >  cmd_test4.out ↵
$ ls  -l ↵
$ cat  cmd_test4.out ↵
$ rsh  localhost  "chap10/ucmd/network/cmd_test5"  <  cmd_test4.out ↵
```

[그림 10-39] 인터넷 통신 실습 IV

```
$ rm  cmd_test4.out ↵
$ rsh  localhost  "chap10/ucmd/network/cmd_test4  >  cmd_test4.out " ↵
$ rsh  localhost  "cat  cmd_test4.out" ↵
$ rsh  localhost  "chap10/ucmd/network/cmd_test5  <  cmd_test4.out" ↵
$ rsh  localhost  "rm  cmd_test4.out" ↵
$ rsh  localhost  "who" ↵
```

5. 과정 1의 ".rhosts" 파일을 삭제한 후, 과정 4를 되풀이 했을 때의 결과를 살펴보고 ".rhosts" 파일의 역할에 대하여 토론한다.

<u>STEP VI</u>

1. [그림 10-39]의 ".rhosts" 파일을 작성한다(이미 존재하면 그대로 사용).

2. [그림 10-40]의 디렉터리 체계와 프로그램 파일 cmd_test4.c와 cmd_test5.c를 작성하여 컴파일 한 후, 실행 결과를 확인한다(이미 존재하면 그대로 사용).

3. 자신의 로그인 id를 사용해서 새로운 유닉스 단말기 창을 열고, 작업 디렉터리를 network1으로 이동한다(이미 존재하면 그대로 사용).

4. 아래 명령어를 실행시켜 원격 복사의 개념을 이해하고 토론한다.

```
$ ls  -l ↵
$ rcp  loclahost:chap10/ucmd/network/*  . ↵
$ ls  -l ↵
$ rm  * ↵
```

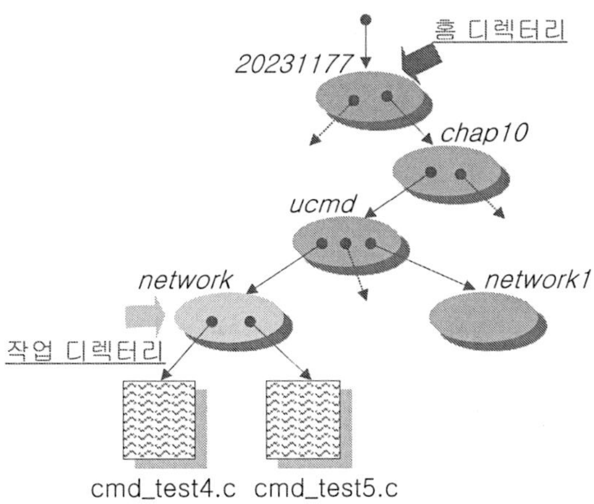


```
/* cmd_test4.c */
#include <stdio.h>
#include <stdlib.h>
main()
{
    printf("I am cmd_test4…\n");
    exit(0);
}
```

```
/* cmd_test5.c */
#include <stdio.h>
#include <stdlib.h>
main()
{   char     buf[32];
    scanf("%s", buf);
    printf("%s", buf);
    exit(0);
}
```

[그림 10-40] 네트워크 통신 실습 V([그림 10-38]과 동일)

STEP VII

1. 옆 사람과 서로의 사용자 id(로그인 id)를 교환한다(*user_id1*, *user_id2*)

2. *user_id1* 사용자가 먼저 다음 명령어를 실행시켜 user_id2에게 대화를 요청한다.

```
$ talk  user_id2 ↵
```

3. 대화 요청을 받은 *user_id2*는 다음 명령어를 실행시켜 대화를 수락한다.

```
$ talk  user_id1 ↵
```

4. 서로 대화를 진행한다.

5. 둘 중 한 사람이 먼저, ^D를 입력하여 대화를 종료하고, talk 명령어의 기능을 토론한다.

STEP VIII

1. 다음 명령어를 사용해서 다른 인터넷 메일 계정으로 간단한 메일을 보낸다.

```
$ mailx  mail_addr ↵
```

```
Subject:  Mail test ! ↵
This  is  test  mail. ↵
How  are  you ? ↵
You can read this mail ? ↵
Bye. ↵
^D
```

2. 위에서 사용한 인터넷 메일 계정에 연결해서 메일 전송을 확인한 후, 아래 내용의 메일로 응답한다.

```
Sibject : Mail Ok ! ↵
I received your mail. ↵
Bye. ↵
```

3. 다음 명령어를 사용해서 과정 2의 메일이 도착했는지 확인한다.

```
$ mailx ↵
```

제 11 장 쉘 프로그래밍

11.1 쉘 프로그래밍의 개념 / 501

11.2 Bourne 쉘 프로그래밍 환경 / 506

11.3 Bourne 쉘 프로그래밍 / 516

11. 쉘 프로그래밍

대부분의 유닉스 사용자들은 1~10 장에서 다뤘던 다양한 명령어들을 단발적·개별적으로 실행시키는 환경에 만족한다. 그러나, 일부 사용자들은 여러 명령어들을 연속해서 사용하거나 또는 조건에 따라 명령어들을 선택적·반복적으로 실행시키고자 할 필요성을 느낀다. 이와 같이 여러 명령어들을 적절하게 배열해서 전체적으로 하나의 작업을 처리하도록 구성하는 작업을 쉘 프로그래밍이라 한다.

이때, 외부 명령어들이 순차적으로 나열된 단순한 쉘 프로그램은 어떤 쉘이라도 동일하게 처리할 수 있지만, 쉘 고유의 명령어나 제어 구문이 적용된 프로그램은 해당 쉘만이 처리할 수 있으므로 쉘 프로그램은 쉘의 종류에 따라 다르다. 여기서는 유닉스 쉘 프로그램의 근간을 이루는 Bourne(Korn) 쉘 프로그램을 다룬다.

11.1 쉘 프로그램의 개념

■ 쉘 프로그램의 정의

쉘 프로그램에 대한 정의는 여러 관점에서 내려 질 수 있지만 가장 보편적인 정의는 아래와 같고, 쉘 프로그램을 쉘 스크립트(shell script)로 부르기도 한다.

<u>쉘 프로그램: 쉘에 의해 수행될 수 있는 명령어들이 저장된 유닉스 텍스트 파일</u>

위의 정의에서 "쉘에 의해 수행될 수 있는 명령어"는 유닉스 단말기 창에서 대화적으로도 수행될 수 있다. 이와 같이 대화적으로 수행될 수 있는 명령어들을 파일에 프로그램으로 작성하여 간접적으로 실행시키는 이유를 [표 11-1]에 요약하였다.

[표 11-1] 쉘 프로그램의 필요성

① 명령어의 길이가 길고 복잡해서 타이핑 오류가 많을 때 예) $ find /usr/bin -type f -name '*who*' -exec ls -l {} \; ↵

② 실행할 명령어들이 많고, 이들 명령어들을 자주 반복적으로 실행시켜야 할 때
예) $ pwd
$ cd /usr/tmp
$ ls -l *
:

③ 쉘의 흐름 제어 구문에 의한 복잡한 실행 순서가 필요할 때 예) $ if test ! -f pipe > then > mkfifo pipe > fi
④ 단말기 창이 아닌 내부에서 실행되어야 할 때 예) 부팅 프로시저(/sbin/rc0.d, /sbin/rc2.d, /sbin/rc3.d, ...)

■ 쉘 프로그램의 실행

쉘 프로그램이 저장된 파일을 실행시키는 방법에는 [표 11-2]와 같이 세 가지 방법이 있다. 이 표의 방법 ③에서 첫 줄에는 Bourne 쉘 뿐만 아니라 사용하고자 하는 어떤 쉘도 지정이 가능하다. 예를 들어 C 쉘 프로그램인 경우 "#!/bin/csh" 문자열을 사용하면 된다.

[표 11-2] 쉘 프로그램을 실행시키는 방법

실 행 유 형	실 행 방 법
① $ sh prog_file ↲	▪ 서브 쉘 'sh'를 실행시키면서 인수로 'prog_file'을 넘겨줌 ▪ 실행된 서브쉘 'sh'이 'prog_file'의 내용을 실행시킴
② $ prog_file ↲	▪ 'prog_file'에 실행 모드가 설정되어야 함($ chmod u+x prog_file) ▪ 현재 사용중인 쉘과 동일한 서브 쉘이 새로 실행되면서 'prog_file'의 내용을 실행시킴(쉘에 따라 서브 쉘로 무조건 Bourne 쉘을 띄우는 경우도 있어서 일정하지 않음)
③ $ prog_file ↲ (#!/bin/sh)	▪ ②와 마찬가지로 'prog_file'에 실행 모드가 설정되어야 함 ▪ 'prog_file'의 첫 줄에 "#!/bin/sh" 문자열을 삽입하면, 현재 사용중인 쉘과 관계없이 "/bin/sh"을 서브 쉘로 실행시킴(①과 동일)
④ $. prog_file ↲ (% source prog_file)	▪ ①, ②, ③과 달리 현재 사용중인 Bourne 쉘이 'prog_file'을 처리(C 쉘인 경우, '.' 대신 "source" 명령어 사용)

[그림 11-1]에 쉘 프로그램의 예를, [그림 11-2]에 쉘 프로그램의 실행 예를 보였다.

```
i=0; export i
while test $i -ne 3
do
    echo $i
    i=`expr $i + 1`
done                                          # shl_prog1.sh
```

(a) shl_prog1.sh

```
#!/bin/sh
i=0; export i
while test $i -ne 3
do
    echo $i
    i=`expr $i + 1`
done                # shl_prog2.sh
```

(b) shl_prog2.sh

```
#!/bin/csh
i=0; export i
while test $i -ne 3
do
    echo $i
    i=`expr $i + 1`
done                # shl_prog3.sh
```

(c) shl_prog3.sh

[그림 11-1] Bourne 쉘 프로그램의 예

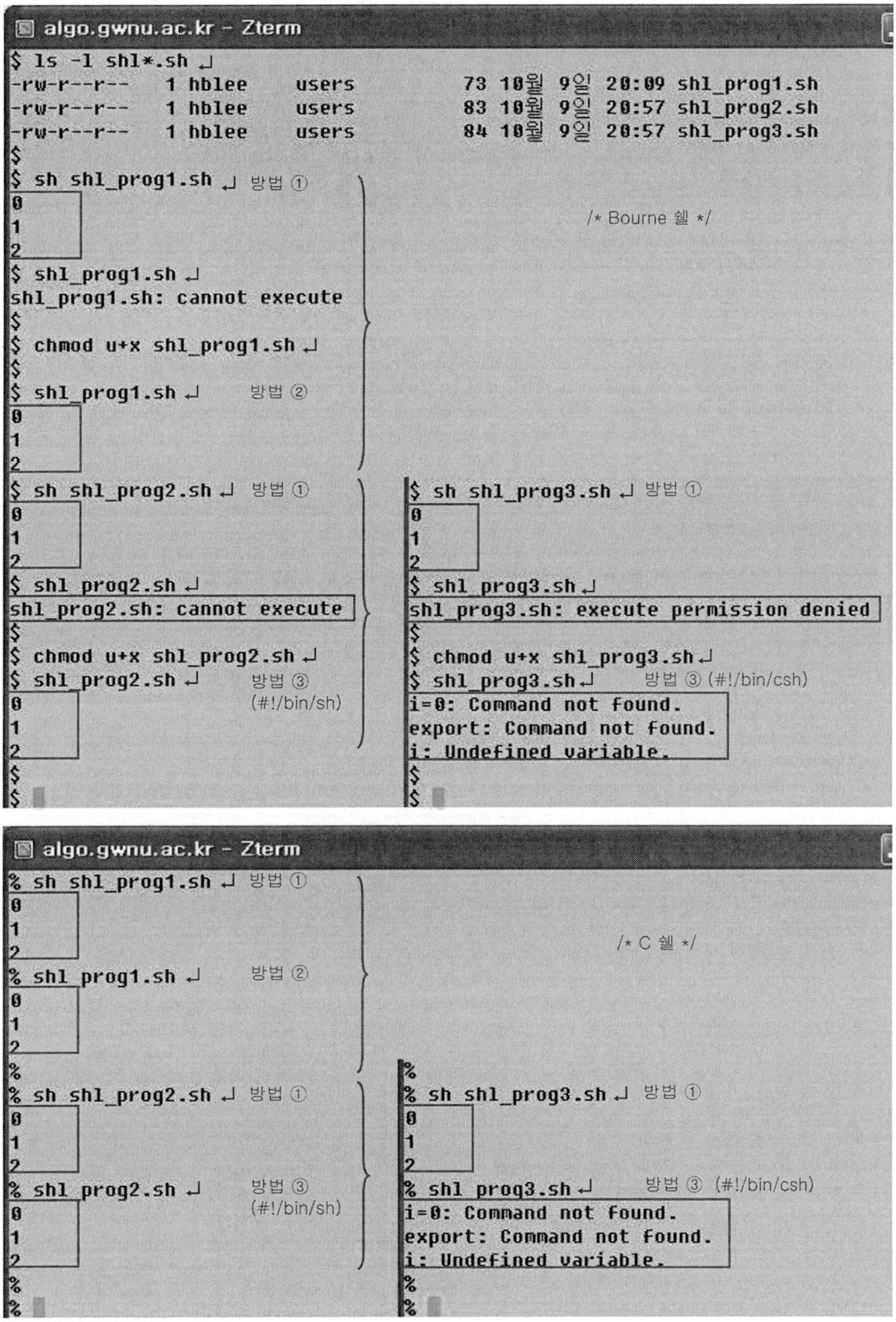

[그림 11-2] 쉘 프로그램([그림 11-1])의 실행 예

☞ [실습 11-1]

STEP I

1. [그림 11-3]의 쉘 프로그램 shl_prog1.sh, shl_prog2.sh, shl_prog3.sh를 코딩한다.

2. 과정 1의 세 파일에 대한 보안 모드를 관찰하여 실행 접근이 거부되어 있음을 확인한다.

3. Bourne 쉘 상태에서 아래 명령어를 차례로 실행시켜 실행 가능 여부와 "#!/bin/sh", "#!/bin/csh"의 역할을 확인하고 토론한다.

```
$ sh   shl_prog1.sh ↵
$ sh   shl_prog2.sh ↵
$ sh   shl_prog3.sh ↵
```

4. Bourne 쉘 상태에서 아래 명령어를 차례로 실행시켜 실행 가능 여부를 확인하고 토론한다.

```
$ shl_prog1.sh ↵
$ shl_prog2.sh ↵
$ shl_prog3.sh ↵
```

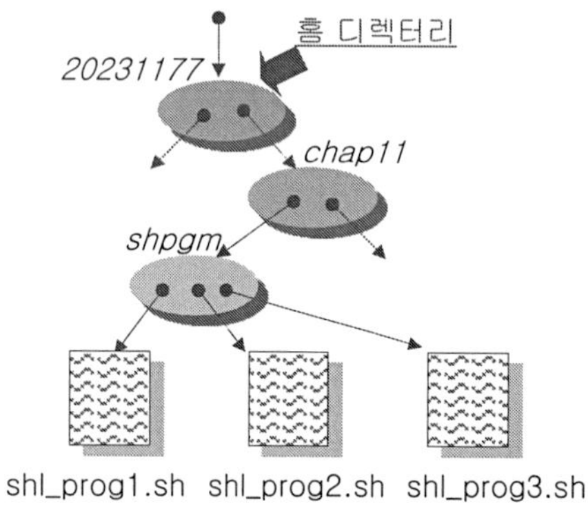


```
i=0; export i
while test $i -ne 3
do
    echo $i
    i=`expr $i + 1`
done                                # shl_prog1.sh
```

```
#!/bin/sh
i=0; export i
while test $i -ne 3
do
    echo $i
    i=`expr $i + 1`
done                                # shl_prog2.sh
```

```
#!/bin/csh
i=0; export i
while test $i -ne 3
do
    echo $i
    i=`expr $i + 1`
done                                # shl_prog3.sh
```

[그림 11-3] 쉘 프로그램 실행 실습 I

5. chmod 명령어를 사용해서 위 세 파일에 실행 접근 모드를 설정한다.

6. Bourne 쉘 상태에서 아래 명령어를 차례로 실행시켜 실행 가능 여부와 "#!/bin/sh", "#!/bin/csh"의 역할을 확인하고 토론한다.

```
$ shl_prog1.sh ↵
$ shl_prog2.sh ↵
$ shl_prog3.sh ↵
```

7. C 쉘 상태에서 아래 명령어를 차례로 실행시켜 실행 가능 여부와 "#!/bin/ sh", "#!/bin/csh"의 역할을 확인하고 토론한다.

```
% sh   shl_prog1.sh ↵
% sh   shl_prog2.sh ↵
% sh   shl_prog3.sh ↵
```

8. C 쉘 상태에서 아래 명령어를 차례로 실행시켜 실행 가능 여부와 "#!/bin/ sh", "#!/bin/csh"의 역할을 확인하고 토론한다.

```
% shl_prog1.sh ↵
% shl_prog2.sh ↵
% shl_prog3.sh ↵
```

STEP II

1. 아래 명령어를 실행시켜 결과를 확인한다.

```
$ find  /usr/bin  -type  f  -name '*who*'  -exec  ls  -l {} \ ; ↵
```

2. [그림 11-4]의 쉘 프로그램 findwho.sh을 작성하여, 과정 1의 명령어를 [표 11-2]의 다양한 방법으로 실행시킨 후, 편리성을 토론한다.

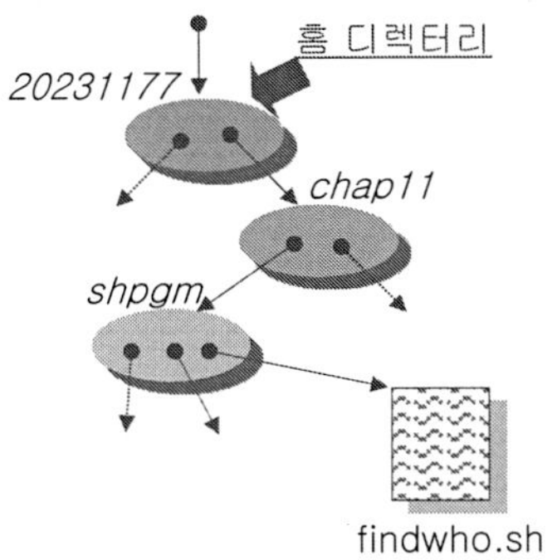


```
find  /usr/bin -type f -name '*who*'\
                          -exec ls -l {} \ ;
                                    # findwho.sh
```

[그림 11-4] 쉘 프로그램 실행 실습 II

11.2 Bourne 쉘 프로그래밍 환경

키보드로부터 입력된 명령어를 쉘에게 전달하여 대화적으로 처리하는 경우에는 그 때그때 필요한 명령어와 그 명령어에 요구되는 옵션과 인수를 지정하면 된다. 그러나, 명령어들을 파일에 프로그램 형태로 저장하여 반복적으로 재사용하는 경우에는 그 활용 범위를 확대하여 융통성을 높이기 위해 많은 부분에 변수를 도입하고, 그 변수 조건에 따라 명령어 실행 절차를 결정하는 전략이 필요하다.

위와 같이, 키보드 입력에 의한 대화적 처리와 파일에 저장된 프로그램 형식 처리 사이의 가장 큰 차이점은, 변수 활용에 의한 유연한 실행 전략을 도입할 수 있는가 하는 것이다.

■ 쉘 일반 변수

[표 11-2]의 공통 사항에 언급한 바와 같이 쉘 프로그램에 배치된 명령어들은 결국 쉘에 의해 수행되므로 5 장의 [그림 5-10](C 쉘은 [그림 5-23])에 보인 변수 정의 방법, 쉘 변수(지역 변수)와 환경 변수(전역 변수)의 개념 등은 그대로 적용된다. 예를 들어 환경 변수로 정의된 변수들은 해당 쉘 프로그램에서 실행되는 모든 명령어들이 수행 중에 명령어 인수(6 장 [그림 6-31] 참조)나 getenv() 함수(6 장 [표 6-8] 참조)를 사용해서 접근할 수 있다.

그러나, 쉘 프로그램에서 정의되는 모든 변수는 서브 쉘에서만 유효하기 때문에 해당 프로그램 즉, 해당 서브 쉘이 종료하면 모두 사라지고, 원래의 쉘에는 어떤 영향도 미치지 않는다.

■ 쉘 프로그램 인수용 변수

[표 11-2]의 쉘 프로그램 실행 방법에서 보는 바와 같이 쉘 프로그램도 다른 일반 명령어와 마찬가지로 프로그램 파일명을 쉘에게 전달함으로써 실행된다. 이는 곧 쉘 프로그램도 전체적으로 하나의 큰 명령어 역할을 담당함을 의미한다.

따라서, 쉘 프로그램을 실행 시킬 때도 일반 명령어의 명령어 인수와 동일하게 쉘 프로그램에게 인수를 전달할 수 있고, 쉘 프로그램 안에서 그 인수들을 참조할 수 있다. 쉘 프로그램에서의 인수 전달은 고유하게 약속된 변수를 통하여 이루어지는데, 이들 변수 들은 다른 용도로 임의적으로 사용되거나 자유스럽게 새로운 값으로 재설정될 수 없다.

위의 명령어 인수용 변수처럼 Bourne 쉘 프로그램이 실행될 때 미리 예약되고 그 값이 내부적으로 설정되는 변수들은 읽기 전용(read only)으로만 참조할 수 있는데, [표 11-3]에 그 변수 들을 요약하였다.

쉘 프로그램 인수를 이해하기 위한 예를 [그림 11-5]에 보였고. 그 실행 결과는 [그림 11-6]에 보였다.

[표 11-3] 쉘 프로그램에서 내부적으로 예약된 읽기 전용 변수

변수명	변 수 내 용
$0	▪ 쉘 프로그램 이름 예) $ sh shl_prog1.sh ↵ → $0=shl_prog1.sh
$1 ~ $9	▪ 쉘 프로그램에 주어지는 인수들의 값(최대 9 개까지) 예) $ sh shl_prog1.sh arg1 arg2 arg3 ↵ → $1=arg1, $2=arg2, $3=arg3
$*	▪ 쉘 프로그램에 주어지는 모든 인수들 각각을 분리된 성격으로 한꺼번에 지칭 예) $ sh shl_prog1.sh arg1 arg2 arg3 ↵ → $*=arg1 arg2 arg3
$@	▪ $*와 동일. 다만 "$@"와 같이 인용 부호를 사용하면 인수들 각각에 인용 부호를 적용(메타문자 기능 해제). "$*"는 인수들 모두를 합쳐 하나의 문자열로 지칭
$#	▪ 쉘 프로그램에 주어지는 인수들의 개수($0는 제외)
$$	▪ 쉘 프로그램을 실행 중인 서브 쉘의 프로세스 id
$?	▪ 쉘 프로그램 안에서 가장 최근에 실행된 명령어의 종료 상태
$!	▪ 쉘 프로그램 안세서 가장 최근에 후면 처리로 실행된 명령어의 프로세스 id

```
#!/bin/sh
echo "Name of prog : $0"
echo
echo "Numb of args : $#"
echo
i=1
for  arg  in  $@
do
    echo "Valu of arg$i : $arg"
    i=`expr $i + 1`
done                                          # shl_prog4.sh
```

[그림 11-5] 쉘 프로그램 인수 참조의 예

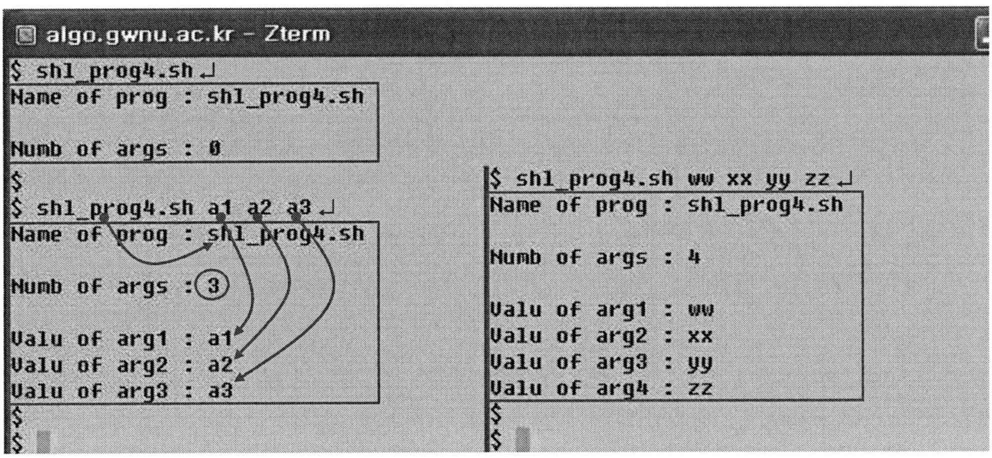

[그림 11-6] 쉘 프로그램 [그림 11-5](인수 참조) 의 실행 예

■ **쉘 프로그램 인수용 변수의 참조**

쉘 프로그램의 인수를 참조기 위해서는 [그림 11-5]에서처럼 인수 전체를 지칭하는 $@이나 $* 변수에 for 문장을 적용하여 차례로 접근하는 방법과, 상수 번호를 사용하는 $1, $2, … 형태의 변수를 사용한다. 이 때 불편한 점은 $1, $2, … 의 각 개별 인수 변수를 참조할 때는 변수명에 꼭 고정된 상수를 사용해야 하기 때문에 루프에 의한 반복 처리 등이 불가능 하다는 점이다.

예를 들면, 실행 조건에 따라 ($1+$2+$3)이나 ($3+$4+$5) 중 한 가지를 구해야 하는 경우 배열과 비슷하게 개별 변수에 첨자를 적용할 수 있다면 ($1+$2+$3)는 초기 첨자를 1로, ($3+$4+$5)는 초기 첨자를 3으로 설정하면 간편하게 계산된다. 그러나 이것이 불가능하므로 Bourne 쉘에서는 [표 11-4]의 shift 명령어를 제공하여 이 문제를 보완한다.

Shift 명령어를 사용함으로써 사용자는 쉘 프로그램 인수의 시작 위치를 조절할 수 있다. [그림 11-7]에 shift 명령어를 사용해서 프로그램 인수를 참조하는 전형적인 예를 보였고, 그 프로그램의 실행 예를 [그림 11-8]에 보였다.

[표 11-4] shift 명령어 사용법

사 용 법	▪ shift ↵ - $1, $2, ... 에 저장된 프로그램 인수들의 위치를 모두 왼쪽으로 한칸씩 이동시킨다. - 즉, $1←$2, $2←$3, ... 의 과정이 끝에까지 이루어진다. - $*와 $@(모든 인수 지칭), $#(인수의 개수)도 변화된 인수들에 맞추어 새롭게 설정된다. ▪ shift n ↵ - $1, $2, ... 에 저장된 프로그램 인수들의 위치를 모두 왼쪽으로 n 칸씩 이동시킨다. - $*와 $@(모든 인수 지칭), $#(인수의 개수)도 변화된 인수들에 맞추어 새롭게 설정된다.
예	▪ $ shl_prog5.sh a1 a2 a3 a4 ↵ - 초기 상태 ➔ $1="a1", $2="a2", $3="a3", $4="a4" - shift 2 ➔ $1="a3", $2="a4"

```
#!/bin/sh
s=0
while test $# -gt 0
do
    echo "+$1\ c"
    s=`expr $s + $1`
    shift
done
echo "=$s"                                   # shl_prog5.sh
```

[그림 11-7] shift를 사용하는 쉘 프로그램의 예

[그림 11-8] 프로그램 [그림 11-7](shift)의 실행 예

■ **쉘 프로그램 인수용 변수의 활용**

[표 11-3]에 요약한 쉘 프로그램 인수와 관련된 예약 변수는 이미 언급한 바와 같이 읽기 전용 변수들이다. 그런데, [그림 11-7]처럼 shift 명령어를 적용했을 때 이 변수들의 편리성을 활용하기 위해 Bourne 쉘은 쉘 프로그램 인수 관련 변수 전체를 강제로 재설정할 수 있는 명령어 set을 제공한다.

원래 set 명령어는 5 장의 [그림 5-10]에서 설명한 대로 쉘 변수를 탐색하기 위해 사용되지만, [표 11-4]의 형태로 사용하면 쉘 프로그램 인수 변수들을 재설정하는 데에도 사용된다. [그림 11-9]에는 set 명령어를 대화적으로 사용한 예를 보였고, [그림 11-10],[그림 11-11]에는 쉘 프로그램에서의 사용 예와 그 실행 예를 각각 보였다.

[표 11-5] set 명령어 사용법

사 용 법	▪ set arg1 arg2 ... ↵ - $1, $2, ... 의 값을 각각 "arg1", "arg2", ... 로 차례로 재설정하고, $#, $*, $@도 새로 설정된 $1, $2, ...에 맞추어 재설정한다. 시킨다. ▪ set ↵ - 정의된 모든 쉘 변수를 출력한다(5 장 [그림 5-10] 참조)
예	▪ $ set a1 a2 a3 a4 ↵ → $1="a1", $2="a2", $3="a3", $4="a4", $#=4, $@=$1...$4 로 각각 재설정

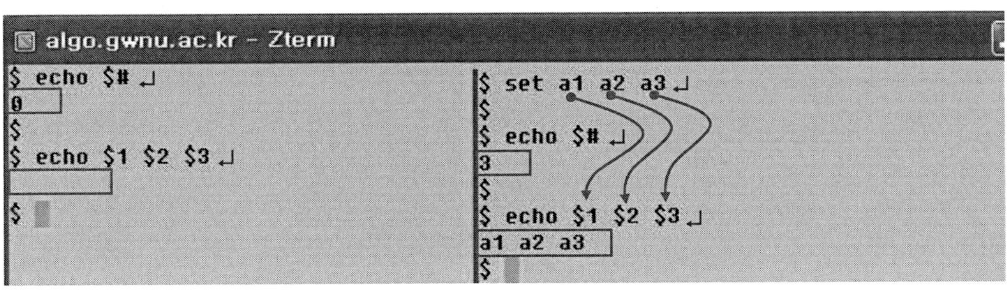

[그림 11-9] set 명령어 실행 예

```
#!/bin/sh
cmd=$1
echo "Old arguments"
echo "--------------------"
echo "Name of prog : $0"
echo "Numb of args : $#"
echo
i=1
while  test  $#  -gt  0
do
    echo "Valu of arg$i : $1"
    shift
    i=`expr $i + 1`
done
echo
echo "New args=`$cmd`"
echo
set  `$cmd`
echo "New arguments"
echo "--------------------"
echo "Name of prog : $0"
echo "Numb of args : $#"
echo
i=1
while  test  $#  -gt  0
do
    echo "Valu of arg$i : $1"
    shift
    i=`expr $i + 1`
done
echo                          # shl_prog6.sh
```

[그림 11-10] set을 사용하는 쉘 프로그램의 예

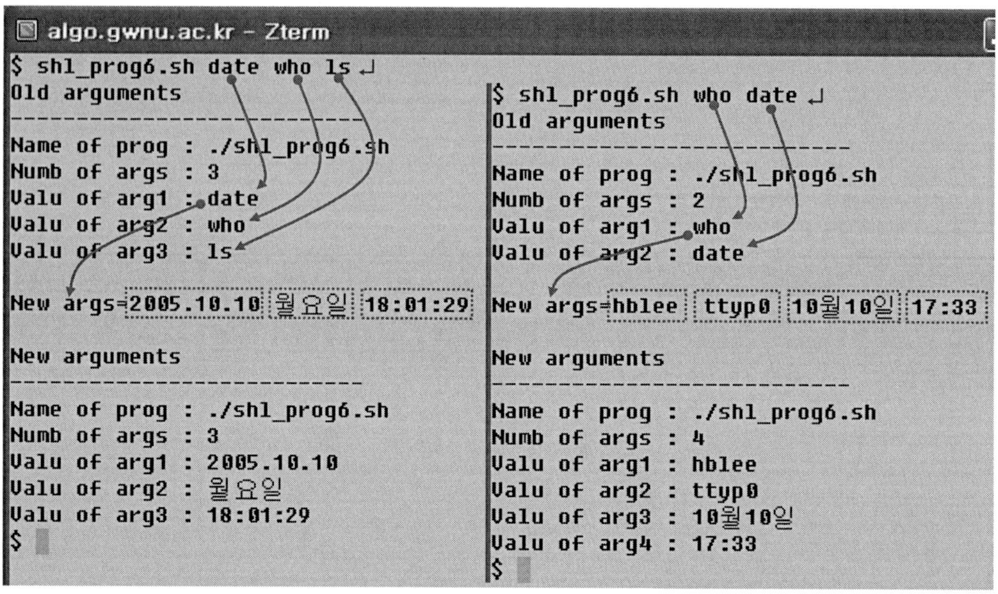

[그림 11-11] 프로그램 [그림 11-10](set) 실행 예

■ 쉘 일반 변수의 보호

쉘에서 정의되는 모든 일반 변수(쉘 변수 및 환경 변수)는 readonly 명령어에 의해 저장 값의 재설정을 금지함으로써 고의 혹은 실수에 의한 오류를 예방할 수 있다. [표 11-6]에 readonly 명령어의 사용법을 요약하였고, 그 실행 예를 [그림 11-12]에 보였다.

[표 11-6] readonly 명령어 사용법

사 용 법	▪ readonly 변수1 변수2 ... ↵ - '변수1', '변수2' , ... 를 읽기 전용으로 설정한다. - 이 변수 들은 unset 명령어에 의한 삭제도 불가능하다. - 읽기 전용 변수를 제거하기 위해서는 쉘을 다시 시작해야 한다. ▪ readonly ↵ - 읽기 전용으로 설정된 모든 변수의 리스트를 출력한다.
예	▪ $ readonly name phone ↵ → 변수 name과 phone은 쓰기나 삭제가 불가능함

```
algo.gwnu.ac.kr - Zterm
$
$ name="Hyung Bong Lee" ↵
$
$ phone="033-640-2286" ↵
$
$ echo $name $phone ↵
Hyung Bong Lee 033-640-2286
$
$ readonly name phone ↵
$
$ name="Kim You Shin" ↵
name: is read only
$
$ phone="011-210-2713" ↵
phone: is read only
$
$ readonly ↵
readonly name
readonly phone
$
$
```

[그림 11-12] readonly 명령어 실행 예

☞ [실습 11-2]

<u>STEP I</u>

1. [그림 11-13]의 쉘 프로그램 shl_prog4.sh를 이해한 후, 코딩한다.

2. 과정 1의 shl_prog4.sh의 보안 모드를 확인하고, 실행 접근 모드가 없으면 chmod 명령어를 사용해서 새로 설정한다.

3. 아래 명령어들을 실행시켜 쉘 프로그램 인수가 어떻게 전달되는지를 확인하고 토론한다.

```
$ shl_prog4.sh ↵
$ shl_prog4.sh  a1 ↵
$ shl_prog4.sh  a1  a2 ↵
$ shl_prog4.sh  a1  a2  a3 ↵
$ shl_prog4.sh  ww  xx  yy  zz ↵
$ shl_prog4.sh  01  02  03  04  05  06  07  08  09 ↵
$ shl_prog4.sh  01  02  03  04  05  06  07  08  09  10  11 ↵
```

4. 아래 쉘 프로그램 shl_prog4.sh에서 $1, $2, … 형태의 인수 참조 방식의 불편한 점을 토론한다.

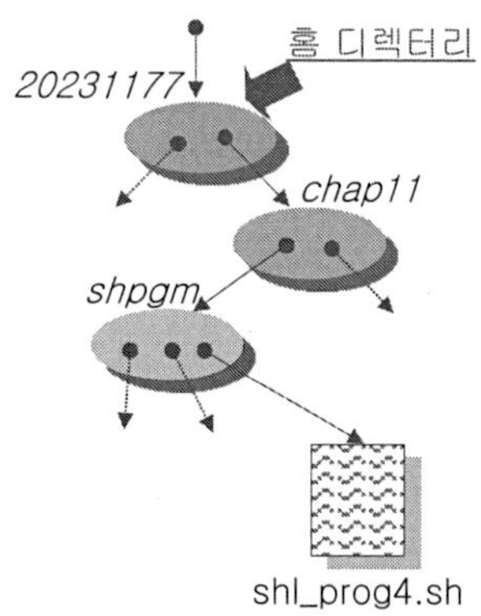


```
#!/bin/sh
echo "Name of prog : $0"
echo
echo "Name of args : $#"
echo
for  arg  in  $@
do
      echo "Valu of arg$i : $arg"
      i=`expr  $i  +  1`
done
echo
echo "arg1=$1 "
echo "arg2=$2 "
echo "arg3=$3 "                    # shl_prog4.sh
```

[그림 11-13] 쉘 프로그램 인수 실습 I

STEP II

1. [그림 11-14]의 쉘 프로그램 shl_prog5.sh를 이해한 후, 코딩하고 실행 접근 모드를 설정한다.

2. 아래 명령어들을 실행시켜 shift 명령어의 용도와 편리성을 이해한다.

```
$ shl_prog5.sh ↵
$ shl_prog5.sh  1 ↵
$ shl_prog5.sh  1  2 ↵
$ shl_prog5.sh  1  2  3  4  5 ↵
$ shl_prog5.sh  1  2  3  4  5  6  7  8 ↵
$ shl_prog5.sh  1  2  3  4  5  6  7  8  9  10  11 ↵
$ shl_prog5.sh  01  02  03  04  05  06  07  08  09  10  11 ↵
```

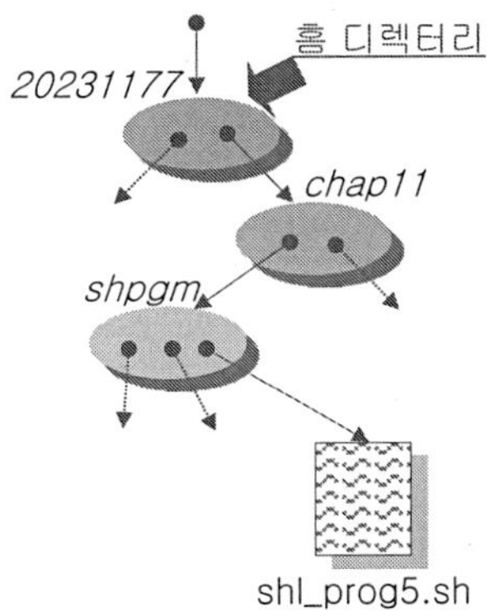


```
#!/bin/sh
s=0
while  test  $#  -gt  0
do
        echo "+$1\ c"
        s=`expr  $s  +  $1`
        shift
done
echo "=$s"                          # shl_prog5.sh
```

[그림 11-14] 쉘 프로그램 인수 실습 II

STEP III

1. 다음 명령어를 실행시켜 로그인 쉘에 설정된 프로그램 인수 변수들의 초기 값을 관찰하고 토론한다..

```
$ echo  $# ↵
$ echo  $* ↵
$ echo  $@ ↵
$ echo  $1 ↵
$ echo  $2 ↵
```

2. 다음 명령어를 시도해 보고 그 성공 여부 결과를 토론한다.

```
$ $@="a1  a2  a3" ↵
```

STEP IV

1. [그림 11-15]의 쉘 프로그램 shl_prog6.sh를 이해한 후, 코딩하고 실행 접근 모드를 설정한다.

2. 아래 명령어들을 실행시켜 set 명령어의 기능과 편리성을 이해한다.

```
$ shl_prog6.sh  date  who ↵
$ shl_prog6.sh  who  date ↵
$ shl_prog6.sh  ls  date  who ↵
```

3. x[100] 형태의 일반 배열 변수와 $1~$9 변수의 차이점과 공통점을 관찰하고 토론한다.

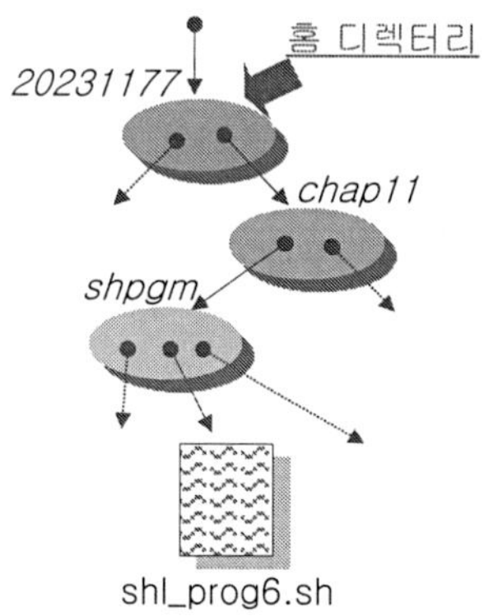


```
#!/bin/sh
cmd=$1
echo "Old arguments"
echo "-------------------"
echo "Name of prog : $0"
echo "Numb of args : $#"
echo
i=1
while  test  $#  -gt  0
do
    echo "Valu of arg$i : $1"
    shift
    i=`expr $i + 1`
done
echo
echo "New args=`$cmd`"
echo
set  `$cmd`
echo "New arguments"
echo "-------------------"
echo "Name of prog : $0"
echo "Numb of args : $#"
echo
i=1
while  test  $#  -gt  0
do
    echo "Valu of arg$i : $1"
    shift
    i=`expr $i + 1`
done
echo                                # shl_prog6.sh
```

[그림 11-15] 쉘 프로그램 인수 실습 IV

STEP V

1. 다음 명령어를 실행시켜 쉘 변수 name과 phone을 정의한다.

```
$ name="Lee hyung Bong" ↵
$ phone="033-640-2286" ↵
```

2. 다음 명령어를 실행시켜 과정 1에서 정의한 변수들의 값을 확인한다.

```
$ echo  $name ↵
$ echo  $phone ↵
```

3. 다음 명령어를 실행시켜 쉘 변수 name과 phone의 값을 수정한다.

```
$ name="Kim You Shin" ↵
$ phone="011-201-2713" ↵
```

4. 다음 명령어를 실행시켜 과정 3에서 변경한 변수들의 값을 확인한다.

```
$ echo  $name ↵
$ echo  $phone ↵
```

5. 다음 명령어를 실행시켜 과정 4의 변수들을 읽기 전용 변수로 설정한다.

```
$ readonly  name  phone ↵
```

6. 다음 명령어를 실행시켜 쉘 변수 name과 phone 값의 수정을 시도하고 그 결과를 토론한다.

```
$ name="Lee Hyung Bong" ↵
$ phone="033-640-2286" ↵
```

7. 다음 명령어를 실행시켜 읽기 전용 쉘 변수 name과 phone의 삭제를 시도하고 그 결과를 토론한다.

```
$ unset  name ↵
$ unset  phone ↵
```

8. 다음 명령어를 실행시켜 모든 읽기 전용 쉘 변수들의 리스트를 확인한다.

```
$ readonly ↵
```

9. 쉘을 종료한 후 다시 로그인 한 후, 쉘 변수 name과 phone이 여전히 존재하는지 확인하고 토론한다.

11.3 Bourne 쉘 프로그래밍

■ 기본 코딩 규칙

아래의 [표 11-7]에 쉘 프로그램을 작성하기 위한 기본 코딩 규칙을 요약하였다.

[표 11-7] 쉘 프로그램의 기본 코딩 규칙

규 칙	규 칙 내 용
규칙 ①	▪ 명령어, 인수, 제어 구문 등에서 모든 단어 사이는 한 개 이상의 공백으로 분리하여야 한다(여기서 공백은 탭도 포함함). ▪ 줄 바꿈은 공백 이상의 의미를 갖는다.
규칙 ②	▪ 기본적으로 한 줄에 하나의 명령어를 배치하는 것이 좋다. ▪ 한 줄에 여러 명령어를 배치할 때에는 각 명령어 사이를 반드시 ';' 문자로 분리하여야 하고, 맨 마지막은 ';'의 유무에 관계 없다. 예) x=$i; y=$j; k=$m
규칙 ③	▪ 명령어의 맨 앞 쪽은 공백의 유무에 관계 없다. 따라서 제어 구문을 도입할 때는 들여쓰기를 하는 것이 좋다. 예) if test -f file then echo "file Ok..." fi
규칙 ④	▪ if, while, for, then, do 등 예약어가 아닌 한, 맨 첫 단어는 무조건 실행시킬 명령어 이름으로 인식된다. ▪ 다만 'var=val' 형태의 변수 정의 문장에서는 왼쪽 단어가 변수 이름으로 인식된다. 이 때, '=' 양쪽에는 공백이 있어서는 안된다. 예) name=Lee ▪ 예약어, 변수 이름 이외의 자리에 오는 모든 단어는 문자열 상수 값으로 인식된다. 이 때, 문자열이 공백을 포함하면 전체를 인용부호(" 혹은 ')로 묶는다. 예) while test $1 = Lee do ... done 예) name="Lee Hyung Bong" ▪ 문자열 앞에 '$' 문자가 붙으면, 그 문자열은 쉘 변수를 의미하여 그 변수의 값이 참조된다. 예) echo name → "name"이라는 문자열을 출력 echo $name → 쉘 변수 name의 값을 출력 ls → 명령어 ls를 실행 $ls → 쉘 변수 ls에 저장된 명령어를 실행
규칙 ⑤	▪ 비어있는 줄은 무시된다. ▪ '#'문자로 시작하는 부분은 해당 줄에서 모두 무시된다(주석). 단, 맨 첫 줄에서 "#!"은 실행 쉘을 지정하는 명령어로 인식된다. 예) # This is comment line

■ 변수 정의

[표 11-8]에 쉘 변수 정의에 관한 규칙을 요약하였다.

[표 11-8] 쉘 변수 정의 규칙

규 칙	규 칙 내 용
규칙 ①	▪ 모든 쉘 변수는 참조 되는순간에 정의된다. 예) x=10 예) if test $name = ˝Lee˝ :
규칙 ②	▪ 초기화 되지 않는 변수가 참조되면 그 변수는 널 문자열(empty string)의 값을 갖는다. 예) if test ! $name then name=Lee :
규칙 ③	▪ 모든 쉘 변수는 문자열 타입이다. 따라서 직접적인 수치 연산이 불가능하다. 예) x=10 문장과 x=˝10˝ 문장은 완전히 동일함 예) x=`expr $x + 1`

아래에 쉘 변수 정의와 관련된 명령어를 나열하였다.

- var=val ↵
  - 변수 var를 정의하고 문자열 "val"을 저장([그림 5-10])
- unset var1 var2 … ↵
  - 변수 var1, var2, … 의 정의를 모두 취소함([그림 5-10])
- export var1 var2 … ↵
  - 변수 var1, var2, …를 모두 전역 변수(환경 변수)로 전환함([그림 5-10])
- $0, $1~$9, $#, $*, $@
  - 쉘 프로그램 인수용 변수([표 11-3])
- shift [n] ↵
  - 쉘 프로그램 인수용 변수를 모두 왼쪽으로 한(n) 칸씩 이동([표 11-4])
- set val1 val2 … ↵
  - 쉘 프로그램 인수용 변수 $1, $2, … 를 val1, val2, … 로 재설정([표 11-5])
- readonly var1 var2 … ↵
  - 변수 var1, var2, …를 모두 읽기 전용으로 전환함([표 11-6])

■ 출력과 입력

• 데이터(문자열) 출력

쉘 프로그램에서의 출력은 실행시킨 명령어의 출력에 의해서 이루어진다. 이를테면 쉘 프로그램 안에서 who 명령어를 실행시켰을 때, 그 명령어가 출력하는 로그인 사용자들의 리스트는 곧 쉘 프로그램의 출력이 된다. 바꾸어 말하면, 쉘 프로그램에서 실행되는 모든 명령어의 표준 출력 장치(stdout) 및 표준 오류 장치(stderr)는 쉘 프로그램의 표준 출력 장치 및 표준 오류 장치와 연결된다.

쉘 프로그램의 표준 출력과 표준 오류 장치는 기본적으로 화면이지만, 7.6 절에서 설명된 내용과 동일한 방법으로 방향 전환이 가능하다.

일반 명령어 외에, 쉘 프로그램에서 자유로운 문자열을 출력하기 위해 특별히 자주 사용하는 명령어로 echo를 들 수 있다. echo 명령어는 기본적으로 명령어 인수로 나열된 문자열을 그대로 출력하고 줄바꿈을 한다. 이 때 출력할 문자열은 [표 11-9]에 요약된 제어 문자를 포함할 수 있기 때문에 더욱 편리하다(이들 제어 문자 사용 시 "-e" 옵션 필요).

[표 11-9] echo 명령어 인식 특수 문자

문 자	제 어 내 용
\b	▪ 앞쪽의 한 자를 지움(back space)
\c	▪ 출력 후 줄바꿈을 하지 않음
\f	▪출력 위치를 다음 페이지로 이동함(frorm feed)
\n	▪ 출력 위치를 다음 줄로 이동함(new line)
\r	▪ 출력 위치를 맨 앞쪽으로 이동함(carriage return)
\t	▪ 출력 위치를 수평 탭으로 맞춤(horizontal tab)

아래 [그림 11-16]에 echo 명령어의 사용 예를, [그림 11-17]에 그 실행 결과를 보였다.

```
#!/bin/sh
echo    1 I    am    happy.
echo  "2 I    am    happy."
echo  "3 I am happy and you are happy."
echo -e "4 I am happy  \c"
echo  "and you are happy."
echo -e "5 I am happy !!! \nYou are happy."
echo -e "6 You are happy !!! \rI am happy."          # shl_prog7.sh
```

[그림 11-16] echo 명령어 사용 예

```
algo.gwnu.ac.kr - Zterm
$ shl_prog7.sh ↵
1 I am happy.  /* 모두 개별 인수로 처리 */
2 I    am    happy. /* 하나의 독립된 인수로 처리 */
3 I am happy and you are happy. /* 하나의 독립된 인수로 처리 */
4 I am happy and you are happy. /* 줄바꿈을 하지 않아 다음 출력이 연결 됨 */
5 I am happy !!! /* 문자열 속에 있는 줄바꿈 문자에
You are happy.                  의해 두 줄에 출력 */
I am happy.appy !!! /* 문자열 속에 있는 회귀 문자에 의해 앞쪽의 출력을 덮어씀 */
$
$
```

[그림 11-17] 프로그램 [그림 11-16](echo) 실행 결과

- **데이터(문자열) 입력**

쉘 프로그램은 실행 도중 표준 입력 장치(키보드)로부터 문자열을 읽어서 저장할 수 있다. 표준 입력 장치도 7.6절의 내용과 동일한 방법으로 방향 전환이 가능하다. 문자열을 읽기 위해서는 [표 11-10]에 요약한 read 명령어를 사용한다. [그림 11-18]에 read를 사용하는 프로그램의 예를, [그림 11-19]에 그 실행 예를 보였다.

[표 11-10] read 명령어 사용법

사 용 법	▪ read 변수1 변수2 ... ↵ - 키보드로부터 문자열을 읽어서 '변수1', '변수2' , ... 에 저장한다. - 키보드에서 엔터('↵')키를 입력할 때마다 변수 하나의 값이 완성된다.
예	▪ $ read name phone ↵ → 변수 name과 phone의 값을 키보드에서 읽어 들임

```
#!/bin/sh
echo -e "Enter your name : \c"
read  name
echo -e "Enter your phone number : \c"
read  phone
echo
echo  "Name=$name, Phone=$phone"                    # shl_prog8.sh
```

[그림 11-18] read 명령어의 사용의 예

```
algo.gwnu.ac.kr - Zterm
$ shl_prog8.sh ↵
Enter your name : Lee Hyung Bong
Enter your phone_number : 033-760-8668

Name=Lee Hyung Bong, Phone=033-760-8668
$
$
```

[그림 11-19] 프로그램 [그림 11-18](read) 실행 예

■ 수리 및 논리식 계산

- test 논리식 ↵
  - 논리식을 계산하여 그 결과를 종료 상태(0:참)로 돌려줌([표 7-9], [표 7-10])
- expr 사칙연산수식 ↵
  - 문자열 타입의 쉘 변수나 문자열 형태의 숫자 데이터 항목으로 이루어진 사칙 연산 수식을 계산하여 그 결과를 문자열로 출력([표 7-12])

■ Bourne 쉘 고유의 실행 제어 구문

- 명령어 대치(\`명령어\`) ([그림 5-10])
  - \`명령어\` 부분을 '명령어'가 출력하는 문자열로 대치([표 5-8] ⑤)
- if ~ then ~ elif ~ else ~ fi 구문 ([표 7-8])
  - 조건에 따라 선택적으로 진행
- while ~ do ~ done 구문([표 7-10]) --> break, continue 문장 포함
  - 조건이 참일 동안 반복 수행
- until ~ do ~ done 구문([표 7-13]) --> break, continue 문장 포함
  - 조건이 거짓일 동안(참이 되는 순간까지) 반복 수행
- for ~ do ~ done 구문([표 7-14]) --> break, continue 문장 포함
  - 인덱스 변수에 주어지는 값의 개수 만큼 반복 수행
- case ~ in ~ esac 구문([표 7-15]) --> break 문장 포함
  - 여러 경우의 수중 한 가지를 선택하여 진행

<table>
<tr>
<td rowspan="2">if command
then
    command …
elif command
    command …
:
else
    command …
fi</td>
<td>while command
do
    command …
    :
done</td>
<td>until command
do
    command …
    :
done</td>
<td>case var in
pattern)
    command …
    :
esac</td>
</tr>
<tr>
<td>for var in word_list
do
    command …
    :
done</td>
<td>for var in wild_files
do
    command …
    :
done</td>
<td>for var in
do
    command …
    :
done</td>
</tr>
</table>

[그림 11-20] 쉘 제어 구문 구조(7.5절 참조)

■ 쉘 프로그램의 종료와 종료 상태

쉘 프로그램은 실행 도중에 오류나 기타 상황에 의해 스스로 종료할 수 있고, 이때 쉘 프로그램도 다른 일반 명령어와 같이 하나의 명령어 형태로 수행되므로 그 종료 상태를 통지할 수 있다. 쉘 프로그램의 종료와 종료 상태의 통지는 [표 11-11]에 요약된 exit 명령어에 의해 가능하다.

[표 11-11] exit 명령어 사용법

사 용 법	▪ exit n ↵ - 종료 상태 n(0~127)과 함께 프로그램을 종료한다. - 종료 상태의 개념은 [표 6-11]과 동일하다(0은 성공, 0 이외의 값은 실패)
예	▪ $ exit 0 ↵ → 종료 상태 0과 함께 쉘 프로그램을 종료함

아래 [그림 11-21]에 exit 명령어를 사용하는 프로그램의 예를, [그림 11-22]에는 그 실행 예를 보였다.

```
#!/bin/sh
if test $# -lt 1
then
   echo "usage : $0 number"
   exit 1
fi
s=0; i=1;
while test $i -le  $1
do
   s=`expr $s + $i`
   i=`expr $i + 1`
done
echo  "Sum of 1…$1 = $s"
exit  0                                        # shl_prog9.sh
```

[그림 11-21] exit 명령어의 사용 예

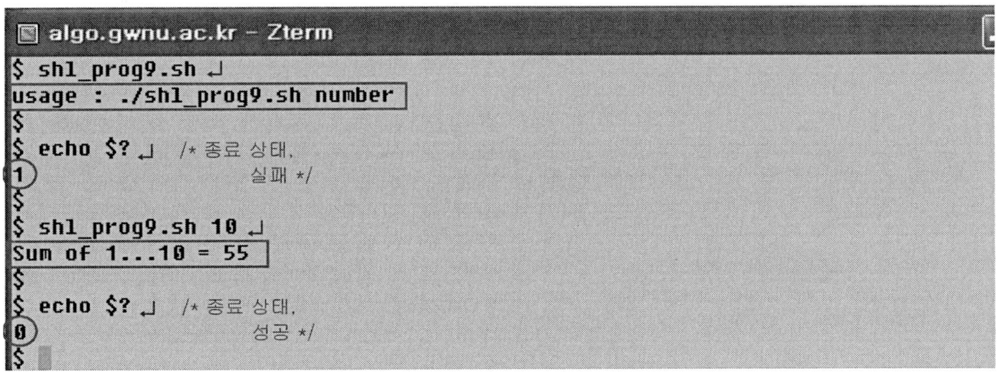

[그림 11-22] 프로그램 [그림 11-21](exit) 실행 예

☞ [실습 11-3]

STEP I

1. [그림 11-23]의 셸 프로그램 shl_prog7.sh를 이해한 후 코딩하고, 실행 접근 모드를 설정한다.

2. 다음 명령어를 실행시킨 결과로부터 echo 명령어의 출력 문자열에 포함된 '\c', '\n', '\r' 문자의 역할을 이해하고 토론한다.

   `$ shl_prog7.sh ↵`

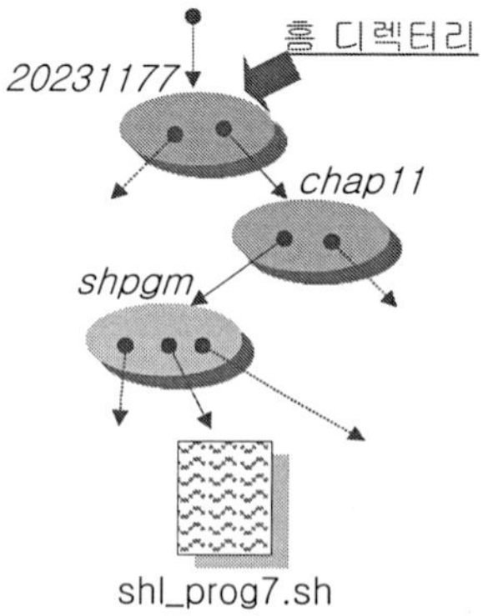


```
#!/bin/sh
echo  1 I  am   happy.
echo "2 I  am   happy."
echo "3 I am happy and you are happy."
echo -e "4 I am happy \c"
echo "and you are happy."
echo -e "5 I am happy !!! \nYou are happy."
echo -e "6 You are happy !!! \rI am happy."
                                    # shl_prog7.sh
```

[그림 11-23] 셸 프로그래밍 실습 I

STEP II

1. [그림 11-24]의 셸 프로그램 shl_prog8.sh를 이해한 후 코딩하고, 실행 접근 모드를 설정한다.

2. 다음 명령어를 실행시킨 결과로부터 read 명령어의 기능과 사용법을 이해한다.

   `$ shl_prog8.sh ↵`

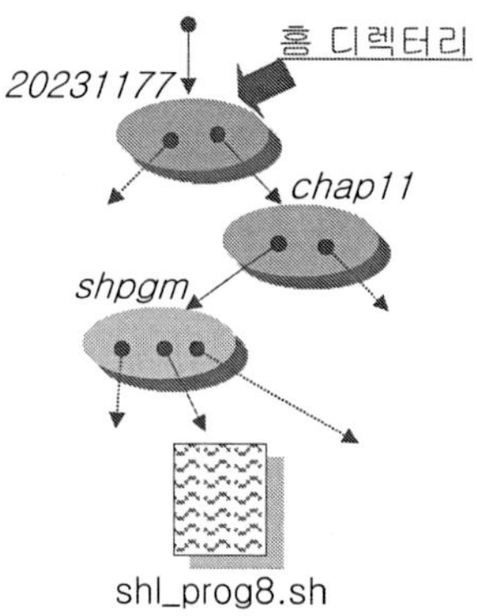


```
#!/bin/sh
echo -e "Enter your name : \c"
read  name
echo -e "Enter your phone number : \c"
read  phone
echo
echo  "Name=$name, Phone=$phone"
                                    # shl_prog8.sh
```

[그림 11-24] 셸 프로그래밍 실습 II

STEP III

1. [그림 11-25]의 셸 프로그램 shl_prog9.sh를 이해한 후 코딩하고, 실행 접근 모드를 설정한다.

2. 다음 명령어들을 차례로 실행시킨 결과로부터 셸 프로그램의 종료 상태를 이해한다.

```
$ shl_prog9.sh ↵
$ echo  $? ↵
$ shl_prog9.sh  10 ↵
$ echo  $? ↵
$ if  shl_prog9.sh ↵
> then ↵
>     echo  "Failure..." ↵
> else ↵
>     echo  "Success..." ↵
> fi ↵
$ if  shl_prog9.sh  10 ↵
> then ↵
>     echo  "Failure..." ↵
> else ↵
>     echo  "Success..." ↵
> fi ↵
```

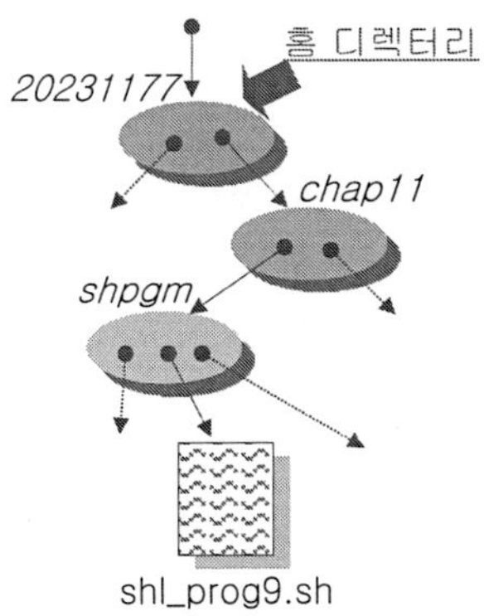


```
#!/bin/sh
if  test  $#  -lt  1
then
    echo "usage : $0 number"
    exit  1
fi
s=0; i=0
while  test  $I  -le  $1
do
    s=`expr  $s  +  $i`
    i=`expr  $i + 1`
done
echo "Sum of 1…$1 = $s"
exit  0                          # shl_prog9.sh
```

[그림 11-25] 셸 프로그래밍 실습 III

STEP IV

1. [그림 11-26]의 쉘 프로그램 if_test1.sh를 이해한 후 코딩하고, 실행 접근 모드를 설정한다.

2. 다음 명령어들을 실행시켜 프로그램의 출력 결과를 살펴보고 토론한다.

```
$ if_test1.sh ↵
$ if_test1.sh  /usr/bin/cp  /usr/bin/rm ↵
$ if_test1.sh  /dev/null ↵
$ if_test1.sh  /usr ↵
$ if_test1.sh  /usr/bin/cp ↵
$ if_test1.sh  /usr/bin/rm ↵
$ if_test1.sh  if_test1.sh ↵
$ if_test1.sh  . ↵
```

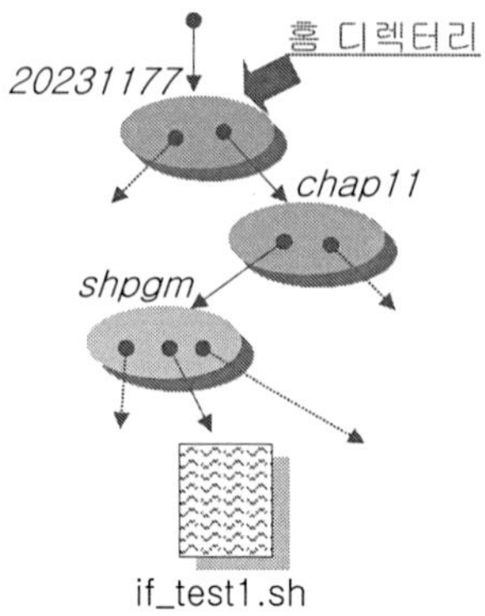


```
#!/bin/sh
if  test  $#  -eq  0
then
    echo "usage : $0 normal_file"
    exit 1
fi
if  test  $#  -gt  1
then
    echo "usage : $0 normal_file"
    exit 1
fi
if  test  -f  $1
then
    set `ls  -il  $1`
    inum=$1
    size=$6
    echo -e "Name \tInum \tSize"
    echo -e "---- \t---- \t----"
    echo -e "$1 \t$inum \t$size"
    exit 0
fi
echo "$0 is not a normal file"
exit 1                                    # if_test1.sh
```

[그림 11-26] 쉘 프로그래밍 실습 IV

STEP V

1. [그림 11-27]의 쉘 프로그램 if_test2.sh를 이해한다.

2. 위 프로그램과 [그림 11-26]의 if_test1.sh를 비교하여 어떤 차이점이 있는지 토론한다.

3. 다음 명령어들을 실행시킨 결과를 STEP IV 과정 2의 결과와 비교하여 차이점이 있는지 토론한다.

```
$ if_test2.sh ↵
$ if_test2.sh  /usr/bin/cp  /usr/bin/rm ↵
$ if_test2.sh  /dev/null ↵
$ if_test2.sh  /usr ↵
$ if_test2.sh  /usr/bin/cp ↵
$ if_test2.sh  /usr/bin/rm ↵
$ if_test2.sh  if_test2.sh ↵
$ if_test2.sh  . ↵
```

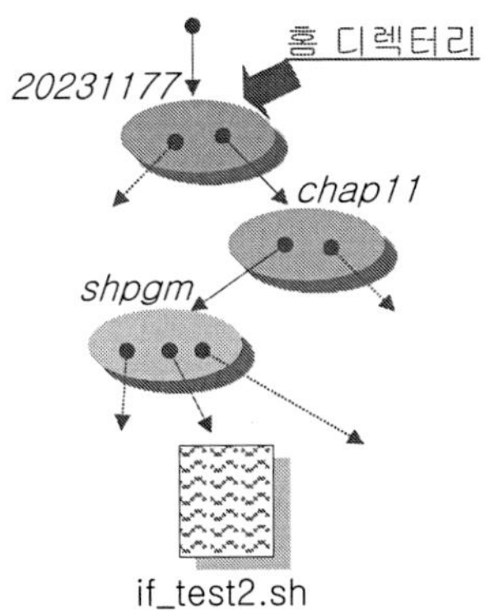


```
#!/bin/sh
if  [ $#  -eq  0 ]
then
    echo "usage : $0 normal_file"
    exit 1
elif  [  $#  -gt  1 ]
then
    echo "usage : $0 normal_file"
    exit 1
fi
if  [ -f  $1 ]
then
    set `ls  -il  $1`
    inum=$1
    size=$6
    echo -e "Name \tInum \tSize"
    echo -e "---- \t---- \t----"
    echo -e "$1 \t$inum \t$size"
    exit 0
else
    echo "$0 is not a normal file"
    exit 1
fi                                         # if_test2.sh
```

[그림 11-27] 쉘 프로그래밍 실습 V

STEP VI

1. [그림 11-28]의 쉘 프로그램 if_test3.sh를 이해한 후 코딩하고, 실행 접근 모드를 설정한다.

2. 아래 명령어들을 실행시켜 위 프로그램의 기능을 확인한다.

```
$ if_test3.sh ↵
$ if_test3.sh  /usr/bin/cp  /usr/bin/rm ↵
$ if_test3.sh  /dev/null ↵
$ if_test3.sh  /usr ↵
$ if_test3.sh  /usr/bin/cp ↵
$ if_test3.sh  /usr/bin/rm ↵
$ if_test3.sh  if_test3.sh ↵
$ if_test3.sh  . ↵
```

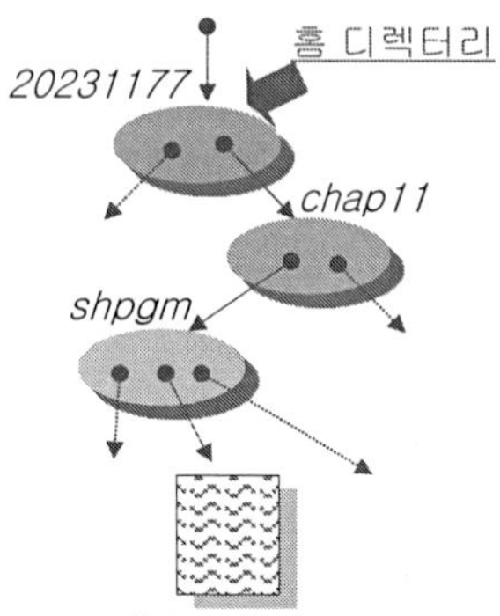


```
#!/bin/sh
if  [ $#  -eq  0 ]
then
    echo "usage : $0 file"
    exit 1
elif  [ $#  -gt  1 ]
then
    echo "usage : $0 file"
    exit 1
elif  [ -d  $1 ]
then
    nfiles=`ls  $1  |  who  -w`
    echo "No of files in $1 directory is $nfiles"
    exit 0
else
    ls $1 2>/dev/null  | grep $1  2>/dev/null  1>&2
    if  [ $?  -ne  0 ]
    then
         echo "$1 is not found"
         exit  1
    fi
    if  [ -f  $1 ]
    then
        set `ls  -il  $1`
        inum=$1
        size=$6
        echo -e "Name \ tInum \ tSize"
        echo -e "---- \ t---- \ t----"
        echo -e "$1\ t$inum \ t$size"
        exit 0
    else
        echo "$0 is not a normal file or a directory"
        exit 1
    fi
fi                                                # if_test3.sh
```

[그림 11-28] 쉘 프로그래밍 실습 VI

STEP VII

1. [그림 11-29]의 세 쉘 프로그램 for_test1.sh, for_test2.sh, for_test3.sh를 이해 한 후 코딩하고, 실행 접근 모드를 설정한다.

2. 아래 명령어를 실행시켜 for_test1.sh의 기능을 확인한다.
```
$ for_test1.sh ↵
```

3. 아래 명령어들을 실행시켜 for_test2.sh의 기능을 확인한다.
```
$ for_test2.sh  1  2  3  4  5  6 ↵
$ for_test2.sh  10  20  30 ↵
```

4. 아래 명령어를 실행시켜 for_test3.sh의 기능을 확인한다.
```
$ for_test3.sh ↵
```

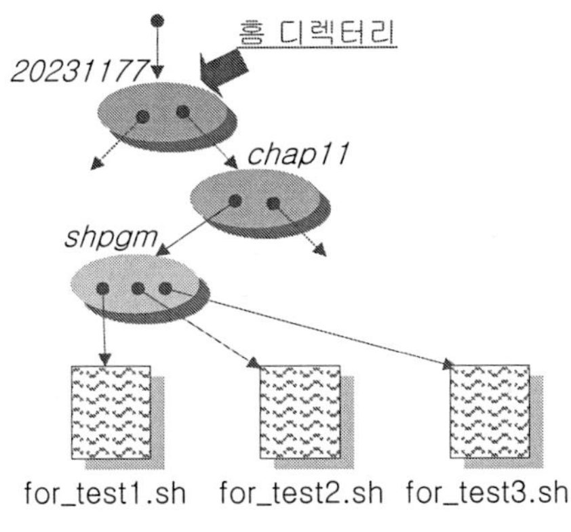


```
#!/bin/sh
for  name  in  Lee  Kim  Park  Lim
do
     echo  $name
done
exit 0                              # for_test1.sh
```

```
#!/bin/sh
sum=0
for  argnum
do
     sum=`expr  $sum + $argnum`
done
echo  "Sum is $sum "
exit 0                              # for_test2.sh
```

```
#!/bin/sh
for  file  /usr/bin/*sh
do
     set `ls -l $file`
     echo "Size of $file $5"
done
exit 0                              # for_test3.sh
```

[그림 11-29] 쉘 프로그래밍 실습 VII

STEP VIII

1. [그림 11-30]의 두 쉘 프로그램 while_test1.sh, while_test2.sh를 이해한 후 코딩하고, 실행 접근 모드를 설정한다.

2. 아래 명령어들을 실행시켜 while_test1.sh의 기능을 확인한다.

```
$ while_test1.sh  1  10 ↵
$ while_test1.sh  10  1 ↵
```

3. 아래 명령어를 실행시켜 while_test2.sh의 기능을 확인한다.

```
$ while_test2.sh ↵
  djkim ↵
  yskim ↵
  jpkim ↵
  hblee ↵
```

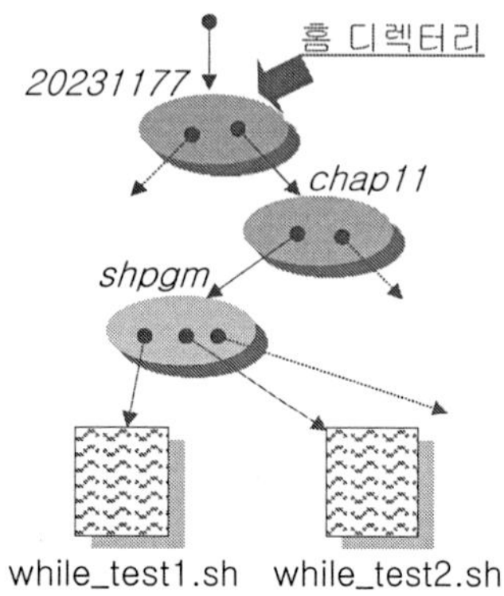


```
#!/bin/sh
read   num_from
read   num_to
sum=0
while  [  $num_from  -le  $num_to ]
do
     sum=`expr  $sum  +  $num_from`
     num_from=`expr  $num_from + 1`
done
echo  "Sum = $sum"
exit  0                          # while_test1.sh
```

```
#!/bin/sh
myname=hblee
while  [ $myname  != $guess ]
do
     echo -e "Guess my name : \c"
     read  guess
done
echo  "Ok…good luck !!!"
exit  0                          # while_test2.sh
```

[그림 11-30] 쉘 프로그래밍 실습 VIII

STEP IX

1. [그림 11-31]의 두 쉘 프로그램 until_test1.sh, until_test2.sh를 이해한 후, 이 두 프로그램을 [그림 11-30]의 while_test1.sh, while_test2.sh와 각각 비교하여 어떤 차이점이 있는지 토론한다.

2. 과정 1의 두 프로그램을 코딩하고, 실행 접근 모드를 설정한다.

3. 아래 명령어들을 실행시킨 결과를 STEP VIII의 과정 2와 비교하여 차이점이 있는지 토론한다.

```
$ until_test1.sh  1  10 ↵
$ until_test1.sh  10  1 ↵
```

4. 아래 명령어를 실행시킨 결과를 STEP VIII의 과정 3과 비교하여 차이점이 있는지 토론한다.

```
$ until_test2.sh ↵
  djkim ↵
  yskim ↵
  jpkim ↵
  hblee ↵
```

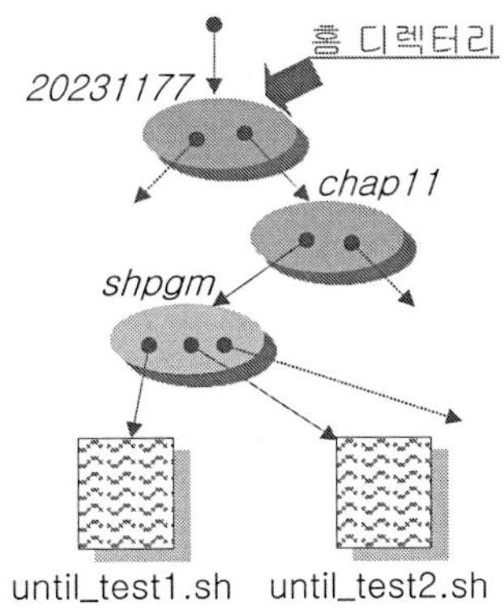


```
#!/bin/sh
read  num_from
read  num_to
sum=0
until  [  $num_from  -gt  $num_to ]
do
      sum=`expr  $sum  +  $num_from`
      num_from=`expr  $num_from + 1`
done
echo  "Sum = $sum"
exit  0                              # until_test1.sh
```

```
#!/bin/sh
myname=hblee
until  [ $myname  == $guess ]
do
      echo -e "Guess my name : \c"
      read  guess
done
echo  "Ok…good luck !!!"
exit  0                              # until_test2.sh
```

[그림 11-31] 쉘 프로그래밍 실습 IX

STEP X

1. [그림 11-32]의 두 쉘 프로그램 case_test1.sh, case_test2.sh를 이해한 후, 코딩하여 실행 접근 모드를 설정한다.

2. 아래 명령어들을 실행시켜 case_test1.sh와 case_test2.sh의 기능을 확인한다.

```
$ case_test1.sh ↵
  d ↵
$ case_test2.sh ↵
  D ↵
```

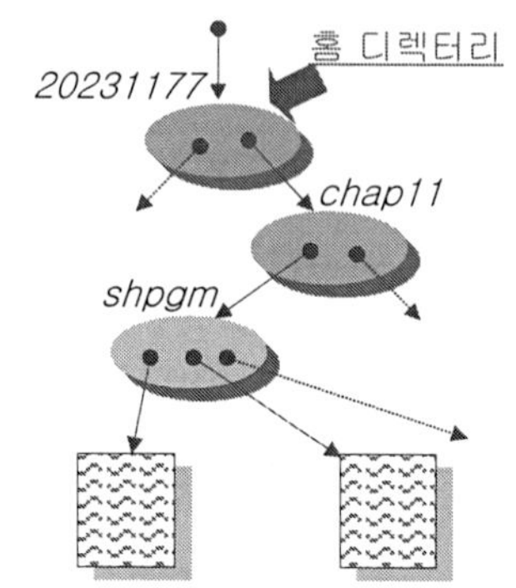


```
#!/bin/sh
while test  $#  -ge  0 ]
do
    echo  "Select one menu…"
    echo  "  d : to see date of today"
    echo  "  w : to see logged in users"
    echo  "  q : to quit this program"
    echo -e "Enter your choice : \c"
    read  menu
    case  $menu  in
      d)  date ;;
      w)  who ;;
      q)  exit  0 ;;
      *)  echo  "Invalid choice"
          exit  1 ;;
    esac
done                                    # case_test1.sh
```

```
#!/bin/sh
while  [ $#  -ge  0 ]
do
    echo  "Select one menu…"
    echo  "  d or D : to see date of today"
    echo  "  w or W : to see logged in users"
    echo  "  q or Q : to quit this program"
    echo -e "Enter your choice : \c"
    read  menu
    case  $menu  in
      d | D)  date ;;
      w | W)  who ;;
      q | Q)  exit  0 ;;
      *)  echo "Invalid choice"
          exit  1 ;;
    esac
done                                    # case_test2.sh
```

[그림 11-32] 쉘 프로그래밍 실습 X

부 록 vi 편집기 사용법

- 실행 환경 조건 / 533
- 편집 상태 천이 / 533
- (문자) 명령어 모드 명령 / 534
- 라인 명령어 모드 명령 / 535
- 동작 옵션 / 536
- 동작 옵션 설정 / 537

■ 실행 환경 조건

환경 변수 TERM(Bourne 쉘) , term(C 쉘)에 적절한 값이 설정되어 있어야 함 ([표 5-7], [표 5-9], [표 5-12])

■ 편집 상태 천이

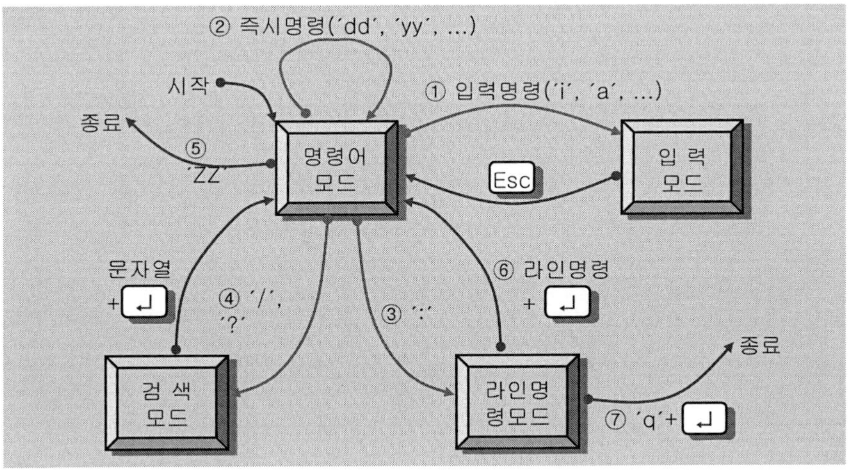

- 명령어 모드
  - vi 의 시작 모드로서, 사용자로부터 편집 명령 입력을 기다림
  - 편집 명령은 1~2 문자로 이루어짐. 따라서 문자 명령어 모드라고도 함
  - 사용자가 입력한 편집이 화면에 디스플레이 되지 않고 내부적으로만 인식됨
  - 입력 명령(①), 즉시 명령(②), 라인 명령어 모드 전환 명령(③), 검색 명령(④), 종료 명령(⑤) 등 총 다섯 가지 유형의 명령어가 유효함

- 입력 모드
  - 입력 모드 명령의 지시에 따라 커서가 입력 위치로 이동함
  - 이후의 모든 입력은 문서의 내용으로 삽입됨
  - Esc 키에 의해 입력이 완료되고 다시 명령어 모드로 되돌아 감

- 라인 명령어 모드
  - 길거나 복잡한 명령어를 사용할 수 있음. 준비된 한 줄에 작성해야 하고, ↵ 키에 의해 명령어 수행 후, 다시 명령어 모드로 되돌아 감

- 검색 모드
  - 사용자로부터 검색 문자열 입력을 기다림. 준비된 한 줄에 작성해야 하고, ↵ 키에 의해 검색된 위치로 화면(커서)을 이동시킨 후, 다시 명령어 모드로 되돌아 감

■ (문자) 명령어 모드 명령어

명령어		기 능	비 고
① 입력명령	´a´	▪ 커서 위치 다음부터 입력시작	Esc 로 입력 종료하고, 명령어 모드로 되돌아 감
	´A´	▪ 커서 위치 행의 마지막부터 입력 시작	
	´i´	▪ 커서 위치부터 입력시작	
	´I´	▪ 커서 위치 행의 처음부터 입력 시작	
	´o´	▪ 커서 위치 행 다음 줄에 새로운 줄을 만들고 입력 시작	
	´O´	▪ 커서 위치 행 위에 새로운 줄을 만들고 입력 시작	
	´r´	▪ 커서 위치의 문자 하나를 변경	
	´cw´	▪ 커서 위치 이후의 단어 부분을 수정	
② 즉시명령	´x´	▪ 커서 위치의 한 문자 삭제	ㅇ 문자, 단어, 줄의 삽입•, 삭제•복사, ㅇ 줄 이어붙이기 ㅇ 수정취소
	´dw´	▪ 커서 위치 이후의 단어부분을 삭제하고 다음 단어를 이어붙임	
	´*n*dd´	▪ *n*은 숫자, 커서 위치 행부터 *n*개의 줄을 삭제(예: dd, 3dd, 5dd)	
	´D´	▪ 커서 위치 이후의 줄 부분을 모두 삭제	
	´*n*yy´	▪ *n*은 숫자, *n*개의 줄을 내부 버퍼에 저장(예: yy, 3yy, 5yy)	
	´p´	▪ ´*n*yy´에서 저장했던 줄(들)을 커서 위치 행 아래에 복사 삽입	
	´J´	▪ 커서 위치 행 아래 줄을 위로 올려서 이어 붙임	
	´u´	▪ 바로 전 변화를 취소함(여러 번 사용하면 변화 전•후를 토글)	
	´^f´	▪ 편집 부분을 한 화면 앞(아래)으로 이동	화면 단위 커서 이동
	´^b´	▪ 편집 부분을 한 화면 뒤(위)로 이동	
	´^l´	▪ 편집 부분을 다시 디스플레이 함(모니터만 전원 off시 유용)	
	´*n*G´	▪ *n*은 숫자, 커서를 *n* 번째 줄로 이동(예, 1G는 첫 줄로 이동)	
	´n´	▪ ④의 명령 후, 검색을 앞(아래)쪽으로 계속 진행(커서 이동)	
	´N´	▪ ④의 명령 후, 검색을 뒤(위)로 계속 진행(커서 이동)	
	´^g´	▪ 커서 위치 줄 번호와 편집 중인 파일 이름 디스플레이	
	´h´	▪ 커서 위치를 한 칸 왼쪽으로 이동(첫 칸에서는 변화 없음)	문자, 줄 단위의 커서 이동
	´j´	▪ 커서 위치를 한 줄 아래로 이동(마지막 줄에서는 변화 없음)	
	´k´	▪ 커서 위치를 한 줄 위로 이동(첫 줄에서는 변화 없음)	
	´l´	▪ 커서 위치를 한 칸 오른쪽으로 이동(마지막 칸에서는 변화 없음)	
③	´:´	▪ 라인 명령어 모드로 전환함(라인 명령어 입력 줄이 열림) ▪ ⑥의 라인 명령어 사용 가능	
④	´/´	▪ 검색 문자열을 입력 받아 앞(아래)쪽으로 검색한 후 커서 이동	↵ 로 입력 완료
	´?´	▪ 검색 문자열을 입력 받아 뒤(위)쪽으로 검색한 후 커서 이동	
⑤	´ZZ´	▪ 수정된 편집 내용을 저장한 후 vi 종료	vi 종료

③ 라인 명령어 모드 전환 명령, ④ 검색 명령, ⑤ 종료 명령

■ 라인 명령어 모드 명령어

명령어		기능	비고
⑥ 라인 명령	´n´	▪ *n*은 숫자, *n* 번째 줄로 이동 (예: 10 ↵)	커서 이동
	´/...´	▪ 문자열 ´...´을 앞(밑)쪽으로 검색하여 커서 이동 (예: /abc ↵)	
	´?...´	▪ 문자열 ´...´을 뒤(위)쪽으로 검색하여 커서 이동 (예: ?xyz ↵)	
	´d´	▪ 커서 위치 행을 삭제 (예: d ↵)	줄 단위 삭제
	´*n1*,*n2*d´	▪ *n1*, *n2*는 숫자, 줄 번호 *n1*~*n2* 사이의 모든 줄 삭제 (예: 3,5d ↵, 3,$d ↵) → **´$´는 마지막 줄을 의미**	
	´/.../d´	▪ 문자열 ´...´을 앞(밑)쪽으로 검색하여 첫 검색된 줄 삭제 (예: /abc/d ↵)	
	´?...?d´	▪ 문자열 ´...´을 뒤(위)쪽으로 검색하여 첫 검색된 줄 삭제 (예: ?xyz?d ↵)	
	´s/old/new/´	▪ 커서 위치 행의 문자열 ´old´ 중 첫 번째를 ´new´로 대치 (예: s/Lee/Kim/ ↵)	문자열 치환
	´s/old/new/g´	▪ 커서 위치 행의 문자열 ´old´를 모두 ´new´로 대치 (예: s/xx/yyy/g ↵)	
	´*n1*,*n2*s/old/new/´	▪ *n1*, *n2*는 숫자, 줄 번호 *n1*~*n2* 사이의 각 줄에서 문자열 ´old´ 중 첫 번째를 ´new´로 대치 (예: 1,$s/Kim/Lee/ ↵)	
	´*n1*,*n2*s/old/new/g´	▪ *n1*, *n2*는 숫자, 줄 번호 *n1*~*n2* 사이의 각 줄에서 문자열 ´old´를 모두 ´new´로 대치 (예: 1,$s/xx/yyy/g ↵)	
	´w´	▪ 현재 편집 중인 내용을 해당 파일에 저장 (예: w ↵)	파일 저장
	´w newfile´	▪ 현재 편집 중인 내용을 새로운 파일 ´newfile´에 저장 (예: w t1.c ↵)	
	´*n1*,*n2*w newfile´	▪ n*1*, *n2*는 숫자, 현재 편집 중인 내용 중 줄 번호 *n1*~*n2* 사이의 내용만 새로운 파일 ´newfile´에 저장 (예: 10,$w t2.c ↵)	
	´r filename´	▪ ´filename´에 저장되 내용을 읽어서 커서 위치 행 아래에 삽입 (예: r t3.c ↵)	
	´!command ´	▪ 쉘 명령어인 ´command´를 실행시킴 (예: !ls -l % ↵) → **´%´은 현재 편집 중인 파일 이름**	
	´e newfile´	▪ 편집 파일을 ´newfile´로 전환 (예: e test2.c ↵, e # ↵) → **´#´은 바로 전 편집하던 파일 이름(토글 가능)**	파일 변경
	´n´	▪ vi 실행 시 여러 파일을 지정했을 때, 다음 파일로 넘어감 (예: n ↵)	
⑦ 종료 명령	´q´	▪ vi를 종료함 (예: q ↵)	vi 종료
	´q!´	▪ 수정 내용을 저장하지 않고 vi 종료 (예: q! ↵)	
	´wq´	▪수정 내용을 저장한 후 곧바로 종료 (예: wq ↵)	

■ 동작 옵션

vi 옵션이란 사용자의 취향에 따라 선택할 수 있는 vi의 동작 방식을 말한다. vi 동작 방식의 주요 선택 옵션으로 아래의 항목들이 있다.

① ignorecase : 문자열을 검색할 때 대·소문자를 구별하지 않음

② noignorecase : ignorecase 옵션을 사용하지 않음

③ list : 탭과 줄바꿈 등 보이지 않는 제어 문자를 표시함

④ nolist : list 옵션을 사용하지 않음

⑤ number : 줄 번호를 표시함

⑥ nonumber : number 옵션을 사용하지 않음

⑦ showmode : 입력 모드 상태를 표시함

⑧ noshowmode : showmode 옵션을 사용하지 않음

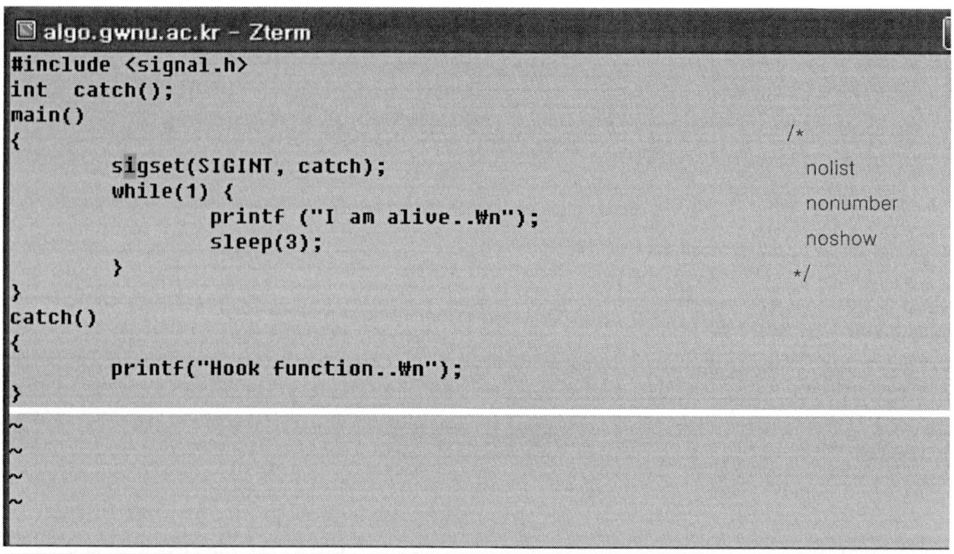

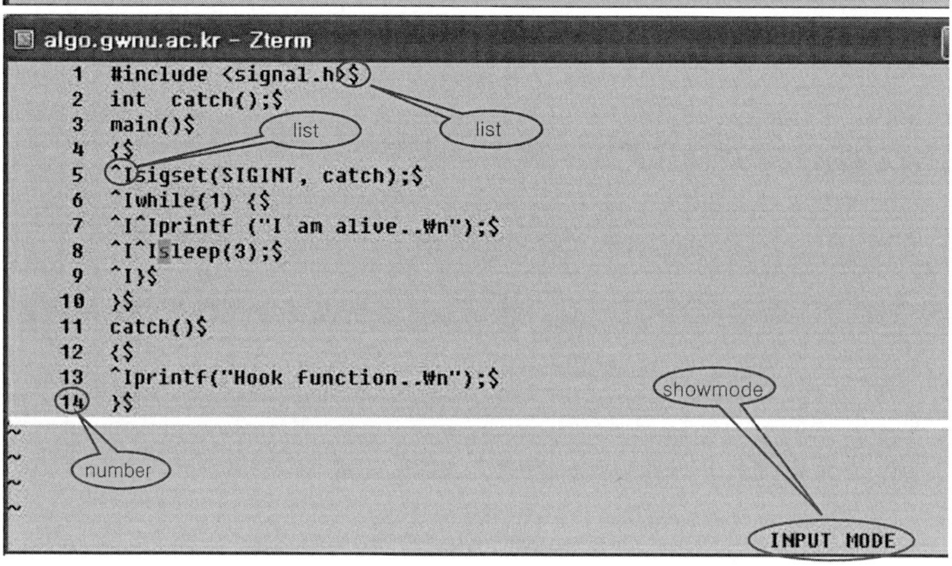

■ 동작 옵션 설정

vi의 동작 옵션 설정은 vi가 실행된 후, 환경 설정 명령어를 사용해서 온라인으로 변경하거나, 설정 명령을 시동 파일에 저장해 놓고, vi가 실행되면서 자동으로 실행하게 하는 방법 등 두 가지가 있다.

• 온라인 설정 방법

vi 실행 중, 옵션 설정을 변경하기 위해서는 라인 명령어 모드에서 set 명령어를 사용해야 한다. 아래 표에 옵션 설정 명령어를 요약하였다.

명 령 어		기 능
⑧ 환경설정명령	set all ↵	▪ 옵션 설정 내용 전체를 리스트 함
	set ignorecase ↵	▪ ignorecase 옵션을 선택함
	set noignorecase ↵	▪ ignorecase 옵션 선택을 취소함
	set list ↵	▪ list 옵션을 선택함
	set nolist ↵	▪ list 옵션 선택을 취소함
	set number ↵	▪ number 옵션을 선택함
	set nonumber ↵	▪ number 옵션 선택을 취소함
	set showmode ↵	▪ showmode 옵션을 선택함
	set noshowmode ↵	▪ showmode 옵션 선택을 취소함

• 시동 파일 설정 방법

vi는 처음 실행될 때, 사용자의 홈 디렉터리에 존재하는 vi 시동 파일 ".exrc"에 기술된 set 명령어들을 실행한다. 따라서 사용자는 자신의 옵션 설정을 vi 시동 파일에 설정해 놓으면 매 번 온라인으로 설정할 필요가 없기 때문에 편리하다.

Note

찾아보기

기타

! 140
.bashrc 125
.cshrc 125, 128, 136
.exrcz 125
.login 125, 128, 136
.mailrc 125
.profile 125, 126, 127, 130
.sh_history 130

A

absolute pathname 32
alias 122
ar 439, 472
argc 159
argv 159
arp 439, 486
ASCII 212
AT&T 7
auto wrap 245
awk 439, 456

B

back ground processing 323
back slash 75, 106, 147
banner 126
bg 429
booting 3
bootstrap loader 5
Bourne 셸 98
Bourne · Korn 셸 114, 119, 126
Bourne · Korn 셸의 환경 설정 100
BSD 7, 87

C

C 셸 114, 119, 128
C 셸의 환경 설정 113
cal 439, 484
cancel 439, 0
case ! in ~ esac 266, 520
cat 439, 447
cd 29, 36, 86, 126, 128, 439, 466
change shell 90
child 193
chmod 346, 347, 439
chown 348, 439, 445
chsh 90
close 210
cmp 439, 450
COFF 393
command argument 152, 156
command interpreter 85
command option 155, 156
command recall 130
command reentry 130
compress 439, 477
control key 420
cp 62, 439, 445
cpio 439, 474

D

daemon 322
date 439, 484
dd 439, 476
device file 203
df 373, 439, 483
diff 439, 450
dir 29
du 439, 483
dumb terminal 16

E

echo 100, 113, 154, 439, 443, 518
edit mode 136, 138, 139
ELF 393
emacs 132, 133, 139
nv 100, 113, 439, 443
eof 92
erase 91, 10, 126
exec() 194, 394
executable file 393
exit status 193
exit() 521
export 100, 114, 439, 443, 517
expr 260, 261, 520
external command 87

F

fc 131, 132, 134
FCEDIT 134
fclose() 210, 212
fg 429
fgetc() 214
fgets() 214, 220
file descriptor 204
FILE 210, 0
file 439, 450
filec 148
find 439, 466
finger 439, 483
fflush() 210
fopen() 210, 212, 218
for ~ do ~ done 264, 520
fore ground processing 322
fork() 194, 394
fprintf() 215, 220
fputs() 214
fread() 213
fscanf() 217
ftp 439, 488
fwrite() 213

G

getchar() 221
getenv() 97
getopt() 160, 161, 165, 184, 186
gets() 220, 221
getty 395
grep 439, 449
GUI 3
gunzip 439
gzip 439, 477

H

hard link 376
head 439, 447
hidden file 125
HISTFILE 130
history 131, 132, 133, 136, 138, 139
HISTSIZE 131
home directory 36
hostname 110, 439, 486

I

i_node 345, 362, 365, 368, 376, 378, 386
id 439, 482
if ~ then ~ else fi 256, 266, 520
ifconfig 439, 484
IMAP 492
inetd 322, 395
init 395, 398
internal/built-in command 86
intr 92
IP 439
IPC 439
ipq 439
iprm 439
ipstat 439

J – K

jobs 427
kill 92, 420, 421, 429, 439, 482
Korn 쉘 98

L

LANG 99
link count 377
ln 378, 381, 439
loader 394
locale 126
login name 14
login shell 90
login 395
ls 439, 466, 40

M

MAIL 99, 437
mailx 492
man 440
meta character 73
mkdir 45, 439, 445
more 439, 448
mount 372, 373, 439, 483
mounted file system 34, 35
multi-user 36
multi-user mode 87
mv 66, 439, 345

N

netstat 439, 485
netterm 16
nice 404, 405, 439, 482

O

od 439, 447
open() 210, 367

P

parent 194
PATH 105, 106, 119, 120, 128, 233
pathname 25
personal command 87, 88
ping 439, 486
POP3 492
POSIX 7
pr 439, 454
printenv 100, 113, 439, 443
printf 220, 221
prompt 86, 119, 121
PS1 105, 106, 108
PS2 105, 106, 121
ps 408, 409, 439, 482
pwd 36, 110, 439, 466

Q – R

quit 92
r 132, 135
rcp 439, 490
read() 210
read 519
readonly 506, 511, 517
reference count 377
relative pathname 32
renice 405, 439, 482
rlogin 439, 490
rm 59, 439, 445
rmdir 47, 439, 445
root file system 34, 35
rsh 439, 490
run level 395
run mode 395

S

savehist 136
scanf() 221
security mode 338
sed 439, 459
set 100, 113, 439, 443, 509, 517
setenv 113, 119, 439, 443
sh(csh, ksh) 395
shell command line syntax 234
shell function 109
shell 85
shift 508, 517
SIGCONT 419
SIGINT 419
SIGKILL 419
signal 419
SIGSTOP 419
SIGTERM 419
single user mode 87, 395
sleep 322
soft link 376
sort 439, 454
source 129
standard input output 207
start 92
stderr 218, 220, 278, 518
stdin 218, 220, 278
stdio.h 208
stdout 218, 220, 278, 518
stop 92, 429
strings 439, 450
sty 92
sub shell 90
susp 92
SVR4 7
symbolic link 380
system command 87

T

tail 439, 447
talk 439, 492
tar 439, 473
TCP/IP 88
tee 302
telnet 16, 439, 490
telnetd 395
TERM 99, 105, 119, 128
test 258, 520
time sharing 36
touch 388, 439, 445
TZ 99

U

UCB 87
umask 340, 341, 342, 439, 443, 445
unalias 123
uname 439, 486
uncompress 439

unset 100, 113, 439, 443, 517
unsetenv 113
until ~ do ~ done 263, 520
user command 87
user mask 340

V

vfprintf() 216
vi 49, 132, 439, 445
vi의 라인 명령 57
vi의 삭제 명령 55
vi의 삽입 명령 52
vi의 라인 명령 모드 56
vi의 커서 이동 명령 53
volume manager 372
vprintf() 221
vt100 105

W

wc 439, 449
while ~ do ~ done 260, 520
who 398, 439, 482
wild card 73
write() 210

X – Z

xterm 105
zterm 16

ㄱ – ㄴ

강제종료 427
경로명 25
경로명 프롬프트 109, 122
계층적 디렉터리 연결 368
계층적 파일 시스템 23
귀머거리 단말기 16
기본 입、출력 장치 206
내부 명령어 86

ㄷ

디몬 322
다중 사용자 36
다중 사용자 모드 87
단기 실행 322
단말기 유형 15
단말기 제어키 92
단말기 특성 인자 17
단말기 환경 85
단말기 환경 설정 91
단일 사용자 모드 85
도스창 29
디렉터리 24, 334
디렉터리 보안 모드 346
디렉터리 삭제 47
디렉터리 생성 45
디렉터리、파일 명칭의 간편 표현 8
디렉터리、파일의 보호 41
디렉터리、파일의 복사와 이동 62
디렉터리、파일의 생성과 삭제 41, 45
디렉터리、파일의 이동과 이름 변경 66
디렉터리、파일의 이동과 복사 41
디렉터리、파일의 탐색 41
디렉터리의 구성 365
디스크 파티션 372

ㄹ

로그인 13, 15
로그인 셀 90
로그인 id 108, 121
로더 394
로케일 126
루트 파일 시스템 34, 35

ㅁ

마운트 파일 시스템 34, 35
매뉴얼 체계 437, 440
메타 문자 73, 74
명령 문자열의 호출、수정、재실행 132
명령어 대체법 136, 140
명령어 문자열 91
명령어 분류 88, 437
명령어 사용법 162
명령어 옵션 155, 156
명령어 인수 151, 152, 156, 182
명령어 재호출 130, 133, 136, 138
명령어 종료 상태 191
명령어 줄문법 234
명령어 해석기 85
명령어 환경 변수 182

ㅂ

보안 모드 334, 345
보안 모드 표현 339
보안 모드 설정 340
보한 침해 331
보안 통제 표현 338
볼륨 메니저 372

부모 194
부모、자식 394
부트스트랩 로더 5
부팅 3
분산식 종료 절차 193

ㅅ

사용자 개인 명령어 88
사용자 계정 13, 14
사용자 명령어 87
사용자 id 14
상대 경로명 32, 106
서브 쉘 90, 234, 248, 250
섹터 360
소프트 링크 376, 380
소프트웨어 단말기 15
순차 실행 234
숨김 파일 125
쉘 85
쉘 내부 변수 97
쉘 명령어 줄문법 233
쉘 변수 값 설정 102
쉘 변수의 저장 97
쉘 변수의 저장 영역 97
쉘 제어 구문 234, 255
쉘 프로그래밍 106, 501
쉘 프로그램 501
쉘 함수 109
쉘 환경 변수 97
쉘 환경 설정 97
쉘의 선택 90
쉘의 종류 89
쉘의 특성 요인 89
시동 파일(프로파일) 125, 126, 127, 128
시분할 36
시스템 명령어 87
식별과 인증 13
신호 419
실행 재개 428
실행 파일 393
심볼릭 링크 380

ㅇ

암호 14
영구 실행 322
외부 명령어 87
운영체제의 부팅 과정 5
운영체제의 역할 4
윈도우즈 파일 시스템 27
유닉스 구성 요소 8
유닉스 로그인 과정 17
유닉스 발전 과정 6
유닉스 보안 331
유닉스 사용자 분류 8
유익스 수행 모드 395
유닉스 수행 수준 395, 396, 398
유닉스 파일 시스템 23, 34
유닉스의 특징 7
일반 파일 334
일시 중지 428
읽기 전용 파일 506
입、출력 라이브러리 함수 209, 210
입、출력 식별자 210, 277
입、출력 파일 식별자 277

ㅈ

자식 193
작업 디렉터리 32, 36, 109
작업 통제 427
장기 실행 322
장치 파일 203, 334
전면 처리 322, 323, 427
전용 단말기 15
절대 경로명 32, 106
제어문자 19, 91
제어키 420
조건부 순차 실행 240, 242, 234
조건부 실행 명령어 197
종료 상태 192, 193, 194, 520
주요 환경 변수 99
집중식 종료 절차 193

ㅊ - ㅌ

초기 보안 모드 340, 342
트랙 360
특수 문자 140
특수 파일 334

ㅍ

파일 24
파일 보안 334
파일 보안 모델 337
파일 보안 모드 338, 346
파일 복사 62
파일 삭제 59
파일 생성(작성 수정) 49
파일 생성 시간 386
파일 소유자 348

파일 속성 정보 41, 42
파일 수정 시간 386
파일 시스템 360
파일 시스템 마운트 372
파일 식별자 204, 210
파일 이름 자동 완성 147, 148
파일 이름 변경 367
파일 읽기 시간 386
파일 접근 수단 336
파일 접근 시간 386
파일 접근 유형 335
파일 접근 주체 335
파일 접근 통제 336
파일의 분류 334
파일의 생성 367
파일의 제거 367
표준 오류 207, 286, 287, 288, 289, 292, 294, 296, 518
표준 입·출력 203
표준 입·출력 방향 전환 234, 277, 280, 290
표준 입·출력 식별자 209, 218, 277
표준 입·출력 장치 206, 207, 277, 278
표준 입·출력 처리 함수 218
표준 입·출력 파이프 298, 300, 301, 304
표준 입·출력 파일 식별자 206, 207, 218, 277
표준 입력 방향 전환 282, 304
표준 입력 207, 209, 289, 296
표준 출력 207, 209, 286, 287, 288, 289, 292, 294, 296, 518
표준 출력 및 표준 오류 방향 전환 284
표준 출력 방향 전환 291
표준 C 라이브러리 160, 212
프로세스 393
프로세스 가계도 394
프로세스 보안 356
프로세스 상태 403
프로세스 소유자 356
프로세스 속성 407
프로세서 우선 순위 403
프로세스 통제 418
프로세스 id 399
프롬프트 86

ㅎ

하드 디스크 360
하드 링크 376, 378
헤드 360
호스트 122
호스트(시스템) 이름 108
홈 디렉터리 36
환경 변수 183
후면 처리 234, 322, 323, 427, 428
휴면 프로세스 322

유닉스와 C 언어

1969년 켄 톰슨(Ken Thompson)은 미국 AT&T사의 연구소 Bell Labs에서 유명한 컴퓨터 제작회사인 DEC(Digital Equipment Corporation)의 PDP-7 컴퓨터를 위한 UNIX 운영체제를 제작하고 있었다. PDP-7의 메인 메모리는 최대 64KB까지 확장 가능했는데 오늘날의 기준으로는 마이크로 콘트롤러 정도의 용량이지만 당시에는 미니급 컴퓨터로 자리매김하고 있었다. 이 때의 UNIX는 다른 운영체들과 마찬가지로 어셈블리 언어로 작성중이었기 때문에 운영체제 자체의 유지보수에 많은 애로가 있었기 때문에 UNIX의 보다 안정적인 개발을 위해 톰슨이 새로운 언어를 모색하게 되었는데 그 언어를 B 언어라 칭했다. B 언어는 그당시 이미 존재하고 있었던 BCPL (Basic Combined Programming Language)을 기반으로 개발되었고, BCPL은 그 이전의 유명한 Algol 60의 영향을 받은 바 있다.

1970년, Bell Labs에 새로운 모델 PDP-11이 도입되어 B 언어 탑재에 성공함으로써 드디어 운영체제를 고급 언어로 작성할 수 있는 계기가 마련되었는데, 톰슨은 나중에 합류한 데니스 리치(Dennis Ritchie)와 함께 UNIX 코드를 B 언어로 작성하기 시작했습니다.

1971년, 리치는 B 언어가 PDP-11의 하드웨어 콘트롤에 적합하지 않은 측면이 있음을 인지하고, 이를 개선하여 NB(New B) 언어를 창안했다.

1973년 NB 언어에 대한 거듭된 개선의 결과, UNIX 전체를 NB로 코딩할 수 있을 만큼의 수준에 도달하였는데, 이를 C 언어라 불렀다. 이렇게 안정화된 C 언어는 높은 확장성에 힘입어 다양한 컴퓨터에 탑재됨으로써 활발하게 퍼져나가게 되었다.

C 언어의 표준은 1978년 브라이언 커니핸(Brian Kernighan)과 리치가 출판한 "The C PROGRAMMING LANGUAGE"에 의해 시작되었고, 이에 힘입어 C 언어의 전파 속도는 더욱 가파르게 증가하여 거의 모든 플랫폼에 탑재되었습니다.

1980년대, 커니핸과 리치의 책에 의존해 급속하게 확장되던 C 언어는 표준의 미흡함에 직면하게 된다. 즉, 커니핸과 리치의 출판물이라는 비공식 표준(K&R C)에는 모호함이 있었고, 부족한 면도 있었기 때문에 제작된 컴파일러들 사이에 불일치가 나타나기 시작한 것이다. 이에 따라 1983년 미국 표준화 기구 ANSI를 중심으로 C 언어에 대한 표준화 작업이 시작되었다.

1989년, 여러 차례의 수정을 거쳐 표준이 완성되어 ANSI의 승인을 받음으로써 비로서 공식 표준이 제정되었고, 우리는 이를 ANSI C 혹은 C89라 부른다. 이 표준에서는 함수 원형(function prototype), 전처리(preprocessor) 구문, 매개 변수 표현법, 표준 C 라이브러리 체계 등에 대한 보완이 이루어졌다. 1990년에는 국제 표준화 기구 ISO의 승인도 이루어져 이를 C90이라 부르고, 이후 1995년에 약간의 수정이 이루어졌다.

1999년에는 그동안의 많은 보완이 통합되어 C99 표준이 완성되었다. 여기서는 "//..." 형태의 줄단위 코멘트, 변수나 함수명의 최대길이 확대, inline, restrict, _Bool, _Complex, _Imaginary 등의 키워드 도입, '/'와 '%' 연산결과 정의(절삭 및 부호), 복소수와 실수 계산 함수 보강, 국제 문자 타입 도입 등이 이루어졌다. 또한, 변수나 함수에 대한 선언이 처리문 사이에 위치해도 무방하도록 허용되었고, for() 구문에서 사용되는 제어 변수를 내부에서 정의할 수 있도록 허용되었습니다.

2011년에는 C11 표준이 제정되었는데, 메모리 얼라이먼트를 제어할 수 있도록 _Alignas(), _Alignof(), alligned_alloc() 등의 매크로와 함수 도입, 매크로 인자에 타입을 사용하여 대응되는 파트를 선택할 수 있도록 하는 _Generic() 매크로 도입, 다중 스레드(multithread) 지원, 함수가 일반적인 return이 아닌 다른 방법으로 종료함을 명시하는 _Noreturn 키워드 도입, get_s(), strcat_s(), strncpy_s() 등 버퍼 넘침을 체크하는 함수 도입, 유니코드(Unicode) 도입, fopen() 시 배타적 파일생성 기능 도입 등의 보완이 이루어졌다.